JURISDIÇÃO CONSTITUCIONAL
E LIBERDADES PÚBLICAS

GEORGE SALOMÃO LEITE
GLAUCO SALOMÃO LEITE
LENIO LUIZ STRECK

Coordenadores

Prefácio
Carlos Mário da Silva Velloso

JURISDIÇÃO CONSTITUCIONAL E LIBERDADES PÚBLICAS

Belo Horizonte

2017

© 2017 Editora Fórum Ltda.

É proibida a reprodução total ou parcial desta obra, por qualquer meio eletrônico, inclusive por processos xerográficos, sem autorização expressa do Editor.

Conselho Editorial

Adilson Abreu Dallari
Alécia Paolucci Nogueira Bicalho
Alexandre Coutinho Pagliarini
André Ramos Tavares
Carlos Ayres Britto
Carlos Mário da Silva Velloso
Cármen Lúcia Antunes Rocha
Cesar Augusto Guimarães Pereira
Clovis Beznos
Cristiana Fortini
Dinorá Adelaide Musetti Grotti
Diogo de Figueiredo Moreira Neto
Egon Bockmann Moreira
Emerson Gabardo
Fabrício Motta
Fernando Rossi
Flávio Henrique Unes Pereira

Floriano de Azevedo Marques Neto
Gustavo Justino de Oliveira
Inês Virgínia Prado Soares
Jorge Ulisses Jacoby Fernandes
Juarez Freitas
Luciano Ferraz
Lúcio Delfino
Marcia Carla Pereira Ribeiro
Márcio Cammarosano
Marcos Ehrhardt Jr.
Maria Sylvia Zanella Di Pietro
Ney José de Freitas
Oswaldo Othon de Pontes Saraiva Filho
Paulo Modesto
Romeu Felipe Bacellar Filho
Sérgio Guerra
Walber de Moura Agra

Luís Cláudio Rodrigues Ferreira
Presidente e Editor

Coordenação editorial: Leonardo Eustáquio Siqueira Araújo

Av. Afonso Pena, 2770 – 15º andar – Savassi – CEP 30130-012
Belo Horizonte – Minas Gerais – Tel.: (31) 2121.4900 / 2121.4949
www.editoraforum.com.br – editoraforum@editoraforum.com.br

J96 Jurisdição constitucional e liberdades públicas / George Salomão Leite, Glauco Salomão Leite, Lenio Luiz Streck (Coord.).– Belo Horizonte : Fórum, 2017.

423 p.
ISBN: 978-85-450-0237-6

1. Direito Constitucional. 2. Direito Civil. 3. Direito Penal. I. Leite, George Salomão II. Leite, Glauco Salomão. III. Streck, Lenio Luiz. IV. Título.

CDD 341.2
CDU 342.7

Informação bibliográfica deste livro, conforme a NBR 6023:2002 da Associação Brasileira de Normas Técnicas (ABNT):

LEITE, George Salomão; LEITE, Glauco Salomão; STRECK, Lenio Luiz (Coord.). *Jurisdição constitucional e liberdades públicas*. Belo Horizonte: Fórum, 2017. 423 p. ISBN 978-85-450-0237-6.

SUMÁRIO

PREFÁCIO

Carlos Mário da Silva Velloso 15

INTRODUÇÃO

FÁBIO KONDER COMPARATO 21

1 O surgimento histórico das liberdades como direitos fundamentais 22

2 A fraqueza das liberdades fundamentais no direito brasileiro 25

3 Rumo à justiça 27

PARTE I
LIBERDADES PÚBLICAS NA TEORIA GERAL
DOS DIREITOS FUNDAMENTAIS

LIBERDADES PÚBLICAS: CARACTERÍSTICAS GERAIS E TITULARIDADE
DE DIREITOS

WALTER CLAUDIUS ROTHENBURG 31

1 Conceito de "liberdades públicas" – o figurino clássico 31

1.1 Significado da expressão 31

1.2 Conteúdo das liberdades 32

1.3 Classificação histórica: direitos fundamentais de 1ª "geração" 33

1.4 Sentido normativo 33

1.5 Garantias 34

1.6 Fundamentalidade: um regime jurídico qualificado (supremacia) 35

2 Âmbito normativo e limites das "liberdades públicas" 35

2.1 Âmbito normativo: o que está dentro e o que está fora das "liberdades públicas" 35

2.2 Limites das "liberdades públicas": teoria interna e teoria externa 37

2.3 Limites dos limites 38

3 Titularidade das "liberdades públicas": os sujeitos 40

3.1 Indivíduos: todos os seres humanos 40

3.2 Grupos e entes coletivos (pessoas jurídicas) 40

3.3 Animais (outros seres vivos) 41

3.4 Sujeito passivo: o Poder Público e a eficácia das "liberdades públicas" entre particulares 42

4 "Liberdades públicas" como direitos fundamentais – concepção contemporânea 43

4.1 Superação da expressão "liberdades públicas" 43

4.2 Incompletude de conteúdo 43

4.3 Incompletude quanto à titularidade: a projeção metaindividual 43

4.4 Incoerência de objeto: liberdades são direitos 44

Referências 44

LIBERDADES PÚBLICAS NO BRASIL? DE QUE MODO, SE AINDA NÃO SABEMOS COMO OBTER UM *HABEAS CORPUS* NOS TRIBUNAIS?

LENIO LUIZ STRECK, ANDRÉ KARAM TRINDADE 47

1 Estado da arte 47

2 Dois exemplos metafóricos para demonstrar a crise 48

3 O que os dois exemplos nos mostram? 50

4 À guisa de conclusão. O fantasma da modernidade: o discricionarismo 51

RESTRIÇÕES DAS LIBERDADES PÚBLICAS: UNIVERSALIZABILIDADE, PRINCÍPIOS E INTEGRIDADE DO DIREITO

JOSE LUIS BOLZAN DE MORAIS, GUILHERME VALLE BRUM 53

1 Circunstancialização do debate: liberdades públicas no Estado Democrático de Direito brasileiro 53

2 Jurisdição constitucional, democracia e liberdades públicas 55

3 Por uma jurisdição democrática para a implementação e a restrição constitucionalmente adequadas das liberdades públicas 58

4 Algumas notas conclusivas 65

Referências 66

PARTE II

DOGMÁTICA DOS DIREITOS FUNDAMENTAIS
E JURISDIÇÃO CONSTITUCIONAL

LIBERDADE DE EXPRESSÃO DO PENSAMENTO

SAMANTHA RIBEIRO MEYER-PFLUG 71

1 Introdução 71

2 Da liberdade de expressão de pensamento 72

3 Vedação da licença e da censura 74

4 Limites à liberdade de expressão do pensamento 74

4.1 Vedação ao anonimato 75

4.2	Direito de resposta e indenização por danos morais e materiais	76
4.3	Direito à imagem, à honra, à intimidade e à privacidade	77
5	Aspectos polêmicos da liberdade de expressão do pensamento	78
6	Conclusões	83
	Referências	84

LIBERDADE DE EXPRESSÃO DO PENSAMENTO, ARTÍSTICA, CIENTÍFICA E DE COMUNICAÇÃO

EDILSOM FARIAS		87
1	Configuração constitucional da liberdade de expressão	87
1.1	Liberdade genérica de expressão do pensamento	87
1.2	Liberdade de expressão de consciência e de crença religiosa	88
1.3	Liberdade de expressão filosófica e política	90
1.4	Liberdade de expressão artística e científica	90
2	Configuração constitucional da liberdade de comunicação	91
2.1	Direito fundamental de informar	92
2.2	Direito fundamental de acesso à informação	93
2.3	Direito fundamental de ser informado	94
2.3.1	Direito a receber informações dos órgãos públicos, direito ao *open files* e princípio da administração aberta	96
2.3.2	Direito a receber informações dos meios de comunicação de massa	98
2.3.3	Direito a receber informação publicitária adequada	99
3	Liberdade de comunicação e direitos fundamentais concorrentes	100
4	Princípios constitucionais da liberdade de expressão e comunicação	101
4.1	Princípio da vedação do anonimato	101
4.2	Princípio da proscrição de censura e licença	102
	Referências	104

LIBERDADE DE OFÍCIO

DIRLEY DA CUNHA JÚNIOR		107
1	Uma breve introdução às liberdades públicas e à liberdade de ofício	108
2	Liberdade de ofício como direito fundamental	109
3	Antecedentes históricos da liberdade de ofício no Brasil	110
4	Limitações à liberdade de ofício	112
5	Considerações finais	117
	Referências	117

LIBERDADE DE LOCOMOÇÃO: NÚCLEO ESSENCIAL E DIREITOS FUNDAMENTAIS DECORRENTES

JACINTO NELSON DE MIRANDA COUTINHO, BRUNA ARAUJO AMATUZZI BREUS......119

1 Introdução: liberdade, liberdades, uma tentativa de aproximação conceitual..................119

2 A liberdade do indivíduo individualmente tomado e a autodeterminação do homem 122

3 As origens do direito de liberdade de locomoção e a previsão na Constituição da República de 1988..................123

4 O núcleo essencial da liberdade e os direitos dele decorrentes 124

5 A garantia da liberdade, o direito de ir e vir e as hipóteses legais de restrição 125

6 O controle: *habeas corpus* 128

DIREITO AO PROTESTO

GUSTAVO FERREIRA SANTOS, ANA CECÍLIA BARROS GOMES 133

1 Introdução..................133

2 O protesto na relação constituição-democracia..................133

3 Liberdade de expressão, liberdade de reunião e direito ao protesto..................136

4 Desenho constitucional do "direito ao protesto" no Brasil..................137

5 A prática do protesto e a interpretação da Constituição..................139

5.1 Um olhar constitucionalmente adequado 139

5.2 A impossibilidade de controle de conteúdo..................139

5.3 Presunção da natureza pacífica..................141

5.4 A produção de transtornos 141

5.5 O protesto não informado..................142

5.6 Protesto com crítica à autoridade..................143

5.7 O uso de máscaras..................143

6 Reações legislativas aos protestos..................145

6.1 Novas estruturas legislativas como reação aos protestos 145

6.2 Novas leis para novos protestos no Brasil 146

6.3 Os indignados na Espanha e a Lei de Segurança Cidadã..................147

7 Considerações finais..................148

Referências 149

LIBERDADE DE ASSOCIAÇÃO

JULIANA TEIXERA ESTEVES, FERNANDA BARRETO LIRA 151

1 Introdução..................151

2 Conceituação e trajetória da assimilação constitucional da liberdade de associação 151

3	Enquadramento jurídico	155
4	Associações profissionais	155
4.1	Da proteção à liberdade sindical	157
5	Âmbito subjetivo da proteção	157
6	Âmbito objetivo da proteção	159
7	A liberdade de associação em sua expressão mais pujante: os novos movimentos sociais e as lutas contra-hegemônicas. O impulso para o redimensionamento da liberdade sindical	160
8	Conclusões	161
	Referências	162

LIBERDADE DE RELIGIÃO

JAYME WEINGARTNER NETO 165

1	Introdução	165
2	Quadro dogmático	165
3	Precedentes selecionados	170
	Referências	180

LIBERDADE E GREVE: APORTE CRÍTICO PARA A TEORIA CONTRATUAL DO DIREITO DO TRABALHO

IVAN SIMÕES GARCIA 183

1	Introdução	183
2	A categoria trabalho e o trabalho alienado no capitalismo	184
3	A liberdade e as formas jurídicas: o sujeito de direito burguês	186
3.1	O fetichismo do contrato e o contrato de trabalho	189
4	A liberdade e o direito: o direito de liberdade e a crítica	192
4.1	Liberdade e os direitos sociais	194
4.2	Direito coletivo do trabalho, liberdade e greve	195
5	A greve e o direito de greve: limites e possibilidades	197
6	Conclusão	200
	Referências	201

LIBERDADES PÚBLICAS E A TENTATIVA DE CONTROLE DO PODER LEGISLATIVO PELO PODER JUDICIÁRIO

VÂNIA SICILIANO AIETA 203

LIBERDADE DE COMUNICAÇÃO

CORIOLANO AURÉLIO DE ALMEIDA CAMARGO, CRISTINA MORAES SLEIMAN... 215

1 Introdução 215

2 Dos direitos personalíssimos 217

3 Do direito ao respeito e à dignidade da criança e do adolescente 223

4 Do direito à informação 223

5 Dos meios de comunicação 224

6 Do Código Brasileiro de Telecomunicações 224

7 Marco Civil da Internet 225

8 Conclusão 227

Referências 228

LIBERDADE DE IMPRENSA: VEICULAÇÃO DE CRÍTICAS E O PROBLEMA DA VERDADE

LUIZ MANOEL GOMES JUNIOR, MIRIAM FECCHIO CHUEIRI 231

1 O abuso de direito e o exercício do direito de crítica – limites para a atuação dos órgãos de imprensa – exercício regular de um direito 231

2 A opinião desfavorável da crítica literária, artística, científica ou desportiva, salvo quando inequívoca a intenção de injuriar ou difamar 236

3 O problema da crítica ao homem público – político 237

4 A reprodução, integral ou resumida, desde que não constitua matéria reservada ou sigilosa de relatórios, pareceres, decisões ou atos proferidos pelos órgãos competentes das Casas Legislativas 241

5 Noticiar ou comentar, resumida ou amplamente, projetos e atos do Poder Legislativo, bem como debates e críticas a seu respeito 242

6 A reprodução integral, parcial ou abreviada, a notícia, crônica ou resenha dos debates escritos ou orais, perante juízes e tribunais, bem como a divulgação de despachos e sentenças e de tudo quanto for ordenado ou comunicado por autoridades judiciais – o segredo de justiça 243

6.1 Veiculação de atos e decisões judiciais – segredo de justiça – e dever de indenizar 244

7 A divulgação de articulados, quotas ou alegações produzidas em juízo pelas partes ou seus procuradores 247

8 A divulgação, discussão e crítica de atos e decisões do Poder Executivo e seus agentes, desde que não se trate de matéria de natureza reservada ou sigilosa 248

9 A crítica às leis e a demonstração de sua inconveniência ou inoportunidade 250

10 A crítica inspirada pelo interesse público 250

11 A exposição de doutrina ou ideia 251

12 Reprodução ou noticiário que contenha injúria, calúnia ou difamação 251

13 Conclusões 252

Referências 252

LIBERDADE DE ENSINO: UMA QUESTÃO DE MEDIDA

ALFREDO COPETTI NETO, GUSTAVO OLIVEIRA VIEIRA... 255

1 Considerações preliminares... 255

2 Três significados de liberdade 256

3 O significado de liberdade que ensejou o liberalismo 256

4 Liberalismo econômico e liberalismo político 260

5 A liberdade de ensino no Estado de Direito Contemporâneo............................261

6 À guisa de uma conclusão.. 263

   Referências.. 263

PEQUENO DISCURSO SOBRE AS LIBERDADES DE INFORMAÇÃO E DE EXPRESSÃO

CLÈMERSON MERLIN CLÈVE, BRUNO MENESES LORENZETTO................................... 265

1 Introdução... 265

2 Os campos de incidência das liberdades 266

3 Projeções normativas no Brasil e a Lei de Imprensa.. 271

4 Considerações finais..276

   Referências.. 278

DIREITO DE PROCRIAR E PROCRIAÇÃO MEDICAMENTE ASSISTIDA NO CONTEXTO DA BIOCONSTITUIÇÃO

FELIPE SARINHO 281

1 Introdução... 281

2 A procriação medicamente assistida e suas técnicas....................................... 282

2.1 Conceito prévio: a procriação medicamente assistida...................................... 282

2.2 As técnicas de procriação medicamente assistida.. 285

3 Direito de procriar no contexto bioconstitucional.. 288

3.1 O direito a constituir família gera um direito de procriar? 288

3.2 Há um direito de procriar através do recurso à técnica de PMA?...................... 290

3.3 Regulamentação do acesso à procriação medicamente assistida no SUS.......... 295

4 Conclusões.. 297

DEBATE EN TORNO A LA LAICIDAD: LAS CARICATURAS DE MAHOMA Y LA LIBERTAD DE EXPRESIÓN

MANUEL ATIENZA.. 299

   NOTA... 305

LIBERDADE DE MORRER DIGNAMENTE

ADRIANO MARTELETO GODINHO, GEORGE SALOMÃO LEITE................................. 307

1 Considerações iniciais.. 307

2 Eutanásia: conceito, pressupostos e espécies 308

3 Em defesa da eutanásia: o direito à morte digna....................................... 312

4 O rechaço da eutanásia: a ortotanásia e a morte no tempo certo............ 315

5 À guisa de conclusão: o sopesamento dos argumentos favoráveis e contrários
à eutanásia 318

Referências... 319

LIBERDADES PÚBLICAS E HOMOSSEXUALIDADE: A LIBERDADE DE ORIENTAÇÃO SEXUAL NO DIREITO BRASILEIRO

ROGER RAUPP RIOS.. 321

1 Introdução... 321

2 Homossexualidade e liberdade de orientação sexual............................... 322

2.1 Liberdade, orientação sexual e homossexualidade................................... 322

2.2 Liberdades públicas e liberdade de orientação sexual 323

2.3 Liberdade de orientação sexual no direito brasileiro: a decisão do Supremo Tribunal
Federal na ADPF nº 132... 326

3 Desafios à liberdade de orientação sexual no direito brasileiro............. 329

3.1 Liberdade de orientação sexual e direitos sociais 330

3.2 Assimilacionismo e familismo heterossexista.. 331

3.3 A liberdade de orientação sexual entre universalismo e particularismo 334

4 Considerações finais.. 334

Referências... 335

PESSOAS COM DEFICIÊNCIA E EFETIVAÇÃO DOS DIREITOS FUNDAMENTAIS

LUIZ ALBERTO DAVID ARAUJO, MAURÍCIO MAIA 339

1 Introdução... 339

2 Direitos fundamentais e dignidade humana na Constituição Brasileira 340

3 A igualdade como pressuposto da dignidade humana............................. 341

3.1 A igualdade e o reconhecimento da diferença 342

4 As pessoas com deficiência na Constituição 343

4.1 A Convenção da ONU sobre os direitos das pessoas com deficiência............ 345

5 Lei Brasileira de Inclusão das Pessoas com Deficiência 348

6 Conclusão.. 349

Referências... 350

LIBERDADE INDIVIDUAL, DIREITO À DIVERSIDADE E CASAMENTO
IGUALITÁRIO

GLAUCO SALOMÃO LEITE, RENATA DE LIMA PEREIRA... 351

1   Introdução.. 351

2   O tratamento doutrinário: da família às famílias.. 352

3   Déficit de representação política e o Supremo Tribunal Federal como voz das
     minorias: a importância do julgamento da ADPF nº 132 e da ADI nº 4.277 355

4   Desdobramentos da decisão do Supremo Tribunal Federal 358

5   A reação parlamentar: o retorno à "família" (no singular)..................................... 359

     Referências... 362

PARTE III

LIBERDADES PÚBLICAS
NO DIÁLOGO ENTRE CORTES

LIBERDADE DE EXPRESSÃO: UM DIÁLOGO ENTRE CORTES

FLÁVIA PIOVESAN, MARIANNA REBUCCI 365

1   Introdução.. 365

2   Sistema Interamericano de Direitos Humanos e a proteção à liberdade de expressão
     como garantia pública... 366

3   A proteção à liberdade de expressão no Supremo Tribunal Federal: análise da APDF
     nº 187 372

4   O diálogo entre cortes, o controle de convencionalidade e a proteção de direitos 375

5   Considerações finais..378

DIÁLOGOS ENTRE CORTES E OS DIREITOS DA PESSOA HUMANA – ORDENS
JURÍDICAS E A FUNÇÃO DA JURISPRUDÊNCIA COMO
ELEMENTO COMUNICADOR

LUIZ GUILHERME ARCARO CONCI 379

1   Introdução.. 379

2   A proteção multinível dos diretos da pessoa humana e o pluralismo de fontes 379

3   A interação de ordens jurídicas para a proteção de direitos da pessoa humana 381

4   A conceituar diálogo em uma perspectiva jurisprudencial 385

5   O controle de convencionalidade e o diálogo entre cortes: duas faces da mesma moeda
     chamada proteção da pessoa humana 387

     Referências..391

A CORTE INTERAMERICANA DE DIREITOS HUMANOS E O CONTROLE DE CONVENCIONALIDADE

SIDNEY GUERRA 393

1   Introdução 393

2   As funções da Corte Interamericana e a importância de sua jurisdição no Sistema Interamericano de Direitos Humanos 394

3   Controle de convencionalidade 399

4   Considerações finais 403

    Referências 404

A ARGUMENTAÇÃO COMPARATIVA NA JURISDIÇÃO CONSTITUCIONAL

ANDRÉ RUFINO DO VALE 407

1   Introdução 407

2   O atual fenômeno do uso do direito estrangeiro na jurisdição constitucional 407

3   O foco em relação à prática dos tribunais constitucionais 410

4   Os distintos enfoques teóricos de estudo sobre o fenômeno 411

5   O argumento comparativo 412

6   Breves reflexões sobre a prática no STF 414

7   Notas finais 416

    Referências 416

SOBRE OS AUTORES 419

PREFÁCIO

Este livro, *Jurisdição Constitucional e Liberdades Públicas*, que tenho a honra de prefaciar, escrito por renomados juristas, sob a coordenação de Lenio Luiz Streck, George Salomão Leite e Glauco Salomão Leite, visualiza a jurisdição constitucional numa perspectiva maior, moderna, na qual a jurisdição constitucional é estudada não sob o ponto de vista da jurisdição constitucional propriamente dita, é dizer, do controle de constitucionalidade, mas compreendida na linha da lição, por exemplo, de Cappelletti, que a classificava em jurisdição constitucional propriamente dita (controle de constitucionalidade) e jurisdição constitucional da liberdade.[1]

Mas a compreensão da matéria, neste livro, vai além dessas primeiras lições. Nestas, a jurisdição constitucional da liberdade dizia respeito, primordialmente, às ações constitucionais destinadas à defesa da liberdade e dos direitos fundamentais nas suas variadas gerações. Aqui, vai-se mais longe. Com o apogeu da Constituição e o triunfo dos direitos fundamentais, a jurisdição passa a compreender não somente os meios constitucionais de defesa da liberdade, mas, sobretudo, o estudo aprofundado de temas atinentes aos direitos e garantias fundamentais, com vistas à plena realização destes, a partir da interpretação e aplicação, pelos Tribunais Constitucionais, de princípios constitucionais, tornando realidade a supremacia da Constituição, seja no controle difuso, seja, principalmente, no controle abstrato das normas.

A matéria sugere que se dê notícia, ainda que sinteticamente, da história do surgimento e florescimento da jurisdição constitucional, e da consolidação e alargamento desta onde ela já se praticava. E tudo sob o viés da redescoberta, na Europa continental, após a Segunda Guerra, da ideia de Constituição como estatuto da liberdade, e a necessidade de protegê-la e realizar a sua supremacia.

Anotei, em trabalho doutrinário,[2] que, em seguida à conferência de Hans Kelsen,[3] proferida em 1928, há quase noventa anos, portanto, na qual propugnou ele pela criação de tribunais constitucionais a fim de realizar a jurisdição constitucional, por isso que o ordenamento jurídico se configura "como uma pirâmide hierárquica de normas, garantindo-se a hierarquia normativa mediante o controle da conformidade de normas de grau inferior com as determinantes normativas de grau superior",[4] seguiu-se, em

---

[1] CAPPELLETTI, Mauro. O Controle Judicial da Constitucionalidade das Leis no Direito Comparado. Porto Alegre: Sérgio Fabris Editor, 1994. FAVOREU, L. *et al.* Necesidad Y Legitimidad de la Justicia Constitucional. In: Tribunales Constitucionales Europeos Y Derechos Fundamentales. Madri: Centro de Estudios Constitucionales, 1984, p. 599 e segs.

[2] VELLOSO, Carlos Mário da Silva. A arguição de descumprimento de preceito fundamental. In: MARTINS, Ives Gandra da Silva (Coord.). *Direito contemporâneo*: estudos em Homenagem a Oscar Dias Corrêa. Rio de Janeiro: Forense, 2001, p. 34; VELLOSO, Carlos Mário da Silva. Da jurisdição constitucional ou do controle de constitucionalidade. In: MENDES, Gilmar Ferreira. *Tratado de direito constitucional.* v. I. Rio de Janeiro: Saraiva, 2010, p. 379.

[3] KELSEN, Hans. La Garantie Juridictionnelle de la Constitution. *Revue de Droit Public et de la Science Politique,* p. 197, 1928.

[4] CANOTILHO, José Joaquim Gomes. *Direito constitucional.* 5. ed. 1991, p. 976.

1929, o memorável debate que Kelsen travou com Carl Schmitt,[5] no qual sustentou que a guarda da Constituição deveria ser deferida a um Tribunal Constitucional, que apreciaria as questões jurídico-constitucionais, realizando a supremacia da Constituição. É que a Constituição é pressuposto de validade e de eficácia de toda a ordem normativa instituída pelo Estado e "uma constituição, na qual não exista a garantia de anulabilidade dos atos inconstitucionais não é plenamente obrigatória em sentido técnico".[6]

Carl Schmitt não admitia a ideia de uma jurisdição ou justiça constitucional, porque, argumentava, a decisão que resolve a questão de constitucionalidade teria natureza política, e não caberia ao tribunal "fazer política", na defesa da Constituição.[7] Essa defesa caberia, sim, a um órgão político.

Essas duas posições exprimem, lembra o professor Cardoso da Costa, antigo presidente do Tribunal Constitucional português, "duas concepções diferentes de Constituição, ou do seu momento essencial e verdadeiramente radical. A uma concepção normativista de Constituição, como era a de Kelsen, contrapunha-se uma concepção decisionista-unitária, como era a de Schmitt, e, consequentemente, do que deva ser a sua defesa ou a sua guarda; como nela se exprimem, também, entendimentos diversos acerca da natureza da justiça ou da função jurisdicional".[8]

Do debate saiu vitorioso Kelsen, que iniciou e pôs fim à polêmica. A sua conferência representou o alfa e o ômega da questão.

O renascimento da ideia de Constituição como estatuto da liberdade e a necessidade de protegê-la, fazendo realidade a sua supremacia, deram causa ao florescimento da jurisdição constitucional, de par com o desenvolvimento do constitucionalismo ocorrido nos últimos dois séculos, por etapas, assim resumidas:[9]

> (i) o surgimento da ideia de Constituição ou do constitucionalismo: a ideia de Constituição escrita, limitadora do poder estatal, surge no bojo das revoluções liberais ocorridas na 2ª metade do Século XVIII, a Revolução da Independência norte-americana, de 1776, e a Revolução Francesa, de 1789. Ela é contemporânea das primeiras Declarações de Direito: a de Virgínia, de junho de 1776, anterior à Declaração de Independência, que é de julho do mesmo ano, e a Declaração dos Direitos do Homem e do Cidadão, de agosto de 1789. Essas Declarações dão nascimento aos direitos fundamentais de primeira geração. A ideia de Constituição embasa-se em precedentes históricos e doutrinários. O principal desses precedentes históricos é a Magna Carta do Rei João Sem Terra, de 1215.
>
> (ii) a Constituição é reconhecida como lei, lei maior, que deve ser cumprida e protegida.[10] Na Europa continental isso ocorre após a Segunda Guerra, com a criação dos Tribunais Constitucionais europeus: a Corte Constitucional da Áustria, criada em 1920, sob a

---

[5] CARDOSO DA COSTA, José Manuel M. *Studia Iuridica*, n. 41, p. 113, 1999.

[6] KELSEN, Hans, *op. cit.*

[7] SCHMITT, Carl. *O guardião da Constituição*. Belo Horizonte: Del Rey, 2007.

[8] CARDOSO DA COSTA, José Manuel M. *op. cit.*; SOUZA CRUZ, Álvaro Ricardo. *Jurisdição constitucional democrática*. Belo Horizonte: Del Rey, 2004, p. 101 *et seq.*

[9] VELLOSO, Carlos Mário da Silva. Da jurisdição constitucional, especialmente do controle concentrado, e a repercussão de suas decisões no campo tributário. In: STF. *A Constituição de 1988 na visão dos Ministros do Supremo Tribunal Federal*. Edição Comemorativa, Brasília, DF, 2013, p. 281 *et seq.*

[10] Para boa compreensão dos temas, importantes os trabalhos: BARACHO, José Alfredo de Oliveira. *Processo constitucional*. Rio de Janeiro: Forense, 1984, p. 191 *et seq.*; MENDES, Gilmar Ferreira. *Direitos fundamentais e controle de constitucionalidade*: estudos de direito constitucional. 3. ed. São Paulo: Saraiva, 2009; *Jurisdição constitucional*. 5. ed. São Paulo: Saraiva, 2007.

PREFÁCIO | 17

inspiração de Kelsen e fechada no final dos anos 1930, com a invasão da Áustria pelos exércitos nazistas, é restaurada, em 1945. A Constituição italiana de 1947 criou a Corte Constitucional da Itália e a Lei Fundamental de Bohn, de 1949, o Tribunal Constitucional da República Federal Alemã. Nos anos 1960, Chipre, Turquia e Tchecoslováquia instituíram as suas Cortes Constitucionais. Na década de 1970, a Grécia procedeu da mesma forma. Seguiram-se Portugal, com a primeira revisão da Constituição de 1976, ocorrida em 1982, e a Espanha, em 1978.

É importante registrar que a Suprema Corte Norte-Americana realizou a segunda etapa da evolução do constitucionalismo, em 1803, no caso *Marbury vs. Madison*. O Brasil, em 1891, com a Constituição republicana, ao adotar o controle de constitucionalidade difuso, segundo o modelo americano.

Ocorre, ademais, nessa segunda fase, o surgimento, com as Constituições do México, de 1917, e de Weimar, de 1919, do constitucionalismo social, consagrando-se os direitos fundamentais de segunda geração, os direitos econômicos e sociais.

> (iii) Predomínio da Constituição: a constitucionalização do Direito. É o neoconstitucionalismo, com a formação do Estado Constitucional de Direito, no qual constitucionalismo e democracia se confundem. Os direitos humanos ou direitos fundamentais, o respeito à dignidade humana, passam a constituir as vigas mestras do edifício constitucional.[11]

No ponto, entretanto, convém anotar lição de Manoel Gonçalves Ferreira Filho no sentido de que "ainda não existe um novo tipo de Estado, o que se convencionou chamar de Estado pós-moderno. Na verdade", continua o mestre das Arcadas, "isto é comprovado pelo direito comparado, pois não há diferenças importantes entre as constituições mais recentes e o modelo do constitucionalismo moderno. Este, nascido do liberalismo, adaptou-se sem maiores problemas ao signo do social e, provavelmente, às exigências da chamada pós-modernidade. Não há, portanto", conclui Manoel Gonçalves, "deste ângulo, razão para justificar um constitucionalismo pós-moderno ou um neoconstitucionalismo".[12]

Consagram-se, também nessa fase, os direitos fundamentais de terceira e de quarta geração. Aqueles, anota Celso Lafer, pertencem à comunidade, ao povo ou à nação. No plano internacional, dizem respeito a uma nova ordem econômica mundial, ao desenvolvimento, à paz, ao interesse dos consumidores, à qualidade de vida e à liberdade de informação. No plano interno, constituem os interesses difusos e coletivos, como o

---

[11] BARROSO, Luís Roberto. Neoconstitucionalismo e constitucionalização do direito – o triunfo tardio do Direito Constitucional no Brasil. *Revista de Direito Administrativo*, n. 240, 2005; BARCELLOS, Ana Paula de. *A nova interpretação constitucional*: ponderação, direitos fundamentais e relações privadas. 2. ed. Rio de Janeiro: Renovar, 2006; BARROSO, Luís Roberto. Fundamentos teóricos e filosóficos do novo Direito Constitucional brasileiro (pós-modernidade, teoria crítica e pós-positivismo). *Interesse Público*, n. 11, 2001. No tocante à constitucionalização do direito, registra Oscar Vilhena Vieira que "a Constituição transcedeu os temas propriamente constitucionais e regulamentou pormenorizada e obsessivamente um amplo campo das relações sociais, econômicas e públicas, em uma espécie de compromisso maximizador. Este processo, chamado por muitos colegas de constitucionalização do direito (no ponto cita Virgílio Afonso da Silva e Gustavo Binenbojm), liderado pelo Texto de 1988, criou, no entanto, uma enorme esfera de tensão constitucional e, consequentemente, gerou uma explosão de litigiosidade constitucional" (VIEIRA, Oscar Vilhena. Supremocracia. *Revista Direito GV*, São Paulo, v. 4, n. 2, p. 446-447, jul./dez. 2008).

[12] FERREIRA FILHO, Manoel Gonçalves. Notas sobre o Direito Constitucional pós-moderno, em particular sobre certo neoconstitucionalismo à brasileira. *Revista de Direito Administrativo*, n. 250, p. 164, 2009.

direito ao meio ambiente.[13] Os de quarta geração, leciona Paulo Bonavides, pertencem ao gênero humano: o direito à democracia, que, no plano interno, "faz legítimo o direito de resistência; do ponto de vista externo confere licitude à intervenção militar de uma ordem supranacional paulatinamente esboçada e efetivada" para o fim de "apear do poder as ditaduras do absolutismo e banir os regimes infensos à democracia e por isso proclamados fora da lei, a lei que há de governar os povos e as nações".[14]

Nesse quadro é que se amolda, modernamente, a jurisdição constitucional como indutora do desenvolvimento e fortalecimento dos direitos fundamentais em suas múltiplas gerações. Nesse contexto, inserem-se os trabalhos enfeixados neste livro, agrupados em três partes.

Na *Parte I*, cuida o livro das *Liberdades Públicas na Teoria Geral dos Direitos Fundamentais*, com os trabalhos de Walter Claudius Rothenburg, *Liberdades Públicas: Características Gerais e Titularidade de Direitos*, Lênio Luiz Streck e André Karam Trindade, *Liberdades Públicas no Brasil? De que modo, se ainda não sabemos como obter um habeas corpus nos Tribunais?* e José Luiz Bolzan de Morais e Guilherme Vale Brum, *Restrições das Liberdades Públicas: universalizabilidade, princípios e integridade do Direito*.

Na *Parte II*, o tema – *Dogmática dos Direitos Fundamentais e Jurisdição Constitucional* – é estudado por Samantha Ribeiro Meyer-Pflug, que disserta sobre *Liberdade de Expressão do Pensamento*; Edilsom Farias traz ao debate *Liberdade de Expressão do Pensamento, Artística, Científica e de Comunicação*. Seguem-se os trabalhos de Dirley da Cunha Júnior, *Liberdade de Ofício*; Jacinto Nelson de Miranda Coutinho e Bruna Araújo Amatuzzi Breus, *Liberdade de Locomoção: Núcleo Essencial e Direitos Fundamentais Decorrentes*; Gustavo Ferreira Santos e Ana Cecília Barros Gomes, *Direito ao Protesto*; Juliana Teixera Esteves e Fernanda Barreto Lira, *Liberdade de Associação*; Jayme Weingartner Neto, *Liberdade de Religião*; Ivan Simões Garcia, *Liberdade e Greve: Aporte Crítico para a Teoria Contratual e Direito do Trabalho*; Vânia Siciliano Aieta, *Liberdades Públicas e a Tentativa de Controle do Poder Legislativo pelo Poder Judiciário*; Coriolano Aurélio de Almeida Camargo e Cristina Moraes Sleiman, *Liberdade de Comunicação*; Luiz Manoel Gomes Júnior e Miriam Fecchio Chueiri, *Liberdade de Imprensa: Veiculação de Críticas e o Problema da Verdade*; Alfredo Copetti Neto e Gustavo Oliveira Vieira, *Liberdade de Ensino: Uma Questão de Medida*; Clèmerson Merlin Cléve e Bruno Meneses Lorenzetto, *Pequeno Discurso sobre as Liberdades de Informação e de Expressão*; Felipe Sarinho, *Direito de Procriar e Procriação Medicamente Assistida no Contexto da Bioconstituição*; Manuel Atienza, *Debate en Torno a la Laicidade – Las Caricaturas de Mahoma y la Libertad de Expresión*; Adriano Marteleto Godinho e George Salomão Leite, *Liberdade de Morrer Dignamente*; Roger Raupp Rios, *Liberdades Públicas e Homossexualidade: A Liberdade de Orientação Sexual no Direito Brasileiro*; Luiz Alberto David Araujo e Maurício Maia, *Pessoas com Deficiência e Efetivação dos Direitos Fundamentais*; Glauco Salomão Leite e Renata de Lima Pereira, *Liberdade Individual, Direito à Diversidade e Casamento Igualitário*.

Seguem-se, na *Parte III*, que tem como tema *Liberdades Públicas no Diálogo entre Cortes*, os estudos de Flávia Piovesan e Marianna Rebucci, *Liberdade de Expressão: Um Diálogo entre Cortes*; Luiz Guilherme Arcaro Conci, *Diálogos entre Cortes e os Direitos da Pessoa Humana – Ordens Jurídicas e a Função da Jurisprudência como Elemento Comunicador*;

---

[13] LAFER, Celso. Direitos humanos e democracia: no plano interno e internacional. In: LAFER, Celso. Desafios: ética, política. São Paulo: Siciliano, 1995, p. 201 *et seq.*

[14] BONAVIDES, Paulo. Teoria do Estado. 4. ed. São Paulo: Malheiros, 2003, p. 428 *et seq.*

Sidney Guerra, *A Corte Interamericana de Direitos Humanos e o Controle de Convencionalidade*; e André Rufino do Vale, *A Argumentação Comparativa na Jurisdição Constitucional*.

Como se verifica, os trabalhos jurídicos aqui reunidos, escritos com cientificidade e sob o ângulo de visada do moderno conceito da jurisdição constitucional, certamente que vão despertar o interesse dos estudiosos do direito público, contribuindo para o desenvolvimento cada vez mais significativo da justiça constitucional.

Cumprimento os autores e os coordenadores da obra, estes também autores, como vimos de ver, pela excelência da obra que, com o selo desta Editora, vai enriquecer a biblioteca dos juízes, dos juristas, dos professores, dos advogados e de todos os que lidam no foro e na academia.

Carlos Mário da Silva Velloso

Ministro aposentado. Ex-presidente do Supremo Tribunal Federal (STF) e do Tribunal Superior Eleitoral (TSE). Professor emérito da Universidade de Brasília (UnB) e da PUC Minas, em cujas Faculdades de Direito foi professor de Direito Constitucional e Teoria Geral do Direito Público. Advogado.

INTRODUÇÃO

FÁBIO KONDER COMPARATO

Os eminentes organizadores reuniram nesta obra um conjunto de primorosos artigos sobre as liberdades enquanto direitos fundamentais, artigos esses cujo nível teórico equivale ao que de melhor se tem produzido na doutrina jurídica nacional e estrangeira.

Tudo o que se quisesse, por conseguinte, acrescentar a esta excelente antologia no campo do direito formal ou puramente positivo seria ocioso. Decidi-me, diante disso, a discutir brevemente nesta introdução a vigência efetiva de tais liberdades – no sentido primigênio do verbo *vigeo, -ere* na língua latina; ou seja, ter força, vigor. E isto, diante de duas interrogações perturbadoras: por que razão o reconhecimento das liberdades fundamentais só veio a ser admitido em direito positivo na era moderna e de forma muito parcial? Por que a sua vigência efetiva em nosso país, ainda hoje, deixa muito a desejar?

Para tentar responder a tais indagações, creio indispensável compreender, como assinalou sobretudo Hegel em suas *Vorlesungen über die Philosophie der Geschichte*, que o homem é um ser histórico e que, em consequência, todas as suas criações culturais surgem em resposta a um estímulo ou provocação em determinado momento da história, transformando-se incessantemente sob a pressão de novas necessidades ou interesses concretos.

Montesquieu, observando que a palavra *liberdade* apresenta múltiplos significados na história, chegou à conclusão de que "cada povo denominou *liberdade* o governo conforme a seus costumes ou a suas inclinações".[1] A partir dessa constatação, o grande pensador francês passa a analisar a liberdade no contexto político, considerando-a sob um duplo aspecto: em relação à *constituição* do país, isto é, aquilo que os gregos denominavam *politeia*, e relativamente a cada cidadão em particular; ou seja, liberdades públicas e liberdades privadas.

Ora, sob esse aspecto, o que a história nos ensina é que, na civilização individualista do capitalismo, toda liberdade existe em contraposição a um poder e que os titulares de liberdades privadas raramente se dão conta de que eles próprios são também detentores de um poder em relação ao qual outras pessoas têm o direito de exercer sua liberdade.

---

[1] *Do Espírito das Leis*, Livro XI, Capítulo II.

1 O surgimento histórico das liberdades como direitos fundamentais

Como sabido, a reflexão filosófica sobre a liberdade, enquanto atributo político, principiou com o florescimento dos regimes democráticos nas cidades gregas, sobretudo Atenas, no século V a.C.

Assim é que Aristóteles, em seu tratado sobre a política (1317a, p. 40 e ss.), afirma que o princípio fundamental sobre o qual repousa a *politeia* democrática é a liberdade. Mas, acrescenta ele desde logo, sendo a justiça, segundo a concepção democrática, fundada na igualdade simplesmente numérica (e não de mérito) dos cidadãos, a multidão é sempre soberana, e tudo o que decide a maioria é tido como justo e deve ser respeitado. A consequência lógica desse princípio, observa o filósofo, é que, a vigorar o regime democrático, os pobres se tornam mais poderosos do que os ricos, uma vez que aqueles são sempre mais numerosos do que estes e que a decisão da maioria tem uma autoridade absoluta. Ou seja, a tendência incoercível das democracias é a sua transformação em oclocracias, nas quais o *demos* (o povo esclarecido) é substituído pelo *ochlos* (a multidão ignorante).

Escusa lembrar que, após a brevíssima experiência de vida política democrática nas cidades gregas, esse regime desapareceu na história para somente ressurgir quase vinte séculos após no Ocidente. Ressurgiu, porém, profundamente alterado em sua essência, por efeito da grande transformação socioeconômica provocada pela ascensão da burguesia como classe dominante no Ocidente.

Essa ascensão burguesa, como sabido, coincide com a criação dos primeiros direitos humanos na Inglaterra no século XVII.

Com a deposição de Carlos II em 1688, o Parlamento inglês declarou vago o trono e decidiu operar uma mudança dinástica, oferecendo a coroa, conjuntamente, ao Príncipe de Orange e sua mulher. Ao serem empossados, os novos soberanos aceitaram, em sua integralidade, a Declaração de Direitos (*Bill of Rights*) votada pelo Parlamento em 1689, a qual passou a constituir uma das leis fundamentais do reino. Ela pôs fim, pela primeira vez na Europa, ao regime de monarquia absoluta, no qual todo poder emana do rei e em seu nome é exercido.

De se notar que o Parlamento inglês, àquela época, era composto em sua maior parte de representantes da nobreza e do alto clero (*Lords Spiritual and Temporal*). O estamento aristocrático, na verdade, sempre foi na Inglaterra muito cioso de seus privilégios e pronto a se revoltar contra o monarca quando tais prerrogativas eram desrespeitadas. Foi o que sucedeu em 1215, já na Baixa Idade Média, com a rebelião dos barões ingleses contra João Sem-Terra, a qual deu origem à *Magna Carta*.

Por outro lado, ao limitar os poderes governamentais, sobretudo em matéria tributária, e estabelecer ampla liberdade de comércio, o *Bill of Rights* suprimiu a maior parte das peias jurídicas que embaraçavam a atividade comercial e, por conseguinte, o rápido enriquecimento dos burgueses. Nesse sentido, a *Glorious Revolution* de 1688 foi o prenúncio das Revoluções Americana e Francesa, deflagradas pela burguesia.

Acontece que, tornando-se poderosa economicamente, a classe burguesa passou a exigir, como era natural, um espaço cada vez maior na vida política. Na Inglaterra, a exigência foi resolvida com a divisão do Parlamento em Câmara dos Lordes, representativa do tradicional estamento aristocrático, e Câmara dos Comuns, onde passaram a atuar os representantes da burguesia. Estabelecia-se, assim, a equiparação política da nova classe com a antiga nobreza.

Já na América do Norte, o contexto político da colonização anglo-saxônica foi bem diverso. Os *Pilgrims* do *Mayflower* deixaram a Inglaterra em 1620 para fugir da perseguição religiosa. Para eles, portanto, a liberdade de religião constituía o mais importante direito fundamental do cidadão. Eis porque, seguindo fielmente essa tradição, o Congresso dos Estados Unidos, logo após a Independência, fez constar da Primeira Emenda à Constituição de 1787 o princípio de que ele, Congresso, "não editará lei instituindo uma religião, ou proibindo o seu exercício". Em famoso acórdão de 1943 (*Murdock v. Pennsylvania*), a Suprema Corte declarou que a liberdade de religião, de imprensa e de palavra se situa em "posição de maior realce" (*preferred position*) em relação aos demais direitos humanos.

Na verdade, a classe dominante na América do Norte foi, desde o início, composta de burgueses, de mentalidade e costumes radicalmente opostos aos da aristocracia inglesa. Para se ter uma ideia dessa preponderância da burguesia nos Estados Unidos, basta atentar para o fato de que a quase totalidade dos componentes da Convenção de Filadélfia, que redigiu a Constituição de 1787, era formada por proprietários rurais, advogados e comerciantes. Todos eles eram muito ciosos de suas liberdades individuais, mas não se davam conta de que, enquanto proprietários rurais, tinham a seu serviço, como objeto de propriedade, uma multidão de escravos. O que bem ilustra o princípio de que, sem autêntica igualdade social, as liberdades fundamentais ficam amputadas.

Se considerarmos agora a Revolução Francesa, percebemos que a via conciliatória seguida pelo mundo político inglês no século XVII foi brutalmente afastada em 14 de julho de 1789 com a tomada da Bastilha, prisão-fortaleza emblemática do *Ancien Régime*.

Quando explodiu essa rebelião popular, o rei Luís XVI já havia convocado a *Assemblée des États Généraux du Royaume*, que passara a atuar em Versalhes no dia 5 de maio. Tradicionalmente, cada um dos três estamentos – o clero, a nobreza e o povo – votava em bloco. Logo no início dos trabalhos, os representantes do povo, que já haviam conseguido, por decisão do conselho do rei, duplicar o seu número relativamente aos representantes dos dois outros estamentos, passaram a exigir que as votações se fizessem por cabeça, e não por voto coletivo de cada ordem ou estamento. Em sinal de protesto, os clérigos e nobres, com mínimas exceções individuais, abandonaram a assembleia, que ficou assim inteiramente nas mãos do *Tiers État*. Como denominar então o conjunto dos deputados que permaneceram em funções, os quais já não podiam, legitimamente, se intitular representantes dos *États Généraux du Royaume*?

Na sessão de 15 de junho, Mirabeau sugeriu a adoção da fórmula "assembleia dos representantes do povo francês", explicando que a palavra *povo* era elástica e podia significar muito ou pouco, conforme as necessidades ou conveniências. Foi justamente essa ambiguidade que suscitou a censura da proposta de Mirabeau, desde logo feita por dois juristas, advertidos dos riscos políticos que tal anfibologia traria para a classe burguesa. Reportando-se ao direito romano, indagaram eles em que sentido deveria ser tomada a palavra *povo*: como *plebs* ou como *populus*?[2] Era óbvio para eles que, em se aceitando o primeiro significado, haveria a instauração não propriamente de uma democracia, mas de uma oclocracia, pois a massa do povo francês – nela incluídos os não

---

[2] O *populus romanus* compreendia oficialmente dois estamentos: o dominante, formado pelos patrícios, teoricamente descendentes dos fundadores de Roma, e o estamento inferior dos plebeus. Os poderes políticos do *populus* sempre foram mais reduzidos do que os que a *politeia* ateniense atribuía ao *demos*.

proprietários, que compunham sua esmagadora maioria – passaria a exercer a cidadania ativa, votando as leis e julgando os governantes.

A solução do impasse veio de Sieyès, com base nas ideias políticas publicadas pouco antes, na obra que o tornou célebre, *Qu'est-ce que le Tiers État?*: os deputados passariam a reunir-se em uma *assembleia nacional*.

A burguesia francesa, que acabava de alçar-se à condição de classe dominante, resolvia assim, astuciosamente, a delicada questão da transferência da soberania política. Em lugar do monarca, que deixava o palco, entrava em cena uma entidade dotada de conotações quase sagradas, que não podiam ser contestadas abertamente pelo clero ou pela nobreza, sob pena de sofrerem a acusação de antipatriotismo; entidade essa que, de qualquer forma, pairava acima do povo, onde predominava a força numérica dos não proprietários.

A grande vantagem prática da fórmula encontrada pelos deputados do *Tiers État* foi que o novo soberano, pela sua própria natureza, é incapaz de exercer pessoalmente o poder político. A nação pode existir politicamente de forma simbólica, mas só atua, contrariamente ao que ocorre com o povo, por meio de representantes. "O princípio de toda soberania", proclamou o artigo 3 da Declaração dos Direitos do Homem e do Cidadão de 1789, "reside essencialmente na Nação. Nenhuma corporação, nenhum indivíduo pode exercer autoridade alguma que dela não emane expressamente". E a primeira Constituição francesa, promulgada em 1791, afastando todas as veleidades de um fracionamento individual da soberania, dispôs com clareza cortante: "A Nação, de quem unicamente emanam todos os Poderes, não pode exercê-los senão por delegação. A Constituição francesa é representativa" (título III, art. 2º).

As severas advertências de Rousseau, de que a soberania política não pode ser representada sob pena de ser alienada e que, sendo ela a vontade geral do povo em sua integridade, é indivisível pela sua própria natureza,[3] foram assim completamente afastadas. O que não impediu a classe burguesa de manifestar *coram populo* à sua hipocrisia ao decidir, em outubro de 1790, dois anos após a morte do grande pensador genebrino, a instalação solene do seu busto, juntamente com um exemplar do *Contrato Social*, na Assembleia Nacional Francesa e de transferir alguns anos depois suas cinzas para o panteão dedicado aos grandes homens da França.

De qualquer forma, tanto nos Estados Unidos quanto na França, ressuscitou-se, no final do século XVIII, a ideia de que a democracia seria um regime subversor da ordem social. Como disse James Madison, um dos *Founding Fathers* dos Estados Unidos, a democracia é "a sociedade consistente em um pequeno número de cidadãos, que se reúnem e administram o governo diretamente", estimulando com isso o espírito de facção.[4]

Na verdade, já naquela época expandia-se em todo o Ocidente a civilização capitalista, que soube difundir com excepcional destreza falsidades ideológicas dessa espécie.

Com efeito, uma das características principais do "espírito" do capitalismo, não apontada por Max Weber em seu célebre ensaio,[5] é a sua natureza camaleônica; vale

---

[3] *Do Contrato Social*, Livro Segundo, capítulos primeiro e segundo.

[4] *The Federalist*, n. 10.

[5] *Die protestantische Ethik und der Geist der Kapitalismus*, editado originalmente em 1904/1905.

dizer, a habilidade de encobrir os fatos reais com o manto da ideologia. A invocação da liberdade individual serve sempre de justificativa para a submissão de trabalhadores, consumidores e do próprio Estado ao poder dominante dos empresários no mercado. O princípio da isonomia (todos são iguais perante a lei) esconde a sistemática dominação do rico sobre o pobre, do produtor sobre o consumidor, da grande empresa prestadora de serviços sobre o usuário ignorante e imprudente. Ou seja, todos são livres de exercer seus direitos contanto que tenham recursos econômicos suficientes para tanto. Na civilização capitalista, no entanto, como disse o personagem de um romance de Anatole France (*L'Affaire Crainquebille*), "a lei, em sua majestosa igualdade, proíbe tanto ao rico quanto ao pobre furtar um pão, mendigar nas ruas ou dormir sob as pontes".

Pois é esse espírito camaleônico que sempre caracterizou os regimes políticos no Brasil no tocante às liberdades fundamentais, como se passa a ver.

2 A fraqueza das liberdades fundamentais no direito brasileiro

Toda sociedade política organiza-se em função de dois fatores estruturantes intimamente ligados: 1) a organização de poder; 2) a mentalidade e os costumes sociais.

Forçoso é reconhecer que, no Brasil, tais fatores têm sido, desde sempre, verdadeiros obstáculos à vigência das liberdades, quer públicas, quer privadas.

Em toda a nossa história, o poder supremo ou soberano sempre foi exercido pela coligação oligárquica de potentados econômicos privados e grandes agentes estatais. O povo jamais deteve uma parcela, ainda que mínima, de verdadeiro poder.

Essa oligarquia binária, instalada entre nós desde os primeiros tempos da época colonial, reproduziu em grande parte a organização de poder que passou a viger em Portugal, desde fins do século XIV, com o reinado da dinastia de Avis. Dom João I, empenhado em afastar da Corte a nobreza favorável a Castela, convocou para auxiliá-lo nas tarefas de governo grandes comerciantes, sobretudo do Porto, e os famosos *legistas*, notadamente João das Regras. Foi esse grupo rico e ilustrado da burguesia que montou todos os empreendimentos de exploração mercantil e colonial, primeiro na África, depois na Ásia e no Brasil.

Como não é difícil perceber, implantou-se assim precocemente em terras de Portugal o sistema capitalista, que até então somente existia em algumas pequenas cidades-estados da bacia do Mediterrâneo.

Ora, constitui traço essencial de toda organização política de cunho capitalista defender a qualquer preço (é bem o caso de dizer) a liberdade de iniciativa empresarial. Quanto às demais liberdades, à medida que elas foram despontando historicamente, os próceres do sistema capitalista sempre timbraram em reconhecê-las, mas somente da boca para fora. Desde que tais liberdades entrassem em conflito com a livre iniciativa empresarial, as lideranças capitalistas nunca hesitaram em atacá-las, quando não suprimi-las, ao acederem ao poder político.

A colonização portuguesa em terras brasileiras ilustra perfeitamente essa associação de potentados privados e principais agentes do Estado no campo político.

Escrevendo do Rio de Janeiro em 6 de novembro de 1710 ao duque de Cadaval, Frei Francisco de Menezes observou: "Sua Majestade deu liberdade aos governadores para negociarem. [...] Até agora sempre governavam e negociavam, mas era com receio;

sempre tinham mão em si, agora vão pondo isto em tais termos que já não há negócio senão o seu".[6]

De onde a conhecida diatribe de Vieira no "Sermão de Santo Antônio aos Peixes": "Porque os grandes, que têm o mando das Cidades e das Províncias, não se contenta a sua fome de comer os pequenos um por um, ou poucos, a poucos, senão que devoram e engolem povos inteiros". Ou, de maneira mais concreta, ao saudar em julho de 1640 o marquês de Montalvão, novo vice-rei do Brasil, que acabara de chegar à Bahia: "Perde-se o Brasil, senhor (digamo-lo em uma palavra), porque alguns ministros de Sua Majestade não vêm cá buscar nosso bem, vêm cá buscar nossos bens".[7]

Não é, pois, de espantar se essa dobrez, consistente em respeitar *pro forma* o direito positivo, para descumpri-lo desde que se revele contrário aos interesses pessoais, de família, de classe, de corporação etc., tenha persistido integralmente até hoje, em matéria de liberdades fundamentais.

Tomemos, por exemplo, a liberdade de comunicação social. A "Constituição-Cidadã" declara solenemente, em seu art. 220, que "a manifestação do pensamento, a criação, a expressão e a informação, sob qualquer forma, processo ou veículo não sofrerão restrição, observado o disposto nesta Constituição". E os parágrafos do mesmo artigo completam:

> §1º Nenhuma lei conterá dispositivo que possa constituir embaraço à plena liberdade de informação jornalística em qualquer veículo de comunicação social [...].
> §2º É vedada toda e qualquer censura de natureza política, ideológica e artística.

Tais dispositivos constitucionais, obviamente, são sempre interpretados e aplicados com a dissimulação própria do sistema capitalista. Assim é que, toda vez que se pretende promulgar uma lei relativa à comunicação social, os próceres dos grandes conglomerados que dominam o setor protestam em altos brados, acusando a proposta legislativa de censura à liberdade de comunicação. O que, é claro, não os impede de fazer sistematicamente, em seus periódicos, estações de rádio e televisão, a censura privada a toda informação ou manifestação contrária aos seus interesses.

Não bastasse isso, outra hipocrisia institucional ocorre nessa área.

O art. 220, §5º, da Constituição declara terminantemente que "os meios de comunicação social não podem, direta ou indiretamente, ser objeto de monopólio ou oligopólio". Por sua vez, o art. 221, inciso I, estabelece que a produção e a programação das emissoras de rádio e televisão atenderão, entre outros, ao princípio da "preferência a finalidades educativas, artísticas, culturais e informativas".

Pois bem, passado mais de um quarto de século da promulgação da "Constituição-Cidadã", tais dispositivos continuam letra morta, pois o Congresso Nacional não edita as correspondentes leis regulamentares. Inconformado com isso, consegui em 2011 que um partido político e uma confederação nacional de trabalhadores ingressassem com ações de inconstitucionalidade por omissão, perante o Supremo Tribunal Federal. Tais ações (ADO nº 10 e 11) mereceram parecer em grande parte favorável da Procuradoria-

---

[6] Citado por BOXER, C. R. *The golden age of Brazil 1695-1750*. Berkeley: University of California Press, 1962, p. 393, nota 4 ao capítulo V.

[7] Sermão da Visitação de Nossa Senhora. In: *Sermões*. v. IX. Porto: Lello & Irmãos, 1951, p. 346.

Geral da República. Acontece que, encerrada a instrução em 2013, elas permanecem repousando tranquilamente no gabinete da ministra relatora.

Como denunciou um relatório da UNESCO de 2010, a propriedade das principais empresas de comunicação social "está nas mãos de grupos políticos instalados nos variados níveis dos Poderes Legislativo e Executivo". Por acaso, o Judiciário tem coragem para enfrentar esse macro-oligopólio?

Tudo isso quanto à organização do poder. Se passarmos agora a considerar a mentalidade e os costumes sociais vigentes no país, a realidade se revela, da mesma forma, frontalmente contrária à afirmação constitucional das liberdades fundamentais.

E a razão é simples. Quase quatro séculos de escravidão legal forjaram entre nós uma mentalidade coletiva e costumes sociais de cunho essencialmente privatista e discriminatório, fundados no poder do dinheiro. Como diz o velho ditado, "quem tem poder manda, quem tem juízo obedece".

Já no início do século XVII, Frei Vicente do Salvador reconhecia com todas as letras em sua *História do Brasil*: "Nem um homem nesta terra é republico, nem zela e trata do bem comum, senão cada um do bem particular".

Para completar esse quadro deplorável de ausência de espírito republicano e de soberania democrática, força é reconhecer que o terceiro princípio fundamental do Estado Brasileiro, inscrito logo no artigo de abertura da Constituição Federal, qual seja, o Estado de Direito, tem tido sua vigência muito limitada. Basta dizer que o órgão de cúpula do Poder Judiciário, o Supremo Tribunal Federal, não se acha submetido a controle algum no exercício de suas funções. Ele paira solenemente acima da própria Constituição, cuja guarda é matéria de sua competência precípua (art. 102).

Seria, contudo, abominável que diante disso cruzássemos os braços, resignando-nos a desenvolver passivamente, no âmbito acadêmico, belas teorias jurídicas *in abstracto*. O dever ético fundamental dos jurisprudentes, em qualquer país em que atuem, consiste, antes de tudo, em construir as soluções possíveis para as injustiças instaladas.

Tomo, pois, a liberdade (é bem o caso de dizer) de sugerir brevemente, a seguir, alguns rumos de solução.

3 Rumo à justiça

O mundo caminha hoje, como sabido, para unificação cada vez mais estreita na humanidade na face da Terra. Mas já não é admissível desconhecer, na atualidade, que o processo de união da espécie humana obedece à estrutura de poder e ao espírito (no sentido weberiano) individualista do capitalismo, a primeira civilização mundial da história.

Diante disso, o dever ético global, cujo cumprimento é o único caminho para a sobrevivência da humanidade, consiste em atuar no mundo inteiro no sentido de colaborar nos trabalhos de parto de uma nova civilização, de natureza comunitária, cujo embrião se desenvolve desde o início da Era Moderna. No contexto dessa nova civilização, já não haverá poderes contrapostos a liberdades, mas, sim, a transformação das atuais prerrogativas de poder no exercício institucional de funções de interesse comunitário, funções essas das quais todos haverão de participar.

Com isto, criar-se-á em moldes realmente humanitários um Estado Mundial,[8] cuja Constituição será fundada no princípio supremo, inscrito no Artigo I da Declaração Universal dos Direitos Humanos de 1948: "Todos os seres humanos nascem livres e iguais em dignidade e direitos. São dotados de razão e consciência e devem agir em relação uns aos outros com espírito de fraternidade".

Já no caso específico do Estado Brasileiro, é indispensável e urgente, em matéria, de organização dos poderes públicos, separar definitivamente o regime oligárquico, o qual tem acarretado, como sua consequência lógica, o desrespeito aos direitos fundamentais da pessoa humana.

Nesse sentido, parece-me que a primeira etapa consiste no desbloqueio legislativo dos institutos do plebiscito, do referendo e da iniciativa popular. Tais institutos, embora declarados no art. 14 da Constituição como manifestações da soberania do povo, continuam impedidos de funcionar pelos grupos dominantes. Não obstante haja numerosos projetos de lei com esse objetivo em tramitação no Congresso Nacional, os grupos oligárquicos dominantes logram sempre solapar a sua aprovação.

Especificamente em matéria de liberdades fundamentais, a garantia do mandado de injunção (Constituição, art. 5º, LXXI) deveria, a meu ver, ser aperfeiçoada e ampliada. Os direitos e liberdades a serem garantidos por esse remédio judicial não deveriam ser apenas de caráter individual, mas também de natureza coletiva ou social.

Já no concernente ao sistema de controle de poderes, essencial ao funcionamento de um autêntico Estado de Direito, sugiro que se comece a dar maior ênfase ao sistema de participação direta do povo, instituindo-se ouvidorias populares para fiscalizar o funcionamento dos poderes estatais, inclusive o Judiciário.

No concernente à reforma da mentalidade coletiva e dos costumes sociais, estreitamente ligados à nossa tradicional dominação oligárquica, a solução somente pode ser obtida mediante uma política de ampla e sistemática educação do povo. Ora, na sociedade de massas contemporânea, a função educacional já não é exercida, tão só, nem principalmente, no âmbito da família, da escola e das organizações religiosas. Ela compete agora, sempre mais, aos meios de comunicação de massa, notadamente a imprensa, o rádio e a televisão, cujo âmbito se amplia rapidamente em função da técnica eletrônica.

É de absoluta urgência, por conseguinte, que os profissionais do direito se unam para fazer pressão sobre os poderes públicos no sentido da imediata reorganização dos meios de comunicação social. Reorganização essa que deve obedecer ao princípio republicano da prevalência do bem comum do povo (a *res publica* dos romanos) sobre todo e qualquer interesse particular, seja ele de órgãos estatais ou de entidades privadas.

Eis a mensagem que me pareceu oportuno deixar aqui consignada, na abertura desta coletânea de reflexões sobre as liberdades fundamentais e a jurisdição constitucional.

Dixi et salvavi animam meam!

---

[8] Tentei esboçar os traços fundamentais desse Estado Mundial em meu livro *A civilização capitalista*: para compreender o mundo em que vivemos. 2. ed. São Paulo: Saraiva, 2013. Ficaria muito satisfeito de receber críticas e sugestões às propostas que aí formulei, exatamente dentro do espírito comunitário que deve animar a civilização vindoura.

PARTE I

LIBERDADES PÚBLICAS NA TEORIA GERAL DOS DIREITOS FUNDAMENTAIS

LIBERDADES PÚBLICAS: CARACTERÍSTICAS GERAIS E TITULARIDADE DE DIREITOS

WALTER CLAUDIUS ROTHENBURG

1 Conceito de "liberdades públicas" – o figurino clássico

"Liberdades públicas" é a expressão de uma concepção liberal de direitos individuais de liberdade opostos ao Estado,[1] que foi muito importante para a construção do conceito de direitos fundamentais e revela muitos aspectos essenciais destes.[2]

1.1 Significado da expressão

A expressão "liberdades públicas" é clássica (trata-se de uma expressão de provável origem francesa)[3] e designa os direitos fundamentais mais diretamente relacionados à liberdade do ser humano, a ser garantida em face do Estado[4] (inicialmente representado pelo "absolutismo do rei")[5] – daí o adjetivo "públicas".

O comum é existirem especificações da liberdade (liberdade de expressão, liberdade de crença, liberdade de locomoção, liberdade de reunião e de associação), o que justifica a utilização da expressão no plural ("liberdades públicas"). As especificações remetem, contudo, a um direito geral de liberdade (tal como expresso sem adjetivações no preâmbulo e no *caput* do art. 5º da Constituição Brasileira – "direito à vida, à *liberdade*, à igualdade, à segurança e à propriedade"), que exerce uma importante função de abertura para albergar eventuais outras manifestações de liberdade não especificadas, tais como "a liberdade de utilização da informática, o livre e igual acesso à rede de comunicação,

---

[1] CANOTILHO, 1993, p. 504.
[2] FERREIRA FILHO, 2002, p. 28.
[3] TAVARES, 2015, p. 346.
[4] DIMOULIS; MARTINS, 2014, p. 41.
[5] RAMOS, 2014, p. 42.

a livre disposição dos dados pessoais (para os alemães, o direito à autodeterminação informativa)".[6]

Mas esta primeira aproximação conceitual requer aprimoramento e atualização.

1.2 Conteúdo das liberdades

Quando se trata de assegurar a liberdade de cada pessoa acreditar naquilo que considera adequado (inclusive não acreditar em nada) e que, na história do direito ocidental, se afirmou primeiramente como o direito de ter e de exercer determinada religião, têm-se as liberdades de consciência e de crença,[7] que se voltam, por exemplo, contra a imposição de uma religião "oficial" pelo Estado e contra a perseguição dos hereges e infiéis.[8] Quando se trata de assegurar o direito de as pessoas deslocarem-se e estabelecerem-se sem constrangimentos, tem-se a liberdade de locomoção,[9] que se volta contra a restrição arbitrária da liberdade física por parte das autoridades estatais. Quando se trata de assegurar o direito de expressar ideias e sentimentos, tem-se a liberdade de manifestação do pensamento,[10] que se volta contra a censura do Estado.[11] Quando se trata do direito de exercer atividades, tem-se a liberdade profissional,[12] que se volta contra as limitações impostas pelo Poder Público[13] e pelas corporações de ofício. Quando se trata de assegurar o direito de as pessoas juntarem-se momentânea ou duradouramente, têm-se as liberdades de reunião[14] e associação,[15] que se voltam contra restrições do Estado; esta liberdade projeta-se no âmbito das relações de trabalho como liberdade sindical,[16] que se volta contra o poder patronal.

Embora o Estado apareça como principal personagem em face de quem as "liberdades públicas" precisam ser protegidas, elas projetam sua eficácia também nas relações entre particulares, conforme será apontado.

Percebe-se dessas ilustrações que o conteúdo das liberdades é muito amplo. Diversos (senão todos) direitos fundamentais apresentam uma dimensão de liberdade, como são exemplos a privacidade[17] e a inviolabilidade do lar,[18] que incluem a liberdade de constituir e exercitar um espaço privado de vida, e até os direitos à saúde[19] e à

---

[6] SARLET *et al.*, 2013, p. 444.

[7] Na Constituição Brasileira, art. 5º, VI.

[8] Mendes, Coelho e Branco (2008, p. 413) lembram que, "tradicionalmente, a objeção de consciência liga-se a assuntos de guerra, em especial à prestação de serviço militar".

[9] Na Constituição Brasileira, art. 5º, XV.

[10] Na Constituição Brasileira, art. 5º, IV e IX.

[11] MENDES; COELHO; BRANCO, 2008, p. 361.

[12] Na Constituição Brasileira, art. 5º, XIII.

[13] MENDES; COELHO; BRANCO, 2008, p. 256.

[14] Na Constituição Brasileira, art. 5º, XVI.

[15] Na Constituição Brasileira, art. 5º, XVII e XVIII.

[16] Na Constituição Brasileira, art. 8º.

[17] Na Constituição Brasileira, art. 5º, X. Veja-se interessante caso julgado pela Corte Suprema dos Estados Unidos da América sobre a inconstitucionalidade de utilização de mecanismos tecnológicos (obtenção de imagens por emissão de calor) que violavam a privacidade do lar para verificar se havia plantação de maconha: *Kyllo v. United States* 533 U.S. 27 (2001) (BREYER, 2011, p. 162-163).

[18] Na Constituição Brasileira, art. 5º, XI.

[19] Na Constituição Brasileira, art. 6º e art. 196.

alimentação,[20] que compreendem a liberdade de escolhas quanto a medicamentos, comidas e mesmo drogas (veja-se, na Constituição Brasileira, a referência expressa ao tabaco e às bebidas alcoólicas).[21]

1.3 Classificação histórica: direitos fundamentais de 1ª "geração"

As "liberdades públicas" são autênticos direitos fundamentais de 1ª "geração", destacados pelas declarações de direitos e constituições dos séculos XVIII e XIX, de perfil liberal.[22] Tais direitos têm como principal inspiração a liberdade; como sujeito ativo (titular), o ser humano individualmente considerado, de modo mais ou menos abstrato e universal; como sujeito passivo (no sentido duplo e paradoxal de agressor em potencial e garante), o Estado; como sentido normativo, a proteção contra agressões (direitos de defesa).

Os fundamentos filosóficos e ideológicos dessa concepção residem no liberalismo, no jusnaturalismo (sobretudo de matriz racionalista) e no contratualismo.[23]

Malgrado a virtude explicativa da apresentação dos direitos fundamentais em "gerações", convém apontar que as "liberdades públicas" mantiveram-se ao longo da história dos direitos fundamentais sendo acompanhadas e influenciadas por direitos fundamentais diversos, alguns dos quais já estavam presentes naquela concepção inicial.[24] Não se verifica, portanto, uma autêntica sequência histórica, e a doutrina utiliza com mais acerto o termo "dimensões".[25]

1.4 Sentido normativo

As normas jurídicas que expressam "liberdades públicas" suporiam uma situação inicial de liberdade que conseguiria ser desfrutada naturalmente e deveria ser assegurada apenas contra restrições indevidas. Nessa acepção, ressalta a autonomia do sujeito, que deve poder fazer suas próprias escolhas sem interferências indevidas: "Uma esfera de autonomia pessoal refratária às expansões do Poder".[26]

Tal concepção acentua a dimensão "negativa" das liberdades e foi classicamente formulada por Georg Jellinek como "status negativo" ("status libertatis"), ou seja, justamente a situação jurídica do indivíduo ("status") que requer uma abstenção ("negativo") de restrições ao exercício das liberdades:[27] a "pretensão de resistência à intervenção estatal".[28] Dito de outro modo: "A liberdade foi, assim, entendida como negação do Estado, como esfera livre de Estado, certamente não no sentido de direitos de liberdade pré-estatais, mas como espaço livre garantido pelo Estado".[29]

---

[20] Na Constituição Brasileira, art. 6º.

[21] Na Constituição Brasileira, art. 220, §4º.

[22] FAVOREU *et al.*, 2007, p. 47-48.

[23] STRECK, 2004, p. 346.

[24] SCHÄFER, 2005, p. 38-40.

[25] ROTHENBURG, 2014, p. 63-65; SARLET *et al.*, 2013, p. 270-272.

[26] MENDES; COELHO; BRANCO, 2008, p. 233, 359.

[27] JELLINEK, 1912. p. 105 *et seq.*; MENDES; COELHO; BRANCO, 2008, p. 255; TAVARES, 2015, p. 347; RAMOS, 2014, p. 54.

[28] DIMOULIS; MARTINS, 2014, p. 51.

[29] PIEROTH; SCHLINK, 2012, p. 44.

Vistas pelo ângulo do Poder Público, portanto, as "liberdades públicas" estabelecem competências negativas ao Estado,[30] ou seja, *"limitam as possibilidades de atuação do Estado".*[31]

O direito de propriedade (a liberdade de adquirir, manter e dispor de bens) ilustra essa perspectiva: o sujeito exerce o direito e deve ter a garantia jurídica de que ninguém (um sujeito passivo difuso, "universal"), especialmente o Estado, atrapalhe tal exercício.

Dois são os componentes de uma "liberdade pública". Há um aspecto ativo ou "liberdade positiva" no sentido de praticar comportamentos positivos para exercer a respectiva liberdade (expressar-se, locomover-se, reunir-se). E há um aspecto inativo ou "liberdade negativa" no sentido dos comportamentos omissivos (faculdades de não atuar) para exercer a respectiva liberdade (reservar-se, permanecer, não se reunir ou se associar).[32] O Supremo Tribunal Federal tem uma decisão interessante que garantiu aos pescadores o recebimento de um benefício da seguridade social durante o período em que, por razões ambientais, a pesca é proibida (o defeso), independentemente de estarem eles filiados a colônias de pescadores (associações), conforme dispunha a lei.[33]

Ao considerar uma situação prévia em que o titular já se encontra investido do direito, as "liberdades públicas" configuram-se como direitos subjetivos.[34] Por isso também podem elas ser reivindicadas desde logo, independentemente de complementação normativa: as normas que as preveem têm eficácia plena e aplicabilidade imediata.[35]

Não devemos ignorar, contudo, que as normas sobre "liberdades públicas" têm sempre uma dimensão positiva, um mandamento de ação no sentido de assegurar condições de viabilização das liberdades. Conforme propõe R. Alexy: "Uma proteção *positiva* de uma liberdade em face do Estado surge da combinação de uma liberdade com um direito a uma ação positiva".[36]

1.5 Garantias

Mais do que afirmar, é preciso assegurar as "liberdades públicas", ou seja, prever modos e meios de garantir juridicamente que elas sejam respeitadas, com o objetivo de compelir o potencial agressor a abster-se de ferir a liberdade alheia, de anular o ato agressor, de reparar ou compensar a lesão.[37]

Costumam ser previstos nas constituições e normas internacionais instrumentos específicos, muitas vezes de natureza jurisdicional, para assegurar as "liberdades públicas". É o caso, por exemplo, do *habeas corpus* em relação à liberdade de locomoção[38]

---

[30] MENDES; COELHO; BRANCO, 2008, p. 256.

[31] DIMOULIS; MARTINS, 2014, p. 50.

[32] SARLET *et al.*, 2013, p. 446.

[33] ADI nº 3.464-2/DF, rel. Min. Menezes Direito, 29.10.2008.

[34] FERREIRA FILHO, 2002, p. 28-30.

[35] Embora a doutrina atribua eficácia plena e aplicabilidade imediata às normas que preveem direitos fundamentais, advirta-se que um estudo clássico entre nós, *Aplicabilidade das normas constitucionais*, de José Afonso da Silva, classifica tais normas como predominantemente limitativas, com eficácia contida (1982, p. 171). Veja-se a revisão crítica de Virgílio Afonso da Silva (2009, p. 238).

[36] 2008, p. 234-235.

[37] MENDES; COELHO; BRANCO, 2008, p. 257.

[38] Na Constituição Brasileira, art. 5º, LXVIII.

e do mandado de segurança quando haja ilegalidade ou abuso de poder por parte das autoridades públicas.[39]

1.6 Fundamentalidade: um regime jurídico qualificado (supremacia)

O que qualifica juridicamente as "liberdades públicas" é a atribuição de um regime específico, que oferece vantagens normativas. Claro que a atribuição de um regime qualificado supõe uma maior importância valorativa e política do conteúdo desses direitos (fundamentalidade material), mas o que interessa para o direito é a expressão normativa, ou seja, como tais direitos se apresentam juridicamente. Assim, as "liberdades públicas" constam das constituições (e dos mais importantes documentos de direito internacional) e são dotadas de um tratamento especial, que costuma incluir a dificuldade de alteração ou mesmo a interdição ("cláusulas pétreas"), sua utilização como parâmetro de controle de constitucionalidade, seu afastamento apenas excepcional e parcial em situações de crise constitucional (estados de defesa e de sítio), sua restringibilidade excepcional por meio de lei, sua aplicabilidade imediata (autoexecutoriedade)[40] etc.

Essa qualificação nos documentos normativos é acompanhada da primazia concedida pela jurisprudência (na resolução de conflitos, o Poder Judiciário e os demais aplicadores do direito buscam assegurar as "liberdades públicas") e pela interpretação jurídica em geral, no sentido da maximização (otimização) das liberdades.

A precedência das "liberdades públicas" (que é, na verdade, a precedência dos direitos fundamentais em geral) expressa-se pela ideia de supremacia ou hierarquia normativa.

2 Âmbito normativo e limites das "liberdades públicas"

Impõe-se definir as situações que se encontram abrangidas pelas normas jurídicas que expressam as "liberdades públicas" para verificar seu alcance. Por outro lado, é preciso investigar os limites que lhes podem ser estabelecidos, ou seja, em que medida as "liberdades públicas" podem ser restringidas.

2.1 Âmbito normativo: o que está dentro e o que está fora das "liberdades públicas"

O âmbito normativo é o conteúdo da "liberdade pública", seu "objeto tutelado", o "bem jurídico" que integra a respectiva norma.[41] Corresponde ao "âmbito de proteção":[42] os "atos, fatos, estados ou posições jurídicas [que] são protegidos pela norma que garante o referido direito".[43] Compõe-se dos dados da realidade (suporte fático), mas já

---

[39] Na Constituição Brasileira, art. 5º, LXIX e LXX.

[40] MENDES; COELHO; BRANCO, 2008, p. 257 (referindo-se genericamente aos direitos de defesa).

[41] SARLET et al., 2013, p. 399.

[42] Prefiro a expressão "âmbito normativo" pela razão nominal (semântica) de que esse âmbito não é apenas de proteção (no sentido de salvaguarda ante perigos), mas também de promoção, mas reconheço que a distinção é de escassa relevância.

[43] SILVA, 2009, p. 72.

"recortados" pelo texto da norma, numa operação mental que relaciona "dialeticamente" a leitura "textual" com a realidade "factual".[44] Pretende-se, com a noção de âmbito normativo, estabelecer o campo de incidência de determinado direito fundamental. "Quanto mais amplo for o *âmbito de proteção* de um direito fundamental, tanto mais se afigura possível qualificar qualquer ato do Estado como *restrição*."[45]

A verificação do alcance de uma "liberdade pública" deve iniciar por uma análise do texto das normas referidas. Quanto mais genérica a dicção (o que pode ocorrer por meio de uma formulação sintética do tipo "é livre a manifestação do pensamento"),[46] mais amplo é o âmbito normativo. Essa parece ser a tendência e, mesmo quando a redação aparenta ser mais detalhada, pode não fugir à generalidade (como em "é livre a expressão da atividade intelectual, artística, científica e de comunicação, independentemente de censura ou licença").[47] A consequência hermenêutica é compreender na esfera de proteção da "liberdade pública", em princípio, uma quantidade e extensão alargada de situações. A melhor explicação para tal compreensão é a da teoria externa do conteúdo e dos limites dos direitos fundamentais.

Portanto, o âmbito normativo é dado, desde logo, pelo próprio texto da norma. Assim, a liberdade de manifestação do pensamento não inclui o anonimato, por disposição expressa do art. 5º, IV, da Constituição Brasileira. Nada impediria dado ordenamento jurídico de considerar que a liberdade de expressão compreendesse o anonimato, ainda que temerária essa solução; aliás, nossa Constituição faz alguma concessão ao anonimato ao assegurar aos jornalistas, por exemplo, o sigilo da fonte.[48] A liberdade de locomoção em território nacional é livre e vale para a entrada, permanência e saída de qualquer pessoa, inclusive com seus bens, mas apenas "em tempo de paz": uma restrição expressa de circunstância.[49]

Eventualmente, os contornos da "liberdade pública" não se encontram explícitos no texto da norma, mas podem ser inferidos do contexto (interpretação sistemática e interpretação teleológica). É o caso, por exemplo, da liberdade de expressão, que "não abrange a violência".[50] Com efeito, se a liberdade de reunião, que é uma modalidade de expressão, deve ocorrer pacificamente e sem armas (nos termos do art. 5º, XVI, da Constituição Brasileira), e se a liberdade de associação, que é uma variante da reunião, não pode nem ter fins ilícitos, nem ter caráter paramilitar (nos termos do art. 5º, XVII, da Constituição Brasileira) – sendo reforçado pela Constituição que os partidos políticos não podem utilizar-se de organização paramilitar (art. 17, §4º) –, resta claro que a manifestação do pensamento em geral não compreende a manifestação violenta.

A principal limitação das "liberdades públicas" não decorre, porém, do texto da norma, mas da existência de outros direitos e bens de mesmo escalão normativo (previstos na Constituição e no direito internacional).

O Supremo Tribunal Federal teve oportunidade de afirmar a licitude de passeatas que defendiam a descriminalização do uso de drogas ("Marcha da Maconha"), quando

---

[44] MÜLLER, 2007.

[45] MENDES; COELHO; BRANCO, 2008, p. 295.

[46] Constituição Brasileira, art. 5º, IV.

[47] Constituição Brasileira, art. 5º, IX.

[48] Constituição Brasileira, art. 5º, XIV.

[49] Constituição Brasileira, art. 5º, XV.

[50] MENDES; COELHO; BRANCO, 2008, p. 361.

distinguiu com precisão o âmbito normativo das liberdades de expressão e de reunião, que não alcança a incitação à prática de delitos, nem a apologia de fato criminoso, nem o próprio uso de drogas durante as passeatas, enquanto estiver vigente a incriminação.[51]

2.2 Limites das "liberdades públicas": teoria interna e teoria externa

Para explicar o âmbito normativo dos direitos fundamentais em geral e, por conseguinte, para compreender as restrições a esses direitos e resolver os conflitos (colisões) com outros direitos e bens de mesma estatura jurídica, existem duas teorias principais.

Conforme a teoria interna, a própria previsão normativa (conteúdo) de um direito fundamental já contém limites (implícitos, imanentes).[52] Trata-se de uma previsão complexa e ambiciosa, em que o intérprete precisa extrair da formulação normativa o que se inclui e, desde logo, também o que não se inclui no âmbito normativo. Por exemplo, a liberdade de expressão artística não incluiria, originariamente, a pornografia infantil,[53] e a liberdade de comunicação (no aspecto de sua inviolabilidade) não incluiria a correspondência dos presidiários, que comprometeria a segurança pública e porque os presos estariam sujeitos a uma relação especial de sujeição.[54]

A teoria interna até consegue definir satisfatoriamente os direitos fundamentais e traçar seus limites com base no texto da norma (quando uma interpretação gramatical revelar-se suficiente), mas não dá conta de justificar as restrições decorrentes da incidência de outras normas (textos) que contemplam direitos e bens concorrentes, o que é frequente.

A teoria externa considera que a previsão de um direito fundamental é inicialmente ampla e comporta todas as hipóteses que se conformam ao texto da norma. Eventuais limites são decorrentes de dados externos (outras normas) e, portanto, distintos da previsão inicial (âmbito normativo).[55] É como decidiu o Supremo Tribunal Federal ao entender que a inviolabilidade de correspondência inclui-se, sim, no âmbito normativo original da liberdade de comunicação dos presos, mas pode ser limitada por força da segurança pública (no caso, a interceptação pela administração penitenciária).[56]

Essa teoria permite considerar com mais precisão as demais normas (textos) incidentes para estabelecer o modo de aplicação em concreto do(s) direito(s) fundamental(is) em questão. Por exemplo, qual é a extensão da liberdade de informação, da liberdade de exercício da profissão jornalística e da liberdade de propriedade de meios de comunicação social, por um lado, em relação à liberdade individual de autodeterminação informativa (que pode incluir o direito de privacidade), por outro lado. Como afirma Sarlet, "a teoria externa acaba sendo mais apta a propiciar a reconstrução argumentativa das colisões de direitos fundamentais".[57] Assim, a teoria externa corresponde melhor

---

[51] ADPF nº 187/DF, rel. Min. Celso de Mello, 15.06.2011. Disponível em: <http://redir.stf.jus.br/paginadorpub/paginador.jsp?docTP=TP&docID=5956195>.

[52] SILVA, 2009, p. 138; MENDES; COELHO; BRANCO, 2008, p. 300; SARLET *et al.*, 2013, p. 340-341.

[53] Vejam-se as interessantes reflexões de DWORKIN, 2006, p. 263 *et seq.*; também SARMENTO, 2014, p. 273-274.

[54] RAMOS, 2014, p. 138-139.

[55] SILVA, 2009, p. 138; MENDES; COELHO; BRANCO, 2008, p. 300; ROTHENBURG, 2014, p. 93.

[56] HC 70.814/SP, rel. Min. Celso de Mello, 01.03.1994 – exemplo referido por MENDES; COELHO; BRANCO, 2008, p. 314, e por SARLET *et al.*, 2013, p. 342.

[57] SARLET *et al.*, 2013, p. 341.

à limitação correspectiva das "liberdades públicas", segundo a qual a liberdade de um vai até onde não comprometa a liberdade de outro.[58]

As "liberdades públicas", direitos fundamentais que são, toleram apenas limites que possam ser extraídos direta ou indiretamente da própria Constituição (ou de normas internacionais equivalentes).[59] Sejam eles previstos mais ou menos expressamente, no próprio enunciado da liberdade (por exemplo: liberdade de reunião, desde que de modo pacífico)[60] ou em outro enunciado que possa ser conjugado (por exemplo: restrições à liberdade de reunião em situação de estado de defesa[61] e suspensão em estado de sítio).[62] Sejam eles extraídos do confronto com outros direitos fundamentais ou bens constitucionais (por exemplo, a liberdade de reunião que afeta a liberdade de ir e vir;[63] a liberdade de locomoção e a internação compulsória por razões de saúde pública). Sejam eles decorrentes de restrições legais – a "reserva legal" (por exemplo, a liberdade das comunicações telefônicas, cujo sigilo pode ser superado "nas hipóteses e na forma que a lei estabelecer", desde que atendidos requisitos previstos no próprio enunciado constitucional do art. 5º, XII, da Constituição do Brasil). Sejam eles oriundos da regulamentação da "liberdade pública", visto que praticamente qualquer regulamentação corresponde a uma restrição legal[64] (por exemplo, a regulamentação do direito de greve deverá considerar "os serviços ou atividades essenciais" e "o atendimento das necessidades inadiáveis da comunidade", nos termos do art. 9º, §1º, da Constituição Brasileira).

2.3 Limites dos limites

Enquanto milita em favor das "liberdades públicas" uma aplicação ampla, a limitação deve ser excepcional e justificada, de modo que "o ônus da justificação de uma restrição recaia sobre o intérprete que a invoca".[65] Esse intérprete pode ser – e com destaque no ambiente do Estado Democrático de Direito – o Poder Legislativo. Importa, pois, estarmos atentos aos "limites dos limites" dos direitos fundamentais.

Os limites dos limites das "liberdades públicas" significam que "é proibido proibir o exercício do direito fundamental além do necessário",[66] ou seja, "funcionam como verdadeiras barreiras à restringibilidade destes direitos".[67] São sugeridos como limites aos limites de direitos fundamentais:[68]

---

[58] SARLET *et al.*, 2013, p. 447, que cita a Declaração dos Direitos do Homem e do Cidadão (FRANÇA, 1789), cujo art. 4º dispõe: "A liberdade consiste em poder fazer tudo o que não prejudica o outro". Veja-se também GICQUEL, 1991, p. 94.

[59] SARLET *et al.*, 2013, p. 344.

[60] Constituição Brasileira, art. 5º, XVI.

[61] Constituição Brasileira, art. 136, §1º, I, *a*; ROTHENBURG, 2014b, p. 1.574-1.575.

[62] Constituição Brasileira, art. 139, IV; ROTHENBURG, 2014b, p. 1.574-1.575.

[63] DIMOULIS; MARTINS, 2014, p. 170.

[64] DIMOULIS; MARTINS, 2014, p. 153.

[65] SARLET *et al.*, 2013, p. 342 ; SILVA, 2009, p. 248.

[66] DIMOULIS; MARTINS, 2014, p. 167.

[67] SARLET *et al.*, 2013, p. 347-348.

[68] DIMOULIS; MARTINS, 2014, p. 167-169.

- o reconhecimento de um conteúdo mínimo (essencial)[69] que não pode ser afetado por restrições (assim, por exemplo, a liberdade de "exercício de qualquer trabalho, ofício ou profissão", estabelecida no art. 5º, XIII, da Constituição Brasileira, não permite que a lei estabeleça condições exageradamente rígidas para determinada profissão e mesmo condição alguma para outras, como é o caso da profissão de jornalista, tão fortemente vinculada à liberdade de expressão que não tolera a exigência de diploma de jornalista, conforme decidiu o Supremo Tribunal Federal);[70]
- o respeito às eventuais condições impostas expressamente à restrição da "liberdade pública" e que, usualmente, são veiculadas por meio de lei – as "reservas legais qualificadas" (por exemplo, a lei que ofereça opção àqueles que pretendam "eximir-se de obrigação legal a todos imposta", "por motivo de crença religiosa ou de convicção filosófica ou política",[71] deve prever uma prestação verdadeiramente alternativa, que não acarrete a mesma – ou até mais pesada – objeção ao sujeito). Essas leis têm de ser claras, gerais e abstratas, ou seja, uma "proibição de leis restritivas, de conteúdo casuístico ou discriminatório";[72]
- a proibição de retrocesso, que assegura os níveis de promoção e proteção das "liberdades públicas" já alcançados, em face de restrições que venham a diminuir o estágio de realização[73] (por exemplo, uma reformulação da legislação de acesso à informação que diminua o nível de transparência dos órgãos públicos);[74]
- a observância de proporcionalidade (inclusive em sua dimensão negativa ou de proibição de proteção insuficiente)[75] a fim de evitar que a restrição à "liberdade pública" seja exagerada (por exemplo, a restrição à liberdade de informação sob o pretexto da segurança do Estado, que pudesse ser determinada por qualquer autoridade pública e em relação a documentos muito antigos).

Um dos principais métodos para o estabelecimento de limites às restrições de direitos fundamentais é a proporcionalidade, que oferece um excelente critério para o controle da constitucionalidade dos limites. Os limites decorrentes de conflitos entre "liberdades públicas" (ou destas com outros dispositivos constitucionais) costumam ser solucionados mediante a utilização da técnica da ponderação.[76]

---

[69] O conteúdo mínimo relaciona-se à fundamentalidade material dos direitos fundamentais (ROTHENBURG, 2014, p. 4). Veja-se também MENDES; COELHO; BRANCO, 2008, p. 316.

[70] RE 511.961/SP, rel. Min. Gilmar Mendes, 17.06.2009.

[71] Constituição Brasileira, art. 5º, VIII.

[72] MENDES; COELHO; BRANCO, 2008, p. 315, 339; DIMOULIS; MARTINS, 2014, p. 168-169.

[73] SARLET et al., 2013, p. 347; ROTHENBURG, 2014, p. 32-34.

[74] No Brasil, a Lei nº 12.527/2011 "[r]egula o acesso a informações previsto no inciso XXXIII do art. 5º, no inciso II do §3º do art. 37 e no §2º do art. 216 da Constituição Federal".

[75] MENDES; COELHO; BRANCO, 2008, p. 333; SARLET et al., 2013, p. 353-354; ROTHENBURG, 2014, p. 110-112.

[76] Observações precisas e críticas em relação à ponderação e à proporcionalidade são encontradas em SOUZA NETO; SARMENTO, 2012, p. 517-520.

3 Titularidade das "liberdades públicas": os sujeitos

Originalmente concebidas em função do cidadão, as "liberdades públicas" revelam uma titularidade alargada.

3.1 Indivíduos: todos os seres humanos

Formuladas no contexto histórico dos Estados liberais, que se afirmavam com base numa concepção forte de soberania, as "liberdades públicas" tinham como titulares os indivíduos (sujeitos que supostamente já nasciam com tais direitos) daquele Estado determinado. As "liberdades públicas" eram, assim, direitos dos nacionais e cidadãos. Liberdade de crença assegurada pelo respectivo Estado, direito de ir e vir dentro do Estado, direito de os nacionais reunirem-se etc.

No entanto, a afirmação da condição humana independentemente da nacionalidade e o conteúdo elementar das "liberdades públicas" impuseram-lhes uma nota de universalidade,[77] sem prejuízo da perspectiva individualista: todo ser humano tem os direitos fundamentais de liberdade, independentemente da nacionalidade e da cidadania. É essa a tendência contemporânea: sem ignorar as diferenças pessoais e culturais, reconhecer as "liberdades públicas" a qualquer indivíduo, independentemente "de origem, raça, sexo, cor, idade e quaisquer outras formas de discriminação".[78]

O cunho radicalmente individualista das "liberdades públicas" tem a virtude de acentuar a emancipação e autonomia do sujeito, o livre desenvolvimento de sua personalidade, seja em relação ao exterior (o Estado, a sociedade), seja em relação a seu universo próximo (grupos, família).

3.2 Grupos e entes coletivos (pessoas jurídicas)

Embora as "liberdades públicas" estejam vocacionadas precipuamente à proteção jurídica dos indivíduos, elas podem contemplá-los coletivamente, em grupos mais ou menos organizados. As liberdades de reunião e de associação, por exemplo, embora exercidas por cada indivíduo, manifestam-se coletivamente,[79] de onde uma evidente projeção plúrima, que se manifesta no tratamento jurídico: o Estado não poderia, por exemplo, permitir que apenas uma ou algumas poucas pessoas se reunissem, se associassem ou se sindicalizassem. Mesmo liberdades essencialmente individuais, como a liberdade de crença, costumam estar fortemente ligadas à projeção coletiva e institucional das comunidades de fé. É o caso, também, da liberdade de locomoção, que, a despeito de sua raiz individual, pode envolver todo o grupo familiar ou comunitário, tal como demonstram as migrações; para as populações tradicionais, isso pode significar o direito coletivo de não serem removidos.

A pessoa jurídica também pode ser titular de certas "liberdades públicas", de acordo com sua conformação mais ou menos "artificial". Assim, enquanto as pessoas físicas podem ser titulares de qualquer direito fundamental, as pessoas jurídicas somente

---

[77] SARLET *et al.*, 2013, p. 316-317.

[78] Constituição Brasileira, art. 3º, IV.

[79] ROTHENBURG, 2014, p. 170; SARLET *et al.*, 2013, p. 526-527.

podem ser titulares de alguns direitos fundamentais: aqueles "que lhes são aplicáveis por serem compatíveis com a sua natureza peculiar de pessoa jurídica".[80] Por exemplo, as liberdades de expressão e de informação podem ser titularizadas por associações e empresas: imagine-se uma associação profissional ou um clube de futebol que queira fazer um desagravo ou protesto. Até mesmo a liberdade de locomoção pode ser adaptada para assegurar o direito de uma empresa instalar-se ou mudar seu estabelecimento.[81] Uma associação pode inclusive exercer alguma liberdade de consciência ou de crença, que pode ser a própria razão associativa (por exemplo, um clube de ideário pacifista) e, nessa medida, servir como critério de admissão de associados.[82] Por outro lado, uma empresa de fins econômicos não pode violar a liberdade de consciência e de crença de seus integrantes, mas então a pessoa jurídica apresenta-se como sujeito passivo ou ameaçador da "liberdade pública", não como titular do direito fundamental.

Conquanto polêmico, é sustentável o reconhecimento de titularidade de "liberdades públicas" a pessoas jurídicas de direito público:[83] "As universidades do Estado e as suas faculdades podem apoiar-se na liberdade científica...; as instituições de radiodifusão de direito público podem apoiar-se na liberdade de radiodifusão...".[84]

3.3 Animais (outros seres vivos)[85]

Os direitos fundamentais em geral e as "liberdades públicas" em especial são considerados como direitos humanos, vale dizer, direitos que contemplam os seres humanos e que foram concebidos nessa perspectiva antropocêntrica. Portanto, a opinião prevalecente é de que as "liberdades públicas" têm como titulares exclusivos os seres humanos.

Todavia, é possível considerar a titularidade dos direitos fundamentais a partir de uma perspectiva biocêntrica, ecológica (ambiental), holística (compreensiva), e reconhecer a outros seres vivos, em alguma medida, alguns ou muitos direitos fundamentais. A Constituição Brasileira assenta o Estado Democrático de Direito em que se constitui nossa República Federativa no fundamento da "dignidade da pessoa humana"; a adjetivação ("da pessoa humana") permite sustentar que outros seres vivos, além dos humanos, têm dignidade e, assim, são sujeitos de direitos.

O direito de viver livremente no habitat natural ou em espaços apropriados e de viver em grupo conforme sua tendência pode ser configurado juridicamente como "liberdades públicas" dos animais, a serem afirmadas em face dos seres humanos em geral e do Poder Público. Ainda que os próprios animais não possam, obviamente, articular seus direitos e dependam da intermediação humana, isso não impede que se lhes reconheça a titularidade, à semelhança do que acontece com seres humanos incapacitados.

---

[80] SARLET *et al.*, 2013, p. 323.

[81] Contra: SARLET *et al.*, 2013, p. 488.

[82] SARLET *et al.*, 2013, p. 520; WEINGARTNER NETO, 2014, p. 267-268.

[83] SARLET *et al.*, 2013, p. 324.

[84] PIEROTH; SCHLINK, 2012, p. 98.

[85] ROTHENBURG, 2014, p. 50-51, 59-61; SARLET, 2009, p. 224-225.

3.4 Sujeito passivo: o Poder Público e a eficácia das "liberdades públicas" entre particulares

Embora o Estado tenha um poder e uma presença maiores e, historicamente, as "liberdades públicas" foram concebidas como afirmações em face do Poder Público, o fato é que os direitos fundamentais em geral asseguram seus titulares em face de qualquer sujeito que os ameace (sob a perspectiva "negativa") ou que possa proporcioná-los (sob a perspectiva "positiva"). Trata-se da eficácia irradiante dos direitos fundamentais, que se aplicam não apenas nas relações "verticais" (entre o Poder Público e os particulares), mas também nas relações "horizontais" (entre particulares).[86]

Veja-se, por exemplo, a liberdade de expressão: o Supremo Tribunal Federal decidiu que as empresas são obrigadas a afixar avisos de sindicatos de trabalhadores.[87] A liberdade de expressão pode ser tolhida pelos próprios meios de comunicação social, sobretudo quando eles se encontram concentrados em uma ou só algumas empresas.[88] A liberdade de locomoção pode ser constrangida indevidamente em situações de internação compulsória de doentes e idosos. A liberdade de reunião pode ser exercida mesmo em oposição a outras pessoas: "O grupo que se reúne tem o direito de impedir que pessoas que não comungam do ideário que anima a reunião dela participem";[89] nesse sentido, a Constituição Brasileira ressalva expressamente que "todos podem reunir-se pacificamente (...) desde que não frustrem outra reunião anteriormente convocada para o mesmo local" (art. 5º, XVI). Quanto à liberdade de associação, o Supremo Tribunal Federal já reconheceu, por exemplo, a necessidade de observar a ampla defesa e o contraditório, enfim, o devido processo legal, para a expulsão de associado.[90] Quanto maior o interesse público e social implicado, mais é justificável a intervenção no sentido de assegurar "a eficácia dos direitos fundamentais de terceiros em relação aos direitos da associação e dos associados".[91]

É preciso advertir, porém, que a incidência dos direitos fundamentais nas relações privadas não acontece sempre e do mesmo modo que nas relações com o Poder Público, sobretudo por conta da autonomia dos sujeitos e da importância especial que a liberdade assume no âmbito privado.[92] Senão, como advertem Pieroth e Schlink, "os direitos do Poder Público transformar-se-iam em obrigações de todos os concidadãos; o resultado inevitável seria uma ampla limitação da liberdade".[93] Devem ser respeitadas as preferências pessoais (que, nos limites da licitude, podem ser arbitrárias). O Tribunal Constitucional espanhol decidiu, por exemplo, que uma empresa não estava obrigada a suportar a decisão de sua empregada que, tendo mudado de religião, não aceitava mais trabalhar aos sábados ao invés da folga semanal geral aos domingos.[94]

---

[86] SARMENTO, 2004; SARLET *et al.*, 2013, p. 336.

[87] RE nº 197.911-9/PE, rel. Min. Octavio Gallotti, 24.09.1996. Disponível em: <http://redir.stf.jus.br/paginadorpub/paginador.jsp?docTP=AC&docID=235845>.

[88] MENDES; COELHO; BRANCO, 2008, p. 363.

[89] MENDES; COELHO; BRANCO, 2008, p. 400.

[90] RE nº 201.819-8/RJ, rel. Min. Gilmar Mendes, 11.10.2005. Disponível em: <http://redir.stf.jus.br/paginadorpub/paginador.jsp?docTP=AC&docID=388784>, referido em MENDES; COELHO; BRANCO, 2008, p. 410-411.

[91] SARLET *et al.*, 2013, p. 520.

[92] SARLET *et al.*, 2013, p. 336.

[93] 2012, p. 106.

[94] Tribunal Constitucional de España, Sentencia 19/1985, de 13 de febrero de 1985. Disponível em: <http://hj.tribunalconstitucional.es/HJ/ca-ES/Resolucion/Show/SENTENCIA/1985/19>.

4 "Liberdades públicas" como direitos fundamentais – concepção contemporânea

A ideia inicial de "liberdades públicas" sofreu um processo de superação e requer uma atualização expansiva de sentidos.

4.1 Superação da expressão "liberdades públicas"

Não é mais muito utilizada a expressão "liberdades públicas" (mesmo na França, onde é provável que a expressão tenha surgido ou se afirmado),[95] que já não representa adequadamente o conceito dos respectivos direitos. Tornou-se uma expressão antiquada e incompleta.[96] A começar, a expressão insinua que existiriam "liberdades privadas" ao lado das "públicas",[97] quando, na verdade, os direitos de liberdade valem tanto – ainda que com ênfase maior – nas relações do titular com o Poder Público quanto nas relações entre particulares. E não existe uma categoria específica de "liberdades privadas".

4.2 Incompletude de conteúdo

Apresentam a estrutura das normas de direitos fundamentais e o regime jurídico reforçado que lhes convêm não apenas os direitos individuais de liberdade, tais como o direito de manifestação do pensamento e o direito de locomoção, mas igualmente os direitos sociais e econômicos[98] (e seguramente os direitos trabalhistas). Existe, portanto, uma incompletude de conteúdo na expressão "liberdades públicas". Tenta-se recuperar essa estreiteza por meio de um alargamento de sentido, aludindo-se a "liberdades públicas em sentido amplo" como aquelas que "conferem direitos a prestações positivas pelo Estado" (sobretudo de cunho econômico e social), artifício terminológico e conceitual que corrige a deficiência, mas que "certamente vai um pouco além do que as palavras escolhidas são capazes de comportar em sua significação".[99]

O conceito de "liberdades públicas" é superado, portanto, pela consideração da multifuncionalidade dos direitos fundamentais, aos quais não se pode mais assinalar "uma única *dimensão* (subjectiva) e apenas uma *função* (protecção da esfera livre e individual do cidadão)".[100]

Sendo assim, a expressão "liberdades públicas" não dá conta de significar o conteúdo e a variedade dos direitos fundamentais existentes.

4.3 Incompletude quanto à titularidade: a projeção metaindividual

As "liberdades públicas" foram concebidas como direitos individuais, que podem ser exercidos por cada pessoa e, sobretudo, que repercutem na esfera jurídica da própria

---

[95] FAVOREU *et al.*, 2007, p. 59-71; TAVARES, 2015, p. 346.
[96] SARLET *et al.*, 2013, p. 260; ROTHENBURG, 2014, p. 54.
[97] TAVARES, 2015, p. 346.
[98] PÉREZ LUÑO, 1999, p. 37; RAMOS, 2014, p. 50.
[99] TAVARES, 2015, p. 347-348.
[100] CANOTILHO, 1993, p. 512.

pessoa. Tal dimensão nunca deixou de ser verdadeira,[101] mas não acentua devidamente a projeção coletiva e até metaindividual dos direitos fundamentais.[102] A liberdade de imprensa, por exemplo, interessa a cada pessoa e à comunidade em geral por suas implicações para o exercício de outros direitos fundamentais (como os direitos de expressão e de informação) e para a democracia.[103] Isso é mais marcante no caso dos direitos ditos "difusos", que se referem genericamente a toda a comunidade (inclusive às gerações futuras e às passadas), tal como o direito ao ambiente ecologicamente equilibrado.

Nesse contexto, nem sempre é a liberdade de cada um, de externar o pensamento ou de "curtir a natureza", por exemplo, que se destaca, mas o direito de todos. Portanto, os titulares das "liberdades públicas" não se apresentam somente enquanto indivíduos, ou seja, não há apenas uma projeção individual dessas liberdades, mas também metaindividual, plúrima.

4.4 Incoerência de objeto: liberdades são direitos

Mesmo as clássicas "liberdades públicas" expressam-se juridicamente sob a forma de direitos, sendo a liberdade o conteúdo principal do respectivo direito. À medida que tais direitos têm um regime reforçado de fundamentalidade (que os coloca no rol dos direitos constitucionais ou internacionais mais importantes), eles caracterizam-se como direitos fundamentais, enquadram-se nessa categoria, sendo essa a expressão mais adequada para designá-los. A natureza jurídica das "liberdades públicas" é, portanto, de direitos fundamentais.

Referências

ALEXY, Robert. *Teoria dos direitos fundamentais*. São Paulo: Malheiros, 2008.

BREYER, Stephen. *Making our democracy work*: a judge's view. New York: Vintage Books, 2011.

CANOTILHO, José Joaquim Gomes. *Direito constitucional*. 6. ed. Coimbra: Almedina, 1993.

DIMOULIS, Dimitri; MARTINS, Leonardo. *Teoria geral dos direitos fundamentais*. 5. ed. São Paulo: Atlas, 2014.

DWORKIN, Ronald. *O direito da liberdade*: a leitura moral da Constituição norte-americana. São Paulo: Martins Fontes, 2006.

FAVOREU, Louis *et al. Droit des libertés fondamentales*. 4. ed. Paris: Dalloz, 2007.

FERREIRA FILHO, Manoel Gonçalves. *Direitos humanos fundamentais*. 5. ed. São Paulo: Saraiva, 2002.

GICQUEL, Jean. *Droit constitutionnel et institutions politiques*. 11. ed. Paris: Montchrestien, 1991.

JELLINEK, Giorgio. *Sistema dei diritti pubblici subbiettivi*. Milano: Società Editrice Libraria, 1912.

MENDES, Gilmar Ferreira; COELHO, Inocêncio Mártires; BRANCO, Paulo Gustavo Gonet. *Curso de direito constitucional*. 2. ed. São Paulo: Saraiva, 2008.

MÜLLER, Friedrich. *O novo paradigma do direito*: introdução à teoria e metódica estruturantes. São Paulo: Revista dos Tribunais, 2007.

---

[101] SARLET, 2009, p. 54.
[102] DIMOULIS; MARTINS, 2014, p. 56.
[103] SARMENTO, 2014, p. 256.

PÉREZ LUÑO, Antonio Enrique. *Derechos humanos, estado de derecho y constitución.* 6. ed. Madrid: Tecnos, 1999.

PIEROTH, Bodo; SCHLINK, Bernhard. *Direitos fundamentais.* São Paulo: Saraiva, 2012.

RAMOS, André de Carvalho. *Curso de direitos humanos.* São Paulo: Saraiva, 2014.

ROTHENBURG, Walter Claudius. *Direitos fundamentais.* São Paulo: Método, 2014.

ROTHENBURG, Walter Claudius. Comentários aos art. 136 a 141. In: CANOTILHO, José Joaquim Gomes *et al.* (Coord.) *Comentários à Constituição do Brasil.* São Paulo: Saraiva/Almedina, 2014b, p. 1.561-1.579.

SARLET, Ingo Wolfgang. *A eficácia dos direitos fundamentais.* 10. ed. Porto Alegre: Livraria do Advogado, 2009.

SARLET, Ingo Wolfgang; MARINONI, Luiz Guilherme; MITIDIERO, Daniel. *Curso de direito constitucional.* 2. ed. São Paulo: Revista dos Tribunais, 2013.

SARMENTO, Daniel. Comentários aos art. 5º, IV e IX. In: CANOTILHO, José Joaquim Gomes *et al.* (Coord.). *Comentários à Constituição do Brasil.* São Paulo: Saraiva/Almedina, 2014, p. 252-259, 273-276.

SARMENTO, Daniel. *Direitos fundamentais e relações privadas.* Rio de Janeiro: Lumen Juris, 2004.

SCHÄFER, Jairo. *Classificação dos direitos fundamentais:* do sistema geracional ao sistema unitário: uma proposta de compreensão. Porto Alegre: Livraria do Advogado, 2005.

SILVA, José Afonso da. *Aplicabilidade das normas constitucionais.* 2. ed. São Paulo: Revista dos Tribunais, 1982.

SILVA, Virgílio Afonso da. *Direitos fundamentais:* conteúdo essencial, restrições e eficácia. São Paulo: Malheiros, 2009.

SOUZA NETO, Cláudio Pereira de; SARMENTO, Daniel. *Direito Constitucional:* teoria, história e métodos de trabalho. Belo Horizonte: Fórum, 2012.

STRECK, Lenio Luiz. *Jurisdição constitucional e hermenêutica:* uma nova crítica do direito. 2. ed. Rio de Janeiro: Forense, 2004.

TAVARES, André Ramos. *Curso de direito constitucional.* 13. ed. São Paulo: Saraiva, 2015.

WEINGARTNER NETO, Jayme. Comentários aos art. 5º, VI, VII e VIII. In: CANOTILHO, José Joaquim Gomes *et al.* (Coord.). *Comentários à Constituição do Brasil.* São Paulo: Saraiva/Almedina, 2014, p. 264-273.

Informação bibliográfica deste texto, conforme a NBR 6023:2002 da Associação Brasileira de Normas Técnicas (ABNT):

ROTHENBURG, Walter Claudius. Liberdades públicas: características gerais e titularidade de direitos. In: LEITE, George Salomão; LEITE, Glauco Salomão; STRECK, Lenio Luiz (Coord.). *Jurisdição constitucional e liberdades públicas.* Belo Horizonte: Fórum, 2017. p. 31-45. ISBN 978-85-450-0237-6.

LIBERDADES PÚBLICAS NO BRASIL? DE QUE MODO, SE AINDA NÃO SABEMOS COMO OBTER UM *HABEAS CORPUS* NOS TRIBUNAIS?

LENIO LUIZ STRECK

ANDRÉ KARAM TRINDADE

1 Estado da arte

Em um país com tantos contrastes e com um grau de violação de direitos fundamentais incomensurável, com dezenas de carreiras jurídicas e altos salários (com tetos e subtetos, auxílios disso e daquilo – muitos com pagamento retroativo), não conseguimos até hoje construir uma estrada – pavimentada juridicamente com ladrilhos constitucionais – que leve um direito à liberdade de qualquer Comarca até os Tribunais Superiores (STJ e STF) ou, melhor dizendo, um caminho para possibilitar que alguém preso equivocadamente possa responder um processo em liberdade ou tenha a sua ação penal trancada por falta de justa causa.

Exemplo dessa "estrada esburacada" é a Súmula nº 691 do Supremo Tribunal Federal, que prevê o não conhecimento pela Corte de *habeas corpus* impetrado contra decisão, do relator em Tribunal Superior, que indefere liminar em *habeas corpus*. A súmula em questão foi aprovada em 2003, com o alegado objetivo de evitar a supressão da instância especial, ofendendo a hierarquia dos órgãos. Mas não se deve desconsiderar que a grande procura pelo STF, através de HCs interpostos diretamente na Corte, estava gerando trabalho incompatível com a atual estrutura do órgão e seus onze ministros! Por isso, era necessário limitar o acesso ao tribunal!

Posteriormente, o teor da súmula foi atenuado, sendo afastada a vedação quando o objeto for decisão manifestamente ilegal, teratológica. Embora não se possa precisar o *leading case* que resultou na atenuação do rigor da súmula, destacam-se os HC nº 84.014, 87.468, 91.241, 93.653, da relatoria de vários ministros do STF. Mas, sem dúvida, o tema ganhou grande repercussão no julgamento do HC nº 95.009, da relatoria do Ministro Eros Grau, cujo paciente era o famoso banqueiro Daniel Valente Dantas, que teve seu HC julgado pelo STF – e o paciente libertado – mesmo pendente julgamento pelo STJ de outro HC, cuja liminar foi indeferida. Como justificativa, a necessidade de "pronta atuação desta Corte". E quando não há?

2 Dois exemplos metafóricos para demonstrar a crise

Caso 1. Imaginemos um cidadão preso cautelarmente na mais distante Comarca do país. O delegado e/ou o promotor invocam com um patuleu qualquer, e o juiz decreta a preventiva. Suponhamos que não haja provas ou que a prova tenha sido construída de forma ilícita (cabível a tese dos frutos da árvore envenenada). O advogado tenta a liberdade junto ao juiz. Não consegue. Nega, dizendo "há clamor social" ou usa outro argumento, como "a gravidade do crime" (que o STF já disse não ser suficiente para a custódia) etc. Ou até argumentos como "o paciente não logrou demonstrar que não esteve no local do crime", invertendo o ônus da prova.[1] O causídico impetra, então, um HC junto ao Tribunal de Justiça. Pede liminar. Leva 10 a 15 dias para ser apreciada e é negada (claro que, às vezes, é mais rápido). Vai a plenário. Faz sustentação oral e ninguém dá bola. Os desembargadores ficam revisando o Facebook. Perde por três a zero.

O que faz o causídico? Único caminho é um recurso ordinário. Ocorre que não há efeito suspensivo e nem cautelar em sede de RO. Como esse RO levará mais de 30 dias só para sair do TJ para o STJ, só resta um caminho, que é tentar um HC junto ao STJ. Terá de juntar o protocolo e cópia do RO e pedirá uma liminar (dia desses explicava isso a um advogado do interior de MG que tinha um problema desses). Afinal, seu cliente está na cadeia em Itaqui.

E o tempo vai passando. O relator no STJ leva duas semanas para decidir. O causídico, sem dinheiro – seu cliente no máximo pagou para a viagem até Porto Alegre –, não poderá ir ao STJ explicar o caso ao ministro relator. Embora bem atendido, provavelmente sua excelência lhe dirá que a instrução está em andamento ou que não é possível conhecer do HC porque pende de tramitação do RO.

O advogado alega de tudo para superar o não conhecimento, como "que há um direito fundamental em jogo", "prova ilícita" e assim por diante. Cita autores de processo, etc. Mostra, por exemplo, que a ação penal nem deveria existir. E o relator poderá dizer: "Doutor, isso é mérito. Discutir prova ilícita não é possível em sede de HC", ou "pelo princípio da confiança no juiz da causa", ou "a instrução está em andamento e corre normalmente".

O causídico, então, tem três caminhos: esperar pelo julgamento do RO, que provavelmente será pautado quando seu cliente estiver cumprindo pena e já tiver progredido de regime; segundo, esperar o julgamento do HC em plenário, que prova-velmente não conhecerá do *writ* exatamente porque há RO a caminho (ou outro argu-mento); o terceiro caminho é rumar ao Supremo Tribunal e buscar superar a famosa Súmula nº 691, *pela qual o STF não pode conhecer de HC impetrado contra decisão do relator do STJ que indefere liminar*. Um parêntese: É tão boa essa súmula que nem o Supremo acredita nela, porque, se acreditasse mesmo, já a teria transformado em vinculante, não acham? Como não é uma SV, não daria para inquiná-la de inconstitucional?

---

[1] Há dados que demonstram que quase todos os tribunais dos Estados federados, de algum modo, continuam aplicando a "tese" da inversão do ônus da prova nos crimes de furto e tráfico de drogas.

Mas sigamos com o périplo do causídico itaquiense na república dos bacharéis, dos milhares de livros de direito, da centena de cursos de pós-graduação e do neojurisprudencialismo que já tomou conta do direito. Sabe ele que o STF só supera a súmula em três hipóteses: *flagrante ilegalidade, abuso de poder* ou *teratologia*. Em última análise, eis o dilema hamletiano: *existe hipótese de HC que já não seja de flagrante ilegalidade ou abuso de poder?* Já com relação à terceira hipótese, o que seria isto – a teratologia? Difícil.

Veja-se o imbróglio e o fracasso do processo penal e do direito em geral em Pindorama: para o paciente "ganhar" o HC, terá de torcer para que o STF não conheça do *writ*, mas, *de forma discricionária, conceda-lhe de ofício*, algo como a concessão de uma graça pelo Lord Chanceler no tempo da criação da *equity* inglesa.

Traduzindo isso: nosso sistema criou uma metateratologia, isto é, uma teratologia de segundo nível, representada pelo fato de que, para que um direito violado possa ser reconhecido, deve a Suprema Corte não conhecer o remédio heroico para poder dizer que houve ilegalidade, abuso de poder ou teratologia. Entenderam? Não? Tento de novo: o HC é para corrigir tudo isso, só que, para corrigir, deve-se não... conhecê-lo. Aquilo que você pede no STJ (conhecimento), agora é condição para ter uma chance (não conhecimento). Nesse sentido, leia-se o HC nº 122.670 do STF.[2]

Caso 2. Cidadão é preso em uma grande cidade. Em uma quarta-feira, motivados por uma denúncia de ex-namorada, policiais, sem mandado, sem nada, chegam à residência do patuleu. O dono franqueia a entrada. Estariam à procura de drogas em face da delação da ex-companheira que queria vingar-se por ter sido agredida pelo indigitado. Ele diz aos policiais que não há drogas e que a única coisa que tinha na casa eram seis cartuchos de espingarda. Só isso. Aliás, os cartuchos só lá estavam porque ele, estilista, havia utilizado os projéteis para ornamentar um boné em roupa desenhada tempos atrás, havendo, inclusive, fotos em álbum para comprovar o dito.

Imediatamente, o indigitado teve voz de prisão e levado ao ergástulo. E aí começou o drama. Seus advogados esperavam que o auto de prisão fosse homologado ou não. Como se sabe, quem faz isso é um juiz, uma vez que não existe, em *terrae brasilis*, prisão a mando de policiais ou de delegado. Nem Presidente da República manda prender.

---

[2] PENAL. *HABEAS CORPUS*. INDEFERIMENTO DE LIMINAR EM *WRIT* MANEJADO NO SUPERIOR TRIBUNAL DE JUSTIÇA. SÚMULA 691 DESTA CORTE. IMPETRAÇÃO NÃO CONHECIDA. FLAGRANTE ILEGALIDADE. PACIENTE CONDENADO PELO CRIME DE ROUBO QUALIFICADO. FIXAÇÃO DE MEDIDA DE SEGURANÇA. AUSÊNCIA DE VAGA EM ESTABELECIMENTO ADEQUADO PARA A INTERNAÇÃO. ORDEM CONCEDIDA DE OFÍCIO.
I – *A superação da Súmula 691 do STF constitui medida que somente se legitima quando a decisão atacada se mostra teratológica, flagrantemente ilegal ou abusiva.*
II – No caso sob exame, a situação é excepcional, apta a superar o entendimento sumular, diante do evidente constrangimento ilegal a que está submetido o paciente.
III – Passados quase três anos do recolhimento do paciente em estabelecimento prisional, o Estado não lhe garantiu o direito de cumprir a medida de segurança estabelecida pelo juízo sentenciante (grifamos).
IV – Segundo consta no Relatório de Internações, emitido em 11.10.2013 pela Vara de Execuções Criminais da Comarca de São Paulo, o paciente está na 698ª posição e permanece recolhido na Penitenciária de Franco da Rocha III.
V – Diante da falta de estabelecimento adequado para internação, o paciente permaneceu custodiado por tempo superior ao que disposto pelo juízo sentenciante e não foi submetido ao tratamento médico determinado no decreto condenatório, o que evidencia a manifesta ilegalidade apta a ensejar a concessão da ordem.
VI – *Habeas corpus* não conhecido.
VII – *Ordem concedida de ofício* para confirmar a medida liminar deferida e determinar a inclusão do paciente em tratamento ambulatorial, sob a supervisão do juízo da execução criminal. (grifamos)

No périplo à caça do auto de prisão em flagrante, os causídicos descobriram que a juíza despachara, na quinta-feira, no sentido de que, por ordem do CNJ, somente homologaria ou não o APF ou decretaria a prisão depois da oitiva do Ministério Público. Na sexta à noite, a promotora de justiça ainda não devolvera os autos. Portanto, o infeliz continuava preso por "ordem" de dois meganhas. Como nesse momento a autoridade coatora já era a juíza, impetraram *habeas corpus*. Antes disso, pediram audiência de custódia. Pois não é que, exatamente naquele dia, sexta-feira, lá estivera o presidente do STF para instalar oficialmente a audiência custodial. E o que lhes foi dito à noite de sexta-feira? Simples: que a audiência começara naquele dia, mas o paciente deles – o "cara" dos seis cartuchos – fora preso antes de sexta.

E lá foram os causídicos atrás do *habeas corpus*. Em um primeiro momento, foi-lhes imposta a clássica barreira de que, como não havia decisão da juíza acerca da prisão – afinal, ela escrevera no auto de prisão em flagrante que somente se pronunciaria depois de ouvir o Ministério Público –, o segundo grau não poderia conhecer do *writ*. Insistiram e, domingo, conseguiram falar com o desembargador de plantão. A tese dos causídicos: a omissão da juíza, que esperava o parecer do Ministério Público, configurava uma decisão, isto é, ao não decidir, "decidiu" pela prisão, na medida em que havia um fato: o paciente continuava preso desde a quarta-feira por um fato cuja pena, se condenado, seria substituída. Finalmente, ao final de domingo, no quinto dia, o desembargador acatou a tese dos advogados e determinou a soltura do paciente. Veja-se a dimensão da burocracia, que configura abuso de poder. A juíza, que deveria ter, de imediato, decidido acerca da legalidade do auto de prisão em flagrante, e da promotora de justiça, que, em vez de exarar parecer de imediato, deixou que o fim de semana iniciasse. Até o dia em que iniciaram as audiências de custódia no Rio de Janeiro – cidade em que ocorreu o fato aqui descrito – os presos em flagrante ficavam dias aguardando uma decisão. Nem com *habeas corpus* se conseguia a liberdade. Tudo isso comprova o déficit brasileiro no que tange às liberdades públicas.

3 O que os dois exemplos nos mostram?

O que queremos demonstrar com isso? Queremos denunciar que, passados tantos anos, com tanta gente, mas tanta gente mesmo, atuando no direito, com tantas teses, dissertações e um direito processual cada vez mais jurisprudencializado, não conseguimos construir um remédio para restabelecer a liberdade de alguém que foi ilegalmente encarcerado nos confins de Pindorama. Ainda dependemos de uma cidadania relacional e de advogados com prestígio para furar as barreiras da burocracia.

Portanto, demonstramos, aqui, o paradoxo das barreiras que se criaram para não se apreciar as demandas pelos direitos, alguns absolutamente prioritários como a liberdade. Há muitos processos? Sim. A solução, então, é cortar o *habeas corpus*, fazendo uma espécie de "*ajuste-epistemológico-fiscal das liberdades*"?

Ora, se há processos em demasia, especialmente HCs em excesso, não seria porque há abusos em excesso? O segundo exemplo bem demonstra o grau dos abusos que existe em *terrae brasilis*. Fosse diferente não haveria tantas concessões de liberdade pelo STF, mesmo com a Súmula nº 691, pois não?

No mais, se há cidadão pedindo a proteção da justiça, ela deveria estar lá de prontidão. Não está? Então devem perguntar se não falta gente. Se há trabalho para dez vezes mais ministros no STJ (quem sabe com turmas só para HCs?), então deveríamos logo aumentar o número de ministros. E o mesmo se diga sobre o STF. Claro: mais ministros, mais diluição do poder, e não sabemos se o *establishment* gosta disso.

4 À guisa de conclusão. O fantasma da modernidade: o discricionarismo

Eis o *busílis*: afora tudo isso, uma coisa é dramática. Em todas as instâncias, os causídicos sempre pagarão pedágio para esse fantasma da modernidade: o poder discricionário, espécie do gênero "livre apreciação-livre convencimento". Isto é: mesmo que construamos um caminho objetivo da cidade mais longínqua até Brasília na busca da liberdade de um patuleu, ainda assim teremos que parar *nos-postos-de-pedágio-do-subjetivismo* dos julgadores. E no autoritarismo dos Tribunais estaduais. Ou da justiça federal de primeira e segunda instâncias. Aliás, está no CPP: o poder de livre apreciação (contra o qual a dogmática jurídica nunca se insurgiu e hoje sente o calo apertar). De que modo se pode exigir, objetivamente, o cumprimento de um direito fundamental à liberdade?

E para quem pensa que o processo civil é diferente, ingresse com uma ação em alguma vara cível. Nem precisamos falar disso, certo? Afinal, o que fizemos com o direito brasileiro? Eis a pergunta sem resposta. Mas, a cada dia, mais e mais gente quer fazer concurso. Na machadiana *Seceníssima República* dos Bacharéis.

Mas, e então? Escrevemos milhares de livros, fazemos milhares de congressos e não conseguimos construir um caminho para o pobre acusado de Itaqui levar seu pleito à instância que lhe dê a liberdade sem depender de... um juízo discricionário. Sim. Em pleno ano de 2015, o STJ invocou o livre convencimento para justificar um julgamento antecipado sem exame da prova. E o pior de tudo: os professores ensinam isso nas faculdades. E a doutrina – que já não doutrina, porque prefere fazer glosa de repertórios jurisprudenciais – repete *ad nauseam* justamente aquilo que "ferra" os causídicos na atualidade.

Ora, a dogmática jurídica sempre apostou no protagonismo judicial. Porque lhe era conveniente. E nunca se insurgiu contra a livre apreciação da prova ou o livre convencimento. É só folhear as centenas de livros de processo produzidos nas últimas décadas. Pois é.

Informação bibliográfica deste texto, conforme a NBR 6023:2002 da Associação Brasileira de Normas Técnicas (ABNT):

STRECK, Lenio Luiz; TRINDADE, André Karam. Liberdades públicas no Brasil? De que modo, se ainda não sabemos como obter um *habeas corpus* nos tribunais? In: LEITE, George Salomão; LEITE, Glauco Salomão; STRECK, Lenio Luiz (Coord.). *Jurisdição constitucional e liberdades públicas*. Belo Horizonte: Fórum, 2017. p. 47-51. ISBN 978-85-450-0237-6.

RESTRIÇÕES DAS LIBERDADES PÚBLICAS: UNIVERSALIZABILIDADE, PRINCÍPIOS E INTEGRIDADE DO DIREITO

JOSE LUIS BOLZAN DE MORAIS

GUILHERME VALLE BRUM

Mesmo quando tudo parece desabar, cabe a mim decidir entre rir ou chorar, ir ou ficar, desistir ou lutar; porque descobri, no caminho incerto da vida, que o mais importante é o decidir.

(Cora Coralina)

1 Circunstancialização do debate: liberdades públicas no Estado Democrático de Direito brasileiro

Com a edição da Carta da República de 1988, demarcando o momento final da dita transição e a inauguração do último período democrático, até estes dias em vigor – com as inúmeras emendas já incorporadas –, constituindo-se no mais longo período de regularidade constitucional experimentado pelo Brasil, assumiu-se, nos termos do novo constitucionalismo, um compromisso forte com um conjunto de direitos humanos e fundamentais e, portanto, com liberdades públicas, alicerçadores do nomeado Estado Democrático de Direito.

Neste momento, o Brasil incorporou-se à experiência do constitucionalismo do pós-Segunda Guerra Mundial, adotando a fórmula consagrada por Luigi Ferrajoli do Estado Constitucional como um *plus* em face do "velho" Estado de Direito, de matriz liberal clássica.

Aqui e agora, as liberdades fundamentais, assumidas em sua complexidade contemporânea – compondo as tais "liberdades clássicas e individuais" com os direitos sociais e coletivos, agregando, ainda, os novos "interesses difusos" –, recebem uma conformação não só mais ampla, no sentido quantitativo, como mais profunda, no sentido qualitativo.

Disso é exemplo não só a reiteração dos tradicionais direitos de liberdade e de igualdade, como a inclusão dos ditos direitos de solidariedade que transformam a cena político-constitucional da mesma forma que qualificam a cidadania. Os exemplos são reiterados em sede constitucional, bastando atentar para as páginas inaugurais da "Constituição Cidadã".

Assim, pode-se sustentar que o tema das liberdades públicas ganha contornos expandidos quanto à sua concepção em especial, o que, por outro lado, leva ao questionamento objeto do presente texto, qual seja: o de sua restrição.

Dito de outra forma, questiona-se acerca da extensão e dos limites que podem/devem ser estabelecidos a elas, assim como seus contornos formais e materiais. Ou, ainda, o que pode ser restringido, quanto pode ser restringido, quem pode realizar tais restrições e como podem as liberdades públicas ser estabelecidas.

Nesse sentido, no contexto de um Estado Democrático de Direito, como o brasileiro no pós-1988, põem-se em confronto, a partir desse reconhecimento expandido, o asseguramento e a realização dessas liberdades – dadas as dimensões negativas e positivas que possuem –, bem como os déficits experimentados, seja em razão de sua afetação ou sua não concretização.

Em razão do reconhecimento de tais "direitos subjetivos" – nas suas dimensões individual, coletiva e difusa –, ao mesmo tempo em que, em razão da própria redemocratização do país, bem como de uma política de acessibilidade expandida aos meios de proteção desses mesmos direitos – em particular, a jurisdição como ambiente privilegiado de tratamento de conflitos (positivos ou negativos) –, estabelece-se um debate em torno das limitações passíveis de serem estabelecidas ao seu exercício, tanto como limites à sua utilização quanto como teto à sua usufruição.

Ou seja, no âmbito do Estado Democrático de Direito, as "restrições às liberdades públicas" precisam ser compreendidas não apenas como limitações ao seu exercício, em especial no que respeita às ditas "liberdades" em sentido estrito, como também às liberdades, em sentido amplo (sem querer separá-las por extensão ou por qualquer outro aspecto, tomando-as em seu sentido unívoco), bem como naquilo que respeita à dimensão de sua realização efetiva ou concretização, seja das tradicionais liberdades públicas, aqui compostas por aquelas que integram o artigo 5º da CRFB/88 – pensamento (IV), consciência e crença (VI), expressão intelectual, artística, científica e de comunicação (IX), locomoção (XV) e reunião (XVI), entre outras –, seja das liberdades novas – da pobreza – por meio dos direitos sociais ou, ainda, daquelas que respeitam à opressão, aos riscos sociais, genericamente falando.

Tudo isso porque não se podem pensar essas tais liberdades fundamentais segregadas das liberdades individuais quando se assume o caráter unitário dos direitos humanos e fundamentais. Como já se disse: como ser livre passando fome (WARAT) ou como exercer a liberdade de expressão na ignorância.

A segmentação dos direitos humanos em diversas gerações pode, por si mesma, significar uma restrição inadmitida às ditas liberdades originárias. Por isso, mais uma vez, tomando os direitos a sério (DWORKIN), é preciso ter presente o caráter complexo da unidade dos direitos humanos e, portanto, das liberdades fundamentais.

Disso resulta, como indicado, que, no contexto do constitucionalismo do pós-Segunda Guerra Mundial, pensar as restrições às liberdades fundamentais impõe inseri-las nesse complexo universo dos direitos humanos e fundamentais historicamente construídos e reconstruídos e, ainda, abertos às novas dinâmicas da vida social.

Também, cremos não ser mais possível ficarmos vinculados aos modelos já tradicionais de enfrentamento do tema das restrições às liberdades fundamentais, limitando-se a verificar se tais restrições são intrínsecas ou internas – reconhecidas no confronto entre elas – ou externas – ínsitas ao seu próprio conceito –, diante de sua relatividade. Ou, de outro modo, verificando, a partir da concorrência entre elas, eventuais conflitos que exijam sua compatibilização, para muitos por meio do critério de proporcionalidade. Isso tudo tendo presentes os limites à liberdade de conformação do legislador em conexão à reserva legal no processo legislativo infraconstitucional, levando em consideração, ademais, o que seria o limite maior no sentido da proibição do direito para além do necessário.[1]

2 Jurisdição constitucional, democracia e liberdades públicas

Considerado o quadro traçado no introito deste texto, para levarmos a sério as liberdades públicas, é preciso, sem dúvida alguma, que enfrentemos o debate acerca de sua justiciabilidade. E como seu DNA está na Constituição, torna-se imperioso pensá-las em face da jurisdição constitucional e dos diversos modelos contemporâneos de democracia, para além das respostas clássicas em torno das restrições que possam lhe ser impostas, como acima noticiado.

Encontraríamos problemas evidentes se resolvêssemos conceber o tema das liberdades públicas em um modelo formal de democracia, depurado das questões de valor, substantivas. Como destaca Luigi Ferrajoli, a caracterização apenas formal de democracia não é suficiente para fundamentar de maneira adequada uma definição de si mesma, dada a ligação umbilical entre democracia e direitos fundamentais. Para tanto, é imperiosa a sua integração a algum vínculo de caráter substancial ou de conteúdo. E isso por pelo menos quatro razões.[2]

A primeira dessas razões diz com o fato de que a caracterização formal de democracia, como uma simples técnica de produção de leis pelo princípio da maioria, carece de alcance empírico e, por isso mesmo, de capacidade explicativa. Ela não teria condições de dar conta do fenômeno representado pelas democracias constitucionais contemporâneas. Com efeito, a novidade introduzida pelo constitucionalismo, na estrutura das democracias, é a admissão de limites até mesmo ao Poder Legislativo. E não apenas no que concerne à forma de produção de seus atos, mas a um conteúdo material, representado principalmente pelos direitos fundamentais.

A segunda razão pela qual não podemos aceitar um conceito formal de democracia refere-se à sua escassa consistência teórica. Para a sobrevivência de qualquer regime democrático, é necessário algum limite substancial. Na ausência de limites relativos ao conteúdo das decisões legítimas, não haveria blindagem contra a supressão da própria democracia: seria possível extinguir, com métodos democráticos, os próprios métodos democráticos. Também seria possível o aniquilamento, ainda que de forma democrática (por maioria), dos direitos políticos, do pluralismo partidário, da divisão dos poderes,

---

[1] Ver, nesse sentido: DIMOULIS, Dimitri; MARTINS, Leonardo. *Teoria geral dos direitos fundamentais*. São Paulo: RT, 2007.

[2] FERRAJOLI, Luigi. *Principia iuris*. Teoría del derecho y de la democracia. 2. Teoría de la democracia. Tradução Perfecto Andrés Ibáñez *et al*. Madrid: Trotta, 2011, p. 10-13.

da representação ou, em uma palavra, de todo o sistema de regras no qual consiste a democracia, assim como as mesmas liberdades públicas, na concepção aqui adotada.

A terceira razão trazida por Ferrajoli consiste no nexo indissolúvel, ignorado pelas concepções formais de democracia, entre soberania popular e direitos fundamentais. A vontade popular só pode expressar-se autenticamente se o fizer livremente. E só o fará livremente se lhe for assegurado não apenas o exercício do direito de voto, mas, fundamentalmente, o exercício das liberdades fundamenais: liberdade de pensamento, de informação, de reunião e de associação. São condições "fisiológicas" da vida política da comunidade. Ademais, os direitos de liberdade serão tão mais efetivos quanto mais estiverem amparados pelos direitos sociais a prestações positivas: direitos à saúde, à subsistência, à educação e à informação. Sem a satisfação desses direitos mínimos, os direitos políticos e os direitos de liberdade ficam fadados a permanecer apenas "no papel".

Por último, Ferrajoli destaca uma quarta razão para rejeitarmos o conceito formal de democracia, ligada a uma aporia de caráter político-filosófico. A concepção formal caracteriza a democracia como "autonomia", "autogoverno" e "autodeterminação" popular, ou seja, como liberdade positiva do povo de não estar sujeito a outras decisões, limites ou vínculos, salvo aqueles deliberados por si próprio. Mas esse povo da democracia formal é um sujeito coletivo que não pode mais do que decidir, por maioria, sobre a eleição de seus representantes. E nenhuma maioria pode decidir sobre aquilo que não lhe pertence, isto é, sobre a supressão ou a restrição daquelas normas constitucionais que conferem direitos fundamentais e que pertencem a todos e a cada um.

Em decorrência, o enfrentamento dos problemas da democracia e, por conseguinte, da jurisdição constitucional com teorias substanciais permite-nos uma melhor abordagem sobre os limites e possibilidades da justiciabilidade das liberdades públicas.

E, nesta senda, o modelo comunal de democracia de Ronald Dworkin parece funcionar bem. A estratégia do autor, apresentada em *Freedom's Law* e sofisticada em outros textos, especialmente em *Justice for Hedgehogs*, é oferecer duas concepções alternativas para servir de resposta à pergunta sobre como devemos compreender a finalidade e a essência da democracia. Uma, concepção majoritarista, e outra, substancial ou comunal.

A concepção majoritarista sustenta que o povo governa a si mesmo quando o maior número de pessoas é detentor do poder político fundamental. Insiste, nessa linha, que as estruturas de governo representativo sejam engendradas de modo a aumentar a probabilidade de que as leis e as políticas públicas correspondam àquelas, cuja maioria dos cidadãos almejaria depois das devidas discussões e reflexões. As eleições, portanto, devem ser frequentes o suficiente para que as autoridades sejam estimuladas a fazer o que deseja a maioria. E as questões mais refinadas do desenho do arranjo democrático, como a divisão dos distritos eleitorais, a métrica atributiva do poder político às autoridades, os referendos e a representação proporcional, devem ser pensadas com vista ao atingimento dessa mesma finalidade (fazer valer a vontade refletida e deliberada da maioria dos cidadãos). A concepção majoritária, como regra geral, distingue democracia e justiça. Daí que, segundo essa ideia, "um autocrata poderia decretar uma distribuição de recursos mais justa do que a aprovada pela maioria".[3]

---

[3] DWORKIN, Ronald. *A raposa e o porco-espinho*: justiça e valor. Tradução Marcelo Brandão Cipolla. São Paulo: Martins Fontes, 2014, p. 586.

A concepção comunal de democracia adota um viés mais – diga-se assim – substantivo de legitimidade democrática. O autogoverno, para ela, não é o governo de uma maioria que exerce autoridade sobre todos, mas o governo de todas as pessoas agindo como parceiras. É claro que essa parceria estará inevitavelmente dividida quanto ao conteúdo das decisões a serem tomadas em nome do povo, tendo em vista que a unanimidade é algo raro nas comunidades políticas de qualquer tamanho. Mas, ainda assim, pode ser uma parceria, uma união comunal em torno de um ideário geral, desde que os membros aceitem que, na política, devem agir com *igual consideração e respeito* por todos os outros parceiros.

A democracia comunal pressupõe, nos precisos termos de Dworkin, que cada membro "aceite a obrigação permanente não só de obedecer às leis da comunidade, mas também de tentar tornar essas leis compatíveis com a sua compreensão, em boa-fé, daquilo que é exigido pela dignidade de cada cidadão".[4]

Isso nada mais é do que levar a sério uma decorrência do princípio da igualdade. *Agir com igual consideração e respeito é a virtude soberana*[5] em Dworkin, fazendo parte da própria ideia de dignidade humana. É, pois, elemento indispensável para que a atuação estatal seja considerada legítima em qualquer seara de exercício do poder.[6] Podemos dizer que a *igual consideração e respeito* é a "norma fundamental" de Dworkin, que coincide, a propósito, em alguma medida com o princípio kantiano do Direito e com o primeiro princípio da justiça de John Rawls, segundo o qual cada um tem o direito a iguais liberdades de ação subjetivas.[7]

Trata-se, como podemos intuir, de um ideal muito abstrato. As circunstâncias de cada situação concreta deverão indicar a forma e os meios necessários para a sua consecução, guiando o necessário exercício interpretativo. A abstratividade do ideal, porém, não é algo a se lamentar. Bem ao invés disso, é condição de possibilidade para que tenhamos uma base comum sobre a qual possamos sustentar um debate genuíno – e de amplo alcance – a respeito do que nos divide enquanto membros de um regime democrático.[8]

A concepção majoritarista, portanto, define a democracia de modo procedimental. A concepção comunal atrela a democracia às restrições substantivas das condições de legitimidade, fundamentadas na exigência de tratar as pessoas com igual consideração e respeito. Isso quer dizer que, de acordo com essa última concepção, a legitimidade

---

[4]   DWORKIN, Ronald. *A raposa e o porco-espinho*: justiça e valor. Tradução Marcelo Brandão Cipolla. São Paulo: Martins Fontes, 2014, p. 587.

[5]   A consideração igualitária é a virtude soberana da comunidade política – sem ela o governo não passa de tirania – e, quando as riquezas da nação são distribuídas de maneira muito desigual, como o são as riquezas de nações muito prósperas, então sua consideração é suspeita, pois a distribuição das riquezas é produto de uma ordem jurídica [...] (DWORKIN, Ronald. *A virtude soberana*: a teoria e a prática da igualdade. Tradução Jussara Simões. São Paulo: Martins Fontes, 2011, p. IX).

[6]   Nenhum governo é legítimo a menos que endosse dois princípios soberanos. Em primeiro lugar, ele deve demonstrar igual consideração pelo destino de toda pessoa sobre a qual pretende ter o domínio. Em segundo lugar, deve respeitar plenamente a responsabilidade e o direito de toda pessoa de decidir por si mesma como fazer de sua vida algo valioso (DWORKIN, Ronald. *A raposa e o porco-espinho*: justiça e valor. Tradução Marcelo Brandão Cipolla. São Paulo: Martins Fontes, 2014, p. 4-5).

[7]   Essa é a análise que faz Habermas (HABERMAS, Jürgen. *Direito e democracia*: entre facticidade e validade. Tradução Flávio Breno Siebeneichler. Rio de Janeiro: Tempo Brasileiro, 2012, p. 252).

[8]   Confira-se: DWORKIN, Ronald. *La democracia posible*. Principios para un nuevo debate político. Tradução Ernest Weikert García. Barcelona: Paidós, 2008, p. 24.

democrática é uma questão de grau. Ela é um ideal que as comunidades políticas devem se esforçar para alcançar. Para Dworkin, esse é um ideal de autogoverno "inteligível", o que torna a concepção comunal superior à majoritarista, porquanto esta "não descreve nada que possa ser entendido como o autogoverno dos membros das minorias políticas – ou mesmo dos membros individuais da maioria".[9]

A dicotomia entre essas concepções democráticas tem reflexos evidentes sobre o debate acerca da compatibilidade entre democracia e controle judicial de constitucionalidade. Aqueles que defendem a concepção majoritarista encaram com desconfiança o controle de constitucionalidade exercido por uma instância de poder contramajoritária. A concepção comunal, por outro lado, vê no argumento majoritarista uma circularidade, pois ele pressupõe que a maioria política tem autoridade moral para decidir questões controversas em nome de todos. Ocorre que, segundo a concepção comunal, a maioria só tem legitimidade para fazê-lo quando as instituições por meio das quais governe sejam suficientemente legítimas (por respeitarem a igual consideração e respeito).

O controle judicial de constitucionalidade, nessa visão substancial da democracia de Dworkin, é uma estratégia possível para aperfeiçoar a legitimidade do governo, assegurando, por meio da proteção dos direitos fundamentais da minoria, o direito da maioria de impor sua vontade.

É nesse contexto, portanto, que as liberdades públicas e sua justiciabilidade devem ser pensadas. A partir da montagem desse cenário, será possível desenvolvermos os parâmetros interpretativos que podem dar conta do exercício de uma jurisdição democrática e constitucionalmente adequada para restringir e implementar as liberdades públicas. Cuidam-se de *standards* ou "padrões" jurídicos de obrigatória observância pelos tribunais para que suas decisões – sem resvalarem para a discricionariedade ou o arbítrio – possam respeitar o princípio fundamental da igual consideração e respeito, requisito último de legitimidade dos regimes democráticos e do asseguramento das liberdades públicas a todos.

3 Por uma jurisdição democrática para a implementação e a restrição constitucionalmente adequadas das liberdades públicas

São requisitos para a implementação e a restrição das liberdades públicas e, desse modo, para a legitimação democrática do agir do Poder Judiciário a universalizabilidade e a integridade do direito, ambas expressões do princípio da igual consideração e respeito.[10] Tal princípio, que fundamenta esses padrões de conduta judicial, está contido na assertiva de que "todos são iguais perante a lei, sem distinção de qualquer natureza", anunciada pelo artigo 5º da Constituição da República. A isso Neil MacCormick dá o nome de "exigência da justiça formal", que "consiste em tratarmos casos semelhantes de modo semelhante, e casos diferentes de modo diferente; e dar a cada um o que lhe é

---

[9] DWORKIN, Ronald. *A raposa e o porco-espinho*: justiça e valor. Tradução Marcelo Brandão Cipolla. São Paulo: Martins Fontes, 2014, p. 587.

[10] Esse argumento está desenvolvido detalhadamente em: BRUM, Guilherme Valle. *Uma teoria para o controle judicial de políticas públicas*. Rio de Janeiro: Lumen Juris, 2014.

devido",[11] o que pode ser traduzido, na prática, no seguinte mandamento: *sempre que uma determinada decisão for proferida em sentido favorável ou contrário a um indivíduo, ela deverá ser necessariamente proferida da mesma maneira para os outros indivíduos que se encontrarem na mesma situação.*

A justiça formal oferece-nos, pois, uma boa razão para a observância dos precedentes judiciais, consubstanciada no mandamento referido, que pode ser assim também descrito: *se o presente caso reproduz as premissas de casos do passado, deve receber a mesma conclusão.* Mas aceitar isso não equivale a dizer que, mesmo tendo a decisão anterior se revelado injusta por algum motivo, não seria possível a discussão sobre a manutenção desse padrão decisório. Em uma situação assim, segundo MacCormick, o juiz teria de decidir "se é melhor perpetuar uma injustiça substantiva para satisfazer a justiça formal ou garantir uma justiça substantiva no caso em foco ao custo de sacrificar a justiça formal conforme aplicada às partes desse caso e às partes do outro caso". Trata-se de hipótese de dificuldade decisória, a demandar intensa motivação. Com efeito, "não há nenhuma resposta simples e fácil para essa questão".[12]

No entanto, apesar desse temperamento, é inegável que a justiça formal impõe coerções voltadas tanto para o futuro como para o passado. O juiz que decide hoje um caso específico deve levar em conta seu dever, pelo menos seu dever *prima facie*, de decidir o caso em termos compatíveis com as decisões anteriores sobre questões semelhantes. E, ao decidir esse caso, assumirá o dever de decidir casos futuros levando em conta o precedente que estará estabelecendo.[13] Influenciado pelo pensamento do filósofo da moral Richard Hare, Neil MacCormick coloca muita ênfase nesse caráter de universalizabilidade das exigências da justiça formal. É essa característica que leva – e deve levar – o magistrado a ter a consciência de que, ao julgar uma pessoa na específica lide de que cuida, estará julgando *todas as pessoas* que potencialmente se encontrem na mesma situação.[14]

Não existe uma boa razão para decidir um único caso que não possa universalizar-se, que não seja uma boa razão genérica para decidir todos os outros casos do tipo particular de situação sob enfoque.

Em *Rhetoric and the Rule of Law* (2005), MacCormick reafirma a importância da universalizabilidade das decisões. Ele abre o quinto capítulo, intitulado "Universais e Particulares", com a afirmação de que a universalização é algo fundamental à justificação no campo não apenas do direito, mas da argumentação prática em geral. Sua tese, portanto, permanece alinhada à "visão do princípio do Estado de Direito que ressalta seu caráter universalista e igualitário". Além disso, MacCormick esclarece que, assim como expôs em *Legal Reasoning and Legal Theory* (1978), essas considerações não conduzem a uma negação de que razões particulares devem justificar decisões particulares, não obstante devam ser universalizadas.[15] Por mais particular que seja o caso, se ele vier um

---

[11] MACCORMICK, Neil. *Argumentação jurídica e teoria do direito.* Tradução Waldéa Barcellos. São Paulo: Martins Fontes, 2006, p. 93.

[12] MACCORMICK, Neil. *Argumentação jurídica e teoria do direito.* Tradução Waldéa Barcellos. São Paulo: Martins Fontes, 2006, p. 95.

[13] *Ibidem*, p. 96.

[14] HARE, Richard Mervyn. *A linguagem da moral.* Tradução Eduardo Pereira e Ferreira. São Paulo: Martins Fontes, 1996, p. 137.

[15] MACCORMICK, Neil. *Retórica e o Estado de direito.* Tradução Conrado Hübner Mendes e Marcos Paulo Veríssimo. Rio de Janeiro: Elsevier, 2008, p. 103-104.

dia a se repetir, a solução, considerada a coerção da justiça formal, deve, pelo menos em princípio, ser a mesma.

O autor, nessa obra de 2005, faz um importante alerta a fim de evitar confusões terminológicas. Ele enfatiza que, à evidência, nunca se pode estar absolutamente certo de ter antevisto cada possibilidade de decisão que se apresenta, em tese, para a resolução do caso concreto. Assim, a universalizabilidade jurídica é sempre uma universalizabilidade excepcionável, cujas exceções, portanto, também deverão ser universalizadas. Mas *universalizabilidade excepcionável* (*defeasible*) permanece sendo universalizabilidade, não se confundindo com *generalização*. "Universal" contrapõe-se a "particular"; e "geral" a "específico". O primeiro par de termos não admite diferenças de grau, como admite o segundo. Dizendo-o de outro modo, "universal" e "particular" são propriedades lógicas; generalidade e especificidade são propriedades quantitativas. "No direito, tanto as regras quanto os princípios são universais – como o são as decisões sobre o direito que justificam decisões particulares. Mas algumas proposições normativas são mais gerais que outras".[16] Costuma-se referir, por exemplo, que os princípios são normas mais gerais dos que as regras. Ambos, entretanto, são universalizáveis.

Em conclusão, a tese da justiça formal (da universalizabilidade) de Neil MacCormick – adotada aqui e perfeitamente compatível com o pensamento de Ronald Dworkin – exige que a justificação das decisões do Poder Judiciário em casos individuais seja sempre fundamentada em proposições universais que o juiz esteja disposto a adotar para identificar e decidir os casos semelhantes, independentemente do grau de generalidade ou de especificidade das premissas. Por mais específica que seja a situação, se ela tornar a ocorrer, o magistrado, em princípio, deverá dar à lide a mesma solução. A escolha entre proposições universalizadas, quando mais de uma for candidata a incidir no caso,[17] deverá atentar, contudo, para outro padrão fundamental para a legitimação das decisões judicias: a coerência ou a integridade do direito.

Na teoria maccormickiana, a exigência de coerência na deliberação judicial impõe que o juiz exerça uma atitude interpretativa do conflito que lhe é posto, esforçando-se para enxergar o material com que vai trabalhar (Constituição, leis e precedentes) como um conjunto harmônico que deve expressar um sistema coerente de justiça, ligado por princípios que proporcionam essa integridade.

Como anotam Argemiro Martins, Cláudia Roesler e Ricardo de Jesus, "vê-se na teoria de MacCormick uma cooriginalidade entre coerência e princípio".[18] Isso quer dizer que uma importante função dos princípios, a partir dessa visão de coerência normativa, está em propiciar que as regras jurídicas *façam sentido* quando consideradas em conjunto.[19]

---

[16] MACCORMICK, Neil. *Retórica e o Estado de Direito*. Tradução Conrado Hübner Mendes e Marcos Paulo Veríssimo. Rio de Janeiro: Elsevier, 2008, p. 124-125.

[17] E, portanto, ele possa ser qualificado como um "caso difícil".

[18] MARTINS, Argemiro Cardoso Moreira; ROESLER, Cláudia Rosane; JESUS, Ricardo Antonio Rezende de. A noção de coerência na teoria da argumentação jurídica de Neil MacCormick: caracterização, limitações, possibilidades. *Revista Novos Estudos Jurídicos – NEJ*, Itajaí, v. 16, n. 2, p. 207-221, mai./ago. 2011.

[19] Essa tese recebe a parcial adesão de Michelon (MICHELON, Cláudio. Princípios e coerência na argumentação jurídica. In: MACEDO JR., Ronaldo Porto; BARBIERI, Catarina Helena Cortada (Orgs.). *Direito e interpretação*: racionalidades e instituições. São Paulo: Saraiva, 2011, p. 265): "[...] Eu creio que o papel da coerência na argumentação jurídica é fundamentalmente o de identificar princípios jurídicos (e separá-los de princípios meramente morais ou políticos que um determinado julgador ou doutrinador possa considerar obrigatórios). De fato, uma boa parte da argumentação fundada em princípios pode ser considerada simplesmente uma instância

Conjuntos de regras podem, pois, ser de tal natureza que todas sejam compatíveis com alguma norma mais geral, um princípio, podendo ser consideradas como manifestações mais concretas ou específicas dele. Desse modo, quando estamos em dúvida acerca do correto significado de uma norma em um contexto determinado, uma consulta ao princípio pode nos ajudar a fixar um sentido para ela, bem como explicar por que se considera válido aderir a essa norma. "Chamar uma norma de 'princípio' significa, portanto, que ela tanto é relativamente geral como tem valor positivo."[20] E a função do princípio, nessa contextura, será a de determinar "a faixa legítima de considerações justificatórias"[21] a serem apresentadas pelo julgador. Não fornecerá, pois, sozinho, uma resposta conclusiva.

A noção de coerência em MacCormick, que supõe uma relação umbilical com os princípios, é muito próxima do conceito dworkiniano de *integridade do direito*.[22] A ideia de integridade visa atingir simultaneamente dois propósitos: moldar a atitude do intérprete, de maneira a excluir o recurso à discricionariedade, e propor uma forma de legitimar a decisão judicial. Dito de outra forma, a proposta da integridade busca legitimar as deliberações do Poder Judiciário, criando as condições para impedir a discricionariedade (forte) do intérprete.[23] Na busca desses propósitos, o *direito como integridade* foi concebido como uma opção hermenêutica a duas teorias da interpretação que Dworkin cognomina de convencionalismo e de pragmatismo.

O convencionalismo sustenta que a prática jurídica é apenas uma questão de respeitar e aplicar convenções sobre quais instituições deveriam ter o poder de elaborar leis. No entanto, por evidente, o direito por convenção nunca é completo. As leis do país sempre terão um espectro de relações sociais que não alcançarão, pelo menos não pelo seu significado *prima facie*. Assim, os convencionalistas entendem que, nos casos não abrangidos pelas convenções, os juízes devem decidir da melhor maneira possível, mas as partes não terão direito algum de obter ganho de causa em virtude de decisões coletivas do passado. Isso demonstra que a discricionariedade atribuída pelo convencionalismo ao juiz é forte, de modo que ele deve decidir os casos não abrangidos por convenções precedentes, encontrando outro tipo de justificativa além da garantia do direito e de qualquer exigência de consistência com as decisões tomadas no passado, que poderiam eventualmente pautar sua ação futura.

O pragmatismo também aposta em uma ampla discricionariedade judicial, mas em outro sentido. Adota uma concepção cética do direito, negando que as decisões

---

da busca de um ideal de coerência do sistema jurídico. Em segundo lugar, a coerência oferece uma forma de lidar com a (aparente) pluralidade de princípios inconciliáveis. Todavia há certos aspectos da argumentação jurídica fundada em princípios (conforme ocorre na prática dos tribunais) que não podem ser reduzidos à ideia de coerência e, nesses casos, seria necessário buscar um outro ideal racional do sistema jurídico para arbitrar entre princípios que se encontrem em oposição (*prima facie*)".

[20] MACCORMICK, Neil. *Argumentação jurídica e teoria do direito*. Tradução Waldéa Barcellos. São Paulo: Martins Fontes, 2006, p. 197-198.

[21] *Ibidem*, p. 230.

[22] Vide, a respeito disso: MARTINS, Argemiro Cardoso Moreira; ROESLER, Cláudia Rosane; JESUS, Ricardo Antonio Rezende de. A noção de coerência na teoria da argumentação jurídica de Neil MacCormick: caracterização, limitações, possibilidades. *Revista Novos Estudos Jurídicos – NEJ*, Itajaí, v. 16, n. 2, p. 207-221, mai./ ago. 2011.

[23] MARTINS, Argemiro Cardoso Moreira; FERRI, Caroline. O problema da discricionariedade em face da decisão judicial com base em princípio: a contribuição de Ronald Dworkin. *Revista Novos Estudos Jurídicos – NEJ*, Itajaí, v. 11, n. 2, p. 265-289, jul./dez. 2006.

políticas do passado, por si sós, ofereçam qualquer justificativa para o uso do poder coercitivo do Estado. O pragmatista, portanto, encontra a justificativa para a coerção estatal em alguma virtude política – justiça, eficiência etc. – que a decisão judicial estaria a promover. Todavia, é certo que os juízes irão divergir sistematicamente sobre qual dessas virtudes é a melhor. Divergirão também sobre o que entendem, exemplificativamente, por justiça ou por equidade. Para o pragmatismo, isso não é um problema. Muito antes pelo contrário, essa teoria estimula os magistrados a assim decidirem, libertando-os de um passado aprisionador, na suposição de que essa prática tornaria a comunidade melhor.

Obviamente, Dworkin descreve em mais detalhes esses movimentos jusfilosóficos. Mas o importante aqui é tê-los em perspectiva para que possamos entender em que consiste a teoria do direito como integridade.

Assim, na tentativa de não fugir dos limites deste trabalho, permitimo-nos avançar na abordagem dessa teoria que aposta no caráter interpretativo do direito. Dworkin vê a integridade como um princípio ou um padrão autônomo, que deve ser levado em consideração pelo intérprete quando aprecie qualquer caso jurídico. Ao lado desse princípio, há outros três a lhe ombrear: equidade, justiça e devido processo legal adjetivo. Para ele,[24] a equidade é uma questão de encontrar os procedimentos políticos que distribuam o poder de maneira adequada, isto é, os métodos para eleição dos representantes do povo (princípio democrático); a justiça, uma preocupação com o conteúdo moral das decisões tomadas pelas instituições políticas, tenham ou não sido escolhidas com equidade; e o devido processo legal adjetivo, um procedimento correto para julgamento dos cidadãos que supostamente hajam descumprido as leis estabelecidas pelas instituições representativas.

A integridade, então, é uma virtude fundamental, situando-se no mesmo patamar dessas três outras, e consiste na exigência de que o Estado – ou mesmo a comunidade considerada como um agente moral – aja segundo um conjunto único e coerente de princípios, mesmo quando seus cidadãos estejam divididos quanto à exata natureza dos princípios de justiça e equidade corretos. Dworkin a separa em dois outros princípios: o da integridade na legislação, que pede aos que criam o direito que o mantenham coerente quanto aos princípios, e o da integridade no julgamento, que pede aos responsáveis por decidir sobre os sentidos da lei que a vejam e a façam cumprir com essa mesma coerência.

Desse modo, se as pessoas aceitam que são governadas não apenas por regras explícitas oriundas de decisões políticas do passado, mas também – e principalmente – por outras regras que decorrem dos princípios que essas decisões pressupõem, o conjunto de normas públicas pode expandir-se e contrair-se organicamente, sem a necessidade de um detalhamento da legislação ou da jurisprudência em cada um dos possíveis pontos de conflito. Caso contrário, se entendêssemos a legislação apenas como uma questão de soluções negociadas para problemas específicos, sem um compromisso subjacente com alguma concepção pública de justiça, seríamos forçados a estabelecer uma distinção entre dois tipos de problemas jurídicos: os que se resolveriam pela aplicação de alguma decisão política do passado e os que não seriam resolvidos por decisão alguma, sendo-lhes, pois, extrínsecos.

---

[24] DWORKIN, Ronald. *O império do Direito*. Tradução Jefferson Luiz Camargo. São Paulo: Martins Fontes, 2007, p. 200-203.

A integridade, diversamente, sustenta que cada cidadão deve aceitar as exigências que lhe são feitas e pode fazer exigências aos outros, promovendo, notadamente nos casos de conflitos de interesses não regidos por uma regra de direito clara, a coerência principiológica.[25] Em uma palavra: não há discricionariedade, pelo menos não a há no sentido preconizado pelo convencionalismo e pelo pragmatismo.

O direito como integridade aposta, portanto, na natureza interpretativa desse saber. Aposta em que os juízes, os legisladores e mesmo os cidadãos devam tentar enxergar a solução de problemas jurídicos segundo a sua melhor luz. Ou seja, interpretar o direito de modo sempre a melhorá-lo, a vê-lo mais justo. Haverá, por evidente, divergências entre pessoas razoáveis que se debruçarem nessa tarefa, principalmente nos chamados casos difíceis, em que não se encontram soluções *prima facie*, mas a atitude hermenêutica de buscar a integridade é certamente uma forma de cercar o intérprete de parâmetros interpretativos objetivos, tais como: história, debates legislativos, precedentes, doutrina e princípios subjacentes às regras. Esse contexto deve ser observado como um todo coerente, descartando-se as interpretações que não se ajustam ao objetivo de tornar a comunidade de princípios melhor, mais justa. É uma verdadeira construção, o mais complexa e rica possível.[26]

Por isso, Dworkin compara a construção ou a interpretação do direito com a elaboração de um *romance em cadeia*,[27] no qual os juízes são igualmente atores e críticos. A cada decisão são introduzidos acréscimos na tradição interpretada, que assim vai sendo densificada e melhorada à medida que é sistematicamente reinterpretada. Cada um, portanto, "deve escrever seu capítulo de modo a criar da melhor maneira possível o romance em elaboração, e a complexidade dessa tarefa reproduz a complexidade de decidir um caso difícil de direito como integridade".

Os romancistas-juízes têm de levar a sério seu labor de continuidade, devendo criar em conjunto, até onde for possível, um só romance unificado e da melhor qualidade possível. Ou seja, devem tentar criar o romance como se fosse obra de um único autor, e

---

[25] DWORKIN, Ronald. *O império do Direito*. Tradução Jefferson Luiz Camargo. São Paulo: Martins Fontes, 2007. p. 229-230.

[26] Como alerta Calsamiglia: "[...] *El principio de igualdad formal supone el tratamiento igual de lo que es igual y desigual de lo que es desigual. Este constituye el concepto de igualdad. Sin embargo, este concepto común a todas las concepciones de la igualdad no sirve para dirigir la conducta humana, pues existen diversas concepciones que determinan lo que es igual y lo que es desigual. Por ejemplo, en nuestras sociedades se utiliza el criterio del mérito, el del resultado y el de las necesidades, entre otros. Cada uno de esos criterios especifica el concepto formal de igualdad y produce resultados distintos en su aplicación. El enfoque del derecho como integridad no seria escéptico respecto a estas aparentes contradicciones y trataría de indagar cuáles son las razones que convierten un criterio como el del mérito en adecuado para solucionar determinados problemas, mientras que, en cambio, para otros esta sociedad utiliza el criterio de las necesidades. El derecho como integridad trata de reconstruir la historia. Allí donde encuentra con criterios contradictorios trata de encontrar una explicación y trata, por tanto, de exigir que las distinciones entre criterios no se produzcan al azar, sino que respondan a razones públicas y justificadas*" (CALSAMIGLIA, Albert. El concepto de integridad en Dworkin. *Doxa – Cuadernos de Filosofía del Derecho*, Alicante, n. 12, p. 155-176, 1992). Na mesma linha, é a leitura de Thomas Nagel: "*Según Dworkin, la interpretación jurídica debería tratar de descubrir la interpretación del derecho que hiciera su puesta en práctica justificable a la luz de la mejor justificación que se le puede dar del sistema total del derecho y del precedente al que pertence, lo cual incluye la mejor justificación de la función del juez en dicho sistema. Esta tarea no es solamente autorreferencial, sino también normativa: el mejor sentido del derecho es el sentido que, relativo a las limitaciones de adaptación a lo ya dado, hace el sistema sea el mejor posible, el mejor, tanto en adaptación como en sustancia, equilibrado de forma que sea en sí mismo objeto de interpretación evaluativa*" (NAGEL, Thomas. *Otras mentes*: ensayos críticos 1969-1994. Tradução Sandra Girón. Barcelona: Gedisa, 2000, p. 246).

[27] DWORKIN, Ronald. *O império do Direito*. Tradução Jefferson Luiz Camargo. São Paulo: Martins Fontes, 2007, p. 275-279.

não como produto de muitas mãos diferentes, promovendo a coerência principiológica da comunidade a que pertencem.

Essa empreitada exige que o intérprete faça uma avaliação geral da sua parte no romance, ou uma série de avaliações gerais à medida que o reescreve, formando uma teoria que lhe permita trabalhar com os elementos da trama. "Se for um bom crítico, seu modo de lidar com essas questões será complicado e multifacetado, pois o valor de um bom romance não pode ser apreendido a partir de uma única perspectiva. Vai tentar encontrar níveis e correntes de sentido, em vez de um único e exaustivo tema."[28] A interpretação adotada deve fluir ao longo de todo o texto, com um poder explicativo geral. Será, pois, mal sucedida se deixar sem explicação algum importante aspecto estrutural do texto. Há aqui uma evidente semelhança com a coerência de MacCormick, que, a propósito, aceita expressamente essa metáfora dworkiniana do romance em cadeia.[29] Segundo MacCormick, a evolução da jurisprudência provoca um paulatino refinamento do princípio subjacente ao ramo do direito em discussão, resultante da sua incessante sujeição a testes em casos diferentes, bem como do fortalecimento decorrente de sua adoção em situações novas.[30]

Na linha dessas reflexões, Dworkin faz uma interessante indagação: "Será a integridade apenas coerência (decidir casos semelhantes da mesma maneira) sob um nome mais grandioso?".[31] A resposta, como não poderia ser diferente, é: "Depende do que entendemos por coerência ou casos semelhantes". Se coerência for apenas a repetição, pelo Poder Judiciário, de suas próprias decisões da forma o mais fiel possível, então não equivale à integridade. A integridade exige, sim, que as normas da comunidade sejam criadas e vistas de modo a expressar um sistema único e coerente de justiça. Mas, precisamente por isso, uma instituição que aceite esse ideal às vezes irá afastar-se da sua

---

[28] DWORKIN, Ronald. *O império do Direito*. Tradução Jefferson Luiz Camargo. São Paulo: Martins Fontes, 2007, p. 277.

[29] Em uma passagem de seu texto, o autor assim refere: "[...] O ato de interpretação jurídica, especialmente um ato interpretativo proferido por uma corte superior, é um ato dentro de um processo de desenvolvimento de doutrinas ou princípios jurídicos. Ronald Dworkin propôs a iluminadora analogia do 'romance em cadeia'" (MACCORMICK, Neil. *Retórica e o Estado de Direito*. Tradução Conrado Hübner Mendes e Marcos Paulo Veríssimo. Rio de Janeiro: Elsevier, 2008, p. 305).

[30] Nesse ponto, podemos notar, mais uma vez, os influxos do pensamento de Richard Hare sobre a teoria da argumentação jurídica de Neil MacCormick, como se pode evidenciar da seguinte passagem do clássico texto de Hare: "A imprecisão na conduta é geralmente considerada uma coisa ruim e seria perigoso se os filósofos difundissem a idéia de que os princípios de conduta são imprecisos; pois não se pode esperar que a pessoa comum distinga prontamente em que sentido estão sendo denominados imprecisos. Ela naturalmente considerará que são como o primeiro tipo de princípio e que, porque são frouxos, não precisa preocupar-se em observá-los sempre, contanto que o faça com frequência suficiente para manter as aparências. Mas, nesse sentido, nosso princípio de conduta, como na verdade também a maioria dos princípios de capacidade, não são imprecisos de modo algum. O fato de que se fazem exceções a eles não é sinal de alguma imprecisão essencial, mas de nosso desejo de torná-los tão rigorosos quanto possível. *Pois o que estamos fazendo ao permitir classes de exceções é tornar o princípio não mais impreciso, mas mais rigoroso.* Suponha-se que partimos do princípio de nunca dizer o que é falso, mas que consideramos esse princípio como provisório e reconhecemos que pode haver exceções. Suponha-se, então, que decidimos fazer uma exceção no caso de mentiras contadas em tempos de guerra para enganar o inimigo. A regra tornou-se agora: 'Nunca diga o que é falso, exceto em tempo de guerra para enganar o inimigo'. *Esse princípio, desde que a exceção torne-se explícita e seja incluída na formulação do princípio, não é mais impreciso do que era antes, mas mais estrito*" (HARE, Richard Mervyn. *A linguagem da moral*. Tradução Eduardo Pereira e Ferreira. São Paulo: Martins Fontes, 1996, p. 53-54, grifei).

[31] DWORKIN, Ronald. *O império do Direito*. Tradução Jefferson Luiz Camargo. São Paulo: Martins Fontes, 2007, p. 263.

estreita linha de decisões passadas, em busca da fidelidade aos princípios concebidos como fundamentais a esse sistema como um todo.[32]

Há, portanto, o que Dworkin chama de "um teste de duas dimensões", que serve para verificar o atendimento dos dois pressupostos da interpretação (adequação e justificação): a interpretação a ser dada pelo juiz deve ajustar-se à prática, mas também demonstrar a sua finalidade ou valor.[33]

Essa, a criteriologia mínima que entendemos ser adequada para a justiciabilidade das liberdades públicas. No ambiente de uma democracia comunal, na qual a jurisdição – especialmente a jurisdição constitucional – deve ser fundamentada no princípio da igual consideração e respeito e, nessa medida, respeitar os parâmetros da universalizabilidade e da integridade do direito, *implementar* e *restringir* liberdades públicas são dois lados da mesma moeda.

Isso porque as restrições às liberdades, sob determinadas condições, em um dado caso concreto, são pensadas em face da necessidade de sua implementação para todos que potencialmente estejam submetidos às mesmas condições. Se não for possível, nem por hipótese, essa universalizabilidade da solução, a liberdade deverá ser restringida a uma medida que possa adequar-se a essa exigência. Agir assim é levar a sério o princípio da igual consideração e respeito. Em outras palavras, o princípio da igualdade, para Dworkin – com quem estamos de acordo –, não é nada menos do que a *virtude soberana* da comunidade.

4 Algumas notas conclusivas

Pensar as liberdades públicas, com o perfil aqui dado, e suas restrições, no âmbito do constitucionalismo contemporâneo que forja o nomeado Estado Democrático de Direito, impõe que se interrogue para além das fórmulas já consagradas, em especial quando vivenciamos, no contexto de crise do Estado, um processo de judicialização abrangente do cotidiano, da política, das liberdades, dos direitos humanos, enfim. Por isso, o recorte aqui adotado. Em tais circunstâncias, é preciso pôr em pauta os padrões de conduta do sistema de justiça e, no particular, a justiciabilidade das liberdades públicas para podermos avaliá-las por uma métrica de dignidade pertencente a todos – e a ninguém, em particular – ao mesmo tempo.

Se, por um lado, é preciso pensarmos limites para a implementação jurisdicional das liberdades públicas, não podemos, por outro, aceitar retrocessos no nosso padrão civilizatório. Daí o desafio que cabe aos juristas: conceber as liberdades públicas para todos. Sem excessos, mas sem involuções.

---

[32] DWORKIN, Ronald. *O império do Direito*. Tradução Jefferson Luiz Camargo. São Paulo: Martins Fontes, 2007, p. 264.

[33] DWORKIN, Ronald. *Uma questão de princípio*. Tradução Luís Carlos Borges. São Paulo: Martins Fontes, 2005, p. 239. Ademais, na teoria dworkiniana sobre a integridade do direito, há ainda algo um tanto óbvio, que ele chama de *prioridade local*. Tratando, para ilustrar essa ideia, de um precedente sobre danos morais – o *caso McLoughlin* –, Dworkin afirma que, na aferição da adequação das propostas interpretativas que possui diante de si, o juiz deveria irradiá-las em uma série de círculos concêntricos. Ele deveria, portanto, perguntar quais interpretações de sua lista inicial se ajustam aos casos de danos morais do passado; depois, quais se ajustam aos casos de dano acidental à pessoa em termos mais gerais e, em seguida, quais se ajustam aos prejuízos a interesses econômicos, e assim por diante. "Esse procedimento confere uma espécie de prioridade local àquilo que poderíamos chamar de 'áreas' do Direito" (DWORKIN, Ronald. *O império do Direito*. Tradução Jefferson Luiz Camargo. São Paulo: Martins Fontes, 2007, p. 300).

Por isso é que se nos afigura promissor tratar desse tema no âmbito de um modelo substancial de democracia, que estaria na base da legitimação do exercício da jurisdição, notadamente da jurisdição constitucional. Sobressai-se aí a ideia de que todos devem merecer um tratamento digno do Estado. E por tratamento digno estamos entendendo, com Ronald Dworkin, a igual consideração e respeito que os Poderes da República devem expressar para com todos aqueles que se achem submetidos aos seus domínios.

No ambiente jurisdicional, que aqui nos interessou mais de perto, dar o devido valor para o princípio da igual consideração e respeito equivale a observar os deveres de universalização das decisões e de integridade do direito, no trato das liberdades públicas. São padrões interpretativos mínimos, é claro. Mas, para início de conversa, cremos que funcionam adequadamente enquanto óbices a um exercício jurisdicional errático e descompromissado com o ideal de tratamento isonômico, seja na perspectiva de evitar afetações restritivas excedentes, seja na de evitar que a sua alocação a alguns venha a significar, por via transversa, uma restrição indevida a todos os demais.

Em matéria de implementação e restrição de liberdades públicas, o que menos importa é a visão de mundo de um magistrado, suas idiossincrasias e juízos morais pessoais. Se o Poder Judiciário estiver ciente da necessidade de enxergar as liberdades públicas com um olhar íntegro e universal, pode ser o início de uma jornada que vale a pena ser seguida, uma jornada em busca de um ideal de otimização dessas liberdades, no qual *restringir* e *implementar* sejam, efetivamente, as duas faces de uma mesma moeda.

Referências

BOLZAN DE MORAIS, Jose Luis. *Do direito social aos interesses transindividuais*: o Estado e o direito na ordem contemporânea. Porto Alegre: Livraria do Advogado, 1996.

BOLZAN DE MORAIS, Jose Luis; BRUM, Guilherme Valle. *Políticas públicas e jurisdição constitucional*: entre direitos, deveres e desejos. Porto Alegre: Livraria do Advogado, 2016.

BRUM, Guilherme Valle. *Uma teoria para o controle judicial de políticas públicas*. Rio de Janeiro: Lumen Juris, 2014.

CALSAMIGLIA, Albert. El concepto de integridad en Dworkin. *Doxa – Cuadernos de Filosofía del Derecho*, Alicante, n. 12, p. 155-176, 1992.

CALSAMIGLIA, Albert. Postpositivismo. *Doxa – Cuadernos de Filosofía del Derecho*, Alicante, n. 21, p. 209-220, 1998.

CHAUÍ, Marilena. *O que é ideologia*. 2. ed. São Paulo: Brasiliense, 2001.

DIMOULIS, Dimitri; MARTINS, Leonardo. *Teoria geral dos direitos fundamentais*. São Paulo: RT, 2007.

DWORKIN, Ronald. Equality, democracy and Constitution: we the people in Court. *Alberta Law Review*, v. XXVIII, n. 2, 1990.

DWORKIN, Ronald. *Uma questão de princípio*. Tradução Luís Carlos Borges. São Paulo: Martins Fontes, 2005.

DWORKIN, Ronald. *O direito da liberdade*. A leitura moral da Constituição norte-americana. Tradução Marcelo Brandão Cipolla. São Paulo: Martins Fontes, 2006.

DWORKIN, Ronald. *O império do Direito*. Tradução Jefferson Luiz Camargo. São Paulo: Martins Fontes, 2007.

DWORKIN, Ronald. *La democracia posible*. Principios para un nuevo debate político. Tradução Ernest Weikert García. Barcelona: Paidós, 2008.

DWORKIN, Ronald. *Levando os direitos a sério*. Tradução Nelson Boeira. São Paulo: Martins Fontes, 2010.

DWORKIN, Ronald. *A justiça de toga*. Tradução Jefferson Luiz Camargo. São Paulo: Martins Fontes, 2010.

DWORKIN, Ronald. *A virtude soberana*: a teoria e a prática da igualdade. Tradução Jussara Simões. São Paulo: Martins Fontes, 2011.

DWORKIN, Ronald. *A raposa e o porco-espinho*: justiça e valor. Tradução Marcelo Brandão Cipolla. São Paulo: Martins Fontes, 2014.

ELY, John Hart. *Democracia e desconfiança*: uma teoria do controle judicial de constitucionalidade. Tradução Juliana Lemos. São Paulo: Martins Fontes, 2010.

FERRAJOLI, Luigi. *Principia iuris*. Teoría del derecho y de la democracia. 2 – teoria de la democracia. Tradução Perfecto Andrés Ibáñez *et al*. Madrid: Trotta, 2011.

FERRAJOLI, Luigi. *Poderes selvagens*. A crise da democracia italiana. Tradução Alexandre Araujo de Souza. São Paulo: Saraiva, 2014.

GADAMER, Hans-Georg. *Verdade e método I*: traços fundamentais de uma hermenêutica filosófica. Tradução Flávio Paulo Meurer. Petrópolis: Vozes, 1997.

GAVAZZI, Giacomo. Kelsen e a doutrina pura do Direito. In: KELSEN, Hans. *A democracia*. Tradução Ivone Castilho Benedetti, Jefferson Luiz Camargo, Marcelo Brandão Cipolla e Vera Barkow. São Paulo: Martins Fontes, 2000.

GUEST, Stephen. *Ronald Dworkin*. Tradução Luís Carlos Borges. Rio de Janeiro: Elsevier, 2010.

HABERMAS, Jürgen. *Direito e democracia*: entre facticidade e validade. Tradução Flávio Breno Siebeneichler. Rio de Janeiro: Tempo Brasileiro, 2012.

HARE, Richard Mervyn. *A linguagem da moral*. Tradução Eduardo Pereira e Ferreira. São Paulo: Martins Fontes, 1996.

HART, H. L. A. *O conceito de Direito*. Tradução Antônio de Oliveira Sette-Câmara. São Paulo: Martins Fontes, 2009.

KELSEN, Hans. *A democracia*. Tradução Ivone Castilho Benedetti *et al*. São Paulo: Martins Fontes, 2000.

KELSEN, Hans. *Teoria pura do Direito*. Tradução João Baptista Machado. São Paulo: Martins Fontes, 2009.

MACCORMICK, Neil. *Argumentação jurídica e teoria do direito*. Tradução Waldéa Barcellos. São Paulo: Martins Fontes, 2006.

MACCORMICK, Neil. *Retórica e o Estado de Direito*. Tradução Conrado Hübner Mendes e Marcos Paulo Veríssimo. Rio de Janeiro: Elsevier, 2008.

MACEDO JUNIOR, Ronaldo Porto. *Do xadrez à cortesia*: Dworkin e a teoria do direito contemporânea. São Paulo: Saraiva, 2013.

MARTINS, Argemiro Cardoso Moreira; FERRI, Caroline. O problema da discricionariedade em face da decisão judicial com base em princípio: a contribuição de Ronald Dworkin. *Revista Novos Estudos Jurídicos – NEJ*, Itajaí, v. 11, n. 2, p. 265-289, jul./dez. 2006.

MARTINS, Argemiro Cardoso Moreira; ROESLER, Cláudia Rosane; JESUS, Ricardo Antonio Rezende de. A noção de coerência na teoria da argumentação jurídica de Neil MacCormick: caracterização, limitações, possibilidades. *Revista Novos Estudos Jurídicos – NEJ*, Itajaí, v. 16, n. 2, p. 207-221, mai./ago. 2011.

MENDES, Conrado Hübner. *Controle de constitucionalidade e democracia*. Rio de Janeiro: Elsevier, 2008.

MICHELON, Cláudio. Princípios e coerência na argumentação jurídica. In: MACEDO JR., Ronaldo Porto; BARBIERI, Catarina Helena Cortada (Org.). *Direito e interpretação*: racionalidades e instituições. São Paulo: Saraiva, 2011, p. 265.

MÜLLER, Friedrich. *Quem é o povo?* A questão fundamental da democracia. Tradução Peter Naumann. 3. ed. São Paulo: Max Limonad, 2003.

MÜLLER, Friedrich. *O novo paradigma do Direito*: introdução à teoria e metódica estruturantes do direito. 3. ed. São Paulo: Revista dos Tribunais, 2013.

NAGEL, Thomas. *Otras mentes*: ensayos críticos 1969-1994. Tradução Sandra Girón. Barcelona: Gedisa, 2000.

NINO, Carlos Santiago. *Introdução à análise do Direito*. Tradução Elza Maria Gasparotto. São Paulo: Martins Fontes, 2010.

OLIVEIRA, Rafael Tomaz de. *Decisão judicial e o conceito de princípio*. A hermenêutica e a (in)determinação do direito. Porto Alegre: Livraria do Advogado, 2008.

STRECK, Lenio Luiz. *Hermenêutica jurídica e(m) crise*: uma exploração hermenêutica da construção do Direito. 11. ed. Porto Alegre: Livraria do Advogado, 2014.

STRECK, Lenio Luiz. *Verdade e consenso*: constituição, hermenêutica e teorias discursivas. 5. ed. São Paulo: Saraiva, 2014.

WALDRON, Jeremy. Jurisprudence for Hedgehogs. *Public law & legal theory research papers series*, Working Paper n. 13-45, jul. 2013.

Informação bibliográfica deste texto, conforme a NBR 6023:2002 da Associação Brasileira de Normas Técnicas (ABNT):

MORAIS, Jose Luis Bolzan de; BRUM, Guilherme Valle. Restrições das liberdades públicas: universalizabilidade, princípios e integridade do direito. In: LEITE, George Salomão; LEITE, Glauco Salomão; STRECK, Lenio Luiz (Coord.). *Jurisdição constitucional e liberdades públicas*. Belo Horizonte: Fórum, 2017. p. 53-68. ISBN 978-85-450-0237-6.

PARTE II

DOGMÁTICA DOS DIREITOS FUNDAMENTAIS E JURISDIÇÃO CONSTITUCIONAL

LIBERDADE DE EXPRESSÃO DO PENSAMENTO

SAMANTHA RIBEIRO MEYER-PFLUG

1 Introdução

O direito à liberdade de expressão do pensamento vem expressamente assegurado na Constituição Federal de 1988, o que representou a volta da democracia no Brasil e o fim do regime militar; portanto, confere especial tratamento ao Estado Democrático de Direito e assegura um amplo rol de direitos e garantias fundamentais. Nesse contexto, atribui amplo tratamento ao direito de liberdade de expressão do pensamento que é um dos alicerces do regime democrático.

A proteção à referida liberdade consta no sistema constitucional brasileiro desde a sua primeira Constituição, a Carta Imperial de 1824. Historicamente, o Brasil sempre conferiu destaque à proteção da liberdade de expressão do pensamento; no entanto, durante o período pelo qual o Brasil passou por um regime militar, houve uma severa restrição às liberdades públicas, precipuamente à liberdade de expressão do pensamento, vez que eram expressamente permitidas a licença e a censura.

No Brasil, o Texto Constitucional de 1988 é enfático ao assegurar a liberdade de expressão de pensamento em seus mais variados aspectos: a liberdade de pensamento, de expressão, ideológica, de reunião, de profissão, artística, de imprensa, religiosa, de culto, de informação, de locomoção, vedando expressamente qualquer espécie de censura ou licença. Há uma valorização da liberdade de pensamento como instrumento imprescindível à democracia e à promoção do debate público. A liberdade passa a ser "parte integrante de um regime democrático".[1] Como todos os demais direitos, não pode ser exercida de maneira absoluta, sendo que o próprio Texto Constitucional elenca expressamente os limites ao seu exercício. São eles: a vedação ao anonimato, a garantia à intimidade, vida privada, honra e imagem, bem como a possibilidade de indenização por danos morais e materiais decorrentes de sua violação e o direito de resposta.

Atualmente, verifica-se que o exercício da liberdade de expressão do pensamento se defronta com três aspectos polêmicos que demandam a atenção especial do Estado e

---

[1] RAZ. *La ética en el ámbito público*. Barcelona: Gedisa, 2001, p. 165.

da sociedade. São eles: a incitação à pornografia, o financiamento privado de campanhas eleitorais e o discurso do ódio (*hate speech*).

2 Da liberdade de expressão de pensamento

A liberdade de expressão é a exteriorização de pensamentos, ideias, opiniões, convicções, bem como de sensações e sentimentos. É assegurada no inciso IV do art. 5º da Constituição Federal de 1988, que dispõe, *in verbis*: "É livre a manifestação do pensamento, sendo vedado o anonimato". Foi conferida ampla proteção à liberdade de pensamento ao reconhecê-la como direito fundamental e cláusula pétrea, o que impede que qualquer meio estatal suprima essa garantia, ainda que por meio de uma pretensa regulação que viole seu núcleo essencial.

A liberdade de expressão do pensamento pode ocorrer pelas mais variadas formas. Ocorre de forma escrita, por meio da edição de livros, revistas, jornais, periódicos e cartas, e de forma falada, por meio de conversas, palestras, aulas e reuniões. Ela também se manifesta por meio do uso de imagens e de sons (rádio e televisão), *internet*, entre outros. Trata-se de um direito inerente ao ser humano, pois o homem necessita se comunicar constantemente com o outro. A troca de informações, de ideias, de opiniões é a maneira pela qual o indivíduo participa da vida em sociedade e também das decisões do Estado. Nesse contexto, cabe ao ente estatal o dever de assegurar ao indivíduo o direito de expor e manifestar o seu pensamento livremente, sem sofrer qualquer restrição.

Consiste, pois, no direito de cada indivíduo de pensar e abraçar as ideias que lhe aprouver sem sofrer qualquer restrição, interferência ou retaliação por parte do Estado. O homem é livre para pensar e manifestar seus pensamentos. É o direito de cada indivíduo de escolher quais as ideias deseja adotar para si ou não, de ser livre para decidir e também livre para exteriorizar seus pensamentos.[2] O Estado não deve criar obstáculos ou restrições a essa liberdade.[3]

A liberdade de expressão do pensamento é primordial para o desenvolvimento do ser humano na medida em que integra esse desenvolvimento.[4] Relaciona-se diretamente com a própria concepção de "autodeterminação do indivíduo". A garantia a essa liberdade é de extrema relevância na medida em que considera os indivíduos como responsáveis por si mesmos, dotados de poder de autodeterminação.[5] Para Jorge Miranda, a liberdade de expressão "é mais que a liberdade de comunicação social, porquanto abrange todos e quaisquer meios de comunicação entre as pessoas – a palavra, a imagem, o livro, qualquer outro escrito, a correspondência escrita e por telecomunicações, o espetáculo, etc.".[6] É intrínseco à natureza do homem expor suas ideias, opiniões, pensamentos, sensações e sentimentos e tentar convencer os demais sobre a importância e a veracidade deles. Para que isto concretize, o indivíduo não pode sofrer sanções ao emiti-los.[7] A expressão

---

[2] Cf. SILVA, José Afonso da. *Curso de direito constitucional positivo*. 24. ed. São Paulo: Malheiros, 2005, p. 241.

[3] Cf. MEYER-PFLUG, Samantha Ribeiro. *Liberdade de expressão e discurso do ódio*. São Paulo: RT, 2009, p. 72.

[4] Cf. DWORKIN, Ronald. *Uma questão de princípio*. São Paulo: Martins Fontes, 2000, p. 503.

[5] Cf. DWORKIN, Ronald. *O direito da liberdade*: a leitura moral da constituição norte-americana. São Paulo: Martins Fontes, 2006, p. 319.

[6] MIRANDA, Jorge. *Manual de direito constitucional*. t. IV. Coimbra: Coimbra, 1988, p. 374.

[7] Cf. FARIAS, Edilsom. *Liberdade de expressão e comunicação*: teoria e proteção constitucional. São Paulo: Revista dos Tribunais, 2004, p. 67.

de ideias é dotada de grande poder, pois se reflete diretamente na sociedade, no sistema político adotado e nos valores reinantes. Não se deve subestimar o poder das ideias, pois são elas as grandes responsáveis pelas mudanças na sociedade.[8]

Para o homem poder livremente manifestar suas ideias e opiniões, é necessária a proteção do Estado no sentido de garantir o exercício desse direito individual e também de regular os meios para que essa transmissão de ideias e opiniões possa ocorrer de maneira eficaz.[9] A manifestação do pensamento se dá nas mais variadas formas: escrita, falada, eletrônica, impressa e televisiva.[10]

Num primeiro aspecto, a liberdade de expressão do pensamento consiste no fato de que o Estado não levará em consideração o teor dessa opinião, na exata medida em que se manterá neutro quanto ao seu conteúdo para que ela possa ocorrer livremente. Pode-se afirmar que o Estado assume uma posição de neutralidade em face desse direito. É o que Celso Ribeiro Bastos denomina de "valor da indiferença".[11] Num segundo momento, verifica-se que a liberdade de pensamento acaba por exigir que ideia ou opinião seja respeitada pelos demais e que não venha o sujeito a sofrer nenhuma restrição ou até mesmo retaliação em virtude de sua emissão.[12] Nesse sentido, o indivíduo pode vir a exigir do Estado que leve em consideração a sua ideia ou opinião para a realização de determinadas tarefas ou, até mesmo, para eximi-lo de uma obrigação.

De outra parte, os homens, na maioria das vezes, possuem opiniões divergentes uns dos outros, para não dizer opostas. O exercício dessa liberdade de expressão do pensamento não pode dar-se de forma absoluta; do contrário, uma das partes sairá prejudicada e, por consequência, o direito à liberdade de pensamento estará sendo negado em sua essência.[13]

Por meio da liberdade de expressão, possibilita-se ao indivíduo poder participar do Estado, por intermédio de uma livre discussão de ideias.[14] A partir daí, há uma participação política até então inexistente. O exercício da liberdade de expressão é o exercício de uma liberdade civil e política. Sem comunicação livre, não se pode falar em sociedade livre e muito menos em soberania popular ou Estado Democrático. A liberdade de expressão não deixa de ser um bem público.[15] O Estado deve incentivar o debate público democrático, conferindo condições para que os indivíduos possam participar dele, precipuamente, por meio do investimento na educação pública.[16]

A liberdade de expressão tem um aspecto social, pois, por meio de seu exercício, é possível criar um espaço público racional de ideias, ou seja, uma esfera de debates com ampla liberdade de posições, contribuindo para a formação de uma opinião pública independente, consciente e pluralista. Essa opinião pública consciente e plural

---

[8] Cf. BERLIN, Isaiah. *Quatro ensaios sobre a liberdade*. Brasília: Universidade de Brasília, 1981, p. 134. Coleção Pensamento Político n. 39.

[9] Cf. MEYER-PFLUG, Samantha Ribeiro. *Liberdade de expressão e discurso do ódio*. São Paulo: RT, 2009, p. 70.

[10] Cf. MEYER-PFLUG, Samantha Ribeiro. *Liberdade de expressão e discurso do ódio*. São Paulo: RT, 2009, p. 71.

[11] BASTOS, Celso Ribeiro. *Curso de direito constitucional*. São Paulo: Malheiros, 2010, p. 331.

[12] Cf. MENÉNDEZ, Ignacio Villaverde. Introducción histórica a las libertades de información y expresión. *Cuadernos y debates*: Actas de las VII Jornadas de la Asociación de Letrados del Tribunal Constitucional "La libertad de información y de expresión", Madrid, ano 44, n. 139, p. 11, 20, 2002.

[13] Cf. MEYER-PFLUG, Samantha Ribeiro. *Liberdade de expressão e discurso do ódio*. São Paulo: RT, 2009, p. 70.

[14] Cf. MENÉNDEZ, Ignacio Villaverde. *Introducción histórica a las libertades de información y expresión, op. cit.*, p. 30.

[15] Cf. RAZ, Joseph. *La ética en el ámbito público*. Barcelona: Gedisa, 2001, p. 163.

[16] Cf. FARIAS, Edilsom. *Liberdade de expressão e Comunicação*: teoria e proteção constitucional, *op. cit.*, p. 87.

é de suma importância para o regime democrático, pois a diversidade de opiniões e correntes ideológicas se faz presente nas eleições pelos partidos políticos e também pela tendência de votos.[17]

3 Vedação da licença e da censura

O direito de expressar o pensamento[18] e as ideias dentro de um Estado Democrático de Direito "deve ocorrer livre de qualquer castigo ou ameaça, pois ele é a manifestação do raciocínio humano, é a expressão de sua razão".[19] Ressalte-se que, durante os regimes ditatoriais, nos quais, sempre se limitou o exercício da liberdade de expressão do pensamento, inclusive com a imposição de penas severas, os grupos rebeldes, de resistência, sempre existiram de maneira explicita ou implícita.[20] Já sob outro prisma, a liberdade de expressão do pensamento impõe que a ideia ou opinião seja respeitada pelos demais e que não venha o sujeito a sofrer nenhuma restrição ou até mesmo retaliação em virtude de sua emissão.[21]

A Constituição de 1988 expressamente veda a censura ou a licença. A censura que é a negação do direito à liberdade de expressão. É algo danoso e que deve ser a todo custo extirpada das sociedades democráticas. Ela pode ser prévia ou *a posteriori*. A primeira consiste no impedimento ao lançamento de uma determinada obra, uma exposição ou manifestação popular. Já a segunda é a autorização para a manifestação do pensamento.

Incumbe ao Estado incentivar o debate público democrático, conferindo condições para que os indivíduos possam participar dele, precipuamente, por meio do investimento na educação pública. A falta de condições, seja econômica ou social, de um indivíduo para usufruir de um determinado direito fundamental, ou até mesmo a sua incapacidade individual em fazê-lo, não deve ser confundida com coerção ou censura. O grau de fruição da liberdade vai variar de acordo com social, cultural e o grupo ao qual individuo pertence.[22] Assim sendo, exige-se não apenas a proteção da liberdade individual, mas também da igualdade, pois sem a garantia desta última não se faz possível o exercício amplo da primeira.

4 Limites à liberdade de expressão do pensamento

Nenhum direito pode ser exercido de forma absoluta, sob pena de violar outros direitos também assegurados na ordem jurídica. Assim sendo, tem-se que o exercício da liberdade de expressão do pensamento não é absoluto. Aliás, as restrições ao seu exercício constam do próprio Texto Constitucional, quais sejam: a vedação ao anonimato,

---

[17] Cf. DWORKIN, Ronald. *O direito da liberdade*: a leitura moral da Constituição norte-americana, *op. cit.*, p. 165.

[18] Opta-se pelo emprego da expressão de Celso Ribeiro Bastos, "liberdade de expressão do pensamento", por ele ser gênero e incluir a liberdade de pensamento (BASTOS, Celso Ribeiro; MARTINS, Ives Gandra da. *Comentários à Constituição do Brasil*. 3. ed. v. II. São Paulo: Saraiva, 2004, p. 47).

[19] MEYER-PFLUG, Samantha Ribeiro. *Liberdade de expressão e discurso do ódio*. São Paulo: RT, 2009, p. 34.

[20] Cf. CANOTILHO, Joaquim José Gomes; MOREIRA, Vital. *Constituição da República Portuguesa anotada*. 2. ed. v. I. Coimbra: Coimbra Editora, 1984, p. 327.

[21] MEYER-PFLUG, Samantha Ribeiro. *Liberdade de expressão e discurso do ódio*. São Paulo: RT, 2009, p. 48.

[22] Cf. MARTINS FILHO, Ives Gandra da Silva. Reflexões sobre a liberdade. *Direito Público*, v.1, n. 4, p. 43, abr./jun. 2004.

a proibição de violação à honra, à imagem, à vida privada e à intimidade do indivíduo, e a obrigação de indenização por danos materiais ou morais no caso do seu exercício de forma abusiva.

Como dito, a liberdade de expressão do pensamento é um direito fundamental, elencado como clausula pétrea pela Constituição de 1988. Isso impede que ela venha a ser suprimida por meio da edição de uma emenda à Constituição ou venha ainda, a pretexto de uma possível regulação pelo legislador ordinário, violar o seu núcleo essencial.[23] Para que a regulamentação ao exercício da liberdade de expressão do pensamento seja legítima, ela deve se fundamentar na mais estrita observância do Texto Constitucional.[24] A garantia da liberdade de expressão pressupõe um sistema estruturado e organizado da liberdade em harmonia com os demais valores protegidos pelo ordenamento jurídico. A proteção à liberdade de expressão não é absoluta. A expressão de ideias é passível de restrições, na exata medida em que se devem respeitar outros valores albergados pela Constituição da República, com repercussão na legislação infraconstitucional.

Os limites à liberdade de expressão do pensamento devem sempre ser interpretados de maneira restritiva. No entanto, é necessário impor restrições ao seu exercício, pois, do contrário, ela pode representar a queda desse Estado, se for exercida de forma absoluta e irrestrita. De um lado, garantiria-se a liberdade de expressão como fortalecimento do Estado; de outro lado, normas que punissem abusos no seu exercício.[25] A legislação infraconstitucional também regulamenta os limites ao exercício da liberdade de expressão. Todavia, essas restrições devem ser sempre fundamentadas, ou seja, devem respeitar certos requisitos, como o de estarem expressamente previstas em lei, obedecerem ao princípio da proporcionalidade e a finalidade visada tem de ser legitima.[26]

4.1 Vedação ao anonimato

Se, de um lado, o Texto Constitucional assegura a liberdade de pensamento, de outro exige que ela seja exercida com responsabilidade. Nesse sentido, é vedado o anonimato, ou seja, deve-se saber quem emitiu aquela determinada opinião, ideia ou pensamento, conforme dispõe o art. 5º, inciso XV, da Constituição de 1988.[27]

A proibição do anonimato tem como intuito precípuo evitar que violações à honra e à imagem das pessoas ocorram de forma inconsequente, é dizer, sem que se possa identificar o responsável por essas ofensas e, por conseguinte, responsabilizá-lo. Para Ives Gandra da Silva Martins, tal vedação engloba também a impossibilidade de uma denúncia anônima ser aceita pela polícia ou Ministério Público.[28] O Texto Constitucional exige que o pensamento não seja espúrio, que não se possa identificar o seu emissor.

---

[23] Cf. FARIAS, Edilsom. *Liberdade de expressão e comunicação*: teoria e proteção constitucional. São Paulo: Revista dos Tribunais, 2004, p. 191.

[24] Cf. MEYER-PFLUG, Samantha Ribeiro. *Liberdade de expressão e discurso do ódio*. São Paulo: RT, 2009, p. 67.

[25] Cf. MENÉNDEZ, Ignacio Villaverde. Introducción histórica a las libertades de información y expresión. *Cuadernos y debates*: Actas de las VII Jornadas de la Asociación de Letrados del Tribunal Constitucional "La libertad de información y de expresión", Madrid, n. 139, p. 15, 2002.

[26] Cf. SANJUÁN, Teresa Freixes. *Libertades informativas e integración Europea*. Madrid: Colex, 1996, n. 21, p. 22.

[27] Cf. BASTOS, Celso Ribeiro. *Curso de direito constitucional*. São Paulo: Malheiros, 2010, p. 333.

[28] MARTINS, Ives Gandra da Silva. *Conheça a constituição*: comentários à constituição brasileira. v. 1. São Paulo: Manole, 2005, p. 43.

Isso não significa que em todos os textos deva constar o nome de seus autores. O que se está a exigir, tão somente, é que haja um responsável pela emissão daquelas ideias e pensamentos. É exatamente o que ocorre com os editais dos jornais nos quais a direção se responsabiliza pelas ideias e manifestações ali veiculadas.

O Supremo Tribunal Federal já fixou entendimento no seguinte sentido: "Quem manifesta o seu pensamento através da imprensa escrita ou falada, deve começar pela sua identificação. Se não o faz, a responsável por ele é a direção da empresa que o publicou ou transmitiu".[29]

4.2 Direito de resposta e indenização por danos morais e materiais

O indivíduo, ao manifestar opiniões, ideias, pensamento e sentimentos, comunica-se com os demais; no entanto, ao exercer essa faculdade, pode vir a causar danos a outrem. Isso é algo natural, pois, em toda a sociedade, há de existir comunicação. Não há de negar-se que, com palavras, se pode beneficiar, auxiliar ou prejudicar alguém, insultar, enganar, provocar rebeliões, isto é, causar danos a terceiros. Faz-se necessário, então, proteger a imagem, a honra, a intimidade e a privacidade do indivíduo.[30] O Texto Constitucional é enfático ao dispor em seu art. 5º, inciso V, que: "É assegurado o direito de resposta, proporcional ao agravo, além da indenização por dano material, moral ou à imagem".

É assegurado o direito de resposta em todas as modalidades sob as quais o processo de difusão de ideias e opiniões possa ocorrer.[31] O cidadão pode valer-se do direito de resposta para se defender de qualquer notícia ou opinião inverídica, ofensiva ou prejudicial à sua pessoa.[32] Portanto, em caso de abuso do direito de liberdade de expressão, está assegurado ao ofendido o direito de resposta, desde que seja feito de maneira proporcional ao agravo. É garantido ao ofendido o direito de rebater, de contra-argumentar a opinião manifestada. É um direito de defesa que se constitui numa obrigação de fazer para o Estado ou para os responsáveis pela divulgação das ideias ofensivas.[33]

O direito de resposta é um direito autônomo que não se confunde com a garantia da indenização por dano material, moral ou à imagem a que faz jus o ofendido no caso de violação de seus direitos. É um direito de personalidade, que se constitui em veículo de defesa da imagem, da honra, da intimidade e da privacidade do indivíduo. Todavia, não tem o condão de isentar o responsável das consequências advindas do direito penal, quais sejam, os processos por calúnia, difamação ou injúria (arts. 138, 139 e 140 do Código Penal Brasileiro).

---

[29] Supremo Tribunal Federal. Mandado de Segurança 24.639/DF. Relator. Min. Celso de Mello. DJ 16.10.2002.

[30] Cf. SÁNCHEZ, Juan Antonio Lascurían. Protección penal y limites penales de las libertades comunicativas. *Cuadernos y debates: Actas de las VII Jornadas de la Asociación de Letrados del Tribunal Constitucional "La libertad de información y de expresión"*, Madrid, n. 139, p. 48, 2002.

[31] Cf. CANOTILHO, Joaquim José Gomes; MOREIRA, Vital. *Constituição da República Portuguesa anotada.* 2. ed. v. I. Coimbra: Coimbra Editora, 1984, p. 236.

[32] Cf. BALLESTER, Eliel C. *Derecho de respuesta.* Buenos Aires: Astrea, 1987, p. 5.

[33] Cf. FARIAS, Edilsom. *Liberdade de expressão e comunicação*: teoria e proteção constitucional. São Paulo: Revista dos Tribunais, 2004, p. 231.

Destarte, o órgão responsável pela emissão do pensamento não pode se negar a veicular o direito de resposta. Tem o dever de fazê-lo.[34] O direito de resposta deve ser exercido moderadamente para que não se dê azo a um novo agravo, que, por consequência, ensejará um novo direito de resposta, e assim sucessivamente. É dizer, não é permitido utilizar o direito de resposta para fazer calúnias, difamações, injurias. É necessário que se limite a rebater as acusações ou agressões feitas sem gerar novas agressões.

Deve-se dar ao direito de resposta o mesmo destaque conferido à agressão sofrida, ou seja, a resposta deve ser proporcional ao agravo. Cumpre esclarecer que cabe à direção do órgão de comunicação veicular o direito de resposta, e não ao agressor. Em face da decisão do Supremo Tribunal Federal de reconhecer que a Lei de Imprensa não foi recepcionada pela Constituição de 1988, acabou por deixar o direito de resposta sem regulamentação pela lei ordinária. Contudo, tal circunstância não impede a sua aplicação no caso concreto, conforme decisão do próprio Supremo Tribunal Federal na AC nº 2.695-MC/RS de relatoria do Ministro Celso de Mello.

4.3 Direito à imagem, à honra, à intimidade e à privacidade

A Constituição de 1988 protege, no art. 5º, inciso X, a inviolabilidade da intimidade, da vida privada, da honra e da imagem das pessoas, assegurando o direito à indenização pelo dano material ou moral decorrente de sua violação. A imagem diz respeito aos atributos externos de uma pessoa, seja ela física ou jurídica. São os traços característicos que são transmitidos à sociedade. Nesse particular, englobam a imagem física do indivíduo seu corpo, seu gestual, bem como suas expressões. Veda-se o uso indevido, sem autorização de fotografias, filmes e gravuras do agente.

A honra é protegida pela Constituição e envolve tanto pessoas físicas como jurídicas.[35] Está diretamente relacionada à dignidade da pessoa, à sua reputação e constitui-se em um dos limites de maior importância à liberdade de expressão.[36] A intimidade pode ser lesionada quando essa é exposta, quando é revelado um segredo ou quando se trata de uma calúnia, injúria ou difamação.[37] A intimidade atinge as relações de caráter íntimo, familiar e pessoal, aquela que se dá entre amigos e familiares. Em caso de violação à intimidade, há que se verificar qual o interesse público existente na divulgação de uma informação relativa a essa intimidade.[38]

Já a vida privada é um conceito mais amplo, que diz respeito aos relacionamentos da pessoa, sejam eles de natureza comercial ou profissional. A liberdade de expressão não pode ir a ponto de violar a imagem, a honra, a intimidade e a privacidade das pessoas. Essas garantias constituem limites ao exercício dessa liberdade.[39]

---

[34] Cf. CAMPOAMOR, Alfonso Fernández-Miranda y. *El secreto Professional de los informadores*: temas clave de La Constitucion Española. Madrid: Tecnos, 1990, p. 23-24.

[35] Cf. Superior Tribunal de Justiça. Resp. 6.033/MG. Relator Ruy Rosado de Aguiar Júnior. Dj 1, de 27.11.1995, p. 40.893.

[36] Cf. SEGADO, Francisco Fernández. *El sistema constitucional Español*. Madrid: Dykinson, 1992, p. 337.

[37] Cf. SEGADO, Francisco Fernández. *El sistema constitucional Español*. Madrid: Dykinson, 1992, p. 37.

[38] Cf. SEGADO, Francisco Fernández. *El sistema constitucional Español*. Madrid: Dykinson, 1992, p. 337.

[39] Cf. FARIAS, Edilsom. *Liberdade de expressão e comunicação*: teoria e proteção constitucional. São Paulo: Revista dos Tribunais, 2004, p. 81.

5 Aspectos polêmicos da liberdade de expressão do pensamento

Pode-se verificar que os Estados têm se deparado, precipuamente, com três aspectos polêmicos no exercício da liberdade de expressão do pensamento: a incitação à pornografia, o financiamento público de campanhas eleitorais e o discurso do ódio. A incitação da pornografia por si só já é revestida de grande polêmica, pois nela as pessoas são consideradas meros objetos sexuais, principalmente as mulheres. Acaba por se relacionar com o tema do sexismo, no qual as mulheres são consideradas inferiores aos homens e, como tal, não podem desfrutar dos mesmos direitos ou receber o mesmo tratamento.[40] A questão reside em saber se a incitação da pornografia está ou não protegida pelo exercício da liberdade de expressão do pensamento.

Já no tocante ao financiamento público às atividades artísticas e culturais, a polêmica reside no fato, segundo Owen M. Fiss, de ser aleatória a distribuição de recursos e, assim, ocorrer o privilegio de um determinado grupo em detrimento de outro e, via de consequência, uma determinada ideia sobre as demais. Nesse particular, discute-se se a distribuição de recursos deve dar-se de maneira igualitária, assegurando liberdade de expressão de pensamento a todos.[41]

O discurso do ódio pode ser conceituado como a "manifestação de ideias que incitam à discriminação racial, social ou religiosa em relação a determinados grupos, na maioria das vezes, as minorias".[42] Visa, em certas situações, desqualificar esse grupo como detentor de direitos. Todavia, não se restringe apenas à discriminação racial, podendo se voltar contra aspectos religiosos, sexuais, de etnia e de nacionalidade. É uma apologia abstrata ao ódio, que representa o desprezo e a discriminação a determinados grupos de pessoas dotadas de certas características comuns, crenças, qualidades ou ainda que estejam na mesma condição social, econômica, como, por exemplo, os ciganos, nordestinos, negros, judeus, árabes, islâmicos, homossexuais e mulheres.[43]

Em muitos casos, utiliza-se da teoria revisionista para se expressar, na medida em que esta tem por objetivo questionar e até mesmo negar a existência do Holocausto, ocorrido durante a Segunda Guerra Mundial. A Alemanha, por exemplo, entende que o questionamento acerca da existência dessa barbárie acaba por incitar de alguma maneira o retorno daquele regime e de sua política discriminatória. Por essa razão, criminaliza as teorias revisionistas.[44] Num primeiro momento, apresenta-se incompatível com a garantia da dignidade da pessoa humana, pois, ao se utilizar de expressões de ódio, diminui a dignidade das pessoas, sua autoestima, resultando em determinadas situações na impossibilidade de eles virem a participar de determinadas atividades e até mesmo do debate público.[45]

O discurso do ódio também pode apelar para os sentimentos de cada indivíduo e até resultar em determinadas ações, mas ainda assim, são apenas palavras, está no mundo das ideias. Na maioria dos sistemas constitucionais, o fato de se tecer ideologias

---

[40] Cf. MEYER-PFLUG, Samantha Ribeiro. *Liberdade de expressão e discurso do ódio.* São Paulo: RT, 2009, p. 91.

[41] FISS, Owen M. *La ironia de la libertad de expresíon.* Barcelona: Gedisa, 1999, p. 215.

[42] Cf. MEYER-PFLUG, Samantha Ribeiro. *Liberdade de expressão e discurso do ódio.* São Paulo: RT, 2009, p. 93.

[43] MEYER-PFLUG, Samantha Ribeiro. *Liberdade de expressão e discurso do ódio.* São Paulo: RT, 2009, p. 93.

[44] Cf. BOYLE, Kevin. Hate Speech: The United States versus the rest of the world? *Maine Law Review*, v. 53, n. 2, p. 498, 2001.

[45] Cf. FISS, Owen M. *La ironia de la libertad de expresíon.* Barcelona: Gedisa, 1999, p. 28.

não constitui crime, uma vez que as constituições garantem a liberdade de consciência e ideológica. Há uma ênfase no valor da tolerância, que consiste em admitir que ideias e opiniões contrárias possam conviver pacificamente. Dentre as várias dificuldades que o tratamento do discurso do ódio suscita no sistema jurídico, a maior delas é a sua identificação, pois ele pode ocorrer de forma implícita, por meio de mensagens subliminares.[46] Trata-se de uma agressão velada, mas que igualmente fere o direito das vítimas a que se destina.

A dificuldade que surge para o Estado e para sociedade é de garantir a liberdade de expressão sem que isso possa resultar em um estado de intolerância ou acarretar prejuízos irreparáveis para a dignidade da pessoa humana e para a isonomia. Deve-se favorecer a tolerância, que é uma consequência direta da liberdade. Não existe uma verdade absoluta ou incontestável que possa justificar uma limitação à liberdade de expressão do indivíduo. Ademais, uma "ideia, por mais absurda que seja pode ser verdadeira, ou conter uma parcela de verdade".[47] Não há opinião ou ideia infalível. E, ainda que se tratasse de uma ideia falsa, não teria ela o direito de ser discutida e de forma vigorosa?[48] É por meio da discussão, da existência de opiniões conflitantes, que se alcança a busca da verdade. Talvez seja esse um caminho para combater, ou melhor, desqualificar o discurso do ódio.[49]

O discurso do ódio também pode ser manifestado por grupos que historicamente foram objeto de discriminação e se voltar contra um membro do grupo dominante, numa nuance de retaliação.[50] Nas manifestações de ódio, os destinatários são agredidos por pertencerem a um determinado grupo que é discriminado. O indivíduo é violado exatamente naquilo que o identifica como pertencente àquele determinado setor da sociedade.[51] Para não ser ofendido, seria necessário que ele perdesse a condição de membro do grupo ao qual pertence, o que resultaria na renúncia de opções políticas, crenças religiosas, opção sexual... é a perda de sua própria identidade. Afirma Hannah Arendt: "(...) Esse extremo, e nada mais é a situação dos que são privados dos seus direitos humanos. São privados não do seu direito à liberdade, mas do direito à ação; não do direito de pensarem o que quiserem, mas do direito de opinarem".[52] Contudo, em alguns casos, é impossível ao indivíduo renunciar a essas características, pois elas compõem a sua personalidade, a sua identidade.[53]

Nesse sentido, questiona-se se a proibição da manifestação do discurso do ódio não pode resultar em uma reação contrária – gerar mais ódio e discriminação em relação àquele grupo –, pois ele normalmente é destinado a grupos que são historicamente discriminados.[54] Para Michel Rosenfeld, ao se proibir o discurso do ódio, combate-se o discurso que representa o intolerante, com uma atitude intolerante, o que só pode

---

[46] Cf. ROSENFELD, Michel. Extremist Speech and the paradox of tolerance. *Harvard Law Review*, v. 100, p. 8, 1987.

[47] MEYER-PFLUG, Samantha Ribeiro. *Liberdade de expressão e discurso do ódio*. São Paulo: RT, 2009, p. 130.

[48] MEYER-PFLUG, Samantha Ribeiro. *Liberdade de expressão e discurso do ódio*. São Paulo: RT, 2009, p. 133.

[49] Cf. CODERCH, Pablo Salvador. *El derecho de la libertad*. Madrid: Centro de Estúdios Constitucionales, 1993, p. 27.

[50] Cf. CODERCH, Pablo Salvador. *El derecho de la libertad*. Madrid: Centro de Estúdios Constitucionales, 1993, p. 27.

[51] Cf. CODERCH, Pablo Salvador. *El derecho de la libertad*. Madrid: Centro de Estúdios Constitucionales, 1993, p. 28.

[52] ARENDT, Hannah. *Origens do totalitarismo*. São Paulo: Companhia das Letras, 1989, p. 330.

[53] Cf. MEYER-PFLUG, Samantha Ribeiro. *Liberdade de expressão e discurso do ódio*. São Paulo: RT, 2009, p. 217.

[54] Cf. CODERCH, Pablo Salvador. *El derecho de la libertad*. Madrid: Centro de Estúdios Constitucionales, 1993, p. 30.

gerar mais intolerância.[55] É um instrumento incitador do racismo, do preconceito e da discriminação. O preconceito é uma opinião equivocada que é considerada por determinadas pessoas como verdadeira.[56] Todavia, "nem toda manifestação equivocada pode ser considerada como preconceito".[57]

A discriminação é a decorrência do preconceito de grupo.[58] Ela é mais forte do que a simples diferença, pois é utilizada em um sentido pejorativo e tem por fundamento critérios ilegítimos, normalmente, relacionados à ideia de superioridade de um grupo em relação ao outro.[59] Ocorre em relação aos membros de determinados grupos com o qual se identifica um estereótipo, um traço comum. É um comportamento que é acompanhado de um aspecto negativo, de atos que visem à exclusão de um grupo da sociedade.[60] O racismo é "comportamento, hostil, relativamente, a grupos humanos, a pessoas, em razão, por exemplo, da cor de sua pele ou de sua religião".[61] Trata-se da atribuição de um valor negativo a um determinado segmento social, valendo-se, para tanto, de características comuns existentes entre eles, que possam ser um traço identificador e, como tal, mereçam um tratamento desigual.[62]

O tratamento conferido ao discurso do ódio não é homogêneo entre os países, sendo possível identificar-se em dois grandes sistemas: o americano e o europeu. No sistema americano, constata-se que o Estado privilegia a liberdade de expressão apenas regulando, em determinadas situações, as expressões de ódio desde que denigram o valor da dignidade humana de quem são suas vítimas e dos grupos a que pertencem. Parte-se do pressuposto que o discurso do ódio se encontra no mundo das ideias, não gerando uma ação concreta.

A Suprema Corte Americana tem entendido em suas decisões que a liberdade de expressão atinge a garantia do próprio conteúdo da expressão e exige uma relação entre esta e uma possível ação ilegal iminente e potencial para que possa restringi-la. Exige-se que o emprego da expressão seja capaz de produzir uma ação eminentemente ilegal. Faz-se uma distinção entre a expressão utilizada e a ação que dela possa resultar. Não há punição para a manifestação de uma ideia ou ideologia em abstrato, apenas quando ela pode representar uma ação concreta. É o emprego do critério do *clear and present danger*", como forma de combater o referido discurso.

De outra parte, no sistema europeu, a maioria dos países, a despeito de assegurarem em suas constituições a liberdade de expressão, fixa limites para o seu exercício. Nele, a proteção à liberdade de expressão não é regida pelo "princípio da neutralidade" do Estado ante quaisquer conteúdos imagináveis de um discurso. Cite-se, por exemplo, que a Bélgica, a Alemanha, a França, a Espanha, a Holanda, a Polônia e a Suíça, por

---

[55] ROSENFELD, Michel. Extremist Speech and the paradox of tolerance. *Harvard Law Review*, v. 100, p. 1.457, 1987.

[56] Cf. MEYER-PFLUG, Samantha Ribeiro. *Liberdade de expressão e discurso do ódio*. São Paulo: RT, 2009, p. 96.

[57] Cf. BOBBIO, Norberto. *Elogio à serenidade e outros escritos morais*. São Paulo: Unesp, 2002, p. 104.

[58] Cf. BOBBIO, Norberto. *Elogio à serenidade e outros escritos morais*. São Paulo: Unesp, 2002, p. 107.

[59] Cf. BOBBIO, Norberto. *Elogio à serenidade e outros escritos morais*. São Paulo: Unesp, 2002, p. 107.

[60] Cf. PÁEZ, Darío; GONZÁLEZ, José Luis. Prejuicio: concepto y nociones diversas. In: BLÁSQUEZ-RUIZ, Javier (Org.). *10 palabras clave sobre Racismo y Xenofobia*. Estella: Verbo Divino, 1996, p. 324.

[61] Cf. SUPREMO TRIBUNAL FEDERAL. Crime de racismo e anti-semitismo: um julgamento histórico no STF: *Habeas Corpus* nº 82.424/RS. Brasília: Supremo Tribunal Federal, 2004, p. 81.

[62] Cf. SUPREMO TRIBUNAL FEDERAL. Crime de racismo e anti-semitismo: um julgamento histórico no STF: *Habeas Corpus* nº 82.424/RS. Brasília: Supremo Tribunal Federal, 2004, p. 98.

exemplo, consideram crime a banalização do Holocausto.[63] É ilegal a prática do racismo, antissemitismo ou de atos xenófobos, bem como a difusão dessas ideias.[64] O Tribunal Europeu de Direitos Humanos em suas decisões também parece caminhar no mesmo sentido. Proíbe-se o discurso do ódio, bem como a teoria revisionista, por entender-se que eles estão mais para uma conduta do que para um discurso; portanto, não estão protegidos pela liberdade de expressão do pensamento.[65]

O Brasil ratificou vários tratados e convenções que versam tanto sobre a proteção à liberdade de expressão como a proibição de práticas discriminatórias e atentatórias aos direitos fundamentais que foram ratificados pelo Brasil. Destarte, inexiste no sistema jurídico pátrio uma lei específica vedando expressamente o discurso do ódio. A decisão do Supremo Tribunal Federal no *Habeas Corpus* nº 82.424/RS representou a preocupação em se vedar a incitação à discriminação e à prática do racismo contra qualquer grupo étnico, religioso, social ou cultural. Constatou-se uma nítida prevalência do direito à dignidade da pessoa humana sobre a liberdade de expressão, no caso sobre as obras de conteúdo discriminatório. Contudo, não foi uma decisão unânime e, como se tratava de uma ação de *habeas corpus*, a discussão central recaiu sobre o fato de o crime de prática de racismo ser aplicável ao povo judeu ou não, tendo em vista que, após a descoberta do genoma humano, não mais se pode falar em raças, eis que só existe a raça humana.

Apesar de alguns ministros, como visto, analisarem o tema do discurso do ódio e do conflito entre liberdade de expressão, vedação ao racismo e proteção da dignidade humana, a questão não foi analisada em toda a sua amplitude, principalmente no tocante aos possíveis limites impostos à liberdade de expressão. Nesse particular, cumpre examinar as consequências advindas dessa decisão para o ordenamento jurídico brasileiro, pois, por meio dela, foram impostos limites ao exercício da liberdade de expressão, eis que restaram proibidas na prática iniciativas ou manifestações de natureza racista e discriminatória no âmbito do discurso. A decisão do Supremo Tribunal Federal *sub examine* pode representar um perigo à liberdade de expressão e, ao mesmo tempo, não se constituir em um instrumento eficaz no combate à proliferação do discurso do ódio. Ademais, por se tratar de uma decisão proferida pelo guardião da Constituição e órgão de cúpula do Poder Judiciário, ela tem um impacto em todo o sistema jurídico.

Há que se considerar que o "combate à prática do racismo deve ocorrer por meio do emprego de critérios justos, principalmente, pelo confronto de ideias, por um debate público aberto e forte".[66] A recusa a ideias racistas deve partir da própria sociedade, por meio de uma discussão livre, uma vez que a simples condenação de um indivíduo ou a proibição da edição de um livro não parece ser, *a priori*, a melhor solução. Ao se examinar a história da humanidade, constata-se que a proibição à divulgação de ideias jamais se constituiu um obstáculo suficientemente eficaz para que elas desaparecessem. Muito pelo contrário, elas ainda sim subsistem.

É imprescindível "suscitar o debate aberto, a discussão sobre todos os aspectos e abordando todos os pontos de vistas, pois é por meio dele que as idéias racistas e

---

[63] Cf. BOYLE, Kevin. Hate Speech: The United States versus the rest of the world? *Maine Law Review*, v. 53, n. 2, p. 498, 2001.

[64] Cf.MEYER- PFLUG, Samantha Ribeiro. *Liberdade de expressão e discurso do ódio*. São Paulo: RT, 2009, p. 201.

[65] Cf. BRUGGER, Wienfried. Proibição ou proteção do discurso do ódio? Algumas observações sobre o Direito Alemão e o Americano. *Direito Público*, v. IV, n. 15, p. 118, jan./mar. 2007.

[66] MEYER-PFLUG, Samantha Ribeiro. *Liberdade de expressão e discurso do ódio*. São Paulo: RT, 2009, p. 217.

preconceituosas não obterão êxito na sociedade brasileira".[67] Contudo, igualmente, deve-se garantir o direito de manifestação das maiorias e das minorias no discurso público. A luta pela garantia da liberdade de expressão do pensamento é uma conquista diária e impõe uma "certa tensão existencial e um forte compromisso" para que não se sucumba diante da intolerância.

A questão sobre a proteção à liberdade de expressão voltou a ser analisada no Supremo Tribunal Federal em 2008, por meio da Arguição de Descumprimento de Preceito Fundamental nº 130. Essa ação visava analisar a compatibilidade da Lei de Imprensa (Lei nº 5.250/67) editada durante o regime militar e, portanto, bastante restritiva da liberdade de expressão na medida em que autorizava a censura e a licença em face da Constituição, que veda expressamente a censura e a licença e concede uma ampla proteção à liberdade de expressão do pensamento. O Supremo Tribunal Federal decidiu pela não recepção da Lei de Imprensa (Lei nº 5.250/67) por entender que não se mostrava compatível com o espírito democrático do Texto Constitucional e com o novo regime de proteção à liberdade de expressão do pensamento. Em face da revogação total da lei, deixa de ser aplicado, por exemplo, o dispositivo que prevê a censura para espetáculos e diversões públicas, o que trata do sequestro de periódicos (art. 61) que promoverem a propaganda de guerra ou de preconceitos, raciais ou de classe e incitarem à subversão da ordem pública e social.

No acórdão, fica clara a importância da preservação da liberdade de expressão do pensamento e de imprensa para a consolidação da democracia. Entende-se que o Texto Constitucional estabelece a autorregulação da imprensa como instrumento de "permanente ajuste de limites da sua liberdade ao sentir-pensar da sociedade civil". Estabelece que:

> Os padrões de seletividade do próprio corpo social operam como antídoto que o tempo não cessa de aprimorar contra os abusos e desvios jornalísticos. Do dever de irrestrito apego à completude e fidedignidade das informações comunicadas ao público decorre a permanente conciliação entre liberdade e responsabilidade da imprensa. *Repita-se: não é jamais pelo temor do abuso que se vai proibir o uso de uma liberdade de informação a que o próprio Texto Magno do País apôs o rótulo de "plena"* (§1º do art. 220).[68]

Portanto, tem-se que o próprio Supremo Tribunal Federal que, no caso que tratava do discurso do ódio, impôs sérias restrições à liberdade de expressão do pensamento, a despeito de a tradição constitucional brasileira dar ênfase à liberdade de expressão, em 2008 quando da apreciação da ADPF nº 130, que versava sobre a recepção da Lei da Imprensa, profere acórdão ressaltando o caráter pleno da liberdade de expressão do pensamento e da imprensa e rechaça veementemente a interferência do Estado no seu exercício, entendendo que o Texto Constitucional proclama a autorregulação da imprensa. Vale dizer que, em face dessa decisão, até agora o Brasil se encontra sem uma lei de imprensa, pois o Congresso Nacional ainda não votou nenhum projeto de lei nesse sentido.

---

[67] MEYER-PFLUG, Samantha Ribeiro. *Liberdade de expressão e discurso do ódio*. São Paulo: RT, 2009, p. 217.

[68] Supremo Tribunal Federal Arguição de Descumprimento de Preceito Fundamental nº 130/DF. Relator: Min. Carlos Britto. Julgamento: 30.04.2009. Tribunal Pleno. Publicação. DJe-208 DIVULG 05.11.2009 PUBLIC 06.11.2009. EMENT VOL-02381-01 PP-00001. RTJ VOL-00213-PP-00020.

Em 2011, o Supremo Tribunal Federal teve de apreciar a Arguição de Descumprimento de Preceito Fundamental nº 187, proposta pelo procurador-geral da República, que solicitava a concessão de "interpretação conforme a Constituição" ao art. 287 do Código Penal, que veda a apologia ao crime. Almejava-se que o referido art. 287 fosse interpretado à luz do art. 5º, IV e IX, que garante a liberdade de expressão de pensamento, de maneira a permitir manifestações a favor do uso da maconha. Os tribunais e juízes de primeira instância proibiam manifestações a favor do uso da maconha, as denominadas "Marcha da Maconha", por entenderem que se tratava de uma apologia ao crime. Todavia, o Supremo Tribunal Federal, por unanimidade decidiu que essas manifestações estão protegidas pela liberdade de expressão, nos seguintes termos: "De forma a excluir qualquer exegese que possa ensejar a criminalização da defesa da legalização das drogas, ou de qualquer substância entorpecente específica, inclusive através de manifestações e eventos públicos".[69]

O tema por si só é polêmico; contudo, o Supremo Tribunal Federal deixa claro em sua decisão que a liberdade de expressão do pensamento deve prevalecer nesses casos. A necessidade de analisar a liberdade de expressão do pensamento e sua abrangência se faz cada vez mais urgente, tanto pelo Supremo Tribunal Federal, ao levar a efeito a interpretação da Constituição, como pelo Poder Legislativo, ao regulamentar o seu exercício, sob pena de se comprometer o princípio da segurança jurídica. A própria oscilação na jurisprudência do Supremo Tribunal Federal sobre o assunto em tão curto período de tempo está a suscitar um exame aprofundado do tema.

6 Conclusões

A liberdade de expressão do pensamento sempre esteve presente nos textos constitucionais brasileiros. A atual Constituição garante a liberdade em suas mais variadas manifestações e veda qualquer espécie de censura e licença. Também assegura os valores democráticos, o pluralismo e a dignidade da pessoa humana, visando garantir a formação de uma opinião pública livre e consciente. No entanto, a liberdade de expressão não é absoluta, pois tem seus limites impostos pela própria Constituição, quais sejam, a vedação ao anonimato, a proteção à honra, à imagem, à intimidade e à vida privada, bem como o dever de indenização por dano material e moral.

A liberdade de expressão do pensamento é necessária para a consolidação do regime democrático e para preservação do Estado de Direito. No que tange ao discurso do ódio, deve ser combatido pelo Estado e pela sociedade e, nesse particular, não há qualquer divergência. O Supremo Tribunal Federal, ao se deparar com um caso de discurso do ódio relativo ao povo judeu, optou por se filiar ao sistema europeu, condenando o autor por prática de racismo e proibindo manifestações desse jaz. Em face de uma análise acurada da Constituição de 1988, verifica-se que tal decisão se encontra em desalinho com a ampla proteção assegurada pela liberdade de expressão do pensamento no sistema normativo atual.

Esse descompasso se torna mais evidente quando se constata que, em um curto período de tempo, o próprio Supremo Tribunal Federal, ao apreciar o tema, se posicionou

---

[69] SUPREMO TRIBUNAL FEDERAL. ADPF nº 187/DF, 2011.

de maneira diversa, como no caso da recepção da Lei de Imprensa e da Marcha da Maconha. Essas oscilações na jurisprudência da Corte Suprema parecem indicar a necessidade de uma reabertura da discussão acerca da extensão e dos limites do exercício da liberdade de expressão, sob pena de se colocar em risco a segurança jurídica. Quer parecer que a solução não reside na adoção de nenhum dos dois sistemas de forma pura, mas, sim, numa posição intermediária, que seja adequada à realidade cultural e histórica brasileira e esteja em harmonia com os princípios constitucionais. A essência do sistema democrático, do pluralismo e da garantia da liberdade de expressão exige uma discussão ampla e aberta, na qual impere a convivência pacífica de todas as ideias, ideologias e opiniões. Não existe democracia sem liberdade de expressão do pensamento. A mera vedação do discurso do ódio tem se mostrado ineficaz na medida em que as manifestações dessa natureza continuam ocorrendo. Em certos casos, a proibição é vista como um incentivo à transgressão.

A atuação do Estado deve ser no sentido de dotar as minorias (ética, social, religiosa, cultural) de melhores condições para expor suas ideias e argumentos e, assim, poder participar efetivamente do debate público e fazer uso de sua liberdade para expor pensamentos, ideias e opiniões em igualdade de condições com os demais. Em síntese, tem-se que apenas por meio do discurso aberto, da contra-argumentação, é que se faz possível combater e exterminar por si só tão abominável manifestação. O discurso do ódio deve ser submetido à crítica contundente, ao humor, ao descrédito, pois as palavras têm de estar relacionadas à vida cotidiana; do contrário, restarão vazias de qualquer conteúdo. Posições extremadas devem ser veementemente combatidas por meio do fomento ao livre debate de ideias e opiniões.

Referências

ARENDT, Hannah. *Origens do totalitarismo*. São Paulo: Companhia das Letras, 1989.

BALLESTER, Eliel C. *Derecho de respuesta*. Buenos Aires: Astrea, 1987.

BASTOS, Celso Ribeiro. *Curso de direito constitucional*. São Paulo: Malheiros, 2010.

BASTOS, Celso Ribeiro; MARTINS, Ives Gandra da Silva. *Comentários à Constituição do Brasil*. 3. ed. v. 2. São Paulo: Saraiva, 2004.

BERLIN, Isaiah. *Quatro ensaios sobre a liberdade*. Tradução Wamberto Hudson Ferreira. Brasília: Universidade de Brasília, 1981. Coleção Pensamento Político n. 39.

BOBBIO, Norberto. *Elogio à serenidade e outros escritos morais*. São Paulo: Unesp, 2002.

BOYLE, Kevin. Hate Speech: The United States versus the rest of the world? *Maine Law Review*, v. 53, v. 2, 2001.

BRUGGER, Wienfried. Proibição ou proteção do discurso do ódio? Algumas observações sobre o Direito Alemão e o Americano. *Direito Público*, v. IV, n. 15, p. 117-136, jan./mar. 2007.

CANOTILHO, Joaquim José Gomes; MOREIRA, Vital. *Constituição da República Portuguesa anotada*. 2. ed. v. I. Coimbra: Coimbra Editora, 1984.

CAMPOAMOR, Alfonso Fernández-Miranda y. *El secreto Professional de los informadores*: temas clave de La Constitucion Española. Madrid: Tecnos, 1990.

CODERCH, Pablo Salvador. *El derecho de la libertad*. Madrid: Centro de Estúdios Constitucionales, 1993.

DOMINGO, Tomás de. Conflictos entre derechos fundamentales?: un análisis desde las relaciones entre los derechos a la libre expresión e información y los derechos al honor y la intimidad. *Cuadernos y Debates*, Madrid, n. 116, 2001.

DWORKIN, Ronald. Uma *questão de princípio*. São Paulo: Martins Fontes, 2000.

DWORKIN, Ronald. *O direito da liberdade*: a leitura moral da Constituição norte-americana. São Paulo: Martins Fontes, 2006.

FARIAS, Edilsom. *Liberdade de expressão e comunicação*: teoria e proteção constitucional. São Paulo: Revista dos Tribunais, 2004.

FISS, Owen M. *La ironia de la libertad de expresíon*. Barcelona: Gedisa, 1999.

MARTINS, Ives Gandra da Silva. *Conheça a Constituição*: comentários à Constituição Brasileira. v. I. São Paulo: Manole, 2005.

MARTINS FILHO, Ives Gandra da Silva. Reflexões sobre a liberdade. *Direito Público*, v. 1, n. 4, abr./jun. 2004.

MENÉNDEZ, Ignacio Villaverde. Introducción histórica a las libertades de información y expresión. *Cuadernos y debates*: Actas de las VII Jornadas de la Asociación de Letrados del Tribunal Constitucional "La libertad de información y de expresión", Madrid, n. 139, p. 11-44, 2002.

MEYER-PFLUG, Samantha Ribeiro. *Liberdade de expressão e discurso do ódio*. São Paulo: RT, 2009.

MIRANDA, Jorge. *Manual de direito constitucional*. t. IV. Coimbra: Coimbra Editora, 1988.

PÁEZ, Darío; GONZÁLEZ, José Luis. Prejuicio: concepto y nociones diversas. In: BLÁSQUEZ-RUIZ, Javier (Org.). *10 palabras clave sobre Racismo y Xenofobia*. Estella: Verbo Divino, 1996.

RAZ, Joseph. *La ética en el ámbito público*. Barcelona: Gedisa, 2001.

SANJUÁN, Teresa Freixes. *Libertades informativas e integración Europe*. Madrid: Colex, 1996. n. 21.

SEGADO, Francisco Fernández. *El sistema constitucional Español*. Madrid: Dykinson, 1992.

ROSENFELD, Michel. Extremist Speech and the paradox of tolerance. *Harvard Law Review*, v. 100, 1987.

ROSENFELD, Michel. Hate Speech in Constitutional Law jurisprudence: a comparative analysis. *Working Papers Series n. 41*, 2001. Disponível em: <http: papers.ssrn.com/paper.taf?abstract_id=265939>. Acesso em: 05 jan. 2008.

SILVA, José Afonso da. *Curso de direito constitucional positivo*. 24. ed. São Paulo: Malheiros, 2005.

SUPREMO TRIBUNAL FEDERAL. Crime de racismo e anti-semitismo: um julgamento histórico no STF: *Habeas Corpus* nº 82.424/RS. Brasília: Supremo Tribunal Federal, 2004.

SUPREMO TRIBUNAL FEDERAL. Arguição de Descumprimento de Preceito Fundamental n. 130/DF. Relator: Min. Carlos Britto. Julgamento: 30.04.2009. Tribunal Pleno. Publicação. DJe-208 DIVULG 05.11.2009 PUBLIC 06.11.2009. EMENT VOL-02381-01 PP-00001. RTJ VOL-00213-PP-00020.

SUPREMO TRIBUNAL FEDERAL. Arguição de Descumprimento de Preceito Fundamental n. 187/DF. Relator: Min. Celso de Mello. Tribunal Pleno. Data do Julgamento: 15.06.2011.

Informação bibliográfica deste texto, conforme a NBR 6023:2002 da Associação Brasileira de Normas Técnicas (ABNT):

MEYER-PFLUG, Samantha Ribeiro. Liberdade de expressão do pensamento. In: LEITE, George Salomão; LEITE, Glauco Salomão; STRECK, Lenio Luiz (Coord.). *Jurisdição constitucional e liberdades públicas*. Belo Horizonte: Fórum, 2017. p. 71-85. ISBN 978-85-450-0237-6.

LIBERDADE DE EXPRESSÃO DO PENSAMENTO, ARTÍSTICA, CIENTÍFICA E DE COMUNICAÇÃO

EDILSOM FARIAS

1 Configuração constitucional da liberdade de expressão

A liberdade de expressão está consagrada em diversas disposições normativas espalhadas pelo texto da Constituição Federal de 1988, decerto que a amplitude de seu objeto, que envolve as mais variadas possibilidades de expressão humana, motivou o constituinte a oferecer minudente proteção à liberdade de expressão.

Por isso, para a tarefa de explicitar o âmbito de proteção constitucional da liberdade de expressão, é, sem dúvida, proveitoso reunir de forma sistemática as normas dispersas no texto da Constituição que se relacionam com essa liberdade.

1.1 Liberdade genérica de expressão do pensamento

A configuração constitucional da liberdade de expressão começa com a formulação de que "é livre a manifestação do pensamento, sendo vedado o anonimato" (CF, art. 5º, IV). É plausível inferir que a Norma Fundamental procurou, com a redação desta cláusula geral, oferecer desde logo ampla proteção jurídica aos cidadãos de modo que estes pudessem compartilhar livremente as suas ideias com os outros. Assim, *prima facie*, encontram-se indistintamente amparadas por aquele dispositivo constitucional as múltiplas manifestações de pensamentos, ideias ou opiniões levadas a efeito nos diversos campos da vida humana.

A norma em exame não constitui novidade introduzida pela Constituição Federal em vigor, ao revés, faz parte de uma tradição iniciada com a Constituição Imperial de 1824, que prescreveu: "Todos podem comunicar os seus pensamentos, por palavras, escritos, e publicá-los pela Imprensa, sem dependência de censura" (art. 179, IV). As constituições subsequentes vêm mantendo, com pouca variação na redação, esse princípio protetor dos modos de emissão do pensamento.[1]

---

[1] Eis os textos das Cartas Políticas brasileiras – Constituição Federal de 1891, art. 72, §12: "Em qualquer assunto é livre a manifestação do pensamento (...)"; Constituição Federal de 1934, art. 113, nº 9: "Em qualquer assunto

Com base na distinção entre a liberdade de pensar em si (como capacidade interior do indivíduo) e a liberdade de exteriorizar os pensamentos elaborados, afirma-se, com frequência, que somente esta última modalidade encontra-se sob o pálio da Constituição, visto que o *pensar sem dizer* é uma questão de *foro íntimo* e, portanto, matéria estranha ao mundo jurídico. Na verdade, ainda que tal separação seja sustentável, no plano lógico das ideias e para fins didáticos, no plano fático, observa-se que o oferecimento de embaraços ou impedimentos à autoexpressão do pensamento finda por tolher a própria faculdade de as pessoas pensarem. Daí a assertiva kantiana de que "o poder exterior que arrebata aos homens a liberdade de comunicar publicamente os seus pensamentos, ele rouba também a liberdade de pensar".[2] Em suma, tendo em vista que a proteção constitucional da expressão do pensamento repercute até mesmo na habilidade inata da pessoa humana de pensar, *"l'homme est un animal, mais il est un animal pensant"*,[3] tal fato só reforça mais ainda a importância da norma em exame.

O art. 5º, IV, da Constituição ampara não só a liberdade *positiva* de expressão do pensamento, mas também o seu aspecto *negativo*, isto é, o direito de não exprimir o próprio pensamento: se *"la parole est d'argent, mais le silence d'or"*.[4] Por conseguinte, a posição jurídica subjetiva de manter os pensamentos em segredo, reservados à área da esfera íntima, constitui o âmbito de proteção do chamado direito fundamental ao silêncio.

Esse aspecto negativo da liberdade de emissão do pensamento encontra densificação em outras disposições da Constituição. Assim, o art. 5º, LXIII, assegura ao preso o direito de permanecer calado, direito que se estende aos acusados em geral, por força do princípio da ampla defesa estipulado pelo art. 5º, LV. Igualmente, o art. 14, que estipula o segredo do voto, com valor igual para todos, garante, dessa forma, ao eleitor o direito de não manifestar as suas preferências políticas.

Cumpre evocar que a liberdade genérica de expressão do pensamento, embora não subsumida ao critério da verdade, deve ser exercida com continência para obter a proteção constitucional. Vale dizer, o âmbito normativo do citado inciso IV do art. 5º não cobre a emissão do pensamento que revele *animus* para difamar, injuriar ou caluniar, ou contenha expressões que violem outros direitos personalíssimos (intimidade, vida privada e imagem).[5]

1.2 Liberdade de expressão de consciência e de crença religiosa

A Constituição Federal prescreve, no inciso VI do art. 5º, a inviolabilidade da liberdade de expressão de consciência e de crença. O escopo maior deste dispositivo é, estreme de dúvida, proteger a livre expressão do pensamento no campo religioso e, portanto, constitui uma especificação da liberdade de expressão genérica do pensamento.

é livre a manifestação do pensamento (...)"; Constituição Federal de 1937, art. 122, nº 5: "Todo cidadão tem o direito de manifestar o seu pensamento (...)"; Constituição Federal de 1946, art. 141, §5º: "É livre a manifestação do pensamento (...)"; Constituição Federal de 1967, art. 153, §8º: "É livre a manifestação de pensamento (...)".

[2] *Apud* MORAES, Alexandre de. *Direitos humanos fundamentais*: comentários aos arts. 1º a 5º da Constituição da República Federativa do Brasil, doutrina e jurisprudência, p. 118.

[3] MORANGE, Jean. *La liberté d'expression*, p. 3.

[4] MORANGE, *op. cit.*, p. 3.

[5] Como é sabido, a legislação infraconstitucional brasileira prescreve responsabilidade penal para o caso de violação do direito à honra: o Código Penal, nos arts. 138 a 140, prevê, respectivamente, os crimes de calúnia, difamação e injúria.

A Constitucional Federal vigente apartou, a exemplo das Constituições de 1934 e 1946,[6] os vocábulos *consciência* e *crença*. A melhor justificativa para essa dicotomia é a doutrina que sustenta ser finalidade da referida norma constitucional assegurar a liberdade de consciência de maneira autônoma perante a liberdade de crença religiosa para proclamar, ao lado desta, também o direito de não se ter nenhuma crença religiosa. Vale dizer, o objetivo é proteger juridicamente os ateus e agnósticos por meio da liberdade de consciência.

Modalidade de concretização da liberdade de consciência e de crença religiosa é o direito de *escusa de consciência*, previsto no inciso VIII do art. 5º da Constituição Federal. Este direito, introduzido entre nós pela Constituição de 1934,[7] consiste na faculdade de invocarem-se crenças religiosas ou convicções filosóficas para eximir-se de imposições que as contrariem, notadamente nos casos de serviço militar obrigatório ou convocação para a guerra.

O âmbito normativo da liberdade de consciência e de crença compreende duas dimensões inseparáveis: uma interna e outra externa. Na primeira, verifica-se a formação da consciência e da crença. Na segunda, manifestam-se as diversas modalidades de expressão da consciência e da crença religiosa.

Sob este aspecto, em torno das dimensões internas e externas da liberdade de consciência e de crença, gravitam a liberdade de crer ou de não crer (a liberdade de religião e a liberdade ideológica), a liberdade de manifestação pública das crenças ou convicções pessoais (a liberdade de culto) e o direito de se comportar de acordo com suas crenças religiosas e convicções pessoais (direito de objeção de consciência).

Importa notar que a liberdade de crença e a liberdade de culto encontram-se no cerne da formação histórica dos direitos humanos, visto que a liberdade de professar livremente a própria crença religiosa foi uma das conquistas que abriram a senda para a proteção jurídica do valor da pessoa humana por meio de seus direitos fundamentais.[8] Ademais, como assinala Rawls, a própria origem do liberalismo está vinculada à reforma e às suas controvérsias sobre a tolerância religiosa.[9]

---

[6] A Constituição de 1934, no seu art. 113, nº 5, rezava: "É inviolável a liberdade de consciência e de crença, e garantido o livre exercício dos cultos religiosos, desde que não contravenham à ordem pública e os bons costumes (...)". No mesmo sentido, a Constituição de 1946, no seu art. 141, §7º, determinava: "É inviolável a liberdade de consciência e de crença e assegurado o livre exercício dos cultos religiosos, salvo o dos que contrariem a ordem pública ou os bons costumes (...)".

[7] Na Constituição de 1934, seu art. 113, nº 4, disciplinava o direito de escusa de consciência nestes termos: "Por motivo de convicções filosóficas, políticas ou religiosas, ninguém será privado de qualquer dos seus direitos (...)".

[8] Apesar de estar consagrada na maioria das Constituições contemporâneas e de as Nações Unidas terem aprovado em 1981 uma Declaração sobre a Eliminação de Todas as Formas de Intolerância de Discriminação Baseadas na Religião ou na Convicção, convém reconhecer que a liberdade de crença religiosa ainda enfrenta dificuldades em vários lugares do mundo para a sua plena eficácia. Basta citar o rumoroso caso do escritor indo-britânico Salman Rushdie, autor do livro *The Satanic Verses*, que, a partir do ano de 1989, passou a viver recluso e protegido por autoridades policiais em razão de pena de morte que lhe foi imposta pelas autoridades religiosas do Irã. Felipe Fortuna (*op. cit.*, p. 30) informa que, inspirado neste caso, "Millôr Fernandes lembrou que a proliferação de milhões de grupos religiosos resultou em diversas guerras, ao passo que os descrentes nunca saíram das suas poltronas para defender a fundamentação filosófica de sua descrença. Assim, o humorista lançou a idéia de que da Constituição Brasileira deveria fazer parte 'um item absolutamente inédito, defendendo uma liberdade fundamental, na qual se baseia a salvação da humanidade: A LIBERDADE DE DESCRENÇA'". Ironia à parte, como visto, a liberdade de consciência significa justamente a "liberdade de descrença'".

[9] RAWLS, John. *Political liberalism*, p. xxvi.

1.3 Liberdade de expressão filosófica e política

A norma constitucional que assegura a liberdade de expressão de ideias filosóficas ou políticas está contida no mencionado texto do inciso VIII do art. 5º da Lei Fundamental. Ao estabelecer que ninguém será privado de direitos por motivos de convicção filosófica ou política, salvo se a invocar para eximir-se de obrigação legal a todos imposta e recusar-se a cumprir prestação alternativa, o aludido dispositivo está, pois, garantindo a todos os cidadãos a faculdade de manifestar desinibidamente as suas opiniões filosóficas ou políticas, sem que por isso possam vir a ser molestados.

Convém enfatizar a imprescindibilidade da liberdade de expressão política para o funcionamento de um autêntico regime democrático. A *"freedom of political speech"* é prerrequisito para a formação de uma opinião pública independente e pluralista ou para o estabelecimento de um debate público franco e vigoroso. Um regime político no qual os cidadãos estão impedidos de manifestarem publicamente as suas opiniões sobre os atos dos responsáveis pelo resguardo da coisa pública ou sobre o desempenho de instituições públicas não passa de um embuste ou arremedo de democracia.[10]

Contudo, não se podem olvidar as dificuldades para a consolidação de uma cultura cívica entre nós propiciada pelo efetivo exercício da liberdade de expressão política ou filosófica, vez que a história política brasileira, como de resto a da América Latina, sempre foi dominada por regimes autoritários, que abominavam a manifestação livre dos cidadãos, conquanto se observe atualmente no país uma forte repulsa às ditaduras políticas e um amplo desejo de verem-se concretizados os valores democráticos.

1.4 Liberdade de expressão artística e científica

A liberdade de expressão artística e científica está prevista no inciso IX do art. 5º da atual Constituição Federal. Ou seja, os cidadãos estão amparados constitucionalmente para desenvolverem as suas potencialidades intelectuais nos campos artístico e científico.

A liberdade para a criação e divulgação de obras artísticas ou científicas, como é sabido, é de vital importância tanto para o desenvolvimento da personalidade humana quanto para o bem-estar social. Por isso, a liberdade de expressão relacionada com a arte, a ciência, a educação e a cultura sempre mereceu tratamento especial por parte do ordenamento constitucional democrático.

Nesse sentido, ciente do valor da educação, da cultura e da ciência para o progresso espiritual e material da nação, o Texto Constitucional de 1988 dedica a essas matérias dois capítulo específicos: um versando sobre a educação e cultura (CF, arts. 205 a 216) e outro sobre ciência e tecnologia (CF, arts. 218 a 219).

---

[10] A relevância da expressão política para a consolidação do regime democrático foi notada de forma arguta por João Barbalho (*Constituição Federal Brasileira*: comentários por João Barbalho U.C., p. 319) nos seus comentários à primeira Constituição republicana brasileira: "Não basta, com efeito, que a nação tenha representantes para a gestão dos negócios públicos, é preciso também que elles constantemente sejam influenciados por ella, ouçam sempre sua voz, acompanhem-n'a em seos anhelos, estejam attentos a seo aceno, retemperem-se de continuo no pensamento que ella manifesta e que póde não ser mais o que prevalecia ao tempo da eleição que os investio do mandato. Depois, a livre manifestação do pensamento favorece o exame e critica dos actos das autoridades publicas e leva seos abusos e desvios ao conhecimento dos poderes competentes para corrigi-los. E isto proporciona occasião e meio de muitos d'elles serem objecto de providencia administrativa, independentemente de acto formal de queixa ou denuncia, sem o apparato d' processo etc., e com proveito para os particulares e para a administração publica".

Em sintonia com o exposto sobre a liberdade de expressão artística e científica, a Carta de 1988 garante, por um lado, a vertente da liberdade de ensinar, pesquisar e divulgar o pensamento e, por outro, a vertente da liberdade para aprender e saber, estando ambos os aspectos fundamentados no pluralismo de ideias e de concepções pedagógicas, quer nas instituições públicas, quer nas instituições privadas de ensino (CF, art. 206, II e III).

A lei básica garante a todos o pleno exercício dos direitos culturais e o acesso às fontes da cultura nacional, bem como obriga o Estado a proteger o patrimônio cultural brasileiro e as manifestações culturais dos grupos participantes do processo civilizatório pátrio, principalmente as culturas indígenas e afro-brasileiras (CF, arts. 215 e 216).

Por seu turno, diz a Constituição que o Estado incentivará o desenvolvimento da pesquisa e a capacitação tecnológica, fornecendo condições especiais para a formação de recursos humanos nas áreas da ciência, pesquisa e tecnologia tendo em vista o bem público e o progresso das ciências (CF, art. 218).

Vale lembrar, ainda, a existência de direitos albergados no texto da Lei Maior e que são conexos à liberdade de expressão artística e científica. O primeiro deles é o direito autoral, previsto no inciso XXVII do art. 5º, que assegura aos autores o direito exclusivo de utilização, publicação ou reprodução de suas obras artísticas ou científicas ou sobre inventos industriais, nomes de empresas, marcas etc., transmissível aos herdeiros pelo tempo que a lei infraconstitucional fixar.[11] A outra hipótese é o caso do direito de antena, consignado no inciso XXVIII do art. 5º, que garante proteção à reprodução da imagem e voz humanas, inclusive nas atividades desportivas.

2 Configuração constitucional da liberdade de comunicação

A ordem constitucional vigente também oferece ampla guarida à liberdade de comunicação, isto é, à faculdade de procurar, acessar, receber e difundir fatos, notícias ou informações. A liberdade de comunicação, em geral, está amparada pela Carta Federal quando esta estabelece que *é livre a atividade de comunicação* (CF, art. 5º, IX).

É plausível inferir que o termo *comunicação*, no contexto normativo transcrito, diz respeito apenas a elementos objetivos, como fatos, notícias ou informações, haja vista que a proteção jurídica relativa aos elementos subjetivos, como pensamentos, ideias e opiniões, se encontra plasmada nos incisos constitucionais descritos atinentes à liberdade de expressão.

Vale registrar que a *Lei Mater* optou corretamente pelo uso do vocábulo *comunicação*, por melhor designar o complexo processo comunicacional, que envolve a troca de mensagens (informações) entre emissores e receptores, do que o termo *informação*, que é mais apropriado para representar o conteúdo da comunicação.

A liberdade de comunicação a que o mencionado dispositivo constitucional se refere é a comunicação pública (não obstante efetuada face a face ou por meio de pequeno grupo de pessoas), e não a comunicação particular (geralmente não destinada ao conhecimento de terceiros porque realizada em caráter sigiloso). Esta espécie recebe cobertura da Lei Básica no inciso que trata sobre a inviolabilidade do sigilo de correspondência ou das comunicações telegráficas, de dados e telefônicas (CF, art. 5º, XII).

---

[11] O diploma legal que regulamenta a matéria relativa aos direitos autorais é a Lei nº 9.610, de 19.02.1998.

Se o desenho constitucional da liberdade de comunicação for entendido como abrangendo as atividades de difundir notícias ou de recebê-las, bem como a possibilidade de ter acesso às fontes das informações sem quaisquer impedimentos, isso implica a configuração dos direitos fundamentais de informar, de informar-se e de ser informado, que têm se convertido em elementos essenciais da sociabilidade humana.

Nesse passo, observa-se que a cobertura da liberdade de comunicação levada a efeito pela Constituição Federal de 1988 segue, em linhas gerais, os modelos de regulação da matéria fornecidos pelas constituições contemporâneas[12] e pelos documentos internacionais.[13]

A Constituição Brasileira, ao contrário da Lei Fundamental espanhola, que prevê no seu texto o direito de comunicar ou receber livremente informação veraz por qualquer meio de difusão (art. 20. 1, d), não menciona a verdade como requisito para o exercício da liberdade de comunicação. Tal fato não obsta, entretanto, o entendimento de que há entre nós repulsa constitucional à deliberada divulgação de notícias falsas. Cumpre evocar que uma das finalidades do direito fundamental de resposta estabelecido pelo art. 5º, V, da Constituição é justamente retificar notícias inexatas e, assim, restabelecer a veracidade das informações propagadas. Ademais, o âmbito de proteção constitucional da liberdade de comunicação pressupõe a veracidade dos fatos difundidos, porque, sem informação correta, fica prejudicada a cooperação livre e igual dos cidadãos nas decisões democráticas; consequentemente, o regime constitucional baseado na cultura política pública não poderá vicejar entre nós.

Cumpre não olvidar que, do ponto de vista constitucional, a verdade exigida como componente essencial para o exercício da liberdade de comunicação diz respeito à verdade subjetiva, ou seja, à atitude responsável do comunicador em procurar certificar-se da correção dos fatos antes de divulgá-los. Em suma, verdade é igual à diligência.

2.1 Direito fundamental de informar

O direito fundamental de informar, aspecto ativo da liberdade de comunicação, obviamente está amparado no aludido inciso IX do art. 5º da Constituição. Neste particular, a Constituição Portuguesa, por exemplo, é mais explícita quando textualmente dispõe "que todos têm o direito de informar" (art. 37).

A atividade de comunicar publicamente fatos atuais e de interesse geral, uma dimensão clássica da liberdade comunicação, conquanto seja um direito fundamental reconhecido a todos os cidadãos, é hoje exercida principalmente pelos profissionais da comunicação, por meios dos órgãos de divulgação de massa.

O direito fundamental de informar é um instrumento valioso de participação ativa do cidadão, na vida pública e para a formação de um debate democrático estabelecido com base na livre discussão que premia os bons governantes e os cidadãos intacáveis. Destarte, o espaço de liberdade de que dispõem as pessoas para divulgarem livremente

---

[12] Por exemplo, a Constituição Espanhola: *"Se reconocen y protegen los derechos... A comunicar o recibir libremente información veraz por cualquier medio de difusión"* (art. 20. 1, d).

[13] Segundo Ángel Ekmekdjian (*Derecho a la información*: reforma constitucional y libertad de expresión – nuevos aspectos, p. 27), para a UNESCO, a liberdade comunicação consiste em um processo bidirecional *"cuyos participantes mantendrán un diálogo democrático y equilibrado, con posibilidades de acceso y participación"*.

fatos ou informações constitui, sem dúvida, um importante índice para aferir-se o grau de liberdade em geral de que desfrutam os cidadãos.[14]

Um princípio republicano importante, com relação ao direito de informar, é a presunção de legitimidade em favor da divulgação de matérias que tratam sobre questões institucionais, implicando até mesmo a inversão do ônus da prova.[15] Ou seja, a comunicação de fatos atinentes às matérias institucionais (notadamente a atuação do Estado e de seus agentes), até prova em contrário, é verídica e, em princípio, goza de proteção jurídico-constitucional.

2.2 Direito fundamental de acesso à informação

O direito fundamental de acesso à informação ou o direito fundamental de informar-se se refere ao livre ingresso às fontes das notícias. Está previsto autonomamente no inciso XIV, art. 5º, da Constituição, que proclama: "É assegurado a todos o acesso à informação".

A própria dicção constitucional não deixa dúvida de que esse é um direito fundamental pertencente aos cidadãos indistintamente. Mas cumpre notar que, embora não privativo dos operadores da comunicação social, o direito fundamental de acesso às fontes de informação é um direito indispensável para o exercício profissional dos comunicadores. Sem o livre acesso às fontes de onde provêm as notícias, haverá redução de circulação de informações, com comprometimento da atividade técnica de difusão de notícias e, em última instância, estará privada a sociedade do conhecimento de várias informações retidas nas fontes. Em suma, o acesso às fontes constitui uma atividade instrumental necessária para o labor informativo a cargo dos profissionais da comunicação de massa.[16]

O âmbito de proteção do direito fundamental de acesso à informação varia conforme se trate de fonte pública ou privada. No primeiro caso, o acesso desimpedido às fontes públicas é a regra, salvo para as informações que comprometam direitos personalíssimos (CF, art. 5º, X) ou a segurança da sociedade e do Estado (CF, art. 5º, XXXIII), porquanto no regime republicano e democrático impera o princípio da publicidade ou visibilidade dos negócios públicos (CF, art. 37). No caso de a informação originar-se de pessoas ou de instituições privadas, o acesso será mais restringido em consequência do predomínio do princípio da privacidade no âmbito da esfera privada dos cidadãos.[17] Ressalte-se que, tratando-se de informações relativas ao domínio privado, o acesso está subordinado ao princípio da privacidade, que implica, em regra, segredo: o segredo profissional (CP, art. 154), o segredo científico ou industrial (CF, art. 5º, XXIX) e o segredo de correspondência (CF, art. 5º, XII). Cuidando-se de informações pertencentes à esfera pública, o acesso está amplamente tutelado pelo princípio da publicidade, e só excepcionalmente admitem-se segredos, quando necessários para salvaguardar o

---

[14] CALDAS, Pedro Frederico. *Vida privada, liberdade de imprensa e dano moral*, p. 62. Nesse sentido, Kommers (*The constitutional jurisprudence of the Federal Republic of Germany*, p. 370) informa que a Constituição alemã no "*Article 5 (I) [II] guarantees every citizen the right to take part in this public discussion*".

[15] ANGEL EKMEKDJIAN, *op. cit.*, p. 87.

[16] ZACCARIA, Roberto. *Diritto dell'informazionee della comunicazione*, p. 108.

[17] ANGEL EKMEKDJIAN, *op. cit.*, p. 63.

Estado ou bens coletivos. Em suma: tratando-se de fontes privadas, a regra é o segredo das informações; respeitante às fontes públicas, ao contrário, a regra é a publicidade, e o segredo, a exceção.[18]

Deste modo, não se afigura apropriado deduzir do texto constitucional um direito geral e indistinto de acesso às fontes privadas ou públicas. Somente com relação a estas últimas é que se pode considerar a existência de um verdadeiro e próprio direito fundamental de acesso atinente aos dados e documentos em poder da Administração Pública. Na verdade, no contexto de informações oficiais, é pertinente até mesmo falar-se em *open government* para referir-se tanto ao acesso aos documentos ou registros, em qualquer forma, quanto ao acesso aos processos de tomadas de decisão governamentais.

Por conseguinte, é plausível estimar o direito fundamental de acesso como um instrumento de controle da Administração Pública, uma vez que ele possibilita o acompanhamento e o conhecimento das atividades dos órgãos estatais, bem como enseja o acesso participativo na gestão da coisa pública, quando faculta ao cidadão intervir nos procedimentos administrativos, apresentando documentos e memoriais que a Administração Pública está obrigada a considerar.[19]

Para assegurar o acesso à informação de caráter pessoal, registrada em bancos de dados de entidade estatal ou de órgão autorizado para executar serviço público, a Carta Federal prevê o remédio do *habeas data* (CF, art. 5º, LXXII). Esta garantia constitucional tutela o direito de acesso (*right to access*), o direito de conhecer (*right to know*) e o direito de retificar (*right to correct*) as informações pessoais armazenadas em arquivos ou bancos de dados (CF, alíneas *a* e *b*, LXXII, do art. 5º).

Uma faculdade importante, reconhecida pelo direito de acesso à informação de dados pessoais (automatizados ou não) e que possibilita o resguardo de valores morais da pessoa humana, é a permissão para o cidadão averiguar se aquela informação não está sendo usada para objetivos inapropriados ou não autorizados por ele.

2.3 Direito fundamental de ser informado

O direito fundamental de receber informação encontra uma tutela geral no aludido inciso IX do art. 5º da Lei Maior. Assim, entre nós, não vige apenas um interesse geral pela informação ou um direito moral de ser informado, mas um verdadeiro e próprio direito do destinatário das notícias de recebê-las, isto é, uma posição jurídica subjetiva autônoma, acompanhada de tutela jurisdicional (CF, art. 5º, XXXV). Em outras palavras, o âmbito normativo configurado pelo inciso IX do art. 5º protege igualmente o sujeito ativo e o sujeito passivo do processo de comunicação.

Considerando que *"what we know helps to make us what we are. The information we are able to use and build upon constitutes our past, our present and our future"*,[20] não surpreende que o lado passivo da liberdade de comunicação seja até mesmo estimado como o aspecto dominante da liberdade de comunicação[21] e constitua um dos temas centrais do direito da comunicação.

---

[18] ZACCARIA, *op. cit.*, p. 114.

[19] ZACCARIA, *op. cit.*, p. 111.

[20] BIRKINSHAW, Patrick. *Freedom of information*: the law, the practice and the ideal, p. 326.

[21] SILVA, José Afonso da. *Curso de direito constitucional positivo*, p. 240, *in verbis*: "A liberdade dominante é a de ser informado, a de ter acesso às fontes de informação, a de obtê-la".

É plausível justificar que o ditado constitucional cobre não só o transmitente, mas também o beneficiário da informação, porque, sendo ambos polos de uma relação comunicacional, a falta de amparo jurídico para um deles pode levar a uma *kafkiana incomunicabilidade.*

Outro fundamento constitucional para qualificar a situação do utente de informação, na área do direito subjetivo, é o mencionado inciso XIV do art. 5º, visto que o direito de ser informado é correlato à existência de um efetivo pluralismo de fontes de notícias, exigido por esse dispositivo constitucional. Ou seja, a diversidade de fontes informativas (pluralismo externo), com a possibilidade de ingresso na arena pública de variedade de vozes, na quantidade suportada pelos meios técnicos, ensejará maior acesso e recebimento de informações.

Do referido fundamento constitucional do pluralismo das fontes informativas, também é possível extrair-se a exigência de recepção de informação dotada de algumas características, tais como imparcialidade, completude, objetividade e abertura para diversas tendências políticas ou culturais. Daqui emergem, sobretudo, o direito do cidadão de não ser enganado e a configuração de um direito difuso à informação verdadeira, vez que é plausível sustentar uma confluência entre o direito de ser informado e o direito do consumidor.[22] Portanto, a mentira, mesmo quando se trate de defender o interesse público, choca-se com o sistema constitucional e, em particular, com os direitos fundamentais, que não se prestam ao amparo de condutas ilícitas.

Em razão da relevância da informação para o pleno exercício dos direitos sociais e individuais e para o bem-estar de uma sociedade fraterna (preâmbulo da Constituição Federal de 1988), é possível ainda apoiar o direito de ser informado em vários *princípios fundamentais* do ordenamento constitucional. Com efeito, sem o recebimento de informação *pluralista*, o cidadão não exercerá com *dignidade* a sua *cidadania*, e a *soberania popular* estará, irremediavelmente, esvaziada (CF, art. 1º, I, II, III e V).

Nessa perspectiva, a Constituição Brasileira em vigor abriga, em forma de direito fundamental, a faculdade de o cidadão receber notícias corretas e verdadeiras, tema que é hodiernamente uma preocupação dos ordenamentos jurídicos tanto no plano internacional das declarações e tratados como no plano interno atinente às constituições dos Estados.

Do ponto de vista de sua estrutura, a figura subjetiva do *droit au fait*, ou seja, o direito de ser informado, possui as características de um direito fundamental à prestação, que se concretiza por meio de uma ação positiva dos sujeitos que têm o dever jurídico de prestar as informações. Daí falar-se, às vezes, em direito social à informação, uma vez que, para a sua efetivação, se exige uma série de interventos e atos, à semelhança do que sucede com os direitos sociais à educação, à saúde, ao trabalho, à moradia, ao lazer, à segurança, à previdência social etc. (CF, art. 6º).[23]

O âmbito normativo do direito fundamental em análise cobre não só a faculdade de receber notícias, como também abarca a posição jurídica de não sofrer turbação ou impedimento no ato de obtê-las, o que implica o dever de abstenção por parte do Estado e de terceiros. Este aspecto é realçado pelo surgimento de novas tecnologias no campo

---

[22] ANGEL EKMEKDJIAN, p. 89; CARVALHO, Luis Gustavo Grandinetti Castanho de. *Direito de informação e liberdade de expressão*, p. 169.

[23] Ver, em termos aproximados, a exposição de ZACCARIA (*op. cit.*, p. 133).

das comunicações, que têm multiplicado as fontes informativas, o que pode levar a considerar-se ilegítima, por exemplo, intervenção estatal que dificulte ou impeça o recebimento de informações, provenientes do exterior, diretamente pelo cidadão, por meio de instalação de antenas e outros aparelhos de recepção.

O âmbito de proteção constitucional do direito fundamental de ser informado alcança tanto a obrigação do Estado de fornecer informação acerca da atuação de seus órgãos e de seus agentes quanto o dever dos órgãos de comunicação de massa de manter adequada e verdadeiramente informados os cidadãos sobre os acontecimentos atuais e de transcendência, dever que se estende, igualmente, para outros titulares da liberdade de comunicação, como é o caso da informação publicitária.

2.3.1 Direito a receber informações dos órgãos públicos, direito ao *open files* e princípio da administração aberta

O direito a receber dos órgãos públicos informações, ressalvadas aquelas cujo sigilo seja imprescindível à segurança da sociedade e do Estado, está expressamente resguardado no inciso XXXIII do art. 5º da Carta Federal. Outros dispositivos da Constituição também reconhecem o direito a ser informado pelo Poder Público em situações específicas, como são exemplos os casos do direito à obtenção de certidões em repartições públicas para defesa de direitos e esclarecimento de situações de interesse pessoal (CF, art. 5º, XXXIV, *b*)[24] e a obrigação das entidades estatais de promoverem a educação ambiental em todos os níveis de ensino, bem como de difundirem as informações que sejam indispensáveis à preservação do meio ambiente (CF, art. 225, §1º, VI).[25]

Ademais, o direito a receber informação administrativa foi reforçado com a aprovação da Emenda Constitucional nº 19, de 04.06.1998, que acrescentou o §3º ao art. 37 da Lei Fundamental. Com o objetivo de assegurar formas de participação do cidadão na administração pública direta e indireta, a referida emenda previu explicitamente o direito ao arquivo aberto (*open file*) e o princípio da administração aberta ao dispor que a lei regulará especialmente o acesso dos cidadãos a registros administrativos e a informações sobre atos do governo,[26] observado o disposto no art. 5º, incisos X e XXXIII,

---

[24] O referido direito fundamental à expedição de certidões para a defesa de direitos e esclarecimento de situações está regulamentado pela Lei Federal nº 9.051, de 18 de maio de 1995. Está previsto neste diploma legal que "as certidões para a defesa de direitos e esclarecimentos de situações, requeridas aos órgãos da administração centralizada ou autárquica, às empresas públicas, às sociedades de economia mista e às fundações públicas da União, dos Estados, do Distrito Federal e dos Municípios, deverão ser expedidas no prazo improrrogável de quinze dias, contado do registro do pedido no órgão expedidor", bem como "nos requerimentos que objetivam a obtenção das certidões a que se refere esta lei, deverão os interessados fazer constar esclarecimentos relativos aos fins e razões do pedido" (arts. 1º e 2º).

[25] O dever dos órgãos públicos de manter as pessoas adequadamente informadas a respeito da preservação do meio ambiente está densificado na Lei Federal nº 9.795, de 27 de abril de 1999, que dispõe sobre a educação ambiental e institui a Política Nacional de Educação Ambiental. Estabelece essa lei, como parte do processo educativo mais amplo, que todos têm direito à educação ambiental, incumbindo ao Poder Público, nos termos dos arts. 205 e 225 da Constituição Federal, definir políticas públicas que incorporem a dimensão ambiental, promover a educação ambiental em todos os níveis de ensino e o engajamento da sociedade na conservação, recuperação e melhoria do meio ambiente (art. 3º, I).

[26] De acordo com Maria Eduarda Gonçalves (*Direito da informação*, p. 72), o direito ao *open file* consiste essencialmente na liberdade de acesso aos documentos administrativos e, do princípio da administração aberta, deriva o direito do cidadão de ser informado sobre as políticas e a atuação do Estado-administração.

isto é, ressalvados os direitos personalíssimos à honra, à intimidade, à vida privada e à imagem, bem como as matérias relativas à segurança da comunidade e do Estado.

Os direitos à informação dos administrados assim plasmados no Texto Constitucional traduzem uma mudança de concepção da administração liberal para uma nova administração emergente ao longo do século XX e conectada à ideia-força de que, sem democracia administrativa, não haverá democracia.[27]

A consagração da posição subjetiva de ser informado pelos órgãos públicos é uma novidade na ordem constitucional brasileira. Na verdade, o seu reconhecimento explícito em textos constitucionais é relativamente recente e advém das constituições europeias promulgadas na década de setenta do século XX, seguindo a trilha do "*Freedom of Information Act*", provindo no ano de 1967, dos Estados Unidos.[28] Assim, a Constituição Espanhola de 1978 (art. 105) garante ao cidadão o direito de ser ouvido, diretamente ou por meio de organizações e associações reconhecidas por lei, quando da elaboração de medida administrativa que lhe diga respeito, bem como o acesso aos arquivos e registros administrativos, salvo no que afete a segurança e defesa do Estado, as investigações dos delitos e a intimidade das pessoas. Nestes termos, exprimem-se a Constituição grega de 1975 (art. 10), ao estipular que "todo pedido de informação proveniente dos cidadãos obriga a autoridade competente a uma resposta nos termos da lei", e a Constituição Portuguesa de 1976 (art. 268), ao perfilhar o direito do cidadão de ser informado pelos Poderes Públicos, sempre que assim o requeira, sobre o andamento de processo em que seja diretamente interessado, bem como o direito de acesso aos arquivos e registros, ressalvadas as mencionadas matérias relativas à segurança do Estado, à investigação criminal e à intimidade das pessoas.

O direito fundamental de ser informado constitui instrumento indispensável para o avanço da democracia participativa, haja vista que possibilita a transparência ou a visibilidade das entidades estatais e a participação do cidadão na arena pública.

Com efeito, a plena aquisição pelos cidadãos de dados e elementos informativos nos confrontos com a administração pública constitui uma característica reveladora da evolução das democracias contemporâneas. Significa isso que, na relação comunicativa estabelecida entre o cidadão e o Estado, encontra-se configurado o princípio da publicidade dos atos de governo, ínsito na gestão da coisa pública em um regime republicano que implica não só a divulgação, mas também a fundamentação das decisões administrativas daquelas.[29]

A transparência do Poder Público permite, na prática, ao cidadão acompanhar a organização, os métodos, as formas concretas da ação administrativa e avaliar, em consequência, o cumprimento dos princípios constitucionais da legalidade, impessoalidade, moralidade, publicidade e eficiência, aos quais a administração pública está obrigada a obedecer (CF, art. 37).

A importância da visibilidade do Estado Democrático avulta quando se observa que atualmente há uma tendência dos órgãos do Poder Executivo para deliberarem

---

[27] MIRANDA, Jorge. O direito de informação dos administrados. In: SARAIVA, Paulo Lopo (Coord.). *Antologia luso-brasileira de direito constitucional*, p. 207-208.

[28] CORASANITI, G. *Diritto dell'informazione*: Linee generali della legislazione e della giurisprudenza costituzionale per l'impresa di informazione e la professione giornalistica, p. 15.

[29] ZAFFORE, Jorge. *La comunicación masiva*, p. 17.

sempre a portas fechadas. E, mesmo naqueles países em que o regime de governo é parlamentarista, o Executivo tornou-se o centro das decisões políticas.

Nesse quadro, o Estado Democrático de Direito, proposto pela Constituição Federal de 1988, tem que ser necessariamente visível, e não um Estado invisível. Nunca é demais enfatizar que a publicidade é *"cure for abuses of power"* e gera a confiança do povo no regime democrático, além de constituir alicerce para a legitimidade dos atos do governo. Sem transparência, o sistema político degenera em despotismo.[30]

A regra, pois, de acordo com a ordem constitucional em vigor, é a transparência das ações do Poder Público, conquanto algumas espécies de informação encontrem-se protegidas pelo princípio da *arcana praxis* ou princípio do segredo. Esta exceção é justificada porque, mesmo na vigência de um *open government*, persistem matérias que não devem ser divulgadas ao público em geral, por razões de segurança da coletividade, de defesa do Estado e das instituições democráticas, constituindo-se, assim, em uma das categorias de restrição à liberdade de expressão e comunicação previstas pelo sistema constitucional, como será visto adiante.

2.3.2 Direito a receber informações dos meios de comunicação de massa

A Constituição Federal não contemplou, no seu texto, literalmente, o direito fundamental de ser informado pelos meios de comunicação social. A falta de previsão expressa tem induzido alguns autores a concluírem pela inexistência da faculdade ou posição subjetiva do cidadão para exigir diretamente dos órgãos de comunicação notícias, fatos ou informações.

Um argumento utilizado pelos que negam a existência desse direito é a falta de correspondência entre direito e dever na relação de comunicação, isto é, não prevendo a Lei Maior para nenhum órgão de comunicação, notadamente de caráter privado, o dever de prestar informações; em consequência, não há o correlato direito a recebê-las. Entretanto, a correlação entre direito e dever nem sempre se coaduna com o sistema jurídico contemporâneo, que é cada vez mais exigido para dirimir conflitos de massa envolvendo interesses antagônicos de grupos.[31]

No caso dos *mass media*, de suas funções política, cultural e de utilidade pública, vislumbra-se o dever jurídico de manter constante e integralmente informados os cidadãos. Ademais, os princípios constitucionais relativos à produção e à programação das emissoras de rádio e televisão (preferência a finalidades educativas, artísticas, culturais e informativas; promoção da cultura nacional e regional e estímulo à produção independente que objetive sua divulgação; regionalização da produção cultural, artística e jornalística e o respeito aos valores éticos e sociais da pessoa e da família – art. 221), bem como a caracterização pela *lex* fundamental da radiodifusão sonora e de sons e imagens, como serviço a ser executado por concessão, permissão ou autorização do Poder Público (CF, art. 223), fundamentam também a posição subjetiva dos utentes com relação aos *media*.[32]

---

[30] CADEMARTORI, Sérgio. *As dimensões jurídico-políticas do segredo*. Florianópolis: [S. n.], 1990, p. 97-98.

[31] CARVALHO, *op. cit.*, p. 153-154.

[32] O direito a receber dos órgãos de comunicação social informações encontra uma densificação na Lei nº 9.795, de 27 de abril de 1999, que estabelece aos meios de comunicação de massa a incumbência de "colaborar de maneira

Assim, a ausência de consignação explícita no texto constitucional não é *conditio sine qua non* para elidir a vigência do direito fundamental de ser informado pelos meios de comunicação social entre nós. Máxime quando se tem em vista que a admissão da posição subjetiva em tela é compatível com o regime e os princípios adotados pela Constituição Federal de 1988, além de achar-se plasmada no Pacto Internacional de Direitos Civis e Políticos (art. 19), como no Pacto de San José de Costa Rica (art. 13), ambos ratificados pelo Estado brasileiro (CF, art. 5º, §2º).[33]

A eficácia do direito fundamental em discussão, no campo dos veículos de comunicação de massa, pode muito bem ser garantida pela impetração de *mandado de segurança* para a obtenção de informação oriunda de órgão informativo submetido ao regime constitucional de serviço público, concedido, permitido ou autorizado (rádio e televisão) e pelo ajuizamento de *ação ordinária*, com a possibilidade de antecipação da tutela judicial respectiva, para a aquisição de informação proveniente de meio de comunicação não suscetível de ser demando pelo referido *writ* (jornais, revistas e demais periódicos).

2.3.3 Direito a receber informação publicitária adequada

A Carta Federal em vigor alberga ainda o direito fundamental a receber informação publicitária adequada, tanto do ponto de vista quantitativo como qualitativo, quando dispõe que compete à lei federal estabelecer os meios legais que garantam à pessoa e à família a possibilidade de se defenderem de propaganda de produtos, práticas e serviços que possam ser nocivos à saúde e ao meio ambiente (CF, art. 220, §3º, II); e que a propaganda comercial de tabaco, bebidas alcoólicas, agrotóxicos, medicamentos e terapias estará sujeita a restrições legais e conterá advertência sobre os malefícios decorrentes de seu uso (CF, art. 220, §4º).

O escopo do direito em análise, como se deduz do teor dos dispositivos supramencionados do estatuto constitucional, é, sobretudo, resguardar a pessoa e a família nas relações em que figuram como consumidores. Por conseguinte, a proteção jurídica à obtenção de propaganda comercial correta e honesta também pode ser fundamentada na norma constitucional que preceitua ao Estado o dever de promover a defesa do consumidor (CF, art. 5º, XXXII).

A despeito do objetivo primário referenciado, é plausível reivindicar uma informação publicitária adequada em outros contextos. Em matéria eleitoral, *v.g.* é admissível individualizar de forma autônoma um direito a uma informação equilibrada e imparcial durante a campanha eleitoral[34] a fim de resguardar os cidadãos de pirotecnias publicitárias que se caracterizam pela mistificação das posturas dos candidatos e pela manipulação das consciências dos eleitores nos períodos eleitorais.

Tendo em vista que a figura subjetiva em discussão se encontra albergada na Constituição Federal sob a forma de *reserva de lei*, singularidade que a caracteriza como

---

[33] ativa e permanente na disseminação de informações e práticas educativas sobre meio ambiente e incorporar a dimensão ambiental em sua programação" (art. 3º, IV).

[33] Observa-se uma inclinação da doutrina pátria pela tese esposada acima da plena existência, no sistema constitucional brasileiro, do direito de ser informado, configurado com âmbito normativo abrangendo órgãos públicos, estatais e privados de comunicação social.

[34] ZACCARIA, *op. cit.*, p. 137.

pertencente à categoria dos direitos com *âmbito de proteção estritamente normativo*, a sua concretização na vida social depende essencialmente da atuação do legislador ordinário. Neste veio, o direito a receber informação publicitária adequada está densificado e conformado em vários diplomas infraconstitucionais, tais como a Lei nº 9.294, de 15.07.1996 (que disciplina as restrições ao uso e à propaganda de produtos fumígenos, bebidas alcoólicas, medicamentos, terapias e defensivos agrícolas referidos na citada lei),[35] e a Lei nº 8.078, de 11.09.1960 (que dispõe sobre a proteção do consumo – Código de Proteção e Defesa do Consumidor).[36]

Portanto, a ordem constitucional vigente prevê um direito fundamental ao recebimento de informação publicitária verdadeira (*v.g.* vedada toda publicidade enganosa ou abusiva),[37] configurado sob a cláusula de reserva de lei e exigindo, mormente, a intervenção do legislador para a sua concretização.

3 Liberdade de comunicação e direitos fundamentais concorrentes

A Carta Federal abriga em seu corpo diversos direitos fundamentais conexos à liberdade de comunicação. Alguns constituem manifestações específicas desta figura subjetiva, *v.g.* o direito de petição aos Poderes Públicos em defesa de direito ou contra ilegalidade ou abuso de poder (CF, art. 5º, XXXIV, *a*) e o direito de antena, que protege as participações individuais em obras coletivas e a reprodução da imagem e voz humanas, inclusive nas atividades desportivas (CF, art. 5º, XXVIII, *a*). Outros se revelam susceptíveis de concretização cumulativamente com aquela, *v.g.* o direito de reunião pacífica em locais abertos ao público independentemente de autorização (CF, art. 5º, XVI) e o direito de associação para fins lícitos (CF, art. 5º, XVII). Caracterizam-se geralmente como direitos instrumentais para o exercício da livre comunicação e, desta forma, protagonizam o denominado fenômeno da *concorrência de direitos*.

---

[35] A Lei nº 9.294 determina que a propaganda comercial de cigarros, cigarrilhas, charutos ou de qualquer outro produto fumígero, derivado ou não do tabaco, bem como a de bebidas alcoólicas, obedecerá os seguintes princípios: (i) não sugerir o consumo exagerado ou irresponsável, nem a indução ao bem-estar ou saúde ou fazer associação a celebrações cívicas ou religiosas; (ii) não induzir as pessoas ao consumo, atribuindo aos produtos propriedades calmantes ou estimulantes, que reduzam a fadiga ou a tensão, ou qualquer efeito similar; (iii) não associar ideias ou imagens de maior êxito na sexualidade das pessoas, insinuando o aumento de virilidade ou feminilidade de pessoas fumantes; (iv) não associar o uso do produto à prática de esportes olímpicos, nem sugerir ou induzir seu consumo em locais ou situações perigosas ou ilegais; (v) não empregar imperativos que induzam diretamente o consumo; (vi) não incluir, na radiodifusão de sons ou de sons e imagens, a participação de crianças ou adolescentes, nem a eles dirigir-se. Ademais, a propaganda comercial dos produtos referidos somente será permitida nas emissoras de rádio e televisão no horário compreendido entre as vinte e uma e as seis horas. E no caso específico dos produtos fumígenos a propaganda conterá, nos meios de comunicação e em função de suas características, advertência escrita e/ou falada sobre os malefícios do fumo na embalagem (arts. 3º e 4º).

[36] O Código de Proteção e Defesa do Consumidor estabelece que a Política Nacional de Relações de Consumo tem por objetivo o atendimento das necessidades dos consumidores, o respeito à sua dignidade, saúde e segurança, a proteção de seus interesses econômicos, a melhoria da sua qualidade de vida, bem como a transparência das relações de consumo (art. 4º) e define como direito básico do consumidor a proteção contra a publicidade enganosa e abusiva, contra os métodos comerciais coercitivos ou desleais, bem como contra as práticas e cláusulas abusivas ou impostas no fornecimento de produtos e serviços (art. 6º). Na seção que disciplina especificamente a publicidade (arts. 36 a 38), o código, além de peremptoriamente proibir toda forma de publicidade enganosa ou abusiva, preceitua que a publicidade deve ser veiculada de tal forma que o consumidor, fácil e imediatamente, a identifique como tal e que o ônus da prova da veracidade e correção das informações ou comunicação publicitária cabe a quem as patrocina.

[37] Os conceitos legais de publicidade enganosa e abusiva estão explicitados no art. 37 e seus parágrafos do Código de Proteção e Defesa do Consumidor.

4 Princípios constitucionais da liberdade de expressão e comunicação

A obra relativa à conformação da liberdade de expressão e comunicação, levada a efeito pela Constituição Federal de 1988, completa-se com a previsão de princípios que traduzem, para a ótica jurídico-constitucional, valores orientadores da liberdade em questão.

Nesta oportunidade, serão objeto de análise os princípios constitucionais atinentes à vedação do anonimato, à incensurabilidade e às cláusulas pétreas, bem como o princípio da unidade dos direitos fundamentais.

Os princípios referidos revelam-se úteis para aquilatar-se a legitimidade jurídica da liberdade de expressão e comunicação, no que diz respeito à sua concretização no plano da realidade social, porque formulam parâmetros para a configuração da proteção constitucional dessa figura subjetiva como direito fundamental. Portanto, além da função regulativa – como normas primárias constitucionais que regulam imediatamente a conduta de seus destinatários, aplicáveis para solução de casos concretos[38] –, os princípios nomeados são cânones de hermenêutica constitucional suscetíveis de emprego no momento da interpretação-aplicação dos direitos e liberdades amparados pela *Superlege*, concernentes à expressão e comunicação humanas.

4.1 Princípio da vedação do anonimato

A Constituição Federal consagra o princípio da vedação do anonimato no inciso IV do art. 5º. Conquanto esteja previsto em dispositivo que trata da emissão do pensamento, é lógico inferir que o princípio em tela alcança as situações concernentes à transmissão de fatos. Assim, o texto constitucional coíbe o anonimato tanto para a expressão do pensamento como para a comunicação de notícias. Obviamente, nesta última hipótese, não há confusão ou antinomia entre a regra do sigilo da fonte (art. 5º, XIV) e o princípio da proibição do anonimato, porquanto o sigilo é dirigido à fonte da notícia (a quem presta informação), e não à identidade do comunicador (autor ou responsável pela divulgação da informação).

Tendo em vista que comumente o anonimato significa a ocultação maliciosa do próprio nome para fugir à responsabilidade pela divulgação de matérias que podem causar prejuízos a terceiros, é fácil deduzir que a finalidade precípua do princípio em tela é evitar que os autores de mensagens apócrifas fiquem imunes pelos danos provocados à honra, à intimidade, à vida privada e à imagem das pessoas ou aos valores de segurança e bem-estar da sociedade, constituindo, assim, a identificação do agente comunicador um ônus da liberdade de expressão e comunicação.[39]

O primeiro texto constitucional brasileiro a contemplar o princípio da proibição do anonimato foi a Constituição de 1891 (art. 172, §12, *in fine*) e, desde então, mantém-se a tradição de constá-lo nas Cartas Federais, à exceção da Constituição de 1967. Entretanto, a inserção da cláusula "não é permitido o anonimato" no corpo da primeira Constituição

---

[38] FARIAS, Edilsom Pereira de. *Colisão de direitos*: a honra, a intimidade, a vida privada e a imagem *versus* a liberdade de expressão e informação, p. 51-52.

[39] SILVA, *op. cit.*, p. 238. Conforme Pontes de Miranda (*Comentários à Constituição de 1946*, p. 434), a emissão do pensamento está vinculada à personalidade de seu autor e constitui o exercício de direitos personalíssimos.

republicana não foi isenta de controvérsias. A isso se opuseram, por exemplo, o Deputado Francisco Veiga e o Escritor José de Alencar. O primeiro argumentou que era prescrição mais apropriada para constar em legislação infraconstitucional, que não eliminava o *testa de ferro*, que restringia inutilmente a liberdade do cidadão e que o anonimato protegia não só o fraco contra os fortes, como também muita gente honesta e independente contra os grandes poderosos. O segundo sustentou que o anonimato era um direito constitucional tão importante para o cidadão quanto o segredo de correspondência ou a inviolabilidade de domicílio. Mas, como asseverou João Barbalho, a alegação de ser a vedação do anonimato uma restrição à liberdade de expressão e comunicação não é em si de grande valor, uma vez que constitui uma necessidade básica do sistema jurídico que todas as liberdades sejam susceptíveis de restrições para poderem conviver em harmonia. "A questão é si a restricção é fundada e justa. E isto é inegável, desde que se observe que ella, no caso, é estatuida para assegurar a responsabilidade do escriptor e que offerece aos offendidos segurança e facilidade de fazel-a effectiva".

O princípio em discussão não é incompatível com o uso de pseudônimo, artifício onomástico que emprega expressão de fantasia para ocultar a identidade verdadeira no exercício de uma atividade lícita e que, às vezes, adquire mais força do que o próprio nome civil.[40] A cautela aqui exigida é a inscrição dos pseudônimos em livro próprio, pertencente ao órgão de comunicação social, para exibi-lo em juízo, quando para isso for intimado.

O princípio da vedação do anonimato não impõe que, debaixo de cada matéria divulgada, por exemplo, deva constar o nome do autor. Tal entendimento levaria à extinção da prática jornalística da difusão de editoriais. O que a referida norma principiológica reclama é tão somente um responsável pelas opiniões e notícias transmitidas.[41]

4.2 Princípio da proscrição de censura e licença

Diz a Constituição Federal que "é livre a expressão da atividade intelectual, artística, científica e de comunicação, independentemente de censura ou licença" (CF, art. 5º, IX). A rigor, o princípio da proscrição de censura e licença é até mesmo uma consequência lógica da primeira parte do texto constitucional transcrito, uma vez que seria uma contradição afirmar que é livre a expressão e comunicação e, em seguida, submetê-las ao regime da censura. Desta forma, banindo a censura entre nós (princípio que será enfatizado novamente pela Constituição no contexto da comunicação social – art. 220, §2º), a Lei Máxima procura estabelecer princípio básico para a autêntica convivência democrática, ou seja, de que cumpre a cada pessoa a responsabilidade de ser o seu próprio censor.[42] Ressalte-se que "um governo democrático não deveria intrometer-se nas decisões dos indivíduos a respeito do que dizer, do que ouvir e do que acreditar".[43]

---

[40] FERREIRA FILHO, Manoel Gonçalves. *Direitos humanos fundamentais*, p. 292; MAGALHÃES, *op. cit.*, p. 33.

[41] BASTOS, Celso Ribeiro; MARTINS, Ives Gandra. *Comentários à Constituição do Brasil*: promulgada em 5 de outubro de 1988, p. 44.

[42] ORDÓÑEZ, Jaime. Periodismo, derechos humanos y control del poder político. In: CANÇADO TRINDADE, Antônio Augusto. *A incorporação das normas internacionais de proteção dos direitos humanos no direito brasileiro*, p. 623.

[43] SUNSTEIN, Cass R. *Democracy and the problem of free speech*, p. 140.

Evidentemente, o princípio da vedação de censura e licença não é uma novidade da Carta Federal de 1988. Conforme já referido neste trabalho, há forte ligação entre o princípio em análise e a liberdade de expressão e comunicação, a ponto de se asseverar que, sem a proscrição da censura, simplesmente não existiria essa liberdade.[44] E tal doutrina sempre foi adotada pelas Constituições brasileiras como também esposada na legislação infraconstitucional respeitante à matéria. Contudo, a consagração formal pelo *jus positium* da vedação de imposição de censura não foi suficiente para tornar o país imune às consequências maléficas desta execrada instituição. Por isso, o Brasil foi apontado como um dos países do continente americano com menos liberdade de expressão e comunicação.

Com efeito, superada a ditadura do Estado Novo, de Getúlio Vargas, entre 1937 e 1945, quando a censura foi amplamente utilizada, mal se supunha a sua erradicação, eis que ela volta com o Golpe Militar de 1964, mormente a partir de 1968, e chega ao seu apogeu nos anos imediatamente subsequentes a 1972. *Ad exemplum*, levantamento realizado de setembro de 1972 a novembro de 1975 revela que, somente neste lapso de tempo, a ditadura militar expediu 298 ordens de censura para jornais, revistas e emissoras de rádio e televisão.

Assim, com o escopo de manter intocável o monopólio sobre poder político e utilizar a censura como mecanismo de repressão, os golpistas impuseram à nação o Ato Institucional nº 5, em 13 de dezembro de 1968. Porém, a própria Constituição Federal de 1967 favorecia a aplicação da censura, ao dispor que "o abuso de direito individual ou político, com o propósito de subversão do regime democrático ou de corrupção, importará a suspensão daqueles direitos de dois a dez anos" (art. 154).

Uma vez que o texto constitucional estipula de forma clara a proscrição de censura e licença, resta explicitar o significado constitucional deste princípio. Para esse labor interpretativo, a primeira ideia a reter é que *censura* tem sido tradicionalmente entendida, do ponto de vista jurídico, como um instituto de direito público por meio do qual órgãos estatais, normalmente vinculados ao Poder Executivo, procuram controlar de forma preventiva ou *a posteriori* o livre exercício da liberdade de expressão e comunicação. Mas a doutrina constitucional hodierna tem interpretado o princípio de vedação da censura e licença de maneira mais ampla para abarcar não somente a típica censura administrativa mencionada, como também a censura privada, proveniente de qualquer entidade ou poder que esteja em condições de obstar a expressão de ideias e a comunicação de informações.

Essa nova postura hermenêutica certamente deve-se ao fato de indivíduos e empresas privadas, em decorrência do acúmulo de poder econômico de que eventualmente possam dispor, não raramente violarem os direitos fundamentais, fazendo com que estes direitos sejam também oponíveis àqueles sujeitos. Preocupação que é cada vez mais crescente, respeitante à temática da liberdade de expressão e comunicação, tendo em vista que os meios de comunicação social converteram-se em poderosas empresas econômicas com enorme influência na sociedade. Nesse diapasão, cumpre evocar que a doutrina da fundamentalidade dos direitos fundamentais na esfera das relações particulares dos cidadãos foi pronunciada, pela primeira vez, no julgamento de uma

---

[44] BARBOSA CASTILLO, Gerardo. *Presuncion de inocencia, derecho al honor y libertad de prensa*, p. 17.

demanda relativa à liberdade de expressão e comunicação. No celebrado caso *Lüth*, o Tribunal Constitucional alemão assentou as bases para a interpretação do art. 5º da Lei Fundamental (que trata sobre a liberdade de expressão e comunicação), dentre as quais destacou o efeito irradiante horizontal dos direitos fundamentais sobre o direito privado.

Em síntese, o âmbito de proteção do princípio da proscrição de censura, nos termos configurados pela Carta Federal de 1988, abrange tanto a censura prévia e a posterior quanto a censura administrativa e a privada.

O termo *licença*, mencionado no texto da norma constitucional consagradora do princípio em questão, complementa e reforça a proscrição da censura. Significa que, além de não haver submissão a órgão censório, tampouco existe necessidade de autorização para a difusão de fatos ou opiniões.

Referências

ÁNGEL EKMEKDJIAN, Miguel. *Derecho a la información*: reforma constitucional y libertad de expresión – nuevos aspectos. 2. ed. Buenos Aires: Depalma, 1996.

BARBOSA CASTILLO, Gerardo. Presuncion de inocencia, derecho al honor y libertad de prensa. *Derecho Penal y Criminologia*, v. XIV, n. 47-48, p. 159-171, may./dic. 1992.

BASTOS, Celso Ribeiro; MARTINS, Ives Gandra. *Comentários à Constituição do Brasil*: promulgada em 5 de outubro de 1988. v. II. São Paulo: Saraiva, 1988-1989.

BIRKINSHAW, Patrick. *Freedom of information*: the law, the practice and the ideal. 2. ed. London: Butterworths, 1996.

CADEMARTORI, Sérgio. *As dimensões jurídico-políticas do segredo*. Dissertação (Mestrado) – Programa de Pós-Graduação em Direito, Universidade Federal de Santa Catarina, Florianópolis, 1990.

CALDAS, Pedro Frederico. *Vida privada, liberdade de imprensa e dano moral*. São Paulo: Saraiva, 1997.

CARVALHO, Luis Gustavo Grandinetti Castanho de. *Direito de informação e liberdade de expressão*. Rio de Janeiro: Renovar, 1999.

CORASANITI, G. *Diritto dell'informazione*: Linee generali della legislazione e della giurisprudenza costituzionale per l'impresa di informazione e la professione giornalistica. 3. ed. Padova: Cedam, 1999.

FARIAS, Edilsom Pereira de. *Colisão de direitos*: a honra, a intimidade, a vida privada e a imagem *versus* a liberdade de expressão e informação. 2. ed. Porto Alegre: Sergio Antonio Fabris, 2000.

FERREIRA FILHO, Manoel Gonçalves. *Direitos humanos fundamentais*. São Paulo: Saraiva, 1996.

GONÇALVES, Maria Eduarda. *Direito da informação*. Coimbra: Almedina, 1994.

KOMMERS, Donald P. *The constitutional jurisprudence of the federal republic of germany*. 2. ed. Durham: Duke University Press, 1997.

MIRANDA, Jorge. O direito de informação dos administrados. In: SARAIVA, Paulo Lopo. (Coord.). *Antologia luso-brasileira de direito constitucional*. Brasília: Brasília Jurídica, 1992, p. 207-212.

MORAIS, Alexandre. *Direitos humanos fundamentais*: comentários aos arts. 1º a 5º da Constituição da República Federativa do Brasil, doutrina e jurisprudência. São Paulo: Atlas, 1997.

MORANGE, Jean. *La liberté d'expression*. Paris: Press Universitaires de France, 1993.

ORDÓÑEZ, Jaime. Periodismo, derechos humanos y control del poder político. In: CANÇADO TRINDADE, Antônio Augusto. *A incorporação das normas internacionais de proteção dos direitos humanos no direito brasileiro*. Brasília: San José, C.R., 1996, p. 605-638.

PONTES DE MIRANDA, Francisco Cavalcanti. *Comentários à Constituição de 1946*. t. IV. 4. ed. rev. e aum. Rio de Janeiro: Borsoi, 1963.

RAWLS, John. *Political liberalism*. New York: Columbia University Press, 1993.

SILVA, José Afonso da. *Curso de direito constitucional positivo*. 13. ed. São Paulo: Malheiros, 1997.

SUNSTEIN, Cass R. *Democracy and the problem of free speech*. New York: The Free Press, 1995.

ZACCARIA, Roberto. *Diritto dell'informazionee della comunicazione*. Padova: Cedam, 1999.

ZAFFORE, Jorge. *La comunicación masiva*. Buenos Aires: Depalma, 1990.

Informação bibliográfica deste texto, conforme a NBR 6023:2002 da Associação Brasileira de Normas Técnicas (ABNT):

FARIAS, Edilsom. Liberdade de expressão do pensamento, artística, científica e de comunicação. In: LEITE, George Salomão; LEITE, Glauco Salomão; STRECK, Lenio Luiz (Coord.). *Jurisdição constitucional e liberdades públicas*. Belo Horizonte: Fórum, 2017. p. 87-105. ISBN 978-85-450-0237-6.

LIBERDADE DE OFÍCIO

DIRLEY DA CUNHA JÚNIOR

Tal como a chuva caída
Fecunda a terra, no estio,
Para fecundar a vida
O trabalho se inventou.
Feliz quem pode, orgulhoso,
Dizer: "Nunca fui vadio:
E, se hoje sou venturoso,
Devo ao trabalho o que sou!"
É preciso, desde a infância,
Ir preparando o futuro;
Para chegar à abundância,
É preciso trabalhar.
Não nasce a planta perfeita,
Não nasce o fruto maduro;
E, para ter a colheita,
É preciso semear
(Olavo Bilac)

1 Uma breve introdução às liberdades públicas e à liberdade de ofício

É inegável que o grau de democracia em um país se mede precisamente pelo reconhecimento, respeito e promoção das liberdades fundamentais. Não há de se falar em democracia sem o reconhecimento e proteção das liberdades fundamentais. Elas têm um papel decisivo na sociedade, porque é por meio das liberdades públicas que se avalia a legitimação de todos os poderes sociais, políticos e individuais. Onde quer que essas liberdades padeçam de lesão, a sociedade se acha enferma.[1]

Por essa razão, o reconhecimento, respeito e a proteção dos direitos e das liberdades fundamentais – como salienta Karl Loewenstein[2] – são o núcleo essencial da democracia constitucional. Os direitos fundamentais, portanto, segundo escólio do autor,

> encarnan la distribución del poder sin la que la democracia constitucional no puede funcionar. Cuanto más amplios sean estos âmbitos y más intensa sea su protección, tanto menos peligro existirá para que se produzca una concentración del poder. Reconocimiento y observancia de las libertades fundamentales separan el sistema político de la democracia constitucional de la autocracia.[3]

Historicamente, as liberdades públicas fundamentais foram identificadas com os valores mais importantes da convivência humana, ou seja, aqueles sem os quais as sociedades acabam perecendo, fatalmente, por um processo irreversível de desagregação.[4] A história foi demonstrando, progressivamente, que os seres humanos, não obstante as profundas diferenças biológicas e culturais que os distinguem entre si, são merecedores de idêntico respeito, como únicos seres no mundo capazes de amar, descobrir a verdade e criar a beleza. A partir do chamado período axial (entre os séculos VIII e II a.C.), foi-se reconhecendo, assim, e em todo o mundo, que, em face dessa igualdade essencial, nenhum indivíduo, grupo ou nação pode afirmar-se superior aos demais.[5] A dignidade humana torna todos essencialmente iguais.

Porém, os direitos e as liberdades fundamentais surgiram, formalmente, na modernidade constitucional, com a criação do Estado Constitucional, no final do século XVIII, fruto do seu reconhecimento pelas primeiras normas constitucionais.

E a liberdade de ofício, também denominada de liberdade de trabalho ou profissão, foi consagrada inicialmente como direito fundamental nos textos constitucionais franceses (Declaração Universal de 1789 e Constituição de 1793), passando posteriormente para a Declaração Universal dos Direitos Humanos de 1948[6] e para quase todos os textos constitucionais do mundo.[7]

---

[1] BONAVIDES, Paulo. *Curso de direito constitucional*, p. 528.

[2] LOEWENSTEIN, Karl. *Teoría de la Constitución*, p. 392. No mesmo sentido, BOBBIO, Norberto. *A era dos direitos*, p. 01.

[3] LOEWENSTEIN, Karl. *Teoría de la Constitución*, p. 390.

[4] COMPARATO, Fábio Konder. *Afirmação histórica dos direitos humanos*, p. 26.

[5] COMPARATO, Fábio Konder. *Afirmação histórica dos direitos humanos*, p. 01.

[6] Art. 23, nº 1: Todo ser humano tem direito ao trabalho, à livre escolha de emprego, a condições justas e favoráveis de trabalho e à proteção contra o desemprego.

[7] Citem-se, por exemplo, os atuais textos constitucionais: de Portugal (art. 47, nº 1); da Alemanha (art. 12); da Espanha (art. 35, nº 1); do México (art. 5º); do Japão (art. 22); da Índia (art. 19, nº 1, b); da Holanda (art. 19, nº 3); da Bulgária (art. 48, nº 3 e 4); da Colômbia (art. 26); do Peru (art. 2º, nº 13); da Venezuela (arts. 82 e 84); do Equador (art. 19, nº 10).

2 Liberdade de ofício como direito fundamental

De fato, como no poema acima citado, para ter a colheita é preciso semear. Por essa razão, o trabalho sempre foi fundamental para a existência e evolução da própria humanidade. Não como uma obrigação ou mera ocupação, mas como um instrumento de criação, desenvolvimento e transformação da sociedade.

Pensado nesses termos, o trabalho deve ser considerado um instrumento de libertação. Não por acaso, a maioria das nações o considera um direito fundamental. Entretanto, tão fundamental como o trabalho é o direito de escolha e exercício de qualquer trabalho, ofício ou profissão.

A Constituição de 1988 consagra a liberdade de trabalho, ofício ou profissão como um direito fundamental (art. 5º, XIII). Não apenas como um direito de a pessoa humana escolher e exercer a sua profissão de acordo com as suas legítimas opções e vocações,[8] mas também como um direito extensivo às pessoas jurídicas em relação à sua liberdade de exercer atividade econômica, indústria ou comércio.[9]

Mas cumpre acentuar que o direito à liberdade de trabalho, ofício ou profissão possui uma dimensão positiva e uma dimensão negativa.

Sua dimensão positiva destaca-se com a possibilidade de a pessoa realizar escolhas: a) de trabalhar; b) de não trabalhar; e c) de trabalhar com a profissão ou ofício de sua predileção. Com efeito, a Constituição de 1988, muito embora prestigie o trabalho (art. 7º) e os valores sociais dele decorrentes (art. 1º, IV), também abriga a liberdade de não trabalhar. Assim, apesar de socialmente censurada, a livre opção por não trabalhar é expressão do direito de liberdade de trabalho, ofício ou profissão, de modo que a pessoa não pode ser prejudicada porque se entregou ao ócio. A própria Constituição vedou o trabalho forçado, mesmo como pena imposta a condenados pela prática de crimes (art. 5º, XLVII, c),[10] ressalvado o serviço militar, cujo ofício ainda é obrigatório no Brasil (art. 143).

A dimensão negativa do direito de liberdade de trabalho, ofício ou profissão reside na impossibilidade de o Estado intervir no seu exercício, salvo para exigir, quando necessário o controle social da profissão, determinadas qualificações profissionais.

Por fim, também cabe asseverar que o direito de liberdade de trabalho, ofício ou profissão manifesta-se tanto como liberdade de *escolha* quanto como liberdade de *exercício* de qualquer trabalho, ofício ou profissão. Uma pressupõe a outra, embora a liberdade de escolha tenha um alcance bem maior que a liberdade de exercício.[11]

Segundo Jorge Miranda,[12] a liberdade de *escolha* de profissão compreende: 1) o direito de decidir livremente, sem embaraços, qual a profissão a seguir; 2) o direito de acesso à formação escolar correspondente à profissão desejada, de acesso à preparação

---

[8] CUNHA JÚNIOR, Dirley da. *Curso de Direito Constitucional*. 9. ed. Salvador: JusPodivm, 2015.

[9] Nesse sentido, FERREIRA, Pinto. *Comentários à Constituição Brasileira*. São Paulo: Saraiva, 1989. v. 1, arts. 1º-21: "A liberdade de profissão não é somente a liberdade de exercer uma determinada profissão, pois também cabe às pessoas jurídicas. Assim sendo, o preceito constitucional é amplo e abrangente, para assegurar a liberdade de escolha de profissão ou tipo de profissão, indústria ou comércio, extensivo às pessoas jurídicas".

[10] Também nesse sentido, BASTOS, Celso Ribeiro. In: BASTOS, Celso Ribeiro; MARTINS, Ives Gandra. *Comentários à Constituição do Brasil*. São Paulo: Saraiva, 1989. v. 2, p. 76, arts. 5º-17. Porém, em sentido oposto, FERREIRA FILHO, Manoel Gonçalves. *Comentários à Constituição Brasileira de 1988*. 3. ed. São Paulo: Saraiva, 2000. v. 1, p. 37-38, arts. 1º-103.

[11] MIRANDA, Jorge. *Manual de direito constitucional*. 2. ed. t. IV. Coimbra: Coimbra Editora, 1998, p. 439.

[12] MIRANDA, Jorge. *Manual de direito constitucional*. 2. ed. t. IV. Coimbra: Coimbra Editora, 1998, p. 440-441.

técnica necessária e de obter as necessárias habilitações; 3) o direito de, a qualquer tempo, mudar de profissão. Enquanto a liberdade de *exercício* de profissão abrange: 1) o direito de obter, sem qualquer obstáculo ou discriminação, as habilitações legais e demais requisitos para o exercício da profissão; 2) o direito de escolher o lugar de exercício da profissão; 3) o direito de praticar os atos materiais e jurídicos necessários para o desempenho da profissão; 4) o direito de inscrição – e de não inscrição – em associações profissionais; 5) o direito de não ser privado do exercício da profissão, salvo nos casos e nos termos da lei.

3 Antecedentes históricos da liberdade de ofício no Brasil

O direito de liberdade de trabalho, ofício ou profissão teve o reconhecimento de todas as constituições brasileiras.

Com efeito, a Constituição de 1824 o disciplinou nos seguintes termos:

> Art. 179. A inviolabilidade dos Direitos Civis, e Politicos dos Cidadãos Brazileiros, que tem por base a liberdade, a segurança individual, e a propriedade, é garantida pela Constituição do Imperio, pela maneira seguinte.
> (...)
> XXIV. Nenhum genero de trabalho, de cultura, industria, ou commercio póde ser prohibido, uma vez que não se opponha aos costumes publicos, à segurança, e saúde dos Cidadãos.

Assim, desde que não contrariasse os costumes públicos, à segurança e saúde das pessoas, a liberdade de trabalho, ofício ou profissão era garantida.

A Constituição Federal de 1891, sem possibilitar qualquer restrição, tratou da liberdade de trabalho da seguinte maneira:

> Art. 72. A Constituição assegura a brasileiros e a estrangeiros residentes no pais a inviolabilidade dos direitos concernentes á liberdade, á segurança individual e á propriedade, nos termos seguintes: (Redação dada pela Emenda Constitucional de 3 de setembro de 1926)
> (...)
> §24. É garantido o livre exercicio de qualquer profissão moral, intellectual e industrial. (Redação dada pela Emenda Constitucional de 3 de setembro de 1926)

Já a Constituição de 1934, assim dispôs:

> Art 113 - A Constituição assegura a brasileiros e a estrangeiros residentes no País a inviolabilidade dos direitos concernentes à liberdade, à subsistência, à segurança individual e à propriedade, nos termos seguintes:
> (...)
> 13) É livre o exercício de qualquer profissão, observadas as condições de capacidade técnica e outras que a lei estabelecer, ditadas pelo interesse público.

Observa-se dessa Constituição de 1934 a possibilidade de o Estado exigir a prévia capacidade técnica para o exercício de determinadas profissões, como condição imposta pelo interesse público. A partir da Constituição de 1934, passa a se delinear no Brasil uma teoria dos limites gerais à liberdade de profissão.

Assim, sempre que o trabalho, ofício ou profissão requeira habilitação, necessária para que o público seja bem servido e o interesse coletivo satisfeito, não constitui violação a esse direito a existência de lei fixando o mínimo de conhecimentos específicos necessários.[13]

A Constituição de 1937 também chegou a prever o direito:

Art 122 - A Constituição assegura aos brasileiros e estrangeiros residentes no País o direito à liberdade, à segurança individual e à propriedade, nos termos seguintes:
(...)
8º) a liberdade de escolha de profissão ou do gênero de trabalho, indústria ou comércio, observadas as condições de capacidade e as restrições impostas pelo bem público nos termos da lei.

Todavia, o direito de liberdade de trabalho foi suspenso pelo Decreto nº 10.358, de 1942, que declarou o estado de guerra em todo o território nacional.

A Constituição de 1946 restabeleceu o direito de liberdade de trabalho ou profissão nos seguintes termos:

Art 141 - A Constituição assegura aos brasileiros e aos estrangeiros residentes no País a inviolabilidade dos direitos concernentes à vida, à liberdade, a segurança individual e à propriedade, nos termos seguintes:
(...)
§14 - É livre o exercício de qualquer profissão, observadas as condições de capacidade que a lei estabelecer.

A Constituição de 1967 também assegurou o direito de liberdade de trabalho, ofício ou profissão:

Art 150 - A Constituição assegura aos brasileiros e aos estrangeiros residentes no Pais a inviolabilidade dos direitos concernentes à vida, à liberdade, à segurança e à propriedade, nos termos seguintes:
(...)
§23 - É livre o exercício de qualquer trabalho, ofício ou profissão, observadas as condições de capacidade que a lei estabelecer.

A Emenda Constitucional nº 01/69 reiterou a proteção ao direito:

Art. 153. A Constituição assegura aos brasileiros e aos estrangeiros residentes no País a inviolabilidade dos direitos concernentes à vida, à liberdade, à segurança e à propriedade, nos têrmos seguintes:
(...)
§23. É livre o exercício de qualquer trabalho, ofício ou profissão, observadas as condições de capacidade que a lei estabelecer.

---

[13] MIRANDA, Pontes de. *Comentários à Constituição de 1946.* v. III. Rio de Janeiro: Henrique Cahen Editor, [S. d.], p. 255, arts. 129-144.

E, finalmente, a Constituição de 1988, que, mantendo o direito na linha das constituições anteriores, apenas substituiu a referência a "condições de capacidade" pela "qualificações profissionais":

> Art. 5º Todos são iguais perante a lei, sem distinção de qualquer natureza, garantindo-se aos brasileiros e aos estrangeiros residentes no País a inviolabilidade do direito à vida, à liberdade, à igualdade, à segurança e à propriedade, nos termos seguintes:
> (...)
> XIII - é livre o exercício de qualquer trabalho, ofício ou profissão, atendidas as qualificações profissionais que a lei estabelecer;

4 Limitações à liberdade de ofício

O direito de liberdade de trabalho, ofício ou profissão está previsto em norma constitucional de eficácia *contida*. Isso significa que, conquanto de aplicação direta e imediata, a norma definidora do direito pode ser contida em seus efeitos, e o próprio direito que ela reconhece pode ser limitado. Essa é a razão da parte final do inciso XIII do art. 5º: "(...) atendidas as qualificações profissionais que a lei estabelecer".

Observa-se, daí, a possibilidade de o legislador *limitar* a liberdade de trabalho, ofício ou profissão, sujeitando o seu exercício à *prévia qualificação profissional*. Isso ocorre para as chamadas *profissões regulamentadas*, que são todas aquelas para o desempenho das quais a lei exige o cumprimento de certas condições e habilidades especiais, como a conclusão de curso de graduação em universidades ou instituições de ensino superior, a aprovação em exames de ingresso em conselhos profissionais, o registro em conselhos profissionais, entre outros.

Contudo, considerações devem ser feitas a essa possibilidade prevista na Constituição Brasileira, que está em harmonia com as constituições de outros países, que também estabelecem formas de restrição a essa liberdade pública fundamental.

Inicialmente, é imperioso afirmar que a *regra* é a liberdade de escolha e exercício de qualquer trabalho, ofício ou profissão.

Apenas *excepcionalmente* é que pode o legislador, atendidas determinadas condições, restringir a liberdade de exercício de *determinado* trabalho, ofício ou profissão para ajustá-lo ao bem-estar geral da sociedade. Isto é, além de excepcional a limitação ao exercício do direito, nem todo trabalho, ofício ou profissão pode ser limitado, mas apenas aquele que, dissociado de outros valores constitucionais, necessite de um controle social, em razão dos riscos anormais que pode infligir à comunidade.

Assim, há condicionamentos *formais* e *materiais* para a limitação dessa liberdade fundamental.

Primeiro, o inciso XIII do art. 5º da Constituição Federal submeteu qualquer espécie de limitação à liberdade de trabalho, ofício ou profissão a uma *reserva legal absoluta* na medida em que a limitação deve ser *integralmente* regulada por lei formal. Isto é, sujeitou a matéria – limitação à liberdade de trabalho, ofício ou profissão – à estrita reserva legal, de sorte que não é possível outro meio senão a própria *lei* para fixar a limitação e exigir o cumprimento das qualificações profissionais. E cuida-se de lei federal, pois é da competência privativa da União legislar sobre as *condições para o exercício das profissões* (art. 22, XVI).

Ademais, a lei limitadora da liberdade de trabalho, ofício ou profissão deve satisfazer requisitos de natureza material, sob pena de abuso do poder de legislar e consequente inconstitucionalidade da restrição.

Desse modo, é necessário que a limitação legal se restrinja a estabelecer, de forma razoável e proporcional, as *qualificações profissionais* para o exercício do trabalho, ofício ou profissão e se baseie em fundamento plenamente justificável. Não basta a simples alegação de que a limitação consistente na exigência de qualificação profissional é uma imposição do interesse público; é preciso demonstrar esse interesse público e que ele seja compatível com os valores constitucionais para justificar a regulamentação da profissão. Não pode a lei, portanto, restringir o exercício da liberdade profissional a ponto de atingir o seu próprio núcleo essencial e violar o seu âmbito de proteção. Impõe-se recordar, neste particular, que as restrições legais a direitos fundamentais são sempre limitadas por aplicação da teoria do *limite dos limites (Schranken-Schranken)*, que parametriza a ação restritiva do legislador que recai sobre as liberdades fundamentais. Assim, apesar de a Constituição Brasileira não adotar expressamente o princípio da proteção do núcleo essencial dos direitos fundamentais,[14] é inegável que a garantia da intocabilidade do conteúdo essencial resulta como um postulado imanente do nosso Texto Constitucional, necessário para evitar restrições legais que esvaziem o conteúdo mínimo do direito fundamental e neguem o próprio direito.

Portanto, nem todo trabalho, ofício ou profissão pode ser regulamentado. A regulamentação *pressupõe* a necessidade de exigir conhecimentos especiais, técnicos e científicos para o desempenho do trabalho, ofício ou profissão; e a necessidade de proteção do cidadão e da sociedade dos potenciais riscos de dano social que o exercício do direito pode causar. Por essa razão, como nem todo trabalho, ofício ou profissão exige a apropriação de relevantes conhecimentos técnicos e científicos, não sendo ensejadores de risco social potencial, nem todo trabalho, ofício ou profissão pode ser regulamentado e submeter-se a privações decorrentes da necessidade de prévia qualificação profissional.

Como afirmou Celso Ribeiro Bastos:

> Para que uma determinada atividade exija qualificações profissionais para o seu desempenho, duas condições são necessárias: uma, consistente no fato de a atividade em pauta implicar conhecimentos técnicos e científicos avançados. É lógico que toda profissão implica algum grau de conhecimento. Mas muitas delas, muito provavelmente a maioria, contentam-se com um aprendizado mediante algo parecido com um estágio profissional. A iniciação destas profissões pode-se dar pela assunção de atividades junto às pessoas que as exercem, as quais, de maneira informal, vão transmitindo os novos conhecimentos. Outras contudo demandam conhecimento anterior de caráter formal em instituições reconhecidas. As dimensões extremamente agigantadas dos conhecimentos aprofundados para o exercício de certos misteres, assim como o embasamento teórico que eles pressupõem, obrigam na verdade a este aprendizado formal.
>
> Outro requisito a ser atendido para regulamentação é que a profissão a ser regulamentada possa trazer um sério dano social.
>
> É óbvio que determinadas atividades ligadas à medicina, à engenharia, nas suas diversas modalidades, ao direito, poderão ser geradoras de grandes malefícios, quer quanto aos danos materiais, quer quanto à liberdade e quer ainda quanto à saúde do ente humano.

---

[14] Como o fizeram as constituições da Alemanha (art. 19, II), de Portugal (art. 18, III) e da Espanha (art. 53, nº 1).

Nestes casos, a exigência de cumprimento de cursos específicos se impõe como uma garantia oferecida à sociedade.

Em outros casos, a própria pessoa interessada pode perfeitamente acautelar-se contra o profissional desqualificado, obtendo informações sobre o mesmo. É certo que a evolução tecnológica recente torna cada vez mais complexas certas profissões. Alguma sorte de curso faz-se quase sempre necessária. Nestes casos no entanto, em que inexistem grandes riscos para a sociedade, é preferível manter-se a atividade livre em nome precisamente do direito à livre opção profissional. O excesso de regulamentação nega este direito.

O Supremo Tribunal Federal segue essa orientação doutrinária, como se verá adiante com a análise de alguns importantes julgados.

No RE nº 511.961/SP, Rel. Min. GILMAR MENDES, julgado em 17.06.2009,[15] o STF declarou como *não recepcionado* pela Constituição de 1988 o art. 4º, inciso V, do

---

[15] JORNALISMO. EXIGÊNCIA DE DIPLOMA DE CURSO SUPERIOR, REGISTRADO PELO MINISTÉRIO DA EDUCAÇÃO, PARA O EXERCÍCIO DA PROFISSÃO DE JORNALISTA. LIBERDADES DE PROFISSÃO, DE EXPRESSÃO E DE INFORMAÇÃO. CONSTITUIÇÃO DE 1988 (ART. 5º, IX E XIII, E ART. 220, *CAPUT* E §1º). NÃO RECEPÇÃO DO ART. 4º, INCISO V, DO DECRETO-LEI Nº 972, DE 1969. (...). 4. ÂMBITO DE PROTEÇÃO DA LIBERDADE DE EXERCÍCIO PROFISSIONAL (ART. 5º, INCISO XIII, DA CONSTITUIÇÃO). IDENTIFICAÇÃO DAS RESTRIÇÕES E CONFORMAÇÕES LEGAIS CONSTITUCIONALMENTE PERMITIDAS. RESERVA LEGAL QUALIFICADA. PROPORCIONALIDADE. A Constituição de 1988, ao assegurar a liberdade profissional (art. 5º, XIII), segue um modelo de reserva legal qualificada presente nas Constituições anteriores, as quais prescreviam à lei a definição das "condições de capacidade" como condicionantes para o exercício profissional. No âmbito do modelo de reserva legal qualificada presente na formulação do art. 5º, XIII, da Constituição de 1988, paira uma imanente questão constitucional quanto à razoabilidade e proporcionalidade das leis restritivas, especificamente, das leis que disciplinam as qualificações profissionais como condicionantes do livre exercício das profissões. Jurisprudência do Supremo Tribunal Federal: Representação n.º 930, Redator p/ o acórdão Ministro Rodrigues Alckmin, DJ, 02.09.1977. A reserva legal estabelecida pelo art. 5º, XIII, não confere ao legislador o poder de restringir o exercício da liberdade profissional a ponto de atingir o seu próprio núcleo essencial. 5. JORNALISMO E LIBERDADES DE EXPRESSÃO E DE INFORMAÇÃO. INTEPRETAÇÃO DO ART. 5º, INCISO XIII, EM CONJUNTO COM OS PRECEITOS DO ART. 5º, INCISOS IV, IX, XIV, E DO ART. 220 DA CONSTITUIÇÃO. O jornalismo é uma profissão diferenciada por sua estreita vinculação ao pleno exercício das liberdades de expressão e de informação. O jornalismo é a própria manifestação e difusão do pensamento e da informação de forma contínua, profissional e remunerada. Os jornalistas são aquelas pessoas que se dedicam profissionalmente ao exercício pleno da liberdade de expressão. O jornalismo e a liberdade de expressão, portanto, são atividades que estão imbricadas por sua própria natureza e não podem ser pensadas e tratadas de forma separada. Isso implica, logicamente, que a interpretação do art. 5º, inciso XIII, da Constituição, na hipótese da profissão de jornalista, se faça, impreterivelmente, em conjunto com os preceitos do art. 5º, incisos IV, IX, XIV, e do art. 220 da Constituição, que asseguram as liberdades de expressão, de informação e de comunicação em geral. 6. DIPLOMA DE CURSO SUPERIOR COMO EXIGÊNCIA PARA O EXERCÍCIO DA PROFISSÃO DE JORNALISTA. RESTRIÇÃO INCONSTITUCIONAL ÀS LIBERDADES DE EXPRESSÃO E DE INFORMAÇÃO. As liberdades de expressão e de informação e, especificamente, a liberdade de imprensa, somente podem ser restringidas pela lei em hipóteses excepcionais, sempre em razão da proteção de outros valores e interesses constitucionais igualmente relevantes, como os direitos à honra, à imagem, à privacidade e à personalidade em geral. Precedente do STF: ADPF nº 130, Rel. Min. Carlos Britto. A ordem constitucional apenas admite a definição legal das qualificações profissionais na hipótese em que sejam elas estabelecidas para proteger, efetivar e reforçar o exercício profissional das liberdades de expressão e de informação por parte dos jornalistas. Fora desse quadro, há patente inconstitucionalidade da lei. A exigência de diploma de curso superior para a prática do jornalismo - o qual, em sua essência, é o desenvolvimento profissional das liberdades de expressão e de informação - não está autorizada pela ordem constitucional, pois constitui uma restrição, um impedimento, uma verdadeira supressão do pleno, incondicionado e efetivo exercício da liberdade jornalística, expressamente proibido pelo art. 220, §1º, da Constituição. 7. PROFISSÃO DE JORNALISTA. ACESSO E EXERCÍCIO. CONTROLE ESTATAL VEDADO PELA ORDEM CONSTITUCIONAL. PROIBIÇÃO CONSTITUCIONAL QUANTO À CRIAÇÃO DE ORDENS OU CONSELHOS DE FISCALIZAÇÃO PROFISSIONAL. No campo da profissão de jornalista, não há espaço para a regulação estatal quanto às qualificações profissionais. O art. 5º, incisos IV, IX, XIV, e o art. 220, não autorizam o controle, por parte do Estado, quanto ao acesso e exercício da profissão de jornalista. Qualquer tipo de controle desse tipo, que interfira na liberdade profissional no momento do próprio acesso à atividade jornalística, configura, ao fim e ao cabo,

DL nº 972/1969, que exigia diploma de curso superior para o exercício da profissão de jornalista. Segundo a Corte, a profissão de jornalista não pode sofrer qualquer tipo de controle ou regulamentação do Estado, exatamente porque não implica risco à saúde ou à vida dos cidadãos em geral. Eis uma parte do acórdão:

> O jornalismo é uma profissão diferenciada por sua estreita vinculação ao pleno exercício das liberdades de expressão e de informação. O jornalismo é a própria manifestação e difusão do pensamento e da informação de forma contínua, profissional e remunerada. Os jornalistas são aquelas pessoas que se dedicam profissionalmente ao exercício pleno da liberdade de expressão. O jornalismo e a liberdade de expressão, portanto, são atividades que estão imbricadas por sua própria natureza e não podem ser pensadas e tratadas de forma separada. Isso implica, logicamente, que a interpretação do art. 5º, inciso XIII, da Constituição, na hipótese da profissão de jornalista, se faça, impreterivelmente, em conjunto com os preceitos do art. 5º, incisos IV, IX, XIV, e do art. 220 da Constituição, que asseguram as liberdades de expressão, de informação e de comunicação em geral.

Prossegue o Supremo para afirmar que:

> A exigência de diploma de curso superior para a prática do jornalismo - o qual, em sua essência, é o desenvolvimento profissional das liberdades de expressão e de informação - não está autorizada pela ordem constitucional, pois constitui uma restrição, um impedimento, uma verdadeira supressão do pleno, incondicionado e efetivo exercício da liberdade jornalística, expressamente proibido pelo art. 220, §1º, da Constituição.

Certamente, entendeu o STF que o âmbito de proteção da profissão de jornalista é mais abrangente do que outras profissões ou ofícios, por compreender, em seu núcleo, as liberdades de expressão e de informação:

> No campo da profissão de jornalista, não há espaço para a regulação estatal quanto às qualificações profissionais. O art. 5º, incisos IV, IX, XIV, e o art. 220, não autorizam o controle, por parte do Estado, quanto ao acesso e exercício da profissão de jornalista. Qualquer tipo de controle desse tipo, que interfira na liberdade profissional no momento do próprio acesso à atividade jornalística, configura, ao fim e ao cabo, controle prévio que, em verdade, caracteriza censura prévia das liberdades de expressão e de informação, expressamente vedada pelo art. 5º, inciso IX, da Constituição. A impossibilidade do estabelecimento de

---

controle prévio que, em verdade, caracteriza censura prévia das liberdades de expressão e de informação, expressamente vedada pelo art. 5º, inciso IX, da Constituição. A impossibilidade do estabelecimento de controles estatais sobre a profissão jornalística leva à conclusão de que não pode o Estado criar uma ordem ou um conselho profissional (autarquia) para a fiscalização desse tipo de profissão. O exercício do poder de polícia do Estado é vedado nesse campo em que impera as liberdades de expressão e de informação. Jurisprudência do STF: Representação n.º 930, Redator p/ o acórdão Ministro Rodrigues Alckmin, DJ, 02.09.1977. 8. JURISPRUDÊNCIA DA CORTE INTERAMERICANA DE DIREITOS HUMANOS. POSIÇÃO DA ORGANIZAÇÃO DOS ESTADOS AMERICANOS - OEA. A Corte Interamericana de Direitos Humanos proferiu decisão no dia 13 de novembro de 1985, declarando que a obrigatoriedade do diploma universitário e da inscrição em ordem profissional para o exercício da profissão de jornalista viola o art. 13 da Convenção Americana de Direitos Humanos, que protege a liberdade de expressão em sentido amplo (caso "La colegiación obligatoria de periodistas" - Opinião Consultiva OC-5/85, de 13 de novembro de 1985). Também a Organização dos Estados Americanos - OEA, por meio da Comissão Interamericana de Direitos Humanos, entende que a exigência de diploma universitário em jornalismo, como condição obrigatória para o exercício dessa profissão, viola o direito à liberdade de expressão (Informe Anual da Comissão Interamericana de Direitos Humanos, de 25 de fevereiro de 2009). RECURSOS EXTRAORDINÁRIOS CONHECIDOS E PROVIDOS.

controles estatais sobre a profissão jornalística leva à conclusão de que não pode o Estado criar uma ordem ou um conselho profissional (autarquia) para a fiscalização desse tipo de profissão. O exercício do poder de polícia do Estado é vedado nesse campo em que imperam as liberdades de expressão e de informação.

Também em razão da liberdade de profissão, o Plenário do STF, no julgamento da ADPF nº 130, declarou como *não recepcionado* pela Constituição de 1988 todo o conjunto de dispositivos da Lei nº 5.250/1967 (Lei de Imprensa).[16]

No RE nº 565.048, rel. Min. Marco Aurélio, julgado em 29.05.2014, com repercussão geral reconhecida, o STF deixou claro que a "exigência, pela Fazenda Pública, de prestação de fiança, garantia real ou fidejussória para a impressão de notas fiscais de contribuintes em débito com o fisco viola as garantias do livre exercício do trabalho, ofício ou profissão (CF, art. 5º, XIII), da atividade econômica (CF, art. 170, parágrafo único) e do devido processo legal (CF, art. 5º, LIV)".

No RE nº 603.583, Rel. Min. Marco Aurélio, julgado em 26.10.2011, DJE de 25.5.2012, com repercussão geral, o STF decidiu que o Exame de Ordem se mostra consentâneo com a Constituição Federal, não violando a liberdade de profissão.[17]

No RE nº 414.426, rel. Min. Ellen Gracie, DJe de 10.10.2011, decidiu a Corte que "nem todos os ofícios ou profissões podem ser condicionadas ao cumprimento de condições legais para o seu exercício. A regra é a liberdade. Apenas quando houver potencial lesivo na atividade é que pode ser exigida inscrição em conselho de fiscalização profissional". No referido julgado, o Supremo entendeu que a "atividade de músico prescinde de controle", exatamente porque dificilmente pode ser considerada causadora de potencial risco de dano social. Ainda segundo o STF, a atividade de músico também está fundamentada noutra liberdade, pois "constitui, ademais, manifestação artística protegida pela garantia da liberdade de expressão".[18]

---

[16] ADPF 130, Rel. Min. Ayres Britto, julgamento em 30.4.2009, Plenário, DJE de 06.11.2009.

[17] TRABALHO – OFÍCIO OU PROFISSÃO – EXERCÍCIO. Consoante disposto no inciso XIII do artigo 5º da Constituição Federal, "é livre o exercício de qualquer trabalho, ofício ou profissão, atendidas as qualificações profissionais que a lei estabelecer". BACHARÉIS EM DIREITO – QUALIFICAÇÃO. Alcança-se a qualificação de bacharel em Direito mediante conclusão do curso respectivo e colação de grau. ADVOGADO – EXERCÍCIO PROFISSIONAL – EXAME DE ORDEM. O Exame de Ordem, inicialmente previsto no artigo 48, inciso III, da Lei nº 4.215/63 e hoje no artigo 84 da Lei nº 8.906/94, no que a atuação profissional repercute no campo de interesse de terceiros, mostra-se consentâneo com a Constituição Federal, que remete às qualificações previstas em lei. Considerações.

[18] DIREITO CONSTITUCIONAL. EXERCÍCIO PROFISSIONAL E LIBERDADE DE EXPRESSÃO. EXIGÊNCIA DE INSCRIÇÃO EM CONSELHO PROFISSIONAL. EXCEPCIONALIDADE. ARTS. 5º, IX e XIII, DA CONSTITUIÇÃO. Nem todos os ofícios ou profissões podem ser condicionadas ao cumprimento de condições legais para o seu exercício. A regra é a liberdade. Apenas quando houver potencial lesivo na atividade é que pode ser exigida inscrição em conselho de fiscalização profissional. A atividade de músico prescinde de controle. Constitui, ademais, manifestação artística protegida pela garantia da liberdade de expressão. (RE 414.426, rel. Min. ELLEN GRACIE, DJe de 10.10.2011). No RE 795467 RG/SP, COM REPERCUSSÃO GERAL NO RECURSO EXTRAORDINÁRIO, Rel. Min. TEORI ZAVASCKI, Julgamento em 05.06.2014, o Supremo reafirmou o seu entendimento: "1. O Plenário do Supremo Tribunal Federal, no julgamento do RE 414.426, rel. Min. ELLEN GRACIE, DJe de 10.10.2011, firmou o entendimento de que a atividade de músico é manifestação artística protegida pela garantia da liberdade de expressão, sendo, por isso, incompatível com a Constituição Federal de 1988 a exigência de inscrição na Ordem dos Músicos do Brasil, bem como de pagamento de anuidade, para o exercício de tal profissão. 2. Recurso extraordinário provido, com o reconhecimento da repercussão geral do tema e a reafirmação da jurisprudência sobre a matéria".

5 Considerações finais

A liberdade de trabalho, ofício ou profissão consiste num direito fundamental individual que investe a pessoa do poder de escolher e exercer qualquer profissão de acordo com as suas legítimas opções e vocações.

Envolve uma dimensão positiva e uma dimensão negativa. Em sua dimensão positiva, o direito compreende: a) a liberdade de trabalhar; b) a liberdade de não trabalhar; e c) a liberdade de trabalhar com a profissão ou ofício de sua predileção. Em sua dimensão negativa, do direito de liberdade de trabalho, ofício ou profissão reside na impossibilidade de o Estado intervir no seu exercício, salvo para exigir, quando adequado, necessário e proporcional o controle social da profissão, determinadas qualificações profissionais.

A Constituição Brasileira, contudo, consagra o direito de liberdade de trabalho, ofício ou profissão em norma constitucional de eficácia contida (art. 5º, XIII), permitindo ao legislador *limitar* a liberdade de trabalho, sujeitando o seu exercício à *prévia qualificação profissional*. Isso ocorre para as chamadas *profissões regulamentadas*, que são todas aquelas para o desempenho das quais a lei exige o cumprimento de certas condições e habilidades especiais.

Nada obstante, é imperioso afirmar que a *regra* é a liberdade de escolha e exercício de qualquer trabalho, ofício ou profissão. Apenas *excepcionalmente* é que pode o legislador, atendidas determinadas condições, restringir a liberdade de exercício de *determinado* trabalho, ofício ou profissão para ajustá-lo ao bem-estar geral da sociedade. É necessário, assim, que a limitação legal restrinja-se a estabelecer, de forma razoável e proporcional, as *qualificações profissionais* para o exercício do trabalho, ofício ou profissão e se baseie em fundamento plenamente justificável.

Ademais, não pode a lei restringir o exercício da liberdade profissional a ponto de atingir o seu próprio núcleo essencial e violar o seu âmbito de proteção. Impõe-se recordar, neste particular, que as restrições legais a direitos fundamentais são sempre limitadas, por aplicação da teoria do *limite dos limites (Schranken-Schranken)*, que parametriza a ação restritiva do legislador que recai sobre as liberdades fundamentais.

Portanto, nem todo trabalho, ofício ou profissão pode ser regulamentado. A regulamentação *pressupõe* a necessidade de exigir conhecimentos especiais, técnicos e científicos para o desempenho do trabalho, ofício ou profissão; e a necessidade de proteção do cidadão e da sociedade dos potenciais riscos de dano social que o exercício do direito pode causar. Por essa razão, como nem todo trabalho, ofício ou profissão exige a apropriação de relevantes conhecimentos técnicos e científicos, não sendo ensejadores de risco social potencial, nem todo trabalho, ofício ou profissão pode ser regulamentado e submeter-se a privações decorrentes da necessidade de prévia qualificação profissional.

Referências

BASTOS, Celso Ribeiro. Arts. 5º a 17. In: BASTOS, Celso Ribeiro; MARTINS, Ives Gandra. *Comentários à Constituição do Brasil*. v. 2. São Paulo: Saraiva, 1989, p. 76.

BOBBIO, Norberto. *A era dos direitos*. Tradução Carlos Nelson Coutinho. Rio de Janeiro: Campus, 1992.

BONAVIDES, Paulo. *Curso de direito constitucional*. 9. ed. rev., atual. e amp. São Paulo: Malheiros, 2000.

COMPARATO, Fábio Konder. *Afirmação histórica dos direitos humanos*. São Paulo: Saraiva, [S. d.].

CUNHA JÚNIOR, Dirley da. *Curso de direito constitucional*. 9. ed. Salvador: JusPodivm, 2015.

FERREIRA, Pinto. *Comentários à constituição brasileira*. v. 1. São Paulo: Saraiva, 1989, arts. 1º a 21.

FERREIRA FILHO, Manoel Gonçalves. *Comentários à Constituição Brasileira de 1988*. 3. ed. v. 1. São Paulo: Saraiva, 2000, arts. 1º a 103, p. 37-38.

LOEWENSTEIN, Karl. *Teoría de la Constitución*. 2. ed. Tradução Alfredo Gallego Anabitarte. Barcelona: Ediciones Ariel, 1970.

MIRANDA, Jorge. *Manual de direito constitucional*. 2. ed. t. IV. Coimbra: Coimbra Editora, 1998, p. 439.

Informação bibliográfica deste texto, conforme a NBR 6023:2002 da Associação Brasileira de Normas Técnicas (ABNT):

CUNHA JÚNIOR, Dirley da. Liberdade de ofício. In: LEITE, George Salomão; LEITE, Glauco Salomão; STRECK, Lenio Luiz (Coord.). *Jurisdição constitucional e liberdades públicas*. Belo Horizonte: Fórum, 2017. p. 107-118. ISBN 978-85-450-0237-6.

LIBERDADE DE LOCOMOÇÃO: NÚCLEO ESSENCIAL E DIREITOS FUNDAMENTAIS DECORRENTES

JACINTO NELSON DE MIRANDA COUTINHO

BRUNA ARAUJO AMATUZZI BREUS

> *... Liberdade, essa palavra que o sonho humano alimenta que não há ninguém que explique e ninguém que não entenda...*
>
> (Cecília Meireles, em *Romanceiro da Inconfidência*)

1 Introdução: liberdade, liberdades, uma tentativa de aproximação conceitual

Então, o que é liberdade?

Liberdade é um significante extraordinário, fantástico, espetacular, fenomenal, admirável e... indeterminado. Como significante, não consegue dar conta do significado; não consegue demarcar uma moldura capaz de o aprisionar, nem que seja por pouco tempo. Há nele, então, um deslizamento de sentido capaz de vazar o significado. Logo, a pretensão de dizer o que ele é se esvai em todas as tentativas, de modo que, para ser praticado, cobra sempre um terceiro e, assim, define-se por relação.

Isso mostrou muito bem a história da filosofia, na qual o significante ganhou largos espaços. Filosoficamente, o termo liberdade possui, *a priori*, três significados fundamentais, correspondentes a três concepções que se sobrepuseram ao longo de sua história, são eles: primeiro, a liberdade como autodeterminação ou autocausalidade; segundo, a liberdade como necessidade, necessidade esta atribuída à totalidade a que o homem pertence (mundo, substância, Estado); e, terceiro, a liberdade como possibilidade ou escolha, sendo que nesta concepção a liberdade é limitada e condicionada, isto é, finita.[1]

---

[1] ABBAGNANO, Nicola. *Dicionário de filosofia*. 6. ed. Tradução Alfredo Bosi *et al*. São Paulo: Martins Fontes, 2014, p. 699.

A primeira concepção, que diz com a liberdade absoluta e incondicional, portanto, sem limitações, teve a sua primeira expressão em Aristóteles, para quem, "nas coisas em que a ação depende de nós a não-ação também depende; e nas coisas em que podemos dizer não também podemos dizer sim", de modo que se para realizar uma boa ação ela depende de nós, para realizar uma má ação, idem. Isso, inclusive, já fora dito por Platão, segundo o qual "o homem é o princípio e o pai de seus atos, assim como de seus filhos" e, com isso, "só para quem tem em si mesmo seu próprio princípio, o agir ou o não agir depende de si mesmo", razão pela qual faz sentido se sustentar que o homem é o princípio de seus atos.[2]

A segunda concepção, por sua vez, identifica a liberdade com a necessidade e possui estreito parentesco com a primeira concepção, visto que o conceito de liberdade a que se refere é ainda o de *causa sui*. Todavia, neste entendimento, a liberdade não é atribuída à parte – ao indivíduo –, mas, sim, ao todo, à ordem cósmica ou divina, à substância, ao absoluto, ao Estado. Para Nicola Abbagnano, tudo fica mais claro na formulação proposta por Espinosa, segundo o qual "diz-se que é livre o que existe só pela necessidade de sua natureza e é determinado a agir por si só, enquanto é necessário ou coagido aquilo que é induzido a existir e a agir por uma outra coisa, segundo uma razão exata e determinada".[3]

O terceiro entendimento, a seu turno, leva em conta a liberdade como medida de possibilidade e, portanto, escolha motivada ou condicionada. Sob essa perspectiva, a liberdade não é autodeterminação absoluta e, logo, não é um todo ou um nada, mas, sim, um problema aberto, visto que "determinar a medida, a condição ou a modalidade de escolha que pode garanti-la. Livre, nesse sentido, não é quem é *causa sui* ou quem se identifica com uma totalidade que é *causa sui*, mas quem possui, em determinado grau ou medida, determinadas possibilidades". Eis o conceito de "justa medida" de Platão, ilustrado com o mito de Er, segundo o qual as almas, antes mesmo de encarnar, eram levadas a escolher o modelo de vida a que posteriormente ficariam presas.[4][5]

Para além da objetiva significação a propósito do signo "liberdade", não restam dúvidas de que existem diversas *expressões de liberdade*. Contemporaneamente, há quem sustente, por exemplo, que as *liberdades* estariam em cinco categorias: a liberdade da pessoa física (de locomoção e de circulação), a liberdade de pensamento (de opinião, informação, religião, etc.), a liberdade de expressão coletiva (de reunião e de associação), a liberdade de profissão (de livre escolha e exercício do trabalho) e a liberdade de conteúdo econômico e social (de direitos socioeconômicos).[6]

Essas variadas formas de liberdade, outrora foram denominadas pela doutrina de inspiração francesa, notadamente nas décadas de 60 e 70, de *liberdades públicas*, na medida

---

[2] ABBAGNANO, Nicola. *Dicionário de filosofia*. 6. ed. Tradução Alfredo Bosi *et al*. São Paulo: Martins Fontes, 2014, p. 699-702.

[3] ABBAGNANO, Nicola. Dicionário de filosofia. 6. ed. Tradução Alfredo Bosi *et al*. São Paulo: Martins Fontes, 2014, p. 702-703.

[4] ABBAGNANO, Nicola. *Dicionário de filosofia*. 6. ed. Tradução Alfredo Bosi *et al*. São Paulo: Martins Fontes, 2014, p. 703-705.

[5] Essas noções de liberdade são retratadas, inclusive, nos dicionários. Do Dicionário Aurélio, "faculdade de cada um se decidir ou agir segundo a própria determinação", "poder de agir, no seio de uma sociedade organizada, segundo a própria determinação, dentro dos limites impostos por normas definidas", "faculdade de praticar tudo quanto não é proibido por lei", "supressão ou ausência de toda a opressão considerada anormal, ilegítima, imoral", "estado ou condição do homem", independência, autonomia, desembaraço, etc.

[6] SILVA, José Afonso. *Curso de direito constitucional positivo*. 20. ed. São Paulo: Malheiros, 2002, p. 234-267.

em que eram definidas em regras de caráter público, tais como em regras constitucionais e processuais e, como tais, representavam o próprio fundamento político do Estado, estruturado com base nos valores e nos objetivos do próprio liberalismo; assim como porque tais liberdades poderiam ser consideradas de interesse geral, "exercitáveis *erga omnes*, no espaço público e até mesmo contra o Estado".[7]

Segundo Jean-Jacques Israel, a alusão a *liberdades públicas* evocava o direito público, e isso significava, sobretudo, compreender que haveria intervenção do poder, do Estado e do direito nas *liberdades*. Em princípio, as *liberdades públicas* não se oporiam às *liberdades privadas*: enquanto aquelas estariam ligadas às relações com o Estado, estas estariam ligadas às relações entre particulares. No entanto, todas as *liberdades* seriam de interesse do Estado, assim como do direito (como, por exemplo, o domicílio privado e a intimidade da vida privada).[8]

Para Jean Rivero, considerado um dos idealizadores da expressão "liberdades públicas" na França, elas significavam "direitos do homem que lhe reconhecem, em vários domínios da vida social, o poder de escolher livremente seu comportamento, poder organizado pelo direito positivo, que lhe concede uma proteção reforçada e o eleva ao nível constitucional no direito interno, ao nível supralegislativo no direito europeu".[9] Ou seja, ao que parece, as liberdades ditas públicas pelos franceses estavam sempre muito ligadas ao direito positivo.

Em suma, as ditas "liberdades públicas" constituiriam expressão de origem francesa que fazia ressaltar o aspecto individual e negativo de alguns direitos, que seriam faculdades oponíveis do Estado; razão pela qual se falava em *liberdades*. Caracterizariam autênticos direitos subjetivos, mas, em face da sua estreiteza – a qual não contemplava, por exemplo, direitos sociais – tal expressão perdeu força.[10]

Essa terminologia se mostrou excludente, vez que não englobava, por exemplo, direitos econômicos e sociais. Os "direitos públicos subjetivos" (locução cunhada pela escola alemã de direito público do século XIX) tiveram o condão de sugerir direitos contra o Estado e, com isso, passou-se a falar de direitos que limitariam a ação estatal em benefício do indivíduo. Por essa razão, a evolução do papel do Estado, passando do chamado *Estado-Gendarme* para o *Estado Social de Direito*, além da expansão contemporânea da aplicação dos direitos humanos nas relações entre particulares, fez com que a expressão *liberdades públicas* passasse a ter menor utilização.[11] [12]

Aliado a isso, tais liberdades, dentre as quais se encontra a liberdade de locomoção, foram alçadas, no bojo das constituições contemporâneas (dentre as quais ganha relevo a Constituição da República de 1988), à categoria de verdadeiros direitos fundamentais e, como tais, nos Estados tidos como liberais, as *liberdades públicas* passaram a fazer parte do chamado *núcleo ético individual*, pressuposto filosófico desse tipo de organização estatal.

Atualmente, essas liberdades são consideradas, portanto, verdadeiros direitos fundamentais, justamente por comporem a base axiológica do Estado, oferecendo-lhe

---

[7] MACHADO, Antônio Alberto. *Prisão cautelar e liberdades fundamentais*. Rio de Janeiro: Lumen Juris, 2005, p. 204.

[8] ISRAEL, Jean-Jacques. *Direito das liberdades fundamentais*. Barueri: Manole, 2005, p. 13-14.

[9] RIVERO, Jean. *Les libertés publiques*. Paris: Puf/Thémis, 1997, p. 26.

[10] ROTHENBURG, Walter Claudius. *Direitos fundamentais*. São Paulo: Método, 2004, p. 54.

[11] RAMOS, André de Carvalho. *Curso de direitos humanos*. 2. ed. São Paulo: Saraiva, 2015, p. 50.

[12] Por todos, LUÑO, Perez. *Derechos humanos, estado de derecho y constitucion*. 7. ed. Madrid: Tecnos, 2001, p. 36-38.

substrato ético-político, assim como por encontrarem respaldo nas constituições tidas como modernas.[13] Mais do que isso, essas liberdades não são apenas capacidades de liberdade reconhecidas pelo Estado, com estrita relação com o direito positivo; tratar-se-iam, como querem alguns, de direitos fundamentais ancorados em algo mais, que é justamente o direito natural.

Do ponto de vista do direito fundamental à liberdade, "pode-se dizer que tal faculdade específica é a autonomia como elemento central da integridade da personalidade ou identidade construída pelo próprio titular do direito", autonomia esta que parece ser atributo por excelência da personalidade humana, logo, proveniente de um "direito eminentemente natural", e não necessariamente de um direito positivado, como pareciam ser as chamadas *liberdades públicas*, de matriz francesa.[14]

Como tal, a ideia de liberdade pode ser enunciada tanto de maneira positiva quanto de maneira negativa. Positivamente, a liberdade é o poder de autodeterminação. Negativamente, é a ausência de constrangimento. É livre, assim, "quem pode agir sem coação nem externa, nem interna".[15] Para Hélio Tornaghi, "no campo do Eu, o indivíduo é soberano; no campo do Nós, soberano é o Estado. Quando o Estado quer o que o indivíduo quiser, surge o quadrante da liberdade jurídica, da liberdade dentro do Estado".

Por outro lado, se o Estado quer alguma coisa do cidadão sem se preocupar de saber se esse também o quer, surge o quadrante da vinculação jurídica. Em face disso, importa ao Estado que o sujeito se mantenha dentro desses quadrantes, pois se o indivíduo sair deles, está a praticar atos não permitidos ou, até mesmo, deixando de praticar atos exigidos, de modo a entrar nos quadrantes da ilicitude.[16]

Eis a razão pela qual a liberdade do indivíduo serve como limite à atividade estatal, uma vez que possuir autodeterminação e livre escolha possibilita ao sujeito, individualmente tomado, praticar os mais variados atos em sociedade.

2 A liberdade do indivíduo individualmente tomado e a autodeterminação do homem

Tendo à sua disposição, portanto, *livres escolhas*, pode-se dizer que a ideia que inspira a *autodeterminação* do homem, o poder que detém de escolher livremente o seu comportamento e a proteção da autonomia privada garantida constitucionalmente é a de que o Estado encare os cidadãos como agentes responsáveis e, consequentemente, capazes de tomar as decisões que lhes dizem respeito, da forma como entenderem corretas.[17]

---

[13] Para Jean-Jacques Israel, "se quisermos adotar uma definição geral da liberdade fundamental, diremos que é fundamentalmente uma liberdade reconhecida por um princípio ou uma regra de nível jurídico mais elevado, seja constitucional ou internacional" (ISRAEL, Jean-Jacques. *Direito das liberdades fundamentais*. Barueri: Manole, 2005, p. 27).

[14] MARTINS, Leonardo. *Liberdade e estado constitucional*. São Paulo: Atlas, 2012, p. 49.

[15] CORRÊA, Plínio de Oliveira. *Liberdade individual nos países do Mercosul*. 2. ed. Porto Alegre: Livraria do Advogado, 1998, p. 16.

[16] TORNAGHI, Hélio. *Manual de processo penal*. Rio de Janeiro: Feitas Bastos, 1963, p. 14 *et seq.*

[17] MARMELSTEIN, George. *Curso de direitos fundamentais*. São Paulo: Atlas, 2011, p. 109.

Isso porque a conduta humana é assegurada pela *liberdade*[18] e, segundo a matriz deste modelo de pensamento, tal liberdade é anterior e preexistente à sociedade, ao direito e ao próprio Estado – e, portanto, decorrente de um direito natural –, e é justamente por isso que cabe a todo e qualquer indivíduo decidir sobre as coisas que deseja fazer, sobre quais lugares gosta de frequentar, sobre qual profissão deseja exercer, sobre qual religião acredita e devota fé, com quais pessoas deseja se reunir, etc.

A autodeterminação do homem e a autonomia da vontade se traduzem na faculdade que todo cidadão possui para tomar decisões na sua esfera particular, observando as suas preferências e os seus interesses, responsabilizando-se pelos seus atos, desde que não atinja e prejudique os interesses alheios. Há uma crença – percebe-se bem – na liberdade (partindo-se de um todo; de uma liberdade para tudo; de um ser livre sob todos os pontos de vista); e ela se traduz na possibilidade de escolher, ou seja, em algo pela qual se opta sem que antes existisse um condicionamento, ou seja, algo da ordem do impossível. A crença, porém, é necessária, porque, sem ela, não se conduziria o mundo, começando pela *crença no amor*.

Por tais razões, as escolhas humanas possuem valor inestimável e é precisamente dessa *liberdade de escolha* que decorrem diversos direitos de liberdade, dentre os quais estão a liberdade de imprensa, a liberdade religiosa, a liberdade de associação e de reunião e, também, a liberdade de locomoção, ou seja, de ir para algum lugar, de ficar exatamente onde está ou, ainda, de circular.

É por isso que se pode sustentar que a liberdade de locomoção, considerada uma liberdade fundamental da pessoa física, consubstancia-se na exata proporção do efetivo exercício do *direito de ir e vir*.

Mais precisamente, sobre a ideia fundante da liberdade que os homens têm de se locomover, José Afonso da Silva entende que "direito à circulação é manifestação característica da liberdade de locomoção: direito de ir e vir, ficar, parar, estacionar. O direito de circulação (ou liberdade de circulação) consiste na faculdade de deslocar-se de um ponto para outro pela via pública ou afetada ao uso público".[19]

Essa ideia, porém, não é novidade; há muito se tem falado sobre ela.

3 As origens do direito de liberdade de locomoção e a previsão na Constituição da República de 1988

Por evidente, não se trata de um direito novo. Após as chamadas invasões bárbaras na Europa, ressurgiu a aspiração pela proteção à liberdade de locomoção, e ela foi assegurada na Magna Carta outorgada há 800 anos (15.06.1215) pelo Rei João, da Inglaterra, conhecido como "João Sem-Terra". Tendo sido assinada em 1215, a *Magna Charta Libertarum* teve o condão de limitar o poder monárquico na Inglaterra e, além de assegurar direitos aos barões, concedeu aos comerciantes ou qualquer pessoa "livre", a liberdade de sair e entrar na Inglaterra para nela residir, assim como para percorrê-la, tanto por terra quanto por mar, ressalvadas as situações de guerra.[20]

---

[18] SABINO JÚNIOR, Vicente. *O habeas corpus e a liberdade pessoal*. São Paulo: Revista dos Tribunais, 1964, p. 5.

[19] SILVA, José Afonso. *Curso de direito constitucional positivo*. São Paulo: Malheiros, 1992, p. 242.

[20] MIRANDA, Pontes de. *História e prática do habeas corpus*. 2. ed. Rio de Janeiro: José Konfino, 1951, p. 11 *et seq*.

A *Magna Charta Libertarum* ficou conhecida como um dos primeiros e mais importantes instrumentos de limitação do poder, assim como de consolidação e preservação de direitos fundamentos inerentes a todos os cidadãos, dentre os quais tem destaque a liberdade de locomoção.[21]

Mais recentemente, a Declaração Universal dos Direitos Humanos, proclamada pela Assembleia Geral das Nações Unidas, seja talvez o documento mais importante sobre direitos humanos e, como consequência, um marco sobre a liberdade de locomoção, visto que tem como ideal comum, a ser atingido por todos os povos e todas as nações, "o direito de ir e vir", conforme assegurado em seu artigo 13, que prevê: "I. Todo homem tem direito à liberdade de locomoção e residência dentro das fronteiras de cada Estado. II. Todo o homem tem direito de deixar qualquer país, inclusive o próprio, e a este regressar".

No Brasil, a Constituição da República de 1988 reservou título genérico para os direitos e garantias individuais, assim como inscreveu os direitos fundamentais entre as denominadas *cláusulas pétreas*, as quais são consideradas fundamentos do Estado Democrático de Direito e, como tais, tiveram aplicação imediata, que nem mesmo podem ser objeto de emenda constitucional com o intuito de revogá-las. Restou consignado no texto constitucional pátrio que "todos são iguais perante a lei, sem distinção de qualquer natureza, garantindo-se aos brasileiros e aos estrangeiros residentes no País a inviolabilidade do direito à vida, à liberdade, à igualdade, à segurança e à propriedade".

O texto ainda prevê no artigo 5º, XV, que "é livre a locomoção no território nacional em tempo de paz, podendo qualquer pessoa, nos termos da lei, nele entrar, permanecer ou dele sair com seus bens", assim como se fez constar a proibição ao Poder Público no sentido de não ser possível "estabelecer limitações ao tráfego de pessoas ou bens, por meio de tributos interestaduais ou intermunicipais, ressalvada a cobrança de pedágio pela utilização de vias conservadas pelo Poder Público", conforme prevê o artigo 150, V, da CR.

4 O núcleo essencial da liberdade e os direitos dele decorrentes

A liberdade de locomoção, constitucionalmente assegurada a todos os cidadãos em território brasileiro, tem o escopo de limitar o poder de polícia do Estado e, com isso, possibilitar a livre circulação das pessoas e evitar que prisões arbitrárias sejam levadas a efeito.

---

[21] Os artigos 41 e 42 previam: "41. Todos os mercadores poderão entrar ou deixar a Inglaterra, livremente e com toda a segurança, e poderão permanecer ou viajar em seu interior, por terra ou água, com propósitos de comércio, sem quaisquer restrições ilegais, de acordo com os antigos e legítimos costumes. Estas disposições, entretanto, não serão aplicadas em tempo de guerra a mercadores de um país que esteja em guerra contra nós. Qualquer um destes mercadores que se encontrar em nosso país na eclosão da guerra deverá ser detido sem injúria à sua pessoa ou propriedade, até que nós ou o nosso Grande Justiceiro tenha descoberto como nossos mercadores estão sendo tratados no país em guerra contra nós. Se nossos próprios mercadores estiverem seguros, eles também estarão seguros.
42. Será permitido, no futuro, a qualquer homem, deixar ou retornar a nosso reino, livremente e com toda a segurança, por terra ou por mar, preservada a sua fidelidade para conosco, exceto em tempo de guerra, por pouco tempo, para o bem comum do reino. São excluídas desta provisão as pessoas que tiverem sido aprisionadas ou declaradas fora da lei de acordo com a lei da terra; bem como os súditos, de um país que esteja em guerra contra nós, e os mercadores – que devem ser tratados conforme foi estatuído acima".

Para além disso – do núcleo essencial do direito fundamental à liberdade de locomoção –, pode ser decomposta uma série de direitos relacionados à salvaguarda do direito de ir e vir. Desde o *habeas corpus* hábil à sua defesa em caso de ameaça ou coação à liberdade por ato de autoridade, passando pela criminalização de condutas privadas que impeçam o seu exercício (cárcere privado), até o livre ingresso e saída do país, tem-se deveres estatais obrigatórios para a proteção deste direito.

Do seu núcleo essencial, no entanto, é possível se extrair uma série de deveres estatais adicionais – diretos e indiretos – que se voltam à máxima implementação deste direito. O transporte público é uma decorrência (direito derivado ou decorrente) do direito fundamental de ir e vir. Para pessoas portadoras de necessidades especiais, emerge o direito à acessibilidade como consectário lógico do direito à locomoção. Os subsídios concedidos às pessoas idosas e aos estudantes para que usufruam de meio de transporte adequado também possuem a mesma fundamentação; e, em última análise, a própria implementação de infraestruturas de tráfego se destina à garantia da plena liberdade de ir e vir.

Vislumbra-se, nesta perspectiva, que a liberdade de locomoção, como direito fundamental, para além do seu núcleo essencial de proteção, enseja deveres estatais inclusive de concretização social deste direito.

Há, porém, outros horizontes e perspectivas a serem também examinados. Partindo da ideia de liberdade interna e externa de Hélio Tornaghi, pode-se dizer que é exatamente no âmbito da liberdade externa que se situa a liberdade jurídica, ou seja, a atividade permitida pelo direito. Não obstante isso, há uma faixa de liberdade que parece interessar mais, que é precisamente a liberdade pessoal, justo porque tutela, de um lado, a liberdade física e, de outro, como exceção, a possibilidade de prisão do cidadão. A liberdade de locomoção, identificada "com a faculdade de ir, vir, estar e ficar dentro ou fora de casa até onde permite a lei" é, ao lado do direito à vida e à segurança, o mais expressivo e o mais importante direito relacionado com a liberdade jurídica.[22]

Eis a razão, também, pela qual há referência expressa, no texto constitucional, no sentido de que "ninguém será preso senão em flagrante delito ou por ordem escrita e fundamentada de autoridade judiciária competente, salvo nos casos de transgressão militar ou crime propriamente militar definido em lei", conforme previsto no artigo 5º, LXI, da CR.

Aí reside a garantia que se tem de circular livremente no país, de não ser preso arbitrariamente e de ser e permanecer livre, com base em previsão constitucional que assegura, a todo e qualquer cidadão, o direito de liberdade como cláusula pétrea.

5 A garantia da liberdade, o direito de ir e vir e as hipóteses legais de restrição

Está-se a falar, pois, do direito de ir, vir e permanecer de todo e qualquer cidadão. Tal direito é parcela integrante do direito à liberdade pessoal e, como tal, de um direito fundamental expressamente assentado no texto constitucional.

---

[22] CORRÊA, Plínio de Oliveira. *Liberdade individual nos países do Mercosul.* 2. ed. Porto Alegre: Livraria do Advogado, 1998, p. 18.

Em sendo direito fundamental de todo cidadão, insculpido na Carta Magna, está, de acordo com Norberto Bobbio, entre os chamados "direitos de primeira geração", dentre os quais estão incluídos o direito à vida, à liberdade de manifestação de pensamento, à segurança, à liberdade de consciência e de crença, de associação e de reunião e, enfim, da dignidade humana.[23]

Todavia, conforme emerge do próprio texto constitucional, a liberdade de locomoção não é considerada uma liberdade com caráter absoluto,[24] tampouco o direito de ir e vir é irrestrito na medida em que os indivíduos estão sujeitos às limitações, limites esses que devem estar, sempre e necessariamente, contidos na própria lei. É por isso que o exercício da liberdade pode ser considerado pleno e incondicional; não é, porém, absoluto, uma vez que comporta restrições. As limitações, porém, encontram uma barreira intransponível naquilo que está disposto na Constituição; logo, não se pode limitar mais do que ali está expresso.

Os direitos dos homens, assim como as previsões constitucionais sobre os direitos fundamentais, em especial a liberdade, notadamente a de locomoção, têm o condão de limitar o poder do Estado, evitando-se com isso abusos, *decisionismos* e decisões arbitrárias, assim como são o meio de impedir a invasão da esfera da ação reservada aos indivíduos. A liberdade do indivíduo é, portanto, o limite da atividade estatal, e a autodeterminação do homem deve ser sempre observada. Neste ponto, a discussão sobre a liberdade de locomoção (como os demais direitos) não ter caráter absoluto perde um tanto o seu sentido. Afinal, se para depois do espaço permitido por lei o Estado não pode penetrar na esfera individual – assim como qualquer cidadão –, parece que se está no campo do impossível, o que recomenda não se misturar as coisas, mesmo porque, nos dias atuais, em nome dessa *relativização absurda* têm-se feito as maiores arbitrariedades.

Assim, com base nesta necessária limitação, Paulo Otero indica uma dupla preocupação limitativa do poder, sendo elas: "(i) limitação do poder no seu interior ou dentro do próprio poder, o que exigia a adopção de uma regra de divisão ou separação entre os poderes legislativo, executivo e judicial" e "(ii) limitação do poder nas suas relações com a esfera da sociedade civil, isto é, o campo de acção dos indivíduos, postulando-se aqui uma linha de fronteira muito nítida entre os dois hemisférios, sendo apenas admissível a intervenção do Estado sobre a esfera da sociedade com base numa habilitação legislativa para o efeito".[25]

Partindo da segunda preocupação apontada, a outra conclusão não se pode chegar senão a de que a lei desempenha função de linha de fronteira e regra habilitadora da intervenção pública sobre a esfera jurídica privada: qualquer limitação à liberdade, em especial à liberdade de locomoção, deve decorrer de prévia existência de lei que autorize tal intervenção, sob pena de manifesta ilegalidade.

---

[23] BOBBIO, Norberto. *A Era dos direitos*. Rio de Janeiro: Elsevier, 2004, p. 9.

[24] A esse respeito, Vicente Sabino Júnior: "A liberdade, atualmente, não é mais um princípio absoluto. Constitucionalmente, a liberdade é problema técnico: impõe-se a delimitação do seu exercício por meio de preceitos declaratórios de outras liberdades com eficácia, até onde o homem livre as julgue benéfica ao homem. Essa a razão por que se afirma que 'a liberdade existe para o indivíduo. Por isso mesmo, quando se verifica que o indivíduo é lesado por ela, o Estado ampara, protege, vela pelo indivíduo'. Não obstante, desde que fique salvaguardado o bem-estar material e espiritual comum e do indivíduo, é sempre desejável que haja o máximo de liberdade e o mínimo de constrangimento" (SABINO JÚNIOR, Vicente. *O habeas corpus e a liberdade pessoal*. São Paulo: Revista dos Tribunais, 1964. p. 11-12.)

[25] OTERO, Paulo. *Instituições políticas e constitucionais*. Coimbra: Almedina, 2007, p. 252.

Eis o princípio da legalidade que impera no campo das *liberdades pessoais*. A regra, para o Estado, invariavelmente deve ser de não intervenção na esfera das *liberdades fundamentais* dos cidadãos, ou seja, ele deve se abster de fazer qualquer intervenção, exceto nas hipóteses expressamente previstas em lei e conforme ela, de modo a ter o seu agir devidamente justificado. Com isso, deve prevalecer sempre a liberdade da sociedade civil e do cidadão individualmente tomado.

Nesta perspectiva, o princípio da legalidade possui importância vital, visto ser o instrumento que os sujeitos têm à disposição para opor resistência ao poder opressor do Estado e ter a garantia de que permanecerão em liberdade, fazendo jus ao direito de liberdade que possuem – de ir e vir para onde desejar – sempre, com exceção das hipóteses previstas em lei.[26]

Por isso, os cidadãos têm o direito de, por vontade própria e segundo a sua autodeterminação, fazer tudo aquilo que desejarem – inclusive em termos de se loco-mover –, ao passo que ao Estado e, portanto, aos agentes públicos "somente é facultado agir por imposição ou autorização legal", visto que "inexistindo lei, não haverá atuação administrativa legítima".[27]

Como decorrência disso, pode-se chegar à conclusão de que os direitos fun-damentais, mormente o direito de liberdade, além de integrarem o núcleo fundamental do Estado Liberal de Direito, também compõem o núcleo do chamado direito processual constitucional e "são, por assim dizer, o esteio de um processo penal comprometido com os valores do liberalismo, como a liberdade, a igualdade e a democracia".[28]

Isso porque o processo penal disciplina atividade estatal que possui evidente implicação na liberdade humana, essencialmente na liberdade de locomoção. Sabem todos, por exemplo, que, para uma prisão ser considerada legal, ela necessita ser determinada por autoridade judiciária competente, de forma devidamente fundamentada, tal como exige a regra do art. 93, IX, da CR, excepcionando-se a prisão em flagrante, que, *a priori*, não precisa ser imposta por autoridade judiciária.

Garante-se, a todos, o exercício da liberdade, reprimindo-se e cerceando-se o direito de ir e vir apenas *a posteriori* e, assim, assegurando-se, sempre, o devido processo legal, a ampla defesa e o contraditório, também previstos no Texto Constitucional, pois limitar a liberdade de locomoção e o direito de ir e vir constitui restrição menos pública e notória do que outras violações (como, por exemplo, ao direito à vida), haja vista que, na imensa maioria das vezes, ninguém percebe ou tem notícias dos múltiplos encar-ceramentos que ocorrem diariamente.

---

[26] COSTA, Pietro. Il principio di legalità: un campo di tensione nella modernità penale. *Quaderni Fiorentini*, Firenze, v. 36, p. 39, 2008. *"Il principio di legalità non ha creato (d'improvviso e una volta per tutte) un 'altro' diritto penale. Non ha reso irrilevanti le differenze. Non ha azzerato gli effetti della stratificazione sociale. Non ha eliminato la contrapposizione fra il 'dentro' e il 'fuori'. (...) Il principio di legalità ha semplicemente complicato le regole del gioco nella dinamica dei conflitti politico-sociali. Non ha impedito al potere di 'governare' i soggetti, ma ha offerto ai soggetti uno strumento (o un'argomento) per appore resistenza"*.

[27] BARROSO, Luís Roberto. *Temas de direito constitucional*. Rio de Janeiro: Renovar, 2001, p. 166-167. A propósito: TAVARES, André Ramos. *Curso de direito constitucional*. 8. ed. São Paulo: Saraiva, 2010, p. 1.322. "Consoante o princípio da legalidade, ninguém é obrigado a fazer ou deixar de fazer alguma coisa senão em virtude de lei, sendo absolutamente livre na falta de lei. Ao contrário, a Administração só pode atuar em havendo previsão legal expressa. E essa previsão estará sempre orientada para determinada finalidade, que não pode ser descurada pelo agente público em sua atuação, sob pena de desvio de finalidade e, ipso facto, em ilegalidade".

[28] MACHADO, Antônio Alberto. *Prisão cautelar e liberdades fundamentais*. Rio de Janeiro: Lumen Juris, 2005, p. 206.

A restrição da liberdade individual oprime às escuras, nas prisões, em porões escuros, em recantos secretos; é, assim, a expressão mais verdadeira de uma violência ignorada, silenciosa, invisível, secreta e incontrolável. Portanto, muito grave e perigosa, talvez – até mesmo – a mais severa delas, porque ocorre aos montes, sem que seja percebida, tampouco combatida devidamente.[29]

Em decorrência disso, para que se tenha um controle sobre os atos dos agentes estatais que impliquem diretamente no direito de liberdade dos cidadãos, o *habeas corpus*, que é um direito decorrente do núcleo essencial da liberdade, deve estar sempre e necessariamente à disposição dos indivíduos.

6 O controle: *habeas corpus*

Quando há restrição na liberdade pessoal dos indivíduos ou ameaça a ela, o cidadão tem à *disposição writ constitucional* apto a garantir o seu direito e *status* de *liberdade*: trata-se do *habeas corpus*.[30]

Essencialmente, o *habeas corpus* é o meio de defesa da liberdade dos cidadãos; ele é instrumento de tutela que garante aos indivíduos a possibilidade de reagir, mantendo ou recuperando a liberdade, ilegal ou abusivamente ameaçada pelo poder e pelos agentes do Estado.

Sua maior projeção reside no campo do processo penal, nas relações jurídicas consubstanciadas no *jus puniendi*, visto que o *habeas corpus* é a garantia estabelecida no texto constitucional para afiançar a efetividade do direito à liberdade pessoal de todos os cidadãos. Logo, possui estreita ligação com a liberdade de locomoção.

A sua utilização está eminentemente ligada à liberdade individual e à sua inviolabilidade. Afinal, toda vez que houver ameaça a direito, especialmente de restrição na locomoção dos cidadãos, o *habeas corpus* será o instrumento mais rápido e imediato de tutela dos indivíduos para controlar as decisões dos agentes estatais.

É por isso que, para José Frederico Marques,[31] o *habeas corpus* é o *"remedium* destinado a tutelar a liberdade de locomoção", apto a restaurar prontamente a liberdade de ir e vir – o *jus libertatis* –, por pronunciamento jurisdicional, sempre que houver "ilegalidade ou abuso de poder que atinja a liberdade de ir e vir"; ilegalidade esta que reside justamente na atividade repressiva do Estado contra o crime.

---

[29] A esse respeito, Pontes de Miranda: "Matar um cidadão, confiscar seus bens ou destruí-los, sem acusação, sem processo, seria sempre ato de insigne despotismo; mas a notoriedade do delito levaria ao seio de todo o povo o grito de alarma contra a tirania iminente (...) Dir-se-á que o mesmo acontece aos constrangimentos ao ir e vir? Absolutamente não" (MIRANDA, Pontes de. *História e prática do habeas corpus*. 2. ed. Rio de Janeiro: José Konfino, 1951, p. 28-29).

[30] A esse respeito, Vicente Sabino Júnior: "A liberdade pessoal, protegida pelo habeas corpus é a liberdade de locomoção, a qual, segundo o texto constitucional (...) é a regra, e a restrição desta, a exceção. Por meio desse writ, conhece-se da legalidade ou ilegalidade da restrição. Se esta contravém dispositivos de lei, impõe-se, imediatamente, o predomínio da regra. E os tribunais proclamam, através de seus arestos, que o direito de locomoção, mesmo no seu aspecto restrito de simples liberdade de ir e vir, abrange o direito de permanecer em local cuja escolha seja garantida por lei, ou cujo acesso não seja vedado. Por força desse entendimento, a permanência em determinado local nada mais é do que a forma estática da liberdade de ir e vir, constitutiva do direito de locomoção física" (SABINO JÚNIOR, Vicente. *O habeas corpus e a liberdade pessoal*. São Paulo: Revista dos Tribunais, 1964, p. 16).

[31] MARQUES, José Frederico. *Elementos de direito processual penal*. v. IV. Campinas: Bookseller, 1997, p. 341-42.

A ordem de *habeas corpus* deve ser passível de discutir o mais amplo objeto possível, vez que se não deve limitar a simples determinação de ser apontado o paciente; é necessário que seja feita a maior interpretação possível sobre ele.

Todavia, tem-se enfrentado um seriíssimo problema no Brasil em relação ao *habeas corpus* e ele decorre de uma das maiores incoerências do sistema processual penal atual: o fato de o *habeas corpus* ter substituído, principalmente após a Constituição da República de 1988, em larga escala, os recursos do Código de Processo Penal, com prós e contras.

Sem muito compromisso com as *regras do jogo* (que sabem poder manipular) e incentivados por uma cultura popular *repressivista* conduzida pelos meios de comunicação e ideologicamente fincada no pensamento neoliberal, muitos juízes, na falência dos postulados da filosofia da consciência (marcada por um "'eu' que diz a verdade"), têm *adotado* (ingenuamente ou propositadamente) *posturas solipsistas* e, como *justiceiros*, têm – em geral com boas intenções se observadas pelos seus pontos de vista – *infligido baixas pesadas à ordem constituída e, em especial, aos direitos e garantias individuais.*

Para tais situações, o sistema recursal do CPP, idealizado para um juiz "cumpridor da lei", perdeu efetividade e, assim, contabilizaram-se – e se contabilizam – injustiças inomináveis. Por conta disso – principalmente – os próprios magistrados, no sistema de controle dos atos jurisdicionais, viram no *habeas corpus*, após a Constituição da República de 88, uma saída rápida e eficaz, razão pela qual, de uma matriz de garantia ao direito de ir e vir, acabou ele estendido a qualquer violação de direito.

Era sintomático que se chegasse, assim e por conta disso (uma extensão tão grande tanto quanto indesejada por seus efeitos óbvios), aonde se chegou, ou seja, na quase superação (pela substituição) do referido sistema recursal.

Paga-se, para tanto, um preço alto, muito alto. Veja-se.

A substituição camufla o número de recursos (pelos quais não se opta, sempre que possível, porque demorados quando se tem urgência) e mascara a necessidade (inarredável) do aumento do número de juízes (em geral), mas, sobretudo, no STJ, que apresenta dados alarmantes e que dizem muito, da quantidade à qualidade. Só entre os meses de janeiro a julho de 2015, foram distribuídos e registrados (conforme consta do *site* oficial) 18.121 *habeas corpus*, o que faz deles, por certo, campeões das distribuições, mesmo porque o número de REsp (38.909) e AResp (115.325) computa recursos do cível e do crime em todas as demais matérias que não a criminal.

Por elementar e como sabem todos, quanto mais se criam obstáculos ao REsp e ao RExt em matéria criminal, maior é o número de *habeas corpus* originários, a maior parte substitutivos daqueles. Sabe-se bem, porém, a razão pela qual se chegou a tal situação e a importância capital que tem para a cidadania uma via rápida de solução para as questões criminais de maior premência. Como referiu Carnelutti, com precisão, tais questões tratam do *ser*, e não do *ter*. Despiciendo, portanto, discutir e demonstrar a relevância.

Antes de tudo, vê-se logo que se trata de um instrumento processual democrático, porque, mesmo se se considerar que não abarque a todos que poderia abarcar, pelo número já se percebe que atinge um contingente de cidadãos que, sem qualquer dúvida, necessitam da *jurisdição*. Nos 18.121 *habeas corpus originários* do STJ, estão, com razoável certeza, aqueles que mais têm e, portanto, contratam advogados para cuidar dos seus direitos e garantias, mas, sem qualquer dúvida, também muitos daqueles que não têm e, por isso, têm uma via de acesso aos tribunais superiores seja pelos seus defensores públicos, seja por aqueles dativos.

O número elevadíssimo de *habeas corpus*, contudo, tem várias causas, mas uma dentre elas é a principal (a dissintonia do CPP com a CR), a qual não se vai alterar sem uma mudança global do CPP e seu sistema inquisitorial. Logo, os *writs*, do jeito como estão alojados, hoje, no sistema processual penal, apareceram e são uma solução – embora momentânea – para um seriíssimo problema que envolve direitos e garantias fundamentais da maior relevância.

Voltar atrás, portanto, é, sim, possível – em tempos *solipsistas* nos quais quem tem poder faz ou diz quase tudo que quiser –, mas sob o preço de negar, na mais larga extensão, direitos e garantias fundamentais, *aos que mais têm e aos que menos têm*. Para tanto, já começam a aparecer nos tribunais – o que se pode constatar facilmente pela simples leitura dos meandros dos arestos – os que não estão dispostos a trabalhar em favor da causa do *habeas corpus substitutivo*, porque o que não querem mesmo é a faina (e para esses seria com qualquer matéria, sem se importar com os efeitos que ela possa ter), mas também aqueles que não suportam mais o excesso de trabalho com tais *habeas corpus*, justo porque se dão ao esforço de tentar lutar por eles em face daquilo que representam para a cidadania. Esses, obviamente, vão à causa e reclamam da substituição (como era previsível desde há muito) olhando, de um lado, para um ajuste técnico da questão (muito difícil quando o problema, sendo como é, seja sistêmico), mas, do outro, na necessidade de efetivação da precitada reforma global do CPP, sem a qual não se consegue vislumbrar solução factível. Os prejuízos para a cidadania são muito altos e inexplicáveis – e vai piorar –, enquanto não se faz o que deve ser feito.

Compreensível, tanto quanto inaceitável, então, é a referida posição de ministros e desembargadores na direção de tolher, desde logo e sem qualquer mudança do *status quo*, o uso invulgar do HC, não raro atribuindo-se a responsabilidade pelo excesso aos advogados simplesmente por usarem a garantia que a lei atribui aos pacientes.

Nesta matéria, não há segredo: diante de um quadro de excesso de trabalho (embora ainda pareça pouco em face da estrutura conflituosa reprimida em uma sociedade sem meios de acesso à jurisdição) e restrições absurdas ao REsp e ao RExt, somadas à frequente deficiência da qualidade do controle das decisões nos *tribunais de apelação*, algo há de ser feito; e urgente.

Em verdade, em tal quadro a saída pelo HC foi uma tentativa paliativa de solucionar um problema que aponta à deficiência na distribuição da justiça, mas que, por certo, não só não vai resolver muita coisa como, também, tende a colocar (é só verificar os números) em colapso o próprio julgamento do *habeas corpus*; e em risco os cidadãos, porque se expõe a garantia fundamental (da qual não se pode abrir mão) às mesmas restrições dos REsp e RExt, além de outras. Tal risco, agora, vai-se fazendo realidade; e dolorida.

Como parece claro, a tendência dos ministros é caminhar na direção da restrição aos *writs*. Assim, para confirmar a previsão, o recente entendimento do STJ é no sentido de ser necessária (e pelo que se entendeu, imperiosa) a "racionalização do *habeas corpus*, a bem de se prestigiar a lógica do sistema recursal", de modo que as "hipóteses de cabimento do *writ* são restritas, não se admitindo que o remédio constitucional seja utilizado em substituição a recursos ordinários (apelação, agravo em execução, recurso especial), tampouco como sucedâneo de revisão criminal".[32] Em sendo assim, "para o

---

[32] HC nº 178.371/ES, Rel. Ministra Maria Thereza de Assis Moura, Sexta Turma, julgado em 28.02.2012, DJe 12.03.2012.

enfrentamento de teses jurídicas na via restrita, imprescindível que haja ilegalidade manifesta, relativa a matéria de direito, cuja constatação seja evidente e independa de qualquer análise probatória", justamente porque – e prossegue – "o *writ* não foi criado para a finalidade aqui empregada, a de discutir a dosimetria da pena", sob pena de, segundo tal entendimento, o recurso especial se tornar totalmente inócuo.[33]

Argumenta-se, ainda, no sentido de que a utilização do *writ* fora da sua inspiração originária foi muito alargada pelos Tribunais e, diante desse pano de fundo, é preciso impor limites, em homenagem à própria Constituição da República de 1988, tudo para que "não se perca a razão lógica e sistemática dos recursos ordinários, e mesmo dos excepcionais, por uma irrefletida banalização e vulgarização do *habeas corpus*".[34]

Ademais, segundo a Min. Maria Thereza de Assis Moura, o *habeas corpus* não é panaceia (a expressão utilizada é dela), razão por que a usa para justificar que ele "não pode ser utilizado como um 'super' recurso, que não tem prazo nem requisitos específicos", pelo contrário, ele deve – sim – "se conformar ao propósito para o qual foi historicamente instituído, é dizer, o de impedir ameaça ou violação ao direito de ir e vir".[35]

Mais recentemente, a primeira turma[36] do Supremo Tribunal Federal, assim como a Terceira Seção do Superior Tribunal de Justiça, firmou entendimento nesse sentido; porém, tem sido feita uma ressalva quando a concessão da ordem: "No caso de se verificar configurada flagrante ilegalidade apta a gerar constrangimento ilegal, recomenda a jurisprudência a concessão da ordem de ofício".[37]

No entanto, a segunda turma do Supremo Tribunal Federal tem entendido que "o fato de o *habeas corpus* ser substitutivo de recurso extraordinário não se erige ao óbice ao seu conhecimento".[38] Eis a maneira que os Tribunais Superiores, com exceção da segunda turma do STF, encontraram, por ora, para conceder a ordem nos *habeas corpus* substitutivos, quando entenderem necessário, de ofício e apenas de ofício, de modo a perpetuar, assim, a manutenção da impossibilidade de se utilizar o *habeas corpus*, na sua maior dimensão possível, sempre que preciso for.

Que o *habeas corpus* – como se diz – está dentro de uma *"via estreita"* ninguém duvida. Daí sua *excepcionalidade*, a qual se tratou de superar para lhe atribuir uma *estrutura ordinária* que não tem e não deve ter, para fazer as vezes dos recursos. E tudo por uma razão banal: a precitada *via estreita* não acolhe (a não ser que se queira!) discussão em matéria probatória e outras; logo, a questão de fundo só vai apreciada quando o julgador

---

[33] HC nº 135.846/MG, Rel. Ministra Maria Thereza de Assis Moura, Sexta Turma, julgado em 06.12.2011, DJe 19.12.2011. No mesmo sentido é o entendimento nos seguintes julgados, todos de relatoria da Min. Maria Thereza de Assis Moura: HC nº 222.703/MS, 157.616/SC, AgRg no HC nº 240.761/DF, AgRg no HC nº 239.957/TO, HC nº 136.079/MS, 139.961/SP e 191.598/AC.

[34] HC nº 181.117/SP, Rel. Ministro Gilson Dipp, Quinta Turma, julgado em 14.02.2012, DJe 24.02.2012. No mesmo sentido, HC nº 185.724/MG, Rel. Ministro Gilson Dipp, Quinta Turma, julgado em 13.03.2012, DJe 20.03.2012. No mesmo sentido é o entendimento nos seguintes julgados, todos de relatoria do Min. Gilson Dipp: HC nº 200.936/RS, HC nº 183.465/MG, HC nº 236.465/SP, HC nº 238.983/SP, HC nº 223.173/SP, HC nº 223.145/SP, HC nº 222.217/SC, HC nº 222.070/ES, HC nº 239.384/SP, HC nº 240.141/RS, HC nº 215.916/MG.

[35] AgRg no HC nº 239.957/TO, Rel. Ministra Maria Thereza de Assis Moura, Sexta Turma, julgado em 29.05.2012, DJe 11.06.2012.

[36] HC nº 126.815/MG, Rel. Min. Marco Aurélio, Rel. para acórdão Min. Edson Fachin, Primeira Turma, julgado em 04.08.2015.

[37] HC nº 322.552/MG, Rel. Ministro Felix Fischer, Quinta Turma, julgado em 15.09.2015.

[38] HC nº 126.791/RJ, Rel. Min. Dias Toffoli, Segunda Turma, julgado em 08.09.2015.

(ou julgadores) quiser(em). Eis porque há tanto registro e distribuição de HCs originários e tão pouca concessão, em considerando o número global.

Deste modo, as dificuldades inerentes à estrutura não permitem a todos – em que pese o número elevadíssimo de impetrações – o uso do *writ* (a começar pela questão territorial e localização dos tribunais) e, quando isso ocorre, nem sempre a matéria é apreciada, pelo menos como deveria ser se de um recurso se tratasse, como é despiciendo discutir. Como disse Alexandre Morais da Rosa alhures, "ele [o HC] cura somente quem possui a receita ministrada por alguns médicos/advogados. O Imaginário do HC promove ainda o modelo. [mas] O 'mito' da beleza do HC se desfaz nos votos concretos".

Informação bibliográfica deste texto, conforme a NBR 6023:2002 da Associação Brasileira de Normas Técnicas (ABNT):

COUTINHO, Jacinto Nelson de Miranda; BREUS, Bruna Araujo Amatuzzi. Liberdade de locomoção: núcleo essencial e direitos fundamentais decorrentes. In: LEITE, George Salomão; LEITE, Glauco Salomão; STRECK, Lenio Luiz (Coord.). *Jurisdição constitucional e liberdades públicas*. Belo Horizonte: Fórum, 2017. p. 119-132. ISBN 978-85-450-0237-6.

DIREITO AO PROTESTO

GUSTAVO FERREIRA SANTOS

ANA CECÍLIA BARROS GOMES

1 Introdução

As instituições representativas não absorvem toda a conflituosidade que marca as sociedades democráticas. Muitas demandas não repercutem na representação ou pouco repercutem, por estarem os grupos que as sustentam sub-representados. Tais demandas explodem em protestos que buscam chamar a atenção da sociedade para questões específicas. Esse instrumento precisa ser especialmente protegido.

Uma democracia precisa institucionalizar o protesto social. Precisa incorporar o protesto como um mecanismo ordinário de manifestação coletiva de insatisfação ou de apoio a alguma posição. É necessário que as instituições estejam preparadas para gerir as situações muitas vezes tensas decorrentes de grandes protestos, orientadas por parâmetros constitucionais, considerando, em especial, os direitos fundamentais.

É preciso superar uma postura defensiva que é comum na administração pública, que tem resultado não na abertura desses canais por onde deveriam ser levadas as demandas, mas na criação de novos mecanismos repressivos, que ameaçam os participantes dos protestos. Essa reação repressiva tem sido a tônica em países nos quais houve um grande crescimento dos protestos em número e em dimensão.

2 O protesto na relação constituição-democracia[1]

As ideias de constituição e democracia fazem parte do mesmo discurso político da modernidade e nascem como resgate e reinterpretação de experiências da antiguidade. Democracia refere-se à forma de organizar o exercício do poder na Atenas antiga. Constituição inspira-se no ideal romano do governo misto. As revoluções burguesas

---

[1] Os itens 2 a 5 correspondem a partes, revistas, do seguinte artigo: SANTOS, Gustavo Ferreira; GOMES, Ana Cecília de Barros. Direito ao protesto e Constituição: parâmetros constitucionais para uma cidadania ativa. *Revista Brasileira de Estudos Constitucionais*, Belo Horizonte, v. 8, n. 30, set./dez. 2014.

levam a um processo de afirmação da constituição como peça central da vida política dos Estados, limitando poderes e definindo direitos individuais. Afirmam outra forma de democracia, não mais direta, mas mediada por um Parlamento, instituição inspirada no parlamento medieval inglês.

A tensão entre constituição e democracia é própria dos Estados sob uma constituição. Por um lado, tendem os conceitos a excluírem-se mutuamente. A Constituição estabelece limites ao exercício do poder, que, na democracia, está nas mãos do povo. A democracia exige legitimação, prioritariamente com o uso do princípio majoritário para a tomada de decisões. Assim, a Constituição, ao ser protegida com exigências especiais para sua alteração, cria espaços não decidíveis pelas maiorias democráticas. Por outro lado, a Constituição, ao prever os procedimentos decisórios e garantias para os indivíduos, viabiliza condições adequadas para a decisão democrática. Assim, a relação segue entre a incompatibilidade e a dependência.

Das revoluções burguesas aos nossos dias, a experiência democrática levou a um progressivo processo de esgarçamento da legitimidade das instituições representativas. Longe daquela imagem que o parlamento britânico constituiu, de defensor das liberdades dos britânicos, na luta contra o poder real, conhecemos um desgaste dos órgãos legislativos. São crescentes, nas grandes democracias, queixas quanto aos limites da representação e exigências de mais democracia.

A democracia não pode ser reduzida a um processo de escolha de pessoas que farão as escolhas mais importantes. A legitimação pelo voto não dá aos representantes um cheque em branco. É de fundamental importância fixar garantias para o protesto social. É necessário configurar juridicamente os espaços protegidos para o exercício dessa prática que combina, a um só tempo, liberdade de reunião e liberdade de expressão.

Quanto mais fechados os canais institucionais de participação cidadã direta, mais importante será cuidar da garantia do direito ao protesto. É inadmissível que, em pleno século XXI, o Estado reaja a protestos sociais com a mesma sanha repressiva que o fez no final do século XIX.

Para Claude Lefort, a marca da democracia é criação social de novos direitos e conflito com o instituído, definindo-a como um processo constante de reinvenção de direitos. "Não há lei que possa se fixar cujos enunciados não sejam contestáveis, cujos fundamentos não sejam suscetíveis de serem repostos em questão."[2] Dessa maneira, as reivindicações dos grupos vulneráveis, os quais não possuem igualdade e liberdade, além de demonstrar o conflito (político, econômico, cultural, etc.), exigem a transformação em sociedades mais justas.

Roberto Gargarella[3] ressalta ser legítima e fundamental para a democracia a luta pela modificação e pela transformação da ordem social. O direito ao protesto é um direito básico, usado para exigir mais direitos ou a concretização de direitos consagrados, mas não efetivos. Representa a exigência de igualdade e recuperação de direitos que não são exercidos por uma parcela da sociedade, que se encontra subalternizada, com direitos sociais elencados no texto da Constituição, mas, sem nenhuma efetividade:

---

[2] LEFORT, Claude. *A invenção democrática*: os limites do totalitarismo. São Paulo: Brasiliense, 1981, p. 118.

[3] GARGARELLA, Roberto. *Carta abierta sobre la intolerância*. Buenos Aires: Siglo XXI, 2006, p. 17.

Para ellos, el derecho no ha sido un medio de ganar libertad o de alcanzar el autogobierno, sino más bien un instrumento que ha contribuido decisivamente a forjar la opresión en la que viven. Por lo tanto, deberíamos preguntarnos si para ellos no se justifica desafiar y aún resistir semejante orden legal.[4]

O autor desenvolve também a ideia de *direito de resistência*, faz uma diferenciação entre a resistência ao ordenamento jurídico organizada por sujeitos em situação que afirma ser "alienação legal" de meros atos de desobediência civil. A diferença consiste que o conceito de desobediência civil apresenta limites para a caracterização das dificuldades que atualmente os grupos oprimidos possuem em relação ao direito como um todo, e não somente a aspectos específicos ou localizados da normatividade. O conceito de resistência para ele seria legítimo na construção de um modelo sócio-juríridico-político de Estado Democrático de Direito, sendo admitida a resistência para sujeitos em estado de alienação.[5]

Na defesa da proteção do direito ao protesto, a Relatoria para a Liberdade de Expressão da Organização dos Estados Americanos (OEA) afirmou que:

A manifestação social é uma das formas coletivas mais eficazes de expressão. Porém, em algumas circunstâncias, ela é também a única forma pela qual certos grupos podem ser escutados. Com efeito, quando se está diante de marcos institucionais que não favorecem a participação, ou diante de sérias barreiras de acesso a formas mais tradicionais de comunicação de massa, a manifestação pública parece ser o único meio que realmente permite que setores tradicionalmente discriminados ou marginalizados do debate público possam fazer com que o seu ponto de vista seja escutado e valorizado.[6]

A América Latina viveu, nos últimos anos, experiências renovadoras na relação constituição-democracia, em especial, com o surgimento das constituições de Equador, promulgada em 2008, e Bolívia, promulgada em 2009. Os processos constituintes ressaltaram as potencialidades dessa relação constituição-democracia e foram marcados por uma forte participação popular. A população foi às ruas protestar pelo reconhecimento e/ou efetividade de mais direitos. Essa legitimidade originária repercutiu nos textos que daí resultaram, que trouxeram novos canais de expressão do pluralismo.

No Brasil, o Supremo Tribunal Federal, em decisão na qual se pronunciou sobre a liberdade de reunião, afirmou que ela constitui "uma das mais importantes conquistas da civilização, enquanto fundamento das modernas democracias políticas".[7]

---

[4] GARGARELLA, Roberto. El derecho de resistencia en situaciones de carencia extrema. *Astrolabio – Revista Internacional de Filosofía*, n. 4, p. 3, 2007.

[5] GARGARELLA, Roberto. *Carta abierta sobre la intolerância*. Buenos Aires: Siglo XXI, 2006, p. 20.

[6] CIDH. *Uma agenda continental para a defesa da liberdade de expressão*: Relatoria Especial para a Liberdade de Expressão, 2009, p. 23.

[7] ADIn nº 1.969-4/DF, Rel. Min. Ricardo Lewandowski, julgada em 28.07.2007. Nesse caso, declarou-se inconstitucional o decreto que limitava o direito de manifestação nas proximidades das sedes do poder judiciário, legislativo e executivo federal, bem como na sede do governo distrital.

3 Liberdade de expressão, liberdade de reunião e direito ao protesto

Inicialmente, é importante salientar que, ao trabalharmos com direito ao protesto enquanto exercício coletivo da liberdade de expressão, precisamos ver a liberdade não somente enquanto liberdade individual oriunda das revoluções burguesas e do constitucionalismo liberal, no qual buscava-se tão somente a abstenção estatal e a fruição de direitos individuais. É necessário ter em conta que a manifestação do pensamento também se faz em grupo.

Portanto, partimos do pressuposto da noção dúplice da liberdade de expressão. Na primeira, assegura à pessoa a possibilidade de se expressar sem censura prévia e sem restrições – perspectivas individuais. Em outro sentido, possui uma dimensão coletiva, na qual é princípio norteador dos sistemas democráticos e indispensável para a formação da opinião pública e para que a sociedade esteja devidamente informada na hora da tomada de suas decisões fundamentais. A dimensão coletiva compreende o direito das pessoas de expandir seus pontos de vista, como o direito da sociedade de receber as expressões e informações livremente.[8]

O Estado, que anteriormente era tido como o único potencial violador das liberdades, inverteu o seu papel e deve atuar protegendo o direito dos indivíduos nas relações com outros indivíduos.[9] Jónatas Machado fala na existência de uma dimensão substantiva e de uma dimensão instrumental. A dimensão subjetiva engloba "a actividade de pensar, formar a opinião e exteriorizá-la. A dimensão instrumental traduz a possibilidade de utilizar os mais diversos meios adequados à utilização do pensamento",[10] incluído, nesse rol de instrumentos, o direito de manifestação.

Jorge Miranda destaca as conexões entre direito de reunião e liberdade de expressão:

> Os direitos de reunião e manifestação são instrumentais relativamente aos fins que em cada caso levam ao seu exercício (políticos, religiosos, culturais, sindicais). Apresentam-se, por isso, relacionados com direitos de participação dos cidadãos na sociedade civil. Mas, sobretudo, surgem inseparáveis da liberdade de expressão.[11]

Os sistemas regionais de proteção de direitos humanos são unânimes em apontar o vínculo indissociável entra a liberdade de reunião, manifestação de pensamento e a liberdade de expressão. A Relatoria para Liberdade de Expressão da Comissão Interamericana de Direitos Humanos tratou da questão em diversos relatórios. Para a Corte Europeia de Direitos Humanos, a expressão de opinião consubstancia-se num dos principais objetivos do direito ao protesto. Portanto, o direito de manifestação estaria protegido tanto pelo direito de manifestação como pela liberdade de reunião.[12] A Comissão Africana de Direitos Humanos e dos Povos também expressou que há correlação entre esses direitos. Em decisão, expressou que se viola implicitamente a

---

[8] Corte IDH, *caso Herrera Ulloa vs. Costa Rica*, sentença 2 de julho 2004, Serie C, nº 107, pár. 110.

[9] FISS, Owen. *A ironia da liberdade de expressão*. São Paulo: Renovar, 2005, p. 46.

[10] MACHADO, Jonatas E. M. *Liberdade de expressão*: dimensões constitucionais da esfera pública no sistema social. Coimbra: Coimbra Editora, 2002, p. 471.

[11] MIRANDA, Jorge. Direito. *Manual de direito constitucional*. t. IV. Coimbra: Almedina, 2010, p. 484.

[12] Corte EDH, *Caso Vogt c. Alemania*, Sentencia del 26 de septiembre de 1995, Serie A, No. 323, párr. 64; Corte EDH, *Caso Rekvényi c. Hungría*, Sentencia del 20 de mayo de 1999, Informe de Sentencias y Decisiones 1999-III, pár. 58

liberdade de expressão quando se criam obstáculos ao direito de associação, reunião e manifestação.[13]

> *Esta lectura de la libertad de expresión resignifica la discusión sobre protesta social en dos sentidos. En primer lugar, porque apunta a una suerte de "supertolerancia" estatal hacia las expresiones de crítica política y sobre cuestiones de interés público, ya que un sistema democrático exige el mayor nivel posible de debate colectivo acerca del funcionamiento de la sociedad y del Estado en todos sus aspectos. Esto incluye a las opiniones que molestan o incomodan a las autoridades, como a aquéllas que ofenden, resultan chocantes o perturban a una parte o a la mayoría de la población, como sostuvo la Corte Interamericana de Derechos Humanos.*
>
> *En segundo lugar, porque advierte que un Estado democrático debe promover oportunidades de expresión para todos los sectores, incluso, y muy especialmente, potenciando las de aquellos grupos sociales que tienen dificultades para ingresar en el debate público.*[14]

Portanto, a liberdade de expressão deve ser garantida não somente enquanto há difusão de ideias e informações recebidas favoravelmente ou consideradas inofensivas ou indiferentes, mas, também, das ideias que chocam, inquietam e perturbam o Estado ou setores da sociedade.[15] Não deve ser tomada apenas na acepção individual, mas, também, na coletiva e na utilização dos meios para essa expressão coletiva, no qual estão também as manifestações nos espaços públicos.

4 Desenho constitucional do "direito ao protesto" no Brasil

A Constituição Brasileira de 1988 é marcada por ser um documento constitucional pós-ditadura, na qual houve uma forte restrição às liberdades individuais e coletivas. Dessa maneira, há uma forte preocupação com o elemento democrático e o reestabelecimento e proteção dos direitos tolhidos no regime autoritário anterior. Não são poucas, por exemplo, as referências à liberdade de expressão.

O art. 1º[16] constitui o Estado brasileiro como democrático de direito; diante disso, invoca a persecução de valores e características democráticas no Estado, tais como o livre direito de manifestação:

---

[13] Comissão Africana de Direitos Humanos e dos povos (CADHP), *Caso International Pen, Constitutional Rights Project, Interights on behalf of Ken Saro-Wiwa Jr. and Civil Liberties Organization c. Nigeria*, decisão em 31 de outubro de 1998. Informe Anual nº 12.

[14] RABINOVICH, Eleonor. Protesta, derechos y libertad de expression. In: RABINOVICH, Eleonora; MAGRINI, Ana Lucía; RINCON, Omar (Org.). *Vamos a portanos mal*: protesta social y libertad de expression en América Latina. Bogotá: Centro de competencia en comunicacion para America Latina, 2011, p. 20.

[15] Corte Interamericana de Direitos Humanos *Caso Herrera Ulloa*, página 113; CIDH *la ultima tentacion de cristo*; CIDH *caso ríos y otros c. Venezuela*. No mesmo sentido o *Caso New York vs Sulivan* nos Estados Unidos, no qual ficou reconhecido o direito de crítica, inclusive ao Poder Público, que, no caso, seria o chefe das polícias e as recorrentes repressões às manifestações.

[16] Art. 1º A República Federativa do Brasil, formada pela união indissolúvel dos Estados e Municípios e do Distrito Federal, constitui-se em Estado Democrático de Direito e tem como fundamentos:
I - a soberania;
II - a cidadania
III - a dignidade da pessoa humana;
IV - os valores sociais do trabalho e da livre iniciativa;
V - o pluralismo político.
Parágrafo único. Todo o poder emana do povo, que o exerce por meio de representantes eleitos ou diretamente, nos termos desta Constituição.

A configuração do estado democrático de direito não significa unir formalmente os conceitos de estado democrático e estado de direito. Consiste na verdade na criação de um novo conceito, que leva em conta os conceitos dos elementos componentes, mas os supera na medida em que incorpora um componente revolucionário de transformação do *status quo*.[17]

No parágrafo único, consagra a constituição de uma democracia formal representativa, com elementos de participação direta. Define a participação direta dos cidadãos como um dos princípios do Estado Democrático de Direito, porém, não efetiva os mecanismos constitucionais que garantam o exercício dessa participação. Na prática, acaba por dar peso demais à representação. Diante disso, observamos a importância da garantia dos protestos e manifestações, que são mecanismos de crítica e de impulso à modificação do direito, instrumento de insurgência dos invisíveis.

O art 1º, inciso V, da Constituição invoca o pluralismo como fundamento da República Federativa do Brasil. O pluralismo político constitui alicerce da democracia e que, através de tal dispositivo, o Constituinte originário quis garantir a ampla e massiva participação das diversas camadas da sociedade, incluindo as minorias.

O art. 5º da Constituição inclui entre as garantias constitucionais a liberdade de reunião: "Todos podem reunir-se pacificamente, sem armas, em locais abertos ao público, independentemente de autorização, desde que não frustrem outra reunião anteriormente convocada para o mesmo local, sendo apenas exigido prévio aviso à autoridade competente".

Trata-se de uma proteção genérica da reunião em espaços abertos ao público. Os únicos parâmetros desenhados pelo constituinte foram: não utilizar armas, não frustrar reunião anteriormente convocada para o mesmo lugar e avisar previamente à autoridade. No caso do último elemento, mais à frente discutiremos com mais vagar. Salientamos também o entendimento doutrinário de tratar-se de um direito individual de expressão coletiva, necessário ao Estado Democrático de Direito.[18]

O Ministro Celso De Mello, em voto no julgamento da ADIN nº 1.969-4/DF:

> (...) a liberdade de reunião traduz meio vocacionado ao exercício do direito à livre expressão das idéias, configurando, por isso mesmo, um precioso instrumento de concretização da liberdade de manifestação do pensamento, nela incluído o insuprimível direito de protestar. Impõe-se, desse modo, ao Estado, em uma sociedade estruturada sob a égide de um regime democrático, o dever de respeitar a liberdade de reunião (de que são manifestações expressivas o comício, o desfile, a procissão e a passeata), que constitui prerrogativa essencial dos cidadãos, normalmente temida pelos regimes despóticos que não hesitam em golpeá-la, para asfixiar, desde logo, o direito de protesto, de crítica e de discordância daqueles que se opõem à prática autoritária do poder.[19]

Ademais, devido ao vínculo indissociável da liberdade de expressão com o direito à reunião, devemos mencionar o art. 5º, IX, que estabelece que "é livre a expressão da atividade intelectual, artística, científica e de comunicação, independentemente de

---

[17] SILVA, José Afonso da. *Comentário contextual à Constituição*. São Paulo: Malheiros, 2005, p. 119.

[18] GARGARELLA, *op. cit.*, 2006, p. 23; CARBONELL, Miguel. La libertad de associación y reunion en Mexico. *Anuario de derecho constitucional latino Americano*. Mexico: Unam, 2006, p. 826.

[19] STF, ADIN nº 1.969-4/DF.

censura ou licença". A proteção à liberdade de expressão também se encontra no art. 223 da CF, demonstrando, portanto, uma clara importância para o constituinte originário a proteção desse direito. A liberdade de manifestação e a liberdade de expressão são vetores fundamentais da democracia e, devido à importância e proteção na Constituição Brasileira e à posição estratégica nos ordenamentos atuais, tais direitos devem possuir máxima efetividade.

5 A prática do protesto e a interpretação da Constituição

5.1 Um olhar constitucionalmente adequado

A interpretação constitucional para a solução de questões referentes a protestos sociais tem que ser orientada por uma consciência quanto aos direitos fundamentais envolvidos. Na Teoria dos Direitos Fundamentais mais amplamente aceita, direitos fundamentais são vistos não como absolutos, mas relativos. Por conseguinte, relacionam-se com outras normas constitucionais, submetendo-se, muitas vezes, a restrições.

O princípio da proporcionalidade é um instrumento hermenêutico fundamental para aquilatar a legitimidade de intervenções do Estado no exercício das liberdades de expressão e reunião. A estrutura tripartite do princípio – composta pelos subprincípios da adequação, da necessidade e da proporcionalidade em sentido estrito[20] – permite confrontar tais liberdades com outros direitos e interesses constitucionalmente consagrados que o Estado alegue como fundamentos para impor restrições. A busca por medidas interventivas menos restritivas, quando necessário conter tais liberdades, deve nortear as decisões da Administração, do Legislativo e do Judiciário.

Escolhemos, no amplo rol de problemas que os protestos sociais suscitam, algumas questões que nos parecem ainda carentes de um olhar jurídico-constitucional mais compromissado com esse relevante papel que os protestos têm para a democracia. Tratemos deles.

5.2 A impossibilidade de controle de conteúdo

Não cabe à Administração ou ao Poder Público decidir sobre a legitimidade ou não de uma manifestação segundo o conteúdo das ideias nela defendidas. Cabe ao grupo que protesta estabelecer suas pautas, que, muitas vezes, se dirigem contra posições até aquele momento quase unânimes na sociedade.

A Relatoria Especial Para Liberdade de Expressão da Comissão Interamericana de Direitos Humanos entende que, em princípio, todas as formas de discurso estão protegidas pelo direito à liberdade de expressão, independentemente do conteúdo, da maior ou menor aceitação social, estatal que possuam. Essa presunção geral de cobertura de todo o discurso expressivo se explica pela obrigação primária de neutralidade do Estado ante aos conteúdos e pela necessidade de garantir que, em princípio, não existam pessoas, grupos, ideias ou meios de expressão excluídos, *a priori*, do debate público.[21]

---

[20] SANTOS, Gustavo Ferreira. *O princípio da proporcionalidade na jurisprudência do STF*: limites e possibilidades. Rio de Janeiro: Lumen Juris, 2004.

[21] IIDH. *Informe Anual para Relatoria da Liberdade de Expressão*, 2010, p. 31.

Nesse sentido, enfatiza a Relatoria a importância do direito de reunião para grupos minoritários, destacamos também o direito de crítica ao Estado e aos seus governantes e manifestações de subalternizados por mais direitos.[22]

No Brasil, um interessante caso foi o da "Marcha da Maconha" (APDF nº 187) – que, em determinado momento, em reação a decisões judiciais que a censuravam, autodenominou-se marcha da liberdade de expressão[23] – movimento político organizado que realiza passeata anual, em diversas cidades brasileiras, defendendo a descriminalização da maconha. Como o uso do produto é crime, em muitos Estados o Ministério Público buscou ordens judiciais para impedir o protesto, sendo bem-sucedido em alguns casos. Alegava que o protesto em si já caracterizaria o crime de "apologia do crime".

No entanto, o que estava em jogo, com o protesto, é exatamente a caracterização do uso da substância como crime. O que se quer é manifestar a discordância com a política criminal e defender uma mudança legislativa. Ninguém discordaria que, no plano individual, defender que conduta X ou Y deixe de constar do rol legal de crimes está protegido pela cláusula constitucional consagradora da liberdade de expressão. Não há, também, razão para não reconhecer essa proteção quando a manifestação é coletiva.

Após diversas decisões, no Judiciário dos Estados contra a marcha, inclusive com decisão do Superior Tribunal de Justiça, na qual argumentavam a constituição de apologia ao crime, o Supremo Tribunal Federal, no julgamento da APDF nº 187, liberou a possibilidade da manifestação. Com essa decisão, afastou o STF a alegação de que faziam os manifestantes apologia ao crime, afirmando as liberdades de expressão e de reunião, sem controle do conteúdo da mensagem defendida no protesto.[24]

Sobre a questão do conteúdo, destacamos, aqui, uma elucidativa passagem de uma decisão em *habeas corpus*, no Juizado Especial Criminal da Comarca do Rio de Janeiro, editada pelo então Juiz de Direito Gustavo Gandinetti Castanho de Carvalho, que, coincidentemente, além de magistrado, é professor e pesquisador da liberdade de expressão:

> Não importa muito o teor do pensamento, da argumentação que será expressa no locus público. Para a Constituição, o que importa é a liberdade de fazê- lo. O judiciário, nem

---

[22] GARGARELA, *op. cit*, 2006, p. 17.

[23] Os organizadores modificaram o nome devido à proibição do evento por diversos tribunais, os quais entendiam constituir a marcha como crime de apologia.

[24] MÉRITO: *"MARCHA DA MACONHA"* – MANIFESTAÇÃO LEGÍTIMA, *POR CIDADÃOS DA REPÚBLICA*, DE DUAS LIBERDADES INDIVIDUAIS *REVESTIDAS DE CARÁTER FUNDAMENTAL*: O DIREITO DE REUNIÃO (*LIBERDADE-MEIO*) E O DIREITO À LIVRE EXPRESSÃO DO PENSAMENTO (*LIBERDADE-FIM*) – A LIBERDADE DE REUNIÃO *COMO PRÉ-CONDIÇÃO NECESSÁRIA* À ATIVA PARTICIPAÇÃO DOS CIDADÃOS NO PROCESSO POLÍTICO E NO DE TOMADA DE DECISÕES NO ÂMBITO DO APARELHO DE ESTADO – CONSEQUENTE LEGITIMIDADE, *SOB PERSPECTIVA ESTRITAMENTE CONSTITUCIONAL*, DE ASSEMBLEIAS, REUNIÕES, MARCHAS, PASSEATAS OU ENCONTROS COLETIVOS REALIZADOS *EM ESPAÇOS PÚBLICOS* (OU *PRIVADOS*) COM O OBJETIVO DE OBTER APOIO PARA OFERECIMENTO DE PROJETOS DE LEI, *DE INICIATIVA POPULAR*, DE CRITICAR MODELOS NORMATIVOS EM VIGOR, DE EXERCER O DIREITO DE PETIÇÃO E DE PROMOVER ATOS DE PROSELITISMO EM FAVOR DAS POSIÇÕES SUSTENTADAS PELOS MANIFESTANTES E PARTICIPANTES DA REUNIÃO – *ESTRUTURA CONSTITUCIONAL* DO DIREITO FUNDAMENTAL DE REUNIÃO PACÍFICA E *OPONIBILIDADE DE SEU EXERCÍCIO* AO PODER PÚBLICO E AOS SEUS AGENTES (...).
AINDA QUE AS IDEIAS PROPOSTAS POSSAM SER CONSIDERADAS, *PELA MAIORIA*, ESTRANHAS, INSUPORTÁVEIS, EXTRAVAGANTES, AUDACIOSAS OU INACEITÁVEIS – O SENTIDO DE ALTERIDADE DO DIREITO À LIVRE EXPRESSÃO E O RESPEITO ÀS IDEIAS QUE CONFLITEM COM O PENSAMENTO E OS VALORES DOMINANTES NO MEIO SOCIAL.

qualquer outro Poder da República, pode se arrogar à função de censor do que pode ou do que não pode ser discutido numa manifestação social. Quem for contra o que será dito, que faça outra manifestação para dizer que é contra e por que. (...) O que não podem fazer é tentar impedi-la. Isso sim, seria inconstitucional, atentatório à ordem pública e às liberdades públicas.[25]

5.3 Presunção da natureza pacífica

Conectado à questão do controle do conteúdo é o problema da proibição pela Administração da realização de uma manifestação por prever que, ali, ocorrerão atos de violência. Não pode o Estado, na normalidade constitucional, mesmo que tenha informações que apontem para a possibilidade de violência, proibir a realização de um protesto.

Experiências anteriores de manifestações organizadas pelo mesmo grupo nas quais houve violência ou a existência de informações sobre possíveis indivíduos ou grupos violentos participando do protesto não legitimam uma proibição prévia da manifestação. Por mais que exista um histórico de provocação de distúrbios, um grupo pode levar às ruas um protesto pacífico. Assim deve a Administração presumir. Cabe à autoridade criar condições adequadas para, em caso de perda de controle da situação, intervir.

Na decisão do caso Brockdorf, o Tribunal Constitucional Federal Alemão afirmou claramente a necessidade de ser presumida a natureza não violenta:

> Em não se podendo recear que uma manifestação como um todo tome contornos não-pacíficos ou que seu organizador e seus auxiliares aspirem a esse estado de coisas, ou, ainda, que os aceitem, mantém-se para os participantes pacíficos a proteção da liberdade de reunião a todo cidadão garantida constitucionalmente, mesmo quando se espera ato de violência individual ou de uma minoria. Nesse caso, uma proibição preventiva de toda uma manifestação pressupõe o atendimento a estritas exigências sobre o prognóstico do perigo, bem como sobre o prévio esgotamento de qualquer meio utilizável que proporcione aos participantes pacíficos a realização do direito fundamental.[26]

5.4 A produção de transtornos

Não se pode exigir que protestos com um número razoável de pessoas não produzam transtornos, como engarrafamentos e atrasos no transporte público. A concentração de pessoas é, por si só, fonte de transtornos.

A Relatoria Especial para a Liberdade de Expressão Comissão Interamericana de Direitos Humanos, criticando a criminalização da participação em determinadas formas de protesto, chama a atenção para o fato de que grandes protestos normalmente causam transtornos:

> Naturalmente, as greves, os bloqueios de estradas e a ocupação do espaço público, incluindo os distúrbios que podem ocorrer durante as manifestações sociais, podem gerar

---

[25] *Habeas Corpus* nº 2009.001.090257-7, IV JEC, RJ 14.04.2009, p. 3.

[26] MARTINS, Leonardo (Org.). *Cinquenta anos de jurisprudência do Tribunal Constitucional Federal alemão*. Montevideo: Konrad-Adenauer- Stifung, 2005.

incômodos e até mesmo danos cuja prevenção e reparação são necessárias. Contudo, os limites desproporcionais de uma manifestação, em particular quando se trata de grupos que não têm outra forma de se expressar publicamente, comprometem seriamente o direito à liberdade de expressão. Por isso, a Relatoria Especial se preocupa com a existência de disposições penais que convertem em atos criminais a simples participação em uma manifestação, os bloqueios de estradas (a qualquer hora e de qualquer tipo) ou os atos de desordem que, na realidade, em si mesmos, não afetam bens como a vida, a segurança ou a liberdade das pessoas.[27]

Nesse mesmo Relatório, o órgão do sistema interamericano de proteção de direitos humanos conclama os países da região a realizar uma leitura da liberdade de expressão e da liberdade de reunião que promova a participação, e não que a limite:

Em suma, a liberdade de expressão não é um direito absoluto. É certo que o seu exercício pode ser abusivo e causar danos individuais e coletivos importantes. Mas também é verdade que as restrições desproporcionais acabam gerando um efeito intimidador, censura e inibição no debate público, que são incompatíveis com os princípios de pluralismo e tolerância, próprios das sociedades democráticas. Não é fácil participar de modo desinibido de um debate aberto e vigoroso sobre assuntos públicos quando a consequência pode ser um processo criminal, a perda de todo o patrimônio ou a estigmatização social. Por isso, é imprescindível ajustar as instituições e a prática punitiva do Estado aos imperativos do marco jurídico interamericano.[28]

5.5 O protesto não informado

Apesar de falar a Constituição na existência de uma informação para a autoridade administrativa de que ocorrerá o protesto, a não realização da comunicação não transforma, por si só, uma manifestação em ilegal. A informação visa permitir que a Administração aja para minimizar transtornos, criando, por exemplo, alternativas de fluxo para o tráfego de pessoas e automóveis na área do protesto.

Assim, a um só tempo, à autoridade cabe agir para proteger direitos de terceiros e, também, para viabilizar o próprio exercício do direito ao protesto. Essa proteção dos que protestam faz parte de uma dimensão positiva da liberdade de reunião. Essa dimensão foi expressamente reconhecida pelo Tribunal Europeu de Direitos Humanos na decisão do caso *Plattform Ärtzte Für das Leben contra Áustria* (ECHR, 1988).

Interpretar a Constituição para ver no dispositivo consagrador da liberdade de reunião uma proibição de uma manifestação não informada transformaria uma norma de direitos fundamentais em obstáculo ao exercício do próprio direito.

Nesse sentido, foi a decisão do Tribunal Constitucional Alemão na decisão do referido caso Brockdorf:

As regras da lei de reunião (*Versammlungsgesetz*) sobre o dever de aviso prévio da reunião em locais abertos ao público e sobre as condições para sua dissolução ou proibição (§§14, 15) cumprem as exigências constitucionais, contanto que, quando da sua interpretação e aplicação, seja observado:

---

[27] IIDH, *op. cit.*, 2009, p. 24.

[28] IIDH, *op. cit.*, p. 25.

a) que o dever de aviso prévio não interfira em demonstrações espontâneas e a infração a tal dever não autorize automaticamente a dissolução ou a proibição,

b) que a dissolução e proibição possam ocorrer apenas com fim de proteção de bens jurídicos com o mesmo valor, sob a estrita observância do princípio da proporcionalidade e apenas no caso de uma ameaça imediata a tais bens jurídicos, ameaça esta que possa ser deduzida de circunstâncias [imediatamente] reconhecíveis.[29]

5.6 Protesto com crítica à autoridade

A promoção do direito ao protesto requer o afastamento de mecanismos legais específicos para proteção da honra de autoridades públicas. O Estado precisa ficar o mais exposto possível à análise pela cidadania e, por consequência, à crítica:

> Los derechos vinculados a libertad de expression deben ser objectos de una protection especial. Y más todavia, dentro de los derechos vinculados con la libertad de expression. encontramos subderechos que merecen uma proteccion aun más especial. Pienso aqui el derecho de criticas las autoridades en ejercicio del poder.[30]

O Sistema Interamericano de Direitos Humanos tem trabalhado no sentido de orientar os Estados da região a revogarem os dispositivos legais que criminalizam a ofensa a servidor público. A existência desses tipos penais, como o desacato, funciona como um mecanismo de inibição da expressão, podando, inclusive, grupos que participam de protestos. Quem exerce função pública está mais sujeito à crítica.

A Comissão Interamericana preocupa-se, inclusive, com casos nos quais, mesmo revogados os dispositivos que criminalizam o desacato, a aplicação de tipos penais gerais de proteção à honra em casos de críticas a servidores públicos funciona como elemento inibidor da crítica. Nesse sentido:

> Os funcionários públicos e as pessoas públicas expõem-se voluntariamente a um maior escrutínio por parte da sociedade e, visando o controle social necessário para um eficiente e adequado exercício dos poderes do Estado, hão de ser mais tolerantes à crítica. A proteção da honra nesses casos há de acontecer no âmbito cível, uma vez que a sanção penal poderia inibir o controle da função pública necessário em uma sociedade democrática.[31]

No caso *Dichand and others vs Austria*, a Corte Europeia de Direitos Humanos reconhece que a expressão a ser protegida não pode englobar tão somente as favoráveis ou neutras, mas deve, principalmente, abarcar as que pertubam.

5.7 O uso de máscaras

Não nos parece possível restringir o administrador ou o legislador, de forma genérica, o uso de máscaras em manifestações sob o argumento de que a Constituição,

---

[29] MARTINS, Leonardo (Org.). *Cinquenta anos de jurisprudência do Tribunal Constitucional Federal Alemão*. Montevideo: Konrad-Adenauer- Stifung, 2005.

[30] GARGARELA, *op. cit.*, 2006, p. 22.

[31] OEA. *CP/CAJP-1972/02*, 2002, p. 6.

ao consagrar livre a manifestação do pensamento, vedou expressamente o anonimato.[32] Não é legítima a presunção de que, ao usar máscaras, os participantes do protesto têm intenção de cometer atos ilegais.

O uso da máscara pode ser, em si, uma forma protegida de manifestação do pensamento. A máscara pode ser um símbolo da causa defendida no protesto. Pensemos, por exemplo, em manifestantes vestidos de palhaço, querendo, com isso, simbolizar que as autoridades assim os tratam. É claramente inconstitucional qualquer ato normativo que, de forma genérica, proíba manifestações em que sejam utilizadas máscaras.

A interpretação da cláusula da proibição do anonimato resulta na constatação de que, instado a se identificar quando a autoridade tenha a suspeita de que o mascarado é responsável por algum ato ilegal, o indivíduo não tem o poder de resistir. Assim, ao ser determinada a identificação pela autoridade, o indivíduo deve submeter-se à ordem. Com a existência desse poder de determinar a identificação e do dever de mostrar o rosto quando determinado, não há como justificar a desproporcional medida da proibição do uso da máscara.

Esse debate aproxima-se daquele que muitos países estão fazendo sobre a legitimidade de leis que proíbem o uso da burca. A burca é, como se sabe, uma vestimenta feminina, utilizada por algumas mulheres islâmicas, que cobre totalmente o rosto. A França editou uma lei (2010-1192) que proíbe o uso em locais públicos de roupa que cubra o rosto. Aparentemente, trata-se de norma generalista. No entanto, está claramente dirigida à comunidade islâmica que utiliza a burca.

A matéria foi levada ao Tribunal Europeu de Direitos Humanos por uma cidadã francesa de orígem paquistanesa. No entanto, por maioria, o Tribunal entendeu que a França não violou dispositivos da Convenção Europeia de Direitos Humanos, fazendo uma restrição proporcional de direitos.

Para a questão aqui discutida, é importante analisar as conclusões do Tribunal quanto ao argumento do Estado francês de que a medida era necessária à segurança pública. A França alegava as referências à segurança pública como razão para restringir direitos nos artigos 8º e 9º da Convenção Europeia de Direitos Humanos, que assim estão redigidos:

> Artigo 8º
> (...)
> 2. Não pode haver ingerência da autoridade pública no exercício deste direito senão quando esta ingerência estiver prevista na lei e constituir uma providência que, numa sociedade democrática, seja necessária para a segurança nacional, para a segurança pública, para o bem - estar económico do país, a defesa da ordem e a prevenção das infracções penais, a protecção da saúde ou da moral, ou a protecção dos direitos e das liberdades de terceiros.

> Artigo 9º
> (...)
> 2. A liberdade de manifestar a sua religião ou convicções, individual ou colectivamente, não pode ser objecto de outras restrições senão as que, previstas na lei, constituírem disposições

---

[32] Art. 5º, IV, da Constituição Federal: É livre a manifestação do pensamento, sendo vedado o anonimato.
Art. 220. A manifestação do pensamento, a criação, a expressão e a informação, sob qualquer forma, processo ou veículo não sofrerão qualquer restrição, observado o disposto nesta Constituição.

necessárias, numa sociedade democrática, à segurança pública, à protecção da ordem, da saúde e moral públicas, ou à protecção dos direitos e liberdades de outrem.

O Tribunal entendeu que não era legítima a alegação de necessidade de restrição de direitos para promoção da segurança pública. O Tribunal entendeu no mesmo sentido que aqui estamos defendendo: o problema da identidade é resolvido com o já existente dever de se identificar, quando exigido por uma autoridade, em casos de fundada suspeita.[33]

A decisão do Tribunal foi tomada pela Grande Sala, o que significa não ser mais possível recurso. Isso não significa, no entanto, que está pacificada a questão. Houve uma forte reação contra a decisão, por parte de pessoas e instituições de diversos países, sendo destacável a posição da Anistia Internacional (2014), que afirmou que a decisão "representa um enorme retrocesso para o direito à liberdade de expressão e de religião e transmite a mensagem de que as mulheres não são livres para expressar suas crenças religiosas em público",[34] e da Human Rights Watch (2014), para quem "proibições desta natureza – sejam formuladas em termos neutros ou mediante referências explícitas ao véu muçulmano – têm um impacto negativo desproporcionado sobre as mulheres muçulmanas e, portanto, violam o direito a não sofrer discriminação por motivos de religião e de gênero".[35]

6 Reações legislativas aos protestos

6.1 Novas estruturas legislativas como reação aos protestos

Já há alguns anos, é notada uma fadiga no modelo de democracia representativa que foi consagrado durante o século XX. Sob Estados sociais, a Europa da segunda metade do século XX viu uma redução substancial do interesse do cidadão comum por temas políticos. A marca desse período foi o imobilismo e o conformismo.

O reequilíbrio de forças políticas que decorreu da queda dos regimes pós-revolucionários do leste europeu, ao final do século, resultou em um ataque a direitos sociais já consolidados e à revisão do papel do Estado. Isso reascendeu uma militância crítica, que foi renovada por movimentos antiglobalização e reinventada, em especial nos últimos três anos, com o surgimento de novos movimentos, muitos deles alimentados por crises econômicas graves enfrentadas por alguns países europeus.

Os novos movimentos utilizam manifestações massivas e, muitas vezes, resultam em confrontos com forças públicas de segurança. São exemplos os movimentos "*Occupy Wall Street*", 15M ou indignados da Espanha e movimentos contra a Copa do Mundo

---

[33] *As to the women concerned, they are thus obliged to give up completely an element of their identity that they consider important, together with their chosen manner of manifesting their religion or beliefs, whereas the objective alluded to by the Government could be attained by a mere obligation to show their face and to identify themselves where a risk for the safety of persons and property has been established, or where particular circumstances entail a suspicion of identity fraud* (ECHR, 2014).

[34] *Representa un enorme retroceso para el derecho a la libertad de expresión y de religión y transmite el mensaje de que las mujeres no son libres para expresar sus creencias religiosas en público.*

[35] *Prohibiciones de esta naturaleza –sean formuladas en términos neutros o mediante referencias explícitas al velo musulmán– tienen un impacto desproporcionado sobre las mujeres musulmanas y, por lo tanto, violan el derecho a no sufrir discriminación por motivos de religión y género.*

no Brasil. Várias foram as reações do Poder Público a esses movimentos. Destacamos, aqui, reações que resultaram em novos parâmetros legais. Tratamos de dois casos paradigmáticos: Brasil e Espanha.

6.2 Novas leis para novos protestos no Brasil

As chamadas "jornadas de junho" foram uma série de protestos de massa ocorridos no Brasil em 2013. Esses protestos evidenciaram uma incapacidade de o Estado brasileiro lidar com as demandas apresentadas e de tratar os atos. A resposta mais comum foi a repressão. Os protestos foram seguidos por um debate político-legislativo orientado a coibir e criminalizar as manifestações através da edição de uma série de leis.

Já antes mesmo de tais manifestações, a Lei Geral da Copa – Lei nº 12.663/2012 – proibia, por exemplo, a utilização de bandeiras, inclusive com mastro de bambu ou similares, para outros fins "que não o da manifestação festiva e amigável" (art. 28, X). Como outros atos normativos editados em outros países, a restrição foi veiculada em um texto que formalmente parecia visar garantir a liberdade de manifestação e defender a dignidade da pessoa humana.

O art. 28, §1º, da lei, que afirma que "é ressalvado o direito constitucional ao livre exercício de manifestação e à plena liberdade de expressão em defesa da dignidade da pessoa humana", foi questionado perante o Supremo Tribunal Federal, na ADI nº 5.136. Na decisão, o STF, por maioria, decidiu que seria uma limitação possível às liberdades de expressão e manifestação, que não são ilimitados. O Tribunal viu uma restrição que atende ao critério da proporcionalidade.

Concordamos com os votos vencidos dos ministros Joaquim Barbosa e Marco Aurélio, que viram no dispositivo uma restrição inconstitucional. No voto do Ministro Joaquim Barbosa, é destacado que a "liberdade de expressão não está exclusivamente ligada à defesa da dignidade da pessoa humana". Assim, vincular a proteção ao protesto apenas nos casos que se dirige à defesa da "dignidade humana" é condicioná-lo de forma incompatível com o catálogo constitucional de direitos fundamentais.

A Lei nº 12.850, editada em agosto de 2013, voltou-se a reprimir as "organizações criminosas". Segundo alerta da Organização Não Governamental Artigo 19,[36] a definição desse tipo de organização foi feita de forma vaga, podendo representar, na aplicação, uma ameaça a grupos que organizam sistematicamente protestos. A definição foi feita nos seguintes termos:

> Considera-se organização criminosa a associação de 4 (quatro) ou mais pessoas estruturalmente ordenada e caracterizada pela divisão de tarefas, ainda que informalmente, com objetivo de obter, direta ou indiretamente, vantagem de qualquer natureza, mediante a prática de infrações penais cujas penas máximas sejam superiores a 4 (quatro) anos, ou que sejam de caráter transnacional (art. 1º, §1º).

Tramita na Câmara dos Deputados o Projeto de Lei nº 2.016/2015, que insere, na citada lei, organização terrorista e é vista por movimentos sociais como meio de coibir manifestantes e a definição de endurecer os tipos penais. Na atual redação, é feita uma

---

[36] ARTIGO 19. *Direito ao protesto no Brasil*. 2015. Disponível em: <http://www.artigo19.org/protestos/direito_brasil. php>. Acesso em: 10 ago. 2015.

referência expressa ao fato de que não se incluem, na definição, manifestações políticas e movimentos sociais e sindicais.[37] Apesar da "conquista" na exclusão dos movimentos sociais da lei, fica ao intérprete o perigoso poder de interpretar a natureza de determinada organização, fazendo um verdadeiro controle do conteúdo da atividade do grupo, que só não será terrorista se considerado como enquadrado na exceção.

Não apenas a União, mas, também, Estados buscaram enquadrar os movimentos com novos atos normativos. Achamos importante destacar algumas das leis criadas nessa perspectiva. Em setembro de 2013, em regime de urgência, o Rio de Janeiro editou a Lei nº 6.528/2013, que proíbe o uso de máscaras e exige aviso prévio à autoridade nas manifestações ocorridas no Estado. No mesmo sentido, proibindo máscaras e exigindo o aviso prévio à autoridade, o Estado de São Paulo editou a Lei nº 15.556/14. Na Assembleia Legislativa de Pernambuco, tramita o Projeto de Lei nº 191/2015, que exige o aviso à autoridade pública três dias antes da manifestação e prevê, para o caso de descumprimento, uma multa, que pode ser dobrada em caso de reincidência. Coincidência ou não, o Projeto de Lei foi protocolado dois dias depois dos integrantes do movimento Ocupe Estelita terem acampado em frente à casa do prefeito do Recife, em protesto contra a aprovação de projeto de construção para a área em conflito.

6.3 Os indignados na Espanha e a Lei de Segurança Cidadã

Em 2015, foi editada a Ley Organica nº 4/2015, autodenominada *Ley de Seguridad Ciudadana*, que está sendo popularmente chamada de "Lei Mordaça". A Lei de Segurança Cidadã definiu um conjunto de ilícitos na prática dos protestos. Entre a versão inicialmente enviada pelo governo ao parlamento e o texto final aprovado pelas cortes, a pressão popular resultou em muitas alterações, tornando-a um pouco menos sufocante. Ainda assim, restaram institutos que são dirigidos, claramente, a um controle dos novos movimentos sociais surgidos no contexto da crise econômica. Foi dado um poder muito amplo aos agentes públicos de interpretar fatos e encaixar em hipóteses legais que justificam multas de excessivo valor.

Na verdade, muitas das infrações administrativas nela definidas, que resultarão na imposição de multas, servirão como uma espécie de punição subsidiária à punição prevista para crimes. Em alguns dispositivos, a lei define a infração, mas diz "quando não constitua crime". Frente ao rigor maior e a um controle mais forte que caracterizam o direito penal, o Estado passa a contar com um instrumento sancionador mais amplo, que pode ser usado com mais flexibilidade, restringindo os protestos.

As multas previstas são muito altas. Infrações consideradas leves são multadas de 100 a 600 euros. Infrações consideradas graves permitem multas que vão de 601 a 30.000 euros. Já as infrações consideradas muito graves justificam multas entre 30.001 e 600.000 euros.

---

[37] II - às organizações terroristas, cujos atos preparatórios ou executórios ocorram por razões de ideologia, política, xenofobia, discriminação ou preconceito de raça, cor, etnia, religião ou gênero e que tenham por finalidade provocar o terror, expondo a perigo a pessoa, o patrimônio, a incolumidade pública ou a paz pública ou coagir autoridades a fazer ou deixar de fazer algo.
§3º O inciso II do §2º não se aplica à conduta individual ou coletiva de pessoas em manifestações políticas, movimentos sociais ou sindicais movidos por propósitos sociais ou reivindicatórios, visando a contestar, criticar, protestar ou apoiar, com o objetivo de defender ou buscar direitos, garantias e liberdades constitucionais.

Das infrações graves (art. 35), destacamos duas: (i) reuniões ou manifestações não comunicadas ou proibidas em "infraestruturas ou instalações nas quais se prestam serviços básicos para a comunidade ou em suas imediações" e que gerem riscos à vida ou à integridade física das pessoas, e (ii) a celebração de espetáculos públicos descumprindo proibição ordenada por autoridade por razões de segurança.

A maior parte das condutas polêmicas está na categoria de condutas graves. Vejamos algumas (art. 36).

Uma das condutas incluídas no rol de infrações graves é a "perturbação grave da segurança cidadã" em protestos em frente a prédios de casas de representantes (o Congresso dos Deputados, o Senado ou as Assembleias Legislativas das regiões autônomas). Trata-se de conceito muito vago a "perturbação grave da segurança cidadã", que deixa uma margem muito grande de manipulação ao intérprete, dando poderes excessivos à autoridade de segurança. O mesmo conceito indeterminado é usado para definir os casos de obstrução de vias públicas passíveis de punição.

Uma das mais inovadoras formas de protesto surgidas nessa retomada da participação na Espanha foi a obstrução dos despejos. Organizações mobilizavam ativistas para irem a casas nas quais serias executadas ordens de despejo e formavam uma barreira humana, dificultando a ação da polícia. Na lei, foi incluída a conduta como infração grave.

Também merece destaque a punição do ato de fotografar policial em ação. A lei pune o uso não autorizado da imagem ou de dados pessoais de membros de forças de segurança "que possa pôr em risco a segurança pessoal ou familiar dos agentes, das instalações protegidas ou o êxito de uma operação, com respeito ao direito fundamental à informação". A hipótese de pôr em risco o êxito de uma operação faz com que seja previsível que essa ponderação, a ser feita pelo agente administrativo, tenda a favor da restrição. A limitação ameaça profissionais de imprensa e participantes de protestos. Não são incomuns os flagrantes de excessos cometidos na repressão a protestos. Com a proliferação de *smartphones*, qualquer um pode ser o "repórter" a flagrar uma violação de direitos pelas forças policiais.

Dá, também, a lei amplo poder aos agentes de segurança para identificar os participantes do protesto. Diante de riscos, não previamente definidos, os agentes podem determinar a identificação, que, caso não seja feita, caracterizará infração grave. Podem, ainda, caso não estejam seguros da identidade do participante, conduzi-los a prédios da polícia, onde será confirmada a identidade.

O rol das infrações leves (art. 37) também traz alguns instrumentos de controle criticáveis. Destacamos aqui (i) a punição da prática de subir em monumentos públicos, (ii) a "falta de respeito e consideração" a membros das forças de segurança em serviço, quando não constitua crime e (iii) o consumo público de bebida alcoólica que "perturbe gravemente a tranquilidade cidadã".

7 Considerações finais

A crise de representação vivida pelas atuais democracias poderia resultar em um novo olhar sobre os protestos. No entanto, ainda vemos uma administração pública pouco responsiva, preocupada, quando da escalada de protestos, em criar anteparos que protejam as autoridades. Precisamos superar certa dificuldade de estabelecer, a administração pública, padrões de tratamento do protesto compatíveis com as garantias constitucionais da liberdade de expressão e da liberdade de reunião.

A nossa Constituição traz um conjunto de dispositivos protetivos da liberdade de reunião e da liberdade de expressão que formam um parâmetro adequado para a proteção do protesto social. A interpretação constitucional de conflitos com outros direitos deve tender à promoção do direito ao protesto, sendo necessário que razões robustas sejam elencadas para justificar sua restrição.

Esses parâmetros são essenciais para orientar, em especial, as autoridades policiais, que acabam por ter uma grande responsabilidade, sem, para isso, contar com orientação segura. O estudo do problema deve levar em conta uma vasta experiência de outras democracias constitucionais e de sistemas regionais de proteção de direitos humanos no tratamento dos protestos. Concluímos o trabalho considerando que essas questões aqui propostas ficam como uma agenda a ser aprofundada por outros trabalhos, que precisam dar foco em cada problema aprontado e em outros conflitos jurídicos que os protestos suscitam.

Referências

ANISTIA INTERNACIONAL. *La sentencia del Tribunal Europeo de DD. HH. sobre el velo integral castiga a las mujeres por expresar sus creencias*. 2014. Disponível em: <http://www.amnesty.org/es/for-media/press-releases/sentencia-tribunal-eur-ddhh-velo-integral-castiga-mujeres-creencias-2014-07-01>. Acesso em: 20 ago. 2014.

ARTIGO 19. *Direito ao protesto no Brasil*: 2015. Disponível em: <http://www.artigo19.org/protestos/direito_brasil.php>. Acesso em: 10 ago. 2015.

BERTONI, Eduardo. *Es legitima la criminzalicaion la criminalizacion de la protesta social?*: derecho penal y libertad de expression en America Latina. Buenos Aires: Universidade de Palermo, 2011.

CARBONELL, Miguel. *La libertad de associación y reunion en Mexico*. Anuario de derecho constitucional latino Americano. Mexico: Unam, 2006, p. 826.

CIDH. Comissão Interamericana de Direitos Humanos. *Relatoria especial para liberdade de expressão*: uma agenda continental para a defesa da liberdade de expressão. Disponível em: <http://www.oas.org/pt/cidh/expressao/docs/publicaciones/20140407%20-%20PORT%20OEA%20Unesco%20-%20Uma%20Agenda%20Continental%20para%20a%20Defesa%20da%20Liberdade%20de%20Expressao%20adjus.pdf>. Acesso em: 15 jul. 2014.

CIDH. Comissão Interamericana de Direitos Humanos. Relatoria especial para liberdade de expressão. *Relatório anual. 2004*. Disponível em: <http://www.oas.org/es/cidh/expresion/docs/informes/desacato/Informe%20Anual%20Desacato%20y%20difamacion%202004.pdf>. Acesso em: 15 jul. 2014.

ECHR. European Court Of Human Rights. *Case of S.A.S. v. France*. 2014. Disponível em: <http://hudoc.echr.coe.int/sites/eng/pages/search.aspx?i=001-145466#{"itemid":["001-145466"]}>. Acesso em: 20 ago. 2014.

ECHR. European Court Of Human Rights. *Case of plattform "Ärzte Für Das Leben" v. Austria*. 1988. Disponível em: <http://hudoc.echr.coe.int/sites/eng/pages/search.aspx?i=001-145466#{"itemid":["001-145466"]}>. Acesso em: 20 ago. 2014.

FARIAS, Edilsom Pereira de. *Colisão de direitos*: a honra, a intimidade, a vida privada e a imagem *versus* liberdade de expressão e informação. Porto Alegre: Sergio Antonio Fabris, 2000.

FISS, Owen. *A ironia da liberdade de expressão*. São Paulo: Renovar, 2005.

GARGARELLA, Roberto. *Carta Abierta sobre la intolerância*. Buenos Aires: Siglo XXI, 2006.

GARGARELLA, Roberto. *El derecho a resistir el derecho*. Buenos Aires: Mino y Dávila, 2005.

HUMAN RIGHTS WATCH. Francia: *Sentencia sobre uso de velos que cubren el rostro atenta contra derechos*. 2014. Disponível em: <http://www.hrw.org/es/news/2014/07/03/francia-sentencia-sobre-uso-de-velos-que-cubren-el-rostro-atenta-contra-derechos>. Acesso em: 20 ago. 2014.

LEFORT, Claude. *A invenção democrática*: os limites do totalitarismo. São Paulo: Brasiliense, 1981.

MACHADO, Jonatas E. M. *Liberdade de expressão*: dimensões constitucionais da esfera pública no sistema social. Coimbra: Coimbra Editora, 2002.

MARTINS, Leonardo (Org.). *Cinquenta anos de jurisprudência do Tribunal Constitucional Federal Alemão*. Montevideo: Konrad-Adenauer- Stifung, 2005.

MIRANDA, Jorge. Direito. *Manual de Direito Constitucional*. t. IV. Coimbra: Almedina, 2010.

NEVES, Marcelo. *A constitucionalização simbólica*. São Paulo: Martins Fontes, 2007.

RABINOVICH, Eleonor. Protesta, derechos y libertad de expression. In: RABINOVICH, Eleonora; MAGRINI, Ana Lucía; RINCON, Omar (Org.). *Vamos a portanos mal*: protesta social y libertad de expression en América Latina. Bogotá: Centro de competencia en comunicacion para America Latina, 2011.

SANTOS, Gustavo Ferreira. *O princípio da proporcionalidade na jurisprudência do STF*: limites e possibilidades. Rio de Janeiro: Lumen Juris, 2004.

SILVA, José Afonso da. Comentário contextual à constituição. São Paulo: Malheiros, 2005.

Informação bibliográfica deste texto, conforme a NBR 6023:2002 da Associação Brasileira de Normas Técnicas (ABNT):

SANTOS, Gustavo Ferreira; GOMES, Ana Cecília Barros. Direito ao protesto. In: LEITE, George Salomão; LEITE, Glauco Salomão; STRECK, Lenio Luiz (Coord.). *Jurisdição constitucional e liberdades públicas*. Belo Horizonte: Fórum, 2017. p. 133-150. ISBN 978-85-450-0237-6.

LIBERDADE DE ASSOCIAÇÃO

JULIANA TEIXERA ESTEVES

FERNANDA BARRETO LIRA

1 Introdução

A liberdade associativa é direito humano que exige atividade e somente se perfaz pelo exercício da vontade ativa das pessoas de se reunir para obtenção de algum propósito, necessariamente assegurado pelo direito, sob pena de ilicitude. Gradativamente assimilada pelo ordenamento jurídico de diversos países, possui *status* de direito fundamental no Brasil.

Seu exercício, contudo, é sempre delimitado pelos propósitos políticos e econômicos do Estado, o que, em geral, desvela o paradoxo que parece inerente ao conceito: o direito é garantido em abstrato, e sua concretização demanda a transposição de múltiplos obstáculos.

A liberdade sindical é direito fundamental com grande riqueza de complexidade em razão do protagonismo na luta pela cidadania e da impregnação política das restrições ao seu exercício. Daí ter sido o tema escolhido em meio à vastidão de possibilidades que o presente estudo poderia esmiuçar.

Para a compreensão didática do tema, analisou-se a absorção constitucional do direito pelas constituições brasileiras. Em seguida, delimitou-se uma conceituação do tema, seguida de uma análise crítica da relação entre a liberdade como direito e a prática sindical. Por último, traçou-se definição dos novos movimentos sociais e seu impacto sobre a compreensão da liberdade associativa.

Espera-se que o texto possa ser de agradável leitura e de proveito para a compreensão ampla de tão relevante tema.

2 Conceituação e trajetória da assimilação constitucional da liberdade de associação

A liberdade é um bem inestimável para o indivíduo e o desenvolvimento pleno de sua personalidade. Um dos meios para a sua concretização é a escolha das relações pessoais e dos relacionamentos que poderão ser instituídos para fins políticos, religiosos, profissionais, culturais e outras formas de associação dos indivíduos.

A liberdade de associação é direito público e subjetivo reconhecido pela Declaração Universal dos Direitos Humanos,[1] pela Convenção Europeia dos Direitos Humanos,[2] pela Convenção Americana de Direitos Humanos,[3] pela Carta Africana dos Direitos Humanos e dos Povos,[4] e pelas constituições de vários países.

No direito brasileiro, foi recepcionada pela CF/88 e está consagrada no artigo 5º, incisos XVII a XXI:

> XVII - é plena a liberdade de associação para fins lícitos, vedada a de caráter paramilitar;
> XVIII - a criação de associações e, na forma da lei, a de cooperativas independem de autorização, sendo vedada a interferência estatal em seu funcionamento;
> XIX - as associações só poderão ser compulsoriamente dissolvidas ou ter suas atividades suspensas por decisão judicial, exigindo-se, no primeiro caso, o trânsito em julgado;
> XX - ninguém poderá ser compelido a associar-se ou a permanecer associado;
> XXI - as entidades associativas, quando expressamente autorizadas, têm legitimidade para representar seus filiados judicial ou extrajudicialmente.

Na antiga Constituição Federal de 1967, com redação da EC 1º, de 17.10.1969, no capítulo destinado aos direitos e garantias individuais, assegurava, *in verbis*, o respectivo artigo 153, §28: "É assegurada a liberdade de associação para fins lícitos. Nenhuma associação poderá ser dissolvida, senão em virtude de decisão judicial".

A violação de tal direito era tipificada como crime de responsabilidade, por implicar desrespeito ao exercício de direito individual (art. 82, III, da CF/67 com redação da EC 1º de 17.10.1969 e art. 7º, IX, da Lei nº 1.079/50), excetuando-se as hipóteses de o Brasil aplicar medidas de defesa do Estado, tais como o estado de sítio, ou medidas de emergência e o estado de emergência. Em tais circunstâncias, o direito à liberdade de associação poderia ser suspenso transitoriamente (art. 155 a 159 da CF/67 com redação da EC 1º de 17.10.1969).

De igual forma, as constituições brasileiras de 1946 e 1934 asseguravam o exercício do direito de associação. O dispositivo era idêntico nas duas Cartas Magnas (art. 141,

---

[1] Artigo 20. Todo ser humano tem direito à liberdade de reunião e associação pacífica. 2. Ninguém pode ser obrigado a fazer parte de uma associação.

[2] Art. 11. 1. Qualquer pessoa tem direito à liberdade de reunião pacífica e à liberdade de associação, incluindo o direito de, com outrem, fundar e filiar-se em sindicatos para a defesa dos seus interesses. 2. O exercício deste direito só pode ser objecto de restrições que, sendo previstas na lei, constituírem disposições necessárias, numa sociedade democrática, para a segurança nacional, a segurança pública, a defesa da ordem e a prevenção do crime, a protecção da saúde ou da moral, ou a protecção dos direitos e das liberdades de terceiros. O presente artigo não proíbe que sejam impostas restrições legítimas ao exercício destes direitos aos membros das forças armadas, da polícia ou da administração do Estado.

[3] Artigo 16 - Liberdade de associação 1. Todas as pessoas têm o direito de associar-se livremente com fins ideológicos, religiosos, políticos, econômicos, trabalhistas, sociais, culturais, desportivos ou de qualquer outra natureza. 2. O exercício desse direito só pode estar sujeito às restrições previstas em lei e que se façam necessárias, em uma sociedade democrática, ao interesse da segurança nacional, da segurança e da ordem públicas, ou para proteger a saúde ou a moral públicas ou os direitos e as liberdades das demais pessoas. 3. O presente artigo não impede a imposição de restrições legais, e mesmo a privação do exercício do direito de associação, aos membros das forças armadas e da polícia.

[4] Artigo 10º. 1. Toda pessoa tem direito de constituir, livremente, com outras pessoas, associações, sob reserva de se conformar às regras prescritas na lei. 2. Ninguém pode ser obrigado a fazer parte de uma associação sob reserva da obrigação de solidariedade prevista no artigo 29º.

§12, e art. 113, §12, respectivamente) e dizia: "É garantida a liberdade de associação para fins lícitos. Nenhuma associação poderá ser compulsoriamente dissolvida senão em virtude de sentença judiciária".

Em *Comentários à Constituição Brasileira de 1967*, Manoel Gonçalves Ferreira Filho esclarece que:

> Em face do texto constitucional, as associações tem um verdadeiro direito à vida. De fato, não podem elas ser dissolvidas, exceto em virtude de decisão judicial. Com isto, impede-se que a existência da associação fique na dependência da boa vontade do Poder Executivo. Por outro lado, está implícito no texto em estudo que a dissolução da associação somente poderá ter por fundamento a ilicitude de seu fim, contrário à ordem pública... Se fosse possível a dissolução de associação de finalidade lícita, a existência desta ficaria à mercê do Estado.[5]

Já Sahid Maluf adverte que:

> (...) A regulamentação e fiscalização governamentais, porém, não podem prejudicar o direito individual de associação, salvo ocorrendo a hipótese de finalidade ilícita. Uma vez constituída a associação na forma da lei, só poderá ser dissolvida por sentença judicial. Neste ponto, a diferença entre os direitos à liberdade de reunião e à liberdade de associação é de maior relevo: enquanto a reunião pode ser dissolvida pela autoridade policial, a associação só pode ser dissolvida por sentença judicial proferida em processo regular.[6]

Após discorrer acerca da liberdade de associação, Pontes de Miranda afirma que:

> Não existe direito constitucional a associar-se para fim ilícitas, uma vez estabelecida a associação, só o Poder Judiciários pode dissolvê-la compulsoriamente... tem de ser proposta ação constitutiva negativa; não basta ação declaratória negativa. Menos ainda, ordem ou mandado do Poder Executivo.[7]

Em voto proferido no julgamento da ADI nº 3.045/DF, o Ministro Celso de Mello assinalou que a liberdade de associação tem dimensões diversas:

> A liberdade de associação tem uma dimensão positiva, pois assegura a qualquer pessoa (física ou jurídica) o direito de associar-se e de formar associações. Também possui uma dimensão negativa, pois garante, a qualquer pessoa, o direito de não se associar, nem de ser compelida a filiar-se ou a desfiliar-se de determinada entidade. Essa importante prerrogativa constitucional também possui função inibitória, projetando-se sobre o próprio Estado, na medida em que se veda, claramente, ao Poder Público, a possibilidade de interferir na intimidade das associações e, até mesmo, de dissolvê-las, compulsoriamente, a não ser mediante regular processo judicial.[8]

---

5 FERREIRA FILHO, Manoel Gonçalves. *Comentários à Constituição Brasileira*. v. 3. São Paulo: Saraiva, 1977, p. 25-26.

6 MALUF, Sahid. *Direito constitucional*. 4. ed. São Paulo: Sugestões Literarias, 1968, p. 431.

7 MIRANDA, Pontes de. *Comentários à Constituição de 1967*: com a Emenda n. 1 de 1969. t. 5. São Paulo: Revista dos Tribunais, 1970-1972, p. 610-611.

8 STF. ADI nº 3.045/DF, voto do Min. Celso de Mello, j. 10.08.05. Disponível em: <http://stf.jusbrasil.com.br/jurisprudencia/763688/acao-direta-de-inconstitucionalidade-adi-3045-df>.

Todos os ordenamentos jurídicos, entretanto, são unanimes em restringir esse direito às associações para fins pacíficos, lícitos e sem armas. Assim, não é possível invocar o direito de associação para fins separatistas ou criminosos, pretendem alguns grupos surgidos e difundidos nas redes sociais, ou mesmo a organização criminosa chamada Primeiro Comando da Capital – PCC.

O direito de associação emoldura, em sentido estrito, a constituição das sociedades comerciais. É, portanto, ilícita a constituição de sociedade destinada à comercialização de objetos ilícitos. Nessa hipótese, a ilicitude permeia os atos constitutivos da sociedade, o que inviabiliza o registro da empresa (art. 115 da Lei nº 6.015/73). Tal condição jurídica pode ser identificada na desconformidade com o objeto social declarado ou na inviabilidade de autorização para funcionamento da empresa pelos órgãos competentes.

Além disso, a liberdade de associação pode ser contingenciada por outros interesses de cunho social, como a regulação, pelo Estado, da atividade econômica. Desse modo, eventual interessado em estabelecer-se como instituição financeira deve buscar autorização do Banco Central do Brasil ou, ainda, a exploração do ramo de seguros deve ter autorização da Superintendência de Seguros Privados, entre outros muitos exemplos.

Nesse sentido, expressiva e respeitada doutrina.

Com efeito, José Celso de Mello Filho ensina que:

> O direito de associação constitui liberdade de ação coletiva. Embora atribuído a cada pessoa, que é o seu titular, só pode ser exercido em conjunto com outras pessoas. É pelo exercício concreto dessa liberdade pública que se instituem as associações, gênero a que pertencem as sociedades civis ou mercantis. O direito de associação, por isso mesmo, se erige em instrumento de ação multiforme, podendo revestir-se de caráter empresarial, cultural, filantrópico, sindical, político... Somente o Poder Judiciário, por meio de processo regular, poderá decretar a dissolução compulsória das associações. Mesmo a atuação judicial encontra uma limitação constitucional: apenas as associações que persigam fins ilícitos poderão ser compulsoriamente dissolvidas.[9]

Essa lição é anterior à Constituição em vigor, mas a orientação continua válida sob a égide da Constituição Federal de 1988.

José Afonso da Silva não discrepa e ensina que:

> A ausência de fim lucrativo não parece ser elemento da associação, pois parece-nos que o texto *abrange também as sociedades lucrativas*. Então, a liberdade de associação inclui tanto as *associações em sentido estrito* (em sentido técnico estrito, associações são coligações de fim não lucrativo) e as sociedades (coligações de fim lucrativo) (sem destaque no original).[10]

José Cretella Júnior também, com muita clareza, expressa semelhante pensamento:

> *Em direito constitucional, o vocábulo associação tem sentido lato*, não se restringindo, unicamente, ao tipo específico da lei civil, compreendendo, porém, a união orgânica, voluntária e permanente de pessoas física para a consecução de certos fins, que podem ser políticos, religiosos, morais, científicos, civis, comerciais, artísticos.[11]

---

[9] *Constituição Federal anotada*. 2. ed. São Paulo: Saraiva, 1986, p. 476.

[10] *Curso de direito constitucional positivo*. 22. ed. São Paulo: Malheiros, 2003, p. 266.

[11] *Comentários à Constituição Federal de 1988*. 2. ed. v. I. Rio de Janeiro: Forense Universitária, 1990, p. 293.

3 Enquadramento jurídico

O direito de associação pode ser classificado como uma liberdade pública, coletiva, que, embora atribuída ao indivíduo, somente poderá ser exercida conjuntamente com outras pessoas. Sua caracterização demanda a conexão de quatro elementos:

a) natureza institucional, pois repousa, originalmente, num acordo de vontades;
b) pluralidade de participantes;
c) caráter permanente e não transitório;
d) orientação teleológica, posto que a associação constitui entidade com fins orientados, a exemplo do desenvolvimento de ações empresariais – sociedades, culturais ou filantrópicas – associações, sindicais – sindicatos, políticas – partidos políticos.

4 Associações profissionais

A norma constitucional guardou, ainda, um dispositivo específico para regular a liberdade de associação profissional ou sindical (artigo 8º, CF/88).

Inicialmente, cabe explicar que a natureza jurídica do sindicato obedece a uma variável posta em um determinado sistema jurídico no qual ela se insere.

Nos países totalitários, os sindicatos detinham natureza de pessoa jurídica de direito público, na condição de extensão do próprio Estado.

Tal natureza vem sendo conservada da Constituição Federal de 1937 até a constituição em vigor. O sindicato era criado pelo Estado, por ele gerido e fiscalizado, como bem explica Vito Giannotti:

> Vargas também começou a legalizar o funcionamento dos sindicatos. Aparentemente tratava-se de uma abertura para a liberdade dos sindicatos que anteriormente sempre tinham sido reprimidos. Na prática essa liberdade concedida para os sindicatos dependia de uma condição: que fossem sindicatos oficiais, de acordo com as normas ditadas pelo governo, ou seja, os sindicatos deveriam ser totalmente controlados pelo Ministério do Trabalho.[12]

Nesta conjuntura, é coerente que o sindicato, uma vez subjugado ao Estado, alicerçado no corporativismo de Mussolini, possuísse uma natureza de pessoa jurídica de direito.

Atualmente, sob os efeitos de uma relativa liberdade sindical, o artigo 8º, I, da Constituição Federal veda ao Poder Público a interferência e intervenção na organização sindical, podendo-se afirmar que o sindicato possui natureza de pessoa jurídica de direito privado, posto que sujeito ao cumprimento das formalidades do artigo 45 do Código Civil brasileiro para criar e adquirir personalidade jurídica, tal como nas demais pessoas jurídicas.

Assim, a natureza jurídica reconhecida pelo direito brasileiro e diversos outros sistemas jurídicos fundamentados na democracia são de direito privado por não sofrerem interferência do Estado na sua criação, gestão ou atuação no mundo do trabalho.

---

[12] GIONOTTI, Vito. *História das lutas dos trabalhadores no Brasil*. Rio de Janeiro: Mauad, 2007.

Yone Frediani, referindo-se ao mencionado por Cássio Mesquita Barros, aponta que a liberdade sindical poderá ser analisada sob múltiplos aspectos, dentre os quais:

a) liberdade sindical individual, atribuída a toda pessoa física e que corresponde ao direito de cada trabalhador tem de associar-se a sindicato e de nele permanecer ou do mesmo retirar-se quando entender oportuno; b) Liberdade sindical coletiva, conferida ao sindicato, implicando no direito de representação da categoria profissional, econômica ou diferenciada nas inúmeras atribuições que lhes são próprias e materializadas através da negociação coletiva, ajuizamento de dissídio coletivo e deflagração de greve, entre outras; c) liberdade sindical institucional e que corresponde ao direito de organização da entidade sem quaisquer interferências ou autorização do poder público para seu reconhecimento, também denominada autonomia sindical, que concebe o sindicato como senhor de suas deliberações, sem interferências de forças estranhas.[13]

Prescreve o artigo 8º, incisos I e II, da Constituição Federal:

Art. 8º. É livre a associação profissional ou sindical, observado o seguinte: I - a lei não poderá exigir autorização do Estado para a fundação de sindicato, ressalvado o registro no órgão competente, vedadas ao Poder Público a interferência e a intervenção na organização sindical; II - é vedada a criação de mais de uma organização sindical, em qualquer grau, representativa de categoria profissional ou econômica, na mesma base territorial, que será definida pelos trabalhadores ou empregadores interessados, não podendo ser inferior à área de um Município.

Uma leitura despretensiosamente literal do texto acima aponta para uma libertação dos grilhões estatais na criação do sindicato. Sem sombra de dúvidas, o constituinte originário, sob a influência da ordem internacional, emancipou o processo formal de criação dos sindicatos das amarras do Estado, vez que determinou no *caput* do artigo 8º que o Estado não poderia mais intervir ou conceder autorização para a criação do sindicato. De certa forma, houve significativa, mas não plena progressão na aplicação do princípio internacional da liberdade sindical no direito brasileiro.

Assim, depois da Constituição de 1988, os sindicatos passaram a ter natureza jurídica de direito privado, sujeitando, inclusive, às formalidades do artigo 45 do Código Civil, tal como as demais pessoas coletivas, posto que sua criação é livre e independe da vontade estatal.

Contudo, afora essa regra, a liberdade sindical somente pode ser identificada de forma ampla na constituição das organizações sindicais, pois os incisos II e IV do referido artigo 8º, resguardando o princípio da unicidade sindical e mantendo a obrigatoriedade da contribuição sindical compulsória, conserva a atuação dos entes sindicais sob a estrita vigilância e intervenção estatal.

Assim, a liberdade de associação ecoa com distância da moldura jurídica da liberdade sindical no direito brasileiro. Em colisão com o ideal da liberdade sindical plena, nas esferas individual e coletiva está a unicidade sindical, mecanismo assimilado do corporativismo italiano com o propósito de manter o Estado a par de toda a movimentação sindical, de toda expressão ativa da liberdade sindical, enfim.

---

[13] BARROS *apud* FREDIANI, Yoni. Liberdade sindical. *Revista de Direito do Trabalho*, São Paulo, n. 114, p. 154, 2004.

Sobre tais restrições, comenta Yone Frediani:

> Do quanto exposto, não é preciso grande esforço para constatar-se que o sistema pátrio adotado viola frontalmente o princípio de liberdade sindical, exceto quanto aos aspectos coletivos, eis que prestigia a negociação coletiva, a instauração de dissídio e a deflagração da greve, consideradas universalmente como expressão máxima da liberdade sindical.[14]

Finalmente, ainda neste sentido, arremata Everaldo Gaspar:

> Ora, se a Constituição de 88 quis exorcizar a presença do Estado na organização sindical, ao recepcionar taxativamente a liberdade, a não interferência e a não intervenção, exigir o registro no órgão competente – e como a própria Constituição reconhece: enquanto interferência e intervenção - passa ela mesma a instaurar uma flagrante antinomia, pois segundo a lógica maior de Aristóteles, uma coisa não pode deixar de ser, ao mesmo tempo e sob o mesmo aspecto. Logo, ou existem as liberdades de organização e de funcionamento, que implicam necessariamente em não interferência e em não intervenção ou cai por terra estas liberdades, na medida em que condiciona a vida sindical àquele registro. É preciso reafirmar: quem o inclui no contexto das expressões interferência e intervenção não é este interprete, é a Constituição de 88. Por isso, não pode haver jamais liberdade sindical, com interferência e intervenção do Estado.[15]

De todo modo, o dado mais importante a ser retido é que a proteção do bem jurídico "liberdade sindical" deve ser compreendida de forma ampla, que perpassa e ultrapassa a liberdade de filiar-se e manter-se filiado. Trata-se da liberdade de ação coletiva, ou gremial, do grupo social interessado, não atrelada à atuação de um ente sindical. É bem de todos os homens trabalhadores, não exclusivo de dirigentes e representantes.

4.1 Da proteção à liberdade sindical[16]

A liberdade sindical é um elemento imprescindível para o desenvolvimento das relações trabalhistas e, consequentemente, para a ampliação e consolidação da cidadania. Sua defesa dá lugar a complexos problemas de ordem material e/ou processual. Daí o interesse na visualização dos diversos aspectos da respectiva proteção.

5 Âmbito subjetivo da proteção

A definição dos sujeitos a serem cobertos pela proteção pressupõe a identificação dos agentes do comportamento antissindical, frente a quem se dará a atuação da proteção e, por outro lado, a localização dos sujeitos suscetíveis de verem lesionados seus direitos sindicais.

---

[14] FREDIANI, Yoni. Liberdade Sindical. *Revista de Direito do Trabalho*, São Paulo, n. 114, 2004, p. 155.

[15] ANDRADE, Everaldo Gaspar Lopes de. As antinomias do artigo 8º. Da Constituição Federal: um contraponto à doutrina dominante. *Revista do TRT 8ª Região*, Belém, v. 44, n. 86, p. 1.445, 2011.

[16] LIRA, Fernanda Barreto. *A greve e os novos movimentos sociais*. São Paulo: LTr, 2009, p. 92-95.

Em regra, os trabalhadores ou suas organizações são considerados sujeitos passivos dos atos antissindicais e, por conseguinte, sujeitos ativos dos meios de defesa processual desses interesses. Sob uma ótica ampliativa, tanto o grupo profissional inorganizado como o organizado, além dos trabalhadores individualmente pontuados, sejam ou não associados aos sindicatos, são abrangidos pela proteção.

Contra eles, é possível cogitar atos discriminatórios coletivos ou individuais, a exemplo da dispensa como retaliação pela participação em manifestação organizada pela categoria. Para ser razoável, a proteção não é idêntica em todos os casos, graduando-se de acordo com a necessidade da ocasião – inclusive no que toca à sua extensão temporal – ou com a demanda do interesse contrariado. Daí a conformação de um rol de garantias mais amplo aos trabalhadores que desempenham funções eminentemente coletivas, como os dirigentes e os delegados sindicais.

Outra distinção quanto à pessoalidade da proteção diz respeito à condição de agente público ou privado do trabalhador. Os regimes de proteção terão de ser diversos, embora o trabalhador agente público não venha a ficar sem ela.

Em suma, não devem existir distinções substanciais na proteção da liberdade sindical, apenas os mecanismos de defesa são variáveis e adaptáveis a cada situação concretamente apresentada. Serão reconhecidos como antissindicais aqueles atentatórios a essa liberdade, independentemente da fonte de que provenham, entes públicos beneficiários do trabalho, iniciativa privada. Veja-se, então, que a abertura conceitual encampa os empregadores, mas sem se restringir a eles.

A forma de proteção mais difundida e palpável na América Latina é denominada "foro sindical". Define-se como um conjunto de medidas destinadas à proteção do dirigente e do militante sindical a fim de resguardá-los de possíveis prejuízos provenientes de sua atuação. O objetivo mediato é o amplo desenvolvimento e eficácia da atividade sindical.

Como se percebe, essa proteção não se refere, atualmente, apenas à despedida retaliativa. Engloba igualmente a proteção contra todos os atos inibidores do exercício da liberdade sindical, incluindo-se aí as prerrogativas ou facilidades concedidas aos trabalhadores ligados ao sindicalismo para a promoção da atividade gremial.

Assim, a noção de foro sindical compreende um núcleo, composto pela proteção contra a despedida e outras sanções imotivadas, tais como suspensões, transferências, alterações funcionais, entre outras, e um conjunto de medidas acessórias ou complementares, como a divulgação dos atos gremiais e a instalação de quadro de avisos.

Nesse contexto, a proteção dos tomadores de serviço é adotada ou não nos Estados a partir da respectiva opção prévia por um dos dois sistemas. O sistema predominante nos países latino-americanos, direcionado ao trabalhador, em geral, não se coaduna com a ideia de proteção dos empregadores e tomadores de serviço em geral. O outro, inspirado na doutrina norte-americana das "práticas desleais", admite a proteção à liberdade sindical nos dois sentidos das relações de trabalho.

A experiência histórica, todavia, dá conta de poucas ocasiões em que se fez necessária a atuação para a defesa da liberdade do patronato. A mais frequente é a atuação dele em contrariedade à liberdade sindical dos trabalhadores.

O outro sistema, o das chamadas práticas desleais, estruturou-se a partir da noção extraída da "Lei Nacional de Relações de Trabalho", datada de 1935, dos Estados Unidos, também conhecida como "Lei Wagner". O diploma normativo pregava a instituição, no seio do regime político liberal americano, de um esquema de relacionamento justo, razoável – ético, enfim – entre as classes econômicas por meio da contenção legalmente implantada da liberdade de relacionamento socioeconômico.

Ela terá dois enfoques, a depender da classe econômica da qual provêm as relações sociais disciplinadas. Logo, segundo a norma, do lado dos tomadores de trabalho, seriam exemplos a obstrução do exercício dos direitos sindicais, os atos de ingerência dos patrões nas organizações de trabalhadores, a repressão disfarçada das atividades de militância sindical e a recusa de negociar coletivamente.

Também são considerados atentatórios à liberdade sindical a providência de financiar as organizações de trabalhadores – aí a conduta é bilateral –, a discriminação velada no emprego ou a negociação com uma entidade não representativa da categoria profissional. Em síntese: pode assumir a forma de discriminação direcionada às liberdades individuais, ou de ingerência indevida, que atinge o âmbito eminentemente coletivo da liberdade.

Do lado dos trabalhadores, seriam considerados antissindicais aqueles marcados pelo emprego da violência, os atos de intimidação de outros trabalhadores que não se mostrem dispostos a integrar os movimentos sindicais e a recusa a negociar.

Como se vê, não há diferença essencial entre o sistema do foro sindical e o das práticas desleais. A mais importante distinção entre ambos é a previsão, pelo último, de atos atentatórios à liberdade sindical promovidos pelos próprios trabalhadores. Daí resulta que a adoção de um sistema, nos dias atuais, não é mais isolada, sendo encontradas frequentemente, nos diversos ordenamentos, previsões legais oriundas dos dois sistemas.

6 Âmbito objetivo da proteção

Prática antissindical,[17] conceito amplo, é toda atitude ou conduta prejudicial à causa da atividade sindical, como, por exemplo, por excessiva restrição a ela.

Tais atos agridem os titulares dos direitos sindicais, seja durante o exercício das atividades coletivamente organizadas, seja por meio da sonegação do direito de implementar e/ou organizar tais atividades. Determinado ato poderá ser antissindical apenas pelos seus efeitos, independentemente de dolo ou intenção do agente de causar um dano à atividade sindical, basta que surja o prejuízo.

Logo, esses comportamentos podem ser ofensivos a direitos sindicais de espectro coletivo, individual e mesmo a direitos não sindicais, com repercussão sobre a atividade sindical.

Os agentes que praticam tais atos, como se pode imaginar, não são somente os empregadores, mas a classe beneficiária do trabalho humano em geral. Nesse contexto, o Estado se inclui,[18] e há relatos históricos de atos de discriminação antissindical praticados quando os governos que favorecem os interesses patronais assumem o poder. O Estado também pode ser um agente de condutas lesivas, na condição de empregador direto de uma determinada coletividade.

---

[17] URIARTE, Oscar Ermida. *A proteção contra os atos anti-sindicais*. São Paulo: LTr, 1989, p. 16.

[18] GARCIA, Yolanda Valdeolivas. *Tutela de la libertad sindical y conducta antisindical*. Madrid: Consejo Economico y Social, 1994, p. 31-32.

Outro agente de atos atentatórios ao exercício das atividades sindicais pode ser as próprias organizações de trabalhadores, acaso venham a prejudicá-los individualmente ou a outros sindicatos, e mesmo aos empregadores e a suas organizações. Essa atuação pode ser instrumentalizada nas cláusulas sindicais, que versam acerca de aspectos da liberdade sindical, como o direito de filiar-se ou não (aspecto individual), ou a prevalência dos interesses coletivos sobre os individuais.

A antissindicalidade é especialmente possível quando vigente a regra da unicidade sindical, em vista da possibilidade de um sindicato não autêntico, ou não representativo, organizar, em cláusulas, uma estrutura de regras destinadas a manter o seu – ilegítimo – monopólio de representação, impedindo ou dificultando a instituição de uma representação sindical autêntica.

A esses principais agentes juntam-se outras organizações de trabalhadores, como as cooperativas, quando objetivam subtrair forças, desestimular a sindicalização ou a atitude reivindicativa dos trabalhadores.

7 A liberdade de associação em sua expressão mais pujante: os novos movimentos sociais e as lutas contra-hegemônicas. O impulso para o redimensionamento da liberdade sindical

Não se pode pensar o sindicalismo contemporâneo desatrelado das lutas sociais contemporâneas. É a conexão com os movimentos coletivos de luta pela consolidação e ampliação da cidadania que reguardará a legitimidade da atuação sindical na atualidade.

Para a compreensão das multifacetadas lutas contemporâneas, Everaldo Gaspar[19] sugere a adoção da classificação proposta por Carlos Montaño e Maria Lúcia Durighetto,[20] segundo a qual os Novos Movimentos Sociais apresentam uma divisão constituída de três grupos: o Grupo Acionalista, o Grupo da Esquerda Pós-Moderna e o Grupo dos Seguimentos Marxistas ou Comunistas.

Entretanto, os dois autores já admitem que as duas primeiras correntes já se fundem em um "rearranjo" culturalista.

O grupo Acionalista teria sido fundado por pensadores europeus não marxistas, com influência dos acontecimentos de maio de 1968 na França. É o grupo liderado pelo sociólogo francês Alain Touraine, o alemão Tilman Evers e Maria da Glória Gohn. As premissas teóricas e práticas daquela teoria são alicerçadas na sociologia da ação desenvolvida por Max Weber e, depois, Talcott Parsons. Em síntese, para esse grupo, as ações decorrem de escolhas provenientes de uma consciência racional dentro de um contexto determinado a partir dos interesses que o identificam.

Para aquele grupo, a luta não é mais somente pela direção dos meios de produção, mas pelas finalidades das produções culturais, correspondentes à educação, aos cuidados médicos e à informação de massa. O seu potencial transformador não é político, mas sociocultural. A mudança viria pela "contracultura", pela força de pressão de múltiplos pequenos grupos. A identidade suplantaria a unidade.

---

[19] ANDRADE, Everaldo Gaspar Lopes de. *O direito do trabalho na filosofia e na teoria social crítica*. São Paulo: Ltr, 2014, p. 148.

[20] MONTAÑO, Carlos; DURIGUETTO, Maria Lúcia. *Estado, classe e movimento social*. São Paulo: Cortez, 2011.

O pensamento pós-moderno parte da ideia da crise da razão totalizante e da necessidade de produção de conhecimento referente às diferenças, à fragmentação. Rejeita a possibilidade de existência de um código ético capaz de contemplar as diferentes subjetividades, divididas em diferentes grupos de interesses específicos. Para essa corrente, a única forma de ação política, na perspectiva pós-moderna, é baseada na conjunção das particularidades – étnicas, sexuais, ecológicas, por exemplo.

A Leitura Marxista, forjada no mesmo contexto histórico que o grupo Acionalista, admite a hetorogeneidade das bandeiras, mas preconiza a necessidade de esses interesses se conectarem com a luta operária para uma ação transformadora. O fechamento em práticas localizadas acaba por conduzir a uma convivência engessante com o capitalismo.

Para o marxismo, a centralidade econômico-produtiva torna-se elemento fundante da "questão social". Logo, suas manifestações (pobreza, desemprego, questões de gênero, xenofobia, discriminação racial, sexual, etc.) não perdem vigor com as mudanças do mundo capitalista contemporâneo.

Os movimentos sociais organizados, aos quais se juntam as lutas sindicais, devem ser encarados como expressão da luta de classes, pois tais lutas não se limitam à produção, mas dizem respeito à sociedade e ao aparelho estatal. Seu impacto transformador faz-se sentir com grande clareza pela observação dos atos e eventos constantemente organizados e deflagrados nas redes sociais.

Esses movimentos impõem ao estudioso do tema da liberdade associativa a reflexão sobre o novo e amplo horizonte de análise: os ajuntamentos ocorrem, atualmente, com ou sem a chancela dos Estados, e isso não modifica os efeitos profundos que vêm causando na organização social contemporânea.

O caráter ativo da liberdade sindical faz-se sentir com nitidez pela projeção das lutas nos espaços públicos e privados, ao largo da intervenção estatal.

Com tais elementos, desenha-se o seguinte quadro: a liberdade associativa concebida como permissão, pelo Estado, da agregação de interesses cidadãos, de fato, é limitada e contingenciada por interesses políticos e econômicos. Afinal, é papel do direito manter hígidos os contornos e os ideais do Estado. Mas essa medida de controle perde forças quando o espaço de articulação não é local ou regional, mas global; e quando os interesses não são enquadráveis em categorias jurídicas isoladas, revelando-se como o entrelaçamento de direitos e lutas. No espaço da supranacionalidade e da multiplicidade de lutas integradas, a liberdade associativa é vasta.

Não se pense, contudo, que estas reflexões conduzem à ideia de necessidade de superação ou de um imaturo desrespeito da ordem constitucional pátria. A compreensão da extensão das possibilidades de contorno da liberdade associativa serve para ressignificar o conceito trazido pela doutrina constitucional tradicional e, com isso, ampliar seu conceito jurídico, sempre com os propósitos de resgate, consolidação e ampliação do exercício democrático da cidadania.

8 Conclusões

A liberdade de associação, direito humano alçado à classificação como direito fundamental no Brasil, em decorrência de sua assimilação pelas constituições brasileiras, tem contornos específicos e restritos, que servem à manutenção do *status quo* no sistema jurídico em que se insere. Mas esse formato já não pode ser tido como o único modo de enfrentar juridicamente o problema: novos modos de organização conduzem a uma nova ótica sobre a temática.

Por meio de corte epistemológico que definiu o encaminhamento deste estudo para a análise específica da liberdade sindical, viu-se que, se a liberdade de associação para fins lícitos civis é sobremaneira limitada, as restrições a esta modalidade de liberdade associativa são ainda mais intensas.

Com respeito à vida sindical, o Estado opta, deliberadamente e sem medo da contradição, pela intervenção minudente. Para respeitável parcela da doutrina, essa atuação subtrai a própria existência do direito, enfraquecendo a atuação sindical e a desconectando das aspirações dos trabalhadores representados.

Porém há outro espaço de associação e de luta que não se curva às limitações: os novos e articulados movimentos sociais, com suas lutas por dignidade e inserção social justa em projeção universal.

Com sua eficiência e acolhida no seio da sociedade global, esses novos movimentos sociais provocaram uma necessária revisão sobre o conceito de liberdade associativa e, também, de liberdade sindical: hoje mais ampla, mais abrangente.

Sobre essa nova expressão do velho direito fundamental, constata-se: somente projetada de forma supranacional e articulada para contemplar a heterogeneidade do mundo do trabalho, a liberdade associativa cumprirá seu papel de veículo para o exercício da cidadania.

Referências

ANDRADE, Everaldo Gaspar Lopes de. As antinomias do artigo 8º. Da Constituição Federal. Um contraponto à doutrina dominante. *Revista do TRT 8ª Região*, Belém, v. 44, n. 86, p. 1.445, 2011.

ANDRADE, Everaldo Gaspar Lopes de. *O direito do trabalho na filosofia e na teoria social crítica*. São Paulo: LTr, 2014, p. 148.

CRETELLA JÚNIOR, José. *Comentários à Constituição Federal de 1988*. 2. ed. v. I. Rio de Janeiro: Forense Universitária, 1990, p. 293.

FERREIRA FILHO, Manoel Gonçalves. *Comentários à Constituição Brasileira*. v. 3. São Paulo: Saraiva, 1977.

FREDIANI, Yoni. Liberdade sindical. *Revista de Direito do Trabalho*, São Paulo, n. 114, p. 154, 2004.

FREDIANI, Yoni. Liberdade Sindical. *Revista de Direito do Trabalho*, São Paulo, n. 114, p. 155, 2004.

GARCIA, Yolanda Valdeolivas. *Tutela de la libertad sindical y conducta antisindical*. Madrid: Consejo Economico y Social, 1994, p. 31-32.

GIONOTTI, Vito. *História das lutas dos trabalhadores no Brasil*. Rio de Janeiro: Mauad, 2007.

LIRA, Fernanda Barreto. *A greve e os novos movimentos sociais*. São Paulo: LTr, 2009.

MALUF, Sahid. Direito Constitucional. 4. ed. São Paulo: Sugestões Literarias, 1968.

MELLO FILHO, Jose Celso de. *Constituição Federal anotada*. 2. ed. São Paulo: Saraiva, 1986, p. 476.

MIRANDA, Pontes de. *Comentários à Constituição de 1967*: com a Emenda n. 1 de 1969. t. 5. São Paulo: Revista dos Tribunais, 1970-1972.

MONTAÑO, Carlos; DURIGUETTO, Maria Lúcia. *Estado, classe e movimento social*. São Paulo: Cortez, 2011.

SILVA, José Afonso da. *Curso de direito constitucional positivo*. 22. ed. São Paulo: Malheiros, 2003, p. 266.

STF. ADI 3.045/DF, voto do Min. Celso de Mello, j. 10.08.05. Disponível em: <http://stf.jusbrasil.com.br/jurisprudencia/763688/acao-direta-de-inconstitucionalidade-adi-3045-df>.

URIARTE, Oscar Ermida. *A proteção contra os atos anti-sindicais.* São Paulo: LTr, 1989, p. 16.

Informação bibliográfica deste texto, conforme a NBR 6023:2002 da Associação Brasileira de Normas Técnicas (ABNT):

ESTEVES, Juliana Teixera; LIRA, Fernanda Barreto. Liberdade de associação. In: LEITE, George Salomão; LEITE, Glauco Salomão; STRECK, Lenio Luiz (Coord.). *Jurisdição constitucional e liberdades públicas.* Belo Horizonte: Fórum, 2017. p. 151-163. ISBN 978-85-450-0237-6.

LIBERDADE DE RELIGIÃO

JAYME WEINGARTNER NETO

1 Introdução

Diante do fato histórico de que o fenômeno religioso, manipulado, resvala muitas vezes para a coerção e a discriminação, seja no seio interno da confissão ou em relação aos "infiéis" ou não crentes (*freio ao poder*), e, por outro lado, de que a dimensão espiritual é constitutiva da dignidade humana (também no aspecto *identitário*), bem por isso imprescindível para assegurar a autodeterminação pessoal (tutela individual de concretização da dignidade, expressão de dimensão existencial pessoal nuclear) e disputada pelo poder político diante das lealdades e coesão social que logra obter, o direito constitucional do Estado Democrático de Direito ocupa-se desta fundamental liberdade pública a fim de compatibilizar a mais ampla e livre (con)vivência religiosa com os valores constitucionais basilares (igual dignidade e liberdade, pluralismo intercultural, justiça social). Diante desse programa normativo, deve-se operar com um *conceito amplo* de liberdade religiosa e de religião (um âmbito normativo alargado) que aposte no maior grau de *inclusividade* (abertura para religiões minoritárias e inconvencionais) compatível com a igual liberdade e dignidade dos cidadãos, anteparos ao *fundamentalismo-militante*, que discrimina e quer se impor aos não crentes. Com tal premissa, o presente texto, depois de breve enquadramento dogmático da liberdade religiosa, seleciona relevantes decisões do Supremo Tribunal Federal, algumas ainda pendentes, para dar conta do estado da arte da jurisdição constitucional brasileira sobre a questão religiosa, cada vez mais na agenda internacional e no cotidiano da maioria das pessoas.

2 Quadro dogmático

No texto constitucional, deve-se partir dos artigos 5º, incisos VI, VII e VIII; 19, inc. I; 143, §§1º e 2º; 150, inc. VI, *b*; 210, §1º; 213, *caput* e inc. II; e 226, §2º (além da referência, no Preâmbulo: "Sob a proteção de Deus"). Os três dispositivos do artigo 5º consagram, a rigor, dois direitos fundamentais distintos, certo que conexos: a liberdade de consciência e a liberdade de religião. A primeira parte do inciso VI assegura genericamente a liberdade de consciência que, adiante, no inciso VIII, se densifica no direito à objeção (ou escusa) de consciência. Tal liberdade, em suma, traduz-se na autonomia moral-prática do indivíduo, a faculdade de autodeterminar-se no que tange aos padrões éticos e existenciais, seja da própria conduta ou da alheia – na total liberdade de autopercepção, seja em nível racional, mítico-simbólico e até de mistério. Já a *liberdade de religião*, como *direito complexo*, engloba em seu *núcleo essencial*, *a liberdade de ter, não ter ou deixar de ter religião* e desdobra-se em *várias concretizações*: *liberdade de crença* (2ª parte do inciso VI), as *liberdades de expressão e informação em matéria religiosa*, a *liberdade de culto* (3ª parte do inciso VI) e uma sua especificação, o *direito à assistência religiosa* (inciso VII) e outros direitos fundamentais específicos, como o de reunião e associação e a privacidade, com as peculiaridades que a dimensão religiosa acarreta.

Quanto ao *âmbito normativo*, a liberdade religiosa compreende duas grandes dimensões, apresentando-se como (1) *direito subjetivo* e como (2) *vetor objetivo*. Examinada na ótica do direito subjetivo, comporta duas outras categorias, consoante o titular respectivo: (1.1) *direitos subjetivos individuais*, que pertencem aos brasileiros e estrangeiros (pessoas naturais), incluindo os menores e os incapacitados (com as devidas particularidades, especialmente no seu exercício); e (1.2) *direitos subjetivos das pessoas jurídicas*, titulados pelas igrejas e confissões religiosas. Vista pelo prisma objetivo, a liberdade religiosa apresenta pelo menos três vertentes: (2.1) *princípios*, (2.2) *deveres de proteção* e (2.3) *garantias institucionais*. Segue um *Catálogo de Posições Jusfundamentais* (CPJ) que densifica o conteúdo e o alcance da liberdade religiosa.[1]

Como direitos subjetivos individuais, destacam-se: (1.1.1) a *liberdade de ter, não ter* ou *deixar de ter* religião; (1.1.2) como *liberdade de crença*, de escolher livremente, mudar ou abandonar a própria crença religiosa; (1.1.3) liberdade de *atuação* segundo a própria crença (unidade essencial entre crença e conduta religiosa – agir ou não agir em conformidade com as normas da religião professada); (1.1.4) liberdade de *professar* a própria crença: (1.1.4.1) procurar para ela novos crentes (*proselitismo*); (1.1.4.2) *exprimir e divulgar* livremente, pela palavra, pela imagem ou por qualquer outro meio, o seu *pensamento* em matéria religiosa; (1.1.4.3) inclusive de *produzir obras* científicas, literárias e artísticas sobre religião; (1.1.5) liberdade de *informar e se informar* sobre religião; (1.1.6) liberdade de *aprender e ensinar* religião; (1.1.7) *liberdade de culto*, de praticar ou não praticar os atos do culto, particular ou público, da religião professada; (1.1.7.1) a liberdade de culto inclui a *inviolabilidade dos templos* e (1.1.7.2) direitos de *participação religiosa*: (1.1.7.2.1) aderir à igreja ou confissão religiosa que escolher, participar na vida interna e nos ritos religiosos celebrados em comum e receber a assistência religiosa que pedir; (1.1.7.2.2) celebrar casamento e ser sepultado com os ritos da própria religião; (1.1.7.2.3) comemorar publicamente as festividades religiosas da própria religião; (1.1.8) *reunir-se, manifestar-se e associar-se* com outros de acordo com as próprias convicções em matéria religiosa; (1.1.9) direito à *privacidade religiosa*, pelo qual (1.1.9.1) ninguém pode ser perguntado por qualquer autoridade acerca das suas convicções ou prática religiosa, salvo para recolha de dados estatísticos não individualmente identificáveis, nem ser prejudicado por se recusar a responder; (1.1.9.2) direito de escolher para os filhos os nomes próprios da onomástica religiosa da religião professada; (1.1.9.3) direito de educação dos filhos em coerência com as próprias convicções em matéria religiosa;

---

[1] Confira-se, para discussão mais ampla e detalhada, inclusive de aspectos históricos, com farta indicação bibliográfica, WEINGARTNER NETO, Jayme. *Liberdade religiosa na Constituição*: fundamentalismo, pluralismo, crenças e cultos. Porto Alegre: Livraria do Advogado, 2007.

(1.1.10) direito à *objeção de consciência* por motivo de crença religiosa, com atribuição de serviço alternativo ao serviço militar obrigatório; (1.1.11) direito à *assistência religiosa* em situações especiais: na qualidade de membro, ainda que transitório, das forças armadas ou de segurança pública; ou em caso de internamento em hospitais, asilos, colégios, estabelecimentos de saúde, de assistência, de educação e similares; bem como em caso de privação de liberdade em estabelecimento prisional; (1.1.12) direito à *dispensa do trabalho e de aulas/provas* por motivo religioso, quando houver coincidência com os dias de descanso semanal, das festividades e nos períodos e horários que lhes sejam prescritos pela confissão que professam; (1.1.13) o *conteúdo negativo* da liberdade religiosa avulta nas seguintes hipóteses, em que ninguém pode: (1.1.13.1) ser obrigado a professar uma crença religiosa, a praticar ou a assistir atos de culto, a receber assistência religiosa ou propaganda em matéria religiosa; (1.1.13.2) ser coagido a fazer parte, a permanecer ou a sair de associação religiosa, igreja ou confissão, sem prejuízo das respectivas normas sobre filiação e exclusão dos membros; (1.1.13.3) ser obrigado a prestar juramento religioso; (1.1.14) direito a *tratamento diferenciado* para as pessoas consideradas *ministros* do culto pelas normas da respectiva igreja ou confissão religiosa, que envolve ampla liberdade de exercer seu ministério, direito à seguridade social, isenção de serviço militar obrigatório, escusa de intervenção como jurado ou testemunha; (1.1.15) direito ao *ensino religioso em escola pública* de ensino fundamental.

Como *direito subjetivo das igrejas*, cujo objeto se bitola pelos fins religiosos propostos pela respectiva confissão, mencionam-se: (1.2.1) um direito geral de *autodeterminação*, que se desdobra em: (1.2.1.1) *autocompreensão* e *autodefinição* no que tange à identidade religiosa e ao caráter próprio da confissão professada, bem assim no tocante aos fins específicos da atividade de cada sujeito titular do direito; (1.2.1.2) *auto-organização* e *autoadministração*, podendo dispor com autonomia sobre: formação, composição, competência e funcionamento de seus órgãos; representação, funções e poderes dos seus representantes, ministros etc.; direitos e deveres religiosos dos crentes; adesão ou participação na fundação de federações ou associações interconfessionais, com sede no país ou nos estrangeiro; (1.2.1.3) *autojurisdição* e *autodissolução*; (1.2.2) liberdade de *exercício das funções religiosas e do culto*, podendo, sem interferência do Estado ou de terceiros: (1.2.2.1) exercer os atos de culto, privado ou público, sem prejuízo das exigências de polícia e trânsito; (1.2.2.2) estabelecer lugares de culto ou de reunião para fins religiosos, inclusive construir ou abrir edifícios religiosos e adquirir e usar os bens convenientes; (1.2.2.3) ensinar na forma e pelas pessoas autorizadas por si a doutrina da confissão professada; (1.2.2.4) difundir a confissão professada e procurar para ela novos crentes (proselitismo); (1.2.2.5) assistir religiosamente aos próprios membros; (1.2.2.6) comunicar e publicar atos em matéria religiosa e de culto (divulgar o próprio credo); (1.2.2.7) relacionar-se e comunicar-se com as organizações similares ou de outras confissões, no território nacional ou no estrangeiro; (1.2.2.8) designar e formar os seus ministros; (1.2.2.9) fundar seminários ou quaisquer outros estabelecimentos de formação ou cultura religiosa; (1.2.3) direito de *autofinanciamento*, podendo pedir e receber contribuições voluntárias, financeiras e de outros tipos, a particulares e instituições; (1.2.4) exercício de *atividades não religiosas* de caráter instrumental, consequencial ou complementar das suas funções religiosas, podendo: (1.2.4.1) criar escolas particulares e cooperativas e, de modo geral, promover instituições religiosas e constituir associações e fundações educativas, culturais, caritativas e sociais de inspiração religiosa; (1.2.4.2) praticar beneficiência dos crentes ou de quaisquer pessoas; (1.2.4.3) promover as próprias expressões culturais ou a educação e a cultura em geral; (1.2.4.4) utilizar meios de comunicação social próprios para a prossecução de suas atividades.

No que tange à (2) dimensão objetiva, trata-se de um problema estrutural, atinente à organização do Estado, ínsita à formatação político-administrativa do Estado Democrático de Direito a noção de que as *confissões religiosas devem andar apartadas de seu edifício* – ideia da separação das confissões religiosas do Estado, princípio da separação igreja/Estado, consagrado no inciso I do artigo 19 da Constituição. A doutrina brasileira costuma tratar do tema sob o manto da liberdade de organização religiosa, identificando o princípio da separação (também chamado, amiúde, da neutralidade e/ou da não confessionalidade), referindo-se, esparsamente, à cooperação. Neste plano objetivo, entretanto, explorando a multifuncionalidade dos direitos fundamentais, apresenta-se a matéria articulada numa (2.1) tríade de princípios, (2.2) deveres de proteção (2.3) e garantias institucionais, como segue:

(2.1.1) princípio da *separação*, que afirma que as igrejas e confissões religiosas estão separadas da estrutura e da organização político-administrativa do Estado e são, portanto, livres na sua organização e no exercício das suas funções de culto; (2.1.2) princípio da *não confessionalidade*, que se pode desdobrar: (2.1.2.1) o Estado não adota qualquer religião (é vedado que estabeleça cultos religiosos ou igrejas), nem se pronuncia sobre questões religiosas, o que exclui subvencionar, embaraçar o funcionamento ou manter com as confissões religiosas relações de dependência ou aliança; (2.1.2.2) nos atos oficiais e no protocolo do Estado, será observado o princípio da não confessionalidade; (2.1.2.3) o Estado não pode programar a educação e a cultura segundo quaisquer diretrizes religiosas; (2.1.2.4) o ensino público não pode ser confessional; (2.1.3) princípio da *cooperação*, que traduz colaboração de interesse público, vale dizer, o Estado cooperará com as igrejas e confissões religiosas, principalmente para a promoção dos princípios e direitos e garantias fundamentais, designadamente: (2.1.3.1) assegurando a prestação de assistência religiosa nas entidades civis e militares; (2.1.3.2) isentando os eclesiásticos do serviço militar obrigatório em tempos de paz; (2.1.3.3) limitando seu poder de tributar ao vedar a instituição de impostos sobre templos de qualquer culto; (2.1.3.4) assegurando o ensino religioso, de matrícula facultativa, nas escolas públicas de ensino fundamental; (2.1.3.5) celebrando acordos específicos para a consecução de atividades comuns e afins, sempre com chancela constitucional; (2.1.3.6) auxiliar os pais no exercício do poder familiar para que possam educar os filhos de acordo com suas crenças religiosas; (2.1.3.7) assegurar as manifestações públicas de exercício dos cultos religiosos; (2.1.3.8) criar condições organizacionais e procedimentais, no âmbito laboral e educacional, para o mais amplo exercício do direito de dispensa ao trabalho e de aulas/provas por motivo religioso; (2.1.3.9) reconhecer a validade civil, sob condições reguladas, do casamento celebrado por forma religiosa. (2.1.4) *princípio da solidariedade*, ao fomentar as atividades educativas e assistenciais das confissões religiosas, por meio da limitação do poder estatal de tributar, especificamente vedando impostos sobre patrimônio, renda ou serviços, desde que sem fins lucrativos e relacionados com as atividades essenciais das respectivas confissões; (2.1.5) *princípio da tolerância*, que acarreta um *dever* de tolerância: (2.1.5.1) por parte do *Estado*; (2.1.5.2) e dos *particulares*, pessoas naturais ou jurídicas, de não perseguir e não discriminar os titulares dos direitos subjetivos correspondentes ao *cluster* da liberdade religiosa, quando do respectivo exercício.

Tangente aos (2.2) *deveres de proteção*, é viável equacionar as relações entre o Estado e as confissões religiosas, de maneira genérica, em três vertentes de funções estatais: (2.2.1) a proteção dos *indivíduos* (defesa da liberdade religiosa individual); (2.2.2) a proteção da *sociedade civil* contra os abusos (inclusive coordenando as diversas liberdades religiosas coletivas); (2.2.3) e *criar condições* para que as confissões religiosas desempenhem suas missões (dever de aperfeiçoamento). Como (2.3) *garantia institucional*, protege-se: (2.3.1) a liberdade religiosa *individual* (autodeterminação da personalidade); (2.3.2) e a liberdade religiosa *coletiva* (autodeterminação confessional), as *igrejas* como instituição; (2.3.3) além de garantir o princípio da *igualdade*; (2.3.4) e a *diversidade* e o *pluralismo* religioso (que refletem na abertura e no pluralismo do espaço público).

No que tange às restrições e limites à liberdade religiosa, não se tem, no caso brasileiro, *previsão explícita*, no plano *constitucional*, de *qualquer restrição legal*, o que, se é coerente com a íntima proximidade com a dignidade da pessoa humana (a conferir perímetro especialmente alargado à liberdade religiosa, que não pode ser suspensa no *estado de defesa* ou sequer no *estado de sítio* – artigos 136 e 139 da Constituição), não significa direito destituído de limitação. Seja como for, os direitos individuais fundamentais só podem ser limitados (restringidos) por expressa disposição constitucional (*restrição imediata*) ou mediante lei ordinária com fundamento na própria Constituição (*restrição mediata*), sendo que algumas restrições explícitas no texto constitucional advêm do regime excepcional de *estado de necessidade* (estado de defesa e estado de sítio). Assim, não há previsão constitucional de que lei possa restringir a liberdade de crença (5º, VI, 2ª parte – trata-se de um direito individual sem reserva legal expressa), ao passo que a proteção aos locais de culto e as suas liturgias, bem como o direito de assistência religiosa (5º, VI, 3ª parte, "na forma da lei"; VII, "nos termos da lei"), submetem-se ao regime de reserva legal simples.

De todo modo, os limites *implícitos* estão presentes em face da *necessidade de compatibilizar a liberdade religiosa com os direitos de terceiros e com outros bens constitucionais* (vida, integridade física, saúde, meio ambiente, ordem/segurança pública, saúde pública) – pode-se aventar a *ordem pública lato senso* como limite (segurança pública, saúde pública, direitos e liberdades das demais pessoas). Observa-se que as restrições também se submetem aos *limites dos limites* (a lei limitadora, em face do efeito recíproco, interpreta-se segundo o programa do direito fundamental objeto de restrição, sendo limitada na sua eficácia limitadora); ao crivo da *proporcionalidade*; e, como salvaguarda final, à garantia do *núcleo essencial* do direito à liberdade religiosa. Na tensão com o *meio ambiente*, alerta-se que a liberdade religiosa, muitas vezes sem qualquer preocupação de concordância prática, é restringida pela aplicação *tout court* de regulamentos administrativos, o que é de ser reavaliado (tensão entre cultos ruidosos, "igrejas eletrônicas", direitos de vizinhança, poluição sonora). Aplicáveis ao quadro brasileiro os limites previstos no Pacto de São José da Costa Rica, advertindo-se que ficam vedadas, todavia, restrições que recorram à dicotomia crença/conduta ou que façam prevalecer, incondicionalmente, concepções majoritárias ou conveniências administrativas, bem assim o recurso metódico a fórmulas fáceis – afasta-se, assim, em interpretação sistemática, o recurso à *moral pública* ou aos *bons costumes* (limites implícitos para tendência majoritária da doutrina brasileira), cuja vagueza semântica autorizaria a imposição de mundivisões fixadas e discriminatórias. Embora a questão seja controversa, o descarte da *moral pública* e dos *bons costumes* liga-se à noção de que são amiúde utilizados como "conceitos de atalho" (*shortcuts*) "para justificar a restrição ou mesmo a neutralização de direitos fundamentais como a liberdade de expressão, de imprensa, de manifestação, de religião, de uma forma subtraída a qualquer avaliação crítica", uma automática abertura a outros códigos deônticos (morais e religiosos) "insuscetíveis de descrição sistêmica pelo binário característico do discurso jurídico".

A liberdade religiosa, por diferentes modos e com diversas intensidades, também vincula os particulares nas suas relações privadas (é pacífica, por exemplo, a ilicitude de cláusula testamentária que obrigue alguém a mudar de religião), agregando-se, nesta seara, ainda, o aludido princípio de tolerância. As refrações variam, conforme situações especiais, surgindo tensões no interior da família, nas relações laborais e até no seio das confissões religiosas. No primeiro caso, vale lembrar cada um dos cônjuges é titular do direito à liberdade religiosa; ambos partilham o direito de educar religiosamente os seus filhos e que cada um dos filhos também goza de liberdade religiosa – em linha de tensão, especialmente, com a liberdade de atuação segundo a própria crença.

Nesta perspectiva hermenêutica e com tais premissas dogmáticas,[2] segue a análise dos precedentes escolhidos.

3 Precedentes selecionados

ADI nº 2.076-5 (2002) – não há inconstitucionalidade na ausência de invocação a Deus na Constituição Estadual do Acre, diante da ausência de força normativa do Preâmbulo da Constituição Federal.[3]

Tal discussão parece bizantina no quadro da liberdade religiosa, supérflua qualquer referência ao Preâmbulo da CF de 1988 para a configuração do direito fundamental à liberdade religiosa como um todo, *firmes o princípio da separação e da não confessionalidade* e em *harmonia* com os *princípios da cooperação e da solidariedade, na tolerante e atenta Carta Constitucional.*

STA nº 389 AgR (2009) – ao rejeitar agravo regimental interposto contra decisão (de Desembargador do TRF da 3ª Região), que suspendera "determinação de que fosse oportunizada a autores de ação ordinária oriunda de Minas Gerais – alunos secundaristas que professam a fé judaica – a participação no Exame Nacional do Ensino Médio (ENEM), em dia compatível com exercício da fé por eles professada (que seria fixado pelas autoridades responsáveis pela realização das provas e teria o mesmo grau de dificuldade das provas realizadas por todos os demais estudantes), a Corte manteve o fundamento da decisão impugnada (risco à ordem pública, em termos de ordem jurídico-administrativa).[4]

O Tribunal afirmou indubitável que o direito fundamental à liberdade religiosa impõe ao Estado o *dever de neutralidade em face do fenômeno religioso*, proibido que privilegie

---

[2] Uma perspectiva jurisprudencial mais sistemática, com olhos também em decisões mais antigas do STF, encontra-se em WEINGARTNER NETO, Jayme. Liberdade religiosa na jurisprudência do STF. In: SARMENTO, Daniel; SARLET, Ingo Wolfgang. (Coord.). *Direitos fundamentais no Supremo Tribunal Federal*: balanço e crítica. Rio de Janeiro: Lúmen Juris, 2011, p. 481-530. Comentários mais recentes e detalhados sobre a liberdade de religião, na ótica constitucional, inclusive com referência a constituições estrangeiras e direito internacional, em WEINGARTNER NETO, Jayme. *Comentários ao artigo 5º, incisos VI a VIII e artigo 19, incisos I a III*. In: CANOTILHO, J. J. Gomes *et al.* (Coord.). *Comentários à Constituição do Brasil*. São Paulo: Saraiva/Almedina, 2014, p. 264, 706.

[3] STF. ADI 2.076, Tribunal Pleno, Rel. Min. Carlos Velloso, julgamento em 15.08.2002, *DJ* de 08.08.2003.

[4] STF, STA/389, Suspensão de Tutela Antecipada, Tribunal Pleno, Min. Rel. Presidente Gilmar Mendes, julgamento em 03.12.2009, *DJE* 11.12.2009.

certa confissão em detrimento das demais – o que *não significa "indiferença* estatal, sendo necessário que o Estado, em determinadas situações, adote *comportamentos positivos*, a fim de evitar barreiras ou sobrecargas que venham a inviabilizar ou dificultar algumas opções em matéria de fé".

Ressaltou-se não ser inconstitucional, dessa forma, que o Estado venha a se relacionar com as confissões religiosas, tendo em vista, inclusive, os benefícios sociais que elas são capazes de gerar, não se admitindo, entretanto, que assuma certa concepção religiosa como a oficial ou a correta, que beneficie um grupo religioso ou lhe conceda privilégios em detrimento de outros. Portanto, dever-se-ia promover a livre competição no "mercado de ideias religiosas".

Tais ações positivas, contudo, apenas são legítimas se preordenadas à manutenção do livre fluxo de ideias religiosas e se comprovadamente não houver outro meio menos gravoso de se alcançar esse desiderato, devendo-se ter o cuidado de que a medida adotada estimule a igualdade de oportunidades entre as confissões religiosas e não, ao contrário, seja fonte de privilégios e favorecimentos.

Afirmou-se que a designação de *dia alternativo* para a realização das provas do ENEM pelo grupo religioso em questão, apesar de poder ser, *em princípio, considerada uma medida de "acomodação", apta a afastar as mencionadas sobrecargas indesejáveis*, não estaria em consonância com o princípio da isonomia, convolando-se em privilégio para esse grupo. Observou-se, no ponto, que *o Ministério da Educação oferta aos candidatos que, em virtude de opções religiosas não podem fazer as provas durante o dia de sábado, a possibilidade de fazê-las após o pôr-do-sol, medida que já vem sendo aplicada, há algum tempo, em relação aos adventistas do sétimo dia*, grupo religioso que também possui como "dia de guarda" o sábado. Não obstante, salientando não se estar insensível ao argumento de que medida adotada pelo MEC poderia prejudicar os candidatos praticantes da citada profissão religiosa – os quais *teriam de ser confinados* para apenas ao fim do dia iniciar as suas provas –, considerou-se que tal medida revelar-se-ia, diante dos problemas decorrentes da *designação de dia alternativo*, mais condizente com o dever do Estado de neutralidade em face do fenômeno religioso e com a necessidade de se tratar todas as denominações religiosas de forma isonômica.

O Min. Gilmar Mendes, por fim, consignou *não se cuidar de posicionamento definitivo* desta Corte sobre a matéria, haja vista a existência de duas ações diretas de inconstitucionalidade pendentes de julgamento, nas quais será possível se aprofundar sobre o tema, de modo a definir, com maior acuidade, o âmbito de proteção e o alcance do direito fundamental à liberdade religiosa (CF, art. 5º, VIII). Vencido o Min. Marco Aurélio, que dava provimento ao recurso, restabelecendo a decisão do TRF da 3ª Região que determinara fosse observada a cláusula final do inciso VIII do art. 5º da CF, a revelar que se deveria sempre sinalizar com uma prestação alternativa, no caso, a designação do exame para um dia útil.

Trata-se de mais um caso da série "provas e concursos" [pendentes, ainda *ADI nº 3.714/SP (2006)* e *3.901/PA (2007) – segundo as leis estaduais, provas e concursos públicos ou seleções de vestibulares, realizados por escolas públicas ou privadas, devem apresentar horários alternativos para sabatistas e outro*][5] e, de longe, o julgado em que mais adentrou

---

5   STF, ADI nº 3.714, Rel. Min. Ayres Britto, distribuída em 26.04.2006, última movimentação: conclusos ao Rel. em 26.06.2009; e STF, ADI nº 3.901, Rel. Min. Joaquim Barbosa, protocolada em 08.06.2007, última movimentação: juntada manifestação da PGR, em 11.01.2010 – respectivamente.

a Suprema Corte na configuração material do problema específico, fornecendo, ainda, substanciais subsídios para avançar na determinação do âmbito de proteção e alcance do direito fundamental à liberdade religiosa. Reconheceu o Tribunal, na dimensão objetiva, o princípio da não confessionalidade (CPJ, 2.1.2 – ainda que na terminologia que não me parece mais adequada, "dever de neutralidade"), que não significa indiferença, nem afasta comportamentos positivos do Estado (que identifico como princípios da cooperação e da solidariedade – CPJ, 2.1.3 e 2.1.4 – e que podem chegar ao dever de aperfeiçoamento já citado – CPJ, 2.2.3). Parece que o STF reconhece a constitucionalidade da "acomodação" da religião pelo Poder Público – no escopo de evitar sobrecargas para as minorias – e que, no caso concreto, foi razoavelmente alcançado (vide, infra, o dever de acomodação razoável) pelo Ministério da Educação (apesar do inconveniente do confinamento). Assim, na leitura que faço da decisão, afirmou-se *a priori* o direito subjetivo à dispensa do trabalho e de aulas/provas por motivo religioso (CPJ, 1.1.12), que só se tornará posição definitiva quando ponderado com as demais circunstâncias (acomodação razoável da situação pela administração, não violação da isonomia com adeptos de outras religiões e, mesmo, em relação a não crentes etc.).

Assim, no intuito de avançar no exame do mérito, seguem observações atinentes ao dever de acomodação da religião no trabalho,[6] com reflexos na dispensa ao trabalho e de aulas/provas por motivo religioso.[7]

O Estado também há de ponderar a tradição cultural (apoiar e incentivar a valorização e a difusão das manifestações culturais) e considerar a "fixação de datas comemorativas de alta significação para os diferentes segmentos étnicos nacionais", a par de proteger as culturas populares, indígenas e afro-brasileiras (CF 88, art. 251, §1º e 2º).

Alguma redução de complexidade operou o legislador. Em nível federal, a Lei nº 10.607/2002 estabeleceu que são feriados nacionais: 1º/01, 21/4, 1º/5, 7/9, 02/11, 15/11 e 25/12.[8] A Lei nº 6.802/80 estabeleceu que "é declarado feriado nacional o dia 12 de outubro *para culto público e oficial a Nossa Senhora Aparecida, Padroeira do Brasil*". No que tange ao "culto público e oficial", por afronta ao princípio da não confessionalidade, considera-se quase óbvio que a norma não foi recepcionada pela CF/88.

Já a Lei nº 9.093/95[9] estabeleceu, no art. 1º, como feriados civis: I – os declarados em lei federal; II – a data magna do Estado fixada em lei estadual; III – os dias do início e do término do ano do centenário de fundação do Município, fixados em lei municipal. No seu art. 2º, determinou que "são feriados religiosos os dias de guarda, declarados em lei municipal, de acordo com a tradição local e em número não superior a quatro, neste incluído a Sexta-Feira da Paixão".

---

[6] Há uma interessante decisão do Tribunal Europeu de Direitos Humanos, aplicando o dever de acomodação, curiosamente para uma cristã [*Nadia Eweida x UK* (CEDH, 15.01.2013)].

[7] A discussão completa, partindo da vinculação dos direitos fundamentais nas relações entre particulares, incluindo tópicos sobre um "direito especial de igualdade" e assédio religioso, encontra-se em WEINGARTNER NETO, *Liberdade religiosa na Constituição*, p. 230-42. No contexto trabalhista, veja-se, por todos, a excelente obra de SANTOS JUNIOR, Aloísio Cristovam dos. *A liberdade religiosa e contrato de trabalho*: a dogmática dos direitos fundamentais e a construção de respostas constitucionalmente adequadas aos conflitos religiosos no ambiente de trabalho. Niterói: Impetus, 2013.

[8] Dando nova redação ao art. 1º da Lei nº 662/49 e revogando a Lei nº 1.266/50. Dois dos sete feriados elencados são visivelmente religiosos (02/11 e 25/12).

[9] Com a redação dada pela Lei nº 9.335/96.

Necessário, portanto, compatibilizar a fixação dos feriados religiosos com a determinação constitucional de respeito à diversidade religiosa de cultos, crenças e liturgias, a permitir o livre exercício de crença e religião.

No que toca especificamente às relações de trabalho, a situação complica-se, ainda mais, se considerarmos que, no exercício de atividades não religiosas e, mesmo, de finalidades próprias, o empregador pode ser confissão religiosa.[10]

Recurso Extraordinário nº 494.601 (2006) – questiona dispositivo, no âmbito de Código Estadual de proteção aos animais, que permite o sacrifício ritual de animais, por considerá-lo livre exercício dos cultos e liturgias de matriz africana.[11]

No Rio Grande do Sul, em virtude da edição de *Código Estadual de Proteção aos Animais*, controverteu-se a questão, no que pode ser considerado um *leading case*. A Lei Estadual nº 11.915, de 21.05.2003, na tutela dos animais, visa "compatibilizar o desenvolvimento socioeconômico com a preservação ambiental". Em seu art. 2º, estabeleceu as vedações gerais, proibindo condutas ofensivas ao bem jurídico tutelado. No art. 16, tratou do abate de animais.

Seguiu-se acirrada polêmica, com amplo noticiário nos meios de comunicação social, alegando as *comunidades religiosas afro-brasileiras* que estavam sendo *discriminadas* ou *constrangidas* em face do sacrifício ritual de animais, ameaçadas pelo poder de polícia e temerosas de sanção penal. Dicotomizaram-se as posições, de um lado os "ambientalistas" (ao menos, algumas correntes e setores) e, de outro, os "religiosos", representados por associações e movimentos, aos quais se somaram ativistas do movimento negro; os primeiros pugnavam pela aplicação estrita do Código de Proteção aos Animais; os segundos pretendiam ressalvar que suas práticas religiosas continuavam lícitas. Neste contexto, adveio a Lei Estadual nº 12.131, de 22.7.2004, que acrescentou parágrafo único ao citado artigo 2º da Lei nº 11.915/2003 (Código Estadual de Proteção aos Animais). Literalmente: "Não se enquadra nessa vedação o livre exercício dos cultos e liturgias das religiões de matriz africana".[12]

Ao entendimento de que a Lei Estadual nº 12.131/2004 era formal e materialmente inconstitucional, por ter tratado indevidamente de matéria penal (competência legislativa privativa da União) e ter desrespeitado o princípio isonômico, ao excepcionar apenas os cultos de matriz africana, o Procurador-Geral de Justiça do Estado do Rio Grande do Sul, em 22.10.2004, promoveu Ação Direta de Inconstitucionalidade perante o Pleno do Tribunal de Justiça do Rio Grande do Sul.[13] No primeiro caso, alega-se que o art. 32 da Lei nº 9.605/98 (Lei Federal dos Crimes Ambientais) dispõe ser crime praticar ato de abuso, maus-tratos, ferir ou mutilar animais silvestres, domésticos ou domesticados, nativos ou exóticos (no art. 37, o mesmo diploma legal federal estabelece causas de justificação, permitindo o abate de animais em caso de estado de necessidade, fome, *v.g.*;

---

[10] Especialmente em face de (*CPJ* 1.2.4) e, modo geral, (*CPJ* 1.2), que (*Em*) pode figurar como (*EmC1*) na relação laboral.

[11] STF, RE 494.601, Rel. Min. Marco Aurélio, distribuída em 29.09.2006, última movimentação: conclusos ao Rel. em 19.12.2007.

[12] O Decreto nº 43.252, de 22.7.2004, regulamentou o indigitado artigo 2º. Considerou que os animais são merecedores de atenção especial por parte do Poder Público "e que é inviolável a liberdade de consciência e de crença, assegurado o livre exercício de cultos religiosos" e dispôs: *Para o exercício de cultos religiosos, cuja liturgia provém de religiões de matriz africana, somente poderão ser utilizados animais destinados à alimentação humana, sem utilização de recursos de crueldade para a sua morte* (art. 2º).

[13] ADI nº 70010129690.

para proteger lavouras, pomares e rebanhos; e por ser o animal nocivo – vale dizer, *não excepciona o sacrifício religioso*).[14] Quanto ao aspecto material, a peça vestibular rebela-se contra a violação da isonomia em face do favorecimento às religiões afro-brasileiras, sendo o privilégio específico incompatível com a natureza laica do Estado (art. 19, I, da Constituição).[15]

No deslinde da causa, fracionou-se o Órgão Pleno do Tribunal de Justiça do Estado do Rio Grande do Sul, por maioria julgando improcedente a ação e afirmando a constitucionalidade do dispositivo inquinado, ao explicitar não infringir o Código Estadual o *sacrifício ritual em cultos e liturgias das religiões de matriz africana, desde que sem excessos ou crueldades* – mesmo porque "não há norma que proíba a morte de animais, e, de toda sorte, no caso a liberdade de culto permitiria a prática".[16] Merece análise a fundamentação, a iniciar pelo voto do relator, que prevaleceu. Sob ponto de vista formal, não se usurpou competência da União em matéria penal, já que o preceito inquinado (parágrafo único) "tão-só pré-exclui dos atos arrolados no próprio dispositivo [art. 2º] as práticas religiosas", de modo algum pretendendo eliminar o crime capitulado no art. 32 da Lei nº 9.605/98. Quanto à isonomia, em face da existência de outras religiões que se ocupam de sacrifício ritual, mostra-se a disposição "apenas insuficiente e suscetível de

---

[14] A inicial consigna, e bem: "É de advertir, porém, que a supressão do dispositivo impugnado não inviabilizará as práticas de cultos africanos, pois, apesar de vedada a crueldade contra animais, sempre será possível aferir, em cada caso concreto, a prevalência, ou não, do direito fundamental à liberdade religiosa". Sinala, também, que já havia a proibição de submeter animais à crueldade, ao menos desde o art. 64 da Lei das Contravenções Penais. E, "mesmo sem exceção expressa a tal regra, já se podia entender que os sacrifícios rituais ali não se enquadravam (...) O dispositivo atacado, mesmo que tivesse sido veiculado por lei federal, afigura-se, assim, até mesmo desnecessário, porquanto jamais a liberdade de religião, constitucionalmente garantida, poderia ser afetada decisivamente em seu núcleo essencial por norma protetiva de animais. E isso porque parece evidente que, no caso, o direito de liberdade goza de primazia qualificada (*preferred position* do direito norte-americano) relativamente à proteção ambiental. Em sendo assim, impedir o sacrifício ritual de animais implica, para esses cultos, a perda da própria identidade da sua expressão cultural".

[15] Nesse caso, "o *discrimen* em favor das religiões afro-brasileiras revela-se arbitrário, por carente de justificação jusfundamental. Cuida-se de tentativa de compatibilização de interesses políticos – ambientalistas e religiosos – que levou o Parlamento estadual a uma decisão equivocada, privilegiadora de apenas uma expressão cultural, deixando à margem inúmeras outras, também titulares do amparo constitucional (art. 5º, VI)". No corpo da fundamentação, a petição cita o entendimento de Celso Antônio Pacheco Fiorillo, que inclui o sacrifício de animais em ritos religiosos nas hipóteses de *conflito aparente entre o meio ambiente natural e o meio ambiente cultural* (arts. 215 e 216, CF 88). Para dirimir a "aparente litigiosidade", utiliza-se do *princípio do desenvolvimento sustentável*, de análise específica caso a caso, sem prevalência automática. Pondera a inicial que "não há como deixar-se de, em cada caso concreto, verificar se os limites de compatibilização entre manifestação cultural e proteção à fauna foram observados". E sugere alguns parâmetros: "Ritos exóticos sem significação cultural, abate de animais em vias de extinção, utilização de meio desnecessário à atividade, provocação de sofrimento exagerado aos animais" deslegitimariam a expressão cultural e poderiam caracterizar infração penal. Repete, ao cabo, que o dispositivo tido por inconstitucional apresenta-se manifestamente *inócuo*, pois "não afasta a necessidade de compatibilização dos princípios constitucionais em choque em cada situação concreta", apenas externou *preferência pela manifestação cultural*, decorrente da "posição preferente da liberdade religiosa no catálogo de direitos fundamentais".

[16] ADIN nº 70010129690, Tribunal Pleno, Rel. Des. Araken de Assis, 18.04.2005. "CONSTITUCIONAL. AÇÃO DIRETA. SACRIFÍCIO RITUAL DE ANIMAIS. CONSTITUCIONALIDADE. 1. Não é inconstitucional a Lei 12.131/04-RS, que introduziu parágrafo único ao art. 2.º da Lei 11.915/03-RS, explicitando que não infringe ao 'Código Estadual de Proteção aos Animais' o sacrifício ritual em cultos e liturgias das religiões de matriz africana, desde que sem excessos ou crueldade. Na verdade, não há norma que proíba a morte de animais, e, de toda sorte, no caso a liberdade de culto permitiria a prática. 2. AÇÃO JULGADA IMPROCEDENTE. VOTOS VENCIDOS". (citado doravante como "Acórdão"). À unanimidade, rejeitaram preliminar de incompetência da Corte. A constitucionalidade afirmou-se por 15 votos contra 10 (1 vencido parcialmente e 10 integralmente, com 4 alterações de voto na última sessão). Entidades religiosas de matriz africana e ativistas do Movimento Negro postularam intervenção, indeferida. A Mesa da Assembleia Legislativa do Estado alegou a preliminar e, no mérito, sustentou que os rituais afro-brasileiros "pressupõem o sacrifício de animais domésticos em suas liturgias", criados em cativeiro para este fim específico, o que não afronta a Lei nº 9.605/98.

generalização". Ainda, "nada exclui a incidência de normas penais em casos concretos e específicos, preenchidos os respectivos pressupostos".[17]

Nem no art. 64 da Lei das Contravenções Penais, nem no citado art. 32 da Lei nº 9.605/98, prossegue o relator, acomoda-se o "sacrifício ritual de animais". Citou, ainda, para servir como *diretriz geral*, precedente da Suprema Corte norte-americana (*Church of Lukumi Balalu Aye v. City of Hialeah*), em que leis locais, que proibiam expressamente o sacrifício de animais (prática religiosa ligada à "Santería", trazida por negros cubanos), foram invalidadas, pois "as autoridades locais deviam respeitar a tolerância religiosa".[18]

Tendo embargos de declaração desacolhidos, o Ministério Público interpôs Recurso Extraordinário, com fundamento no artigo 102, inciso III, alínea *a*, da CF/88.[19] No STF, a Ação Direta de Inconstitucionalidade ensejou o Recurso Extraordinário em comento. Em 03.03.2007, o Procurador-Geral da República ofereceu parecer "pelo conhecimento e desprovimento do recurso ou pelo provimento parcial deste para expungir da norma questionada a expressão 'de matriz africana', permanecendo o dispositivo com a seguinte redação: não se enquadra nesta vedação o livre exercício dos cultos e liturgias das religiões".

No escopo de contribuir com o debate, formulo algumas observações:[20]

1º) Parece-me, à partida, *inviável* que o precedente citado da Suprema Corte norte-americana (*Church of Lukumi Balalu Aye v. City of Hialeah*) possa servir de *diretriz geral*. De fato, neste caso, julgado em 1993, a Suprema Corte invalidou, com base na *Free Exercise Clause* (e não na *Establishment Clause* [que se aproximaria do art. 19, I, CF 88] e menos ainda em face de alguma espécie de "tolerância religiosa"), legislação municipal que proibia o sacrifício de animais, *na medida em que era aplicada a uma particular seita religiosa*, pois os juízes, à unanimidade, entenderam que a normativa fora aprovada com o *único propósito* de "excluir a seita religiosa da cidade". Todavia, evitaram estabelecer se "membros de uma seita religiosa que utiliza sacrifício de animais ritualmente estariam inteiramente ao abrigo da cláusula de livre exercício", de maneira a excepcionar a lei proibitiva, caso esta fosse "uma lei de aplicação geral religiosamente neutra".[21]

---

[17] Acórdão, p. 4-5. "Bastaria, a meu ver, um único praticante de religião que reclame o sacrifício de animais para que a liberdade de culto, essencial a uma sociedade que se pretenda democrática e pluralista, já atue em seu benefício. Dir-se-á que nenhum direito fundamental se revela absoluto. Sim, mas o confronto acabou de ser revolvido através do princípio da proporcionalidade. Ao invés, dar-se-ia proteção absoluta ao meio ambiente natural proibindo, *tout court*, o sacrifício ritual" (Des. Rel.).

[18] Então, não vejo como presumir que a morte de um animal, a exemplo de um galo, num culto religioso seja uma "crueldade" diferente daquela praticada (e louvada pelas autoridades econômicas com grandiosa geração de moedas fortes para o bem do Brasil) pelos matadouros de aves. Existindo algum excesso eventual, talvez se configure, nas peculiaridades do caso concreto, a já mencionada contravenção; porém, em tese nenhuma norma de ordem pública, ou outro direito fundamental, restringe a prática explicitada no texto controvertido (Acórdão, p. 7-9).

[19] Petição de 06.10.2005. Em síntese, reiterando os argumentos de invasão da competência da União, por cuidar de matéria penal, bem como o da violação ao princípio isonômico e ao caráter laico do Estado brasileiro, por privilegiar apenas religiões de matriz africana. Prequestionou a incidência dos arts. 5º, *caput*, 19, I, e 22, I, da CF 88.

[20] Para referências mais detalhadas, inclusive indicação de doutrina norte-americana e decisão do Tribunal Constitucional Federal Alemão, a par de doutrina brasileira na linha da sociologia das religiões, vide WEINGARTNER NETO, Jayme. Entre anjos e macacos, a prática humana de sacrifício ritual de animais. In: MOLINARO, Carlos Alberto *et al.* (Org.). *A dignidade da vida e os direitos fundamentais para além dos humanos*: uma discussão necessária. Belo Horizonte: Fórum, 2008, p. 331-359 – especialmente p. 350 *et seq.* (diretrizes para resolução do caso no STF).

[21] Em vez disso, os juízes consideraram que a legislação municipal visava proibir somente o sacrifício ritual de animais praticado pela religião *Santería* (o momento em que foi votada e outros fatos, tudo demonstrava que a

Convém reiterar. No caso citado, os juízes da Suprema Corte *não enfrentaram a questão* de saber se "uma lei religiosamente neutra, que banisse todos os sacrifícios de animais, teria que permitir exceções para as hipóteses de sacrifício de animais em rituais religiosos". Em face do propósito de suprimir determinada seita religiosa, os juízes foram unânimes quanto à inconstitucionalidade, mas a maioria deles não viu razão para questionar o princípio de que uma lei religiosamente neutra, de aplicação geral, deveria atingir também as pessoas com crenças religiosas dissonantes. Assim, a legislação de Hialeah, na medida em que tinha como alvo a comunidade religiosa *Church of the Lukumi Babalu Aye* (que professava a *Santería* e, por isso, estava sendo discriminada – o regramento local excetuava virtualmente todas as formas de sacrifício animal, exceto aquelas utilizadas pela religião em tela), e não conseguindo a municipalidade demonstrar qualquer interesse prevalecente que justificasse a proscrição somente do sacrifício de animais em rituais religiosos, foi invalidada. Porém, Novak e Rotunda figuram a hipótese (mais próxima do caso em comento, em minha opinião) de uma *lei religiosamente neutra*, que fosse uniformemente *aplicável a todas as pessoas*, proibindo o sacrifício de animais. A lei não tenciona suprimir atos religiosamente motivados, antes tem o propósito de promover a saúde pública e prevenir a "crueldade no tratamento dos animais". Perguntam: se membros de uma seita religiosa, em violação da lei, sacrificassem animais em ritos religiosos, poderiam ser punidos pela ilicitude? "A Corte, no caso *Church of the Lukumi*, não enfrentou a questão." O entendimento da Corte no caso *Smith II* (supracitado) indicaria que "a seita religiosa não teria o direito constitucional a uma exceção legal".[22] Mais próxima do caso *Church of the Lukumi* esteve a Representação nº 959-9 – Paraíba (*supra*).

2º) A *concordância prática é mais conseguida no acórdão do Tribunal Constitucional Alemão* (Caso do Açougueiro turco de Essen, Sentença nº 104/337, 2002), preferencial para servir de *guide line*. A Corte alemã, clara e didaticamente, estabeleceu, em concreto, o conflito entre o devido respeito à liberdade religiosa e o interesse da comunidade, mediado pelo legislador, na proteção dos animais – e chamou, para a tutela recíproca, o princípio da proporcionalidade.[23]

---

legislação só fora adotada quando a municipalidade soubera que membros da *Santería* estavam por estabelecer um lugar de culto na cidade). Vale dizer, a lei em questão tinha um *evidente propósito inconstitucional*, de obstaculizar a liberdade religiosa. A lei que não passasse no teste de "neutralidade religiosa" e "aplicabilidade geral" deveria ser objeto de um "estrito escrutínio judicial" e só seria constitucional se "realmente necessária para atender a relevante interesse governamental". *A Suprema Corte tem indicado que uma lei religiosamente neutra deve ser seguida por todas as pessoas, inclusive por aquelas cujas crenças religiosas determinem-lhes a desobediência.* Entretanto, em alguns poucos casos (*v.g.*, para obtenção de auxílio desemprego), a Corte tem aberto exceções.

[22] *The court in the church of the Lukumi Babalu Aye case did not reach this question. The Court's ruling in Smith II would indicate that the religious sect would not have a constitutional right to an exemption from the law* (NOVAK, John; ROTUNDA, Ronald D. *Constitutional law*. St. Paul: West Publishing Co., 1995, p. 1.297). Vale lembrar o caso *Bunn v. North Carolina* (1949), em que a Suprema Corte do Estado da Carolina do Norte sustentou a aplicação de lei que proibia o manuseio de cobras venenosas a uma igreja determinada. Tratava-se de ordenação local (Cidade de Durham) que visava à saúde, segurança e ao bem-estar públicos e os juízes consideraram que a "segurança pública é superior à prática religiosa". Benjamin Massey e C. H. Bunn, da Igreja "Tabernáculo Zion", foram flagrados (com intervalo de uma semana), por policiais locais, engajados em serviços religiosos no meio de homens, mulheres e crianças, ao brandirem do púlpito as cobras venenosas, à vista da congregação – ninguém foi ferido em nenhuma das ocasiões (conforme "The RJ&L Religious Liberty Archive", citado como: 229 N.C 734, 51 S.E.2d 179).

[23] WEINGARTNER NETO, Jayme. *Entre anjos e macacos*, p. 338-342.

3º) É preciso, considerando as tensões do caso concreto, *avançar na análise das posições jurídicas que colidem*. Do lado *do direito fundamental à liberdade religiosa como um todo*, podem-se chamar, *prima facie*, pelo menos (e ficando apenas no plano subjetivo): CPJ 1.1.3, liberdade de atuação segundo a própria crença; 1.1.7, liberdade de praticar os atos do culto da religião professada e CPJ 1.2.1, direito de autocompreensão e autodefinição das confissões religiosas, no que tange à identidade e ao caráter próprio da confissão professada; 1.2.2.1, liberdade de exercício dos atos de culto, sem interferência do Estado ou de terceiros. Da banda do *direito fundamental ao meio ambiente* (assim considerado, em que pese à localização heterotópica, forte na abertura material do catálogo propiciada pelo §2º do art. 5º, CF/88), é de lembrar o direito genérico ao meio ambiente ecologicamente equilibrado (*caput* do art. 225, CF/88) e, especificamente, a proteção da fauna, nos termos do inc. VII do mesmo artigo (vedadas as práticas que coloquem em risco sua função ecológica, provoquem a extinção de espécies ou submetam os animais a crueldade). Seria de esclarecer, então: quais são os animas sacrificados? Aves? Gatos e cachorros? Bodes? O citado Decreto nº 43.252/04 refere "animais destinados à alimentação humana" – qual a importância deste vetor? O rito sacrificial é exótico, extremamente raro? Ou, pelo contrário, partilhado por significativa parcela de crentes, ainda que minoritária? O que se faz com os animais? Como são sacrificados? Evita-se o sofrimento exagerado? Seria impossível fornecer alguns exemplos de "recursos de crueldade"? De onde provêm os animais que serão sacrificados, como são mantidos em cativeiro e qual a destinação dos cadáveres? Ressente-se, enfim, de maiores informações, que possibilitariam uma concordância prática mais acurada.

4º) Ainda que, em termos metódicos, o teste de proporcionalidade pudesse ser favorável ao regramento ambiental, dever-se-ia prosseguir e *verificar se o núcleo essencial da liberdade religiosa das confissões afro-brasileiras não restaria atingido*, a indicar a conveniência de um aporte de sociologia das religiões. Parece, numa primeira vista de olhos, que sim. Entre religiões não cristãs que se desenvolveram no Brasil, um grupo se destaca pela *posição de relevância estrutural* no quadro geral da cultura brasileira: as religiões afro-brasileiras, assim chamados os respectivos cultos pela origem, trazidos que foram pelos escravos traficados da África.[24] Mire-se o *candomblé*, descrito como uma "religião mágica e ritual", em que se busca, "mediante a manipulação de forças sagradas, a invocação das potências divinas *e os sacrifícios oferecidos às diferentes divindades, os chamados orixás*".[25] Representa o melhor exemplo de *politeísmo explícito* que se tem no Brasil. Pois, diferentemente de outras grandes religiões, de vinco ético ou moral, a *ênfase do candomblé é ritual*, "(...) e a distinção entre o bem e o mal depende basicamente da relação entre cada seguidor e seu deus pessoal, o orixá (...) Pois cada orixá está relacionado a uma série de tabus específicos". Cada orixá conta com símbolos particulares, "sem falar dos animais sacrificiais próprios de cada orixá".[26] Neste contexto, é muito provável que proibir o

---

[24] Até meados do século XX, "funcionavam exclusivamente como ritos de preservação do estoque cultural dos diferentes grupos étnicos negros que compunham a população dos antigos escravos e seus descendentes"; ainda hoje são reconhecidas como *"religiões negras*, autênticas expressões culturais da *negritude*" (PIERUCCI, Antônio Flávio. As religiões no Brasil – apêndice. In: GAARDER, Jostein; HELLERN, Victor; NOTAKE, Henry. *O livro das religiões*. São Paulo: Companhia das Letras, 2005, p. 311-312).

[25] PIERUCCI, *As religiões no Brasil*, apêndice, p. 312 (o primeiro grifo é meu). Como, aliás, faziam os guerreiros de Aquiles na Ilíada, um dos mitos fundadores da cultura ocidental.

[26] PIERUCCI, *As religiões no Brasil, apêndice*, p. 313-5. Já a umbanda, mais híbrida e menos africana, "evita os sacrifícios de sangue" (p. 319).

sacrifício ritual, *tout court*, signifique *erodir o conteúdo essencial da religião professada por significativa parcela de brasileiros*, o que se afigura, à vista desarmada, inconstitucional.

5º) No que toca à inconstitucionalidade material, por discriminação contra as outras religiões que eventualmente utilizam de forma ritual o sacrifício de animais, sugiro (apoiado no princípio da interpretação da lei conforme a Constituição e na noção de aplicação direta do princípio da igualdade), na linha da proposta de Jónatas (*supra*), a figura da *extensão das conquistas das confissões majoritárias* (no caso, de um grupo religioso mais articulado politicamente) *aos grupos minoritários*, que de fato não parecem ter, na vida social e cultural brasileira (o que explicaria a ausência de referência expressa), o mesmo peso que joga a favor das religiões afro-brasileiras – *princípio fundamental de alargar para as minorias o tratamento jurídico dispensado à confissão religiosa mais favorecida.* Acena-se, então, com a *intervenção regulatória estatal* (Estado juiz e administrador, também vinculados pelos direitos fundamentais) *na correção das falhas de mercado*, concretizando (CPJ 2.2.1, proteção dos indivíduos, na defesa da liberdade religiosa individual do crente potencialmente discriminado; 2.2.2, coordenando as diversas liberdades religiosas coletivas; 2.3.1, garantia institucional da liberdade religiosa individual; 2.3.2, as igrejas, também minoritárias, como instituições; 2.3.3, garantia do princípio da igualdade "sem lei, contra a lei e em vez da lei" [Canotilho]; e 2.3.4, diversidade e pluralismo religioso) – nestas tarefas, é de se atender aos *princípios* e não ao desigual peso político das diferentes confissões religiosas, daí que o patamar de tutela mais favorável obtido, não se opondo obstáculo intransponível, é de estender-se automaticamente às minorias.

6º) Tergiversam os comentários, ora aventando um "conflito aparente", ora admitindo uma colisão. Na minha ótica, o quadro normativo posto pelo legislador (seja estadual, seja federal), não se aplica, *a priori*, ao *sacrifício ritual de animais* (não faz parte do programa das normas ambientais vedá-lo, nem se encontra no respectivo âmbito normativo a proibição das situações decorrentes do exercício religioso). Todavia, conflito, ao menos potencial, há. E *não entre um meio ambiente expansivo*, açambarcando o natural e o cultural (mesmo porque, nessa linha, tudo seria dissolvido, a começar pelo direito, num grande caldo cultural), inclusive pela *incorreta assimilação das posições subjetivas decorrentes do direito fundamental à liberdade religiosa como um todo, com sua especificidade e prioridade, pleno de conteúdo em dignidade*, no tal "meio ambiente cultural" (arts. 215 e 216, CF/88), a lançar mão do "princípio do desenvolvimento sustentável" para orientar a ponderação (que não se atina que papel jogaria aqui). Trata-se, a meu sentir, de superinterpretação ambientalista, que sucumbe à análise sistemática. A *tensão concreta*, já se referiu (*supra*, observação 3ª), trava-se *entre a liberdade religiosa e a tutela do meio ambiente (fauna)*. A *cultura*, que está no Capítulo III da Ordem Social da CF/88 (enquanto o *meio ambiente* aparece no Capítulo VI da mesma Ordem Social), é conceito jurídico dotado de autonomia e, no caso, *joga a favor da prevalência do sacrifício ritual dos animais* pelas religiões afro-brasileiras – em face do componente cultural, o Estado protegerá (*reforço de tutela*) as manifestações (também religiosas) das culturas afro-brasileiras (art. 215, §1º, CF/88), o que pode ser igualmente cogitado na consideração da contribuição religiosa ao patrimônio cultural brasileiro, diante dos traços portadores de referência à identidade e à memória de um dos grupos formadores da sociedade brasileira (art. 216, CF).

7º) Provavelmente, a discussão também se beneficiaria da agregação de CPJ 2.1.5, princípio da *tolerância*, já que os crentes das religiões afro-brasileiras manifestaram concretos receios de discriminação, e CPJ 2.2.3, *função estatal de criar condições*, para que as confissões religiosas desempenhem suas missões, o que explicaria o recurso a um preceito quase simbólico, mas sinalizador de diversidade e pluralismo.

ADI nº 2.566-0 (2002) – ao indeferir medida cautelar contra lei federal reguladora da atividade das rádios comunitárias, o Tribunal, reafirmando que não há direitos absolutos, ilimitados ou ilimitáveis, considerou válida vedação genérica ao proselitismo de qualquer natureza na programação das emissoras de radiodifusão comunitária, referindo expressamente a pregação religiosa, certo que cabe ao intérprete dos fatos concretos verificar se ocorreu ou não o proselitismo abusivo proibido.[27]

O Min. Rel. apontou que, literalmente, o dispositivo inquinado "foi mais longe do que precisava ir, ao coibir, ao vedar, o proselitismo de qualquer natureza" – por outro lado, acresceu a seguir, "não há direitos absolutos, ilimitados e ilimitáveis", daí a fórmula de remeter à interpretação do caso concreto para verificar-se se ocorreu *proselitismo desvirtuado de suas finalidades*. Pela minoria, o Min. Celso de Mello sustentou que, se não é direito absoluto (eventuais abusos ficarão sujeitos a controle jurisdicional *a posteriori*), não deve o Estado impedir a livre expressão e divulgação de ideias – o pluralismo de ideias como fundamento da República, pelo que "a prática do proselitismo representa elemento de concretização do direito à livre difusão de ideias (...) sendo irrelevante, sob tal aspecto, que se trate de proselitismo de natureza religiosa".

A Corte, aqui, já antecipava dificuldades dogmáticas que, mais recentemente, desaguaram na ADPF nº 130; de um lado, a Lei de Imprensa de 1967 não foi recepcionada, em bloco, consignando a ementa: "Não há liberdade de imprensa pela metade ou sob as tenazes da censura prévia, inclusive a procedente do Poder Judiciário, pena de se resvalar para o espaço inconstitucional da prestidigitação jurídica"; e, de outro, a Reclamação nº 9.428.[28]

ADI nº 4.439 (2010) – postula, a PGR, interpretação conforme da LDB e do Acordo com a Santa Sé para assentar que o ensino religioso em escolas públicas só pode ser não confessional, proibida a admissão de professores que representem confissões religiosas; subsidiariamente, pugna pela inconstitucionalidade parcial da norma concordatária, para suprimir do texto do artigo 11, §1º, a expressão "católico e de outras confissões religiosas".

Celebrou-se, em 13 de novembro de 2008, *acordo* entre a República Federativa do Brasil e a Santa Sé relativo ao *Estatuto Jurídico da Igreja Católica no Brasil*. O texto, composto por 20 artigos, foi aprovado pelo Decreto Legislativo nº 698/2009 e promulgado pelo Presidente da República por meio do Decreto nº 7.107/2010. Penso que o regime concordatário acordado não padece de qualquer vício de constitucionalidade. Pelo contrário, densifica uma série de posições jurídicas que já resultavam de interpretação

---

[27] STF, ADI 2.566, Tribunal Pleno, Rel. Min. Sydney Sanches, julgamento em 22.05.2002, DJ de 27.02.2004.

[28] STF, ADPF nº 130, Tribunal Pleno, Rel. Min, Ayres Britto, julgada em 30.04.2009; STF, Rcl. nº 9.428/DF, Tribunal Pleno, Rel. Min. Cezar Pelluso, julgada em 10.12.2009, publicada no Informativo STF nº 571 (07 a 11.12.2009): *verbis*: Em síntese, o relator frisou não ser possível extrair do acórdão da ADPF 130/DF, sequer a título de motivo determinante, uma posição vigorosa e unívoca da Corte que implicasse, em algum sentido, juízo decisório de impossibilidade absoluta de proteção de direitos da personalidade, como a intimidade, a honra e a imagem, por parte do Poder Judiciário, em caso de contraste teórico com a liberdade de imprensa. Acrescentou que essa afirmação não significaria que toda e qualquer interdição ou inibição judicial a exercício de liberdade de expressão fosse constitucionalmente admissível, mas apenas sublinharia não se encontrar, na leitura de todos os votos que compuseram o acórdão paradigma, quer no dispositivo, quer nos fundamentos, pronúncia coletiva de vedação absoluta à tutela jurisdicional de direitos da personalidade segundo as circunstâncias de casos concretos, e que, como tal, seria a única hipótese idônea para autorizar o conhecimento do mérito da reclamação.

sistemática da Constituição Federal, tendo o mérito de explicitá-las e de forma compatível com o princípio fundamental do Estado laico, de não identificação com separação, que não se coaduna com hostilidade ou oposição ao fenômeno religioso – já se disse que a Constituição atenta, separada e não confessional também é cooperativa, solidária e tolerante em relação às instituições religiosas. O acordo, pois, consubstancia os princípios da cooperação e da solidariedade. Ademais, o Estado cumpre suas funções no que toca aos deveres de proteção, de *criar condições* para que as confissões religiosas desempenhem suas missões (dever de aperfeiçoamento). Protege-se, por fim, como garantias institucionais, a liberdade religiosa coletiva, isto é, as igrejas como instituição.

Neste contexto, discordo da ação proposta pela Procuradoria-Geral da República a fim de que o STF realize interpretação conforme a Constituição do art. 33, *caput*, e §§1º e 2º, da Lei nº 9.394/96 (para assentar que o ensino religioso em escolas públicas só pode ser de natureza não confessional, com proibição de admissão de professores na qualidade de representantes das confissões religiosas), bem como profira decisão de interpretação conforme a Constituição do art. 11, §1º, do Acordo Brasil/Santa Sé (para assentar que o ensino religioso em escolas públicas só pode ser de natureza não confessional); ou, subsidiariamente, declare a inconstitucionalidade do trecho "católico e de outras confissões religiosas" constante no mencionado artigo. A liminar foi indeferida em 03.08.2010. Desde então, uma série de entidades vêm sendo admitidas a ingressar nos autos na qualidade de *amicus curiae*. Mais recentemente, houve audiência pública, oportunidade em que o STF recolheu uma série de subsídios.[29]

Argumenta-se, na petição, por exemplo, que o Estado não pode apoiar a religiosidade em detrimento da não religiosidade. Certo. Todavia, a Constituição Federal foi quem decidiu, axiologicamente, que haverá ensino religioso, de matrícula facultativa (a preservar a liberdade e autonomia dos demais), nas escolas públicas. Refere-se, ainda, que seria desproporcional o exercício da faculdade de recusa para a criança ou adolescente. Entretanto, com base neste ônus não demonstrado empiricamente (a soar mais como argumento retórico), não se considera desproporcional a alternativa imposta a crianças e adolescentes que desejassem usufruir do direito constitucional de ensino religioso interconfessional, que se veriam, *tout court*, privados da possibilidade. Paradoxalmente, o item 46 da petição afirma que a opção do ensino interconfessional "deixa de promover a autonomia do educando". Penso, ao revés, que retirar tal opção configura paternalismo estatal.

Referências

NOVAK, John; ROTUNDA, Ronald D. *Constitutional law*. St. Paul: West Publishing Co., 1995.

PIERUCCI, Antônio Flávio. As religiões no Brasil – apêndice. In: GAARDER, Jostein; HELLERN, Victor; NOTAKE, Henry. *O livro das religiões*. São Paulo: Companhia das Letras, 2005.

SANTOS JUNIOR, Aloísio Cristovam dos. *A liberdade religiosa e contrato de trabalho*: a dogmática dos direitos fundamentais e a construção de respostas constitucionalmente adequadas aos conflitos religiosos no ambiente de trabalho. Niterói: Impetus, 2013.

---

[29] Que se realizou em 15.06.2015, sob a coordenação do Min. Rel. Roberto Barroso, quando 31 entidades religiosas ou ligadas à educação foram ouvidas.

WEINGARTNER NETO, Jayme. Comentários ao artigo 5º, incisos VI a VIII e artigo 19, incisos I a III. In: CANOTILHO, J. J. Gomes *et al.* (Coord.). *Comentários à Constituição do Brasil.* São Paulo: Saraiva/Almedina, 2014.

WEINGARTNER NETO, Jayme. Entre anjos e macacos, a prática humana de sacrifício ritual de animais. In: MOLINARO, Carlos Alberto *et al.* (Org.). *A dignidade da vida e os direitos fundamentais para além dos humanos:* uma discussão necessária. Belo Horizonte: Fórum, 2008.

WEINGARTNER NETO, Jayme. Liberdade religiosa na jurisprudência do STF. In. SARMENTO, Daniel; SARLET, Ingo Wolfgang (Coord.). *Direitos fundamentais no Supremo Tribunal Federal:* balanço e crítica. Rio de Janeiro: Lúmen Juris, 2011.

WEINGARTNER NETO, Jayme. *Liberdade religiosa na Constituição:* fundamentalismo, pluralismo, crenças e cultos. Porto Alegre: Livraria do Advogado, 2007.

Informação bibliográfica deste texto, conforme a NBR 6023:2002 da Associação Brasileira de Normas Técnicas (ABNT):

WEINGARTNER NETO, Jayme. Liberdade de religião. In: LEITE, George Salomão; LEITE, Glauco Salomão; STRECK, Lenio Luiz (Coord.). *Jurisdição constitucional e liberdades públicas.* Belo Horizonte: Fórum, 2017. p. 165-181. ISBN 978-85-450-0237-6.

LIBERDADE E GREVE:
APORTE CRÍTICO PARA A TEORIA CONTRATUAL
DO DIREITO DO TRABALHO

IVAN SIMÕES GARCIA

1 Introdução

A parca construção teórica no direito do trabalho que lhe proveja aportes epistêmicos ou metajurídicos tem suscitado uma série de insuficiências, equívocos e distorções no âmbito da análise das categorias dogmáticas inscritas em torno do contrato de trabalho.

Para que pudesse ser concebido com o propósito precípuo de manutenção sistêmica do processo de reprodução capitalista, o direito do trabalho teve que se valer de categorias criadas pelo idealismo burguês, dentre elas a liberdade, juridicizada como liberdade de contratar.

Assim, o capitalismo, ao criar uma nova forma de exploração, cria também o aparato jurídico que concebe um trabalho que deve ser livre (e, portanto, o trabalhador deve se tornar sujeito de direitos) para poder ser "voluntariamente" trocado por salário, como se ao salário correspondesse o mesmo valor da forma de trabalho.

A abstrata categoria da liberdade de contratar, no entanto, sucumbe à necessidade de se travestir a desigualdade material de igualdade jurídico-contratual gerada pela proteção conferida pelas regras do Estado ao trabalhador. A lei que "protege" é a mesma que cristaliza a desigualdade na subordinação e, por conseguinte, na regulação do exercício da greve. Com efeito, o empregado é absolutamente livre para ceder ao seu empregador o direito de mandar no seu trabalho, assim como é livre para deixar o seu empregador estabelecer unilateralmente o preço de sua força de trabalho e determinar de que forma pode exercer o direito público de liberdade de greve – o único que o empregado dispõe que pode efetivamente afetar seus interesses.

Para descrever como o trabalho se desenvolve no seio da sociedade capitalista, inicialmente, apresentamos uma categorização histórica do trabalho como forma fundante da sociabilidade humana, convertendo-se após um longo processo de separação dos meios de produção em trabalho abstrato e alienado.

Após contextualizar historicamente o assim denominado "trabalho livre", como pressuposto jurídico do modo de produção capitalista, apresentamos como essa forma jurídica foi plasmada na figura do sujeito de direito burguês.

A partir daí, podemos aprofundar a crítica a alguns elementos estruturantes do contrato de trabalho, visto em seu caráter fetichista, especialmente conceitos como "subordinação jurídica" e "comutatividade do salário", comuns à teoria contratual traba-lhista, que devem ser questionados na sua pureza ideológica e nos seus inconfessáveis propósitos de exploração e dominação com o escopo de assegurar a reprodução e acumulação do capital.

Em seguida, analisamos a influência da teorização sobre a liberdade nas definições jurídicas, especialmente na teoria dos direitos fundamentais, inclusive os direitos sociais, dentre os quais encontramos o direito de greve.

Finalmente adentramos o tema da greve e sua regulação apresentando os limites intrínsecos e os limites estabelecidos pela regulação burguesa que visam preservar seus interesses. Porém, apresentamos também algumas possibilidades ensejadas pelo novo quadro teórico fornecido pelos direitos fundamentais, no sentido de ampliar o exercício do instrumento da greve para melhoria das condições de vida dos trabalhadores.

Valemo-nos no método histórico-dialético para a análise pretendida; nesse sentido, formulamos uma análise crítica. Mas crítica aqui é concebida não como a possibilidade de lançar críticas, mas como a análise mais ampla da complexa realidade em que se inscreve o direito. Trata-se de uma reflexão sobre as condições de existência do direito do trabalho em relação ao contexto histórico, contraditório e dinâmico em que surge, permitindo uma leitura que se abre para seus limites e possibilidades de transformação.[1]

2 A categoria trabalho e o trabalho alienado no capitalismo

Em cada período histórico, para se ter em conta como se reproduz a vida (indi-vidual e, sobretudo, social), é preciso verificar, antes de mais nada, as formas estabelecidas de distribuição dos meios de produção e o tipo de divisão do trabalho numa dada sociedade. Em cada época, um determinado modo de produção está ligado a um modo de organização das relações sociais (religiosas, políticas, administrativas, financeiras, etc.).

Assim, a distribuição dos produtos numa sociedade somente pode ser compreen-dida quando se antevê como se distribuem os instrumentos de produção e como se distribuem os membros da sociedade pelos distintos gêneros de produção. Essa divisão do trabalho corresponde, em cada momento histórico, a formas de organizar as relações sociais.

Sendo um ser social, o homem converte todo trabalho humano em fato coletivo e desenvolve tanto a cooperação quanto a divisão social do trabalho (isto é, especialização de funções), o que ocorre ainda em tempos primitivos, com a verificação de um excedente produtivo que vem a ser ampliado, tornando possível a troca.

Num primeiro momento, produção e troca têm como finalidade apenas o uso, a manutenção do produtor de sua comunidade. Posteriormente, com a sofisticação dos

---

[1] MIAILLE, Michel. *Introdução crítica ao Direito*, p. 22-30.

meios de produção, as trocas mais complexas são redimensionadas com o dinheiro (equivalente geral de trocas comerciais sem valor de uso em si), permitindo a produção generalizada de mercadorias e a acumulação de capital.

Desde o modo de produção escravagista, a humanidade percorreu um longo itinerário, no qual o trabalho gradativamente vai se separando de suas condições objetivas de realização, separando o trabalhador dos meios de produção.

> O trabalho escravo era desde o início, um trabalho por conta alheia, no sentido de que a titularidade dos frutos do trabalho do escravo correspondia imediatamente ao dono e não ao próprio escravo.

> A passagem da escravidão para a servidão foi lenta e racional. A relação de domínio debilita-se para que o servo deixe de ser coisa e passe a ser visto como pessoa e, portanto, com capacidade de ser sujeito de relações jurídicas, ligadas às glebas.[2]

A Revolução Industrial do século XVIII impõe definitivamente a indústria e, com ela, a consolidação econômica do capitalismo e sua ideologia liberal.

> E com o capitalismo surge um elemento novo, seu correlato e fornecedor permanente para a sua insaciável sede de braços humanos: o proletariado. O artesão empobrecido, o trabalhador rural, o pequeno empreiteiro, todos demandavam a cidade em busca de serviço. Formava-se o exército de reserva do capitalismo. (...) Desaparecia a servidão e o trabalhador podia firmar um contrato de locação de serviços com o seu patrão, como se fossem dois homens livres e iguais.[3]

Subtraídos os meios de produção, resta ao trabalhador, para sobreviver, alienar sua força de trabalho, levando à última instância a estratificação social em classes detentoras e não detentoras dos meios de produção.

Desta forma, o capitalismo inverte a potencialidade do trabalho como elemento humanizador, reduzindo-o a instrumento de geração de riqueza privada. O trabalho, que inicialmente objetiva a condição humana na realidade física e social, passa a relacionar-se com essa realidade com alienação e estranhamento.

Ao invés de o trabalho servir para a autorrealização plena e livre do ser humano; ao invés de mediar sua própria individualidade e seu gênero criativo, sob o império do capital, o trabalho transforma-se justamente no oposto, que castra a liberdade e a criatividade do homem, até lhe converter no animal mais inferior, mais bestializado.

Para Marx, isso significa, em síntese, que:

1) O trabalhador é estranho ao produto de seu trabalho; não se identifica com esse produto, que nem lhe pertence, nem possui nada de peculiar de sua marca individual. É simplesmente uma mercadoria transferida por ele para um terceiro. Assim se comporta em relação ao produto produzido por ele, como também os demais produtos produzidos pelos outros trabalhadores e, enfim, em relação a todos os objetos naturais do mundo externo. Estas coisas cada vez mais vão ditando o modo de ser das pessoas. Quanto mais o trabalhador

---

[2] ALONSO OLEA. *Introdução ao Direito do Trabalho*. São Paulo: Genesis, p. 160.
[3] MORAES FILHO. *Introdução do Direito do Trabalho*. v. 1. p. 94.

produz, mais é dominado por essa profusão de produtos (mercadorias),[4] pela baixa qualificação exigida para o seu trabalho e pela constante ilusão de um dia adquirir tais produtos, mas que potencializa a sua própria exploração.

2) O trabalhador é estranho ao próprio trabalho. Uma vez que sua força de trabalho é convertida em mercadoria, tampouco a atividade de trabalhar está sob seu domínio. Ele a percebe como estranha a si próprio, e ao passar a maior parte do temo de sua vida no trabalho, ele passa a estranhar a própria vida, se alienando de si mesmo. Daí a ânsia constante pelo fim do expediente e o alívio na sua chegada, revelador do sofrimento que consiste o trabalho.

3) O trabalhador é estranho à vida genérica do ser humano. Quando justamente a atividade vital e consciente, que o distinguiria dos demais animais, torna-se apenas meio de subsistência para o trabalhador, este deixa de ser livre para desenvolver toda sua potencialidade criativa. Vive para trabalhar e trabalha para obter as condições mínimas que permitam continuar trabalhando: um pouco de comida, um lugar para dormir algumas horas, alguma roupa para se proteger do frio, etc. Em suma, supre minimamente suas necessidades biológicas, animais. A rigor, ele só se sente livre em suas funções animais – comer, beber e procriar – e, em suas funções humanas (no trabalho), se sente como um animal.

O produtor direto, isto é, o trabalhador, converte-se num simples apêndice da máquina, mera peça de fácil e barata reposição. O salário serve para conservar o trabalhador como qualquer outro instrumento produtivo. No mundo capitalista, o trabalho aparece como atividade externa, forçada, imposta compulsoriamente pelos ditames da sobrevivência, de tal modo que, "se pudessem, os trabalhadores fugiriam do trabalho como se foge de uma peste!".[5]

Por conseguinte, o trabalhador termina por se tornar estranho aos outros trabalhadores e aos demais indivíduos. O processo de produção, que nasce da cooperação coletiva dos trabalhadores, aparece aos seus olhos como um poder alheio, sobre o qual não tem controle, não sabendo de onde procede e que dirige seus atos e suas vontades. O próprio capitalista, senhor de sua riqueza, dela converte-se em escravo, pois a sociedade capitalista encerra todas as pessoas num crescente individualismo possessivo, desumaniza os homens, brutaliza-os, ao naturalizar sua prescindibilidade para o capital.

3 A liberdade e as formas jurídicas: o sujeito de direito burguês

O modo peculiar como a burguesia exerce sua exploração econômica do trabalho alheio é por meio do direito. Por isso, o direito não é só um mecanismo estabilizador geral das condições sociais para a reprodução sistêmica do modo de produção capitalista, ele cria regras bastante específicas para a reprodução do capital.

---

[4] MARX, Karl. *Manuscritos econômico-filosóficos*, p. 163. "O trabalhador torna-se tanto mais pobre quanto mais riqueza produz, quanto mais sua produção aumenta em poder e em extensão. O trabalhador torna-se uma mercadoria tanto mais barata quanto maior o número de bens produz. Com a valorização do mundo das coisas, aumenta em proporção direta a desvalorização do mundo dos homens. O trabalho não produz apenas mercadorias; produz-se a si mesmo e ao trabalhador como uma mercadoria, e justamente na mesma proporção com que produz bens".

[5] *Idem*, p.168.

Para tal empreitada não ocorrer explicitamente (o que subtrairia o papel legitimador do direito perante as maiorias), o direito burguês cria uma virtualização da realidade: a lei passa a discernir os atos e fatos cotidianos dos atos e fatos jurídicos, capazes de produzirem obrigações e direitos.

Também os indivíduos, os grupos sociais e coletividades receberão uma fantasia para adentrarem a realidade virtual do direito: recebem a personalidade jurídica (persona, máscara), entronizada como sujeito de direitos.

No campo da produção da vida material por meio do trabalho, verificamos que nos modos de produção anteriores, como no escravismo, os trabalhadores eram objetos de direitos – coisa produtora de trabalho, inserida num conjunto de bens sob a propriedade do senhor –, mas não sujeitos de direitos. No Feudalismo, o vassalo detentor dos meios de produção transfere o resultado de sua força de trabalho por meio de laços de dependência pessoal em relação ao suserano; ambos relacionam-se, embora pertençam a estamentos distintos (regulados por estatutos distintos, não havendo medida comum entre os dois, são privilégios diferentes) num vínculo do qual não é possível se emancipar, a não ser como punição do servo. Por conseguinte, o servo não é livre para vender a sua força de trabalho, uma vez que está preso à terra e vinculado ao seu senhor.[6]

A ideia de sujeitos de direito, livres e iguais era impossível em tais sistemas. Foi a burguesia que, ocupando o proscênio econômico e, finalmente, ocupando o aparelho de Estado redimensionou as relações sociais naturalizando a identificação do indivíduo atomizado com a noção de sujeito de direitos. Trata-se de uma categoria que não é nem natural, nem um axioma da razão, mas construída pela burguesia num momento da história como condição para a afirmação do modo de produção capitalista.

A ideologia jurídica, portanto, é o núcleo fundamental de toda a ideologia burguesa, é ela quem traduz o discurso das relações de troca – a forma mercadoria, em forma jurídica. E, no centro da forma jurídica, está a noção de sujeito de direito como representação da relação idealista entre os indivíduos com as suas condições reais de existência.

> A ideologia dominante (ideologia da classe dominante) pode assim interpelar os indivíduos produzindo a evidência de sua subjetividade, dissolvendo os vínculos de classe que os determina no processo de produção, introjetando neles as tarefas que lhes são atribuídas na divisão do trabalho, sob a dominação da classe dominante. Os indivíduos das classes dominadas parecem "funcionar" por si mesmos, reproduzindo as condições de seu próprio subjugamento ao capital, sem que seja necessário o uso da violência direta (...).[7]

O fundamental no campo jurídico é que o trabalhador desigualado pelo processo histórico de subtração de seus meios de produção seja igualado na forma de sujeito de direito para ser inserido na esfera da circulação mercantil dos próprios seres humanos, na condição de trabalhadores, pois esta traz em si, em sua corporeidade, o elemento que atende à necessidade fundamental do capital, sua força de trabalho trocada por um valor menor do que o valor que ela mesmo gera.[8]

---

[6] MIAILLE, Michel. *Introdução Crítica ao Direito*, p. 119.

[7] NAVES, Marcio B. *A Questão do Direito em Marx*, p. 90.

[8] *Idem*, p. 86. "Para que o homem possa ser objeto de troca, para que possa ocorrer essa 'comercialização do homem', é preciso que sejam respeitadas as determinações do valor de troca, como em qualquer transação comercial. Se

Em outras palavras, o trabalhador é livre para sujeitar sua vontade submetendo suas ações ao comando alheio, assim como é livre para criar valor que será apropriado por outrem.

É fundamental que os trabalhadores vivenciem uma relação de igualdade e liberdade, especialmente de contratar seu trabalho livre para que se dissolva a determinação de classe e, assim, se submetam livremente ao comando, controle e disciplina do capital, supondo estarem no comando de seus atos, ignorando a trama invisível dos processos realmente determinantes de suas vidas.

> Com efeito, o sujeito de direito é sujeito de direitos virtuais, perfeitamente abstractos: animado apenas pela sua vontade, ele tem a possibilidade, a liberdade de se obrigar, designadamente de vender a sua força de trabalho a um outro sujeito de direito. Mas este acto não é uma renúncia a existir, como se ele entrasse na escravatura; é um acto livre, que ele pode revogar em determinadas circunstâncias. (...) A troca das mercadorias, que exprime, na realidade, uma relação social – a relação do proprietário do capital com os proprietários da força de trabalho -, vai ser escondida por "relações livres e iguais", provindas aparentemente apenas da "vontade de indivíduos independentes". O modo de produção capitalista supõe, pois, como condição do seu funcionamento a "atomização", quer dizer, a representação ideológica da sociedade como um conjunto de indivíduos separados e livres. No plano jurídico essa representação toma a forma de uma instituição: a do sujeito de direito.[9]

Essa liberdade de contratar sua força de trabalho não pode existir senão diante de uma condição histórica: que os proprietários da força de trabalho não sejam jamais proprietários dos meios de produção (capital).

Acresce a isso que a submissão ao processo de produção encerra ao mesmo tempo um processo de exploração econômica que igualmente precisa ser ocultada pelas formas jurídicas, o que é feito pela comutatividade do salário pró-equivalência à força de trabalho:

> O modo de produção capitalista pode ser rapidamente definido como o processo de valorização de um capital por meio de uma força de trabalho comprada num mercado como mercadoria: a compra da força de trabalho toma a forma de salário, que é suposto representar o equivalente do dispêndio dessa força de trabalho. Sabe-se que é aqui que se situa a gênese e o modo de funcionamento de todo o sistema capitalista pela presença oculta da mais-valia. Com efeito, o salário não representa o equivalente do dispêndio da força de trabalho, mas uma parte dele tão-somente. A parte "não paga" do dispêndio da força de trabalho valoriza, no entanto, o capital, fazendo-o produzir um rendimento, a mais-valia, de que se apropria o proprietário do capital.[10]

(...) o trabalho se torna realmente abstrato, simples dispêndio de energia laborativa indiferenciada, ele se torna completamente homogêneo, perdendo qualquer resquício de qualidade. Assim, totalmente quantificável, ele pode ser comparado a qualquer outro trabalho, e o homem adquire essa condição extraordinária de equivalência viva, isto é, da mais absoluta igualdade. A sua vontade não é mais um atributo para a fabricação da mercadoria, mas tão somente o modo subjetivo de operar os mecanismos do sistema de máquinas no processo de produção capitalista. Aqui, o despotismo de fábrica se encontra e se confunde com a liberdade burguesa (...)."

[9] MIAILLE, Michel. *Introdução Crítica ao Direito*, p. 118.

[10] *Idem*, p. 117.

Ora, o cinismo liberal reproduz solenemente a negação de que o trabalho seja uma mercadoria, de modo que tal discurso prosélito seja disseminado pela doutrina juslaboral, mas, sem apresentar alternativas, o faz como estratagema diversionista, apenas para que não se ponha a atenção nos fatos da realidade material e se constate a obviedade gritante da relação trabalhista no capitalismo, baseado justamente na premissa de que o trabalho não pode ser outra coisa senão uma mercadoria como outra qualquer e cujo valor seja aferido como termo médio de troca praticado pelo mercado.

O salário é o preço (valor de troca) da força de trabalho, o que não significa dizer o quanto efetivamente vale a força de trabalho, mas quanto o mercado, dependendo de suas condições circunstanciais de oferta e demanda, paga por essa "mercadoria".[11]

Resulta que o salário nem sempre corresponderá ao valor da força de trabalho, mas variará numa faixa que corresponde à elasticidade de seu valor: no mínimo, equivale ao valor necessário para a reprodução física do trabalhador (condições materiais mínimas para sua existência vital); já o limite máximo depende da profundidade da dominação ideológica ou, por outra, da correlação de forças entre capital e trabalho. Portanto, em termos práticos, o limite máximo dos salários é conformado pela taxa mínima de lucro, o ponto em que o capitalista perde o interesse em investir na produção.

3.1 O fetichismo do contrato e o contrato de trabalho

Para a dogmática jurídica liberal, o contrato conforma e exprime o ajuste de interesses opostos ou distintos. Ele representa o momento culminante da razão na sociabilidade humana, pela qual os indivíduos, ao mesmo tempo, exercem sua liberdade manifestando sua vontade autônoma e firmam relações com outros indivíduos, dotados igualmente de vontade livre.[12]

Mediador maior das relações sociais, o contrato demonstra a desnecessidade (irracionalidade) de ingerência estatal, posto que pactuado em termos racionais, ou seja, dentro da conjunção das vontades individuais (livres e iguais) contrapostas, que, ao se ajustarem, passam a desfrutar de força normativa vinculante entre os contratantes (*pacta sunt servanda*).

> A órbita da circulação ou da troca de mercadorias, dentro de cujas fronteiras se desenvolvem a compra e venda da força de trabalho, era, em realidade, o verdadeiro paraíso dos direitos do homem. Dentro destes limites, só reinam a liberdade, a igualdade, e Bentham. A liberdade, pois o comprador e o vendedor de uma mercadoria, por exemplo, da força de trabalho, não obedecem a mais leis que a de sua livre vontade. Contratam como homens livres e iguais ante a lei. O contrato é o resultado final em que suas vontades assumem

---

[11] Tal valor é determinado – como qualquer mercadoria – pelo custo de sua produção; no caso, o custo para manter o trabalhador apto a reproduzir sua força de trabalho. Logo, o valor da força de trabalho se infere do custo com os meios de vida necessários (necessidades naturais) para repor as energias gastas no processo de trabalho. Tais necessidades não são tomadas sob o ponto de vista estritamente biológico, mas sob o prisma socio-histórico: corresponde à maneira como o trabalhador costuma viver numa determinada época e num determinado país (variando de acordo com o nível cultural, a correlação de forças políticas, mas, sobretudo, com a ideologia dominante que determina as aspirações vitais dos trabalhadores).

[12] Na lógica liberal, o ser humano nasce, cresce e desenvolve sua razão (adquirindo personalidade jurídica) para que possa, finalmente, ingressar na maravilhosa rede de relações contratuais intersubjetivas por meio da aquisição de capacidade jurídica, ou seja, constituindo-se como sujeito de direito.

uma expressão jurídica comum. A igualdade, pois compradores e vendedores só contratam como possuidores de mercadorias, trocando equivalente por equivalente. A propriedade, pois cada qual dispõe e somente pode dispor do que é seu. E Bentham, pois a quantos intervenham nestes atos só lhes move seu interesse. A única força que os une e os põe em relação é a força do seu egoísmo, de seu proveito pessoal, de seu interesse privado.[13]

Os interesses egoístas que movem as engrenagens das trocas, manifestadas por meio de contratos, jamais poderiam ser revelados, daí a transformação do contrato num mito, num fetiche,[14] cujos pressupostos e fundamentos nunca devem ser questionados, assim como a norma que o ensejou. O contrato torna-se algo animado por si e, assim, transforma-se em explicação causal e dogmática a todas as aberturas do sistema juslaboral para searas metajurídicas.[15]

O mais importante da juridicização contratualizante das relações de trabalho, no sentido da naturalização operada pela ideologia, está justamente no elemento fundante do contrato: o ajuste de vontades torna-se a causa inaugural da relação de emprego, sendo seu marco inicial, a partir do qual se produzem todos os institutos, as regras e os sentidos interpretativos. Nenhuma injunção metajurídica precede o contrato de trabalho. Nem moral, nem política, muito menos econômica. No fetichismo do contrato, a forma é tomada por seu conteúdo e, assim, afastada de qualquer questionamento ético sua justiça.

> A justiça das transações que se realizam entre os agentes da produção consiste em que estas transações se derivam das relações de produção como uma conseqüência natural. As formas jurídicas que estas transações econômicas revestem como atos de vontade dos interessados, como exteriorização de sua vontade comum e como contratos cuja execução pode se impor pela força aos indivíduos mediante a intervenção do Estado, não podem determinar, como meras formas que são, esse conteúdo. Não fazem mais que expressá-lo. Podemos dizer que este conteúdo é justo enquanto correspondente ao regime de produção, enquanto é adequado a ele. É injusto quando se encontra em contradição com ele. A escravidão, dentro do sistema capitalista de produção, é injusta, como o é também a fraude quanto à qualidade da mercadoria.[16]

A vontade jurídica é reconhecida como eficaz do ponto de vista negativo em face de certos fenômenos (agente incapaz, *v.g.*). Reside neste aspecto, para Oscar Correas,[17] o caráter fetichista do termo: não se trata de contrato em sentido material. O que se verifica empiricamente é o intercâmbio de uma mercadoria que circula de um a outro contrato. A vontade é um fetiche, não existe verdadeiramente.

---

[13] MARX, Karl. *O Capital*, Livro I, p. 128.

[14] Objeto criado pelo homem ao qual são atribuídos faculdades e poderes extraordinários ou características peculiares ao homem, como a vida (*anima*), de modo que passam a ter existência em si ou explicação em si mesmo. Marx emprega essa designação para referir-se à mercadoria no Livro 1 de *O Capital*.

[15] As máquinas revolucionam também radicalmente a base formal sobre a qual descansa o regime capitalista: o 'contrato' entre patrão e empregado. Sobre o plano da troca de mercadorias era condição primordial que o capitalista e o trabalhador se enfrentassem como pessoas livres, como possuidores independentes de mercadorias: um como possuidor de dinheiro e de meios de produção, o outro como possuidor de força de trabalho. Agora, o capital compra seres carentes no todo ou em parte de personalidade (MARX, Karl. *O Capital*, Livro I, p. 325).

[16] *Ibidem*, p. 327.

[17] CORREAS, Oscar. *Crítica da ideologia jurídica*: ensaio sócio-semiológico. p. 138 *et seq*.

Assegurada a legitimação do contrato como mito, resulta edificado o muro que impede conhecer as entranhas da extração da mais-valia. A fórmula engessadora do contrato desdobra-se no seu segundo passo: o de se autoqualificar de comutativo, vale dizer, num passe de mágica, de tornar numa mesma mercadoria a força de trabalho despendida e o produto desta. E depois, noutro passe de mágica, atribuir a essa "única" mercadoria o mesmo valor de troca (preço médio praticado pelo mercado de um determinado tipo de força de trabalho), atestando tal valor como justo e inquestionável, sob a alcunha de salário.[18]

> Note-se, pois, a importância decisiva que tem a transformação do valor e preço da força de trabalho em salário, isto é, no valor e preço do trabalho mesmo. Nesta forma exterior de manifestação, que oculta e faz invisível a realidade, invertendo-a, baseiam-se todas as idéias jurídicas do trabalhador e do capitalista, todas as mistificações do regime de produção, todas suas ilusões livre-cambistas, todas as frases apologéticas da economia vulgar.[19]

Do fetiche do contrato de trabalho decorre outra das principais incursões da ideologia burguesa no discurso jurídico trabalhista: o exercício do poder diretivo do empregador, visto como inelutável resultado das forças do destino humano ou da natureza das relações de produção. O trabalho coletivo requer coordenação técnica, mas o poder nas relações capital e trabalho, tal como o conhecemos em sua forma atual, é originário da separação entre o trabalho e os meios de produção, vale dizer, é produto do capitalismo.

Marx nota que os sistemas de vigilância, controle e direção, que se traduzem nas diversas formas de autoridade na empresa, correspondem "a uma necessidade em todos aqueles ramos em que o processo direto de produção adota a forma de um processo socialmente combinado e não a de um trabalho isolado dos produtores independentes".[20] Para Marx, o poder dos dirigentes da fábrica cumpre um duplo e dialético papel: impõe-se para a funcionalidade orgânica do sistema (função necessária para a concatenação do processo de trabalho) e para camuflar o antagonismo existente entre os sujeitos do processo produtivo.[21]

Na constituição da subordinação formal, os trabalhadores ingressam no regime jurídico do contrato. Entretanto, o contrato não emerge como mera formalidade para garantir a dominação genérica (legitimação); portanto, a relação jurídica não se afigura como mera "instância" extraeconômica, mas, ao contrário, constitui o próprio momento da relação econômica em que existem mecanismos reais de subordinação do trabalho ao capital.

> A coerção real diluiu-se desde logo no caráter contratual da relação de emprego. (...) cria-se a aparência de que o direito que o empregador adquiriu de usar a força de trabalho advém do contrato (...). O caráter mercantil, de troca, da relação, ao mesmo tempo que

---

[18] Portanto, é a aparentemente inofensiva comutatividade do contrato de trabalho que oculta e, assim, legitima a exploração da mais-valia, permitindo a sustentação do sistema capitalista.

[19] MARX, Karl. *O Capital*, Livro I, p. 452.

[20] MARX, Karl. *O Capital*, Livro III, p. 367.

[21] É por esse segundo papel que a autoridade ganha a forma de vigilância, coerção, enfim, de poder privado, e não mera coordenação técnica. Cumpre efetivar o papel "normalizador" e "naturalizador" da relação de subordinação do trabalho ao capital, suprimindo as más disciplinas e as condutas desviantes e netutralizando a criatividade do obreiro alienado.

dirige o fornecimento da força de trabalho para as condições da mais-valia e funciona como mecanismo de legitimação da subordinação, consolida igualmente direitos e obrigações ao proletariado – mecanismo de reciprocidade jurídica que envolve as relações exclusivas da produção e canaliza a luta de classes para o sindicalismo ou trabalhismo expresso tendencialmente nos processos de dissídio ou negociação coletiva.[22]

Não só o trabalhador ganha uma *"persona"* no mundo jurídico; também o capitalista – enquanto comprador de força de trabalho – personifica-se como empregador.

O direito de subordinar fundamenta-se no direito de uso da mercadoria humana comprada (força de trabalho), aparecendo, no sinalagma contratual, como contrapartida ao pagamento do salário e demais direitos. A subordinação, assim, parece adquirir características meramente de técnica de gestão, de uso da força de trabalho como ato de produção (determinação do modo como se deve realizar o trabalho tendo em vista a consecução da atividade econômica).

Cumpre observar que hoje a revolução informática-telemática e o atual estágio de desenvolvimento das forças produtivas permitiram expandir o controle até os níveis mais profundos da subjetividade humana, fazendo evanescer a fronteira que separava o tempo no trabalho (na fábrica) e tempo fora do trabalho. O controle e o comando não precisam mais se dar de modo subjetivo e presencial, mas por meio de equipamentos ou por meio dos próprios trabalhadores, que assumem diversas atribuições de gestão do autocontrole, evenescendo a consciência e a solidariedade de classe, minguando o movimento sindical.[23]

Nessa produção em rede, desconcentrada, fragmentada e desterritorializada (chamada de acumulação flexível), o direito deixa de contemplar a subordinação como mero valor de uso do comprador da força de trabalho (de empregá-la em seu empreendimento),[24] passando admitir o direito de troca da força de trabalho, como nos casos de subcontratação, terceirização e intermediação de mão de obra.

4 A liberdade e o direito: o direito de liberdade e a crítica

Tomando Locke como o representante da visão burguesa de direitos humanos, por ele considerados naturais (direitos que todos os seres humanos possuem em virtude de sua natureza humana, portanto, em função de uma determinação ou *lei* da natureza), destaca-se o papel proeminente da liberdade.

Claro que Locke fala desde uma perspectiva metafísica de onde articula sua luta contra o absolutismo. Deus estabelece o homem e a natureza, que podem ser compreendidos por meio da razão como determinações normativas, ou seja, como lei da natureza.[25]

---

[22] SIMÕES, Carlos. *Direito do Trabalho e modo de produção capitalista*, p. 159.

[23] Ao apropriar-se da dimensão cognitiva e intelectual do trabalho, o capital, ao revés de emancipar o trabalhador, aumenta os modos de controle e de subordinação, exigindo cada vez maior "envolvimento" e "cooperação" subjetivo e social do trabalhador, pressão que se amplia pelo pavor de engrossar as fileiras do crescente subproletariado precarizado e dos desempregados.

[24] SIMÕES, Carlos. *Direito do Trabalho e modo de produção capitalista*, p. 166.

[25] A razão ensina que, no estado de natureza, todos os homens são – como criação divina – iguais e livres, não sendo lícito a ninguém violar a vida, a liberdade e a propriedade alheias. Aqueles que tentam subjugar outros homens agem arbitrariamente e provocam o estado de guerra, que, para ser evitado, impõe ao homem abandonar o estado de natureza (LOCKE, John. *Segundo tratado sobre o governo civil*, p. 93).

Portanto a liberdade, em seu sentido original, consiste em obedecer – por ato da razão – apenas as leis naturais, sem se submeter à coação de qualquer outro homem, e não simplesmente fazer o que se queira, como queira. Porém, na sociedade civil, a liberdade consiste em aderir consensualmente e por convenção que a cria para justamente expandir os direitos naturais e os fazendo vigorar de maneira mais segura.

Para ele:

> A liberdade natural do homem deve estar livre de qualquer poder superior na terra e não depender da vontade ou da autoridade legislativa do homem, desconhecendo outra regra além da lei da natureza. A liberdade do homem na sociedade não deve estar edificada sob qualquer poder legislativo exceto aquele estabelecido por consentimento na comunidade civil; nem sob o domínio de qualquer vontade ou constrangimento por qualquer lei, salvo o que o legislativo decretar, de acordo com a confiança nele depositada.[26]

Mais tarde, tentando superar toda a metafísica, Kant reformula o caráter da razão que emoldura a liberdade. Também nele a liberdade não consiste em fazer qualquer coisa que se queira. A liberdade é, na verdade, realizar o dever moral (o *dever*) que habita o interior do homem, segundo a estrutura formal-transcendental de sua razão.[27]

Esta estrutura formal *a priori* da razão humana, montada como aparato para conhecer as coisas da realidade fenomênica, projeta-se para a esfera da moral como razão prática, ou seja, o modo como o homem deve orientar suas condutas conforme a lei moral, cristalizada nos imperativos categóricos, válidos para quaisquer condutas.

A moralidade se instaura no campo da vontade do sujeito livre como vontade que busca cumprir o *dever* sem interesses externos, ou seja, a ação que não tem como causa as consequências posteriores, mas aquela fundamentada na boa vontade.

> Neste mundo, e até também fora dele, nada é possível pensar que possa ser considerado como bom sem limitação a não ser uma só coisa: uma *boa vontade*.
>
> (...) A boa vontade não é boa por aquilo que promove ou realiza, pela aptidão para alcançar qualquer finalidade proposta, mas tão somente pelo querer, isto é, em si mesma.[28]

A transposição da racionalidade aplicada à moral para a racionalidade aplicada ao direito está no fato de que, preservada a forma lógico-abstrata, transcendental, aqui os postulados se aplicam a hipóteses de conduta cuja orientação se impõe desde fora.[29] Direito e moral têm o mesmo fundamento último, decorrente da razão prática e, por isso mesmo, oriundos da autonomia da vontade. Em última análise, é a liberdade do indivíduo racional (escolha individual pautada pelo dever, pela razão) que fundamenta a moral e o direito, importando apenas sua forma.[30]

---

[26] *Idem*, p. 97

[27] Trata-se de uma razão que não decorre de uma atribuição divina, mas de uma dedução racional, uma abstração que percebe sua estrutura natural, universalmente presente em todos os indivíduos.

[28] KANT, Immanuel. *Fundamentação da metafísica dos costumes*, p. 183.

[29] A doutrina do direito e a doutrina da virtude não são, consequentemente, distinguidas tanto por seus diferentes deveres, como pela diferença em sua legislação, a qual relaciona um motivo ou o outro com a lei (KANT, Immanuel. *Metafísica dos Costumes*, p. 73).

[30] O conceito de direito, enquanto vinculado a uma obrigação a este correspondente (isto é, o conceito moral de direito) tem a ver, em primeiro lugar, somente com a relação externa e, na verdade, prática de uma pessoa com

Assim, para Kant, a mera forma da relação presumidamente entre sujeitos livres e iguais realiza um direito que definitivamente se volta para conservar as relações mercantis e seu parâmetro de circulação.

Não se pode, portanto, derivar a liberdade a partir de sua conexão com o conceito de agir racional fixado numa concepção de reconhecimento de uma normatividade da lei natural (na metafísica de Locke) ou da lei moral (na transcendência apriorística de Kant), que subtrai o papel essencial do assentimento (político e moral) para a fundamentação do direito.[31]

4.1 Liberdade e os direitos sociais

O advento da reforma keynesiana do capitalismo como remédio contra a profunda crise estrutural do primeiro quartel do século XX fez suscitar a constatação de que o liberalismo (inclusive sua expressão jurídica) jamais lograra realizar no plano concreto os direitos humanos para a grande maioria dos excluídos, evidenciando a falácia de que todos pudessem ser "sujeitos livres e iguais". O Estado Social fundamenta a instituição de direitos sociais mínimos através da tensão entre liberdade de direito e liberdade de fato.

Assim, os direitos sociais se justificariam como condição para que os indivíduos pudessem tomar parte minimamente das relações de circulação mercantil, com o provimento de chances ou oportunidades iguais. Este afinal o argumento unificador que liga concepções que vão de Alexy[32] a Rawls e o seu segundo princípio de justiça.[33]

Alexy distingue entre liberdade negativa (no sentido liberal, como em Kant, quando liberdade consiste na realização de uma única ação racional) e liberdade

---

outra, na medida em que suas ações, como fatos, possam ter influência (direta ou indireta) entre si. Mas, em segundo lugar, não significa a relação da escolha de alguém com a mera aspiração (daí, por conseguinte, com a mera necessidade) de outrem, como nas ações de beneficência ou crueldade, mas somente uma relação com a escolha do outro. Em terceiro lugar, nessa relação recíproca de escolha, isto é, o fim que cada um tem em mente com o objeto de seu desejo; não é indagado, por exemplo, se alguém que compra mercadorias de mim para seu próprio uso comercial ganhará com a transação ou não. Tudo que está em questão é a forma na relação de escolha por parte de ambos, porquanto a escolha é considerada meramente como livre e se a ação de alguém pode ser unida à liberdade de outrem em conformidade com a lei universal.

O direito é, portanto, a soma das condições sob as quais a escolha de alguém pode ser unida à escolha de outrem de acordo com uma lei universal de liberdade (*Idem*, p. 76).

[31] Afinal superada – dentro do espectro das ideias burguesas – pelo racionalismo do e no Estado, em Hegel e, finalmente, pelo procedimentalismo democrático de Habermas.

[32] ALEXY, Robert. *Teoría de los Derechos Fundamentales*, p. 486: "*El argumento principal en favor de los derechos fundamentales sociales es un argumento de la libertad. Su punto de partida son dos tesis. La primera reza: 'la libertad jurídica para hacer u omitir algo sin la libertad fáctica (real), es decir, sin la posibilidad fáctica de elegir entre lo permitido, carece de todo valor. (...) La segunda tesis reza: bajo las condiciones de la moderna sociedad industrial, la libertad fáctica de un gran numero de titulares de derechos fundamentales no encuentra su sustrato material en un 'ámbito vital dominado por ellos', sino que depende esencialmente de actividades estatales*".

[33] RAWLS, John. *Uma teoria da justiça*. Tradução Almiro Pisetta e Lenita M. R. Esteves. São Paulo: Martins Fontes, 1997, p. 68: "São os direitos e deveres estabelecidos pelas mais importantes instituições da sociedade que determinam se os homens são livres ou não. A liberdade é um certo padrão de formas sociais. O primeiro princípio simplesmente exige que certos tipos de regras, aquelas que definem as liberdades básicas, se apliquem igualmente a todos, e permitam a mais abrangente liberdade compatível com uma igual liberdade para todos. O único motivo para circunscrever as liberdades básicas e torna-las menos abrangentes é que, caso contrário, elas interfiram umas com as outras. (...) Assim, ao aplicar o segundo princípio ['As desigualdades sociais e econômicas devem ser ordenadas de tal modo que sejam ao mesmo tempo (a) consideradas como vantajosas para todos, dentro dos limites do razoável, e (b) vinculadas a posições e cargos acessíveis a todos'], suponho que seja possível atribuir uma expectativa de bem-estar a indivíduos representativos que ocupam essas posições".

positiva (liberdade social que ação se enfeixa numa possibilidade alternativa de ações; corresponde à liberdade de direito), que é distinção sobre o objeto da liberdade.[34]

A liberdade negativa inclui a liberdade liberal, mas também uma liberdade socioeconômica, ou seja, acesso – geralmente por meio da atuação do Estado – a alternativas sociais e econômicas que não podem ser bloqueadas.[35] Esses direitos fundamentais sociais, porque ensejam prestações positivas do Estado, devem assegurar não apenas liberdades jurídicas (autorização legal para fazer ou deixar de fazer algo), mas liberdades fáticas que assegurem ao indivíduo certo grau de distanciamento de uma situação de carência econômica e social.[36]

Finalmente Alexy afirma ser necessário justificar em que medida a liberdade que os direitos básicos devem assegurar inclui a liberdade de fato (jusfundamentalidade dos direitos sociais). O indivíduo deve estar assegurado contra a carência de bens sociais de relevância existencial por meio da proteção contra o trabalho forçado e também se deve demonstrar a relação dos direitos básicos com a liberdade de fato, objetivando o livre desenvolvimento da personalidade humana e de sua dignidade.[37] A liberdade de cada um supõe não apenas a capacidade de determinar as próprias ações, mas também o acesso a alternativas de ação.

Para assegurar um mínimo existencial e garantir a liberdade de todos, o Estado paradoxalmente tem que intervir nas ações e escolhas de alguns indivíduos, *v.g.* através da cobrança de impostos, o que seria o típico exemplo de cerceio da liberdade para um liberal. No fim, essas concepções de liberdade não são compatíveis.

4.2 Direito coletivo do trabalho, liberdade e greve

A revolução industrial expandiu o capitalismo e, com ele, expandiu também o processo de produção tanto em termos de unidades fabris quanto em termos de articulação de um processo global de circulação. Desse modo, a visão de mundo liberal individualista houve por se confrontar com a produção cada vez mais coletiva do mundo material. Da aglutinação social e produtiva, resultou a organização coletiva dos trabalhadores.

Pelo óbvio que, durante os séculos XVIII e XIX, os movimentos operários foram violentamente combatidos no capitalismo central. Ao mesmo tempo em que o direito do Estado Liberal afirmava o *trabalho livre* para ser inserido em relações contratuais, criminalizava a prática de atos sindicais, especialmente a greve, o que somente pode ser revertido por meio de um longo processo de luta sindical e política.[38]

---

[34] ALEXY, Robert. *Teoria de los derechos fundamentales*, p. 213.

[35] *Idem*, p. 215-216.

[36] *Idem*, p. 488. Alexy avança apresentando a liberdade de fato como justificada pelos direitos de liberdades fundamentais: assim como as liberdades jurídicas são inúteis sem as liberdades de fato (igualdade de oportunidades para o feixe de escolhas), a possibilidade factual de eleger entre alternativas de ação é realizável apenas num estado geral de liberdade (o Estado deve controlar a assimetria entre os indivíduos e garantir as liberdades sociais para todos). Logo, sem um mínimo existencial garantido pelo Estado, não há liberdade social, e a liberdade de fato permanece uma ficção.

[37] *Idem*, p. 460. Alexy aqui passa, inadvertidamente, a prescindir do redutor conceito de liberdade para fundamentar moralmente direitos sociais básicos. Substitui-se tal fundamento por outro igualmente moral: a dignidade humana. A garantia de um mínimo existencial é uma condição necessária, mas não bastante para a liberdade de um indivíduo.

[38] Por exemplo, o *"Sedition Meeting Act"*, de 1817, na Inglaterra, enquadrava as associações sindicais nos crimes de sedição e conspiração. Em 1824, a lei britânica, mesmo sem atribuir personalidade jurídica aos sindicatos,

A organização político-jurídica no Estado burguês mostrou sua insuficiência diante do choque entre a esfera produtiva (desenvolvimento das forças produtivas) com as relações sociais convulsionadas pela crise do capitalismo liberal.[39] O passo seguinte dentro da institucionalidade burguesa representou o avanço das contradições sociais e políticas existentes no âmbito do capitalismo, especialmente sob o modelo de Estado de Bem-Estar Social.[40] A abertura democrática operada por ele resultou num processo de invasão do aparelho de Estado pelos movimentos operários de massa (sindicatos e partidos).

Nesse contexto, institucionalizou-se o direito do trabalho, sendo certo que "a evolução sindical nos países capitalistas centrais demonstra uma clara linha de coerência entre o processo de democratização daquelas sociedades e Estados com o reconhecimento e resguardo dos direitos e princípios da livre e autonômica associação sindical".[41]

Finalmente, desde a segunda metade do século XX, o direito internacional[42] e o direito das nações ocidentais vêm não só reconhecendo o direito de greve, mas o reconhecendo como direito humano fundamental, ou seja, a greve foi elevada à liberdade fundamental individual ou, ainda, à garantia constitucional de liberdade e direitos fundamentais (porquanto sirva para assegurar outros direitos fundamentais dos trabalhadores eventualmente lesados ou ameaçados).

Enquanto direitos fundamentais sociais, o direito de greve é direito de liberdade (direito de defesa)[43] que segue atrelado aos direitos prestacionais, já que estes impõem ao Estado a incumbência de disponbilizar os meios materiais e as condições fáticas que possibilitem o efetivo exercício das liberdades fundamentais,[44] inclusive em sua dimensão objetiva.[45]

---

extingue o delito de coalizão de trabalhadores (o que só ocorrerá nas décadas de 1880 e 1890 no resto da Europa ocidental); porém, mantém a punição da greve. No caso brasileiro, apesar de o trabalho livre ser instituído generalizadamente após a abolição da escravatura em 1888, o Código Penal de 1890 tipificava o paredismo como crime. Logo em seguida, embora a greve não fosse em si considerada crime, tipificava-se a violência, constrangimento, ameaça ou dano causados em sua decorrência, assim como voltava a ser posta genericamente na ilegalidade ou sob severa restrição a cada novo período autoritário (de 1935 a 1945 e de 1964 a 1985, por exemplo). A greve só foi considerada um direito com o Decreto nº 9.070/1946, mesmo que de forma ainda muito restritiva. A experiência jurídica, efetivamente mais ampla da greve como direito de liberdade, apenas se obteve com a Constituição de 1988 (Cf. DELGADO, Maurício Godinho. *Curso de Direito do Trabalho*, p. 1.419; 1.499 *et seq.*).

[39] Após o fim da Primeira Guerra Mundial, em 1919, com o Tratado de Versalhes e a criação da OIT, inaugura-se um período de sistematização e consolidação do direito do trabalho.

[40] Ressalte-se que esta experiência constitui uma exceção no quadro dos países que adotaram o modelo de organização político-jurídica designado mais amplamente de Estado Social, que absorveu em cada país formas gradativas de reforma keynesiana. Com efeito, alguns poucos países da Europa ocidental lograram nesse processo impingir certo grau de distribuição dos ganhos de produtividade e aprofundamento institucional democrático.

[41] DELGADO, Maurício Godinho. *Curso de Direito do Trabalho*. 13. ed. São Paulo: LTr, 2014, p. 1.421.

[42] O artigo 8º, I, *d*, do Pacto Internacional de Direitos Econômicos e Sociais e Culturais impede que os Estados-Membros da OIT adotem medidas que menoscabem as garantias concernentes à liberdade sindical e proteção do direito à sindicalização. Por seu turno, o Comitê de Liberdade Sindical da OIT apresenta o direito de greve como fundamental em suas Emendas 363 e 364 (Cf. MENEZES, Cláudio Armando Couce de. *O Direito fundamental de greve sob uma nova perspectiva*, p. 43).

[43] Alexy categoriza dentro da norma jusfundamental este direito como direito de defesa, ou seja, direito a uma abstenção (direito a não impedimento de uma ação; direito a não afetação de propriedades e situações e direito a não eliminação de posições jurídicas) (ALEXY, Robert. *Teoría de los Derechos Fundamentales*, p. 189-191).

[44] SARLET, Ingo Wolfgang. *A Eficácia dos Direitos Fundamentais*, p. 205.

[45] *Idem*, p. 160. "Como uma das implicações diretamente associadas à dimensão axiológica da função objetiva dos direitos fundamentais, uma vez que decorrente da ideia de que estes incorporam e expressam determinados valores objetivos fundamentais da comunidade, está a constatação de que os direitos fundamentais (mesmo os clássicos de defesa) devem ter sua eficácia valorada não só sobum ângulo individualista, isto é, com base no ponto

5 A greve e o direito de greve: limites e possibilidades

Como estuário de descontentamento da classe trabalhadora, a greve rompe com a subordinação rotineira do operário ao capitalista, de modo que, ao longo do século XIX, foi sistematicamente considerada ilegal pelo Estado Liberal.

De fato, as greves podem lutar contra limitados efeitos iníquos do capitalismo, mas também podem confrontar a causa desses efeitos em greves gerais ou políticas. Mas o fato destacado tanto por Marx quanto por Rosa e por Lenin é o papel da greve de massas como práxis que forja crescentemente a consciência de classe na luta.[46]

Engels afirmava que os sindicatos seriam os primeiros esforços dos trabalhadores para resistir aos efeitos da concorrência intercapitalista, sendo um instrumento importante para conter a ânsia dos capitalistas em vilipendiar cada vez mais a condição de vida dos trabalhadores. A principal expressão da indignação dos proletários contra a situação imposta pelos patrões eram as greves, que, apesar de não terem muito sucesso isoladamente, serviriam como uma preparação para o grande combate contra o sistema capitalista.[47]

A greve é um fato social que encerra o único poder da classe trabalhadora de afirmar seu interesse coletivo, mesmo sendo classe subalterna cumprindo, desde logo, um objetivo nivelador do conflito de classes, com o objetivo de preservar-lhes o nível de direitos (protegendo contra retrocessos) ou avançar nas conquistas por direitos, melhorando as condições de vida e trabalho dos obreiros. A greve precede a sua regulação jurídica. No entanto, esta forma de liberdade coletiva dos trabalhadores (liberdade sindical) está adstrita à forma jurídica, consequentemente limitada intrinsecamente pelo capital.

> O interessante é que todas as referências feitas por Marx expressam lutas operárias no interior do próprio movimento do capital, tendo, portanto, um caráter propriamente sindical, onde nesse caso os operários, embora estando em luta, não são sujeitos, mas apenas "suportes" das relações sociais capitalistas. Permanecem presos à natureza do trabalho assalariado. Mesmo no caso da luta pela jornada "normal" de trabalho dos operários da construção, em Londres, em 1860/1861, e desempregados de padaria na Irlanda, Marx demonstrou seus limites, enquanto permanecerem com uma luta circunscrita à natureza própria do trabalho assalariado. Assim, enquanto não assumirem um caráter político, mas ficarem vinculadas à prática sindical, não assumindo a forma de uma luta da classe trabalhadora contra a classe capitalista, as reivindicações operárias serão, tal como a luta por salários, limitadas, pelo fato de argumentarem no interior de uma antinomia estrutural. Tanto os operários têm o direito de exigir limitar a jornada de trabalho a uma determinada magnitude, como o capitalista tem o direito de prolongar o mais possível a jornada de trabalho. E, como disse Marx, "entre direitos iguais e opostos, decide a força".[48]

---

de vista da pessoa individual e sua posição perante o Estado, mas também sob o ponto de vista da sociedade, da comunidade na sua totalidade, já que se cuida de valores e fins que esta deve respeitar e concretizar."

[46] Marx e Engels tiveram contato com um tipo de sindicalismo diferente do que Lênin conheceu. Os dois primeiros fizeram parte de um período histórico em que o movimento sindical tinha a forma predominante de sindicalismo de ofício, somente se tornado de massa nas últimas décadas do século XIX.

[47] ENGELS, Friedrich. *A situação da classe trabalhadora na Inglaterra*, p. 48.

[48] ALVES, Giovani. *Limites do Sindicalismo*, p. 261-261.

Indubitavelmente, o direito de greve é o que mais afeta os interesses do capital por afetar-lhe direta e imediatamente a sequência na extração de mais-valia e estancar o fluxo do processo produtivo.

No âmbito da dogmática jurídica brasileira, a greve é a suspensão coletiva, temporária e pacífica, total ou parcial, de prestação pessoal de serviços a empregador.[49] Para Delgado, a greve mantém um viés de autotutela (ainda que movimento pacífico) como direito de causar prejuízo. A greve:

> (...) se trata de um dos principais mecanismos de pressão e convencimento possuído pelos obreiros, coletivamente considerados, em seu eventual enfrentamento à força empresarial, no contexto da negociação coletiva trabalhista. Destituir os trabalhadores das potencialidades de tal instrumento é tornar falacioso o princípio juscoletivo da equivalência entre os contratantes coletivos, em vista da magnitude dos instrumentos de pressão coletiva naturalmente detidos pelos empregadores.[50]

Por seu turno, ao regular a greve, a ordem jurídica trata sempre de impor limites ao direito de greve, fazendo com que não só a lógica individualista, por paradoxal que seja, esvazie seu efetivo exercício, mas também para estabelecer uma série de restrições formais que reduza a possibilidade de articulação dos movimentos, quase sempre os qualificando de abusivos e ilegais, afinal revelando o inconfessado interesse do capital.[51]

> Esse quadro ficou bastante claro após a vigência da Constituição Brasileira de 1988, ou seja, assim que a greve foi tratada como Direito fundamental. Setores do empresariado, dos meios de comunicação e dos meios mais conservadores da sociedade iniciaram um processo sistemático dirigido ao controle do exercício desse direito.[52]

A Constituição Federal de 1988 assegura no seu artigo 9º a competência aos trabalhadores decidirem livremente sobre a oportunidade e os interesses que devam defender por meio da greve. A aparente liberdade concedida aos trabalhadores, porém, logo se revela falaciosa, porquanto amesquinhada pelo sistema infraconstitucional e suas interpretações pelos Tribunais.

Assim, a lei que regulamenta o exercício do direito de greve, a Lei nº 7.783/89, bem como o entendimento dos Tribunais,[53] restringe essa liberdade e impõe uma série de restrições jurídicas à greve, a começar pela própria liberdade de oportunidade e

---

[49] Cf. Art. 2º da Lei nº 7.783/89.

[50] DELGADO, Maurício Godinho. *Curso de Direito do Trabalho*, p. 1.475.

[51] Como é o caso explicito do artigo 9º, parágrafo único, da Lei nº 7.783/89, que permite durante a greve que a empresa efetue a contratação de trabalhadores para serviços de manutenção, o que, em última análise, pode representar verdadeira substituição de trabalhadores, mantendo – ainda que de forma mitigada – o processo de produção, o que inviabiliza a sustentação da greve.

[52] Cf. MENEZES, Cláudio Couce de. *O direito fundamental de greve sob uma nova perspectiva*, p. 48-71.

[53] O Judiciário entra em cena não apenas interpretando a Constituição à luz da lei, mas concedendo uma profusão de interditos possessórios (em frequente equívoco que confunde turbação da posse com um suposto direito de continuidade da atividade empresarial, que evidentemente não existe diante do direito de greve), cautelares e liminares que fixam "patamares mínimos" de funcionamento da atividade empresarial, esvaziando a greve ou sancionando greves, consideradas abusivas, aplicando multas tão altas que arriscam o equilíbrio financeiro do sindicato (*Idem*, p. 72).

interesse,[54] atribuída pelo texto constitucional, seguindo pela limitação do titular que pode exercer tal liberdade constitucional.[55]

Limita-se a greve nos serviços ou atividades consideradas essenciais, cabendo à lei dispor sobre o atendimento das necessidades inadiáveis da população (art. 9º, §1º, da CRFB e art. 10 da Lei nº 7.783/89), devendo o sindicato manter equipes com o propósito de assegurar a continuidade dos serviços, cuja paralisação resulte prejuízos irreparáveis às atividades da empresa quando da cessação do movimento. A própria Constituição determina ainda que os abusos cometidos sujeitem os infratores às penas da lei.

Durante a greve, assegura-se proteção àquele que insista em trabalhar. As manifestações e atos de persuasão do movimento grevista não podem impedir o acesso ao trabalho, nem violar os direitos fundamentais de outrem.

Além disso, a Lei de Greve ainda estabelece requisitos de validade para a greve: tentativa frustrada de negociação coletiva, impossibilidade de recurso à via arbitral; aprovação da greve em assembleia geral; aviso prévio de 48 horas aos empregadores e ao público interessado; atendimento às necessidades inadiáveis da população no caso de greve em serviços essenciais.[56]

Contudo, o principal obstáculo ao exercício do direito de greve está em sua própria caracterização jurídica como suspensão do contrato de trabalho. Com efeito, enquanto dure, não serão devidos os salários – o que naturalmente cria uma força cada vez mais irresistível, pela sobrevivência, que exclui o trabalhador da paralisação, desmobilizando o movimento coletivo.

Deste modo, não é o sistema infraconstitucional que deve orientar a interpretação da Constituição, como vem julgando os Tribunais, senão justamente o contrário. Sob a perspectiva dos direitos fundamentais e sua incidência horizontal nas relações entre particulares, o exercício do direito público de liberdade de greve deve ser ampliado ao máximo (respeitado evidentemente o núcleo essencial do direito fundamental à livre

---

[54] O posicionamento tacanho com relação à interpretação reiterada pelos Tribunais a esse dispositivo vem restringindo a oportunidade quando encetado instrumento negocial coletivo. Em virtude do suposto princípio da transparência e lealdade nas negociações coletivas, por exemplo, a deflagração da greve é inválida em período de recente conclusão de norma coletiva, salvo a modificação substantiva e inesperada da condição de fato vivenciada pelos trabalhadores.
Reduz ainda a liberdade acerca dos interesses veiculados pela greve àqueles concernentes às condições contratuais e ambientais do trabalho. Com efeito, não se vem admitindo as chamadas greves "puramente" políticas e, bem assim, as greves de solidariedade – tidas como aquelas nas quais os trabalhadores de uma categoria aderem à paralisação dos trabalhadores de outra categoria (como se alguma greve pudesse não ser política ou fundada na solidariedade), frequentemente impingido a estas manifestações de interesse coletivo o epíteto de ilicitude.

[55] Sem reentronizar a ilusão do "sujeito de direito" no âmbito da liberdade de greve, salienta-se o subterfúgio da dogmática jurídica em desconsiderar a expressão "trabalhadores" prevista no art. 9º da Constituição, que revela o titular do direito de greve, para cingi-la exclusivamente à entidade sindical (art. 4º da Lei nº 7.783/89). A natureza coletiva da greve não significa que ela só pode ser exercida pelo ente representativo que é o sindicato, não excluindo a possibilidade de coletividade de trabalhadores exercerem tal direito fundamental a despeito da representação sindical e até mesmo contra a vontade de sua direção, sem falar da hipótese em que inexiste numa determinada coletividade entidade sindical organizada e formalizada. Na realidade fenomênica, são perfeitamente possíveis as greves espontâneas, iniciadas por coletividades de obreiros para além da representação sindical, que não monopoliza o direito fundamental de greve (Cf. MENEZES, Cláudio Couce de. *O Direito Fundamental de Greve sob uma Nova Perspectiva*, p. 48-52).

[56] Remanesceu por muito tempo, a despeito da autorização constitucional expressa (artigo 37, VII), o entendimento do STF de impossibilidade da greve no serviço público. Finalmente, em 2007, tal posição veio a ser superada por meio do Mandado de Injunção nº 680/DF, fazendo-se aplicar analogicamente a Lei de Greve preexistente para o setor privado (Lei nº 7.783/89).

iniciativa, livre empresa e propriedade privada dos meios de produção empresariais) para abarcar todas as novas formas de luta e expressão orgânica dos trabalhadores.[57]

6 Conclusão

Seja sob a aparência do paternalismo ou assistencialismo corporativista estatal, seja sob a via de conquistas democráticas de movimentos sindicais autorizados, o Estado burguês encobre seu objetivo de igualar no plano jurídico-formal as desigualdades socioeconômicas. Virtualizada em sujeitos de direito, a ordem jurídica burguesa cria uma medida igual para balizar o relacionamento entre capital e trabalho, hipostasiando a dominação na subordinação jurídica e a exploração econômica na equivalência comutativa do salário.

Porém, na realidade material, o trabalhador se relaciona com o capitalista como mercadoria, e mercadoria cujo preço integral jamais se paga. Subtraídos seus meios de produção, espoliado pela extração de mais-valia e alienado de si, o trabalhador estranhado resta isolado de sua classe de produtores diretos da realidade material.

O direito do trabalho é o epicentro a forma jurídica burguesa, servindo para legalizar a exploração e tentar ocultar as contradições de classe em formulas lógico-abstratas.

No entanto, a dinâmica histórica impende asseverar que essa tentativa é sempre parcialmente frustrada. As contradições da realidade material acabam por abrir fissuras na ordem jurídica. A luta de classes também revela alguns interesses das classes trabalhadoras refletidas no bojo da legalidade burguesa.

Para serem efetivados esses direitos e ampliadas essas fissuras, as contradições dependem sempre, em última análise, da pressão do movimento operário.

No entanto, a perspectiva crítica acerca do direito do trabalho, inscrevendo-o no contexto histórico concreto, é a condição de possibilidade para que essa luta progrida para além dos paralisantes efeitos da ideologia burguesa travestida das categorias formais e abstratas.

No concernente à liberdade de greve, a forma jurídica estabelece uma cunha em que o direito é vislumbrado desde a perspectiva da titularização individual e para satisfazer interesses estritamente individuais. Além disso, o capital torna letra morta a aparente oferta ampla de liberdade como direito humano fundamental ao estabelecer no sistema jurídico uma série de limitações que, em última análise, lhes preserva os interesses de classe.

Conquanto diminuta a possibilidade de transformação social promovida pelo âmbito jurídico, enquanto esfera ideológica, ele também figura como campo de batalha na luta pela emancipação humana.

---

[57] Como, por exemplo, o uso das redes de informática para campanhas de esclarecimento, boicote de consumo, denúncias de violação de direitos; ações que não se resumem a abstenções de trabalho, mas incluam paralisações parciais, intermitentes, diminuição do ritmo de produção (operação tartaruga), incremento do rigor e controle técnico (operação padrão), práticas de superprodução, paralisações de solidariedade, greves políticas, greves gerais, greves de ocupação – todas elas práticas consentâneas com a extensão atribuída pela Constituição ao direito de greve como direito fundamental (Cf. MENEZES, Cláudio Couce de. *O direito fundamental de greve sob uma nova perspectiva*, p. 60).

Nesse sentido, o instrumental fornecido pelas teorias jurídicas mais recentes, que enxergam o direito de greve como direito fundamental, especialmente diante de sua dimensão objetiva (eficácia horizontal e deveres de proteção estatal da liberdade de greve), pode fazer avançar os mourões que delimitam os interesses do capital, desde que articulados com novas formas de organização e luta política dos trabalhadores.

Referências

AFONSO OLEA, Manoel. *Introdução ao Direito do Trabalho*. São Paulo: Genesis, 1997.

ALEXY, Robert. *Teoría de los Derechos Fundamentales*. Madrid: Centro de Estudios Constitucionales, 1997.

ALVES, Giovanni. *Limites do sindicalismo*: Marx, Engels e a crítica da economia política. Bauru: Praxis, 2003.

CORREAS, Oscar. *Crítica da Ideologia Jurídica*: ensaio sócio-semiológico. Tradução Roberto Bueno. Porto Alegre: Sérgio Antonio Fabris, 1995.

DELGADO, Maurício Godinho. *Curso de Direito do Trabalho*. 13. ed. São Paulo: LTr, 2014.

ENGELS, Friedrich. *A situação da classe trabalhadora na Inglaterra*. Tradução B. A. Schumann. São Paulo: Boitempo, 2008.

KANT, Immanuel. *A Metafísica dos Costumes*. Tradução Edson Bini. Bauru: Edipro, 2003. Série Clássicos Edipro.

KANT, Immanuel. *Fundamentação da metafísica dos costumes*. Tradução Paulo Quintela. Lisboa: Edições 70, 1999.

LESSA, Sérgio. *O mundo dos homens*: trabalho e ser social. São Paulo: Boitempo, 2002.

LOCKE, John. *Segundo tratado sobre o governo civil*: ensaio sobre a origem, os limites e os fins verdadeiros do governo civil. Tradução de Magda Lopes e Marisa Lobo da Costa. 3. ed. Petrópolis: Vozes, 2001. Coleção Clássicos do Pensamento Político.

LUKÁCS, Georg. *Prolegômenos para uma Ontologia do Ser Social*. Tradução Lya Luft e Rodnei Nascimento. São Paulo: Boitempo, 2010.

MARX, Karl. *Grundrisse*: manuscritos econômicos de 1857-1858 – esboços da crítica da economia política. Tradução Mario Duayer, Nélio Schneider. São Paulo: Boitempo, 2011.

MARX, Karl. *Manuscritos econômico-filosóficos*. Tradução Jesus Ranieri. São Paulo: Boitempo, 2004.

MARX, Karl. *O Capital*: crítica da economia política. 30. ed. Tradução Reginaldo Sant'Anna. Rio de Janeiro: Civilização Brasileira, 2012. Livro I – O processo de produção do capital.

MARX, Karl. *O Capital*: crítica da economia política. 5. ed. Tradução Reginaldo Sant'Anna. São Paulo: DIFEL, 1987. Livro III – *O processo global de produção capitalista*.

MARX, Karl; ENGELS, Frederich. *A ideologia alemã*: crítica da mais recente filosofia alemã em seus representantes Feuerbach, B. Bauer e Stirner, e do socialismo alemão em seus diferentes profetas. Tradução Rubens Enderle, Nélio Schneider, Luciano Cavini Martorano. São Paulo: Boitempo, 2007.

MENEZES, Cláudio Armando Couce de. *O direito fundamental de greve sob uma nova perspectiva*. São Paulo: LTr, 2013.

MIAILLE, Michel. *Introdução Crítica ao Direito*. 2. ed. Tradução Ana Prata. Lisboa: Estampa, 1994.

MORAES FILHO, Evaristo de. *Introdução ao Direito do Trabalho*. v. I. Rio de Janeiro: Forense, 1956.

NAVES, Marcio Bilharinho. *A Questão do Direito em Marx*. São Paulo: Outras Expressões/Dobra Universitário, 2014.

RAWLS, John. *Uma teoria da justiça*. Tradução Almiro Pisetta e Lenita M. R. Esteves. São Paulo: Martins Fontes, 1997.

SARLET, Ingo Wolfgang. *A Eficácia dos direitos fundamentais*. 10. ed. Porto Alegre: Livraria do Advogado, 2010.

SIMÕES, Carlos. *Direito do trabalho e modo de produção capitalista*. São Paulo: Símbolo, 1979.

Informação bibliográfica deste texto, conforme a NBR 6023:2002 da Associação Brasileira de Normas Técnicas (ABNT):

GARCIA, Ivan Simões. Liberdade e greve: aporte crítico para a teoria contratual do direito do trabalho. In: LEITE, George Salomão; LEITE, Glauco Salomão; STRECK, Lenio Luiz (Coord.). *Jurisdição constitucional e liberdades públicas*. Belo Horizonte: Fórum, 2017. p. 183-202. ISBN 978-85-450-0237-6.

LIBERDADES PÚBLICAS
E A TENTATIVA DE CONTROLE DO
PODER LEGISLATIVO PELO PODER JUDICIÁRIO

VÂNIA SICILIANO AIETA

No Estado Democrático de Direito, "todo o poder emana do povo, que o exerce por meio de representantes eleitos ou diretamente, nos termos desta Constituição" (Constituição Brasileira de 1988, artigo 1º, parágrafo único).

As revoluções liberais, ícones da primeira fase da história do constitucionalismo, fortaleceram a democracia indireta, o denominado "sistema representativo", o qual substituiu o direito divino dos reis pela soberania popular. Entre a impossibilidade da democracia direta e o horror ao absolutismo monárquico, os revolucionários pretenderam criar um governo livre e natural,[1] baseado na *separação dos poderes* e no assentamento de um *rol de direitos individuais*, paradigmas dessa fase inicial do constitucionalismo clássico ou formal.

Os poderes constituídos do Estado exercem cada qual uma parcela do poder político. O Poder Judiciário, no desempenho da jurisdição, exerce sua parte. Contudo, observa-se que o controle crescente da justiça sobre a vida coletiva é um dos maiores fatos políticos contemporâneos. Os juízes são chamados a se manifestar em número cada vez mais extenso de setores da vida social.[2] Mas essa intensa demanda e o evidente crescimento por mecanismos de "controle" e "punição" no universo político, capitaneados pelo Poder Judiciário, sob a égide do *ativismo judicial*, com o argumento de combater desvios ético-normativos dos agentes políticos, têm demonstrado, na realidade, a chamada "judicialização da política", postura proativa do supracitado poder no desempenho de suas funções, interferindo de maneira irregular e significativa nas eleições, assim como nas ações políticas dos demais poderes.

Tal realidade repercute negativamente na atividade jurisdicional ao criar a perigosa possibilidade de *politização da função judicante*, tão bem vislumbrada pelo professor português Boaventura de Souza Santos ao asseverar que "a judicialização da política conduz à politização da justiça".

---

[1] AZAMBUJA, Darcy. *Introdução à Ciência Política*. 4. ed. p. 242-243.

[2] GARAPON, Antoine. *O juiz e a democracia*: o guardião das promessas. São Paulo: Malheiros, 1999, p. 24.

Derivação desta forma de agir e influindo permanente e sobremaneira no período pré-eleitoral, é aquilo que podemos chamar de "judicialização do processo eleitoral", revelada na excessiva intromissão do Poder Judiciário na atividade política.

Com isso, deflagra-se um indesejável *estado de controle político* permanente por parte da Justiça Eleitoral, que não pode se pretender protagonista do processo eleitoral, intrometendo-se, por vezes indevidamente, no jogo democrático.

Ao revés, cabe a ela assegurar a legalidade e a serenidade dos conflitos políticos acentuados do processo eleitoral, pois devemos lembrar que a atividade política durante as eleições não deve ser cerceada, mas tão somente modulada, na medida em que o *eidos* caracterizador do processo eleitoral reside na liberdade de expressão política.

Tal realidade é agravada pelos fatores psicológicos inconscientes, que fazem parte da personalidade de qualquer pessoa e que influem na formação do juízo crítico, notadamente na capacidade de julgar. Quando esses fatores prevalecem, a isenção do juiz fica comprometida, independentemente da sua vontade. Nesse sentido, o conhecimento dos fatores psicológicos do inconsciente do magistrado é indispensável para que o julgador possa controlá-los e, com isso, conseguir o máximo de imparcialidade na hora de julgar.

Observa-se ainda com atenta preocupação a *policização intensa da natural conflitividade política* das relações humanas. A Justiça Eleitoral, além de protagonizar a qualquer preço, inclusive cometendo inconstitucionalidades gravosas, a posição de principal agente do processo eleitoral, tem conduzido sua atuação maculada por manifestações midiáticas alicerçadas pelos sentimentos de comoção popular e pela necessidade de dar satisfação aos anseios de uma sociedade controlada pelos ditames dos meios de comunicação, porta-vozes das elites, com o objetivo de expurgar da vida pública aquelas pessoas tidas como indesejáveis e indignas do mandato popular.

Nesse sentido, vale ressaltar a lembrança preciosa do magistério acadêmico de Loïc Wacquant ao advertir-nos que: "A desqualificação da Política, principalmente no registro paroxístico que poderíamos caracterizar como antipolítica, encontrou na criminalização o mais poderoso dos instrumentos, na dependência contudo da publicidade espetaculosa dos procedimentos concretos (...) os patíbulos operísticos do antigo regime foram substituídos pelo pelourinho virtual, atado ao qual o padecente já não vê desfilar diante de sua vergonha os curiosos da praça, mas é sua própria imagem que desfila, angustiada e impotente, por dezenas de milhares de lares".[3]

O presente artigo busca demonstrar que mesmo diante da legitimidade da indignação da sociedade, não cabe ao Poder Judiciário agir na esteira do que considera indignante, mas, sim, prestar a jurisdição, atento às leis e, principalmente, ao arcabouço constitucional vigente. O fenômeno "judicialização", pois, consiste na decisão pelo Judiciário de questões relevantes do ponto de vista político, social ou moral. Trata-se, como intuitivo, de uma transferência de poder das instâncias tradicionais, que são o Executivo e o Legislativo, para juízes e tribunais, para parafrasearmos o Ministro do STF, Professor Luís Roberto Barroso.[4]

---

[3] BATISTA, Vera Malaguti (Org.). Loïc Wacquant e a questão penal no capitalismo neoliberal. In: BATISTA, Nilo. *Merci, Loïc.* 2. ed. Rio de Janeiro: Revan, 2012, p. 226.

[4] BARROSO, Luís Roberto. *Direito e Política*: a tênue fronteira, 2012.

Em nosso país, a supracitada "judicialização" da vida social foi incrementada em ritmo assustador após a redemocratização e a promulgação da Constituição de 1988, de modo que todos os problemas passaram a ser resolvidos judicialmente, esvaziando-se o diálogo político, tão necessário à concretização da democracia. No universo do direito eleitoral, é cediço que as eleições somente são resolvidas depois do chamado "terceiro turno" perante a Justiça Eleitoral, sendo raros os pleitos que não são objeto de demandas processuais, com fins de uma possível e deplorável impugnação, lesando-se a vontade popular.

Depois das eleições, não satisfeitos com as constantes intervenções na seara eleitoral no âmbito das eleições, partem para um "segundo turno" das violações ao princípio da separação dos poderes. Empossados os políticos, agentes públicos despidos da representatividade popular intentam "governar" os destinos da coletividade, posando de vestais para impor aos políticos legitimamente sufragados modos de agir e governar.

Para tal intento, "abusam" dos meios de comunicação no intuito de propagarem unilateralmente seu discurso "ético" e arregimentarem hordas de cidadãos desinformados e com insatisfações pulverizadas através de ações coletivas em defesa da tão aclamada "moralidade administrativa". Assim, em nome do princípio democrático do acesso à justiça, busca-se impor a governantes, legisladores, empresários e cidadãos, de modo unilateral e autoritário, um vetor predeterminado de opção de políticas públicas, sem sopesar os ônus decorrentes para os cofres públicos dessas demandas eivadas de devaneios.[5]

Em pleno século XXI, ainda existe a tentativa de se implementar uma "sociedade punitiva", fruto de um projeto político transnacional, que recorre à legislação coercitiva e às táticas policialescas para dispersar ou reprimir toda e qualquer forma de oposição ao *poder das corporações*, reprimindo o dissenso político com fins de solidificar o projeto neoliberal. O fascismo que emerge hoje não é político, mas, sim, social, e coexiste com uma democracia de baixíssima intensidade, para parafrasearmos Boaventura de Souza Santos.

Nesse sentido, é de superlativa relevância traçarmos relações entre a realidade hodierna de *criminalização dos políticos*, representantes do povo, eleitos pelo voto popular, com importantes contribuições trazidas por autores que percebem, nos efeitos do punitivismo neoliberal imperante, um *progressivo desamparo nos direitos fundamentais*, notadamente observado nas constantes e assustadoras *flexibilizações dos direitos constitucionais*, como no caso da *supressão dos direitos políticos*, que são *subespécie dos direitos humanos*, além do *esvaziamento dos direitos fundamentais assecuratórios da proteção dos cidadãos na processualística penal*.

Os efeitos do *punitivismo neoliberal* sobre a legislação eleitoral, se valendo de alicerces teóricos preocupantes, são hoje bastante evidentes. A expansão reinante da

---

[5] Algumas práticas não dialógicas de imposição de políticas públicas por agentes não eleitos são os chamados Termos de Ajustamento de Conduta, previstos pelo §6º do artigo 5º da Lei nº 7.347/85 (Lei da Ação Civil Pública): "Os órgãos públicos legitimados poderão tomar dos interessados compromisso de ajustamento de sua conduta às exigências legais, mediante cominações, que terá eficácia de título executivo extrajudicial". Trata-se de um mecanismo de solução extrajudicial de conflitos promovida por órgãos públicos – inclusive pelo Ministério Público – para ajustar determinadas condutas de agentes, públicos ou privados, que lesem o patrimônio público, o meio ambiente, as relações de consumo, os direitos sociais, etc. No entanto, muitos Termos de Ajustamento de Conduta têm sido arbitrariamente impostos a governos ou entes privados para lhes impingir obrigações onerosas e, não raro, despropositadas.

criminalização dos políticos apresenta-se, na maior parte das vezes, de forma velada, como se não estivéssemos tratando verdadeiramente de problemática penal, mas tão somente de "condições de elegibilidade", como se a inelegibilidade não fosse uma pena, mas, sim, um "prêmio".

Loïc Wacquant, a partir de um emblemático artigo publicado no *Le Monde Diplomatique*, "*Esse vento punitivo que sopra da América*", traçou os alicerces teóricos dessas evidências. Ainda com esteio nos trabalhos científicos de *Wacquant*, encontramos em sua obra *Onda Punitiva* a ideia que o retorno à prisão perfaz-se como uma resposta à insegurança social, e não à insegurança criminal. Além disso, a referência do autor acerca da responsabilidade individual é deveras oportuna. Ao empreendimento neoliberal no campo do direito penal, assim como no direito eleitoral, *não interessa a discussão das causas, das situações que ensejam os problemas*, mas apenas as responsabilidades individuais.

Existe evidentemente um movimento pujante, ascendente, de uma política penal, inclusive no universo eleitoral, voltada para a prisão, punição e extirpação de direitos constitucionais através de *flexibilizações interpretativas* advindas do fenômeno da *pré-compreensão do intérprete,* para nos reportarmos aos ensinamentos de cabal importância para a hermenêutica constitucional de *Konrad Hesse*, em sua obra *Escritos de Derecho Constitucional*.

Nesse sentido, vale aduzir o brilhante excerto do eminente professor Nilo Batista, em seu artigo *Merci Loïc*,[6] ao comentar o problema: "Não se discutirão jamais as práticas do capitalismo financeiro – mas pode existir um banqueiro desonesto, como aquele czar do NASDAC hoje encarcerado. Não se discutirão jamais as opressões do latifúndio – mas pode haver um fazendeiro que mande matar a missionária que está organizando a resistência dos camponeses. Não se discutirão jamais as feridas abertas em Pachamama – mas poderemos acompanhar pela televisão o processo contra o diretor da fábrica na qual ocorreu o último vazamento".

Do mesmo modo, não se discutirão no *habitat* da classe política, no universo eleitoral, em especial em se tratando de chefes do Poder Executivo, *as causas ensejadoras dos atos cometidos*. Ao revés, esse novo movimento do capital predador que institui o "Estado Penal" em substituição do desmantelamento do *welfare state* e seu "Estado Previdenciário", opta pelo encarceramento e, em especial, pela punição mais cruel aos representantes eleitos pelas classes menos favorecidas, que é a *inelegibilidade*, um verdadeiro "banimento do mundo político".[7] Vale ressaltar que *o sistema penal do capitalismo, já nos seus primórdios, tinha a inelegibilidade como um de seus alicerces.*[8]

O fato é que o empreendimento neoliberal precisa de um *poder punitivo onipresente e capilarizado* para o controle penal dos políticos que ele mesmo marginaliza. E encontra a almejada "onipresença punitiva" nas perversas vinculações entre mídia/sistema penal,

---

[6] BATISTA, Vera Malaguti (Org.). *Loïc Wacquant e a questão penal no capitalismo neoliberal.* In: BATISTA, Nilo. *Merci Loïc, op. cit.,* p. 226-227.

[7] Lembrar que a Lei Complementar nº 135/2010, que alterou o Estatuto das Inelegibilidades, a Lei Complementar nº 64/1990, institui 8 (oito) anos de inelegibilidade aos apenados, o que podemos considerar, na maior parte dos casos, como uma MORTE na política.

[8] Sobre o assunto, oportuna é a lembrança do excerto do artigo de Nilo Batista em *Merci, Loïc* ao asseverar: "*O sistema penal do capitalismo industrial ostentava cruel simplicidade: a fábrica, a penitenciária* (invariavelmente less elegibility) *e o exército de reserva, tudo sob o controle da criminalização da greve e da vadiagem. Simples, silencioso e lucrativo*" (grifo nosso).

pois o *novo credo criminológico da mídia* acredita ser a *PENA* a solução de todos os conflitos a serem enfrentados[9] e, para tal, contribui em punir o ser humano antes mesmo que ele possa se defender pelos meios que a sociedade oferece.

Neste sentido, é importe salientar que toda e qualquer reflexão que deslegitime o credo criminológico do discurso midiático é ignorada ou escondida do grande público, dos telespectadores.[10]

Foucault, em *Vigiar e Punir*, nos ensina que a penalidade é uma força versátil à qual deve ser atribuído um lugar de destaque no estudo do poder contemporâneo. Por essa razão, a ideia da consolidação da vigilância e da punição se encontra em várias entidades estatais, inclusive na motivação dos membros do Poder Judiciário que abraçam a "judicialização da Política".

Fazemos aqui uma paródia entre o "vigiar e punir" foucaultiano com o "julgar e punir", crítica da atuação do Poder Judiciário na administração da "máquina punitiva estatal", ressaltando-se, na obra de Foucault, o lugar da prisão na sociedade disciplinar de vigilância e controle.

É deveras importante a distinção entre *ativismo judicial* e *judicialização da política*. A interpretação constitucional vem paulatinamente propiciando maior espaço, não só no Brasil, mas também em outros países, para o ativismo judicial e, consequentemente, para interpretações mais extensivas da Constituição, conforme assevera Pier Paolo Portinaro.[11]

Essa conjuntura de maior engajamento dos juízes através do ativismo judicial deflagra consequências no *papel constitucional da divisão de poderes* e na concretização do *princípio da segurança jurídica,* suscitando preocupações quanto ao balizamento dos processos hermenêuticos.

O objetivo não está em criticar o ativismo judicial, mas buscar fronteiras objetivas, limites na atuação do Poder Judiciário, pois, afinal, "quem controlará os controladores"[12] se essa dimensão permanecer sem parâmetro apropriado?

Busca-se uma análise crítica do *ativismo judicial* e sua distorção que é a *judicialização da política,* em matéria constitucional. Nesse sentido, importante se faz compreender a dicotomia atualmente observada entre um *positivismo político moderado*, no esteio de Norberto Bobbio e os levantes pós-positivistas da atualidade, que mais do que se apresentarem como pós-positivistas, revelam-se na realidade como *antipositivistas*. Na linha de defesa do positivismo moderado de Bobbio, alicerçada na moderna teoria da interpretação, encontramos Emilio Betti e Hans-Georg Gadamer, que metodologicamente permitem a interação entre princípios e regras.

É importante salientar que a análise dessa problemática implica na divisão constitucional dos poderes, como já asseverado, e na necessária identificação entre o *momento da legislação* e o *momento da jurisdição,* afastando-se as teses defensoras de um ativismo judicial que confere ao magistrado-intérprete uma competência elástica e subjetivizada com o fito de esclarecer a *mens legis* das normatividades insertas na Constituição

---

[9]   BATISTA, Nilo. *Mídia e Sistema Penal*, p. 3.

[10] *Op. cit.,* p. 6.

[11] PORTINARO, Pier Paolo. Para além do Estado de Direito: tirania dos juízes ou anarquia dos advogados. In: COSTA, Pietro; ZOLO, Daniel (Org.). *O Estado de Direito, história, teoria, crítica*. São Paulo: Martins Fontes, 2006, p. 465-488.

[12] Clássica pergunta ressaltada pelo Professor Celso Lafer ao tratar da matéria, fazendo referência à obra de DELMAS-MARTY, Mireille. *La Refondation des Pouvoirs*. Paris: Seuil, 2007, em especial p. 38, 41-43 e 67.

Brasileira, alargando o balizamento da interpretação para ir até mesmo além do que a Constituição estabeleceu e, por vezes, manifestando-se contrariamente ao que dita a Carta Magna brasileira.[13]

Ao revés, ressaltamos o valor do *garantismo jurídico*, expressão do princípio da legalidade, em matéria de interpretação constitucional, pois esse está isolado dos juízos políticos de valor, manifestos nas interpretações maculadas pela ideologia e pelo legado axiológico do magistrado no momento de proferir a decisão.

Não podemos olvidar de empenhar esforços na análise dos fatores psicológicos inconscientes e na necessária observância do legado axiológico pessoal do magistrado na construção da decisão judicial.

Para tal desafio, a utilização, como paradigma doutrinário, da obra de Konrad Hesse, no que se refere à pré-compreensão do intérprete, se faz mister. Além disso, relevante é o papel da análise transacional que explora a *teoria da personalidade do intérprete* (quem é o juiz?).

Objetivamos sustentar a inexistência de interpretações "assépticas" que não sejam influenciadas por elementos axiológicos e psicológicos, sendo a ideologia política provavelmente um dos mais fortes elementos para o comprometimento da interpretação.

Não há norma jurídica, por mais clara e evidente, que não demande uma interpretação. O legislador apresenta uma "linguagem seca". Por isso, o juiz e o aplicador do direito têm a tarefa de dar vida à norma. Na análise da problemática da hermenêutica constitucional, três alicerces irão se constituir como fundamentais à boa e correta compreensão da norma. São eles: o *texto em si* (*corpus* da norma), o *intérprete* (e consequentemente seu legado pessoal) e a *interpretação*.

Deve-se considerar também que a interpretação constitucional apresenta um perfil peculiar, pois contém em seu bojo um *conteúdo ideológico*. Assim sendo, a atividade central da aplicação da norma reside na *interpretação*, sendo o intérprete responsável pelo *conteúdo real da norma*.

Considerando-se que a problemática constitucional é uma questão essencialmente de *ordem política*, pois correlaciona o alcance das mudanças e asseguramentos de direitos ao universo da política, faz-se necessário limitar e coordenar o exercício deste *poder político*, sendo isto, atualmente, a fundamental razão de ser dos diplomas constitucionais.[14] Meirelles Teixeira nos ensina ser curial que: "A Constituição seja conhecida não apenas em sua letra, mas também em seu espírito".[15]

Nesse sentido, a importância de interpretar a Constituição é fundamental, dado o caráter aberto, vago e plurissignificante de muitas de suas normas.[16] Além disso, através da interpretação, torna-se possível o conhecimento dos "íntimos significados de uma Constituição".[17]

Interpretar, no esteio do magistério de Celso Ribeiro Bastos, significa "extrair o significado do texto", sendo a interpretação indispensável, quer no texto constitucional, quer nas leis em geral.[18]

---

[13] BOBBIO, Norberto. *Contribuición a la Teoria de Derecho*. Valencia: Fernando Torres, 1980, "Formalismo Juridico e Formalismo Etico", p. 105-117.

[14] BASTOS, Celso Ribeiro. *Interpretação e Aplicabilidade das Normas Constitucionais*, p. 16.

[15] MEIRELLES TEIXEIRA. *Curso de Direito Constitucional*, p. 266.

[16] SCHIER, Paulo Ricardo. *Filtragem constitucional*: construindo uma nova dogmática jurídica, p. 113.

[17] MEIRELLES TEIXEIRA. *Curso de Direito Constitucional*, p. 266.

[18] BASTOS, Celso Ribeiro. *Separata da Revista de Informação Legislativa de Brasília*, n. 96/87, p. 53.

Por fim, não se pode deixar de considerar a natural instabilidade do direito público, sujeito às transformações fugazes e complexas do universo da política. Dessa forma, os vocábulos apresentarão sentidos e conteúdos variados em razão da instabilidade e da incerteza decorrentes das variações políticas. Com isso, urge a necessidade de interpretar politicamente a Constituição, ou seja, "descobrir o pleno e adequado sentido de suas normas, ao aplicá-las à multiplicidade e à complexidade dos casos e das situações históricas".[19]

No que se refere à hermenêutica constitucional, a doutrina americana costuma distinguir *interpretação* de *construção*.

Para o direito constitucional, sob este passo, a importância da interpretação é deveras fundamental tendo em vista especialmente o caráter plurissignificante de muitas de suas normas.[20] Sobre a matéria, Ferrara entende que a missão do intérprete é *a busca do real conteúdo da norma*, afirmando que "a lei não contém palavras desnecessárias".

Nesse sentido, pode-se sustentar que o objeto da interpretação é a *vontade da lei*, autônoma, e não a *vontade do legislador*. Esta análise permite um campo de liberdade para a interpretação do juiz, *não obstante ele esteja impedido de inventar normas, substituindo o legislador*. Kelsen aduz, por sua vez, que o *juiz não pode criar norma, criando apenas direitos*.

Também em vários países europeus foi possível, nos últimos tempos, observar a trajetória das jurisdições constitucionais, notadamente nas controvérsias produzidas pelas chamadas "sentenças interpretativas".[21]

Nesse sentido, a contribuição de Konrad Hesse, a partir da formulação de sua famosa tese *A Força Normativa da Constituição*. O autor, renomado professor e juiz do Tribunal Constitucional Federal de Kalrsruhe, discípulo de Smend, demonstrou sua intenção em lograr êxito na tentativa acadêmica de oferecer um equilíbrio capaz de evitar o sacrifício da dimensão normativa da Constituição em face das contingências da realidade.

Hesse destaca, entre as condições que possibilitam o equilíbrio que preserva a dimensão normativa, a *vontade de Constituição*, significando uma alternativa em face da mera vontade de poder ou de normatividade formal e abstrata despida do elemento volitivo. Ressalta que a chamada *vontade de Constituição* se fundamenta numa tríplice ideia: na convicção da necessidade de um ordenamento jurídico, objetivo e estável, como garantia em face da arbitrariedade e dos excessos do poder em geral e também na crença de que se trata de uma ordem cujo valor normativo não depende exclusivamente de sua racionalidade, mas também dos atos da vontade humana dirigidos à realização da Constituição.[22]

As contribuições hessenianas ajudam bastante na tarefa de se alcançar um enfoque correto acerca da interpretação constitucional. Malgrado tal processo careça de condições concretas e objetivas da conjuntura histórica que delimita o *contexto de legitimidade* no qual a legalidade constitucional opera; ou seja, a hermenêutica constitucional, longe de

---

[19] *Op. cit.*, p. 268.

[20] SCHIER, Paulo Ricardo. *Filtragem constitucional*: construindo uma nova dogmática jurídica, p. 113.

[21] Seriam as sentenças que determinam ou manifestam, dependendo do sentido em que são empregadas, constitucionalidades ou inconstitucionalidades.

[22] *Ibidem.*

se esgotar na mera subsunção lógica ou na elaboração conceitual, impõe a firme *vontade do intérprete* com a finalidade de realizar os objetivos da Carta Magna.[23]

Hans-Georg Gadamer e Emilio Betti dedicaram-se a detectar, especificamente, este universo comum, o da interseção. Buscavam alcançar o sentido da projeção dos principais fatores que conotam os distintos processos interpretativos no universo constitucional, bem como as devidas consequências das principais teorias hermenêuticas que se dispuseram a esta tarefa.

Hoje, a hermenêutica da interpretação é entendida como um processo de *compreensão de sentido*, comportando a compreensão do texto com o papel desempenhado pelo intérprete e seu legado pessoal na composição e construção da interpretação.[24] Há de se invocar, na compreensão do significado das palavras que integram o texto, *o contexto* no qual elas se inserem. Além da questão de se analisar o contexto, a moderna hermenêutica trata, também, da problemática da pré-compreensão do intérprete, o que Gadamer denomina como "os preconceitos do intérprete".[25]

Para Gadamer, a compreensão de um texto se assemelha a um *diálogo* que só pode ser travado entre pessoas que falem a mesma linguagem, ou seja, que conheçam os signos da linguagem em questão.[26]

Nesse sentido, Pérez Luño reforça a importância da *tradição* que reside no seio da comunidade sobre a experiência vivida por cada pessoa na composição da linguagem comum, permitindo a *intersubjetividade comunicativa na comunidade em diálogo.*[27]

No universo da metodologia constitucional, a hermenêutica tem significado uma nova atenção à estrutura pré-compreensiva que reveste a interpretação do direito acrescida de seu condicionamento histórico.[28] Assim, *o jurista não pode deixar de interpretar a norma sem ter a consciência da situação concreta na qual ela está inserida.* Desta forma, o intérprete da Constituição atua como *mediador* entre o texto normativo promulgado e as demandas da situação presente, realizando uma *atividade prático-normativa* que estabelece uma continuidade entre o momento passado da promulgação da norma constitucional e o momento hodierno da sua aplicação.[29]

Com isso, pode-se com rigor concluir que *a concretização da norma constitucional não pode estar despida da análise da pré-compreensão do intérprete,* fulcrada em suas experiências, conhecimentos e preconceitos resultantes da conjuntura histórica. Da mesma forma, a tarefa de concretização e compreensão da norma constitucional é impossível quando feita sem se considerar os problemas concretos.[30]

A pureza científica também exigia a exclusão de qualquer questionamento acerca da legitimidade e da justiça das leis.[31] Por outro lado, *o direito é ideológico* na medida

---

[23] *Op. cit.,* p. 254.

[24] GARCIA, Maria. *Lições de classe.*

[25] LUÑO, Antônio E. Pérez. *Derechos Humanos, Estado de Derecho y Constitución,* p. 264.

[26] *Ibidem.*

[27] A compreensão de um texto não é possível se não se partir dessa conexão histórica que ocorre entre o sujeito e o objeto da interpretação.

[28] LUÑO, Antônio E. Pérez. *Derechos Humanos, Estado de Derecho y Constitución,* p. 264.

[29] *Op. cit.,* p. 265.

[30] *Ibidem.*

[31] André Franco Montoro costumava citar Del Vecchio para afirmar que "a noção do justo é a pedra angular do edifício jurídico". Desta forma, inexiste *direito* despido da noção de justiça.

em que oculta o *sentido* das relações estruturais estabelecidas entre os sujeitos, com a finalidade de reproduzir os mecanismos de hegemonia social.[32]

Assim, Luís Roberto Barroso argumenta ser "falsa a crença de que o direito seja um domínio politicamente neutro e cientificamente puro", pois os juristas conseguem elaborar um "discurso de ocultamento das funções e do funcionamento do direito na sociedade". Assim, a chamada teoria crítica do direito busca "rever o conceito tradicional da ciência do direito, demonstrando como a partir de um discurso organizado em nome da verdade e da objetividade desvirtuam-se os conflitos sócio-políticos, que se apresentam como relações individuais harmonizáveis pelo direito".[33]

Joseph William *Singer*, dissertando sobre a versão norte-americana do movimento *Critical Legal Studies*, afirma sobre a teoria crítica: "O direito não é apolítico e objetivo: advogados, juízes e juristas, em geral, fazem opções altamente discutíveis, mas se utilizam do discurso jurídico para fazer com que as instituições pareçam naturais e as regras neutras".[34]

Se a interpretação jurídica é uma atividade prática que busca a realização de determinadas metas e objetivos, o *horizonte ideológico* aparece como um elemento consubstancial a qualquer processo hermenêutico de forma consciente ou não.[35] A problemática em questão não é recente. A *função ideológica da interpretação e suas consequências* têm sido objeto de constantes reflexões sobre o tema.

A denúncia que pretendemos desenvolver de *politização do judiciário* apresenta como efeito a aplicação de um dito "direito burguês" em favor das classes dominantes e vice-versa.

Mas o que o presente artigo pretende demonstrar nesse ponto é que *o uso alternativo do direito não implica necessariamente numa postura jurídica progressista.*

Vale ressaltar, nesse sentido, que os antecedentes da Escola do Direito Livre revelaram que *as primeiras tentativas de se interpretar alternativamente a Constituição estiveram associadas à ideologia jurídica do nazismo.* Foi exatamente Carl Schmitt quem, por ocasião da primeira reunião de jurispublicistas alemães, celebrada em 1924, apresentou em oposição à interpretação jurídica dominante do artigo 48,2 da Constituição de Weimar,[36] uma nova interpretação de cunho político-decisionista que, ao interpretar a relação de direitos em sentido puramente indicativo e não restritivo (como opunha uma interpretação correta do preceito normativo), esvaziava de conteúdo uma das mais importantes garantias constitucionais à liberdade.[37]

---

[32] WARAT, Luís Alberto. *A produção crítica do saber jurídico, passim.*

[33] *Ibidem.* Luís Roberto Barroso assevera, neste sentido, *in verbis*: "A teoria crítica do direito reveste-se de cunho eminentemente interdisciplinar. Ela se realiza através de um discurso de interseção, para o qual concorrem múltiplos saberes: os que o pensamento jurídico acumulou ao longo dos séculos como próprios e os que vêm de outras procedências, como a Lingüística, a Sociologia, a Economia Política, a Psicologia Social, a Antropologia, a História e a Psicanálise. Numa perspectiva ainda mais filosófica e aprofundada, exibe a influência de filósofos da chamada escola neomarxista de Frankfurt, que inclui Max Horkheimer, Herbert Marcuse e Theodor Adorno. Também refletiram sobre o movimento os trabalhos sobre hermenêutica desenvolvidos por Jürgen Habermas, Hans-Georg Gadamer e Paul Ricoeur, cuidando do papel do intérprete e da indeterminação dos textos".

[34] BARROSO, Luís Roberto. *Interpretação e Aplicação da Constituição*, p. 268 apud SINGER, Joseph William. *The player and the cards*: nihilism and legal theory in Yale Law Journal, *passim.*

[35] Segundo Antônio E. Pérez Luño, este tema foi objeto de Congresso realizado em Catania, em maio de 1972, sobre "o uso alternativo do direito".

[36] Tal artigo concedia ao Presidente da República a faculdade de tomar medidas em casos excepcionais de estados de sítio, tais como a suspensão de determinados direitos fundamentais *tipificados* especificamente na dita norma.

[37] LUÑO, Antônio E. Pérez. *Derechos Humanos, Estado de Derecho y Constitución*, p. 267.

Ao tratar da problemática, Guido Fassó entende *que as tentativas de politizar em demasia a interpretação jurídica perfazem-se como reais ataques ao princípio da legalidade*, postulado do Estado Democrático de Direito.[38] Desse modo, advoga: *"Há de se tomar cuidado para que o dito uso alternativo do direito constitucional não se transforme em abuso alterativo da Constituição"*[39] (grifo nosso).

A Constituição, como exposto por Hesse, é expressão de ser (*Sein*), mas também é expressão do dever ser (*Sollen*), à medida que "procura imprimir ordem e conformação à realidade política e social".[40] Destarte, a *atividade de interpretação*, para Hesse, consiste em falar o resultado constitucionalmente correto através de um procedimento racional e controlável, igualmente fundamentado de modo racional e controlável, que possibilita a criação uma relativa certeza e previsibilidade jurídica.[41]

Campeia no mundo jurídico, com esteio no credo liberal e conservador, a tentação de buscar alicerce, *no âmbito penal*, nas instituições policiais e penitenciárias e, *no âmbito eleitoral*, nas condenações às *penas de inelegibilidade*, através da defesa do encarceramento e, em especial, conforme já asseverado, pela punição mais cruel aos representantes eleitos pelas classes menos favorecidas, que é a *inelegibilidade*, um verdadeiro "banimento do mundo político", condenando-se tais representantes à *invisibilidade política*.[42]

É possível observar que parte significativa dos meios de comunicação vem paulatinamente apresentando "fontes" pouco confiáveis e, o pior, prestando-se a interesses pouco nobres, pois sabem muito bem os prejuízos que eleitoralmente podem causar aos candidatos através de veiculações que faltam com a verdade dos fatos.

Essas notícias falaciosas, vale-se dizer, divorciadas e distintas do direito constitucional à liberdade de expressão, tornam-se agravadas quando o momento da ofensa se dá no período eleitoral, trazendo prejuízos acentuados ao candidato, ao macular sua imagem com uma notícia mentirosa, perante seus eleitores.

Não se trata de sustentar limitação à liberdade de informação, nem tampouco ao direito constitucional de crítica. Os políticos experientes que sabem e são cônscios das regras do jogo democrático suportam com resignação e autocontrole pessoal os dissabores advindos da vida pública e das disputas eleitorais. Mas o presente artigo se foca nos casos em que não estamos diante de subjetividades e de exercício democrático de liberdade de expressão e direito constitucional de crítica.

São incidentes, cada vez mais presentes em nossa sociedade, que podem ser configurados como um dos casos em que pode se limitar a liberdade de informação, pois revelam a veiculação de notícia *INVERÍDICA*.

A imprensa tem alcançado uma autonomia muito grande na sociedade contemporânea, passando a exercer um verdadeiro poder social. A imprensa moderna se transformou em um verdadeiro poder social, muitas vezes fazendo do cidadão não um

---

[38] *Ibidem.*

[39] *Op. cit.*, p. 268.

[40] *Ibidem.*

[41] SCHIER, Paulo Ricardo. *Filtragem Constitucional*: construindo uma nova dogmática jurídica. p. 113, *apud* HESSE, Konrad. *Escritos de Derecho Constitucional*, p. 104.

[42] Lembrar que a Lei Complementar nº 135/2010, que alterou o Estatuto das Inelegibilidades, a Lei Complementar nº 64/1990, institui 8 (oito) anos de inelegibilidade aos apenados, o que podemos considerar, na maior parte dos casos, como uma MORTE na política.

destinatário, mas um refém da informação, *tornando necessário defender não só a liberdade da imprensa, mas também a liberdade em face da imprensa.*

O chamado "quarto poder", para parafrasear Norberto Bobbio, em sua obra *Dicionário de Política,* é constituído pelos meios de informação que desempenham uma função determinante para a *politização da opinião pública* e, nas democracias constitucionais, têm capacidade de exercer um controle crítico sobre os órgãos dos três Poderes (Legislativo, Executivo e Judiciário).

Assim, quando um cidadão aciona o Poder Judiciário pela veiculação de uma notícia mentirosa, *não se instalará uma demanda envolvendo a liberdade de imprensa, e sim na jurisdição dos direitos civis.*

De um lado, a sociedade sente a necessidade de ter uma imprensa digna, precisa, honesta, clara e objetiva e, de outro lado, é possível constatar alguns "donos da imprensa" preocupados apenas em *AUFERIR LUCROS* e *CAUSAR SENSACIONALISMO,* no caso *SENSACIONALISMO ELEITORAL,* confundindo a *liberdade de imprensa,* protegida constitucionalmente, com a "liberdade de impressão", isto é, a possibilidade de publicar tudo aquilo que é interessante para eles, seja no aspecto político, *mas principalmente no aspecto econômico.*

A liberdade de imprensa não pode se sobrepor ao *DIREITO À INFORMAÇÃO VERÍDICA,* pois há limitação clara e expressa no próprio texto constitucional, e *insistir na afirmação de que a imprensa é plenamente livre, sem exceções, seria uma violência ao próprio Estado de Direito,* que concebe de forma clara as liberdades.

Para averiguarmos se a liberdade de imprensa é exercida de forma abusiva ou não, convém analisar alguns critérios paradigmáticos, como os estabelecidos em diversos votos da lavra da Exma. Ministra Nancy Andrighi: "A liberdade de informação deve estar atenta ao dever de veracidade, pois a falsidade dos dados divulgados manipula em vez de formar a opinião pública".

Vital Moreira, em obra monográfica,[43] expõe as diversas concepções que buscam justificar, doutrinária e dogmaticamente, o direito de resposta, advertindo, no entanto, sobre a insuficiência de uma "explicação unifuncional", por vislumbrar, no direito de resposta, uma pluralidade de funções, por ele assim identificadas: (a) o direito de resposta como "defesa dos direitos de personalidade", (b) o direito de resposta como "direito individual de expressão e de opinião", (c) o direito de resposta como "instrumento de pluralismo informativo", (d) o direito de resposta como "dever de verdade da imprensa" e, finalmente, (e) o direito de resposta como "uma forma de sanção '*sui generis*' ou de indenização em espécie".

O Pacto de São José da Costa Rica, em seu artigo 14, perfaz-se como um instrumento que reconhece, a qualquer pessoa que se considere afetada *por meio de informação inexata ou ofensiva veiculada pela imprensa,* o direito de resposta e de retificação.[44]

---

[43] MOREIRA, Vital. O Direito de Resposta na Comunicação Social, item n. 2.6, 1994, Coimbra: Coimbra Editora. p. 24-32

[44] Artigo 14 - Direito de retificação ou resposta:
1. Toda pessoa atingida por informações inexatas ou ofensivas emitidas em seu prejuízo por meios de difusão legalmente regulamentados e que se dirijam ao público em geral tem direito a fazer, pelo mesmo órgão de difusão, sua retificação ou resposta, nas condições que estabeleça a lei.
2. Em nenhum caso a retificação ou a resposta eximirão das outras responsabilidades legais em que se houver incorrido.

Mas, ao revés, os meios de comunicação, em sua significativa parcela, não concedem espaço isonômico, *mas, sim, criam e destroem carreiras públicas das pessoas que participam do universo político*, falseando, omitindo, distorcendo informações.

Nesse sentido, vale a lembrança da figura do *Homo Sacer*, desenvolvido na obra de Giorgio Agamben, uma enigmática figura trazida do direito criminal romano arcaico, que era *um ser humano que podia ser morto por qualquer um impunemente, mas que não devia ser sacrificado segundo as normas prescritas pelo rito*.

Traçando correlações de tal figura com os párias da política, chegamos à conclusão que os desafetos dos meios de comunicação podem, na sociedade atual, ser destruídos tanto moral como politicamente, achincalhados pela imprensa e pela televisão, sem possibilidade de defesa equânime e adequada e, por fim, julgados além dos limites do "estado de exceção", conforme a tese enunciada por Günther Jakobs, doutrinador alemão que a sustenta com base em políticas públicas de combate à criminalidade interna e/ou internacional. Alinhamo-nos com a CRÍTICA a essa teoria, hoje muito presenciada no comportamento de muitos membros do Poder Judiciário Brasileiro, com esteio nas teses de Raúl Zaffaroni no sentido de que a *admissão jurídica do conceito de inimigo no direito sempre foi lógica e, historicamente, o primeiro sintoma de destruição autoritária do Estado de Direito*.

Nesse contexto, deve-se exigir do magistrado, sobretudo o penal e o eleitoral, extrema cautela no exame das questões relacionadas à "judicialização da política". O povo elege o governante, e o governante governa. Se governa mal, o povo, em eleições democráticas periódicas, removerá (ou não) o governante que lhe desagrade. Trata-se de paulatino processo de educação política.

Aos magistrados, apenas se reserva, quando provocados, o papel de fazer cumprir a Constituição e as leis, respeitando os postulados da governança democrática, e, se necessário, aplicar sanções aos que violarem os princípios da boa administração pública, pois o Poder Judiciário não pode servir de instrumento para o exercício arbitrário e ilegítimo do poder político por quem não foi eleito.

Informação bibliográfica deste texto, conforme a NBR 6023:2002 da Associação Brasileira de Normas Técnicas (ABNT):

AIETA, Vânia Siciliano. Liberdades públicas e a tentativa de controle do Poder Legislativo pelo Poder Judiciário. In: LEITE, George Salomão; LEITE, Glauco Salomão; STRECK, Lenio Luiz (Coord.). *Jurisdição constitucional e liberdades públicas*. Belo Horizonte: Fórum, 2017. p. 203-214. ISBN 978-85-450-0237-6.

---

3. Para a efetiva proteção da honra e da reputação, toda publicação ou empresa jornalística, cinematográfica, de rádio ou televisão, deve ter uma pessoa responsável que não seja protegida por imunidades nem goze de foro especial.

LIBERDADE DE COMUNICAÇÃO

CORIOLANO AURÉLIO DE ALMEIDA CAMARGO
CRISTINA MORAES SLEIMAN

1 Introdução

Em breve consulta à doutrina, podemos observar que são utilizadas várias expressões enquanto sinônimos de direitos fundamentais, dentre elas "liberdades públicas", "direitos humanos", "direitos subjetivos públicos", "direitos do homem" "direitos individuais" e "liberdades fundamentais". Ocorre que não há um consenso quanto ao seu significado, embora alguns se refiram a esses termos com o mesmo objeto, e outros autores fazem clara distinção nas suas argumentações.

A própria Constituição Federal traz claramente uma diversidade na terminologia utilizada. Perceba:

Art. 4º A República Federativa do Brasil rege-se nas suas relações internacionais pelos seguintes princípios:

I - independência nacional;

II - *prevalência dos direitos humanos*;

III - autodeterminação dos povos;

IV - não-intervenção;

V - igualdade entre os Estados;

VI - defesa da paz;

VII - solução pacífica dos conflitos;

VIII - repúdio ao terrorismo e ao racismo;

IX - cooperação entre os povos para o progresso da humanidade;

X - concessão de asilo político.

Parágrafo único. A República Federativa do Brasil buscará a integração econômica, política, social e cultural dos povos da América Latina, visando à formação de uma comunidade latino-americana de nações.

Art. 5º Todos são iguais perante a lei, sem distinção de qualquer natureza, garantindo-se aos brasileiros e aos estrangeiros residentes no País a inviolabilidade do direito à vida, à liberdade, à igualdade, à segurança e à propriedade, nos termos seguintes:

(...)

LXXI - conceder-se-á mandado de injunção sempre que a falta de norma regulamentadora torne inviável o exercício dos *direitos e liberdades constitucionais* e das prerrogativas inerentes à nacionalidade, à soberania e à cidadania.

(...)

§1º As normas definidoras dos direitos e *garantias fundamentais* têm aplicação imediata.

(...)

Art. 60. A Constituição poderá ser emendada mediante proposta:

I - de um terço, no mínimo, dos membros da Câmara dos Deputados ou do Senado Federal;

II - do Presidente da República;

III - de mais da metade das Assembleias Legislativas das unidades da Federação, manifestando-se, cada uma delas, pela maioria relativa de seus membros.

§1º A Constituição não poderá ser emendada na vigência de intervenção federal, de estado de defesa ou de estado de sítio.

§2º A proposta será discutida e votada em cada Casa do Congresso Nacional, em dois turnos, considerando-se aprovada se obtiver, em ambos, três quintos dos votos dos respectivos membros.

§3º A emenda à Constituição será promulgada pelas Mesas da Câmara dos Deputados e do Senado Federal, com o respectivo número de ordem.

§4º Não será objeto de deliberação a proposta de emenda tendente a abolir:

I - a forma federativa de Estado;

II - o voto direto, secreto, universal e periódico;

III - a separação dos Poderes;

IV - *os direitos e garantias individuais.*

§5º A matéria constante de proposta de emenda rejeitada ou havida por prejudicada não pode ser objeto de nova proposta na mesma sessão legislativa. (grifos nosso)

Por certo que, ao estudar com mais dedicação cada um dos posicionamentos, é possível observar que, em sua maioria, possuem embasamento justificado, cabendo a cada um o seu próprio entendimento. No entanto, qual o impacto dessas divergências na prática jurídica?

Percebe-se que, para alguns estudiosos, a expressão "direitos humanos" é utilizada no âmbito das relações internacionais, enquanto a expressão "direitos fundamentais" é utilizada para as relações internas diretamente ligadas à legislação pátria de seu país, de forma que o conceito de liberdade se relaciona com o contexto ideológico e circunstancial.[1]

No quesito liberdade, é comum o entendimento de que não se pode obrigar o indivíduo a fazer o que a lei não manda, portanto, diretamente vinculado à sua liberdade de escolha.

Esclarecemos que o intuito deste artigo não é direcionar a discussão sobre o aspecto conceitual da terminologia, mas, diante da vasta possibilidade de argumentos, seja pela similaridade de significados ou pela possibilidade de enquadramento em diversos pontos específicos, nosso objetivo será, tão somente, abordar o tema "liberdade de comunicação", que, por sua vez, é uma das garantias constitucionais e, portanto, no sentido genérico, entendemos que tida como uma das liberdades públicas.

---

[1] Disponível em: <http://www.conjur.com.br/2015-jan-23/direitos-fundamentais-aproximacoes-tensoes-existentes-entre-direitos-humanos-fundamentais> – Ingo Wolfgang Sarlet – Juiz de Direito e Professor Titular da PUCRS. Acesso em: 09 ago. 2015.

Sendo assim, para este artigo, o termo "liberdades públicas" será abordado de forma generalista, tendo por objeto o direito garantido ao individuo frente às imposições do Estado, ou seja, tais liberdades são postas para balizar a atuação desenfreada do poder estatal. Tais garantias são inerentes ao ser humano, logo, atrelado ao conceito de direitos fundamentais.

2 Dos direitos personalíssimos

Neste ponto, para adentrar em uma análise da liberdade de comunicação, é preciso primeiramente relembrar alguns dispositivos protetivos da nossa legislação pátria, dentre eles a Constituição Federal:

> Art. 5º Todos são iguais perante a lei, sem distinção de qualquer natureza, garantindo-se aos brasileiros e aos estrangeiros residentes no País a inviolabilidade do direito à vida, à liberdade, à igualdade, à segurança e à propriedade, nos termos seguintes:
>
> (...)
>
> II - ninguém será obrigado a fazer ou deixar de fazer alguma coisa senão em virtude de lei;
>
> (...)
>
> IV - é livre a manifestação do pensamento, sendo vedado o anonimato;
>
> (...)
>
> VI - é inviolável a liberdade de consciência e de crença, sendo assegurado o livre exercício dos cultos religiosos e garantida, na forma da lei, a proteção aos locais de culto e a suas liturgias;
>
> (...)
>
> IX - é livre a expressão da atividade intelectual, artística, científica e de comunicação, independentemente de censura ou licença;
>
> (...)

No artigo 5º do referido dispositivo, podemos constatar dois incisos fundamentais para a garantia da liberdade de comunicação, sendo que, no primeiro (inc. IV), se abarca a liberdade de expressão – do pensamento propriamente dito – e, no segundo (inc. IX), a livre expressão da atividade intelectual, artística, científica e de comunicação.

Observa-se que a atual Constituição Federal se preocupou em garantir que não haja censuras às comunicações, de forma que rompeu definitivamente com o autoritarismo, garantindo seu compromisso com o Estado Democrático de Direito.

Ocorre que o direito a tais liberdades não deve remeter à falta de limites, de forma que deve haver um compromisso com outras garantias constitucionais e direitos fundamentais.

Como exemplo, podemos citar a livre manifestação do pensamento, a qual deve ser exercida com responsabilidade, tanto que o legislador se preocupou em adentrar na vedação do anonimato, pois, apenas desta maneira, eventual infração à norma constitucional, bem como a outros dispositivos legais, poderá ser revertida e, quando possível, promover sua reparação.

> Art. 220. A manifestação do pensamento, a criação, a expressão e a informação, sob qualquer forma, processo ou veículo não sofrerão qualquer restrição, observado o disposto nesta Constituição.

§1º Nenhuma lei conterá dispositivo que possa constituir embaraço à plena liberdade de informação jornalística em qualquer veículo de comunicação social, observado o disposto no art. 5º, IV, V, X, XIII e XIV.

§2º É vedada toda e qualquer censura de natureza política, ideológica e artística.

§3º Compete à lei federal:

I - regular as diversões e espetáculos públicos, cabendo ao Poder Público informar sobre a natureza deles, as faixas etárias a que não se recomendem, locais e horários em que sua apresentação se mostre inadequada;

II - estabelecer os meios legais que garantam à pessoa e à família a possibilidade de se defenderem de programas ou programações de rádio e televisão que contrariem o disposto no art. 221, bem como da propaganda de produtos, práticas e serviços que possam ser nocivos à saúde e ao meio ambiente.

§4º A propaganda comercial de tabaco, bebidas alcoólicas, agrotóxicos, medicamentos e terapias estará sujeita a restrições legais, nos termos do inciso II do parágrafo anterior, e conterá, sempre que necessário, advertência sobre os malefícios decorrentes de seu uso.

§5º Os meios de comunicação social não podem, direta ou indiretamente, ser objeto de monopólio ou oligopólio.

§6º A publicação de veículo impresso de comunicação independe de licença de autoridade.

Fazemos uma referência expressa ao inciso II, que estabelece a competência da lei federal em estabelecer os meios legais que garantam à pessoa e à família a possibilidade de defesa no caso de programações que não atendam aos princípios do art. 221, conforme segue:

Art. 221. A produção e a programação das emissoras de rádio e televisão atenderão aos seguintes princípios:

I - preferência a finalidades educativas, artísticas, culturais e informativas;

II - promoção da cultura nacional e regional e estímulo à produção independente que objetive sua divulgação;

III - regionalização da produção cultural, artística e jornalística, conforme percentuais estabelecidos em lei;

IV - respeito aos valores éticos e sociais da pessoa e da família.

Embora exista um caráter de relevância para cada garantia constitucional aos direitos fundamentais, não se pode elevar o patamar da liberdade de comunicação a ponto de ferir outros princípios e direitos existentes.

Diante do exposto, não podemos deixar de mencionar a dignidade da pessoa humana, na qual se incluem os direitos personalíssimos, que não podem ser esquecidos, porquanto o próprio dispositivo constitucional não garantiu imunidade irrestrita a tais liberdades.

Deve-se buscar o equilíbrio entre as garantias buscando, ademais, o respeito à dignidade da pessoa humana, sendo que as exceções poderão ocorrer mediante o interesse público, podendo ser o interesse individual suprimido. Certo é que existe a possibilidade de o Estado intervir nos casos em que o indivíduo extrapola o seu direito, principalmente ao causar lesão a terceiros.

Além de a dignidade da pessoa humana fundamentar o Estado Democrático de Direito, conforme preceitua o art. 1º da CF, III, devem-se consubstanciar os fundamentos para limitação de liberdades também na proteção dos direitos personalíssimos previstos no art. 5º, X, da CF, o qual prevê a proteção à imagem, à intimidade, à honra e à vida privada: "X - são invioláveis a intimidade, a vida privada, a honra e a imagem das pessoas, assegurado o direito a indenização pelo dano material ou moral decorrente de sua violação".

A Carta Magna se preocupa, também, com a reparação do dano material ou moral quando estes ocorrem individual ou simultaneamente. Tais direitos estão intimamente ligados às características que individualizam o ser humano, de forma que a ideia do legislador é a proteção à integridade física, intelectual e moral do indivíduo.

Apesar de ser possível encontrar conceitos individualizados, características independentes por vezes se convergem, sendo que o direito à privacidade e à intimidade pode ser por deveras complexo de se distinguir.

Os direitos personalíssimos de que trata o art. 5, X, da CF são tão importantes que são reconhecidos mundialmente por diversos ordenamentos jurídicos:

> Nos Estados Unidos é utilizada a denominação, *right of privacy* ou *right to be let alone*. Na França, *droit a la vie privée* ou *droit a l'intimité*. Na Itália, é estabelecida uma distinção entre *diritto Allá riservatezza* e *rispetto della vita privata*, sendo esta última expressão o direito de impedir que terceiros conheçam ou descubram a intimidade da vida privada da pessoa e o direito *allá segretezza* em momento posterior, como direito de impedir a divulgação de aspectos de intimidade, depois de licitamente conhecida pelo divulgador. Na Espanha a expressão usada é *derecho a la intimidade* e *derecho a la vida privada*. Em Portugal, direito à proteção da intimidade da vida privada e também direito à zona de intimidade da esfera privada. A doutrina alemã, por sua vez, introduziu a teoria das esferas. Por esta teoria, as esferas individual e privada integram a vida privada. A esfera individual, responsável pela proteção à honra, tem como manifestações mais importantes o direito ao nome e à reputação. A esfera privada tem por objetivo a proteção contra a indiscrição. Na esfera individual o cidadão do mundo acha-se relacionado com os seus semelhantes; na esfera privada, ao contrário, o cidadão acha-se na intimidade ou no recato, em seu isolamento moral, convivendo com a própria individualidade.[2]
>
> Art. 12 - Ninguém será sujeito a interferências na sua vida privada, na sua família, no seu lar ou na sua correspondência, nem a ataques à sua honra e reputação. Toda pessoa tem direito à proteção da lei contra tais interferências ou ataques.
> (Declaração Universal dos Direitos Humanos)
> Art. 11 - Proteção da honra e da dignidade
> 1. Toda pessoa tem direito ao respeito da sua honra e ao reconhecimento de sua dignidade.
> 2. Ninguém pode ser objeto de ingerências arbitrárias ou abusivas em sua vida privada, em sua família, em seu domicílio ou em sua correspondência, nem de ofensas ilegais à sua honra ou reputação.
> 3. Toda pessoa tem direito à proteção da lei contra tais ingerências ou tais ofensas.
> (Convenção Americana de Direitos Humanos – Pacto de San José da Costa Rica)

Consideremos que todo indivíduo tem ingerência sobre sua vida privada, ou seja, cabe somente a ele decidir o que, quando, como e com quem compartilhar informações particulares, sendo que a violação por terceiros pode acarretar em danos irreparáveis.

---

[2] RAMOS, Cristina de Mello. *O direito fundamental à intimidade e à vida privada*. Disponível em: <http://www.egov.ufsc.br/portal/conteudo/o-direito-fundamental-%C3%A0-intimidade-e-%C3%A0-vida-privada>. Acesso em: 09 set. 2013

Sydney César Silva Guerra conceitua a privacidade como:

> O conjunto de informação acerca do indivíduo que ele pode decidir manter sob seu exclusivo controle, ou comunicar, decidindo a quem, quando, onde e em que condições, sem a isso poder ser legalmente sujeito. Embarca todas as manifestações das esferas íntimas, privadas e da personalidade, que o texto constitucional consagrou. A esfera de inviolabilidade, assim, é ampla, abrange o modo de vida doméstico, nas relações familiares e afetivas em geral, fatos, hábitos, local, nome, imagem, pensamentos, segredos, e, bem assim, as origens e planos futuros do indivíduo.[3]

O Código Civil, Capítulo II, Dos Direitos da Personalidade, versa no art. 21 que a vida privada da pessoa natural é inviolável, podendo o juiz, a requerimento do interessado, adotar as providências necessárias para impedir ou fazer cessar ato contrário à norma. Portanto, claro está que o respectivo código abarca a proteção almejada.

> Na solução da colisão entre direitos à honra, à intimidade, à vida privada e à imagem, de um lado, e a liberdade de expressão informação, de outro, os tribunais constitucionais têm partido da preferred position em abstrato dessa liberdade em razão de sua valoração com condição indispensável para o funcionamento de uma sociedade aberta estabelecendo-se certos requisitos em sua aplicação: [...] (a) o público (assuntos ou sujeitos públicos) deve ser separado do privado (assuntos ou sujeitos privados), pois não se justifica a valoração preferente da liberdade de expressão e informação quando essa liberdade se referir ao âmbito inter privado dos assuntos ou sujeitos; (b) o cumprimento do limite interno da veracidade (atitude diligente do comunicador no sentido de produzir uma notícia correta e honesta), pois a informação que revele manifesto desprezo pela verdade, ou seja, falsa perde a presunção de preferência que tem a seu favor.[4]

Quanto ao direito de imagem, cumpre aclarar que este não diz respeito apenas às características físicas, mas toda e qualquer forma de exteriorização da personalidade diante do meio social, ou seja, meios que identifiquem um determinado indivíduo diferenciando-o dos demais. Neste sentido, "direito à imagem é a projeção da personalidade física (traços fisionômicos, corpo, atitudes, gestos, sorrisos, indumentárias, etc.) ou moral (aura, fama, reputação, etc.) do indivíduo (homens, mulheres, crianças ou bebê) no mundo exterior".[5]

O direito à imagem é intransferível e inalienável; no entanto, não tem por característica a indisponibilidade, podendo, assim, seu titular dispor de sua imagem como bem entender, desde que tenha capacidade civil para tanto.

Ressalta-se que o Código Civil não negligenciou ao abarcar a proteção respectiva:

> Art. 20. Salvo se autorizadas, ou se necessárias à administração da justiça ou à manutenção da ordem pública, a divulgação de escritos, a transmissão da palavra, ou a publicação, *a exposição ou a utilização da imagem de uma pessoa poderão ser proibidas, a seu requerimento e sem*

---

[3] GUERRA, Sidney César Silva. *A liberdade de imprensa e o direito à imagem*. Biblioteca das teses. Rio de Janeiro: Renovar, 1999.

[4] GUERRA, *op. cit.*

[5] D'AZEVEDO, Regina Ferretto. Direito à imagem. *Jus Navigandi,* Teresina, ano 6, n. 52, 01 nov. 2001 . Disponível em: <http://jus.com.br/artigos/2306>. Acesso em: 06 ago. 2013 – *apud* DURVAL, Hermano. *Direito à imagem*. São Paulo: Saraiva, 1988, p. 105.

prejuízo da indenização que couber, se lhe atingirem a honra, a boa fama ou a respeitabilidade, ou se se destinarem a fins comerciais.

Parágrafo único. Em se tratando de morto ou de ausente, são partes legítimas para requerer essa proteção o cônjuge, os ascendentes ou os descendentes.

Contudo, com base no dispositivo constitucional, a jurisprudência se divide, mas, em alguns casos, há o entendimento de que os direitos personalíssimos, especificamente quanto ao uso indevido de imagem, poderá gerar reparação de dano sem que seja necessária a sua comprovação. Desta feita, havendo utilização não autorizada, ainda que não tenha cunho vexatório ou ofensivo, poderá ensejar em reparação de dano, conforme demonstra a decisão a seguir:

> ESPECIAL. PROCESSUAL CIVIL. CIVIL. DANO À IMAGEM. DIREITO À INFORMAÇÃO. VALORES SOPESADOS. OFENSA AO DIREITO À IMAGEM. REPARAÇÃO DO DANO DEVIDA. REDUÇÃO DO QUANTUM REPARATÓRIO. VALOR EXORBITANTE. RECURSO PARCIALMENTE PROVIDO.
>
> 1. *A ofensa ao direito à imagem materializa-se com a mera utilização da imagem sem autorização, ainda que não tenha caráter vexatório ou que não viole a honra ou a intimidade da pessoa, e desde que o conteúdo exibido seja capaz de individualizar o ofendido.*
>
> 2. Na hipótese, *não obstante o direito de informação da empresa de comunicação e o perceptível caráter de interesse público do quadro retratado no programa televisivo*, está clara a ofensa ao direito à imagem do recorrido, pela utilização econômica desta, sem a proteção dos recursos de editoração de voz e de imagem para ocultar a pessoa, evitando-se a perfeita identificação do entrevistado, à revelia de autorização expressa deste, o que constitui ato ilícito indenizável. 3. *A obrigação de reparação decorre do próprio uso indevido do direito personalíssimo, não sendo devido exigir-se a prova da existência de prejuízo ou dano. O dano é a própria utilização indevida da imagem.*
>
> 4. Mesmo sem perder de vista a notória capacidade econômico-financeira da causadora do dano moral, a compensação devida, na espécie, deve ser arbitrada com moderação, observando-se a razoabilidade e a proporcionalidade, de modo a não ensejar enriquecimento sem causa para o ofendido. Cabe a reavaliação do montante arbitrado nesta ação de reparação de dano moral pelo uso indevido de imagem, porque caraterizada a exorbitância da importância fixada pelas instâncias ordinárias. As circunstâncias do caso não justificam a fixação do quantum reparatório em patamar especialmente elevado, pois o quadro veiculado nem sequer dizia respeito diretamente ao recorrido, não tratava de retratar os serviços técnicos por este desenvolvidos, sendo o promovente da ação apenas um dos profissionais consultados aleatoriamente pela suposta consumidora.
>
> 5. Nesse contexto, reduz-se o valor da compensação.
>
> 6. Recurso especial parcialmente provido. (Recurso Especial nº 794585-RJ – Superior Tribunal de Justiça – Relator: Min. Raul Araujo – Julgamento: 15.03.2012)
>
> (grifos nosso)

No que concerne à proteção da honra, para Nelson Rosenvald e Cristiano Farias, a "honra é a soma dos conceitos positivos que cada pessoa goza na vida em sociedade".[6]

Pode-se encontrar na doutrina a divisão entre honra subjetiva e objetiva, sendo que a primeira se traduz pelo sentimento de dignidade própria, portanto, honra interna,

---

6 FARIAS, Cristiano Chaves de; ROSENVALD, Nelson. *Direito Civil*: teoria geral. 7 ed. Rio de Janeiro: Lumen Juris, 2008, p. 149.

lado pessoal e íntimo; na segunda, voltada para o apreço social, ou seja, reputação e boa fama, assim, pode ser entendida como externa.

Recebe proteção da Carta Magna em seu art. 5º, X, reproduzido anteriormente, mas também do Código Civil. Além disso, podemos citar o Pacto de San José da Costa Rica, em seu artigo 11, vez que este direito está intimamente ligado à dignidade da pessoa humana: "Toda pessoa tem direito ao respeito da sua honra e ao reconhecimento de sua dignidade".

No tocante às sanções penais, é preciso lembrar que existe previsão no Código Penal para os crimes contra a honra, que assim preceitua:

> Código Penal, Capítulo V, Dos crimes contra a Honra
> Art. 138 - Caluniar alguém, imputando-lhe falsamente fato definido como crime:
> Pena - detenção, de seis meses a dois anos, e multa.
> §1º - Na mesma pena incorre quem, sabendo falsa a imputação, a propala ou divulga.
> §2º - É punível a calúnia contra os mortos.
> (...)
> Art. 139 - Difamar alguém, imputando-lhe fato ofensivo à sua reputação:
> Pena - detenção, de três meses a um ano, e multa.
> (...)
> Art. 140 - Injuriar alguém, ofendendo-lhe a dignidade ou o decoro:
> Pena - detenção, de um a seis meses, ou multa.
> (...)

A imputação penal advém da necessidade de aplicar uma sanção ao autor da conduta que infringiu a norma penal. Nesse sentido, ainda que no exercício de sua liberdade de comunicação, o indivíduo que, em nome da liberdade de comunicação e expressão, comete crime contra a honra, como, por exemplo, calúnia, injúria, difamação ou ameaça, não deixará de ser responsabilizado por estar exercendo a livre manifestação do pensamento.

Da mesma forma, voltando ao Código Civil, em relação ao abuso de direito, este preceitua que:

> Art. 186. Aquele que, por ação ou omissão voluntária, negligência ou imprudência, violar direito e causar dano a outrem, ainda que exclusivamente moral, comete ato ilícito.
> Art. 187. Também comete ato ilícito o titular de um direito que, ao exercê-lo, excede manifestamente os limites impostos pelo seu fim econômico ou social, pela boa-fé ou pelos bons costumes.

Claro está para nós que o art. 186 independe de abuso de direito – ao violar direito de terceiros e/ou causar danos a estes, o agente comete ato ilícito, inclusive em casos de omissão. No art. 187, a previsão é mais específica, pois preceitua objetivamente sobre ações provenientes de manifestação excedente aos limites impostos pelo seu fim econômico ou social, boa-fé e bons costumes.

Portanto, ao extrapolar seu direito, no caso em discussão, liberdade de comunicação, invadindo o direito do próximo, ou seja, seus direitos personalíssimos, há nitidamente a caracterização do art. 187.

3 Do direito ao respeito e à dignidade da criança e do adolescente

Além de todo o exposto neste artigo, faz-se essencial trazer à luz os princípios de respeito e dignidade que estão previstos no Estatuto da Criança e do Adolescente – ECA (Lei nº 8.069/1990).

O ECA tem por objetivo proteger os direitos fundamentais de crianças e adolescentes no intuito de que estes possam viver de forma digna e honrada, sob a proteção não apenas de seus familiares, mas também da própria sociedade.

Defende a doutrina que o referido estatuto perfilha da doutrina da proteção integral, vez que reconhece direitos especiais e específicos das crianças e adolescentes. A proteção tem como base o fato de que os menores não possuem capacidade neurológica suficiente para discernir sobre a consequência de suas escolhas. Sobre o tema, cumpre transcrever os seguintes dispositivos legais para fundamentar nossas colocações:

> Art. 17. O direito ao respeito consiste na inviolabilidade da integridade física, psíquica e moral da criança e do adolescente, abrangendo a preservação da imagem, da identidade, da autonomia, dos valores, ideias e crenças, dos espaços e objetos pessoais.
> Art. 18. É dever de todos velar pela dignidade da criança e do adolescente, pondo-os a salvo de qualquer tratamento desumano, violento, aterrorizante, vexatório ou constrangedor.
> (...)
> Art. 70. É dever de todos prevenir a ocorrência de ameaça ou violação dos direitos da criança e do adolescente.
> (...)
> Assim como as garantias constitucionais para qualquer indivíduo, o Estatuto preza pela proteção da imagem, identidade e da honra das crianças e dos adolescentes. A Convenção sobre os Direitos da Criança elaborado pela Unicef, em seu art. 16, também abarca a respectiva proteção:
> 1. Nenhuma criança será objeto de interferências arbitrárias ou ilegais em sua vida particular, sua família, seu domicílio ou sua correspondência, nem de atentados ilegais a sua honra e a sua reputação.
> 2. A criança tem direito à proteção da lei contra essas interferências ou atentados.
> Além disso, o Código Civil preceitua que:
> Art. 12 – Pode-se exigir que cesse a ameaça, ou a lesão, a direito da personalidade, e reclamar perdas e danos, sem prejuízo de outras sanções previstas em lei.

Cristalina está, mais uma vez, a necessidade de buscar o equilíbrio entre os direitos e garantias fundamentais, devendo ser analisado caso a caso.

4 Do direito à informação

Segundo Luiz Roberto Barroso, a liberdade de informação "diz respeito ao direito individual de comunicar fatos e ao direito difuso de ser deles informado".[7]

Senão vejamos, enquanto a liberdade de informar se reveste de objetividade em fatos apurados externamente, a liberdade de expressão se caracteriza pela exteriorização

---

[7] BARROSO, Luís Roberto. Colisão entre liberdade de expressão e direitos da personalidade. *Revista de Direito Administrativo*, Rio de Janeiro, v. 1, n. 235, p. 1-36, jan./mar. 2004.

do pensamento humano e visa impedir que o Poder Público crie barreiras à comunicação coletiva.

A liberdade de informação é entendida por alguns doutrinadores como direito coletivo, de forma que abrange não apenas o direito de informar, mas concomitantemente o de ser informado.[8]

Neste sentido, o grande desafio está nos limites do direito de informar e ser informado sem que haja violação a direito de terceiros.

5 Dos meios de comunicação

A Constituição Federal prevê os serviços de rádio e TV como serviços públicos, ou seja, devem ser prestados pelo Poder Público ou mediante autorização, concessão ou permissão, cabendo à União verificar o regular cumprimento dos princípios constitucionais conforme a seguir:

> Art. 221. A produção e a programação das emissoras de rádio e televisão atenderão aos seguintes princípios:
> I – preferência a finalidades educativas, artísticas, culturais e informativas;
> II – promoção da cultura nacional e regional e estímulo à produção independente que objetive sua divulgação;
> III – regionalização da produção cultural, artística e jornalística, conforme percentuais estabelecidos em lei;
> IV – respeito aos valores éticos e sociais da pessoa e da família.

Ainda que fazendo uso de seus direitos, como liberdade de expressão, liberdade de informação e comunicação, até mesmo para os meios de comunicação existem certos limites que devem ser respeitados como premissas constitucionais.

6 Do Código Brasileiro de Telecomunicações

A Lei nº 4.117/1962 institui o Código Brasileiro de Telecomunicações, de forma que insta abordarmos a liberdade de comunicação por uma ótica mais abrangente:

> (...)
> Art. 4º Para os efeitos desta lei, constituem serviços de telecomunicações a transmissão, emissão ou recepção de símbolos, caracteres, sinais, escritos, imagens, sons ou informações de qualquer natureza, por fio, rádio, eletricidade, meios óticos ou qualquer outro processo eletromagnético. Telegrafia é o processo de telecomunicação destinado à transmissão de escritos, pelo uso de um código de sinais. Telefonia é o processo de telecomunicação destinado à transmissão da palavra falada ou de sons.
> (...)
> Art. 53. Constitui abuso, no exercício de liberdade da radiodifusão, o emprego desse meio de comunicação para a prática de crime ou contravenção previstos na legislação em vigor no País, inclusive:

---

[8] FARIAS, Edilsom Pereira de. *Colisão de direitos*: a honra, a intimidade, a vida privada e a imagem *versus* a liberdade de expressão e informação. 2. ed. Porto Alegre: Sergio Antonio Fabris, 2000, p. 166-167.

a) incitar a desobediência às leis ou decisões judiciárias;

b) divulgar segredos de Estado ou assuntos que prejudiquem a defesa nacional;

c) ultrajar a honra nacional;

d) fazer propaganda de guerra ou de processos de subversão da ordem política e social;

e) promover campanha discriminatória de classe, cor, raça ou religião;

f) insuflar a rebeldia ou a indisciplina nas forças armadas ou nas organizações de segurança pública;

g) comprometer as relações internacionais do País;

h) ofender a moral familiar, pública, ou os bons costumes;

i) caluniar, injuriar ou difamar os Poderes Legislativos, Executivo ou Judiciário ou os respectivos membros;

j) veicular notícias falsas, com perigo para a ordem pública, econômica e social;

l) colaborar na prática de rebeldia desordens ou manifestações proibidas.

Parágrafo único. Se a divulgação das notícias falsas houver resultado de erro de informação e for objeto de desmentido imediato, a nenhuma penalidade ficará sujeita a concessionária ou permissionária.

Art. 54. São livres as críticas e os conceitos desfavoráveis, ainda que veementes, bem como a narrativa de fatos verdadeiros, guardadas as restrições estabelecidas em lei, inclusive de atos de qualquer dos poderes do Estado.

Verifica-se que há mais um dispositivo legal que se preocupa com as questões éticas e abuso de direito, tentando preservar direitos fundamentais do indivíduo ao mencionar "guardadas as restrições estabelecidas em lei", eliminando, neste contexto, qualquer caráter absoluto de liberdade.

O respectivo dispositivo preceitua o que se consideram por abusos no exercício da liberdade da radiodifusão, dentre eles incitar a desobediência às leis, ofender a moral, caluniar, injuriar, entre outros.

7 Marco Civil da Internet

Não poderíamos deixar de mencionar o Marco Civil da Internet, que, por sua vez, ainda que tenha como fundamento a liberdade de expressão, traz quesitos para assegurar a identificação de autoria para os casos de ilícitos, sejam penais ou cíveis.

Art. 2º A disciplina do uso da internet no Brasil tem como fundamento o respeito à liberdade de expressão, bem como:

I - o reconhecimento da escala mundial da rede;

II - os direitos humanos, o desenvolvimento da personalidade e o exercício da cidadania em meios digitais;

III - a pluralidade e a diversidade;

IV - a abertura e a colaboração;

V - a livre iniciativa, a livre concorrência e a defesa do consumidor; e

VI - a finalidade social da rede.

Art. 3º A disciplina do uso da internet no Brasil tem os seguintes princípios:

I - garantia da liberdade de expressão, comunicação e manifestação de pensamento, nos termos da Constituição Federal;

II - proteção da privacidade;

III - proteção dos dados pessoais, na forma da lei;

IV - preservação e garantia da neutralidade de rede;

V - preservação da estabilidade, segurança e funcionalidade da rede, por meio de medidas técnicas compatíveis com os padrões internacionais e pelo estímulo ao uso de boas práticas;

VI - responsabilização dos agentes de acordo com suas atividades, nos termos da lei;

VII - preservação da natureza participativa da rede;

VIII - liberdade dos modelos de negócios promovidos na internet, desde que não conflitem com os demais princípios estabelecidos nesta Lei.

Parágrafo único. Os princípios expressos nesta Lei não excluem outros previstos no ordenamento jurídico pátrio relacionados à matéria ou nos tratados internacionais em que a República Federativa do Brasil seja parte.

Embora permissiva, ou seja, que permite quase tudo no que se refere à liberdade de expressão, a referida lei não deixou de abarcar o quesito "identificação" e "responsabilidade de provedores" caso não atendam a determinações judiciais.

O Marco Civil formalizou a retirada de conteúdos que extrapolam o direito à liberdade de expressão e comunicação quando estes estiverem diretamente ligados à intimidade, ou seja, imagens, fotos ou vídeos que envolvam nudez independentemente de estar envolvido um menor de dezoito anos ou adulto. Basta que viole a intimidade do indivíduo, este terá o direito de requerer por notificação extrajudicial sua retirada (exclusão da respectiva publicação).

No tocante à difamação, brigas e ofensas, estas apenas poderão ser removidas mediante ordem judicial. No entanto, a lei em comento garante que os provedores promovam a guarda de informações que possibilitem a identificação do ofensor.

Art. 19. Com o intuito de assegurar a liberdade de expressão e impedir a censura, o provedor de aplicações de internet somente poderá ser responsabilizado civilmente por danos decorrentes de conteúdo gerado por terceiros se, após ordem judicial específica, não tomar as providências para, no âmbito e nos limites técnicos do seu serviço e dentro do prazo assinalado, tornar indisponível o conteúdo apontado como infringente, ressalvadas as disposições legais em contrário.

§1º A ordem judicial de que trata o caput deverá conter, sob pena de nulidade, identificação clara e específica do conteúdo apontado como infringente, que permita a localização inequívoca do material.

(...)

Art. 21. O provedor de aplicações de internet que disponibilize conteúdo gerado por terceiros será responsabilizado subsidiariamente pela violação da intimidade decorrente da divulgação, sem autorização de seus participantes, de imagens, de vídeos ou de outros materiais contendo cenas de nudez ou de atos sexuais de caráter privado quando, após o recebimento de notificação pelo participante ou seu representante legal, deixar de promover, de forma diligente, no âmbito e nos limites técnicos do seu serviço, a indisponibilização desse conteúdo.

Parágrafo único. A notificação prevista no caput deverá conter, sob pena de nulidade, elementos que permitam a identificação específica do material apontado como violador da intimidade do participante e a verificação da legitimidade para apresentação do pedido.

Art. 22. A parte interessada poderá, com o propósito de formar conjunto probatório em processo judicial cível ou penal, em caráter incidental ou autônomo, requerer ao juiz que ordene ao responsável pela guarda o fornecimento de registros de conexão ou de registros de acesso a aplicações de internet.

Parágrafo único. Sem prejuízo dos demais requisitos legais, o requerimento deverá conter, sob pena de inadmissibilidade:

I - fundados indícios da ocorrência do ilícito;

II - justificativa motivada da utilidade dos registros solicitados para fins de investigação ou instrução probatória; e

III - período ao qual se referem os registros.

Art. 23. Cabe ao juiz tomar as providências necessárias à garantia do sigilo das informações recebidas e à preservação da intimidade, da vida privada, da honra e da imagem do usuário, podendo determinar segredo de justiça, inclusive quanto aos pedidos de guarda de registro.

8 Conclusão

Concluímos este trabalho com a pergunta: pode um direito sobrepor-se a outro?

Por nossa visão, existe uma necessidade de equilíbrio e ponderação entre os direitos fundamentais considerando o caso concreto, pois como se esquecer do princípio da dignidade da pessoa humana ou de garantias do direito personalíssimo em detrimento da liberdade de comunicação?

Para Luis Roberto Barroso:

A ponderação consiste, portanto, em uma técnica de decisão jurídica aplicável a casos difíceis, em relação aos quais a subsunção se mostrou insuficiente, sobretudo quando uma situação concreta dá ensejo à aplicação de normas de mesma hierarquia que indicam soluções diferenciadas.[9]

Como garantir uma vida digna e honrada, não apenas às crianças e aos adolescentes, mas também aos adultos, permitindo que, em nome da liberdade de comunicação e expressão, pessoas sejam prejudicadas, carreiras sejam destruídas e jovens venham a abrir mão de sua própria vida?

Nosso intuito neste artigo é semear a discussão, não somente de apresentar nosso posicionamento como uma verdade única, mas, sobretudo, incentivar pesquisas, discussões e entendimentos a respeito da tão sonhada liberdade, que, sem direção, educação e discernimento, pode ser uma arma letal para si próprio.

Diante de toda legislação transcrita e comentada, bem como colocações sobre as liberdades públicas, dignidade da pessoa humana, direitos fundamentais, abuso de direito, proteção da criança e do adolescente, entre outras questões, pode-se observar que sabiamente o constituinte estabeleceu certo equilíbrio para o regular exercício da liberdade de comunicação e de expressão, com base no princípio da dignidade da pessoa humana e nos direitos personalíssimos.

É fato que não podemos prejudicar a liberdade de comunicação por questões banais ou aleatoriamente por censura, sendo essencial a correta análise para cada caso concreto, vez que a crítica e a expressão do pensamento são garantias constitucionais, além de serem imprescindíveis para a caracterização de um Estado Democrático, devendo este direito ser exercido com prudência e respeito.

---

[9] BARROSO. *Liberdade de expressão versus direitos da personalidade*: colisão de direitos fundamentais e critérios de ponderação, *op. cit.*, p. 91.

Liberdade de Imprensa e Direito de Crítica (Transcrições) Pet. 3.486/DF RELATOR: MIN. CELSO DE MELLO. EMENTA: LIBERDADE DE IMPRENSA (CF, ART. 5º, IV, c/c O ART. 220). JORNALISTAS. DIREITO DE CRÍTICA. PRERROGATIVA CONSTITUCIONAL CUJO SUPORTE LEGITIMADOR REPOUSA NO PLURALISMO POLÍTICO (CF, ART. 1º, V), QUE REPRESENTA UM DOS FUNDAMENTOS INERENTES AO REGIME DEMOCRÁTICO. O EXERCÍCIO DO DIREITO DE CRÍTICA INSPIRADO POR RAZÕES DE INTERESSE PÚBLICO: UMA PRÁTICA INESTIMÁVEL DE LIBERDADE A SER PRESERVADA CONTRA ENSAIOS AUTORITÁRIOS DE REPRESSÃO PENAL. A CRÍTICA JORNALÍSTICA E AS AUTORIDADES PÚBLICAS. A ARENA POLÍTICA: UM ESPAÇO DE DISSENSO POR EXCELÊNCIA. DECISÃO:

(...) Não se pode ignorar que a liberdade de imprensa, enquanto projeção da liberdade de manifestação de pensamento e de comunicação, reveste-se de conteúdo abrangente, por compreender, dentre outras prerrogativas relevantes que lhe são inerentes, (a) o direito de informar, (b) o direito de buscar a informação, (c) o direito de opinar e (d) o direito de criticar. A crítica jornalística, desse modo, traduz direito impregnado de qualificação constitucional, plenamente oponível aos que exercem qualquer parcela de autoridade no âmbito do Estado, pois o interesse social, fundado na necessidade de preservação dos limites ético-jurídicos que devem pautar a prática da função pública, sobrepõe-se a eventuais suscetibilidades que possam revelar os detentores do poder.

(...) É certo que o direito de crítica não assume caráter absoluto, eis que inexistem, em nosso sistema constitucional, como reiteradamente proclamado por esta Suprema Corte (RTJ 173/805810, 807-808, v.g.), direitos e garantias revestidos de natureza absoluta. Não é menos exato armar-se, no entanto, que o direito de crítica encontra suporte legitimador no pluralismo político, que representa um dos fundamentos em que se apoia, constitucionalmente, o próprio Estado Democrático de Direito (CF, art. 1º, V).[10]

Ministro José Celso de Mello Filho, do Egrégio SUPREMO TRIBUNAL FEDERAL, em 22 de agosto de 2005, ao apreciar a Petição 3.486/DF.

Referências

AIETA, Vânia Siciliano. *A garantia da intimidade como direito fundamental*. Rio de Janeiro: Lumem Juris, 1999.

ARAUJO, Luiz Alberto David; NUNES JÚNIOR, Vidal Serrano. *Curso de Direito Constitucional*. 9. ed. São Paulo: Saraiva, 2005.

BARROSO, Luís Roberto. Colisão entre liberdade de expressão e direitos da personalidade. *Revista de Direito Administrativo*, Rio de Janeiro, v. 1, n. 235, 2004.

BARROSO, Luís Roberto. Liberdade de expressão versus direitos da personalidade: colisão de direitos fundamentais e critérios de ponderação. In: BARROSO, Luís Roberto. *Temas de direito constitucional*. t. III. Rio de Janeiro: Renovar, 2005.

BARROSO, Luís Roberto. Liberdade de expressão, censura e controle da programação de televisão na constituição de 1988. In: BARROSO, Luís Roberto. *Temas de Direito Constitucional*. Rio de Janeiro: Renovar, 2002.

BASTOS, Celso Ribeiro; MARTINS, Ives Gandra. *Comentários à Constituição do Brasil*. v. 2. São Paulo: Saraiva, 1989.

BATISTA, Vanessa Oliveira. *Da necessidade de interação das normas de direitos fundamentais com a normativa internacional no estado contemporâneo*. Disponível em: <http://www.ambitojuridico.com.br/site/index.php?n_link=revista_artigos_leitura&artigo_id=1343>. Acesso em: 08 ago. 2015

---

[10] STF. *Informativo de Jurisprudência*, n. 398. Disponível em: <http://www.stf.jus.br>.

FARIAS, Edilsom Pereira de. *Colisão de direitos*: a honra, a intimidade, a vida privada e a imagem *versus* a liberdade de expressão e informação. 2. ed. Porto Alegre: Sergio Antonio Fabris, 2000.

FERRAZ JÚNIOR, Tércio Sampaio. Sigilo de dados: o direito à privacidade e os limites à função fiscalizadora do Estado. *Revista da Faculdade de Direito*, São Paulo, v. 88, p. 439-459, jan. 1993.

GUERRA, Sidney César Silva. *Hermenêutica, ponderação e colisão de direitos fundamentais*. Rio de Janeiro: Lumen Juris, 2007.

LEITE, George Salomão; LEMOS. Ronaldo. *Marco civil da internet*. São Paulo: Atlas, 2014.

MELO, Gustavo Procópio Bandeira de. Prevalência da intimidade como corolário da dignidade humana. *Consulex: Revista jurídica*, Brasília, DF, ano XI, n. 255, 2007.

SARLET, Ingo Wolfgang. *A Eficácia dos Direitos Fundamentais*. 4. ed. Porto Alegre: Livraria do Advogado, 2004.

SOARES, Fábio Costa. *Liberdade de comunicação*: proibição de censura e limites. Disponível em: <http://www. emerj.tjrj.jus.br/serieaperfeicoamentodemagistrados/paginas/series/11/normatividadejuridica_60.pdf>. Acesso em: 08 ago. 2015.

Informação bibliográfica deste texto, conforme a NBR 6023:2002 da Associação Brasileira de Normas Técnicas (ABNT):

CAMARGO, Coriolano Aurélio de Almeida; SLEIMAN, Cristina Moraes. Liberdade de comunicação. In: LEITE, George Salomão; LEITE, Glauco Salomão; STRECK, Lenio Luiz (Coord.). *Jurisdição constitucional e liberdades públicas*. Belo Horizonte: Fórum, 2017. p. 215-229. ISBN 978-85-450-0237-6.

LIBERDADE DE IMPRENSA: VEICULAÇÃO DE CRÍTICAS E O PROBLEMA DA VERDADE

LUIZ MANOEL GOMES JUNIOR

MIRIAM FECCHIO CHUEIRI

1 O abuso de direito e o exercício do direito de crítica – limites para a atuação dos órgãos de imprensa – exercício regular de um direito

Não se pode admitir, frente aos valores atuais da sociedade civil, o exercício abusivo de qualquer direito. A boa-fé[1] e o exercício dos direitos segundo sua função social[2] atuam como limites para qualquer espécie de ato ou manifestação de vontade ou opinião.

O ordenamento jurídico jamais tolerou o abuso. Como ensina Caio Mário da Silva Pereira:[3] "(...) a caracterização da figura do abuso de direito toma forma quando o autor do dano exerceu um direito definido, *mas além dos limites das prerrogativas que lhe são conferidas*. Quando alguém se contenta em exercer estas prerrogativas estará usando o seu direito. Comete abuso quando as excede" (últimos destaques no original).

---

[1] (...). A boa-fé objetiva, cujo campo de aplicação precípuo é o do direito das obrigações, é uma pauta institucional de conduta, um princípio que agrupa certas regras que exigem uma determinada atuação das partes em suas relações, determinando uma postura ética e socialmente valorada de cooperação e lealdade, para alcançar um fim comum (...) (LIMA, Ricardo Seibel de Freitas. Pautas para a interpretação do art. 187 do novo Código Civil. *Revista dos Tribunais*, v. 94, n. 838, ago. 2005).

[2] Entretanto, uma característica não se pode perder de vista: a expressão "função social", a exemplo de outras cláusulas gerais, atende sempre às exigências ético-sociais, incorporando valores, princípios e regras de conduta abonadas objetivamente (uniformemente) pela sociedade. Em outras palavras, a função social de determinado direito reflete os valores observados naquele direito em determinada época e sociedade. A própria função social que o contrato tinha no liberalismo, se opõe atualmente à do Estado social. Por essas características éticas, salienta César Luiz Pasold que "à função social compete servir como grande estímulo ao progresso material, mas sobretudo à valorização crescente do ser humano, num quadro em que o Homem exercita a sua criatividade para crescer como indivíduo e com a Sociedade crescente" (SANTOS, Eduardo Sens dos. A função social do contrato: elementos para uma conceituação. *Revista de Direito Privado*, n. 13, v. 110, jan./mar. 2003).

[3] *Responsabilidade civil*. Rio de Janeiro: Forense, 1992, p. 252.

No direito alemão (CC, §226), está previsto que "o exercício de um direito é proibido, se não pode ter outro fim, senão causar dano a outrem". Referido diploma, em outro dispositivo (§826), regula a questão no mesmo sentido, ou seja, violados os bons costumes na prática do ato e, de forma intencional, causar danos a outrem, deverá o infrator repará-los.

O direito suíço (CC, art. 22) traz a seguinte regra: "O manifesto abuso de um direito não está protegido juridicamente". O Código Civil italiano (art. 833) prescreve: "O proprietário não pode realizar atos que não tenham outra finalidade, que prejudicar ou produzir moléstia a outrem".

No direito espanhol, há dispositivo semelhante (art. 7.2 do CC): "A lei não ampara o abuso de direito ou o exercício anti-social do mesmo, todo ato ou omissão que pela intenção de seu autor, ou por seu objeto, ou pelas circunstâncias em que se realize, ultrapasse manifestamente os limites normais do exercício de um direito, com dano para terceiros, dará lugar à correspondente indenização e à adoção de medidas judiciais ou administrativas que impeçam a persistência no abuso" (g.n.).

O Código Civil português (art. 344) também regula a questão: "É ilegítimo o exercício de um direito, quando o titular exceda manifestamente os limites impostos pela boa-fé, pelos bons costumes ou pelo fim social ou econômico desse direito".

Atuará o agente com abuso de direito todas as vezes em que se exercer determinado direito ou faculdade além do razoável, ou seja, ultrapassando os limites que seriam necessários, deixando de conciliar seus interesses com os dos demais integrantes da sociedade.[4]

Em outros termos:[5] "(...). O nosso Código Civil considera lícita a conduta de quem exerce regularmente o seu direito. Daí se extrai a idéia de que o exercício irregular do seu direito constitui um ilícito civil, assim como configura delito penal o exercício irregular de suas próprias razões. Quer dizer: a licitude inicial do titular de um direito pode chegar ao ilícito no momento em que ele vai além do que seria razoável esperar, de acordo com o princípio da boa-fé objetiva, que preside o sistema (...)".

Em uma sociedade considerada moderna e democrática, poucas coisas são mais importantes que a liberdade de expressão e, como consequência e efeito, a ampla possibilidade de atuação da imprensa.

Atualmente os órgãos de comunicação de massa ocupam um destacado papel, atuando como meios de veiculação dos problemas nacionais e das necessidades da população e da própria sociedade como um todo. Tem-se que a liberdade de expressão

---

[4] Alvino Lima (*Culpa e risco*. São Paulo: RT, 2000), por seu turno, com maestria escreve: "O maior prejuízo social constitui, pois, o critério fixador do ato abusivo, no caso do abuso de direito, causando danos a terceiros, num erro de conduta imputável moralmente ao agente, mas no exercício de um direito causador de um dano socialmente mais apreciável. A responsabilidade surge, justamente, porque a proteção do exercício deste direito é menos útil socialmente do que a reparação do dano causado pelo titular deste mesmo direito (...)" E ainda: "Distinguem-se, pois, as esferas do ato ilícito e do abusivo, ambos geradores de responsabilidade; naquele transgridem-se os limites objetivos traçados pela própria lei, negando-se ou excedendo-se ao direito; no ato abusivo, há obediência apenas aos limites objetivos do preceito legal, mas fere-se ostensivamente a destinação do direito e o espírito da instituição".
Também analisando o tema: DUARTE, Ronnie Preuss. Boa-fé, abuso de direito e o novo Código Civil brasileiro. *Revista dos Tribunais*, ano 92, v. 817, p. 69-68, nov. 2003.

[5] STJ – REsp 250.523-SP – Rel. Min. Ruy Rosado de Aguiar – j. 19.10.2000 – *DJU* 18.12.2000. *Revista de Direito Privado*, n. 7, p. 251 *et seq.*

atua como elemento que torna possível que diversos problemas sejam de conhecimento de todos e, em razão disto, possam ser enfrentados, discutidos e solucionados.

Na linha da doutrina, a imprensa atualmente não só divulga fatos e notícias, mas também é uma destacada formadora de opinião.[6] A possibilidade de selecionar o que será divulgado já deixa claro tal elemento, e o que é objeto da informação deixa de ser privado e se torna de domínio público, com efeitos irreversíveis.[7]

Assim, a liberdade de expressão possui diversos limites e não pode ser exercida sem a indispensável responsabilidade, jamais devendo ser tolerado o abuso.[8] Poucas coisas denigrem mais a imagem de uma pessoa do que o ataque pela imprensa, especialmente por atingir quantidade considerável e indeterminada de pessoas.[9]

Anote-se, ainda, nas palavras de Janio de Freitas,[10] que "(...) jornalismo não é uma atividade propriamente comum. Daí não se deduz que seja mais importante do que qualquer outra, muito menos daquelas que têm relação direta com a preservação da vida ou da liberdade justificada. Mas, apesar de pouco conhecidas, são inegáveis muitas particularidades que começam nas urgências da produção de um jornal ou telejornal, com todos os riscos aí inerentes, até a magnitude das suas implicações sociais, políticas, econômicas e morais – que pesam com o mesmo peso sobre uma empresa e sobre grande parte dos jornalistas".

O que possui respaldo constitucional é o legítimo exercício da liberdade de imprensa, não o abuso.[11] O direito à liberdade de expressão é constitucionalmente previsto do mesmo modo que o direito à própria imagem, estando ambos no art. 5º da CF/88.

As dificuldades em termos de direito de imprensa é justamente verificar quando aquele ato que poderia ser caracterizado como o exercício regular de um direito ultrapassa os limites permitidos, caracterizando violação ao sistema legal e, como efeito, gerando o dever de reparar os danos causados.

O certo é que, havendo abuso de direito, como regra geral,[12] existirá o dever de reparar ou de praticar ato que restabeleça o direito violado. Contudo, podem ser inferidas

---

[6] PASSOS, José Joaquim Calmon de. A imprensa, a proteção da intimidade e o processo penal. *Revista de Processo*, n. 73, p. 102-103, 1994.

[7] ARENHART, Sérgio Cruz. *A tutela inibitória da vida privada*. v. 2. São Paulo: Revista dos Tribunais, 2000, p. 89.

[8] TJSP – Apelação Cível nº 121.155-4/4-00 - 4ª Câm. – j. 09.05.2002, rel. Des. J. G. Jacobina Rabello, *Revista dos Tribunais*, ano 91, v. 803, p. 201, set. 2002. No mesmo sentido, mais recentemente: "A situação do recorrido é especial, pois se trata de pessoa pública, por isso os critérios para caracterizar violação da privacidade são distintos daqueles desenhados para uma pessoa cuja profissão não lhe expõe. Assim, o direito de informar sobre a vida íntima de uma pessoa pública é mais amplo, o que, contudo, não permite tolerar abusos" (STJ – REsp. nº 1.082.878-RJ, rel. Min. Nancy Andrighi, j. 14.10.2008 – DJ 18.11.2008).

[9] Em outras palavras: "(...). Como advertido pelo Prof. Carlos Alberto Di Franco, 'A liberdade de expressão é um pré-requisito do sistema democrático. Mas a responsabilidade ética é o outro nome da liberdade', tendo secundado que "O Brasil depende da liberdade e do nível técnico e ético da sua imprensa. Não cabem, por isso, atitudes amadorísticas: qualidade é a palavra chave (...)." (TJSP – Ap. nº 139.191-4/4-00 – São Paulo, rel. Des. José Osório, j. 22.02.02, LEX 263, p. 166-167).

[10] Leis de prensa. *Folha de São Paulo*, Caderno 1, p. A7, 05 maio 2009.

[11] No direito espanhol, há dispositivo semelhante (art. 7.2 do Código Civil): "*A lei não ampara o abuso de direito ou o exercício anti-social do mesmo, todo ato ou omissão que pela intenção de seu autor, ou por seu objeto, ou pelas circunstâncias em que se realize, ultrapasse manifestamente os limites normais do exercício de um direito, com dano para terceiros, dará lugar à correspondente indenização e à adoção de medidas judiciais ou administrativas que impeçam a persistência no abuso*" – destaques nossos).

[12] STF – HC 82.424-RS, rel. Min. Gilmar Mendes, j. 07.12.2004 – DJU 07.10.2005: "Outro não deve ser o juízo em relação ao direito à imagem, à honra e à privacidade, cuja proteção pareceu indispensável ao constituinte

do sistema jurídico algumas situações fáticas nas quais, ainda que haja alguma ofensa ou dano, não haverá o dever de indenizar, justamente por caracterizar o exercício regular de um direito, desde que ausente o abuso.

Conforme consignado em precedente do Supremo Tribunal Federal, a liberdade de expressão só pode ser exercida de modo a conciliar outro relevante direito, qual seja, o de imagem, da honra e da intimidade quanto à vida privada, havendo possibilidade de o legislador infraconstitucional adotar mecanismos legais visando à compatibilização desses direitos, todos constitucionalmente tutelados. Aliás, a necessidade do exercício da liberdade de expressão e do pensamento respeitar os direitos retro mencionados emerge da própria regra do §1º do art. 220 da CF/1988, *in verbis*: "Nenhuma lei conterá dispositivo (...), observado o disposto no art. 5.º, IV, V, X, XIII e XIV".

A conclusão a que se chega, seguindo a diretriz jurisprudencial do Supremo Tribunal Federal, é a de que "(...) não se pode atribuir primazia absoluta à liberdade de expressão, no contexto de uma sociedade pluralista, em face de valores outros como os da igualdade e da dignidade humana". Há necessidade de integração de ambos os direitos, sem a prevalência ampla e irrestrita de qualquer um deles.

Claro que, se não há direito absoluto, não se pode admitir qualquer primazia da liberdade de expressão sobre o direito à honra, mas é certo também que a recíproca é verdadeira.

Ponto que merece destaque é que há outro relevante limite imposto ao próprio direito de informação e, consequentemente, ao de criticar, que é a *verdade*, ou seja, somente não haverá responsabilidade se o fato divulgado for verdadeiro.[13]

Poder-se-ia afirmar que haveria uma colisão de direitos na hipótese retratada, ou seja, o direito de informar por parte dos órgãos de imprensa e a obrigatoriedade de somente divulgar informações verdadeiras?

Com a devida *venia*, a resposta é negativa, pois não estamos nem mesmo frente a uma colisão de direitos fundamentais, ou seja, a proteção de dois valores – direito ao sossego/intimidade e a uma correta informação frente à liberdade de imprensa, por exemplo,[14] mas apenas questionando um ato abusivo e seus reflexos.

Atualmente, pode-se afirmar a existência de um direito de quarta geração, que é o correlacionado com o de informar apenas o que seja verdadeiro, acompanhando a posição da doutrina.[15] Não basta simplesmente divulgar, mas devem-se noticiar apenas fatos verdadeiros, atendendo, dessa forma, a função social da atividade informativa.

---

também em face da liberdade de informação. Não fosse assim, não teria a norma especial ressalvado que a liberdade de informação haveria de se exercer com observância do disposto no art. 5º, X, da Constituição. Se correta essa leitura, tem-se de admitir, igualmente, que o texto constitucional não só legitima, mas também reclama eventual intervenção estatal com o propósito de concretizar a proteção dos valores relativos à imagem, à honra e à privacidade (...)" (g.n.).

[13] Como bem ponderado pelo Superior Tribunal de Justiça (REsp 36.493-SP – rel. Min. Ruy Rosado de Aguiar, j. 09.10.1995 – *RT*, vol. 728, p. 186): "(...) Admitido o fato de que a meia-verdade constitui o abuso, a conclusão está absolutamente correta, pois o que o art. 27, IV, da Lei de Imprensa permite é a divulgação de verdades, ainda que de forma abreviada ou resumida. Quando a divulgação omite, voluntariamente, por dolo ou culpa, parte do fato, relevante para a valoração ética da conduta da pessoa objeto da notícia, não há resumo ou abreviatura, mas sim abuso".

[14] ANDRADE, José Carlos Vieira de. *Os direitos fundamentais na Constituição Portuguesa de 1976*. Coimbra: Almedina, 2001, p. 311.

[15] BONAVIDES, Paulo. *Direito constitucional*. São Paulo: Malheiros, 1998.

Trata-se de uma preocupação existente, inclusive em diversos países europeus. Como ponderado por A. Marinho e Pinto,[16] analisando a questão no âmbito do ordenamento jurídico português, que "o primeiro de todos os limites à liberdade de informação é a verdade. Tal limite estrutura-se no seguinte princípio: nem tudo o que é verdade pode ser divulgado, mas tudo o que se divulgar deve ser verdadeiro" (g.n.).

Não se pode ignorar, ainda segundo o doutrinador retrocitado, que a liberdade de expressão possui um conteúdo muito mais amplo que o da liberdade de informação em seu aspecto próprio, isso por dispensar, aquela (liberdade de expressão), o limite interno da verdade exigido pelo direito de informar.

A liberdade de expressão se traduz na emissão de uma opinião, uma determinada posição sobre um tema, não havendo assim um vínculo de dependência com a verdade, ainda que os abusos não só possam, como devem ser punidos.

Atuando no exercício da liberdade de informação, o profissional, sem dúvida, está vinculado ao respeito pela verdade. Tal atuação abrange os fatos que, por óbvio, não têm de ser absolutamente incontroversos. Indispensável, contudo, é que a conduta de quem exerce o direito de informar seja diligente na averiguação dos fatos que envolvam a informação.[17]

Exige-se que ela seja verdadeira. Isso, no entanto, não priva o seu autor da proteção contra informações equivocadas ou mesmo errôneas, mas apenas deixa evidenciado o dever de diligência e cuidado na averiguação dos fatos e, sobretudo, na elaboração do texto informativo. Torna-se exigível que o que foi transmitido haja sido previamente confrontado com dados objetivos, ou seja, que tenham sido realizadas todas as diligências necessárias ao estabelecimento daqueles fatos tidos como verdadeiros.

Também, há de ser ressaltado que o ordenamento jurídico autoriza a punição não só em decorrência de condutas dolosas, mas, de igual forma, daquelas consideradas negligentes, ou seja, informações baseadas apenas em rumores ou boatos. Em outras palavras: com culpa (negligência, imprudência ou imperícia).

Além disso: "Existe, pois, um dever de avaliar a verossimilhança ou inveros-similhança da informação, dever esse que é próprio e específico de quem concretamente exerce o direito de informar. É, portanto, ao informador (seja profissional ou não) que incumbe o específico dever de não ultrapassar certos limites, a fim de evitar a propagação de factos que (mesmo procedendo de fontes consideradas bem informadas ou idôneas) resultem lesivas para os direitos pessoais de terceiros".[18]

Em outras palavras, atuando com negligência ao divulgar fato não verdadeiro, evidente o dever de indenizar, lembrando que o abuso jamais pode ser tolerado.

Assim, se a informação não for verdadeira e não houver justificativa plausível a tornar ponderável a falha do órgão de imprensa, responde esse pelos prejuízos causados.[19]

---

[16] Uma questão de honra ou o outro lado dos direitos de expressão e de informação (*Sub Judice. Justiça e Sociedade*, v. 15/16, p. 75 *et seq.*, 2000).

[17] Exemplo de atuação séria de um órgão de imprensa é a tentativa de ouvir a parte contrária, aquela que será objeto da matéria jornalística, justamente potencializando o contraditório.

[18] *Idem, ibidem.*

[19] (...). A doutrina e os tribunais germânicos têm abordado ultimamente a determinação do conteúdo da notícia comunicada/transmitida: exige-se o dever de veracidade da difusão, o qual é concretizado mais no cumprimento de um dever de comprovação do que no caráter verdadeiro ou falso da notícia.

A jurisprudência constitucional alemã inclui também, como condicionante da apreciação da preponderância da liberdade de imprensa o critério da finalidade perseguida pelo sujeito. Para apreciar o interesse público com

2 A opinião desfavorável da crítica literária, artística, científica ou desportiva, salvo quando inequívoca a intenção de injuriar ou difamar

Por óbvio que a crítica, especialmente a literária,[20] a artística, a científica e a desportiva, não pode caracterizar, como regra geral, abuso ou ato que viole direitos. É indispensável a presença de dois requisitos, isso para que ela seja considerada lícita: a) utilidade e b) boa-fé.

Segundo Freitas Nobre:[21] "Desde que a crítica não resvale para a injúria ou difamação, desde que se atenha a obra, ao seu preparo, à sua apresentação, à sua utilidade, eficiência, mérito em relação a outras etc., desde que tenha um objetivo construtivo e útil, ainda que veemente, ela não constitui abuso da liberdade de informar. Ao contrário, ela se constitui num elemento essencial à liberdade de informação que comporta, ao mesmo tempo, o direito de informar e o direito de ser informado".[22]

Este é o limite: a crítica não pode ter a intenção deliberada de injuriar ou difamar, tal como analisado de forma mais detida no tópico sobre direito de resposta.

Deve ser realçado que, havendo calúnia, estará caracterizado o abuso e, consequentemente, haverá o dever de indenizar, sem prejuízo da sanção penal, se o caso.

---

o qual deve revestir-se a notícia, requerem os tribunais da Alemanha que a atividade seja dirigida a incidir na formação da opinião pública e não sobre interesses de tipo privado.

(...). As linhas gerais que guiam esse juízo ponderativo como forma de resolver os conflitos entre as liberdades em foco e os direitos à honra, à vida privada, à intimidade e à imagem das pessoas, encontram suas primeiras repercussões no seio da doutrina e jurisprudência brasileira. Nunes Júnior alinha-se particularmente com o entendimento espanhol, e tribunais já agasalham esse entendimento, de forma evidentemente as seguintes regras: 1) o direito à informação é mais forte que o direito à honra. 2) Para que o exercício da liberdade de informação, em detrimento da honra alheia, manifeste-se legitimamente, é necessário (...) que a informação seja verdadeira (...) (SILVA, Tadeu Antonio Dix. *Liberdade de expressão e direito penal no estado democrático de direito*. São Paulo: IBCCRIM, 2000, p. 280-282).

[20] (...). No caso dos autos, a crítica se deu de forma satírica. A sátira é gênero literário não proibido e se liga a uma crítica de comportamento (*ridendo castigat mores*).

Ziraldo Alves Pinto, que é um prático e um estudioso do assunto, indica a definição de sátira formulada pelo filósofo Bérgson: é o rompimento do encadeamento de uma lógica. Diz ainda o autor brasileiro que "a sátira não é simplesmente o cômico porque ela é criativa, ela é uma invenção". A sátira é o que o brasileiro chama de gozação. É ainda fruto do humor e do inconformismo, sempre dirigidos contra quem exerce algum tipo de poder. (...). O humor está cada vez mais presente no mundo livre. Por isso mesmo já se disse que ele é a linguagem do século. E esta, em regra, ausente, ou perseguido, nos regimes e sociedades autoritárias, reconhecidamente mal humoradas. (...). "É claro que toda crítica a um julgamento, proferida fora dos autos, quanto à sua incorreção, injustiça etc., causa desconforto e aborrecimento ao juiz. Mas são os ossos do ofício. Por isso mesmo, o juiz costuma reagir com superioridade, com senso de humor, com certo espírito esportivo. (...). Tem-se entendido da forma acima a questão da responsabilidade pelo exercício da liberdade de manifestação do pensamento. No Brasil, na verdade, a cultura chega a se formar com um forte componente de crítica aos atos das autoridades, desde aquelas dos mais simples aos dos governantes mais elevados. Críticas por meio de palavras, de charges etc. nenhum governante delas escapou no País, mesmo nas épocas de ditadura. No próprio Império, o Imperador era motivo de caçadas" (TJSP – Ap. 139.191-4/4-00 – São Paulo, rel. Des. José Osório, j. 22.02.2002, *Lex* 263, p. 157-160).

[21] *Lei da Informação*. São Paulo: Saraiva, 1968, p. 89.

[22] Neste sentido relevante precedente do Tribunal de Justiça de São Paulo: "DANO MORAL – Lei de Imprensa – Entrevista concedida por Ciro Gomes a jornal, na qual imputa a Fernando Henrique Cardoso e a José Serra terem "horror a pobre. Se for nordestino e preto, então, nem se fala" – Distinção entre direito de crítica a fato objetivo e imputação difamatória, sem qualquer lastro em fato concreto – Legitimidade passiva concorrente entre o órgão de imprensa e o entrevistado – Inexistência de imunidade parlamentar por ato ilícito contra a honra alheia, proferido em entrevista e desconectado das atividades e atribuições de deputado federal - Afastamento das preliminares de cerceamento de defesa, ilegitimidade passiva e imunidade parlamentar – Ação indenizatória procedente – Recurso improvido" (TJSP – Apelação Cível nº 575.762-4/0-00, rel. Des. Francisco Loureiro, j. 18.12.2008).

3 O problema da crítica ao homem público – político

Aspecto relevante do direito de emitir uma crítica é quando ela tem como destinatário um *homem público*, o político.

Como já anteriormente exposto (item 1, retro), requisito essencial e indispensável para que o direito de crítica seja exercido e receba respaldo constitucional é o da *verdade*.[23] Somente podem ser veiculadas informações que sejam *verdadeiras*. O juiz norte-americano Oliver Wendell Holmes (1841-1935) já afirmava que a liberdade de expressão não protege "quem falsamente grita fogo num teatro cheio", ou seja, que a *mentira* não tem proteção legal.[24]

Ressaltamos item importante para a análise do tema, ou seja, que os dados e informações – incluída a crítica – sejam anteriormente confrontados com elementos objetivos (diligências necessárias) visando veicular apenas o que for verdade.

Este elemento foi bem assimilado no voto do desembargador Francisco Loureiro[25] em um dos mais relevantes precedentes sobre a matéria, isso quando deixou evidenciado que há necessidade de que a imputação seja verdadeira ou ao menos que "(...) tenha lastro em evidências e elementos que a tornem digna de fé (...)".

Jónatas E. M. Machado,[26] em primorosa obra sobre o tema da liberdade de expressão, defende a posição de que os cidadãos e os jornalistas, em particular, devem poder discutir, de forma aberta, as questões que sejam de interesse público, sem o receio de responderem judicialmente, ainda que possa haver como resultados danos colaterais (*choques, traumas, danos morais*). Em suas palavras, a crítica pública deve ser um *direito*, e jamais um *risco*.

Esclarece, ainda, que as afirmativas de fato ou mesmo a emissão de juízos de valor que um cidadão possa fazer sobre as condutas de homens públicos ou sobre instituições públicas relevantes têm como limite a própria consciência e a necessidade de que não haja suspeita fundada de falsidade ou indícios sérios de que não seja verdade.

Cita ainda o caso julgado pela Suprema Corte Norte-Americana (*New York Times vs Sullivan*) quando restou decidido que as afirmativas de natureza difamatória dirigidas a um titular de cargo público somente não estariam protegidas constitucionalmente se tivessem sido proferidas com o conhecimento, claro e real de sua falsidade, de que esta seria provável ou que houvesse um desprezo grosseiro e negligente do órgão de informação.[27]

---

[23] Para os efeitos do art. 1º da Lei de Imprensa, o abuso, no plano infraconstitucional, está na falta de veracidade das afirmações veiculadas, capazes de gerar indignação, manchando a honra do ofendido (STJ - REsp nº 439.584-SP, rel. Min. Carlos Alberto Menezes Direito, j. 15.10.2002 – DJ 09.12.2002).

[24] Frase mencionada por Elio Gasparini (Atos falhos. *Folha de São Paulo*, caderno 1, p. A11, 03 maio 2009,).

[25] TJSP – Apelação Cível nº 575.762-4/0-00, rel. Des. Francisco Loureiro, j. 18.12.2008.

[26] *Liberdade de Expressão*: dimensões constitucionais da esfera pública no sistema social. Coimbra: Coimbra Editora, 2002, p. 806-807.

[27] Lapidar aresto do eminente Amauri Lelo (declaração de voto, f.) bem equacionou a questão, trouxe abundante casuística, com arrimo em Bento de Faria destacou o óbvio: as colocações ofensivas haverão que ser apreciadas no conjunto de que façam parte, e não "por frases isoladas ou períodos destacados". Bem em razão disso tendo sido toleradas expressões rudes e grosseiras, rotulações que seriam de ofensa ou menosprezo em outro contexto; tais as de "egoísta", "aproveitador" e por aí afora. Antigo aresto deste Tribunal colocando a questão em seus devidos termos: "À crítica, que é inerente ao sistema democrático, está inegavelmente sujeito todo homem público, inclusive a feita com *animus jocandi*, na qual se desintegra o elemento subjetivo do crime" (*RT*, vol. 492/355, rel. Goulart Sobrinho) (TACrimSP – 7.ª Câm. – HC 406426/4 – rel. Juiz Pinheiro Franco, j. 18.04.2002, *RT*, vol. 804/585, ano 91, out. 2002).

No exercício do direito de criticar, o dever de externar apenas a verdade fica *parcialmente atenuado*, já que estará sendo veiculada uma opinião, mas isto não torna menos correta a afirmativa de que, se o fato que originou a crítica não for verdade, resta afastada a proteção constitucional.[28] A título de exemplo, há uma determinada crítica com relação a certa afirmativa externada pela pessoa criticada; se ela não for verdadeira, a crítica perde o sentido e, por consequência, poderá restar presente o abuso, cujo efeito será o dever de indenizar caso tenha ocorrido dano moral ou abalo à imagem.

O segundo elemento essencial que confere respaldo constitucional ao direito de criticar é o da *utilidade*.

Se o exercício do direito de criticar não tiver como objetivo obter uma sociedade melhor,[29] uma correção da postura da pessoa criticada, não estará sendo atendida a *função social da atividade informativa* e, como efeito natural, presente estará o abuso.

O termo *função social da atividade informativa* na espécie se traduz na obediência a certos padrões e exigências ético-sociais com a inclusão de valores, regras e condutas admitidas pela sociedade em determinado momento histórico.[30] Visa a função social à valorização do indivíduo e da sociedade na qual ele está integrado.

Esta nossa posição também encontra respaldo na linha seguida no precedente invocado[31] quando se afirmou que dois são os pressupostos ou elementos que autorizam a emissão de críticas e ataques a um homem público: o primeiro é a verdade, já abordado, sendo o segundo a "(...) prossecução de interesse público, ou seja, a estreita correlação entre o ataque e o cargo ou função pública que exerce o imputado".

No voto do desembargador Ênio Santarelli Zuliani, o problema da necessidade/ utilidade da crítica restou acertadamente delimitado:

> Pietro Perlingiere abordou a liberdade de imprensa e consignou sua aprovação "à orientação que, mesmo em presença de fatos verdadeiros, configura como ilícita a sua crônica e a sua avaliação quando elas forem realizadas com inútil lesão à dignidade da pessoa" [O Direito Civil na Legalidade Constitucional, tradução de Maria Cristina de Cicco, Renovar, 2008, p. 856]. O apelante classificou os apelados com a pior das definições e, como era de esperar, não conseguirá jamais provar que dizia a verdade ou que sua opinião exprimia resultado científico de estudo comparativo de políticas sociais que eles implementaram em seus governos. A imputação é falsa, porque não se prova e, ainda que pretendesse o apelante criticar conduta política, deveria agir com o que os portugueses chamam de "contenção", ou seja, escolher a maneira menos gravosa de transmitir uma notícia bombástica, pautando-se pela moderação e urbanidade [J. M. Coutinho Ribeiro, Lei de imprensa e legislação conexa, Quid Juris Sociedade Editora, Lisboa, 2001, p. 95].

---

[28] Tadeu Antonio Dix Silva (*Liberdade de expressão e Direito Penal no Estado Democrático de Direito*. São Paulo: IBCCRIM, 2000, p. 280-282).

[29] Como bem ponderado na declaração de voto do Desembargador Maia da Cunha (TJSP – Apelação Cível nº 575.762-4/0-00, rel. Des. Francisco Loureiro, j. 18.12.2008).

[30] SANTOS, Eduardo Sens dos. A função social do contrato: elementos para uma Conceituação. *Revista de Direito Privado*, n. 13, p. 110, jan./ mar.2003.

[31] TJSP – Apelação Cível nº 575.762-4/0-00, rel. Des. Francisco Loureiro, j. 18.12.2008.

Para nós, este elemento, como adiantado, é a utilidade da crítica, a boa-fé com que ela é externada. Exige-se uma postura ética pautada pela cooperação e lealdade.[32] Toda e qualquer atividade deve ser exercida com boa-fé.[33]

O terceiro e último elemento necessário para que a crítica esteja respaldada pela Constituição Federal é que ela seja exercida dentro dos limites éticos indispensáveis, sem que haja apenas ataques pessoais, ou seja, a *ofensa pela ofensa*.[34]

O exercício do direito de criticar não pode restar caracterizado como injúria ou difamação,[35] devendo haver utilidade para a população, para a comunidade a qual esteja vinculada a pessoa criticada. O fato de o criticado ser um homem público realmente o torna mais suscetível de ataques e críticas, quanto a tal fato não há qualquer dúvida.

Como restou apontado no julgado retro indicado, os "(...) exageros e as naturais provocações entre adversários políticos têm limites, sob pena de se permitir que entrevistas com o objetivo de exposição de idéias e críticas de um homem público descambe para a troca de ofensas pessoais, que em nada contribuem para o aprimoramento das instituições e não tem o menor interesse público". Em outros termos, não se pode admitir o abuso.[36]

---

[32] LIMA, Ricardo Seibel de Freitas. *Pautas para a interpretação do art. 187 do novo Código Civil*. São Paulo: *Revista dos Tribunais*, ano 94, v. 838, p. 29, ago. 2005.

[33] O conceito de boa-fé não vale apenas para as obrigações, mas para qualquer relação jurídica se reflete no art. 2 I ZGB suíço: "Cada um deve, ao exercer os seus direitos e ao cumprir os seus deveres agir conforme a boa-fé" (FABIAN, Christoph. *O dever de informar no Direito Civil*. São Paulo: Revista dos Tribunais, 2002, p. 59). Darcy Arruda Miranda (*Comentários... op. cit.*, p. 520-521) uma vez mais resolve a questão de forma ímpar: "Não é de se esquecer que ninguém está mais sujeito à crítica do que o homem público, e muitas vezes dêle se poderá dizer coisas desagradáveis, sem incidir em crime contra a honra, coisas não poderão ser ditas do cidadão comum sem contumélia".
"O que a lei pune é o abuso, não a crítica. Um não se confunde com a outra. Uma coisa é criticar o homem público, apontando-lhe as falhas e os defeitos na esfera moral ou administrativa, outra é visar intencionalmente ao seu desprestígio, colocá-lo em ridículo, pôr em xeque o princípio da autoridade ou arrastar o seu nome para o pantanal da difamação, que não atinge apenas o indivíduo atacado, mas também a sua família, o seu lar e até os seus amigos, isso, sim, constitui crime dos mais graves, além de revelar caráter mesquinho e perverso de seu autor (...)".
Prossegue o conceituado doutrinador ensinando que "o direito de crítica não se insere na categoria de abuso, a não ser quando o mesmo resvale para o insulto pessoal (...) realmente não se pode admitir que a imprensa, a título de criticar, injurie, difame e calunie (...) é o insulto pessoal que transforma a discussão ou crítica, em crime contra a honra, tipificado na Lei de Imprensa".

[34] Crime contra a honra e a vida política. É certo que, ao decidir-se pela militância política, o homem público aceita a inevitável ampliação do que a doutrina italiana costuma chamar a zona di iluminabilità, resignando-se a uma maior exposição de sua vida e de sua personalidade aos comentários e à valoração do público, em particular, dos seus adversários; mas a tolerância com a liberdade da crítica ao homem público há de ser menor, quando, ainda que situado no campo da vida pública do militante político, o libelo do adversário ultrapasse a linha dos juízos desprimorosos para a imputação de fatos mais ou menos concretos, sobretudo se invadem ou tangenciam a esfera da criminalidade: por isso, em tese, pode caracterizar delito contra a honra a assertiva de haver o ofendido, ex-Prefeito, deixado o Município "com dívidas causadas por suas falcatruas" (STF – HC nº 78.426-SP, rel. MIn. Sepúlveda Pertence, j. 10.03.1999 – DJ 07.05.1999).

[35] FREITAS NOBRE. *Lei da informação*. São Paulo: Saraiva, 1968. p. 89.

[36] O doutrinador Darcy Arruda Miranda (*Comentários à Lei de Imprensa*. São Paulo: Revista dos Tribunais, 1994, v. I, p. 564) aborda a questão de forma ímpar: "Não é de se esquecer que ninguém está mais sujeito à crítica do que o homem público, e muitas vezes dêle se poderá dizer coisas desagradáveis, sem incidir em crime contra a honra, coisas não poderão ser ditas do cidadão comum sem contumélia. O que a lei pune é o abuso, não a crítica. Um não se confunde com a outra. Uma coisa é criticar o homem público, apontando-lhe as falhas e os defeitos na esfera moral ou administrativa, outra é visar intencionalmente ao seu desprestígio, colocá-lo em ridículo, pôr em xeque o princípio da autoridade ou arrastar o seu nome para o pantanal da difamação, que não atinge apenas o indivíduo atacado, mas também a sua família, o seu lar e até os seus amigos isto sim constitui crime dos mais graves, além de revelar o caráter mesquinho e perverso de seu autor".

Como bem e corretamente ressaltado,[37] não se pode tolerar a malícia (*malitiis non est indulgendum*), aqui por nós entendida como abuso, restando invocado o autorizado magistério jurisprudencial do Superior Tribunal de Justiça:[38] "A crítica entre políticos que desvia para ofensas pessoais, atribuindo a prática de mentir ao adversário, causa dano moral, porque mentir é conduta socialmente desabonadora", mesmo porque na linha apontada no acórdão não se pode "(...) confundir, por consequência, liberdade de expressão com irresponsabilidade de afirmação".

Mas há ainda de ser destacado que o homem público, como qualquer outra pessoa, tem o direito de ter sua imagem, nome e boa fama preservados pelo sistema jurídico. As referências apresentadas apenas procuram evidenciar que o tratamento do tema deve realmente ser diverso entre o homem comum, a *pessoa do povo* e o homem público, no caso o político.[39]

De modo geral, a jurisprudência[40] não tem tolerado o excesso, o indicado abuso, quando há uma crítica endereçada a um homem público: "(...). Mas menos verdade não é que, no uso do direito de crítica e informação, não pode o órgão da imprensa ir ao ponto de a crítica e a informação transbordarem para a ofensa pessoal, caluniosa ou injuriosa, do criticado. E a tanto se chega, inevitavelmente, quando, com evidente intuito ofensivo, se atribui ao criticado a pecha de criminoso, quando se afirma ter ele roubado (rapinar nada mais é do que 'Roubar, tirar, subtrair, com violência', segundo o Novo Aurélio), para financiar sua carreira política. A liberdade de informação e crítica, tão salutar na sociedade democrática, não pode chegar ao ponto de atribuir a quem quer que seja, salvo se houver prova, a pecha de ladrão. Não há abrandamento que vá ao ponto de permitir, sob o direito de crítica, mesmo aos homens públicos, possam ser chamados de ladrões".

Em conclusão, podemos afirmar que o direito de crítica é, sim, um elemento essencial do regime democrático e fundamental para o exercício da liberdade de expressão.

Referida posição ficou bem delimitada no julgamento do Supremo Tribunal Federal,[41] que considerou inconstitucional a Lei de Imprensa: "O pensamento crítico é parte integrante da informação plena e fidedigna. O possível conteúdo socialmente útil da obra compensa eventuais excessos de estilo e da própria verve do autor. O exercício concreto da liberdade de imprensa assegura ao jornalista o direito de expender críticas a qualquer pessoa, ainda que em tom áspero ou contundente, especialmente contra as

---

[37] TJSP – Apelação Cível nº 575.762-4/0-00, rel. Des. Francisco Loureiro, j. 18.12.2008.

[38] STJ - REsp. nº 801.249 SC, Ministra Nancy Andrighi, j. 09.08.2007, DJ de 17.9.2007.

[39] Por tal motivo não aderimos a uma antiga lição do extinto Tribunal de Alçada Criminal de São Paulo: "Lapidar aresto do eminente Amauri Lelo (declaração de voto, f.) bem equacionou a questão, trouxe abundante casuística, com arrimo em Bento de Faria destacou o óbvio: as colocações ofensivas haverão que ser apreciadas no conjunto de que façam parte, e não 'por frases isoladas ou períodos destacados'. Bem em razão disso tendo sido toleradas expressões rudes e grosseiras, rotulações que seriam de ofensa ou menosprezo em outro contexto; tais as de 'egoísta', 'aproveitador' e por aí afora. Antigo aresto deste Tribunal colocando a questão em seus devidos termos: 'À crítica, que é inerente ao sistema democrático, está inegavelmente sujeito todo homem público, inclusive a feita com animus jocandi, na qual se desintegra o elemento subjetivo do crime' (RT 492/355, re. Goulart Sobrinho)" (Extinto TACrimSP – HC nº 406.426/4 – 7ª Câm., rel. Juiz Pinheiro Franco, j. 18.04.2002. *Revista dos Tribunais,* ano 91, v. 804, p. 585, out. 2002). No entanto, o certo é que o tema foi analisado sob a ótica penal que realmente possui contornos diversos da responsabilidade civil.

[40] TJSP – Ap. nº 121.155-4/4-00 – São Paulo, rel. Des. J. G. Jacobina Rabello, j. 09.05.02, LEX 261, p. 202.

[41] STF – ADPF nº 130-DF, rel. Min. Carlos Britto, j. 30.04.2009 – DJ 06.11.2009.

autoridades e os agentes do Estado. A crítica jornalística, pela sua relação de inerência com o interesse público, não é aprioristicamente suscetível de censura, mesmo que legislativa ou judicialmente intentada. O próprio das atividades de imprensa é operar como formadora de opinião pública, espaço natural do pensamento crítico e 'real alternativa à versão oficial dos fatos' (Deputado Federal Miro Teixeira). (...)".

A crítica endereçada ao homem público possui limites diversos daquela direcionada a um homem comum, mas deve pautar-se pelas seguintes diretrizes: a) respeito à verdade; b) utilidade social da crítica como elemento para o aperfeiçoamento do criticado e da própria sociedade e; c) ausência de abuso, aqui entendida como a não adoção de ofensas pessoais e gratuitas contra as pessoas criticadas.

O não cumprimento das diretrizes apontadas, a nosso ver, terá como consequência a ausência de fundamento constitucional a respaldar o direito de crítica e, assim, haverá o dever de indenizar pelos danos morais e demais prejuízos causados em favor do ofendido.

4 A reprodução, integral ou resumida, desde que não constitua matéria reservada ou sigilosa de relatórios, pareceres, decisões ou atos proferidos pelos órgãos competentes das Casas Legislativas

Os debates nas Casas Legislativas, desde que não acobertados por sigilo legalmente previsto, podem ser livremente divulgados. Entendem-se como Casas Legislativas o Senado Federal, a Câmara dos Deputados, as Assembleias Legislativas dos Estados e as Câmaras Municipais.

O problema maior ocorre quando a imprensa divulga atos ou decisões dos órgãos do Poder Legislativo que sejam ofensivos.

Parte da doutrina entende que, caso haja ofensa e esta seja divulgada, poderá haver o dever de indenizar. Nesse sentido é a posição de Darcy Arruda Miranda:[42] "É curial que, quando a lei exclui da categoria de abuso da liberdade de imprensa a notícia sobre atos de debates nas Casas Legislativas, está claro que se refere aos atos e debates normais. A reprodução de palavras ou conceitos injuriosos importa em endosso, e endosso é solidariedade, é apoio. Assim, no caso de reprodução de ofensas proferidas por deputados ou senadores, responde pelo crime de imprensa quem as reproduziu, somente. Se a ofensa foi de autoria de um vereador, este responde pelo crime comum, como já foi dito, e o reprodutor, pelo crime de imprensa, não se cogitando aí de co-autoria. São crimes distintos".

Ousamos discordar.

Os parlamentares, por disposição constitucional (arts. 29, VIII, e 53, CF/1988), são invioláveis por suas opiniões, palavras e votos, no exercício do mandato eletivo.[43]

José Antônio Pimenta Bueno[44] afirma: "(...) a inviolabilidade dos representantes da nação quanto às opiniões que proferirem no exercício de suas funções é um atributo, uma

---

[42] *Comentários..., op. cit.*, p. 502.

[43] ZARINI, Helio Juan. *Derecho constitucional*. Astrea: Buenos Aires, 1992, p. 597. Mais recentemente o tema foi analisado pelo Supremo Tribunal Federal: STF – RE nº 600.063-SP, rel. p/acórdão Min. Luis Roberto Barroso, j. 25.02.2015 – DJe 15.05.2015.

[44] *Direito público brasileiro e análise da constituição do Império*. Brasília: UnB, 1978, p. 119, item 144.

condição essencial e inseparável da existência das assembléias legislativas; é o princípio de alto interesse público que anima a liberdade das discussões, é a independência da tribuna, o dogma constitucional, a soberania da nação no exercício do poder legislativo".

A doutrina estrangeira bem assimilou a questão ao deixar assentado que *"en virtud de las trascendentes funciones del Congreso y siendo un órgano eminentemente deliberativo, la inmunidad de expresión es fundamental e imprescindible al legislados para el desempeño independiente de su mandato. Si hubiera un medio de violerla impunente –como sotieno nuestra Corte Suprema–, él se emplearía con frecuencia por quienes intentaren coartar la libertad de los legisladores, dejando burlado de sua más sustancilaes disposiciones"*.

Em princípio, pensamos que a divulgação, pela imprensa, de manifestações parlamentares, sem o exercício de um juízo de valor, faz com que não haja o dever de indenizar, respondendo, o parlamentar, na hipótese de abuso.[45]

O que não pode ser admitido é a imprensa – com objetivo sem respaldo constitucional – utilizar-se do expediente de veicular ofensas de lavra de parlamentares apenas com a intenção deliberada de causar danos a outrem. A dificuldade será analisada caso a caso, sendo importante verificar a linha editorial do órgão de imprensa e, inclusive, os interesses subjacentes que podem estar relacionados com os fatos.[46]

5 Noticiar ou comentar, resumida ou amplamente, projetos e atos do Poder Legislativo, bem como debates e críticas a seu respeito

Não haverá abuso quando houver análises e comentários sobre projetos e atos do Poder Legislativo. Aliás, atualmente, o que mais ocorre na imprensa são críticas, muitas exacerbadas, ao proceder dos membros do Poder Legislativo, a maioria delas, infelizmente, procedentes.

O limite aqui é o de sempre: não pode haver abuso, nem a intenção deliberada de ofender; a crítica ou comentário deve ser, antes de tudo, honesto.

---

[45] Analisando a delicada questão da compatibilidade dos institutos da inviolabilidade parlamentar com o direito à reparação por danos morais, a doutrina teve o ensejo de consignar que "(...) o fato de ser assegurado ao parlamentar inviolabilidade por suas opiniões, palavras e votos, garantia necessária ao exercício do mandato, não o libera da ação de reparação de danos, nos casos em que, *de forma leviana*, expõe e ofende a honra alheia. Não se afigura razoável, nem compatível com a garantia constitucional da reparabilidade do dano moral, ser alguém, irresponsavelmente, caluniado por parlamentar, no exercício do mandato, e, a despeito do ultraje sofrido – com repercussão desastrosa no grupo social – ficar impedido de acioná-lo, sob invocação de achar-se ele albergado pela imunidade. Não haverá de comportar este instituto tamanha extensão.
(...). O mandato não pode imunizar quem dele se utiliza para, *levianamente*, caluniar ou difamar, para receber o aplauso imerecido de seus simpatizantes em detrimento da honra alheia ou, simplesmente, ocupar espaço na mídia. A denúncia é necessária e democrática. O *abuso*, porém, no exercício do direito de fazê-la, *exige contrapeso, inclusive, para preservação da credibilidade das manifestações de quem se acha no desempenho de tão relevante função*" (PINTO, Djalma. *Direito eleitoral*: anotações e temas polêmicos. Rio de Janeiro: Forense, 2000, p. 231-232). Considerando que não existe nenhum direito absoluto, a posição retro possui inegável razoabilidade frente ao nosso sistema constitucional. Há interessante precedente do Supremo Tribunal Federal sobre o tema: STF – RE 140.867-7/MS – rel. Min. Marco Aurélio – rel. Des. p/acórdão Min. Maurício Corrêa – j. 03.06.1996 – *DJU* 04.05.2001.

[46] Como em cidades de menor porte é comum que determinado órgão de imprensa seja de propriedade de um ou de outro grupo político, referido dado é essencial para afastar a boa-fé, tornando possível verificar a existência de abuso e, como efeito, do direito de indenizar

6 A reprodução integral, parcial ou abreviada, a notícia, crônica ou resenha dos debates escritos ou orais, perante juízes e tribunais, bem como a divulgação de despachos e sentenças e de tudo quanto for ordenado ou comunicado por autoridades judiciais – o segredo de justiça

Não há dúvidas de que a Constituição Federal optou, de forma expressa, pela publicidade, no âmbito dos procedimentos administrativos (art. 37, *caput*, da CF/88) e dos processos judiciais (art. 5º, inciso LX, da CF/88).

A regra é que os procedimentos administrativos e processos judiciais sejam públicos; a absoluta exceção é a tramitação sob a égide do segredo de justiça. A finalidade da publicidade é clara: a) permitir a fiscalização quanto à distribuição da justiça; b) garantir ao julgador perante à comunidade de que ele agiu com imparcialidade.[47]

Tem-se que não há um direito fundamental no sentido de garantir a existência de um julgamento de natureza privada. A administração da justiça, com a outorga da tutela jurisdicional, é uma atividade essencialmente pública, não se traduzindo em uma função pessoal, apenas no interesse das partes. O direito de ter acesso aos dados dos processos judiciais, em linha de princípio, está vinculado a um direito fundamental de comunicação e publicidade, vedada a existência de uma censura de natureza jurisdicional.[48]

Há de ser anotado que o Supremo Tribunal Federal tem sido *extremamente rigoroso* na defesa da total transparência dos atos processuais, considerando a relevância que tem para a credibilidade do Poder Judiciário e de suas decisões com a mais ampla publicidade.[49]

Conforme consignado pelo Ministro Celso de Mello:[50]

> Nada deve justificar, em princípio, a tramitação, em regime de sigilo, de qualquer processo judicial, pois, na matéria, deve prevalecer a cláusula da publicidade.
>
> Não custa rememorar, neste ponto, que os estatutos do poder, numa República fundada em bases democráticas, não podem privilegiar o mistério. Na realidade, a Carta Federal ao proclamar os direitos e deveres individuais e coletivos (art. 5º), enunciou preceitos básicos, cuja compreensão é essencial à caracterização da ordem democrática como um regime do poder visível, ou, na lição expressiva de BOBBIO ("O Futuro da Democracia", p. 86, 1986, Paz e Terra), como "um modelo ideal do governo público em público".
>
> A Assembléia Nacional Constituinte, em momento de feliz inspiração, repudiou o compromisso do Estado com o mistério e com o sigilo, que fora fortemente realçado sob a égide autoritária do regime político anterior, no desempenho de sua prática governamental. Ao dessacrilizar o segredo, a Assembléia Constituinte restaurou velho dogma e expôs o Estado, em plenitude, ao princípio democrático da publicidade, convertido, em sua expressão concreta, em fator de legitimação das decisões e dos atos governamentais.

---

[47] DALL'AGNOL, Antonio. *Comentários ao Código de Processo Civil*. v. 2. São Paulo: Revista dos Tribunais, 2007, p. 242.

[48] MACHADO, Jonatas E. M. *Liberdade de Expressão*. Coimbra: Almedina, 2002, p. 561.

[49] MENDES, Gilmar Ferreira; COELHO, Inocêncio Mártires; BRANCO, Paulo Gustavo Gonet. *Curso de Direito Constitucional*. São Paulo: Saraiva, 2007, p. 486. Segundo estes autores, a Constituição assegurou a "publicidade plena ou popular".

[50] STF - HC nº 83.471-0, rel. Min. Celso de Mello, j. 03.09.2003, DJU de 09.09.2003, p. 9.

Analisando a questão sob a ótica do direito alemão, mas em situação perfeitamente adequada ao direito brasileiro, a doutrina[51] deixou consignado que:

A publicidade do processo deve robustecer a confiança popular na administração da justiça. Um velho e natural preconceito suspeita do processo à porta fechada; o que se passa perante os olhos e os ouvidos do público, goza de melhor confiança. De facto, permite um controle seguro do processo – por ex., como se comporta o juiz perante as partes e as testemunhas, se conduz bem o julgamento – só se alcança pela publicidade (por isso, no séc. XIX, foi novamente introduzido).

Por isso, o GVG §169 período 1 determina a publicidade da audiência perante o tribunal que decide (não para o processo ante o juiz encarregado ou deprecado) incluindo a publicidade das sentenças e despachos. É de notar, evidentemente, que o processo de jurisdição voluntária não conhece, em regra, a publicidade e, contudo, goza da confiança geral. Todavia, o ZPO encara como tão essenciais as disposições sobre a publicidade para o processo regular, que declarou a sua infração como fundamento absoluto da revista (§551 nº 6; vd. Infra §74 VII 2 c).

Desse modo, o que se verifica é que o segredo de justiça será sempre uma exceção no direito brasileiro.[52]

6.1 Veiculação de atos e decisões judiciais – segredo de justiça – e dever de indenizar

Considerando que há uma liberdade de imprensa e que a regra geral é a publicidade dos atos processuais, em princípio a veiculação de tais dados não gera qualquer dever de indenizar.

Já Darcy Arruda Miranda[53] entende, com razão, que pode haver intenção de ofender quando a publicação de ato ou decisão judicial não seja contemporânea citando exemplo de divulgação de sentença condenatória prolatada há mais de 10 anos.

---

[51] JAUERNIG, Othmar. *Direito Processual Civil*. Coimbra: Almedina, 2002, p. 155.
Deve ainda ser lembrado precedente originário do Superior Tribunal de Justiça (STJ – REsp. nº 171.531-SP – Rel. Min. Franciulli Netto – j. 11.04.2000) sobre o tema: "(...). A questão do princípio da publicidade, ainda, extrapola o mero interesse das partes, pois, conforme o pensamento de Bentham, "A publicidade é a mais eficaz salvaguarda do testemunho e das decisões que do mesmo derivarem: é a alma da justiça e deve se estender a todas as partes do procedimento e a todas as causas" (BENTHAM, Jeremias. *Tratado de las pruebas judiciales*. v. 1. Buenos Aires: EJEA, 1971, p. 140-146, *apud* OLIVEIRA, Carlos Alberto Álvaro de. *Do formalismo no processo civil*. São Paulo: Saraiva, 1997, p. 80).
"Rogério Lauria Tucci e José Rogério Cruz e Tucci, por sua vez, na obra Constituição de 1988 e Processo – Regramentos e garantias constitucionais do processo, 1989, editora Saraiva, reafirmam a ampla publicidade dos atos processuais como corolário do devido processo legal, asseverando que está inserida "na órbita dos direitos fundamentais, como pressuposto do direito de defesa e da imparcialidade e independência do juiz (...)."

[52] Em precedente originário do Tribunal de Justiça do Rio Grande do Sul ficou bem delimitado que o segredo de justiça é uma exceção: "Descabe pretensão de decretação de segredo de justiça em processo judicial quando o feito não se enquadra nas hipóteses do artigo 155 do Código de Processo Civil que são: I - nos processos em que o exigir o interesse público e II – nos litígios que envolvam assuntos de família ou de menores.
Prevalece o princípio constitucional da publicidade dos atos processuais porque a demanda indenizatória por danos morais envolve direito privado não estando em debate direitos de menores ou decorrentes de relação familiar" (TJRS – Ag. In. nº 70021165543, rel. Des. Jorge Alberto Schreiner Pestana, j. 27.09.2007 – DJ 11.10.2007).

[53] *Comentários...*, *cit.*, p. 507.

Mas o tema muda de figura quando a demanda judicial está sendo processada sob segredo de justiça. A questão foi objeto de análise pelo Superior Tribunal de Justiça,[54] tendo sido reconhecida a impossibilidade de divulgação de matéria relacionada com processo que tramita sob as regras do Segredo de Justiça: "Se, de um lado, a Constituição assegura a liberdade de informação, certo é que, de outro, há limitações, como se extrai no §1º do art. 220, que determina seja observado o contido no inciso X do art. 5º, mostrando-se consentâneo o segredo de justiça disciplinado na lei processual com a inviolabilidade ali garantida".

Em precedente originário do Tribunal de Justiça do Rio Grande do Sul,[55] tais questões foram detidamente analisadas:

> (...). No caso concreto, não existia a publicidade do processo, que, à época, estava sob segredo de justiça. Não fora isso, é relevante notar que uma coisa é a publicidade do fato; outra coisa é a publicidade do inquérito policial ou do processo; e, outra, bem diversa das duas primeiras, é a divulgação do fato e a divulgação do inquérito ou do processo.
>
> De igual modo, uma coisa é a investigação policial (inquérito), outra, bem diversa, é a investigação da imprensa. Da mesma forma, uma coisa é o conteúdo do inquérito policial ou do processo; outra coisa é o conteúdo da divulgação (notícia); uma coisa são os efeitos da publicidade do inquérito ou do processo; outra coisa bem diversa são os efeitos da divulgação que se faz e da maneira como se a faz, muitas vezes potencializados tais efeitos pelo poderio quase universal dos meios que a veiculam. (...). Assim, pode haver informações no inquérito ou no processo que, a despeito da publicidade destes, não devam ser divulgadas na imprensa, em face dos efeitos de uma coisa e de outra na vida das pessoas, particularmente com relação à intimidade, à imagem, à honra e à vida privada dos envolvidos.

Prossegue o acórdão:

> Em suma: uma coisa é a publicidade do inquérito ou do processo, acessível a qualquer pessoa; outra, bem diferente, é a divulgação na imprensa dos fatos constantes do inquérito ou do processo.
>
> Ocorre que a veiculação da notícia, no mais das vezes, em face da massificação da informação e do poder avassalador dos órgãos de comunicação na formação da opinião pública, empresta, a uma simples investigação policial ou administrativa, foros de verdade, de fato consumado, efeitos que tais tipos de mecanismos ou institutos policiais ou administrativos absolutamente não têm. E se a imprensa não tem o cuidado de averiguar a prova e a certeza do fato, e se não tem o cuidado de avaliar a possível repercussão da divulgação, e se também não tem o cuidado com o conteúdo da divulgação, com o modo, a ênfase, o contexto, o sensacionalismo com que tal divulgação é feita, então é responsável pelos danos que com a divulgação vier a causar.
>
> No mais das vezes, as divulgações não passam de uma aberrante imprudência, pois têm a ver, na verdade, com a busca desenfreada de mercado, espaço, leitores, audiência e lucros, mas nenhum compromisso com a verdade. É por isso que alguns órgãos de comunicação se transformam em tribunais de exceção que condenam sumariamente pessoas, sem qualquer defesa e sem qualquer recurso ou apelo.

---

[54] STJ – RMS nº 3.292-PR, rel. Min. Costa Leite, j. 04.04.1995 – DJU 08.05.1995.

[55] TJRS – Apelação Cível nº 70007346398, rel. Des. Adão Sérgio do Nascimento Cassiano, j. 22.03.2006.

É recomendável que os casos legais de sigilo ou segredo de justiça sejam os mais restritos possíveis, por isso que são a exceção e não a regra – e, na hipótese vertente, se estava justamente a tratar com tal exceção. Além disso, a imprensa é que deve aprender, no exercício democrático de sua imprescindível liberdade, a aferir as fontes – em relação às quais tem o sigilo – a veracidade e a prova dos fatos, e, especialmente, fazendo a divulgação sem sensacionalismos e sabendo, acima de tudo, ponderar o trinômio liberdade, responsabilidade e direitos individuais. (...).

Assim, tramitando processo sob as limitações do segredo de justiça existe uma restrição ao direito de informação existente em favor dos órgãos de imprensa. Há uma opção legal (art. 189 do NCPC), com respaldo constitucional (art. 5º, incisos V e X, da CF/1988), para limitar a possibilidade de divulgação dos atos processuais e decisões prolatadas em processos que tramitem sob segredo de justiça.

Não há interesse público que possa justificar a divulgação de dados de processo que tramite sob segredo de justiça. Apesar da ampla possibilidade de a imprensa divulgar atos de interesse da sociedade, no caso, como adiantado, há uma limitação que deve ser respeitada pelos órgãos de imprensa, sob pena de tornar letra morta as exceções legalmente previstas e chanceladas pela Constituição Federal na linha de posição doutrinária sobre o tema.

Neste sentido há precedente do Tribunal de Justiça de São Paulo:[56]

A conduta da ré, ao divulgar fatos objeto de ação judicial que corre em segredo de justiça foi manifestamente ilícita. Não há a excludente de ilicitude do artigo 27, inciso V da Lei de Imprensa, que permite a "divulgação de articulados, quotas ou alegações produzidas em juízo pelas partes ou seus procuradores".

Na lição da melhor doutrina, "o único limite para a divulgação é a regra do artigo 155 do CPC. Caso o processo esteja tramitando em segredo de justiça não poderá haver qualquer divulgação, sob pena de restar caracterizado o ato ilícito e, assim, o dever de indenizar" (Renato Marcão e Luiz Manoel Gomes Júnior, *Comentários à Lei de Imprensa*, diversos autores, Editora RT, 2.007, p. 330).

No mesmo precedente há o voto-vista do Desembargador Ênio Santarelli Zuliani:

A imprensa poderia divulgar a ocorrência? A resposta deve ser "não". Embora o artigo 93, IX, da Constituição Federal, estabeleça, em sua primeira parte, que todos os julgamentos são públicos, permitiu, no final, segredo para preservar o direito à intimidade do interessado no sigilo, desde que isso não prejudique o interesse público e a informação. Também é oportuno lembrar que a CF, em seu artigo 5º, LX, diz: "a lei só poderá restringir a publicidade dos atos processuais quando a defesa da intimidade ou o interesse social o exigirem". Em interessante estudo sobre esse tema ["Segredo de justiça: aspectos processuais controvertidos e liberdade de imprensa", in Revista Magister de Direito Civil e Processual Civil, vol. 22, p. 99], LUIZ MANOEL GOMES JÚNIOR, JUSSARA SUZI ASSIS BORGES NASSER FERREIRA e MÍRIAM FECCHIO CHUEIRI afirmaram que "não há interesse público que possa justificar a divulgação de dados de processo que tramite sob segredo de justiça. Apesar da ampla possibilidade da imprensa divulgar atos de interesse

---

[56] TJSP – Apelação Cível nº 498.727-4/0-00, rel. Des. Francisco Loureiro, j. 27.03.2008.

da sociedade, no caso, como adiantado, há uma limitação que deve ser respeitada pelos órgãos de imprensa, sob pena de tornar letra morta as exceções legalmente previstas e chanceladas pela CF".

Não é razoável admitir a publicação e afastar o dever de indenizar com o argumento de que o segredo de justiça atinge apenas terceiros, e não os órgãos de imprensa. Isso não é verdade, a limitação é frente a toda a sociedade, sob pena de ser inútil a limitação, bastando que fosse de interesse de um dos litigantes a divulgação para que a restrição fosse totalmente inócua.

A única linha de defesa do órgão de imprensa, no ponto, é provar que não tinha ciência da restrição, o que será difícil na medida em que há o dever de verificar a veracidade da informação, especialmente quando todos os dados processuais podem, via de regra, ser facilmente acessados através da internet.

Em outros termos: estando o processo tramitando sob as regras do segredo de justiça, seus atos e decisões não podem ser livremente divulgados sob pena de ilegalidade.[57]

Assim, limite relevante para a divulgação dos atos e decisões judiciais é a regra do art. 189 do NCPC. Caso o processo esteja tramitando em segredo de justiça, não poderá haver qualquer divulgação, sob pena de restar caracterizado o ato ilícito (dano moral e eventualmente o material) e, assim, o dever de indenizar.

7 A divulgação de articulados, quotas ou alegações produzidas em juízo pelas partes ou seus procuradores

Há um entendimento no sentido de que, quem divulga escrito ofensivo, responde como se tivesse sido o autor.[58] Contudo, o simples fato de haver a divulgação, por si só, não pode caracterizar o abuso ou o dever de indenizar. Há, aqui também, a necessidade da intenção do agente, na linha já anteriormente indicada.

A posição de Darcy Arruda Miranda[59] é que, somente após a análise do julgador, as cotas e manifestações produzidas em juízo se incorporam aos autos, pois poderia ser determinado que elas fossem riscadas. Rogando a necessária *venia*, juntada aos autos (ato ordinatório do escrivão – art. 166 e seguintes do CPC) determinada manifestação que tenha sido posteriormente divulgada, haverá a incorporação para os fins de isentar o seu autor de responsabilidade.

---

[57] Reiteramos, assim, anterior posição: GOMES JUNIOR, Luiz Manoel; CHUEIRI, Miriam Fecchio; FERREIRA, Jussara Suzi Assis Borges Nasser. Segredo de Justiça: aspectos processuais controvertidos e liberdade de imprensa. *Revista de Processo*, v. 156, 2008.

[58] Há interessante decisão reconhecendo a responsabilidade pela simples possibilidade de viabilizar ou facilitar a divulgação de fato ofensivo, no caso da internet: "E quem põe o serviço de portal na internet à disposição de qualquer pessoa que pretenda ou queira dele fazer uso, corre o risco de que o serviço venha a ser mal utilizado, inclusive para atingir a privacidade, a intimidade, a honra, o bom nome, a fama, a imagem de terceiros, valores que se impõe sejam preservados. E cuja violação, até por norma constitucional, deverá ser indenizada, quer pelos danos materiais, quer pelos danos morais, venha a sofrer o ofendido – art. 5.º, X, da Constituição Federal. Responsabilidade que, ao menos em princípio, pode ser, sim, atribuída a quem põe esse mecanismo de informação ao público indiscriminado. Mecanismo esse, o do portal da internet, que não pode ser equiparado, como o pretende a agravante, a uma simples banca de revistas, uma em um supermercado, ou a uma livraria onde sejam vendidas revistas. O portal, por certo, por seu alcance ao público em geral, não tem, decididamente, a mesma função desse comércio" (TJRS – Ag. In. 70.002.884.203, rel. Des. Osvaldo Stefanello, j. 26.09.2001).

[59] *Comentários...*, *op. cit.*, p. 511.

8 A divulgação, discussão e crítica de atos e decisões do Poder Executivo e seus agentes, desde que não se trate de matéria de natureza reservada ou sigilosa

Como já adiantado, a possibilidade de criticar é inerente a um Estado Democrático, na qual há o inegável direito; aliás, mais do que isso, um dever dos cidadãos de acompanhar a atuação dos homens públicos, especialmente quando há a utilização de bens e recursos públicos.

Tal aspecto foi exemplarmente analisado em decisão do Supremo Tribunal Federal:[60]

> Ninguém ignora que, no contexto de uma sociedade fundada em bases democráticas, mostra-se intolerável a repressão penal ao pensamento, ainda mais quando a crítica – por mais dura que seja – revele-se inspirada pelo interesse público e decorra da prática legítima, como sucede na espécie, de uma liberdade pública de extração eminentemente constitucional (CF, art. 5.º, IV, c/c o art. 220).
>
> Não se pode ignorar que a liberdade de imprensa, enquanto projeção da liberdade de manifestação de pensamento e de comunicação, reveste-se de conteúdo abrangente, por compreender, dentre outras prerrogativas relevantes que lhe são inerentes, (a) o direito de informar, (b) o direito de buscar a informação, (c) o direito de opinar e (d) o direito de criticar.
>
> A crítica jornalística, desse modo, traduz direito impregnado de qualificação constitucional, plenamente oponível aos que exercem qualquer parcela de autoridade no âmbito do Estado, pois o interesse social, fundado na necessidade de preservação dos limites ético-jurídicos que devem pautar a prática da função pública, sobrepõe-se a eventuais suscetibilidades que possam revelar os detentores do poder.
>
> Uma vez dela ausente o *animus injuriandi vel diffamandi*, tal como ressalta o magistério doutrinário (Cláudio Luiz Bueno de Godoy, *A liberdade de imprensa e os direitos da personalidade*, p. 100-101, item n. 4.2.4, 2001, Atlas; Vidal Serrano Nunes Júnior, *A proteção constitucional da informação e o direito à crítica jornalística*, p. 88-89, 1997, Editora FTD; René Ariel Dotti, *Proteção da vida privada e liberdade de informação*, p. 207-210, item n. 33, 1980, RT, *v.g.*), a crítica que os meios de comunicação social dirigem às pessoas públicas, especialmente às autoridades e aos agentes do Estado, por mais acerba, dura e veemente que possa ser, deixa de sofrer, quanto ao seu concreto exercício, as limitações externas que ordinariamente resultam dos direitos da personalidade.

Prossegue o ministro relator:

> Lapidar, sob tal aspecto, a decisão emanada do E. Tribunal de Justiça do Estado de São Paulo, consubstanciada em acórdão assim ementado: "Os políticos estão sujeitos de forma especial às críticas públicas, e é fundamental que se garanta não só ao povo em geral larga margem de fiscalização e censura de suas atividades, mas sobretudo à imprensa, ante a relevante utilidade pública da mesma" (*JTJ* 169/86, rel. Des. Marco Cesar) (g.n.).
>
> Vê-se, pois, que a crítica jornalística, quando inspirada pelo interesse público, não importando a acrimônia e a contundência da opinião manifestada, ainda mais quando dirigida a figuras públicas, com alto grau de responsabilidade na condução dos negócios de Estado, não traduz nem se reduz, em sua expressão concreta, à dimensão de abuso

---

[60] STF – Pet. 3486-DF, rel. Min. Celso de Mello, j. 22.08.2005 – decisão monocrática – Informativo STF nº 398/2005.

da liberdade de imprensa, não se revelando suscetível, por isso mesmo, em situações de caráter ordinário, à possibilidade de sofrer qualquer repressão estatal ou de se expor a qualquer reação hostil do ordenamento positivo.

Assim, mostram-se perfeitamente legítimas a crítica, a discussão e a divulgação de atos do Poder Público, aqui entendido como o executivo.[61]

Mas qual o limite para tais críticas? Como já exposto, no exercício do legítimo direito de crítica, o responsável, bem como o órgão de imprensa, não pode atuar de modo a caracterizar ofensa pessoal, ou seja, a prática de calúnia, difamação ou injúria.[62] Se houve evidente intenção de ofender, estará presente o abuso e, consequentemente, o dever de indenizar.

Não pode haver excesso que se traduzirá em abuso de direito.

Acrescente-se que, apesar de a norma apontar atos do Poder Executivo e seus agentes, quando houver atuação dos Poderes Legislativo e Judiciário no exercício de função administrativa, incidirá esse referido entendimento.

Conforme é de conhecimento geral, os três Poderes da República (Executivo, Legislativo e Judiciário) exercem as denominadas funções *típicas* e *atípicas*. Nesse sentido, a doutrina:[63]

> As funções típicas do Poder Legislativo são legislar e fiscalizar, tendo ambas o mesmo grau de importância e merecedoras de maior detalhamento. Dessa forma, se por um lado a Constituição prevê regras de processo legislativo, para que o Congresso Nacional elabore as normas jurídicas, de outro, determina que a ele compete a fiscalização contábil, financeira, orçamentária, operacional e patrimonial do Poder Executivo (CF/1988, art. 70).

---

[61] Afastando a possibilidade de críticas contra integrantes do Poder Judiciário: "Dirimente de ilicitude – Inexistência – Ofensas irrogadas em publicação jornalística contra magistrado, em virtude de decisões prolatadas em desfavor do próprio periódico que publicou a nota ofensiva – Hipóteses previstas no art. 27, VI e VIII, da Lei 5.250/1967 que somente incidem quando tratar-se de decisões do Poder Executivo e que estejam relacionadas ao interesse público. Nos crimes de imprensa, se as ofensas publicadas em jornal recaem sobre Magistrado em virtude de decisões prolatadas em desfavor do próprio periódico responsável pela publicação da nota ofensiva, não há se falar na aplicação das dirimentes de ilicitude previstas nos incisos VI e VIII do art. 27 da Lei 5.250/1967, pois estas somente incidem quando tratar-se de decisões do Poder Executivo e que estejam relacionadas ao interesse público" (TJSC – Ap. 97.005781-4 – 2.ª Câm. – j. 20.10.1998 – rel. Des. Jorge Mussi, *RT*, vol. 760/711). Como ponderado pelo d. Juiz Eleitoral de Bebedouro (SP) – Dr. Neyton Fantoni Junior – Processo 032/2000: "(...). Sabidamente, a conduta de todo ocupante de cargo público, designadamente o de provimento eletivo, está sujeita à avaliação crítica. Quando o governado emite juízo de valor sobre o governante, nada mais faz do que exercer direito constitucional assegurado. Em consequência, não está o cidadão obrigado a valorar sempre positivamente o comportamento do governante, valendo dizer que é direito do governado afirmar que, no seu livre entendimento, o governante administra mal. Ora, se essa atitude representa o regular exercício, isto é, o uso não abusivo de um direito, é de primeira compreensão que não constitui atentado à honra do avaliado (nesse sentido: *RJDTACrimSP* 22/265)".

[62] (...). Mas menos verdade não é que, no uso do direito de crítica e informação, não pode o órgão da imprensa ir ao ponto de a crítica e a informação trasbordarem para a ofensa pessoal, caluniosa ou injuriosa, do criticado. E a tanto se chega, inevitavelmente, quando, com evidente intuito ofensivo, se atribui ao criticado a pecha de criminoso, quando se afirma ter ele roubado (rapinar nada mais é do que "Roubar, tirar, subtrair, com violência", segundo o Novo Aurélio), para financiar sua carreira política. A liberdade de informação e crítica, tão salutar na sociedade democrática, não pode chegar ao ponto de atribuir a quem quer que seja, salvo se houver prova, a pecha de ladrão. Não há abrandamento que vá ao ponto de permitir, sob o direito de crítica, mesmo aos homens públicos, possam ser chamados de ladrões (TJSP – Ap. 121.155-4/4-00 – São Paulo, rel. Des. J. G. Jacobina Rabello, j. 09.05.2002, *Lex* 261/204).

[63] MORAES, Alexandre de. *Direito constitucional*. São Paulo: Atlas, 1999, p. 354.

As funções atípicas constituem-se em administrar e julgar. A primeira ocorre, exemplificadamente, quando o Legislativo dispõe sobre sua organização e operacionalização interna, provimento de cargos, promoções de servidores; enquanto a segunda ocorrerá, por exemplo, no processo e julgamento do Presidente da República por crime de responsabilidade (g.n.).

Atuando em função atípica – no caso, administrar – tanto o Poder Legislativo como o Poder Judiciário têm seus atos abrangidos pela posição ora externada.

O problema resta ampliado quando a matéria for acobertada pelo sigilo, como anteriormente exposto. Havendo sigilo legalmente previsto, sob pena de responsabilidade, não poderá haver a divulgação. Sem embargo de tal limitação, não se pode olvidar que o sigilo é realmente a exceção e somente pode incidir se houver expressa imposição legal, haja vista o princípio constitucional da publicidade inserido no art. 37, *caput*, da CF/1988.

9 A crítica às leis e a demonstração de sua inconveniência ou inoportunidade

É óbvio que, havendo o entendimento de que determinada lei é inconstitucional, inadequada, inoportuna ou mesmo contrária ao interesse público, não pode ser considerada abuso, especialmente em um regime democrático.

Não se deve confundir, contudo, a crítica à lei com a intenção de compelir o cidadão comum a descumpri-la, já que isso pode caracterizar abuso, até mesmo com reflexos penais.

Segundo Darcy Arruda Miranda,[64] a lei é *inconveniente* quando elaborada e aprovada apenas para atender interesses particulares, bem delineados, estando até mesmo contra o interesse social, sendo imprópria, e será *inoportuna* se estiver fora do momento adequado.

10 A crítica inspirada pelo interesse público

A primeira questão é saber no que se traduz o interesse público. Em regra, compete ao legislador indicar o que seja o seu conceito e extensão.[65] Com relação à disciplina normativa, o que se exige é que a crítica tenha real interesse *para o público*, não se limitando a aspectos da vida privada do indivíduo, lembrando que mesmo o homem público possui uma esfera de privacidade que não pode ser violada, como já exposto anteriormente.[66]

---

[64] *Comentários...*, *op. cit.*, p. 529.

[65] Num Estado democrático só ao legislador cabe, em primeira linha, a definição daquele que será o interesse público por excelência, "o bem comum que constitui a raiz ou alma de uma sociedade política, englobando os fins primordiais que caracterizam e fundam o Estado" (...) "é o interesse público por natureza, a *salus publica*, que se pode exprimir sinteticamente na composição de necessidades do grupo para a realização da Paz social segundo uma ideia de Justiça (...)" (MAÇAS, Maria Fernanda dos Santos. *A suspensão judicial da eficácia dos actos administrativos e a garantia constitucional da tutela judicial efectiva*. Coimbra: Coimbra Editora, 1996, p. 212-213).

[66] (...). A defesa da privacidade, diz Ferraz Júnior (no que é seguido por Alexandre Moraes), deve proteger o homem contra: a) a interferência em sua vida privada, familiar e doméstica; b) a ingerência em sua integridade física ou mental, ou em sua liberdade intelectual ou moral; c) ataques à sua honra e reputação; d) sua colocação em perspectiva falsa: e) comunicação de fatos relevantes e embaraçosos à sua intimidade; f) o uso de seu nome, identidade ou retrato; g) a espionagem, a espreita; h) a intervenção na correspondência; i) a má utilização de

O direito de criticar, na linha da posição do Supremo Tribunal Federal,[67] é essencial para os órgãos de imprensa:

> Ninguém ignora que, no contexto de uma sociedade fundada em bases democráticas, mostra-se intolerável a repressão estatal ao pensamento, ainda mais quando a crítica – por mais dura que seja – revele-se inspirada pelo interesse coletivo e decorra da prática legítima, como sucede na espécie, de uma liberdade pública de extração eminentemente constitucional (CF, art. 5º, IV, c/c o art. 220).
>
> Não se pode desconhecer que a liberdade de imprensa, enquanto projeção da liberdade de manifestação de pensamento e de comunicação, reveste-se de conteúdo abrangente, por compreender, dentre outras prerrogativas relevantes que lhe são inerentes, (a) o direito de informar, (b) o direito de buscar a informação, (c) o direito de opinar e (d) o direito de criticar.

No ponto, o que é relevante, aqui o limite é o mesmo anteriormente delineado: não pode haver intenção de injuriar ou caluniar. Para a calúnia, não há qualquer favor legal na hipótese.

11 A exposição de doutrina ou ideia

Aqui não há diferença substancial com as posições já anteriormente emitidas, sendo certo que os limites são os mesmos. Aliás, é da substância das posições doutrinárias[68] a existência de críticas e demonstração de equívocos de determinados entendimentos.

É essencial para o desenvolvimento da sociedade que haja crítica à doutrina ou determinada ideia. Trata-se de processo relevante para a evolução de todos desde que não haja abuso ou a simples intenção de ofender.

12 Reprodução ou noticiário que contenha injúria, calúnia ou difamação

Havendo a divulgação de noticiário que contenha injúria, calúnia ou difamação, desde que sejam fiéis e não haja má-fé, não haverá abuso no exercício da liberdade de informação.

O limite, aqui, é o da boa-fé.[69] Nos termos da regra geral, a boa-fé tem como finalidade impedir o exercício arbitrário de um direito, obrigando que haja uma atuação

---

informações escritas ou orais; j) a transmissão de informes dados ou recebidos em razão de segredo profissional (...) (SILVA, Tadeu Antonio Dix. *Liberdade de expressão e direito penal no estado democrático de direito*. São Paulo: IBCCRIM, 2000, p. 201-202).

[67] STF – Ag. In. nº 505.595-RJ, rel. Min. Celso de Mello, j. 11.11.2009 – decisão monocrática.

[68] Doutrina. [Do lat. *doctrina*]. Substantivo feminino. 1. Conjunto de princípios que servem de base a um sistema religioso, político, filosófico, científico etc. 2. Catequese cristã. 3. Ensinamento, pregação. 4. Opinião de autores. 5. Texto de obras escritas. 6. Regra, preceito, norma (Dicionário Aurélio Eletrônico).

[69] Por aí já se vê que a boa-fé não é uma norma que se apresente sempre igual, aplasmadora em seu conteúdo e homogeneizadora em sua simplicidade. Muito menos se trata de um remédio para uma infinidade de problemas jurídicos, dependente tão-só do alvedrio do intérprete. É um recurso técnico preciso (embora multifuncional em sua operatividade), que se apresenta proteiforme no tempo e no espaço, podendo, num mesmo tempo e num mesmo espaço, ser dotado de diferentes graus de intensidade, na ponderação, sempre necessária, com as concretas situações da vida e com os demais princípios e regras do ordenamento (MARTINS-COSTA, Judith. Ação indenizatória – Dever de informar do fabricante sobre os riscos do tabagismo. *RT*, v. 812, ano 92, jun. 2003, p. 78).

pautada pela lealdade, que, de regra, deve imperar em toda e qualquer relação pública ou privada. O que a lei faz é vedar comportamentos abusivos.[70]

O que nos parece relevante é sempre permitir que aquele que se diz ofendido possa fazer prova da ausência de boa-fé, até pela ampla carga de subjetividade existente na hipótese.

Darcy Arruda Miranda[71] cita vários exemplos de abuso, como a parte que pode pedir para que determinado arrazoado forense, ofensivo, seja divulgado por órgão de imprensa. Realmente pode ocorrer, mas a prova da má-fé será sempre daquele que se sentir ofendido.[72]

13 Conclusões

Em conclusão, podemos afirmar que o direito de crítica é um elemento essencial do regime democrático e fundamental para o exercício da liberdade de expressão.

O direito de exteriorizar críticas possui alguns limites, devendo pautar-se pelas seguintes diretrizes: a) respeito à verdade; b) utilidade social da crítica como elemento para o aperfeiçoamento do criticado e da própria sociedade e; c) ausência de abuso, aqui entendida como a não adoção de ofensas pessoais e gratuitas contra as pessoas criticadas.

O não cumprimento das diretrizes apontadas, a nosso ver, terá como consequência a ausência de fundamento constitucional a respaldar o direito de crítica; assim, haverá o dever de indenizar pelos danos morais causados em favor do ofendido.

No mais, como norma geral, os atos processuais devem ser públicos, inclusive como forma de justificar a própria imparcialidade das decisões prolatadas pelo Poder Judiciário. As hipóteses de segredo de justiça são excepcionais e delimitadas no art. 189 do Código de Processo Civil, havendo respaldo constitucional para tal restrição (art. 5º, incisos V e X, da CF/88).

Estando o processo judicial tramitando sob segredo de justiça, há vedação constitucional e legal que impede aos órgãos de imprensa a divulgação de qualquer ato ou decisão judicial, sob pena de caracterizar violação ao direito à intimidade com o dever de reparar o dano moral, que, no caso, é presumido.

Contudo, a existência de processo sob segredo de justiça não impede as investigações próprias pelos órgãos de imprensa sobre os mesmos fatos ou que haja a divulgação da própria existência da demanda que tramita sob segredo de justiça.

Referências

ANDRADE, José Carlos Vieira de. *Os direitos fundamentais na Constituição Portuguesa de 1976*. Coimbra: Almedina, 2001, p. 311.

ARENHART, Sérgio Cruz. *A tutela inibitória da vida privada*. v. 2. São Paulo: Revista dos Tribunais, 2000.

---

[70] SCHREIBER, Anderson. A proibição de comportamento contraditório: tutela da confiança e *venire* contra *factum proprium*. Rio de Janeiro: Renovar, 2005, p. 83-84.

[71] *Comentários...*, *op. cit.*, p. 549.

[72] Aqui vale invocar o sempre relevante ensinamento do Prof. Arruda Alvim, este no sentido de que a interpretação das normas e dos fatos deve ser feita segundo o que ordinariamente ocorre, no caso, a atuação dos órgãos de imprensa com boa-fé.

BONAVIDES, Paulo. *Direito constitucional*. São Paulo: Malheiros, 1998.

DALL'AGNOL, Antonio. *Comentários ao Código de Processo Civil*. v. 2. São Paulo: Revista dos Tribunais, 2007.

DUARTE, Ronnie Preuss. Boa-fé, abuso de direito e o novo Código Civil brasileiro. *RT*, ano 92, v. 817, nov. 2003.

FABIAN, Christoph. *O dever de informar no Direito Civil*. p. 59. São Paulo: Revista dos Tribunais, 2002.

FREITAS, Jânio. Leis de prensa. *Folha de São Paulo*, Caderno 1, 05 maio 2009.

GASPARINI, Elio Gasparini. Atos Falhos. *Folha de São Paulo*, Caderno 1, 03 maio 2009.

GOMES JUNIOR, Luiz Manoel; CHUEIRI, Miriam Fecchio; FERREIRA, Jussara Suzi Assis Borges Nasser. Segredo de Justiça: aspectos processuais controvertidos e liberdade de imprensa. *Revista de Processo*, v. 156, 2008.

JAUERNIG, Othmar. *Direito Processual Civil*. Coimbra: Almedina, 2002.

LIMA, Alvino. *Culpa e risco*. São Paulo: Revista dos Tribunais, 2000.

LIMA, Ricardo Seibel de Freitas. Pautas para a interpretação do art. 187 do novo Código Civil. *Revista dos Tribunais*, ano 94, v. 838, ago. 2005.

MACHADO, Jonatas E. M. *Liberdade de expressão*. Coimbra: Almedina, 2002.

MENDES, Gilmar Ferreira; COELHO, Inocêncio Mártires; BRANCO, Paulo Gustavo Gonet. *Curso de Direito Constitucional*. São Paulo: Saraiva, 2007.

MIRANDA, Darcy Arruda Miranda. *Comentários à Lei de Imprensa*. v. I. São Paulo: Revista dos Tribunais, 1994.

MORAES, Alexandre de Moraes. *Direito constitucional*. São Paulo: Atlas, 1999.

NOBRE, Freitas. *Lei da informação*. São Paulo: Saraiva, 1968.

PASSOS, José Joaquim Calmon de. A imprensa, a proteção da intimidade e o processo penal. *Revista de Processo*, n. 73, 1994.

PEREIRA, Caio Mário da Silva. *Responsabilidade civil*. Rio de Janeiro: Forense, 1992.

PINTO, A. Marinho e. Uma questão de honra ou o outro lado dos direitos de expressão e de informação. *Sub Judice – Justiça e Sociedade*, v. 15/16, 2000.

SANTOS, Eduardo Sens dos. A função social do contrato: elementos para uma Conceituação. *Revista de Direito Privado*, n. 13, jan./mar. 2003.

SCHREIBER, Anderson. *A proibição de comportamento contraditório*: tutela da confiança e *venire* contra *factum proprium*. Rio de Janeiro: Renovar, 2005.

SILVA, Tadeu Antonio Dix. *Liberdade de expressão e direito penal no estado democrático de direito*. São Paulo: IBCCRIM, 2000.

ZARINI, Helio Juan. *Derecho constitucional*. Astrea: Buenos Aires, 1992.

Informação bibliográfica deste texto, conforme a NBR 6023:2002 da Associação Brasileira de Normas Técnicas (ABNT):

GOMES JUNIOR, Luiz Manoel; CHUEIRI, Miriam Fecchio. Liberdade de imprensa: veiculação de críticas e o problema da verdade. In: LEITE, George Salomão; LEITE, Glauco Salomão; STRECK, Lenio Luiz (Coord.). *Jurisdição constitucional e liberdades públicas*. Belo Horizonte: Fórum, 2017. p. 231-253. ISBN 978-85-450-0237-6.

LIBERDADE DE ENSINO:
UMA QUESTÃO DE MEDIDA

ALFREDO COPETTI NETO

GUSTAVO OLIVEIRA VIEIRA

> *A educação é um dos lugares naturais de aplicação, conso-*
> *lidação e expansão dos direitos humanos; é uma arena de*
> *direitos, com direitos e para os direitos. Ela é, de um modo*
> *mais radical, um outro nome da justiça.*

> (Carlos Vilar Estêvão)

1 Considerações preliminares

Em que pese tratar este ensaio da *liberdade de ensino*, é necessário dar dois passos atrás para que seja possível especificar nossas premissas. Em um primeiro momento, vislumbra-se dialogar acerca do termo *liberdade*; posteriormente, compreender-se historicamente como este termo entra no léxico filosófico-político da instituição moderna (Estado). Assim, a condição, tanto para se aceitar o adjetivo político, *liberal*, como para conformá-lo como substantivo, *liberalismo*, passa, em alguma medida, pelo que se compreende, histórica e conceitualmente, como *liberdade*. Não obstante, discorrer acerca da *liberdade de ensino*, por outro lado, mesmo que sob o prisma do direito, requer-se, de modo específico, uma conformação político-cultural, sobretudo no que consente, à viabilidade do termo, em ter presente ao seu lado a especificidade *de ensino*. Em outras palavras, a diagramação do termo *liberdade*, que se estabelece para fins deste estudo ao lado do termo *de ensino*, embora abarque uma compreensão própria, diante de suas especificações contextuais, não foge dos amálgamas que lhe dão sustentação.

2 Três significados de liberdade

De todo modo, para que seja possível pautar o diálogo aqui proposto, nos valemos do autor italiano Nicola Abbagnano,[1] que, em seu *Dizionario di Filosofia*, atribui ao termo *liberdade* três significados fundamentais, cuja complexa estrutura ocorre por conta de seu viés histórico-filosófico, e se compõem do seguinte modo: a) *liberdade* como ausência de limite, conformada a partir da autodeterminação e da autocausalidade; b) *liberdade* vinculada não ao indivíduo, mas ao todo (ao Estado, por exemplo) como necessidade. Conduzida a partir da primeira percepção (autodeterminação), mas dela distante, pois pautada no âmbito da totalidade; c) *liberdade* como *possibilidade* ou *escolha*, portanto finita, condicionada.

Ainda, pondera Abbagnano que, independentemente da forma assumida pela *liberdade* nos mais variados campos do conhecimento (liberdade moral, liberdade política, liberdade econômica, etc.) ela, necessariamente, orbitará o léxico dos três conceitos acima delineados. No que se refere à *liberdade de ensino*, portanto, tal prerrogativa não será diferente, embora se tenha de antemão a necessária adaptação do termo ao campo contextual no qual está inserido.

Especificamente, compreende-se adequado tratar a *liberdade de ensino* pelo terceiro viés proposto, ou seja, *"come misura di possibilità, quindi scelta motivata o condizionata"*,[2] afastando-se tanto de uma autodeterminação identificada consigo mesma como de uma identidade absoluta que age como causa individual.

O fato de o indivíduo assumir a autoria de suas próprias escolhas, por um lado, e deixar ausente de responsabilidade a divindade, por outro, compreendendo a causalidade limitada de forma objetiva por conta dos modelos de vida disponíveis, faz com que a liberdade se desloque para o âmbito da finitude. A admissão da determinação do homem em relação às suas condições, sem que haja uma previsão infalível acerca das suas escolhas, enaltece a *liberdade de fazer*, promovida pelos contratualistas, em especial Hobbes e Locke, em contraste com a *liberdade de querer*, consolidada pelo pensamento medieval como *livre arbítrio*. Para Locke, por exemplo, a *liberdade*, em uma *perspectiva natural*, ocorre na medida em que nenhum indivíduo esteja vinculado a qualquer poder superior; numa *perspectiva social*, a *liberdade* consiste em submeter-se somente à lei estabelecida pelo consenso.[3]

Em tal perspectiva é que se desenvolve a *liberdade política*, e é a partir dela, também, que se aloca o problema fundamental da *liberdade*, que é o problema quanto à sua *medida*: a medida de participação individual e coletiva no controle das leis e a medida que tais leis têm em limitar-lhes a capacidade de escolha. Eis o dilema da liberdade e, por consequência, o dilema que se estabeleceu ao redor do *liberalismo moderno*.

3 O significado de liberdade que ensejou o liberalismo

Esse viés que se acolhe ao termo *liberdade* é estabelecido como fundamento, a partir da estrutura iluminista, do *pensamento liberal clássico*. Daí a se entender a superação

---

[1] ABBAGNANO, Nicola. *Dizionario di filosofia*. 3. ed. Torino: UTET, 2008, p. 634 *et seq*.

[2] ABBAGNANO, *op. cit.*, p. 638.

[3] *Idem, ibidem*, p. 639.

da primeira versão do Estado moderno, no seu viés absolutista, que se constituiu por conta do burilamento histórico deflagrado, inicialmente, a partir do adjetivo "liberal",[4] como rótulo político (como signo para designar alinhamento contra o absolutismo das Cortes espanholas de 1810, por exemplo)[5] para o substantivo mais bem conformado "liberalismo". Assim, ainda que o "liberalismo" não forme um conjunto tão homogêneo de ideias, constitui a narrativa histórica e teórica do desenvolvimento da *dinâmica da liberdade*,[6] tendo, no seu bojo, convergências fundantes motivadoras de transformações estruturais da sociedade, na onda dos processos históricos que irrompem a partir do século XVI e, com maior veemência, tomam desenho e sentido aglutinador entre os séculos XVII e XVIII.

Nesse processo, direito e Estado foram se moldando ao liberalismo. A "luta formativa do liberalismo foi a reivindicação de direitos – religiosos, políticos e econômicos – e a tentativa de controlar o poder político",[7] enlaçando intimamente o surgimento do liberalismo à modernidade, ao individualismo e à conquista de direitos individuais. Aliás, o liberalismo clássico, original, na visão de Merquior, "pode ser toscamente caracterizado como um corpo de formulações teóricas que defendem um Estado constitucional"[8] e ampla liberdade civil, de modo que a doutrina liberal clássica consiste em três elementos: a teoria dos direitos humanos, o constitucionalismo e a economia clássica. Contudo, "a coisa não o nome", como enuncia Merquior, se estrutura fática e teórica anterior à sua rotulagem, ao modo das revoluções liberais.

Para José Guilherme Merquior, "o liberalismo (a coisa não o nome) surgiu na Inglaterra pela luta política que culminou na Revolução Gloriosa de 1688 contra Jaime II. Os objetivos dos vencedores da Revolução Gloriosa eram tolerância religiosa e governo constitucional".[9] Contudo, a resignação de Guilherme de Orange e sua esposa, Maria,

---

[4] Ainda hoje a palavra liberal assume diferentes conotações conforme os diversos países: em alguns países (Inglaterra, Alemanha), indica um posicionamento de centro, capaz de mediar conservadorismo e progressismo, em outros (Estados Unidos), um radicalismo de esquerda defensor agressivo de velhas e novas liberdades civis, em outros, ainda (Itália), indica os que procuram manter a livre iniciativa econômica e a propriedade particular (MATTEUCCI, Nicola. Liberalismo. In: BOBBIO, Norberto; MATTEUCCI, Nicola; PASQUINO, Gianfranco. *Dicionário de Política*. v. 2. Tradução de Carmen C. Varriale *et al*. 12. ed. Brasília: UNB, 1999, p. 688). A esse respeito, Merquior aduz que "o que a palavra liberal geralmente significa na Europa continental e na América Latina é algo muito diverso do que significa nos Estados Unidos. Desde o *New Deal* de Roosevelt, o liberalismo americano adquiriu, nas festejadas palavras de Richard Hofstadter, 'um tom social-democrático'", aproximando-se do liberal-socialismo de preocupação igualitária além da atuação estatal mínima, assim, o liberalismo assume distintamente mais de um significado (MERQUIOR, José Guilherme. *O Liberalismo*: antigo e moderno. Tradução de Henrique de Araújo Mesquita. Rio de Janeiro: Nova Fronteira, 1991, p. 21).

[5] (...) liberal como rótulo político nasceu nas *Cortes* espanholas de 1810, num parlamento que se revolta contra o absolutismo (MERQUIOR, José Guilherme. *O Liberalismo*: antigo e moderno. Tradução Henrique de Araújo Mesquita. Rio de Janeiro: Nova Fronteira, 1991, p. 16).

[6] Julios-Campuzano descerra um arco histórico-ideológico da composição do liberalismo, como abstração das características mais próprias no pensamento de vários pensadores e movimentos, a partir das ideias dos seguintes autores, demarcando suas origens com Thomas Hobbes, John Locke, os clássicos com Benjamin Constant, Alexis de Tocqueville, John Stuart Mill, e o fragmentado panorama contemporâneo com Friedrich Hayek, John Rawls e Robert Nozick. Por isso, afirma que não *"existe el liberalismo como teoría cerrada y estática sino como reconstrucción de múltiples liberalismos manifestados históricamente"* (DE JULIOS-CAMPUZANO, Alfonso. *La Dinámica de la Libertad*: tras las huellas del Liberalismo. Sevilla: Universidad de Sevilla, 1997, p. 21).

[7] MERQUIOR, José Guilherme. *O Liberalismo*: antigo e moderno. Tradução Henrique de Araújo Mesquita. Rio de Janeiro: Nova Fronteira, 1991, p. 36.

[8] MERQUIOR, José Guilherme. *O Liberalismo*: antigo e moderno. Tradução Henrique de Araújo Mesquita. Rio de Janeiro: Nova Fronteira, 1991, p. 35-36.

[9] MERQUIOR, José Guilherme. *O Liberalismo*: antigo e moderno. Tradução Henrique de Araújo Mesquita. Rio de Janeiro: Nova Fronteira, 1991, p. 16.

ao *Bill of Rights* inglês foi condição exigida para subirem ao trono – ainda que, para tal, tenham sido "convidados", isso não ocorreu incondicionalmente. Auferiram, com isso, mais limites à monarquia, em favor do Parlamento,[10] e conduziram à institucionalização da separação permanente entre os poderes, fazendo da Inglaterra um terreno altamente fecundo para o florescimento das teorias e das políticas liberais.

Um período histórico que ilustra a dinâmica da liberdade diante do Estado é a quadra que estabelece a *Revolção Puritana* de 1688, na Inglaterra. Conforme descrito, a guerra civil religiosa que se estendeu de 1642-1648 culmina na queda de Carlos I em 1649, que tem na sequência a ditadura, denominada protetorado "republicano" de Cromwell, que vai de 1649 a 1658, antecedente da restauração monárquica de Carlos II, ou Charles II, que perdurara no poder de 1660 a 1688. A restauração significou o estabelecimento da coroa aos Stuarts, cuja ordem sucessória apontava a vez de Carlos II (1630-1685) ao trono, marcando o desenrolar de um novo capítulo de articulação entre coroa e Parlamento, ao passo que o legislativo também é, por sua vez, cindido entre os conservadores Tories e os liberais Whigs. Em 1660, o então rei Carlos II assinou a Declaração de Breda para reconhecer autoridade do Parlamento e prometer tolerância religiosa, ainda que viesse a fechar o Parlamento em 1679 e perseguir protestantes, no mesmo ano em que se vê compelido a assinar a Lei de *Habeas Corpus* (*Habeas Corpus Act*).[11] Em 6 de fevereiro de 1685, o duque de York, Jaime II (1633-1701), sucede o irmão, que não tinha filhos legítimos, no trono. Todavia, Jaime II também tropeça em suas pretensões de impor um absolutismo ligado a Roma, sofrendo resistência pela oposição parlamentar receosa da perpetuação da dinastia católica e suas usurpações religiosas ilegítimas – o anglicanismo na Inglaterra tem aí mais de um século,[12] e a tensão entre poder político e igreja remonta pelo menos a 1215 entre rei, nobreza e clero.

Para Locke, o estado de natureza era uma condição de vida em liberdade e igualdade, entendimento díspar do estado de guerra permanente, ainda que os eventuais conflitos não tivessem um meio legítimo de mediação e resolução. A ausência de uma jurisdição comum vulnerabilizaria o homem à violência que seus conflitos irresolvidos poderiam gerar. É justamente para se contrapor ao uso ilegítimo da violência que o pacto social seria firmado, para a formação de uma sociedade civil,[13] com a garantia positiva dos direitos naturais fixados em lei, juiz imparcial e poder coercitivo.

Trata-se da construção de uma ordem intimamente entrelaçada à liberdade, conforme apresentado no "Segundo Tratado sobre o Governo Civil", de 1690, que Locke

---

[10] A partir de 1689, na Inglaterra, os poderes de legislar e criar tributos já não são prerrogativas do monarca, mas entram na esfera de competência reservada do Parlamento. Por isso mesmo, as eleições e o exercício das funções parlamentares são cercados de garantias especiais, de modo a preservar a liberdade desse órgão político diante do chefe de Estado (COMPARATO, Fábio Konder. Declaração de Direitos (Bill of Rights). Inglaterra, 1689. In: COMPARATO, Fábio Konder. *A Afirmação histórica dos Direitos Humanos*. 3. ed. São Paulo: Saraiva, 2008, p. 90).

[11] *Habeas Corpus Act* de 1679, definida como uma lei "para melhor garantir a liberdade do súdito e para prevenção das prisões ultramar", cujo direito de mandado judicial já havia desde Magna Carta de 1215, ainda vulnerável ante a falta de garantia e regras processuais que lhe dessem eficácia (COMPARATO, Fábio Konder. Lei do Habeas-Corpus. Inglaterra, 1679. Inglaterra, 1689. In: COMPARATO, Fábio Konder. *A afirmação histórica dos Direitos Humanos*. 3. ed. São Paulo: Saraiva, 2008, p. 85).

[12] A Igreja Anglicana, também denominada *Church of England*, tem sua origem na ruptura da Inglaterra com a Igreja Católica Romana no ano de 1534, pelo rei Tudor, Henrique VIII (1491-1547), ante a negativa do Papa católico em anular seu primeiro casamento, reorientando os fundamentos religiosos ingleses (MARSHALL, Peter. *Religious Identidies in Henry's VIII England*. Aldershot: Ashgate, 2006).

[13] LOCKE, John. *Segundo Tratado sobre o Governo Civil*. Tradução Magda Lopes e Marina Lobo da Costa. Rio de Janeiro: Vozes, 1994.

chamava secretamente de *Tractatus de morbo gallico* ("Tratado sobre a Doença Francesa") – a doença francesa na ótica médica daquela época era a sífilis e, na perspectiva política lockeana, a doença francesa era o absolutismo, sintetizando a motivação ideológica do texto.[14] Essa obra foi "a primeira e mais completa formulação do Estado liberal",[15] na compreensão de Norberto Bobbio. E ainda que Locke, em tese, dê primazia ao legislativo na separação de poderes, segundo Bercovici, ele não prevê nenhum controle sobre o executivo, negando a supremacia do Parlamento.[16]

Além disso, a teoria do pacto civil de Locke era baseada na noção de consentimento individual como origem da autoridade legítima e composta por leis que submeteriam a todos, inclusive o soberano, com garantias de cidadania impondo limites e responsabilidades ao governo[17] no que tange às liberdades individuais. Na síntese de Merquior, o "contratualismo de Locke representou a apoteose do direito natural no sentimento individualista moderno".[18] Isso se liga a uma marca distintiva fundamental entre o absolutismo hobbesiano e o liberalismo de Locke que diz respeito à possibilidade de um juízo acerca dos atos do soberano neste. Na visão de Locke, um governo poderia ser liberal/constitucional ou arbitrário e tirânico. Seria arbitrário e tirânico quando, no exercício dos poderes que lhe são atribuídos, ultrapassasse os direitos permitidos, condição que permitira direito de resistência e novo pacto – algo impensável em Hobbes, que entendia o ato do soberano por si mesmo justo. Em suma, se a sociedade civil nascia para garantir direitos naturais, o governo era essencialmente limitado e, no caso de abusos no desempenho do poder por parte das autoridades, decorreria o direito de resistência e insurreição do povo – resistência e revolução claramente fora de uma ordem constitucional, com relação a um povo que não representava, nessa concepção, um grupo político concreto.[19]

Em consonância com seu tempo, Locke foi defensor da tolerância religiosa[20] e da propriedade privada como condição da liberdade, ligando-o ao individualismo possessivo.[21] Na época, a segurança precisava ser aliada ao desenvolvimento econômico pela

---

[14] VÁRNAGY, Tomás. El pensamiento político de John Locke y el surgimiento del liberalismo. In: BORON, Atilio A. (Comp.). *La Filosofía Política Moderna*: de Hobbes a Marx. Buenos Aires: CLACSO, 2003, p. 50.

[15] BOBBIO, Norberto. *Direito e Estado no pensamento de Emanuel Kant*. Tradução de Alfredo Fait. 4. ed. Brasília: UNB, 1997, p. 37. Bobbio ainda acrescenta que o "Segundo Tratado..." é "um dos três ou quatro livros decisivos na história do pensamento político moderno" (*idem, ibidem*, p. 37).

[16] BERCOVICI, Gilberto. *Soberania e Constituição*: para uma crítica do constitucionalismo. São Paulo: Quartier Latin, 2008, p. 107-108.

[17] COSTA, Nelson Nery. Locke (1632-1704). In: COSTA, Nelson Nery. *Ciência Política*. 2. ed. Rio de Janeiro: Forense, 2005, p. 107-124.

[18] MERQUIOR, José Guilherme. *O Liberalismo*: antigo e moderno. Tradução Henrique de Araújo Mesquita. Rio de Janeiro: Nova Fronteira, 1991, p. 45.

[19] Na interpretação de Julian Franklin, não se tratava de uma democracia, mas do único princípio de resistência consistente com as relações de soberania em uma constituição mista (BERCOVICI, Gilberto. *Soberania e Constituição*: para uma crítica do constitucionalismo. São Paulo: Quartier Latin, 2008, p. 109).

[20] Locke escreveu dois textos voltados ao problema da tolerância: *Essay concerning toleration*, de 1667, e *Epistola de Tolerantia*, posteriormente, de 1689. Do mesmo modo não se pode confundir o *First and Second Tract on Government* com os posteriores *The First Treatise of Government* e *The Second Tratise of Government* (VÁRNAGY, Tomás. El pensamiento político de John Locke y el surgimiento del liberalismo. In: BORON, Atilio A. (Comp.). *La filosofia política moderna*: de Hobbes a Marx. Buenos Aires: CLACSO, 2003, p. 48).

[21] Ao comentar o livro *The Political Theory of possessive individualism. Hobbes to Locke de C. B. Macpherson*, Norberto Bobbio observa que por "individualismo possessivo, o autor refere-se àquela concepção política e social, própria do liberalismo clássico, segundo a qual o fulcro da vida social é o indivíduo singular, que nada deve à sociedade porque deve tudo ao fato de que é proprietário de sua própria pessoa, com as suas capacidades próprias. Segundo

livre iniciativa. Com isso, Locke desempenhou um papel importante no amadurecimento do liberalismo inglês e, inclusive, nas revoluções e declarações de direitos estadunidense e francesa, pois, distanciando-se de Hobbes, colocava-se do lado da liberdade contra a autoridade, ainda que entre Hobbes e Locke também existissem similitudes.[22] Isso tudo, mesmo tendo fundamentado e defendido mecanismos de segregação e concentração econômica com amplos impactos sociais, como a detenção de mendigos, trabalho forçado para filhos de pobres a partir dos três anos de idade e cidadania plena apenas para proprietários, questões que precisam ser contemporizadas para serem adequadamente compreendidas.

4 Liberalismo econômico e liberalismo político

Com efeito, o(s) liberalismo(s), de cunho econômico e político, institui(em) um novo conjunto de premissas e demandas que são impostas à organização da sociedade por meio do Estado, ambos podendo ser interessantemente referenciados pelo *Annus Mirabilis* de 1776 – que delimitam tanto a publicação de *A Riqueza das Nações* de Adam Smith (1723-1790), fundamentando o viés econômico do pensamento liberal, quanto a Declaração da Filadélfia, no seu sentido mais político. Se o *liberalismo econômico* vertia em favor dos interesses de liberalidade da iniciativa privada, à época, da burguesia – *laissez faire, laissez passer, le monde va de lui même* ("deixe fazer, deixe passar, que o mundo anda por si próprio"), célebre frase do pensamento liberal atribuída a Vincent de Gournay (1712–1759), abalizando o absenteísmo Estatal na área econômica – ainda que Adam Smith tenha salientado que os mercados poderiam ser contraproducentes em relação à liberdade e, por isso, defendera a necessidade de controle do mercado financeiro.[23]

De outra monta, o *liberalismo político* estabelecia a necessidade de se controlar o poder estatal, contendo-o a partir de uma nova composição/contenção dos poderes do Estado, em favor da superação das vicissitudes e vulnerabilidades aportadas pelo Estado Absolutista, ou seja, uma ideologia que se baseava na limitação do poder monárquico, calçando-se na defesa de liberdades civis e religiosas. Assim, o liberalismo assentou-se como o meio do caminho – *le juste milieu*, como designou Benjamin Constant – entre o velho absolutismo e a nova democracia, já que sufrágio e representação eram restritos

---

o autor, Locke é o representante mais genuíno dessa concepção que vincula, de forma indissolúvel, a *liberdade* à *propriedade* e faz da sociedade política um expediente para garantir a existência e o funcionamento da sociedade dos proprietários" (BOBBIO, Norberto. *Locke e o Direito Natural*. Tradução Sérgio Bath. 2. ed. Brasília: UNB, 1997, p. 79).

[22] *Las similitudes entre el pensamiento de Hobbes y Locke pueden sintetizarse en los siguientes puntos: concepción individualista del hombre, la ley natural como ley de auto-conservación, la realización de un pacto o contrato para salir del estado de naturaleza, y por último la sociedad política como remedio a los males y problemas en el estado de naturaleza. Las diferencias son mayores y están relacionadas con sus perspectivas acerca de la condición humana (pesimista el primero y optimista el segundo), el estado de naturaleza (violento y pacífico), el contrato (uno o varios), el gobierno (absoluto o restringido), la propiedad y otros elementos –discutibles todos ellos (...)* (VÁRNAGY, Tomás. El pensamiento político de John Locke y el surgimiento del liberalismo. In: BORON, Atilio A. (Comp.). *La Filosofía Política Moderna*: de Hobbes a Marx. Buenos Aires: CLACSO, 2003, p. 53).

[23] Adam Smith, nesse contexto, apoiou legislação contra a usura para controlar perturbações próprias da excessiva tolerância aos investimentos especulativos por parte dos imprudentes e perdulários (*prodigals and projectors*) (SMITH, Adam. *An inquiry into the nature and causes of the wealth of nations*. Livro II. Cap. IV. Harrisburg: Pennsylvania State University, 2005, p. 286-293).

a cidadãos selecionados pelo grau de riqueza,[24] e a democracia social ainda não dava sinais de ser pautada, muito menos conquistada.

Todavia, o enaltecido *laissez faire*, que afastava e supostamente repelia a atuação do Estado na economia, "era" rapidamente revertido em chamamento à intervenção frente às necessidades de setores econômicos quando se acumulavam, por intermédio de medidas fiscais para defender certos setores da concorrência do exterior, emprego de subsídios diretos e indiretos no estímulo a áreas estratégicas para o desenvolvimento ou interesse nacional, educação tecnológica para preparar mão de obra voltada às pretensões empresariais e outras atividades que tinham cunho subsidiário.[25] Com tudo isso, a práxis do liberalismo econômico invertia o papel do Estado ao modo de um mecanismo que estaria a serviço da iniciativa privada, firmando maiores lucros à alta burguesia, que passava a concentrar tanto o poder econômico quanto o político. Por fim, acaba-se por tornar o Estado *apenas* instrumento do mercado, ou seja, o Estado deve agir para atender os interesses da iniciativa privada, para estimular e suprir condições para seu pleno desenvolvimento, abrindo e ajustando seu foco nas minorias economicamente pujantes.

Isso tudo não significa que a ascensão da burguesia não tenha resultado no alargamento inclusivo da estrutura da sociedade oitocentista. Antes pelo contrário. A potência econômica da nova classe conseguiu conquistar legitimidade e espaço político para o atendimento de seus interesses. Com o liberalismo, percebiam-se os prenúncios da caminhada na construção da cidadania, que apenas mostrava seus primeiros passos, podendo-se afirmar, com Georges Burdeau, que o liberalismo constituía "um dos mais importantes conjuntos de tradições a partir dos quais nasceu a democracia ocidental".[26]

As bases da íntima relação do liberalismo com o constitucionalismo estão na pretensão de controle do poder estatal, monárquico ou não, e na bandeira das liberdades, por estar "intimamente ligado ao constitucionalismo sempre se manteve fiel ao princípio (medieval) de limitação do poder político mediante o direito, de tal forma que somente as leis são soberanas, justamente aquelas leis limitadores do poder do Governo"[27] – a partir de estruturas que seriam aprimoradas pelo constitucionalismo, que passa pela subordinação do Estado Liberal ao Direito.

5 A liberdade de ensino no Estado de Direito Contemporâneo

No constitucionalismo democrático e rígido, historicamente ligado ao movimento jurídico instaurado a partir do pós-Segunda Guerra Mundial, há uma reestruturação quanto à ideia de *liberdade* por conta de uma redefinição fenomenológica da ideia de

---

[24] MERQUIOR, José Guilherme. *O Liberalismo*: antigo e moderno. Tradução Henrique de Araújo Mesquita. Rio de Janeiro: Nova Fronteira, 1991, p. 18.

[25] De acordo com García-Pelayo, "em todos os países foram estabelecidas medidas fiscais destinadas a defender setores econômicos específicos da concorrência exterior, pelo menos- segundo se dizia – até que estivessem prontos para enfrentá-la por si sós. O Estado também não deixou de manifestar sua presença através do subsídio a esta ou aquela atividade que convinha desenvolver por razões de interesse nacional. Faz-se presente, outrossim, na promoção da educação tecnológica, criando as correspondentes escolas técnicas, e no incentivo de uma política de fomento voltada para modernizar direta ou indiretamente (mediante a criação de um ambiente adequado) o potencial econômico do país" (GARCÍA-PELAYO, Manuel. *As transformações do Estado Contemporâneo*. Tradução Agassiz Almeida Filho. Rio de Janeiro: Forense, 2009, p. 07).

[26] BURDEAU, Georges. *Le Libéralisme*. Paris: Editions Du Seuil, 1979, p. 176-178 *apud* DIPPEL, Horst. *História do Constitucionalismo Moderno*: novas perspectivas. Tradução António Manuel Hespanha e Cristina Nogueira da Silva. Lisboa: Fundação Calouste Gulbenkian, 2007, p. 37.

[27] MATTEUCCI, Nicola. Liberalismo. In: BOBBIO, Norberto; MATTEUCCI, Nicola; PASQUINO, Gianfranco. *Dicionário de Política*. v. 2. Tradução Carmen C. Varriale *et al*. 12. ed. Brasília: UNB, 1999, p. 698.

poder. Se anteriormente existiam a não constrição à ação econômica e a autorregulamentação política da esfera pública, como os poderes pelos quais o próprio sistema democrático vinha fundado e ativado; nos dias atuais, essas esferas encontram-se vinculadas e limitadas pela ideia objetiva de direitos fundamentais, enquanto democracia constitucional, que limita a democracia formal, proveniente do *modelo de estado liberal*, e expande a garantia dos direitos fundamentais de liberdade como fragmentos da soberania popular.

Noutras palavras, é dizer que, sob o ponto de vista do paradigma jurídico atual, o direito fundamental de liberdade não mais pode ser concebido como um direito-poder, como um direito instrumento, cuja característica abarca, além dos direitos fundamentais de autonomia negocial, os direitos fundamentais que estabelecem a autonomia política. Na verdade, esses últimos são as normas de reconhecimento pelas quais, respectivamente, vêm fundadas a esfera privada e a esfera pública no âmbito do Estado Constitucional de Direito, submetidas, não a elas próprias, mas aos direitos fundamentais de liberdade e sociais, ambos absorvidos como *razão social* desse novo paradigma.[28]

Nesse sentido, é com o advento do Estado Constitucional, na qual subsistem os direitos fundamentais de liberdade – entendidos como lei constitucional, e não como *silentium legis* –,[29] isto é, reconhecidos como aquela parte da soberania popular não representada e não representável – pertencente ao que Ferrajoli irá chamar de *esfera do não decidível* –,[30] que cada indivíduo atua como titular de seus próprios direitos, limitando tanto a decisão econômica, da esfera privada, quanto a decisão política, da esfera pública, em que está situada, especificamente, a *liberdade de ensino*.

Desse modo, o que é salutar colocar – e reconhecer – é que os conteúdos estipulados no âmbito constitucional estão ligados, definitivamente, a um sistema estruturado de garantias constitucionais, seja ele normativo ou institucional, dentre os quais está, por exemplo, a jurisdição. E no que diz respeito ao conteúdo específico das liberdades constitucionais, embora esteja ligado ao papel fundante da garantia de imunidade fundamental de todos os indivíduos, ele também avoca uma perspectiva ativa, no âmbito da proteção de seu exercício.

Trata-se, na verdade, da necessária garantia jurídica à independência do ensino, que abarca um duplo sentido: por um lado, do professor, que exerce a liberdade de ensinar; por outro, do indivíduo, que, como destinatário, tem o direito ao ensino de qualidade, adequado.

Não se pode olvidar, portanto, que a liberdade de ensino está calcada na *liberdade de impedimentos e de constrições*, sobretudo quando se está tratando dos grandes meios econômicos e ideológicos, bem como das relações de subordinação a eles internas.

Por outro lado, a ausência de garantias ao exercício da *liberdade de ensino* tem relação direta com a submissão deste direito, entendida a educação como serviço público,[31] à hipoteca de um suposto direito de propriedade, comprometendo, desse modo, tanto a autonomia em relação ao seu exercício quanto a imunidade daquele que o recebe.

---

[28] FERRAJOLI, Luigi. *Princípio Iuris. Teoria del Diritto e della Democrazia. 2. Teoria della Democrazia*. Roma: Laterza, 2007, p. 18.

[29] BOVERO, Michelangelo. *Contro il governo dei peggiori*: una Grammatica della Democrazia. Roma: Laterza, 2000, p. 76.

[30] FERRAJOLI, *op. cit., passim*.

[31] GRAU, Eros. *A ordem econômica na Constituição de 1988*. 13. ed. São Paulo: Malheiros, 2008, p. 100.

Em outras palavras, o problema jurídico contemporâneo referente à *liberdade de ensino*, que tem também relação direita com o direito à livre manifestação do pensamento, à livre comunicação ou, de alguma maneira, ao acesso à informação, está determinantemente vinculado à exposição deste direito, que é fundamental, à dinâmica negocial do mercado e ao poder político-ideológico, ambos causadores de patologias que fragilizam a esfera constitucional do *indecidível*.[32]

6 À guisa de uma conclusão

A liberdade, de modo geral, e aquela vinculada ao ensino, especificamente, assumem grande importância na esfera jurídico-constitucional atual, haja vista que possibilitam a compreensão e o controle das situações futuras que se abrem ao indivíduo. Embora finita, entendida como possibilidade de escolha, a liberdade, qualificada como *"de ensino"*, protegida e amparada pela esfera jurídico-constitucional, exacerba-se a partir do conceito de condição e de explicação probabilística, em detrimento do antagonismo causado pelo esquema ciência (causal) *versus* consciência (absoluta).[33]

Em outras palavras, a *liberdade* é hoje uma condição de medida, de limite e de condições, posto que a própria liberdade humana vem pautada por especificidades jurídicas, que a fazem relativa, situada na realidade institucionalizada. A *liberdade de ensino*, a seu turno, não é uma escolha propriamente dita, mas a condição que leva à possibilidade de escolha, ou seja, uma vez exercida a liberdade de ensino, ela pode ser reconhecida em todas as atividades humanas e por todos operada: *"É una possibilita di scelta che si ripresenta a chiunque si trovi nele condiciona opportune"*.[34]

O ensino é livre não porque houve uma única escolha prévia em relação ao seu exercício, mas porque consente a todos os envolvidos uma continuidade nas tomadas de decisões. Não obstante, o âmago da *liberdade (de ensino)* se constitui por um arcabouço complexo que vem composto de liberdades estratégicas, como, por exemplo: a liberdade de pensamento, de consciência, de reunião, de imprensa, etc. São elas, salvaguardadas, que facilitarão a atuação da *liberdade de ensino* e, juntas, possibilitarão as escolhas relacionadas ao âmbito científico, político, social, econômico.

Precisamente, a liberdade vem qualificada "de ensino" para, de modo primordial, advertir que a própria questão da liberdade não será resolvida por meio de fórmulas simplistas ou totalizantes, mas, sim, a partir de uma eficaz construção da possibilidade de escolha.

Referências

ABBAGNANO, Nicola. *Dizionario di filosofia*. 3. ed. Torino: UTET, 2008.

BERCOVICI, Gilberto. *Soberania e Constituição*: para uma crítica do constitucionalismo. São Paulo: Quartier Latin, 2008.

---

[32] FERRAJOLI, *op. cit., passim*.
[33] ABBAGNANO, *op. cit.*, p. 640.
[34] *Idem, ibidem*, p. 640.

BOBBIO, Norberto. *Direito e Estado no Pensamento de Emanuel Kant*. Tradução Alfredo Fait. 4. ed. Brasília: UNB, 1997.

BOBBIO, Norberto. *Locke e o direito natural*. Tradução Sérgio Bath. 2. ed. Brasília: UNB, 1997.

BOVERO, Michelangelo. *Contro il governo dei peggiori*: una Grammatica della Democrazia. Roma: Laterza, 2000.

BURNS, Edward Mcnall; LERNER, Robert E.; MEACHAM, Standish. *História da Civilização Ocidental*: do homem das cavernas a naves espaciais. Tradução Donaldson M. Garschagen. 30. ed. Rio de Janeiro: Globo, 1993.

COMPARATO, Fábio Konder. *A afirmação histórica dos Direitos Humanos*. 3. ed. São Paulo: Saraiva, 2008.

COSTA, Nelson Nery. *Ciência política*. 2. ed. Rio de Janeiro: Forense, 2005.

CREVELD, Martin van. *Ascensão e declínio do Estado*. Tradução Jussara Simões. São Paulo: Martins Fontes, 2004.

DE JULIOS CAMPUZANO, Alfonso. *La Dinámica de la Libertad*: evolución y análisis del concepto de libertad política en el pensamiento liberal. Tesis Doctoral. Sevilla: Universidad de Sevilla, 1993.

DIPPEL, Horst. *História do Constitucionalismo moderno*: novas perspectivas. Tradução António Manuel Hespanha e Cristina Nogueira da Silva. Lisboa: Fundação Calouste Gulbenkian, 2007.

FERRAJOLI, Luigi. *Princípio Iuris. Teoria del Diritto e della Democrazia. 2. Teoria della Democrazia*. Roma: Laterza, 2007.

GARCÍA-PELAYO, Manuel. *As transformações do Estado Contemporâneo*. Tradução Agassiz Almeida Filho. Rio de Janeiro: Forense, 2009.

GRAU, Eros. *A ordem econômica na Constituição de 1988*. 13. ed. São Paulo: Malheiros, 2008.

LOCKE, John. Segundo *Tratado sobre o Governo Civil*. Tradução de Magda Lopes e Marina Lobo da Costa. Rio de Janeiro: Vozes, 1994.

MARSHALL, Peter. *Religious Identidies in Henry's VIII England*. Aldershot: Ashgate, 2006.

MATTEUCCI, Nicola. Liberalismo. In: BOBBIO, Norberto; MATTEUCCI, Nicola; PASQUINO, Gianfranco. *Dicionário de Política*. v. 2. Tradução Carmen C. Varriale *et al*. 12. ed. Brasília: UNB, 1999, p. 686-705.

MERQUIOR, José Guilherme. *O Liberalismo*: antigo e moderno. Tradução Henrique de Araújo Mesquita. Rio de Janeiro: Nova Fronteira, 1991.

MILLER, John. *The Glorious Revolution*: Seminar Studies in History. 2. ed. London/New York: Longman, 1997.

SMITH, Adam. *An inquiry into the nature and causes of the wealth of nations*. Harrisburg: Pennsylvania State University, 2005.

VÁRNAGY, Tomás. El pensamiento político de John Locke y el surgimiento del liberalismo. In: BORON, Atilio A. (Comp.). *La Filosofía Política Moderna*: de Hobbes a Marx. Buenos Aires: CLACSO, 2003, p. 41-76.

Informação bibliográfica deste texto, conforme a NBR 6023:2002 da Associação Brasileira de Normas Técnicas (ABNT):

COPETTI NETO, Alfredo; VIEIRA, Gustavo Oliveira. Liberdade de ensino: uma questão de medida. In: LEITE, George Salomão; LEITE, Glauco Salomão; STRECK, Lenio Luiz (Coord.). *Jurisdição constitucional e liberdades públicas*. Belo Horizonte: Fórum, 2017. p. 255-264. ISBN 978-85-450-0237-6.

PEQUENO DISCURSO SOBRE AS LIBERDADES DE INFORMAÇÃO E DE EXPRESSÃO

CLÈMERSON MERLIN CLÈVE

BRUNO MENESES LORENZETTO

Compulsory unification of opinion achieves only the unanimity of the graveyard.

(*West Virginia State Board of Education v. Barnette*, 1943)

1 Introdução

A expressão livre do pensamento supõe um direito de liberdade que implica relação estreita entre o Estado e o indivíduo. Afinal, a liberdade de expressão se torna importante quando utilizada para criticar o governo ou determinados aspectos da realidade social, para debater as ideias majoritárias ou questionar o *status quo*. Sem abdicar do solo democrático e da possibilidade de que outros também possam usufruir do mesmo direito de colocar suas ideias em disputa na arena deliberativa, a liberdade de expressão pode e deve servir para testar a maturidade das instituições políticas, pondo luz sobre o acerto ou desacerto das decisões tomadas pelos representantes do povo.

A premissa inicial que orienta a liberdade de expressão na experiência contemporânea é a de que o Estado não deve interferir nos conteúdos que são apresentados pelos diferentes meios de comunicação (neutralidade), o que leva à prevalência, ao menos em um primeiro momento, da ideia de não interferência estatal e da maximização da liberdade informativa. Em países que prezam pela democracia, a manifestação de ideias contrárias precisa ser preservada; logo, um agente público não pode censurar a liberdade daqueles que protestam contra uma determinada política ou que criticam o governo. Afinal, o Estado Democrático é inviável sem a liberdade de expressão dos participantes políticos envolvidos na determinação dos valores fundamentais para a definição do "nós", da comunidade política. Para tanto, cumpre reconhecer que a liberdade de expressão possui ao menos dois campos necessários: aquele dos produtores de conteúdos que serão veiculados na esfera pública e o de seus destinatários. Os dois campos reclamam proteção a partir das dimensões positiva e negativa de tais direitos de liberdade.

A liberdade de informação concentra-se no lado daqueles que procuram acrescentar novos conteúdos na arena deliberativa de uma sociedade democrática e, por tal razão, acabam por encontrar na censura estatal sua antagonista histórica. Por isso, os produtores de conteúdo precisam ser protegidos de intervenções arbitrárias por parte do Estado, reclamando em sua defesa o sentido negativo da liberdade.

Por outro lado, os cidadãos possuem o direito de serem bem informados. Tal aspecto da liberdade de expressão enfatiza o caráter democrático da esfera pública comunicacional, concentrando-se, portanto, nos destinatários. Logo, não se descarta por completo uma possível ação estatal para preservar a pluralidade dos espaços deliberativos, sempre com vistas a incrementar o conhecimento sobre os conteúdos veiculados na arena deliberativa.[1]

A partir do reconhecimento de tais premissas iniciais e delineados os atores sociais que estão envolvidos na discussão (o Estado, os centros produtores de mídia e de informação e os seus destinatários), importa avançar a discussão sobre a liberdade de expressão e informação em face dos seguintes questionamentos: a) o direito de liberdade de expressão e informação está limitado a uma dimensão negativa, a não intervenção estatal, ou comporta um sentido promocional? Quais seriam os possíveis benefícios e riscos de tal intervenção? b) Quais foram os fundamentos da decisão do Supremo Tribunal Federal que entendeu como não recepcionada pela Constituição Federal a Lei nº 5.250/1967 (Lei de imprensa), na *Arguição de Descumprimento de Preceito Fundamental nº 130*?[2]

2 Os campos de incidência das liberdades

A proibição da censura estatal visa garantir a liberdade privada, exercida em foro restrito, e a liberdade em sua face pública. Trata-se aqui, para o Estado, de possibilitar o livre trânsito de ideias nos espaços de deliberação para a conformação dos objetivos a serem compartilhados pela comunidade política, fatores que orientam as escolhas realizadas pelos cidadãos.

A censura, nesse aspecto, consistiria num ilícito agir estatal, com vistas a monitorar os mecanismos de informação e os conteúdos veiculados através deles. A proibição constitucional da censura visa obstar o controle estatal sobre o conteúdo das produções

---

[1] Como leciona Konrad Hesse: "(...) o alcance completo dessas garantias abre-se, também aqui, somente com vista ao seu caráter duplo: elas são, por um lado, direitos subjetivos, e, precisamente, tanto no sentido de direito de defesa como no de direitos de cooperação política; por outro lado, elas são prescrições de competência negativa e elementos constitutivos da ordem objetiva democrática e estatal-jurídica. Sem a liberdade de manifestação da opinião e liberdade de informação, sem a liberdade dos 'meios de comunicação de massa' modernos, imprensa, rádio e filme, opinião pública não pode nascer, o desenvolvimento de iniciativas e alternativas pluralistas, assim como a 'formação da vontade política' não são possíveis, publicidade da vida política não pode haver, a oportunidade igual das minorias não está assegurada com eficácia e vida política em um processo livre e aberto não se pode desenvolver. Liberdade de opinião é, por causa disso, para a ordem democrática da Lei Fundamental 'simplesmente constitutiva'" (HESSE, Konrad. *Elementos de direito constitucional da República Federal da Alemanha*. Porto Alegre: Sergio Antonio Fabris, 1998, p. 302-303).

[2] ADPF nº 130, Rel. Min. Ayres Britto, j. 30.04.2009, Plenário, *DJe* 06.11.2009.

comunicativas. O que, como se sabe, não significa eximir de responsabilidade, penal ou cível, aqueles que produzem mensagens residentes em lugar exterior ao âmbito de proteção jurídica dos direitos fundamentais em questão.[3]

No que tange à esfera pública, o conteúdo expresso pelos indivíduos pode encontrar argumentos (não unânimes) no sentido da sua vedação quando o discurso veicular mensagens de ódio,[4] intolerância ou insuportavelmente ofensivas.[5]

Com vistas a ampliar o espectro de proteção da liberdade de expressão, deve-se considerar que mesmo manifestações corporais, silenciosas e outras maneiras simbólicas não óbvias de comunição devem encontrar proteção constitucional.[6] Tal perspectiva possui como finalidade a inclusão não apenas de expressões artísticas privadas. Também devem ser amparados protestos e diferentes formas de manifestações públicas que reivindiquem direitos ou se oponham a determinadas práticas governamentais.[7]

Logo, a liberdade de expressão pode ser tratada como o desimpedimento para a manifestação de juízos, opiniões e críticas sobre temas em disputa, fatos, ideias e demais eventos que possam vir a ser expostos em (e para o) público.[8]

---

[3] Tome-se como exemplo o caso do racismo previsto na Constituição: Art. 5º, XLII – a prática do racismo constitui crime inafiançável e imprescritível, sujeito à pena de reclusão, nos termos da lei.

[4] Isso pode ser constatado no famoso HC nº 82.424/RS julgado em 2003 pelo STF, que decidiu pela impossibilidade de se defender discursos de ódio com base na liberdade de expressão, no caso, obras revisionistas do Holocausto judeu do editor e escritor Siegfried Ellwanger. Sobre o tema ver: OMMATI, José Emílio Medaudar. *Liberdade de expressão e discurso de ódio na Constituição de 1988*. Rio de Janeiro: Lumen Juris, 2012.

[5] A dificuldade em definir o conteúdo daquilo que a sociedade considera "moralmente ofensivo" pode suscitar, sem dúvida, múltiplos questionamentos. No caso, refere-se à prática histórica de se buscar impedir ou limitar publicações com conteúdo pornográfico ou ofensivo para religiões, como no caso do filme *A última tentação de Cristo* (1988). A imprecisão conceitual acaba por permitir abusos discricionários por parte dos órgãos estatais que se olvidam da importância das atividades estatais e suas decisões serem públicas e motivadas. Com precisão leciona Daniel Sarmento: "É preciso evitar a todo custo que este direito fundamental tão importante para a vitalidade da democracia e para a auto-realização individual torne-se refém das doutrinas morais majoritárias e das concepções sobre o 'politicamente correto', vigentes em cada momento histórico. A liberdade de expressão não existe só para proteger opiniões que estão de acordo com os valores nutridos pela maioria, mas também aquelas que chocam e agridem" (SARMENTO, Daniel. A liberdade de expressão e o problema do *hate speech*. *Revista de Direito do Estado*, n. 4, p. 56, out./dez. 2006.).

[6] Como exemplo, pode-se relatar o julgamento do HC nº 83.996, em 2004, pelo STF, em que o diretor teatral Gerald Thomas Sievers simulou ato de masturbação e, em seguida, abaixou as calças e mostrou as nádegas para a plateia. "No julgamento do HC, a 2ª Turma do STF se dividiu: o Min. Carlos Velloso, relator originário, indeferiu a ordem, por considerar que o *habeas corpus* seria incabível no caso, pois a conduta seria, em tese, típica e haveria indícios de autoria. O Min. Gilmar Mendes, por sua vez, a deferiu, por entender que, apesar de deseducado e de maus gosto, a conduta do diretor não teria passado de um grosseiro protesto contra as vaias recebidas, que não refugia ao contexto da peça teatral. (...) A Min. Ellen Gracie, embora tenha consignado que, em tese, concordava com os argumentos expostos pelo Min. Gilmar Mendes, indeferiu a ordem, por entender que a conduta do diretor precisaria ser melhor apurada em primeiro grau. O Min. Celso de Mello, por sua vez, votou pelo trancamento da ação. Diante do empate, a ordem foi concedida" (KOATZ, Rafael Lorenzo-Fernandez. As liberdades de expressão e de imprensa na jurisprudência do Supremo Tribunal Federal. In: SARMENTO, Daniel; SARLET, Ingo Wolfgang. (Coord.). *Direitos Fundamentais no Supremo Tribunal Federal*: balanço e crítica. Rio de Janeiro: Lumen Juris, 2011, p. 441).

[7] Nesse sentido, no Brasil ver a ADI nº 1969, Rel. Min. Marco Aurélio, Tribunal Pleno, j. 24.03.1999, que suspendeu a eficácia do Decreto nº 20.098/1999, que impunha restrições à liberdade de expressão e reunião, ao vedar a utilização de carros, aparelhos e objetos sonoros em Brasília, na Praça dos Três Poderes, na Esplanada dos Ministérios e na Praça do Buriti. Nos Estados Unidos, é famoso o caso da queima da bandeira, *Texas v. Johnson* (1989), em que a Suprema Corte invalidou as proibições de profanação da bandeira americana, com base na proteção da liberdade de expressão constante na Primeira Emenda da Constituição Americana.

[8] Importa acrescentar que, além da proteção do conteúdo, ou seja, do objeto da expressão, também estão protegidos os meios de expressão, cuidando-se, em qualquer caso, de uma noção aberta, portanto inclusiva de novas modalidades, como é o caso da comunicação eletrônica (SARLET, Ingo W.; MARINONI, Luiz Guilherme; MITIDIERO, Daniel. *Curso de Direito Constitucional*. 3. ed. São Paulo: Revista dos Tribunais, 2014, p. 457).

Todavia, não é possível apenas tratar da dimensão negativa dos direitos. O Estado não é mais visto como, necessariamente, um inimigo das liberdades.[9] Tal argumento pode ser afastado pelo simples reconhecimento de que os direitos reclamam também um atuar positivo da autoridade, o que implica, por óbvio, custos políticos e econômicos. Ora, o mesmo é válido para a salvaguarda da liberdade de expressão e de informação. Um direito existe e é protegido pelo Estado, que desenvolve suas políticas de salvaguarda financiadas, entre outros meios, através da tributação, supondo custo compartilhado pelos membros da comunidade política.[10]

Portanto, não é novidade que o Estado adote, muitas vezes, postura ativa para a promoção de certos direitos.[11] No plano da liberdade de expressão, descortina-se, por isso, a importância de o Estado agir como garantidor da integridade do discurso público. Como anota Owen Fiss, a posição ativa do Estado nesse campo deveria ser no sentido de garantir que o público escute tudo o que deveria escutar, ou seja, maximizar a informação para a correta deliberação nas arenas públicas.[12]

O papel do Estado não seria o de interferir na expressão dos grupos que venham a se expressar, mas buscar preservar o debate público através da manutenção das condições necessárias para que a comunidade política possa exercer seu autogoverno. Para que a democracia seja robustecida, o maior número possível de versões sobre o mesmo tema deve circular. A construção da cidadania depende do acesso à maior quantidade possível de perspectivas sobre um determinado assunto e, posteriormente, a realização de reflexões de foro particular sobre o tema.

A postura ativa do Estado não está voltada para assegurar apenas a livre expressão, mas, de igual maneira, a preservação dos espaços deliberativos de modo que a audiência possa ter acesso a um debate franco sobre os assuntos que ela considere relevantes. A preocupação, também com os destinatários, visa assegurar o aperfeiçoamento da autodeterminação coletiva.[13] Nesse sentido, a proposta da "neutralidade" estatal constitui-se por, ao menos, duas razões: i) a interferência estatal nos debates pode induzir a um resultado específico, que atenda o interesse do Estado, e não dos indivíduos; ii) não cabe ao ente estatal suprimir ideias da arena pública pelo simples fato de elas não serem de seu agrado. Nesse caso, por mais ofensiva e desagradável que seja a mensagem, ela

---

[9] *El liberalismo clásico supone una dicotomía radical entre Estado y ciudadano. Nos enseña a ser recelosos del Estado e identifica la libertad con un gobierno limitado. La Tradición de la libertad de expresión construye sobre esta visión del mundo cuando reduce la libertad de expresión a la autonomía, y define la autonomía para significar la ausencia de interferencia gubernamental* (FISS, Owen. *Libertad de expresión y estructura social*. México: Fontamara, 1997, p. 28-29).

[10] *Admittedly, the quality and extent of rights protection depends on private expenditures as well as public outlays. Because rights impose costs on private parties as well as on the public budget, they are necessarily worth more to some people than to others. (...) Freedom of the press is more valuable to someone who can afford to purchase dozens of news organizations than to someone who sleeps under one newspaper at a time* (HOLMES, Stephen; SUNSTEIN, Cass R. *The Cost of Rights*: why liberty depends on taxes. New York: W.W. Norton & Company, 1999, p. 21).

[11] Há, hoje, no Brasil, consenso a respeito da necessidade de uma concepção substantiva do princípio da igualdade, implicando olhar atento sobre as diferentes condições reais que apartam os seres humanos na concretude de suas existências, de sorte a exigir que situações dessemelhantes sejam tratadas, por meio de políticas públicas especialmente concebidas, de forma adequada, tudo para a superação das heranças trágicas que, desgraçadamente, entre nós abraçam a muitos. Concorda-se, portanto, que do Estado cabe exigir mais do que a satisfação formal do direito fundamental ou a ação, omissiva ou comissiva, para prevenir ou reprimir inaceitável discriminação. É dever do Estado atuar positivamente para a redução das desigualdades sociais (CLÈVE, Clèmerson Merlin. *Temas de direito constitucional*. 2. ed. Belo Horizonte: Fórum, 2014, p. 167-168).

[12] FISS, Owen. El efecto silenciador de la libertad de expresión. *Isonomía*, n. 4, p. 22, 1996.

[13] FISS, Owen. *El efecto silenciador de la libertad de expresión*, p. 24.

deve, em princípio, ser considerada como mais um elemento que irá compor as rodadas deliberativas que qualificam a democracia.[14]

Elucida-se, com isso, que, em certas circunstâncias, o Estado será compelido a assumir um papel ativo em controvérsias políticas de alta intensidade. Tome-se como premissa o fato de que integra a atividade estatal rotineira a introdução de normas com caráter coercitivo. Membros da sociedade civil muitas vezes podem discordar das escolhas políticas realizadas pelos agentes políticos e, em razão disso, expressar seu descontentamento com as medidas governamentais. Para que o Estado continue a exercer suas funções de maneira legítima, ele precisa justificar, com fundamento na Constituição e nas leis, suas decisões perante a comunidade política.

Em certas circunstâncias, contudo, algumas mensagens passam a contestar as premissas basilares que compõem a própria comunidade discursiva. Manifestações de ódio que defendem a supressão de direitos e o fim da garantia de direitos para cidadãos livres e iguais não podem contar com o silêncio ou a anuência estatal. Nos casos de manifestações de discursos de ódio, o Estado pode, em caráter excepcional, observadas as exigências constitucionais, deixar sua postura neutra para preservar a própria arena deliberativa.[15]

Não se busca, com isso, legitimar um monitoramento sobre as manifestações públicas. Trata-se de ressaltar que o Estado não pode ficar inerte diante de expressões do pensamento de cunho radicalmente intolerante, que transbordem as linhas da pluralidade e da saudável contradição de opiniões, as quais devem ter seu espaço garantido na arena deliberativa. Porém, discursos que, por exemplo, sugerem a eliminação de grupos minoritários não podem demandar a mesma proteção que outras ideias apresentadas no espaço público. As manifestações que tenham como finalidade a exclusão de interlocutores e o fim do debate recaem em uma contradição, que é a da defesa de um "direito" de silenciar os outros membros da sociedade.[16] Por isso, são inaceitáveis.

A anuência do Estado perante discursos silenciadores pode representar uma omissão em relação ao princípio democrático e às liberdades individuais, valores que devem ser protegidos pela autoridade. Por outro lado, a postura estatal ativa precisa ser justificada, reitere-se, com vistas a legitimar seus procedimentos. Para tanto, os

---

[14] *No debemos perder de vista el potencial opresivo del Estado, pero tampoco debemos dejar de contemplar la posibilidad de que el Estado utilice su poder en la promoción de metas que son bienes indiscutibles: la igualdad y la libertad de expresión misma* (FISS, Owen. *El efecto silenciador de la libertad de expresión*, p. 27).

[15] MICHELMAN, Frank I. Legitimacy and Autonomy: values of the speaking State. *Brooklyn Law Review*, v. 79, p. 987, 2014. Afirma Sarmento que: "Se adotarmos uma concepção deliberativa de democracia, que a conceba não como uma mera forma de governo da maioria, ou de agregação e cômputo dos interesses individuais de cidadãos egoístas e autocentrados, mas como um complexo processo político voltado ao entendimento, pelo qual pessoas livres e iguais procuram tomar decisões coletivas que favoreçam ao bem comum, buscando o equacionamento de diferenças e desacordos através do diálogo, veremos que o *hate speech* só prejudica o funcionamento do processo democrático" (SARMENTO, Daniel. *A liberdade de expressão e o problema do hate speech*, p. 82-83).

[16] *Value democracy is thus not limited to formal democratic procedures. A state is not fully democratic if it formally guarantees rights and democratic procedures, while failing to endorse the underlying values of self-government in its broader culture. A culture of racism and sexism in civil society, as illustrated by the Hateful Society, can dis-empower minorities through non-formal means, preventing them from participating in politics and from achieving positions of influence. In this way, the Hateful Society leaves the values of self-government empty and abstract. Value democracy, by contrast, seeks to present an account of liberal democracy that more substantively respects and promotes self-government, avoiding the dystopia of the Hateful Society while also steering clear of the pervasive coercion and rights violation of the Invasive State* (BRETTSCHNEIDER, Corey. *When the State Speaks, What Should it Say?* How democracies can protect expression and promote equality. Princeton: Princeton University Press, 2012, p. 15).

indivíduos precisam ser reconhecidos como cidadãos livres e iguais. Tal reconhecimento é relevante para a produção das suas próprias identidades cívicas e para a afirmação de seus compromissos públicos e privados.

Não se trata da "identidade do Estado", mas a identidade de cada indivíduo envolvido nos processos políticos deliberativos. É nessa clivagem que a importância dos destinatários dos discursos deve ser considerada e que se pode falar em um direito de acesso à maior quantidade de informações disponíveis. Perante as múltiplas narrativas, críticas e enfoques, reclamam-se uma reflexão dos destinatários das mensagens e a possibilidade de seu ingresso na arena discursiva, implicando reafirmação do exercício da cidadania.

Em sentido análogo, nos Estados Unidos, explica Robert Post, a doutrina relacionada à Primeira Emenda da Constituição Americana[17] não se sustenta apenas na ideia de que o governo não pode regular atividades comunicativas. Para Post, a melhor explicação para a doutrina da Primeira Emenda decorre de sua conexão com o autogoverno democrático. Isso porque a democracia não pode ser baseada apenas em um conjunto de procedimentos informados de tomada de decisão; ela envolve uma relação entre governantes e governados e apenas é realizada quando aqueles que são sujeitos à lei acreditam que também podem ser seus autores potenciais. Assim, eleições e outras formas de participação democrática são elementos que compõem a legitimação política de uma sociedade. Tais participações são mediadas por processos comunicativos na arena pública. Por isso, exige-se que os cidadãos tenham reais condições de acesso à esfera pública para que possam participar na formação e revisão dos discursos circulantes.[18]

Os discursos públicos e os meios de comunicação são considerados peças fundamentais para a construção da opinião pública, eis que habilitam os cidadãos a experienciar a importância do autogoverno.[19] Nessa esfera, todos os cidadãos, sejam produtores do discurso público ou seus destinatários, devem experimentar, com autonomia, condições iguais de participação política.[20]

Assim, se há o reconhecimento da importância do autogoverno como fator determinante para a democracia, a liberdade de expressão se torna um direito fundamental vinculado às condições democráticas da sociedade e ao acesso à informação.

Todavia, a noção de que o livre mercado de ideias deve ser protegido, de que os discursos que inovam na esfera pública e inserem informações devem ser resguardados,

---

[17] *Congress shall make no law respecting an establishment of religion, or prohibiting the free exercise thereof; or abridging the freedom of speech, or of the press; or the right of the people peaceably to assemble, and to petition the Government for a redress of grievances.*

[18] POST, Robert. Participatory democracy and free speech. *Virginia Law Review*, v. 97, p. 482, 2011.

[19] POST, Robert. *Participatory democracy and free speech*, p. 483.

[20] Para Ronald Dworkin: "O segundo tipo de justificação da liberdade de expressão pressupõe que ela é importante não só pelas consequências que tem, mas porque o Estado deve tratar todos os cidadãos adultos (com exceção dos incapazes) como agentes morais responsáveis, sendo esse um traço essencial ou 'constitutivo' de uma sociedade política justa. Essa exigência tem duas dimensões. Em primeiro lugar, as pessoas moralmente responsáveis fazem questão de tomar suas próprias decisões acerca do que é bom ou mal na vida e na política e do que é verdadeiro ou falso na justiça ou na fé. O Estado ofende seus cidadãos e nega a responsabilidade moral deles quando decreta que eles não têm qualidade moral suficiente para ouvir opiniões que possam persuadi-los de convicções perigosas ou desagradáveis. Só conservamos nossa dignidade individual quando insistimos em que ninguém – nem o governante nem a maioria dos cidadãos – tem o direito de nos impedir de ouvir uma opinião por medo de que não estejamos aptos ao ouvi-la e ponderá-la" (DWORKIN, Ronald. *O direito da liberdade*: a leitura moral da Constituição norte-americana. São Paulo: Martins Fontes, 2006, p. 319).

é insuficiente se considerada de maneira isolada. De acordo com a doutrina do "mercado de ideias", o melhor teste sobre a verdade de um pensamento seria sua capacidade de ser aceito.[21]

Novas informações que venham a ser veiculadas para a composição dos discursos públicos precisam ser submetidas a julgamentos valorativos sobre sua aceitabilidade.[22] Com isso, não se busca afastar a importância da autonomia dos indivíduos na escolha das informações disponíveis ou defender a intervenção estatal na realização do julgamento da aceitabilidade dos discursos públicos. Apenas evidenciar que a doutrina do "mercado de ideias" é limitada e precisa ser complementada por uma perspectiva participatória dos atores que podem definir os discursos públicos.[23]

A faceta intolerável da intervenção estatal, nos casos em que esta venha a ser experimentada, estaria nas situações em que o Estado não consegue explicar de maneira adequada as razões de sua interferência na esfera comunicacional. Entende-se que, em tais circunstâncias, não caberia ao ente estatal intervir nas produções de conteúdos informativos veiculados pelas mais diferentes mídias. Nos casos de dúvida sobre o seu papel, seria o caso de omitir-se.

A eventual atuação positiva do Estado na definição de conteúdos reclama amparo legal e legitimidade. Deve, portanto, ser muito bem justificada, tendo por escopo a proteção das condições de participação do maior número possível de pessoas na formação dos discursos públicos, implicando isso que os destinatários das informações possam elaborar suas próprias conclusões sobre os conteúdos veiculados na arena pública.

3 Projeções normativas no Brasil e a Lei de Imprensa

Nos termos do disposto na Constituição Federal, "art. 5º, IV – é livre a manifestação do pensamento, sendo vedado o anonimato"; no inciso V, é garantido expressamente o direito de resposta, proporcional ao agravo, e possíveis indenizações por danos decorrentes da ofensa;[24] na sequência, o inciso VI assegura a liberdade de crença e

---

[21] Oliver Wendell Holmes propôs a teoria do "mercado de ideias" em seu voto vencido no caso *Abrams v. United States* (1919): "*(...) the best test of truth is the power of the thought to get itself accepted in the competition of the market, and that truth is the only ground upon which their whishes safely can be carried out. That at any rate is the theory of our Constitution*". Em outro voto vencido, no caso *United States v. Schwimmer* (1929) ele afirmou a importância da liberdade de pensamento: "*If there is any principle of the Constitution that more imperatively calls for attachment than any other it is the principle of free thought – not free thought for those Who agree with us but freedom of for the thought that we hate*". Segundo Post: "*The theory of the marketplace of ideas focuses on 'the truth-seeking function' of the First Amendment. It extends the shelter of constitutional protection to speech so that we can better understand the world in which we live. It would follow from the theory, therefore, that at a minimum the Constitution ought to be concerned with all communication conveying ideas relevant to our understanding the world, whether or not these ideas are political in nature. This does not mean, of course, that the Constitution would prohibit all regulation of such communication. But it does imply that regulation of such communication ought to be evaluated according to the constitutional standards of the theory*" (POST, Robert. Reconciling Theory and Doctrine in First Amendment Jurisprudence. *California Law Review*, v. 88, 2000, p. 2.363).

[22] *The most normatively desirable account of the First Amendment is to conceive its fundamental purpose as protecting the processes of opinion formation that are necessary for democratic self-governance* (POST, Robert. *Participatory democracy and free speech*, p. 487).

[23] *The participatory approach does not focus on the cognitive cogency of speech, but rather on its facilitation of democratic participation* (POST, Robert. *Reconciling Theory and Doctrine in First Amendment Jurisprudence*, p. 2.371).

[24] A Lei Maior assegura a todos o direito de resposta, que corresponde à faculdade de retrucar uma ofensa veiculada por meio de comunicação. O direito de resposta, basicamente, é uma reação ao uso indevido da mídia, ostentando nítida natureza de desagravo – tanto assim que a Constituição assegura o direito de resposta "proporcional ao

consciência. Complementa a lista não exaustiva de proteções o inciso IX, que protege a livre expressão intelectual, artística, científica e de comunicação, as quais não podem ser censuradas ou depender de licença, e o inciso XIV, que cuida do acesso de todos à informação, resguardado o sigilo da fonte, quando este venha a ser necessário. Tais dispositivos já seriam suficientes para conformar um robusto rol de garantias fundamentais relacionadas ao livre exercício de manifestações e da liberdade informativa, mais completo, pelo menos no plano normataivo, do que a Primeira Emenda da *Bill of Rights* americana.

Não obstante, o Constituinte procurou reafirmar a tutela constitucional sobre a liberdade de expressão, de informação e a vedação à censura ao endereçar um capítulo específico para a comunicação social:

> Art. 220. A manifestação do pensamento, a criação, a expressão e a informação, sob qualquer forma, processo ou veículo não sofrerão qualquer restrição, observado o disposto nesta Constituição. §1º Nenhuma lei conterá dispositivo que possa constituir embaraço à plena liberdade de informação jornalística em qualquer veículo de comunicação social, observado o disposto no art. 5º, IV, V, X, XIII e XIV. §2º É vedada toda e qualquer censura de natureza política, ideológica e artística. (...).

Talvez a repetição dos dispositivos encontre fundamento na discrepância entre aquilo que historicamente pode ser observado como o discurso oficial e as práticas do Estado brasileiro, que, apesar de não assumir explicitamente o exercício da censura, utilizou esse odioso expediente como meio de controle prévio dos conteúdos veiculados. Como bem obseva Luís Roberto Barroso: "(...) a censura jamais se apresenta como instrumento da intolerância, da prepotência ou de outras perversões ocultas. Ao contrário, como regra, ela destrói em nome da segurança, da moral, da família, dos bons costumes. Na prática, todavia, oscila entre o arbítrio, o capricho e o ridículo".[25]

A indispensável e oportuna proibição da censura não é incompatível com algumas excepcionais e justificadas formas de controle autorizadas por dispositivos normativos constitucionais ou infraconstitucionais.[26] Por isso, entende-se que:

---

agravo" sofrido (art. 5º, V). O direito de resposta é meio de proteção da imagem e da honra do indivíduo que se soma à pretensão de reparação de danos morais e patrimoniais decorrentes do exercício impróprio da liberdade de expressão (MENDES, Gilmar Ferreira; BRANCO, Paulo Gustavo Gonet. *Curso de Direito Constitucional*, p. 300).

[25] BARROSO, Luís Roberto. *Temas de direito constitucional*. Rio de Janeiro: Renovar, 2001, p. 345-346.

[26] Com vistas a reparar sucessivos equívocos históricos cometidos pelo país, o Brasil implantou um sistema de classificação indicativa que não representa censura, mas uma orientação prévia para os responsáveis sobre o conteúdo a ser exposto; por isso, prevê a Constituição Federal, no seu art. 220, §3º: "Compete à lei federal: I - regular as diversões e espetáculos públicos, cabendo ao Poder Público informar sobre a natureza deles, as faixas etárias a que não se recomendem, locais e horários em que sua apresentação se mostre inadequada". Ainda, nos termos da Portaria nº 368/2014 do Ministério da Justiça, o governo se propõe a classificar: I - obras audiovisuais destinadas à televisão e aos mercados de cinema e vídeo doméstico; II - jogos eletrônicos e aplicativos; e III - jogos de interpretação de personagens. Não são submetidos à classificação: I - exibições ou apresentações ao vivo, abertas ao público, tais como as circenses, teatrais e shows musicais; II - competições esportivas; III - programas e propagandas eleitorais; IV - propagandas e publicidades em geral; e V - programas jornalísticos. Ainda, procura-se verificar a incidência de conteúdos de: I - sexo e nudez; II - violência; e III - drogas. Como explicam Gilmar Mendes e Paulo Branco: "É interessante observar que não abre margem para que a Administração possa proibir um espetáculo, nem muito menos lhe permite cobrar cortes na programação. Apenas confere às autoridades administrativas competência para indicar a faixa etária adequada e sugerir horários e locais para a sua apresentação" (MENDES, Gilmar Ferreira; BRANCO, Paulo Gustavo Gonet. *Curso de Direito Constitucional*, p. 304).

Ora, salvo em circunstâncias claramente justificáveis (é o caso, v.g., do cuidado com a criança e o adolescente), pretender o Estado substituir-se à esfera decisória do cidadão, exercendo tutela, ditando *o que deve* e *o que pode* ser informado, *como deve* ou *como pode* manifestar-se a criação intelectual, implica clara agressão às liberdades de informação e expressão.[27]

O entendimento de que o Estado não pode considerar o indivíduo como um "incapaz" para tomar decisões, para discernir, por conta própria, sobre os conteúdos que deseja conhecer ajusta-se à ideia de uma postura ativa do cidadão na formação de suas convicções. Cabe ao Estado, como bem anota Tercio Sampaio Ferraz Júnior: "(...) dar-lhe os meios legais para exercer o juízo sobre as coisas",[28] esta seria a condição inicial a partir da qual se faz possível a construção de *discursos públicos* no espaço público democrático.

Por isso, cabe tratar das diferentes dimensões das liberdades de expressão e de informação. Pois, ao mesmo tempo em que se percebe uma mensagem direta de vedação à prática da censura pelo Estado, fator que contempla a dimensão defensiva da liberdade de expressão, também podem ser observados elementos que visem ao aspecto transindividual de tais liberdades, com vistas ao "(...) enriquecimento da qualidade e do grau de *inclusividade* do discurso público".[29]

Costura-se, assim, a complementaridade das dimensões que buscam sintetizar o processo cognitivo subjetivo. Se não podemos ser compreendidos como apenas fruto do nosso meio, nem como indivíduos completamente autônomos e independentes de nossas relações intersubjetivas, isso se dá pela relativa determinação de ambos. A fórmula a ser buscada no âmbito jurídico, para a garantia dos direitos de um cidadão, capaz de compreender sua realidade e refletir criticamente sobre o seu mundo, demanda um espaço democrático, plural, aberto para a participação de todos, mas, também, a atividade solitária de reflexão de cada um, supondo escolhas éticas e políticas sobre a vida boa.[30]

---

[27] CLÈVE, Clèmerson Merlin. *Soluções práticas de direito.* v. I. São Paulo: RT, 2012, p. 113-114.

[28] FERRAZ JUNIOR, Tercio Sampaio. Parecer. *Garantias constitucionais à liberdade de expressão comercial.* São Paulo: Conar, 2000, p. 12.

[29] BINENBOJM, Gustavo. Meios de Comunicação de Massa, Pluralismo e Democracia Deliberativa: as liberdades de expressão e de imprensa nos Estados Unidos e no Brasil. *Revista da EMERJ,* v. 6, n. 23, p. 373, 2003. "Com efeito, também em relação à liberdade de expressão importa enfatizar que ela apresenta uma dupla dimensão subjetiva e objetiva, ou seja, operando como direito subjetivo individual (e mesmo coletivo, a depender do caso), tanto em matriz negativa (implicando deveres de abstenção, ou seja, de não impedimentos em ações, como já frisado) e, a depender do caso, direitos subjetivos a prestações, por sua vez, fortemente vinculados à dimensão objetiva, que importa em deveres estatais de proteção, em parte satisfeitos mediante a edição de normas de cunho procedimental e criação e regulamentação de instituições (órgãos) que atuam na proteção e promoção dos direitos, como é o caso, por exemplo, da criação, no plano constitucional, do Conselho de Comunicação Social (art. 224 da CF). Tais deveres de proteção, todavia, também vinculam os órgãos judiciais, aos quais incumbe não apenas zelar devida consideração dos direitos e interesses postos em causa concretamente no âmbito das relações entre sujeitos privados, mas também controlar a constitucionalidade dos atos estatais que interferem na liberdade de expressão. Ainda no que diz respeito com a sua *dimensão objetiva,* a liberdade de expressão, para além de um direito individual (na condição de direito subjetivo), representa, como já frisado, um valor central para um Estado Democrático de Direito e para a própria dignidade humana, na qual, como já visto, encontra um dos seus principais fundamentos (senão o seu principal fundamento). Assim, em função de tal circunstância, cuida-se de um valor da comunidade política com um todo, e nesta perspectiva a liberdade de expressão adquire uma dimensão transindividual, como, de resto, já se verificou, ocorre em termos gerais com os direitos fundamentais na sua perspectiva objetiva" (SARLET, Ingo W.; MARINONI, Luiz Guilherme; MITIDIERO, Daniel. *Curso de Direito Constitucional,* p. 459-460).

[30] Veja-se, por exemplo no âmbito das relações de consumo, como o direito à informação é apresentado: "(...) (a) direito do consumidor conhecer o produto, podendo compará-lo com outros análogos; (b) exigência de correspondência entre o que foi anunciado e o que é oferecido; (c) respeito à pluralidade e à indeterminação do universo que receberá a mensagem e as diferentes forma de recebê-lo, observando-se, em especial, as condições

Isso apenas pode ser esboçado com a proteção de um conjunto de práticas, sejam elas individuais ou advindas de corpos institucionais específicos, no que tange à produção e veiculação de informações. As liberdades de expressão e de informação se tornam, por isso, fatores decisivos para a sobrevivência dos espaços deliberativos.

Tais garantias existem, repita-se, principalmente para tutelar o dissenso, as minorias, sejam elas de qualquer origem política, ideológica ou partidária. Discursos plácidos e que contam com a aceitação majoritária não precisam – como regra – de proteção. Para tanto, deveria ser suficiente para ingressar na arena pública o reconhecimento de que, em princípio, toda nova informação produzida em espaços democráticos – sejam esses a praça pública, as ruas, as mídias convencionais (rádio, televisão, cinema), ou mesmo qualquer outro meio eletrônico, a internet compreendida em seu gigantesco espectro comunicacional – substancia contribuições fundamentais para a pluralidade, para a apresentação de outras perspectivas sobre um mesmo fenômeno, para o incremento dos debates e da qualidade dos argumentos e, por fim, para o robustecimento da cidadania.

A liberdade de informação jornalística e a liberdade de expressão conjugam, com isso, os elementos basilares para a formação do *discurso público*, sem os quais o livre fluxo de informação ou o potencial direito de ser *bem* informado ficam prejudicados. Com isso, não se busca proteger apenas a voz dissidente solitária; também se encontram sob proteção jurídica a possibilidade de revisão periódica dos consensos e o desafio ao *status quo* com a consequente busca de novas convenções, entendimentos e alternativas. Logo, a liberdade de informação jornalística não pode ser "absolutizada".[31] Os direitos à intimidade e à privacidade e as liberdades de manifestação do pensamento e de informação, em sentido amplo, podem vir a colidir em determinadas circunstâncias.[32] Ora, eventual solução da colisão não será resolvida, no âmbito dos direito fundamentais, com apoio na ideia de direito absoluto. Os direitos fundamentais são relativos, sabemos, embora a proibição da censura constitua premissa inafastável.

No que diz respeito à jurisprudência nacional, no âmbito do Supremo Tribunal Federal, o Brasil adota uma postura amplamente protetiva das liberdades de expressão e informação.[33] Exemplo nesse sentido foi o julgamento da ADPF nº 130 em 2009, que

---

dos que ostentem incapacidade de discernimento (criança, adolescente etc.); e (d) direito do consumidor saber que está recebendo informação publicitária" (CLÈVE, Clèmerson Merlin. *Soluções práticas de direito*, v. I, p. 119).

[31] SILVA, Virgílio Afonso. *Direitos Fundamentais*: conteúdo essencial, restrições e eficácia. 2. ed. São Paulo: Malheiros, 2010, p. 118.

[32] Esta foi a compreensão adotada pelo Supremo Tribunal Federal no julgamento do "Caso Ellwanger": "As liberdades públicas não são incondicionais, por isso devem ser exercidas de maneira harmônica, observados os limites definidos na própria CF (CF, art. 5º, §2º, primeira parte). O preceito fundamental de liberdade de expressão não consagra o 'direito à incitação ao racismo', dado que um direito individual não pode constituir-se em salvaguarda de condutas ilícitas, como sucede com os delitos contra a honra. Prevalência dos princípios da dignidade da pessoa humana e da igualdade jurídica" (HC nº 82.424, Rel. p/ o ac. Min. Presidente Maurício Corrêa, j. 17.09.2003, Plenário, *DJ* 19.03.2004).

[33] Em nossa percepção, o Tribunal tem conferido maior proteção a essa garantias quando identifica que elas estão relacionadas, de alguma maneira, com o desenvolvimento da democracia brasileira e com o exercício do autogoverno. Em sentido oposto, a Corte tem tolerado maiores restrições a essas liberdades, quando não vislumbra promoção imediata da democracia (KOATZ, Rafael Lorenzo-Fernandez. *As Liberdades de Expressão e de Imprensa na Jurisprudência do Supremo Tribunal Federal*, p. 442). Nesse sentido, ver a não recepção do art. 4º, V, do DL nº 972/1969, que exigia diploma de curso superior para o exercício da profissão de jornalista: "O jornalismo é uma profissão diferenciada por sua estreita vinculação ao pleno exercício das liberdades de expressão e de informação. O jornalismo é a própria manifestação e difusão do pensamento e da informação de forma contínua, profissional e remunerada. Os jornalistas são aquelas pessoas que se dedicam profissionalmente ao exercício pleno da liberdade de expressão. O jornalismo e a liberdade de expressão, portanto, são atividades que estão

implicou afastamento da integralidade da Lei de Imprensa (Lei nº 5.250/1967). Um dos principais argumentos explicitados pelos ministros do Supremo Tribunal Federal foi no sentido de que a Lei de Imprensa acabava por representar um obstáculo na construção de uma sociedade efetivamente democrática. Ademais, coube aos ministros Gilmar Mendes e Joaquim Barbosa a observação de que as garantias voltadas para a proteção da liberdade de expressão não possuem apenas uma dimensão negativa, mas, também, uma promocional por parte do Estado na garantia de um espaço democrático de participação.

Veja-se parte do fundamento da decisão:

O pensamento crítico é parte integrante da informação plena e fidedigna. O possível conteúdo socialmente útil da obra compensa eventuais excessos de estilo e da própria verve do autor. O exercício concreto da liberdade de imprensa assegura ao jornalista o direito de expender críticas a qualquer pessoa, ainda que em tom áspero ou contundente, especialmente contra as autoridades e os agentes do Estado. A crítica jornalística, pela sua relação de inerência com o interesse público, não é aprioristicamente suscetível de censura, mesmo que legislativa ou judicialmente intentada. O próprio das atividades de imprensa é operar como formadora de opinião pública, espaço natural do pensamento crítico e 'real alternativa à versão oficial dos fatos' (...). Tirante, unicamente, as restrições que a Lei Fundamental de 1988 prevê para o 'estado de sítio' (art. 139), o Poder Público somente pode dispor sobre matérias lateral ou reflexamente de imprensa, respeitada sempre a ideia-força de que quem quer que seja tem o direito de dizer o que quer que seja. Logo, não cabe ao Estado, por qualquer dos seus órgãos, definir previamente o que pode ou o que não pode ser dito por indivíduos e jornalistas. As matérias reflexamente de imprensa, suscetíveis, portanto, de conformação legislativa, são as indicadas pela própria Constituição (...). Regulações estatais que, sobretudo incidindo no plano das consequências ou responsabilizações, repercutem sobre as causas de ofensas pessoais para inibir o cometimento dos abusos de imprensa. Peculiar fórmula constitucional de proteção de interesses privados em face de eventuais descomedimentos da imprensa (justa preocupação do Min. Gilmar Mendes), mas sem prejuízo da ordem de precedência a esta conferida, segundo a lógica elementar de que não é pelo temor do abuso que se vai coibir o uso. Ou, nas palavras do Min. Celso de Mello, 'a censura governamental, emanada de qualquer um dos três Poderes, é a expressão odiosa da face autoritária do Poder Público'. (...) Não recepção em bloco da Lei 5.250 pela nova ordem constitucional. Óbice lógico à confecção de uma lei de imprensa que se orne de compleição estatutária ou orgânica. A própria Constituição, quando o quis, convocou o legislador de segundo escalão para o aporte regratório da parte restante de seus dispositivos (art. 29; art. 93; e §5º do art. 128). São irregulamentáveis os bens de personalidade que se põem como o próprio conteúdo ou substrato da liberdade de informação jornalística, por se tratar de bens jurídicos que

---

imbricadas por sua própria natureza e não podem ser pensadas e tratadas de forma separada. Isso implica, logicamente, que a interpretação do art. 5º, XIII, da Constituição, na hipótese da profissão de jornalista, se faça, impreterivelmente, em conjunto com os preceitos do art. 5º, IV, IX, XIV, e do art. 220 da Constituição, que asseguram as liberdades de expressão, de informação e de comunicação em geral. (...) No campo da profissão de jornalista, não há espaço para a regulação estatal quanto às qualificações profissionais. O art. 5º, IV, IX, XIV, e o art. 220 não autorizam o controle, por parte do Estado, quanto ao acesso e exercício da profissão de jornalista. Qualquer tipo de controle desse tipo, que interfira na liberdade profissional no momento do próprio acesso à atividade jornalística, configura, ao fim e ao cabo, controle prévio que, em verdade, caracteriza censura prévia das liberdades de expressão e de informação, expressamente vedada pelo art. 5º, IX, da Constituição. A impossibilidade do estabelecimento de controles estatais sobre a profissão jornalística leva à conclusão de que não pode o Estado criar uma ordem ou um conselho profissional (autarquia) para a fiscalização desse tipo de profissão. O exercício do poder de polícia do Estado é vedado nesse campo em que imperam as liberdades de expressão e de informação. Jurisprudência do STF: Rp 930, Rel. p/ o ac. Min. Rodrigues Alckmin, *DJ* de 02.09.1977 (RE 511.961, Rel. Min. Gilmar Mendes, j. em 17.06.2009, Plenário, *DJe* 13.11.2009).

têm na própria interdição da prévia interferência do Estado o seu modo natural, cabal e ininterrupto de incidir. Vontade normativa que, em tema elementarmente de imprensa, surge e se exaure no próprio texto da Lei Suprema.[34]

Importante lembrar que a decisão não foi unânime no sentido do afastamento da integralidade do diploma normativo que cuidava da imprensa nacional.[35] Prevaleceu, não obstante, a noção de que não seria possível compatibilizar a Lei nº 5.250/1967 com a Constituição de 1988. Uma das consequências que o afastamento da Lei de Imprensa produziu foi o solapamento da normatização da garantia do direito de resposta, o qual, para além da explícita previsão constitucional, também é elemento primordial para a construção do *discurso público* em uma sociedade democrática.[36]

Pode-se observar, entretanto, que, em termos gerais, a memorável decisão do Supremo Tribunal Federal representa uma fundamental contribuição para o aprimoramento das nossas instituições democráticas.

4 Considerações finais

Se for possível entrelaçar o conjunto normativo que cuida da liberdade de expressão e de informação, constantes na Constituição Federal, com o fundamento presente em seu art. 1º, V, que trata o pluralismo político como material constitutivo do Estado Democrático de Direito brasileiro,[37] pode-se chegar a uma síntese sobre os aspectos necessários para a formação do *discurso público* nacional.

É defensável, diante de tal perspectiva, uma atuação da autoridade, em caráter excepcional, quando for observado algum obstáculo para a garantia da pluralidade de opiniões no fórum comunicativo da sociedade. O Estado, por isso, pode deixar de lado sua postura inativa para promover a expressão das vozes minoritárias. A ele seria incumbida a tarefa promocional de incentivar o dissenso, ainda que isso venha, em diversas ocasiões, em sentido oposto à busca por aceitação popular dos governantes. O fundamento para tanto repousa no entendimento de que o acesso à informação constitui direito da cidadania, a qual pode pleitear ser informada de maneira adequada sobre os assuntos que venha a considerar de seu interesse. Se há, reconhecido, o direito

---

[34] ADPF nº 130, Rel. Min. Ayres Britto, j. 30.04.2009, Plenário, *DJe* 06.11.2009. No mesmo sentido: Rcl nº 11.305, Rel. Min. Gilmar Mendes, j. 20.10.2011, Plenário, *DJe* 08.11.2011; AI nº 684.535-AgR-ED, Rel. Min. Eros Grau, j. 20.04.2010, Segunda Turma, *DJe* 14.05.2010; ADI nº 4.451-MC-REF, Rel. Min. Ayres Britto, j. 02.09.2010, Plenário, *DJe* 01.07.2011.

[35] O STF, por maioria, julgou procedente a ação, restando vencidos, em parte, o Min. Joaquim Barbosa e a Min. Ellen Gracie, que a julgaram a Lei nº 5.250/1967 inconstitucional quanto aos artigos 1º, §1º; 2º, *caput*; 14; 16, inciso I e artigos 20, 21 e 22; o Min. Gilmar Mendes, que julgou a referida lei inconstitucional quanto aos artigos 29 a 36, e o Min. Marco Aurélio, que julgou a ação improcedente.

[36] Os ministros Cezar Peluso, Joaquim Barbosa e Celso de Mello se manifestaram no sentido de que a decisão da Corte seria saudável, pois ampliaria o escopo dos casos de direito de resposta ao permitir que o juiz defina a abrangência do direito de resposta. O Min. Gilmar Mendes, por sua vez, afirmou que: "Vejam que nosso modelo – e aqui, talvez pudéssemos até considerar que o modelo comportaria uma interpretação conforme – é restritivo, porque se limita a exigir o direito de resposta por fato inverídico ou errôneo" (ADPF nº 130, Rel. Min. Ayres Britto, j. 30.04.2009, Plenário, *DJe* 06.11.2009).

[37] SARMENTO, Daniel. Liberdade de expressão, pluralismo e o papel promocional do Estado. *Revista Diálogo Jurídico*, n. 16, p. 30, 2007.

de acesso à informação,[38] pode-se falar, em igual medida, em um direito dos ouvintes de serem informados da maneira mais adequada possível, sem a intervenção de censura ou de outros impedimentos estatais prévios sobre o conteúdo veiculado (sigilo, por exemplo) e com a maior pluralidade possível de fontes produtoras e revisoras de informações.

Nesse sentido, as liberdades de expressão e de informação cumprem o papel de abertura de espaços para o dissenso,[39] para manifestações de divergências no processo de, através da expressão das diferenças, afirmar ou reconstruir o consenso possível. A proteção das posições dissonantes não é voltada para instituir uma garantia de titularidade individual, não sendo determinante a pessoa que está a prestar a informação, mas a própria informação que está sendo apresentada. Preserva-se a arena pública deliberativa ao salvaguardar o direito ao dissenso, como nos casos em que alguém denuncia práticas iníquas do governo (a figura do *whistleblower*).[40]

Apenas assim a formação de um fórum público de ideias, composto por uma ampla gama de pessoas e opiniões, pode ser empreendida. Quando os fóruns públicos funcionam, há maior probabilidade de acesso a informações que poderiam ser injustificadamente ocultadas.

O espaço "físico" em que tais manifestações irão ocorrer não mais se limita aos lugares tradicionais da rua ou da praça pública. Com o advento de meio de comunicação de massa, os espaços para a exposição e discussão de ideias aumentaram de maneira significativa. Essa tendência foi drasticamente exponencializada com a popularização da internet e seus incontáveis dispositivos de troca de informações.[41] Tais fatores traçaram novas fronteiras no que diz respeito à liberdade de informação.

---

[38] A nova Lei de Acesso à Informação Pública regulamenta o direito à informação garantido pela Constituição Federal (art. 5º, XXXIII; art. 37, §3º, II; art. 216, §2º), compelindo órgãos públicos a considerar a publicidade como regra e o sigilo como exceção. A divulgação de informações de interesse público ganha procedimentos para facilitar e agilizar o acesso por qualquer pessoa, inclusive com o uso de tecnologias apropriadas, sendo estimulado o desenvolvimento de uma cultura de transparência e controle social da Administração Pública (CLÈVE, Clèmerson Merlin. *Temas de direito constitucional*, p. 149).

[39] SUNSTEIN, Cass R. *Why Societies Need Dissent*. Cambridge: Harvard University Press, 2003, p. 96. No Brasil, veja-se a seguinte decisão do STF: "Por entender que o exercício dos direitos fundamentais de reunião e de livre manifestação do pensamento devem ser garantidos a todas as pessoas, o Plenário julgou procedente pedido formulado em ação de descumprimento de preceito fundamental para dar, ao art. 287 do CP, com efeito vinculante, interpretação conforme a Constituição, de forma a excluir qualquer exegese que possa ensejar a criminalização da defesa da legalização das drogas, ou de qualquer substância entorpecente específica, inclusive através de manifestações e eventos públicos. (...) Destacou-se estar em jogo a proteção às liberdades individuais de reunião e de manifestação do pensamento. (...) verificou-se que a marcha impugnada mostraria a interconexão entre as liberdades constitucionais de reunião – direito-meio – e de manifestação do pensamento – direito-fim – e o direito de petição, todos eles dignos de amparo do Estado, cujas autoridades deveriam protegê-los e revelar tolerância por aqueles que, no exercício do direito à livre expressão de suas ideias e opiniões, transmitirem mensagem de abolicionismo penal quanto à vigente incriminação do uso de drogas ilícitas. Dessa forma, esclareceu-se que seria nociva e perigosa a pretensão estatal de reprimir a liberdade de expressão, fundamento da ordem democrática, haja vista que não poderia dispor de poder algum sobre a palavra, as ideias e os modos de sua manifestação. Afirmou-se que, conquanto a livre expressão do pensamento não se revista de caráter absoluto, destinar-se-ia a proteger qualquer pessoa cujas opiniões pudessem conflitar com as concepções prevalecentes, em determinado momento histórico, no meio social. Reputou-se que a mera proposta de descriminalização de determinado ilícito penal não se confundiria com ato de incitação à prática do crime, nem com o de apologia de fato criminoso. Concluiu-se que a defesa, em espaços públicos, da legalização das drogas ou de proposta abolicionista a outro tipo penal, não significaria ilícito penal, mas, ao contrário, representaria o exercício legítimo do direito à livre manifestação do pensamento, propiciada pelo exercício do direito de reunião" (ADPF nº 187, Rel. Min. Celso de Mello, j. 15.06.2011, Plenário, Informativo 631.)

[40] *When someone blows the whistle on government fraud or deceit, the real winners are members of the public, not the whistleblower. Legal protection of whistleblowing is an effort to ensure the free flow of information* (SUNSTEIN, Cass R. *Why Societies Need Dissent*, p. 98).

[41] *The internet makes a great deal of difference here. By dramatically increasing available information sources, it has many consequences. Information can reach countless people instantaneously. Because so many information sources are available,*

Não se pode negar que, entre nós, ainda podem ser apontados resquícios argumentativos favoráveis a interdições discursivas que não se sustentam em um Estado Democrático de Direito. Sobre o assunto, de maneira oportuna, o Supremo Tribunal Federal adotou postura de elevado grau liberal, possivelmente com vistas a romper com a tradição autoritária que perdurou por muitos anos no Brasil, como pode ser observado no caso da Lei de Imprensa na seguinte decisão:

> O STF tem destacado, de modo singular, em seu magistério jurisprudencial, a necessidade de preservar-se a prática da liberdade de informação, resguardando-se, inclusive, o exercício do direito de crítica que dela emana, por tratar-se de prerrogativa essencial que se qualifica como um dos suportes axiológicos que conferem legitimação material à própria concepção do regime democrático. Mostra-se incompatível com o pluralismo de ideias, que legitima a divergência de opiniões, a visão daqueles que pretendem negar, aos meios de comunicação social (e aos seus profissionais), o direito de buscar e de interpretar as informações, bem assim a prerrogativa de expender as críticas pertinentes. Arbitrária, desse modo, e inconciliável com a proteção constitucional da informação, a repressão à crítica jornalística, pois o Estado – inclusive seus juízes e tribunais – não dispõe de poder algum sobre a palavra, sobre as ideias e sobre as convicções manifestadas pelos profissionais da imprensa.[42]

A adequada tutela das liberdades de informação e de expressão é indispensável para aqueles que produzem novos conteúdos e, também, para os destinatários das mensagens, que possuem o direito de receber as melhores informações disponíveis. Por isso, deve-se ter o cuidado de não realizar uma leitura simplista de tais liberdades. Nessa linha, importam demandar adequadas e robustas justificações por parte da autoridade para a adoção de eventuais políticas públicas envolvendo intervenção na área em questão. A conjunção desses elementos tem como finalidade a preservação da pluralidade, compreendida em sentido amplo, manifestada nas críticas, opiniões e nas divergências. Ora, o silêncio dos túmulos ou aquele decorrente da violência não é compatível com as exigências de um verdadeiro Estado Democrático de Direito.

Referências

ARENDT, Hannah. *Sobre a violência*. São Paulo: Companhia das Letras, 2010.

BARROSO, Luís Roberto. *Temas de direito constitucional*. Rio de Janeiro: Renovar, 2001.

BINENBOJM, Gustavo. Meios de comunicação de massa, pluralismo e democracia deliberativa: as liberdades de expressão e de imprensa nos Estados Unidos e no Brasil. *Revista da EMERJ*, v. 6, n. 23, 2003.

BRETTSCHNEIDER, Corey. *When the State Speaks, What Should it Say?* How democracies can protect expression and promote equality. Princeton: Princeton University Press, 2012.

CLÈVE, Clèmerson Merlin. *Soluções práticas de direito*. v. I. São Paulo: RT, 2012.

CLÈVE, Clèmerson Merlin. *Temas de direito constitucional*. 2. ed. Belo Horizonte: Fórum, 2014.

---

users can be freed from the filtering effects of general interest intermediaries. If so inclined, people can sort themselves into like-minded communities through listservers, websites, chatrooms, and the like (SUNSTEIN, Cass R. *Why Societies Need Dissent*, p. 107).

[42] AI nº 705.630 - AgR, Rel. Min. Celso de Mello, j. 22.03.2011, Segunda Turma, *DJe* 06.04.2011.

DWORKIN, Ronald. *O direito da liberdade*: a leitura moral da Constituição norte-americana. São Paulo: Martins Fontes, 2006.

FERRAZ JUNIOR, Tercio Sampaio. Parecer. *Garantias constitucionais à liberdade de expressão comercial*. São Paulo: Conar, 2000.

FISS, Owen. El efecto silenciador de la libertad de expresión. *Isonomía*, n. 4, 1996.

FISS, Owen. *Libertad de expresión y estructura social*. México: Fontamara, 1997.

HESSE, Konrad. *Elementos de direito constitucional da República Federal da Alemanha*. Porto Alegre: Sergio Antonio Fabris, 1998.

HOLMES, Stephen; SUNSTEIN, Cass R. *The Cost of Rights*: why liberty depends on taxes. New York: W.W. Norton & Company, 1999.

KOATZ, Rafael Lorenzo-Fernandez. As liberdades de expressão e de imprensa na jurisprudência do Supremo Tribunal Federal. In: SARMENTO, Daniel; SARLET, Ingo Wolfgang (Coord.). *Direitos Fundamentais no Supremo Tribunal Federal*: balanço e crítica. Rio de Janeiro: Lumen Juris, 2011.

MENDES, Gilmar Ferreira; BRANCO, Paulo Gustavo Gonet. *Curso de Direito Constitucional*. 6. ed. São Paulo: Saraiva, 2011.

MICHELMAN, Frank I. Legitimacy and autonomy: values of the speaking State. *Brooklyn Law Review*, v. 79, 2014.

OMMATI, José Emílio Medaudar. *Liberdade de expressão e discurso de ódio na Constituição de 1988*. Rio de Janeiro: Lumen Juris, 2012.

POST, Robert. Participatory democracy and free speech. *Virginia Law Review*, v. 97, 2011.

POST, Robert. Reconciling Theory and Doctrine in First Amendment Jurisprudence. *California Law Review*, v. 88, 2000.

SARLET, Ingo W.; MARINONI, Luiz Guilherme; MITIDIERO, Daniel. *Curso de Direito Constitucional*. 3. ed. São Paulo: Revista dos Tribunais, 2014.

SARMENTO, Daniel. A liberdade de expressão e o problema do *hate speech*. *Revista de Direito do Estado*, n. 4, out./dez. 2006.

SARMENTO, Daniel. Liberdade de expressão, pluralismo e o papel promocional do Estado. *Revista Diálogo Jurídico*, n. 16, 2007.

SILVA, Virgílio Afonso. *Direitos Fundamentais*: conteúdo essencial, restrições e eficácia. 2. ed. São Paulo: Malheiros, 2010.

SUNSTEIN, Cass R. *Why Societies Need Dissent*. Cambridge: Harvard University Press, 2003.

Informação bibliográfica deste texto, conforme a NBR 6023:2002 da Associação Brasileira de Normas Técnicas (ABNT):

CLÈVE, Clèmerson Merlin; LORENZETTO, Bruno Meneses. Pequeno discurso sobre as liberdades de informação e de expressão. In: LEITE, George Salomão; LEITE, Glauco Salomão; STRECK, Lenio Luiz (Coord.). *Jurisdição constitucional e liberdades públicas*. Belo Horizonte: Fórum, 2017. p. 265-279. ISBN 978-85-450-0237-6.

DIREITO DE PROCRIAR E PROCRIAÇÃO MEDICAMENTE ASSISTIDA NO CONTEXTO DA BIOCONSTITUIÇÃO

FELIPE SARINHO

1 Introdução

O presente artigo tratará de questões relativas às consequências éticas e jurídicas do exercício de um *direito de procriar*, intimamente relacionado ao acesso à *procriação medicamente assistida*, um tema palpitante por si e, mais ainda, em face dos avanços técnico-científicos que presenciamos nas últimas décadas.[1]

Não é difícil perceber o que conecta as duas notícias: a bioética. Criamos uma civilização, que tem no desenvolvimento tecnológico o seu maior triunfo, na qual o progresso da biotecnologia tem provocado, notadamente a partir da última metade do século passado, um grande debate a respeito das dimensões éticas, políticas e jurídicas dos avanços técnico-científicos, afetando diretamente vários ramos do conhecimento humano.

O direito, enquanto uma ordem ética, que se interpenetra com a moral, com a religião, com as convicções filosóficas da humanidade, contém necessariamente um critério de valor que condiciona o comportamento humano.

Quando se trata, então, da constituição de cada país, aplicável a qualquer setor da vida humana, Jorge Miranda entende que a área decisiva de conexão da constituição

---

[1] As páginas de um diário de circulação internacional, edição de 30 de dezembro de 2001, final do primeiro ano do novo milênio, destacavam duas notícias, separadas uma da outra por apenas duas folhas: "*SANIDAD ACEPTA INVESTIGAR COM EMBRIONES. Malestar en el Ministerio por la 'passividad' del Gobierno para cambiar la Ley de Reproducción Asistida –El Ministerio de Sanidad está dispuesto a descongelar la situación de 40.000 embriones sobrantes de los procesos de fecudación asistida y permitir que, a partir de ahora, y simpre que los progenitores lo autoricen, se dediquen a la investigación*" (BENITO, Emilio de. Sanidad acepta investigar com embriones. *El País* (Sanidad - Domingo, 30 de diciembre de 2001). Madrid, 30 dez. 2001, p. 28); "*LA AUTOREGULACIÓN ES LA ÚNICA MANERA DE TRATAR LOS PROBLEMAS DE LA BIOÉTICA – Tras su paso por la política y su regreso a la Cátedra de Ética de la Universidad Autónoma de Barcelona, la filósofa Victoria Camps ha dedicado un año sabático a reflexionar sobre la bioética, trabajando en Estados Unidos en el Hustings Center de Garrison (Estado de Nueva York) y en el Departamento de Ética Médica de la Universidad de Chicago, fruto del cual es el libro 'Una vida de calidad'*" (FONT, J. M. Martí. Victoria Camps/Filósofa. *El País* (Sociedad - Domingo, 30 de diciembre de 2001). Barcelona, 30 dez. 2001, p. 30).

com a ética médica é a dos direitos e deveres fundamentais.[2] Não se deve, é certo, cercear o progresso técnico-científico, mas, sim, buscar o ponto de harmonização entre as duas necessidades, quais sejam: a liberdade técnico-científica e o respeito a outros direitos fundamentais.

Daí preferirmos avançar, como o faz Ivo Dantas, no sentido de vislumbrar uma *bioconstituição*, entendida esta como um conjunto de normas constitucionais (valores, princípios e regras) que tem por princípios informativos a dignidade da pessoa humana, a inviolabilidade do direito à vida e a proteção à identidade pessoal e genética, tendo em vista também as suas relações com a biomedicina.[3] [4]

Pode-se, então, afirmar, na esteira de Guilherme Calmon Nogueira da Gama, que:

> A humanidade se encontra no centro de uma série de desafios que, como vez por outra ocorre na história mundial, aparentam ser indissolúveis ou de difícil resolução, mas que exigem tomada de posição, sob pena de omissão da civilização permitir que práticas não controladas produzam conseqüências imprevisíveis e possivelmente maléficas para a permanência do ser humano na Terra.[5]

Daí entendermos que toda produção científico-jurídica sobre o tema tem o condão de representar uma tentativa de compreensão dessa realidade e, consequentemente, representar essa tomada de posição. A conclusão a decorrer desse entendimento é de que a responsabilidade da atual geração é não tornar as gerações futuras reféns da técnico-ciência herdada.[6]

Por fim, não podemos nos furtar de alertar ao leitor que o fato de a bioética estar, agora, na ordem do dia vem dificultar ainda mais nossa tentativa de estudo do tema, pois a complexidade e atualidade deste tema terminam por provocar um incremento dos trabalhos científicos a respeito, com uma multiplicidade de visões (e opiniões) importantes, que nem sempre teremos oportunidade de acompanhar.

2 A procriação medicamente assistida e suas técnicas

2.1 Conceito prévio: a procriação medicamente assistida

2.1.1 Desde já, uma questão prévia se impõe: a que nos referimos quando usamos a expressão procriação medicamente assistida ou, simplesmente, PMA.

---

[2] MIRANDA, Jorge. Ética Médica e Constituição. *Revista Jurídica*, n. 16/17, p. 259-260, jul. 1991/jun. 1992.

[3] DANTAS, Ivo. A Era da Biotecnologia: Constituição, Bioética e Biodireito. *Revista OAB*. Disponível em <http://www.oab.org.br/editora/revista/users/revista/1205505342174218181901.pdf>. Acesso em: 01 out. 2015.

[4] Canotilho, em sentido próximo, utiliza o termo *constituição biomédica* para afirmar, em tom aparentemente crítico, que "avança-se no terreno movediço da 'constituição bio-médica', consagrando-se um prematuro dever de protecção da identidade genética do ser humano, nomeadamente na criação, desenvolvimento e utilização das tecnologias e na experimentação científica" (CANOTILHO, J. J. Gomes. *Direito Constitucional e Teoria da Constituição*. Coimbra: Almedina, 2002, p. 212).

[5] GAMA, Guilherme Calmon Nogueira da. *A nova filiação*: o biodireito e as relações parentais. O estabelecimento da parentalidade-filiação e os efeitos jurídicos da reprodução assistida heteróloga. Rio de Janeiro: Renovar, 2003, p. 15.

[6] Neste sentido, cf. GUIMARÃES, Ana Paula. *Alguns problemas jurídico-criminais da procriação medicamente assistida*. Coimbra: Coimbra Editora, 1999, p. 16-17.

Uma concepção corriqueira do significado de termos como *reprodução* ou *procriação humana* sempre se correlaciona com a ideia de *perpetuar-se pela geração, multiplicar-se*. E, sem dúvida, esta percepção se adéqua ao nosso propósito.

De modo geral, não se costuma fazer diferenciação em relação ao uso das palavras *reprodução* ou *procriação*, o que termina por nos induzir a compreendê-las como sinônimos. No entanto, entendemos que a ideia de *procriação* parece conduzir a um maior rigor terminológico, pois o significado do termo *procriação*[7] enseja o pressuposto de um comportamento humano.[8]

Na Idade Média, o termo *procriação* termina por se individualizar para significar especificamente o ato de reprodução humana e, após ainda algumas utilizações com significado dúbio, reserva o seu significado verdadeiro no "ato de procriar" na espécie humana, deixando para os vegetais e os outros animais a palavra reprodução.[9]

Assim, já podemos avançar que a *procriação* é o ato ou efeito de dar origem, nascimento, existência, promover a germinação, lançar rebentos ou crescer em número, que tenha por objeto o homem.[10] Ato de procriar este que, apoiado em métodos científicos ou não, envolva o ser humano, de forma direta, na busca pela multiplicação da própria espécie. No entanto, essa definição inicial, apesar de sua correção, é, ainda, ampla para o que pretendemos desenvolver neste texto.

Visamos, aqui, *focar um aspecto mais específico da procriação*, qual seja: *a reprodução da espécie humana a partir de um conjunto de operações para unir os gametas feminino e masculino, dando origem a um ser humano, sem o recurso ao coito*. Dessa forma, *técnicas de reprodução humana que não se utilizem da relação sexual (procriação carnal)* entre homem e mulher para conjungir os gametas feminino e masculino estão no âmbito do conceito de procriação medicamente assistida.[11]

2.1.2 Outrossim, também é comum o uso das expressões procriação artificial e reprodução artificial, mas, como salienta Guilherme de Oliveira, o adjetivo "artificial" tem sentido depreciativo, posto que o seu mero uso desvaloriza as práticas médicas a que

---

[7]   Etimologicamente, o verbete *procriação* deriva do étimo latino *procreatione*, tendo a sua base de significação no verbo *procreare*, ou seja, gerar, fazer conceber (DICIONÁRIO DA LÍNGUA PORTUGUESA. S/l: Typ. Lainé (Chartres), 1921, p. 974).

[8]   Manuel Antonio Dias da Silva informa que, nas fontes literárias latinas, a palavra *procriação* era utilizada em dois sentidos: um sentido impróprio, para significar todo ato criativo; e, um sentido próprio, para significar a multiplicação de uma espécie (animal ou vegetal) (Cf. SILVA, Manuel Antonio Dias da. *Problemas jurídicos da procriação artificial*. Dissertação (Mestrado) – Faculdade de Direito da Universidade de Lisboa, Lisboa, 1994, p. 5 *et seq*.).

[9]   Para além de seu significado etimológico, como se vê, a ideia de *procriação* encerra uma dimensão comportamental, pois "integra o seu conceito o momento intencional de gerar" (ou consciente da possibilidade de dar origem a outro ser) "no sentido de que o acto sexual vai dirigido a um resultado final que é dar a vida a alguém seu semelhante" (Cf. SILVA, Manuel Antonio Dias da. *Problemas Jurídicos da Procriação Artificial*. Dissertação (Mestrado) – Faculdade de Direito da Universidade de Lisboa, Lisboa, 1994, p. 6-7).

[10] Neste sentido, SGRECCIA, Elio. *Manual de Bioética*: fundamentos e ética biomédica. São Paulo: Loyola, 1996, p. 399; FERREIRA, Aurélio Buarque de Holanda. *Novo Dicionário da Língua Portuguesa*. 2. ed. Rio de Janeiro: Nova Fronteira, 1986, p. 1.396.

[11] Não olvidamos que, no Brasil, a utilização da expressão reprodução assistida é mais comum, sendo inclusive consagrada pelo Conselho Federal de Medicina, o qual, na Resolução CFM nº 2.121/2015, refere que as técnicas de reprodução assistida (RA) têm o papel de auxiliar na resolução dos problemas de reprodução humana, facilitando o processo de procriação.

se refere. Afinal, o termo nem sequer é rigoroso, pois os momentos biológicos essenciais do processo reprodutivo permanecem tão naturais como sempre – não uma fusão de gametas "artificial", nem uma gestação "artificial", tampouco embrião "artificial".[12]

Dessa forma, pode-se entender ser o critério da admissibilidade social o vetor diferenciador entre os conceitos de *procriação medicamente assistida* e de *procriação artificial*, ambas entendidas como gênero da *procriação não carnal*[13] e incluídas na sua definição.[14] Assim, tomando como base esse critério, parece-nos, de modo geral, possível determinar que haja um sentimento majoritário no sentido de *aceitar* a noção da *procriação medicamente assistida* e de *depreciar* (e até mesmo condenar) as práticas de *procriação artificial*.[15]

Então, quando utilizamos, neste texto, a expressão *procriação medicamente assistida* (*PMA*), estamos a nos referir a *todo ato de procriação da espécie humana, oriundo de técnica científica, que envolva a reprodução do ser humano, em sua totalidade ou parte, inclusive seus dados genéticos, por meios diferentes da cópula carnal, dando origem a um novo ser humano, levada a cabo por pessoa legalmente autorizada, tendo sempre por pressuposta a integridade, identidade e exclusividade genética do ser humano dela nascido.*[16]

2.1.3 A PMA tem por finalidade precípua permitir resolução dos problemas de procriação humana, facilitando o processo biológico de reprodução. Assim, a doutrina tem trabalhado a diferenciação entre as definições de *infertilidade* e *esterilidade*, não obstante, muitas vezes, serem utilizadas indistintamente.

---

[12] OLIVEIRA, Guilherme de. Legislar sobre procriação assistida. In: OLIVEIRA, Guilherme de. *Temas de Direito da Medicina*. Coimbra: Coimbra Editora, 1999, p. 73-74. Ademais, a expressão *procriação artificial*, compreendida como a *técnica científica que visa à reprodução humana, em sua totalidade ou parte, inclusive seus dados genéticos, por meios diferentes da cópula carnal, podendo originar a um novo ser humano, levada a cabo por pessoa legalmente autorizada, sem a necessidade de garantir a integridade, identidade e exclusividade genéticas do ser humano dela nascido, como, por exemplo, ocorre com a eugenia, ecotogenésis, clonagem, manipulação genética.* Neste sentido, cfr. AGUILAR, Francisco Manuel Fonseca de. O princípio da dignidade da pessoa humana e a determinação da filiação. *Revista da Faculdade de Direito da Universidade de Lisboa*, 41, n. 2, p. 655-713, 2000).

[13] Daí, na linha traçada por Francisco Aguilar, também entendemos que "não é, a nosso ver, adequado o recurso indiscriminado às expressões *procriação medicamente assistida* e *procriação artificial*", inobstante o seu uso vulgar dar-se em sentido sinonímico, visto que há "uma distinção prospectiva entre procriação medicamente assistida e procriação (verdadeiramente) artificial", criando-se, aqui, gêneros provenientes da família da *procriação humana não carnal* (cfr. AGUILAR, Francisco Manuel Fonseca de. O princípio da dignidade da pessoa humana e a determinação da filiação. *Revista da Faculdade de Direito da Universidade de Lisboa*, 41, n. 2, p. 657, 2000).

[14] Em sentido contrário, parecendo entender que não há diferenciação entre as expressões, posiciona-se Ana Paula Guimarães: "Seja qual for a modalidade destas técnicas, uma coisa é certa: há sempre interferência médica, mais ou menos intensa, conforme a situação. O auxílio médico é essencial à reprodução. Daí considerarmos que o mais correcto será chamar-lhes técnicas de reprodução ou procriação medicamente assistida" (GUIMARÃES, Ana Paula. *Alguns problemas jurídico-criminais da procriação medicamente assistida*. Coimbra: Coimbra Editora, 1999, p. 20).

[15] Não podemos, no entanto, estabelecer esta ideia de condenação como algo absoluto, pois certas técnicas podem ser mais toleradas pela sociedade do que outras, como, por exemplo, o caso de manipulação genética terapêutica.

[16] Note-se que *não inserimos*, no contexto de nossa definição, *as técnicas voltadas para estímulo ou facilitação da procriação humana que pressupõem a existência do coito* e que sejam indicadas pelo estado dos conhecimentos e da experiência da medicina para superar determinados tipos de causas transitórias de *esterilidade involuntária*. Referimo-nos às diversas técnicas e tratamentos médicos que buscam a superação da infecundidade em casais férteis, como, por exemplo, estímulo à ovulação da mulher. A doutrina denomina esta situação de *inseminação artificial impropriamente dita* (SALVETTI, Ilario. La Posizione della Chiesa Cattolica di fronte all'inseminazione artificiale. In: *Procreazione Artificiale e Interveti Nella Genetica Umana*. Padova: Cedam, 1987, p. 226), com o que não concordamos por não possuir os caracteres que entendemos fundamentais para a sua configuração. A necessidade da diferenciação, então, decorre de critérios axiológicos e, também, linguísticos.

Carlos Lema Añón refere que:

La infertilidad será la ausencia de fertilidad, esto es, le la capacidad de tener hijos. La esterilidad indicaría una incapacidad total y permanente de concebir o fecundar. (...) Sin embargo, los términos 'infertilidad' y 'esterilidad' son utilizados con mucha frecuencia como sinónimos (...). Así pues, la infertilidad es un término médico que indica un período con actividad sexual sin concepción: así pues, la infertilidad no indica la esterilidad, sino simplemente señala una población que tiene problemas para concebir.[17]

Entendemos, assim, que *há uma ligação estreita entre três termos*: infertilidade, infecundidade e esterilidade, o que os conduzem, normalmente, à condição de sinônimos. No entanto, parece-nos possível estabelecer alguma ligeira diferenciação conceitual. Dessa forma, pode-se conceber o fato de o casal procriador ser fértil (potencialmente capaz de realizar a fecundação natural), mas infecundo (em razão de problemas ligados, por exemplo, à taxa de motilidade do sêmen, que dificulte a procriação), conduzindo-o a um quadro de esterilidade involuntária (apesar do desejo de procriar e de possuir as condições em potencial,[18] não consegue dar origem à sua prole pela fecundação natural).

2.1.4 Como se observa, a *procriação natural ou carnal*, ao revés, *é aquela que pressupõe a existência do coito*. Dessa forma, Antunes Varela conclui que:

O modo natural da procriação abrange três momentos fundamentais: o da relação carnal entre duas pessoas de sexo diferente, chamada relação de cópula; o da concepção, que é a formação do embrião humano, graças à fecundação natural do óvulo da mulher pelo esperma do homem, um e outro provenientes da excitação do acto sexual; e o da gestação, que é o desenvolvimento do óvulo fecundado no seio do útero materno, até o acto do nascimento.[19]

Há, assim, uma *dicotomia* entre as ideias de *procriação natural* e *procriação não carnal* humanas, de forma que a *procriação não carnal é família da qual as diversas técnicas de PMA são espécies*.

2.2 As técnicas de procriação medicamente assistida

As *técnicas de PMA*, como método científico subsidiário para o tratamento de problemas ligados à infertilidade, infecundidade e esterilidade,[20] não artificialmente

---

[17] AÑÓN, Carlos Lema. *Reproducción, poder y derecho*. Madrid: Trotta, 1999, p. 172-173.

[18] Outro problema que também conduziria a um quadro de esterilidade involuntária seria a incapacidade de gerar filhos (infecundidade absoluta), que só permitiria ao casal utilizar-se do recurso a técnicas heterólogas.

[19] Para VARELA, Antunes. *A inseminação Artificial e a filiação perante o direito português e o direito brasileiro*. RLJ, 3844 (1994), p. 194 *apud* GUIMARÃES, Ana Paula. *Alguns problemas jurídico-criminais da procriação medicamente assistida*. Coimbra: Coimbra Editora, 1999, p. 19-20.

[20] João Álvaro Dias entende que, em rigor, as técnicas de reprodução não convencional não se tratam de métodos terapêuticos, "porque os casais não deixam de ser estéreis ou inférteis; ou seja, tais métodos não porporcionam qualquer cura. Daí que, de algum modo, se trate sempre de técnicas de conveniência" (DIAS, João Álvaro. *Procriação assistida e responsabilidade médica*. Coimbra: Coimbra Editora, 1996, p. 152), com o que concordamos. No entanto, preferimos, para a economia deste trabalho, seguir a maioria da doutrina no sentido de reconhecer que o que movimenta a procriação não convencional é a tentativa de combate a esterilidade em um sentido amplo, possuindo como fim secundário prevenir enfermidades genéticas. Neste sentido, assim se pronuncia Carlos

provocadas, são recentes; "já o desejo natural de procriar e de constituir descendência que, de algum modo, perpetue a presença limitada de cada um na vida terrena é bem antigo e perde-se na génese humana".[21]

Recorrer à inseminação artificial, por exemplo, para solucionar problemas relativos à reprodução no reino animal e vegetal não é propriamente uma novidade,[22] pois a humanidade a pratica empiricamente, utilizando fungos e microrganismos na produção de bebidas e alimentos ou modificando, para o seu próprio uso, por seleção ou hibridação, várias espécies de plantas ou de animais.[23]

A novidade que se (im)põe é a utilização dessas técnicas para a reprodução humana.[24] Assim, a biomedicina põe hoje à disposição das pessoas diversos tipos de *técnicas de procriação medicamente assistida*, dentre as quais se destacam: *inseminação artificial (IA)*,[25] *transferência intratubária de gametas (GIFT)*,[26] *transferência de zigoto nas trompas de falópio*

Maria Romeo Casabona, ao comentar a Lei Espanhola sobre Procriação não Convencional: "*Como decíamos, el fin fundamental es combatir la esterilidad humana para facilitar la procreación, pues los otros fines están subordinados a éste o se derivan de él. Que se trata de un remedio terapéutico se deduce no sólo de que pretende conseguir la descendencia de parejas que tienen dificultades para ello, sino también de que sólo se aplicarán 'cuando estén científica e clínicamente indicadas' y 'cuando otras terapéuticas se hayan descartado por inadecuadas o ineficaces'*" (CASABONA, Carlos Maria Romeo. *El derecho y la bioetica ante los limites de la vida humana*. Madrid: Editorial Centro de Estudios Ramón Aceres, 1994, p. 233).

[21] DUARTE, Tiago. *In Vitro Veritas?* A procriação medicamente assistida na Constituição e na Lei. Coimbra: Almedina, 2003, p. 17.

[22] Neste sentido, informa Stela Barbas que "as primeiras referências às origens da inseminação artificial dizem respeitos às civilizações babilônicas e árabes que se dedicaram à polinização em palmeiras com o objectivo de produzir mais e melhores frutos" (BARBAS, Stela Marcos de Almeida Neves. *Direito ao Património Genético*. Coimbra: Almedina, 1998, p. 27).

[23] Interessante notar, como registra Ibsen Câmara, que "três cereais básicos para a alimentação – arroz, trigo e milho –, que constituem a base do sustento de 90% da humanidade, foram assim obtidos de espécies selvagens; um deles, o milho, foi de tal forma modificado, que só recentemente se identificou sua origem na natureza" (CÂMARA, Ibsen de Gusmão. *Ciência e Tecnologia*. In: MEIO AMBIENTE NO SÉCULO 21: 21 especialistas falam da questão ambiental nas suas áreas de conhecimento. Rio de Janeiro: Sextante, 2003, p. 167).

[24] Tiago Duarte informa que, já no século III a.C., Aristóteles estuda sobre o modo de concepção da vida humana, defendendo que "o esperma provinha do sangue e que era dotado da faculdade de dar vida ao embrião o qual se formava no útero por coagulação do sangue menstrual" (DUARTE, Tiago. *In Vitro Veritas?* A procriação medicamente assistida na Constituição e na Lei. Coimbra: Almedina, 2003, p. 17).

[25] A IA consiste no depósito do sêmen nas vias genitais femininas, sem a necessidade de relação sexual, levado a efeito por especialista legalmente autorizado, com o fim de obter a fecundação. Normalmente, a principal indicação da *inseminação artificial* ocorre em casais em que a interação muco cervical-espermatozoide é de má qualidade, quando o canal endocervical apresenta problemas que impedem sua permeabilidade ao espermatozoide, o que acontece mais comumente como sequela de endocervicites ou cauterizações de colo uterino (cf. UNIVERSIDADE FEDERAL DE SÃO PAULO. Setor Integrado de Reprodução Humana *Reprodução Humana*. Disponível em: <http://www.unifesp.br/grupos/rhumana/reprass2.htm>. Acesso em: 02 abr. 2014).

[26] Outra técnica mais recente é a GIFT, consistente no depósito dos óvulos e espermas numa proveta para serem transferidos para a trompa de falópio, para que haja naturalmente a fecundação, uma vez que as tubas oferecem o meio mais adequado à fertilização e desenvolvimento do embrião. Habitualmente, esta técnica é escolhida por casais que, por questões morais e religiosas, preferem que a concepção não ocorra no laboratório. A principal indicação é para quando há a suspeita de deficiência de captação de oócitos pelas tubas, com ou sem lesão anatômica das fímbrias e, para a sua realização com sucesso, é necessário que exista adequação funcional das regiões ístmica e cornual de pelo menos um dos órgãos. O processo é também indicado para casos de infertilidade sem causa aparente, infertilidade de causa cervical ou endometriose leve (sem comprometimento das tubas), e é formalmente contraindicado se existe anomalia grave tubária ou masculina, e também quando se suspeita de falha na fertilização dos oócitos. Há de se referir que não há consenso doutrinário acerca da caracterização da *transferência intratubária de gametas* (GIFT) como uma técnica autônoma, por ser uma técnica intermediária entre a *inseminação artificial* e a *fertilização in vitro*. Parece-nos que, pelos problemas ético-jurídicos próprios que pode apresentar, a GIFT deve ser considerada como uma individualidade separada (cfr. LAMADRID, M. A. Soto. *Biogenética, filiación y delito*: la fecundación artificial y la experimentación genética ante el derecho. Buenos Aires: Astrea, 1990, p. 503; AÑÓN, Carlos Lema. *Reproducción. Poder y Derecho*. Madrid: Trotta, 1999, p. 53;

(ZIFT),[27] *fecundação artificial in vitro* (FIV),[28] desde que não estejam associadas às suas práticas técnicas de manipulação genética.[29] [30]

Na verdade, as várias técnicas de PMA apresentaram-se inicialmente como "conquistas espetaculares" para o tratamento da esterilidade e continuam a ser vistas como meios para assegurar ao ser humano o seu direito à saúde e, consequentemente, o seu direito à procriação.[31]

Como se vê, o surgimento e o aprimoramento das técnicas de PMA marcam o início de uma progressiva dissociação entre sexualidade e reprodução, uma vez que o homem conseguiu manipular os seus próprios gametas e embriões, o que tem graves reflexos em relação ao tema que nos anima.[32]

Saliente-se que todas as técnicas de PMA podem seguir duas modalidades que receberão tratamento jurídico bastante distinto: a) *as técnicas de reprodução homóloga*; b) *as técnicas de reprodução heteróloga*. Dessa forma, por um lado, nas *técnicas de PMA homóloga*, os materiais biológicos utilizados são os dos próprios interessados na procriação, ou seja, do casal e, desse modo, o embrião terá a informação genética de ambos. Por outro lado, e ao contrário, nas *técnicas de PMA heteróloga*, são utilizados materiais biológicos de terceiros, recorrendo-se a um doador de espermatozoides e/ou óvulos exterior ao casal.[33]

UNIVERSIDADE FEDERAL DE SÃO PAULO. Setor Integrado de Reprodução Humana. *Reprodução Humana*. São Paulo. Disponível em: <http://www.unifesp.br/grupos/rhumana/reprass2.htm>. Acesso em: 02 abr. 2014).

[27] A ZIFT realiza-se pelo depósito do óvulo nas trompas, após a fecundação *in vitro*. Dessa forma, a ZIFT transmuta-se em uma variação da *fertilização in vitro*, diferenciando-se desta, especialmente pelo fato de a transferência do embrião se realizar para as trompas de falópio, e não para o útero (cfr. AÑÓN, Carlos Lema. *Reproducción, poder y derecho*. Madrid: Trotta, 1999, p. 55).

[28] Por sua vez, a FIV, também denominada de fertilização *in vitro* com transferência de embriões e conhecida pelas siglas FIV, FIVETE, IVF-ET (em inglês), consiste na fusão num tubo de ensaio do óvulo com o espermatozoide humanos, havendo o processo de fecundação extracorpóreo, com o intuito de posteriormente realizar a transferência do embrião para o útero da mulher (cfr. AÑÓN, Carlos Lema. *Reproducción, poder y derecho*. Madrid: Trotta, 1999, p. 38-52).

[29] Neste sentido também parece se filiar Francisco Aguilar ao afirmar, com base no Relatório-Parecer nº 3/93 do Conselho Nacional de Ética para as Ciências da Vida (Portugal), que as técnicas mais comuns de procriação medicamente assistida são "a inseminação artificial (IA), a transferência intratubária de gametas (GIFT), a transferência intratubária de zigotos (ZIFT) e a fertilização in vitro seguida de transferência de embriões (FIVETE)" (AGUILAR, Francisco Manuel Fonseca de. O princípio da dignidade da pessoa humana e a determinação da filiação. *Revista da Faculdade de Direito da Universidade de Lisboa*, v. XLI, n. 2, p. 658, 2000) e que outras técnicas, tais como clonagem humana, criação de seres híbridos ou quiméricos, tratamento genético das células da linha germinal, eugenia, se encontrariam na seara do que chamou "procriação (verdadeiramente) artificial" (AGUILAR, Francisco Manuel Fonseca de. O princípio da dignidade da pessoa humana e a determinação da filiação. *Revista da Faculdade de Direito da Universidade de Lisboa*, v. XLI, n. 2, p. 658-662, 2000).

[30] Há ainda a possibilidade técnica do desenvolvimento de outro ser humano através da *clonagem*, apesar de ainda não existir oficialização de sua operacionalidade prática, bem como há a possibilidade de *modificações no genoma humano*. Ademais, quando aquelas técnicas (IA, GIFT, ZIFT e FIV) forem associadas às práticas de *manipulação genética*, ou na hipótese de *clonagem*, há o aparecimento do que convencionamos chamar de *procriação artificial*.

[31] No entanto, há outra componente que não pode ser desprezada, que são as causas existenciais. Assim, a prática da PMA se desenvolve, por vezes, dissociada da questão da *esterilidade involuntária*, ocorrendo a aplicação destas técnicas por aspirações hedonísticas. "Estas observações mostram claramente que não sendo um problema médico de terapia da esterilidade, a procriação artificial" (procriação não convencional, em nossa perspectiva) "traduz-se no problema 'existencial' de se procurar ter um filho para a satisfação de um desejo que se pensa legítimo" (SILVA, Manuel Antonio Dias da. *Problemas jurídicos da procriação artificial*. (Dissertação Final do Curso de Mestrado). Faculdade de Direito da Universidade de Lisboa, Lisboa, 1994, p. 24).

[32] Oliveira Ascensão destaca, inclusive, que "a grande transformação que hoje se defronta, consiste em ter-se quebrado a derivação necessária entre reprodução e sexualidade. Adquirem-se conhecimentos e desenvolvem-se técnicas capazes de levar à fertilização e ao nascimento, prescindindo do encontro sexual" (ASCENSÃO, José de Oliveira. Problemas jurídicos da procriação assistida. *Revista Forense*, v. 328, p. 70, out./dez. 1994).

[33] Cfr. GAMA, Guilherme Calmon Nogueira da. *A nova filiação*: o biodireito e as relações parentais. O estabelecimento da parentalidade-filiação e os efeitos jurídicos da reprodução assistida heteróloga. Rio de Janeiro: Renovar, 2003,

Outra diferenciação que tem relevo quanto ao tratamento jurídico dispensado diz respeito ao momento da realização da *técnica de PMA*, pois, com a possibilidade de congelamento de material biológico (gametas masculino e feminino) e o seu posterior descongelamento sem perda de suas funcionalidades, passou a surgir uma nova hipótese para a realização dessas técnicas: a utilização desses materiais após a morte do doador. Surge, então, a perspectiva do nascimento de uma criança após a morte do pai, sem que este, quando em vida, o tenha gerado.[34]

3 Direito de procriar no contexto bioconstitucional

3.1 O direito a constituir família gera um direito de procriar?

3.1.1 A questão de fundo que deflui da análise da existência de um *direito fundamental de constituir família* se refere a perquirir se um casal sem filhos tem ou não um direito constitucional de procriar, utilizando-se para tal das *técnicas de procriação medicamente assistida*.[35]

Como se percebe, toda a problemática vem referir-se ao *conceito constitucional de família*, pois a Constituição, "centro reunificador do direito privado, disperso na esteira da proliferação da legislação especial, cada vez mais numerosa, e da perda de centralidade do Código Civil, parece consagrar uma nova tábua de valores".[36]

Como afirma Manuel Silva, a família é o "núcleo irredutível" da sociedade natural e, como tal, deve merecer a proteção da própria sociedade e do Estado contra todas e quaisquer ingerências que obstaculizem ou possam perturbar a efetivação de todas as condições que permitam a realização pessoal dos seus membros.[37]

Podemos, então, acentuar que "o vocábulo 'família' sempre trouxe uma conotação de representação social de grupos, bem como de uma valorização ético-social dessa maneira de estar juntos, de forma coerente e estruturada",[38] pelo que seu conceito não conduz a uma uniformidade.[39]

---

p. 724; AGUILAR, Francisco Manuel Fonseca de. O princípio da dignidade da pessoa humana e a determinação da filiação. *Revista da Faculdade de Direito da Universidade de Lisboa*, v. XLI, n. 2, p. 657-658, 2000.

[34] Neste sentido, cfr. BARBAS, Stela Marcos de Almeida Neves. *Direito ao Património Genético*. Coimbra: Almedina, 1998, p. 129; JONES, Derek J. Artificial procreation, societal reconceptions: legal insight from France. *The American Journal of Comparative Law*, v. 36, p. 525 *et seq.*, 1988; SILVA, Paula Martinho da. *A procriação artificial*: aspectos jurídicos. [S. l]: Moraes Editores, 1986, p. 29-35.

[35] No direito português, a controvérsia tem como ponto de partida, concomitantemente com os arts. 67º e 68º, o art. 36º, nº 1, todos da Constituição da República Portuguesa, que determina que *todos têm direito de constituir família e de contrair casamento em condições de plena igualdade*; enquanto que, no direito brasileiro, as discussões giram em torno, principalmente, do art. 226 da Constituição Federal, que estabelece que *a família, base da sociedade, tem especial proteção do Estado*. A Constituição Espanhola também parece reproduzir os mesmos preceitos, pois *"en efecto, la CE declara que el hombre y la mujer tienen derecho a contraer matrominio con plena igualdad jurídica (art. 32.1), y asegura, por otro lado, la protección económica, social y jurídica de la familia por parte de los poderes públicos (art. 39.1). Por fin, se garantiza también el derecho a la intimidad personal y familiar (art. 18.1)"* (CASABONA, Carlos Maria Romeo. *El derecho y la bioetica ante los limites de la vida humana*. Madrid: Editorial Centro de Estudios Ramón Areces, 1997, p. 119-120).

[36] TEPEDINO, Gustavo. A disciplina civil-constitucional das relações familiares. In: BARRETO, Vicente. *A nova família*: problemas e perspectivas. Rio de Janeiro: Renovar, 1997, p. 48.

[37] SILVA, Manuel Antonio Dias da. *Problemas jurídicos da procriação artificial*. Dissertação (Mestrado em Direito) – Faculdade de Direito da Universidade de Lisboa, Lisboa, 1994, p. 75.

[38] BOSCARO, Márcio Antonio. *Direito de filiação*. São Paulo: Revista dos Tribunais, 2002, p. 77.

[39] Já na década de 40 do século passado, Orlando Gomes vislumbrava uma tendência modificativa do eixo da discussão em torno da questão da ideia de *família, afastando-se progressivamente do conceito de matrimônio e*

Verifica-se, assim, que a tendência de hostilizar as interferências exógenas na *família*, demarcadas pela proteção ao vínculo conjugal, foi paulatinamente substituída pela alteração do papel atribuído às *unidades familiares*, mesmo que ainda na base do sistema, de modo a dar "lugar à tutela essencialmente funcionalizada à dignidade de seus membros, em particular no que concerne ao desenvolvimento da personalidade dos filhos".[40]

Dessa forma, a Constituição sinaliza para um *conceito abrangente de família* que englobará tanto a *família formal* ou conjugal como a *família informal*,[41] que poderá assumir, sem dúvidas, todas as formas de famílias biológica ou adotiva.[42]

Gomes Canotilho e Vital Moreira entendem não existir um conceito constitucionalmente definido de família, sendo a noção de família, por isso, um conceito relativamente aberto, comportando, assim, uma amplitude de definição.[43]

Tiago Duarte afirma que há uma nítida separação do direito a constituir família do direito a contrair casamento, o que vem demonstrar que a constituição da família não se reconduz ao casamento, assim tornando inequívoco que existem, constitucionalmente, outras famílias para lá das fundadas no casamento.[44]

Em lição clássica, Gustavo Tepedino afirma que o *alargamento do conceito de família* não cria famílias de primeira ou segunda classes, pois o constituinte "pretendeu, ao contrário, no sentido de oferecer proteção igual a todas as comunidades familiares".[45]

Como a procriação humana sempre esteve ligada à noção de família, mesmo não havendo na Constituição Brasileira qualquer previsão expressa a um direito de procriar, o alargamento constitucional do conceito de família e a opção pela garantia do planejamento familiar proporcionam a todos os casais o direito à procriação.

---

aproximando-se do conceito de filiação, tomando como base a observação empírica de que a legislação possuía por objetivo a proteção dos filhos e, cada vez mais, as eficácias das uniões livres eram reconhecidas (cfr. GOMES, Orlando. *Aspectos da filiação*. In: RF (463), p. 680-685 *apud* BOSCARO, Márcio Antonio. *Direito de Filiação*. São Paulo: Revista dos Tribunais, 2002, p. 76).

[40] TEPEDINO, Gustavo. A disciplina civil-constitucional das relações familiares. In: BARRETO, Vicente. *A nova família*: problemas e perspectivas. Rio de Janeiro: Renovar, 1997, p. 48.

[41] A ideia de família informal está consignada naquele agregado familiar "que é de fato constituída por ato de vontade amorosa dos conviventes, sem as formalidades legais, sem diferencial inferiorizante em comparação com a família normal" (TAVARES, José de Farias. Novo código civil e família informal. *Revista Brasileira de Direito De Família*, ano V, n. 19, ago./set. 2003). Porto Alegre: Síntese/IBDFAM, 1999, p. 06).

[42] Comparativamente, a Constituição Espanhola, também, "*no configura una determinada concepción de família (monoparental o biparental, matrimonial o no matrimonial, sin perjuicio de los derechos de los hijos)*". Saliente-se que a Constituição Espanhola, possivelmente influenciada pela CRP, tal qual o foi a CF/88, caminhou no mesmo sentido ao estabelecer que o direito de contrair matrimônio não significa que apenas se proteja a constitucionalmente a família criada pelo casamento, "*puesto que el art. 39 de la CE –que, como hemos visto, protege la família (no su fundación, sino su existencia)–, establece la protección integral de los hijos y su igualdad ante la ley côn independencia de su filiación, así como la de das madres, cualquiera que sea su estado civil (art. 39.2)*". Pode-se, assim, afirmar que o Direito Constitucional Espanhol estendeu o direito a constituir uma família ao casal que não contraiu formalmente matrimônio (cfr. CASABONA, Carlos Maria Romeo. *El derecho y la bioetica ante los limites de la vida humana*. Madrid: Editorial Centro de Estudios Ramón Areces Ltda., 1997, p. 121).

[43] CANOTILHO, J. J. Gomes; MOREIRA, Vital. *Constituição da República Portuguesa Anotada*. Coimbra: Coimbra Editora, 1993, p. 351.

[44] DUARTE, Tiago. *In vitro veritas?* A procriação medicamente assistida na constituição e na lei. Coimbra: Almedina, 2003, p. 34.

[45] TEPEDINO, Gustavo. A disciplina civil-constitucional das relações familiares. In: BARRETO, Vicente. *A nova família*: problemas e perspectivas. Rio de Janeiro: Renovar, 1997, p. 58.

O direito de procriar está ligado também na autonomia privada, sendo por isso que o exercício desse direito permite tanto o direito de decidir quando ter filhos (vertente positiva) quanto permite o direito de não ter filhos (vertente negativa).

Neste sentido, Guilherme Calmon Nogueira da Gama afirma que:

> Com as mudanças culturais, especialmente no campo da sexualidade, os direitos reprodutivos passaram a ser encarados não no âmbito do fatalismo da procriação ou da esterilidade, mas como direitos das pessoas à realização pessoal e do casal no âmbito da sociedade, pois culturalmente a vida envolve etapas, entre elas – para a maioria das pessoas – aquela de procriar, ainda que mais tardiamente diante das novas condicionantes econômicas, sociais e culturais.[46]

Outrossim, "a velha teoria de um autêntico *jus in se ipsum* parece hoje destinada a ganhar novo ânimo nas vozes daqueles que pretendem ver a afirmação de um direito da pessoa sobre si mesma (...)"[47] e pode ser tomada no sentido de permitir tudo o quanto não for expressamente proibido pelo direito. Dessa forma, inclusive, o *direito de procriar* seria legítimo, em razão da permissão constitucional de acesso aos métodos e meios que assegurem o *planejamento familiar*.

3.2 Há um direito de procriar através do recurso à técnica de PMA?

3.2.1 Cumpre agora verificar se a Constituição Federal, ao proporcionar ao casal o direito à procriação, também previu a possibilidade de utilizar técnicas de procriação medicamente assistida, caso haja alguma impossibilidade natural para tanto.

Não se trata, por óbvio, de afirmar que as normas constitucionais foram elaboradas tendo em vista as *técnicas de PMA*, mas, como salienta Guilherme de Oliveira, de perquirir se a norma constitucional vem "a ganhar também o valor de conferir aos indivíduos um direito à utilização dos meios cientificamente comprovados e aptos para a procriação".[48]

Podem, então, surgir, pelo menos, três posições dominantes: uma no sentido da inexistência de um direito de procriar através do recurso a técnica de PMA; outra na possibilidade de utilização de técnicas de procriação medicamente assistida apenas por indicação médica; e, numa terceira hipótese, a defesa de um direito irresoluto de procriar através de técnicas de procriação medicamente assistida.[49]

3.2.1.1 No sentido de afirmar que a intervenção da PMA causa um desequilíbrio físico-psíquico entre os cônjuges está Elio Sgreccia, para quem "a rejeição do nexo de

---

[46] GAMA, Guilherme Calmon Nogueira da. *A nova filiação*: o biodireito e as relações parentais. O estabelecimento da parentalidade-filiação e os efeitos jurídicos da reprodução assistida heteróloga. Rio de Janeiro: Renovar, 2003, p. 712.

[47] DIAS, João Álvaro. *Procriação medicamente assistida, dignidade e vida*. In: AB VNO AD OMNES. 75 anos da Coimbra Editora. 1920-1995. Coimbra: Coimbra Editora, 1998, p. 123.

[48] OLIVEIRA, Guilherme. *Temas de Direito da Medicina*. Coimbra: Coimbra Editora, 1999, p. 6.

[49] Paulo Otero identifica, assim, "um inegável direito ou liberdade de procriação natural, dotado de inerência à condição humana – enquanto expressão do direito de constituir família e da reserva da intimidade da vida privada e familiar na justificação de uma tutela constitucional da prática das relações sexuais – há quem entenda que existira hoje um correlativo 'direito de recusar a procriação natural' – o qual teria três expressões: o alegado 'direito à contracepção', a esterilização e o dito 'direito ao aborto' – e, por último, que o progresso técnico teria criado um 'direito a recorrer à procriação medicamente assistida'" (OTERO, Paulo. *Personalidade e identidade pessoal e genética do ser humano*: um perfil constitucional da bioética. Coimbra: Almedina, 1999, p. 19-20).

sexualidade-conjugalidade-família rompe a ligação entre o amor e a vida dentro da família e torna totalmente acidental o fato da procriação".[50] Dessa forma, a intervenção de práticas diferentes das relações sexuais no seio da família legitimaria a exclusão destas tecnologias.

Para Sgreccia, a sexualidade humana possui um caráter de complementaridade dos sexos, apresentando-se como a capacidade de todo ser humano à conjugalidade, sendo compreensível, no plano ético, o ato sexual que vise à união total (unidade física, psicológica e espiritual) do homem e da mulher e a abertura ao acolhimento de filhos.[51]

Neste sentido, afirma que "a procriação humana é o ato mais altamente revestido de ética: é uma das escolhas mais importantes do casal, é um dos fins principais do matrimônio e tem como resultado o nascimento de uma pessoa humana",[52] estando inscrita na finalidade e complementaridade dos sexos. Assim, não decorreria um direito ao filho, pois "o direito que emana do matrimônio é o de poder executar atos por si fecundos".[53]

Fernando Santosuosso[54] aponta resumidamente as principais críticas doutrinárias a esta posição, salientando que o caráter natural, privado e íntimo da família não facultaria a intromissão estatal, que as relações físicas entre os parceiros podem ter conteúdo apenas erótico, que o recurso às técnicas de procriação medicamente assistida objetiva o nascimento de um filho (ou seja, o próprio objetivo do casamento) e que a filiação adotiva, admitida, prescinde da conjugalidade.

3.2.1.2 Outra corrente parece apontar para a existência de um *direito ao planejamento familiar*, que incide na organização da vida reprodutiva, "incluindo-se o recurso a toda descoberta científica que venha a garantir o tratamento de patologias ligadas à função reprodutiva, desde que considerados seguros e não causadores de riscos aos usuários e usuárias".[55]

Dessa forma, há o reconhecimento da existência de um inegável *direito de procriação natural*,[56] existindo, no entanto, a compreensão de que a *procriação medicamente assistida* é um método subsidiário e não alternativo de procriar.[57] Daí que, existindo comprovadamente alternativa terapêutica eficaz, esta deve ter preferência.[58]

---

[50] SGRECCIA, Elio. *Manual de Bioética*: fundamentos e ética biomédica. v. I. São Paulo: Loyola, 2002, p. 297.

[51] SGRECCIA, Elio. *Manual de Bioética*: fundamentos e ética biomédica. v. I. São Paulo: Loyola, 2002, p. 310-314.

[52] SGRECCIA, Elio. *Manual de Bioética*: fundamentos e ética biomédica. v. I. São Paulo: Loyola, 2002, p. 315.

[53] SGRECCIA, Elio. *Manual de Bioética*: fundamentos e ética biomédica. v. I. São Paulo: Loyola, 2002, p. 315.

[54] SANTOSUOSSO, Fernando. *Fecondazione artificiale umana*. Milano: A. Giuffrè, 1984, p. 18-19. Neste sentido, cfr. também CASABONA, Carlos Maria Romeo. *El derecho y la bioetica ante los limites de la vida humana*. Madrid: Editorial Centro de Estudios Ramón Areces, 1997, p. 120.

[55] BRAUNER, Maria Cláudia Crespo. *Direito, sexualidade e reprodução humana*: conquistas médicas e o debate bioético. Rio de Janeiro: Renovar, 2003, p. 50.

[56] Poderá, assim, sustentar-se que existe um direito fundamental à procriação? De certo modo, esse direito existe como reflexo do impedimento da esterilização como sanção penal ou como medida de segurança, e da penalização das ofensas corporais que conduzem a uma esterilização não-consentida (ARAÚJO, Fernando. *A procriação assistida e o problema da santidade da vida*. Coimbra: Almedina, 1999, p. 20). Contra esta tese, pronuncia-se Manuel Antonio Dias da Silva (SILVA, Manuel Antonio Dias da. *Problemas jurídicos da procriação artificial*. Dissertação (Mestrado) – Faculdade de Direito da Universidade de Lisboa, Lisboa, 1994, p. 153), apoiando-se em Fernando Santosuosso (SANTOSUOSSO, Fernando. *Fecondazione artificiale umana*. Milano: A. Giuffrè, 1984, p. 21), no sentido de que não há consagração constitucional, nem expressão civil, de um direito de procriar.

[57] OTERO, Paulo. *Personalidade e identidade pessoal e genética do ser humano*: um perfil constitucional da bioética. Coimbra: Almedina, 1999, p. 20-21.

[58] A solução infraconstitucional espanhola veio neste sentido, não obstante a Lei sobre Técnicas de Reprodução Humana Assistida atribuir, para além de fim fundamental, consistente na atuação médica no combate à esterilidade, e de um fim secundário de prevenção e tratamento de enfermidades genéticas, um caráter derivado de contemplar e admitir a investigação com gametas e óvulos fecundados humanos. Neste sentido,

Outrossim, a Constituição Portuguesa, em seu art. 67º, nº 2, *d*, e a Constituição Brasileira, em seu art. 226, §7º,[59] estabelecem um princípio segundo o qual o exercício da paternidade e da maternidade deve ser responsável e consciente. Assim, fundado nos princípios da *dignidade da pessoa humana* e da *paternidade responsável*, o planejamento familiar é livre decisão do casal, competindo ao Estado propiciar recursos educacionais, técnicos e científicos para o exercício desse direito, proibida qualquer forma coercitiva, de prática contracepção ou de concepção, por parte de instituições públicas ou privadas.

No entanto, para o exercício do *direito à paternidade consciente*, é necessário o acesso à informação adequada sobre *planejamento familiar*, o que, em se tratando de assistência à concepção, deve pressupor a avaliação e o acompanhamento clínico, com o devido consentimento informado.

Dessa forma, haveria a possibilidade de utilização de *técnicas de PMA* por indicação médica, ou seja, com fins de combater a esterilidade e/ou prevenir ou tratar de enfermidades genéticas, podendo, *prima facie*, assumir a forma de *procriação medicamente assistida* e de *procriação artificial*, excluídas, desde já, a *clonagem e manipulação genética reprodutiva não terapêutica*.[60]

Assim, parece existir "a conciliação dos esquemas de racionalização e limites, oriundos do Estado Liberal, com as exigências da socialidade e da democracia",[61] pois a utilização das tecnologias reprodutivas levada a extremos, sem as necessárias cautelas, se traduziria num desvirtuamento da proteção do *direito de procriar*.

Com a compreensão de que a *procriação medicamente assistida* é um método subsidiário e não alternativo de procriar, há a conciliação entre, de um lado, o *homo faber* e, do outro, o homem abstrato, apriorístico e a-histórico do racionalismo formal.[62]

Em outras palavras, pode-se admitir a *procriação medicamente assistida*, em princípio, como expressão subsidiária do *direito de procriar*, decorrente de *direito de constituir família*, associado aos direitos o *direito ao livre desenvolvimento da personalidade, à liberdade pessoal, ao próprio corpo, à intimidade da vida privada e familiar, ao planejamento familiar e à "cura" da esterilidade*, atendendo ao desejo do homem concreto.[63]

---

cfr. CASABONA, Carlos Maria Romeo. *El derecho y la bioetica ante los limites de la vida humana*. Madrid: Editorial Centro de Estudios Ramón Areces, 1997, p. 230-241.

[59] Apesar de só fazer referência expressa a uma paternidade responsável, o legislador constituinte brasileiro certamente quis abranger uma maternidade consciente também.

[60] No mesmo sentido parecem ir Gomes Canotilho/Vital Moreira quando se pronunciam pela alegada existência de um direito a exercer a liberdade de procriar através da inseminação heteróloga ou da maternidade de substituição. De facto os citados constitucionalistas parecem considerar que tal opção escapa ao controlo constitucional antes se integrando na margem de livre conformação do legislador ordinário desde que as soluções encontradas não sejam violadoras do princípio da igualdade (DUARTE, Tiago. *In vitro veritas?* A procriação medicamente assistida na constituição e na Lei. Coimbra: Almedina, 2003, p. 37).

[61] CANOTILHO, José Joaquim Gomes. *Direito Constitucional*. Coimbra: Almedina, 1992, p. 78.

[62] O *homo faber*, transformador da natureza e criador de novas necessidades, que busca a adequação da natureza ao seu desejo de ter filhos, desejo este *dotado de inerência à condição humana*, provoca uma ação do direito, concreta e factual, à eleição individual e subjetiva de satisfazer essa sua necessidade de procriação, apoiando suas reivindicações nos valores oriundos do Estado Liberal. Enquanto isso, num claro foco de tensão, o homem abstrato, apriorístico e a-histórico do racionalismo formal, que é o molde da perspectiva do raciocínio jurídico-constitucional que, apesar de compreender ser a liberdade individual valor essencial do Estado Pós-Liberal de matriz ocidental, exige que a liberdade seja restringida para que a concretização das ditas exigências da socialidade e da democracia, tendo, *in casu*, a *identidade genética, a inviolabilidade da vida humana* e a *dignidade da pessoa humana*, como limites. Para um estudo das tensões entre o homem concreto e abstrato, cf. ROCHA, José Elias Dubard de Moura. *Interesses coletivos*: ineficiência de sua tutela judicial. Curitiba: Juruá, 2004, p. 90.

[63] Assim, pode-se compreender o *direito a procriar*, no sentido próximo ao dado por Francisco Aguilar, como o *direito a ter filhos próprios* (direito à descendência biológica direta) e, excepcionalmente, por razões médicas, um *direito a*

3.2.1.3 Num outro posicionamento, é possível verificar autores que parecem entender existir incorporados ao *direito de constituir família* um *direito de acesso às técnicas de PMA*, numa manifestação irrestrita de um *direito a procriar através daquelas técnicas de procriação medicamente assistida.*[64]

Para apoiar esta posição, os autores tendem a justificá-la baseando-se no disposto no §7º do art 226 da CF/88 (correlato ao art. 67, n. 2, *d*, da Constituição da República Portuguesa), que estatuem ser o direito de planejamento familiar uma livre decisão do casal, estabelecendo ainda a obrigação do Estado em prover a informação, propiciar os recursos científicos e o acesso aos meios para o exercício deste direito.[65]

Argumentam, então, que o *planejamento familiar* pressupõe a regulação da fecundidade, em suas duas dimensões, a concepção e a contracepção, no sentido de permitir uma manutenção da prole ou o aumento da prole, incidindo sobre este *direito de procriar* a possibilidade de lançar mão das modernas *técnicas de PMA*, o que o levaria à condição de princípio absoluto.

O *direito à liberdade pessoal*, entendido como o reconhecimento da pessoa como possuidor de uma esfera pessoal de autonomia intransponível, e o *direito ao próprio corpo*, como a perspectiva privatística do direito fundamental da integridade física, funcionariam como fundamento para a defesa de um *direito à procriação medicamente assistida ilimitado.*[66]

Ainda na defesa desta posição, encontram-se referências[67] ao art. 26º da CRP, que possui por correlato no direito brasileiro o art. 5º, X, da CF/88, no sentido de que tutelam expressamente a *intimidade da vida privada e familiar,* o que permitiria a constituição de um

---

ter filhos com recurso à doação de gametas, excluindo-se algumas hipóteses da *procriação artificial,* nomeadamente a clonagem, atendendo às exigências da convivência democrática e aos direitos da criança (cf. AGUILAR, Francisco Manuel Fonseca de. O princípio da dignidade da pessoa humana e a determinação da filiação. *Revista da Faculdade de Direito da Universidade de Lisboa,* v. XLI, n. 2, p. 672, 2000).

[64] Parece ser esta a tese defendida por Guilherme de Oliveira ao afirmar que "o art. 36º, nº 1, consagra o direito fundamental de 'constituir família'", tratando-se, "sem dúvida, do *direito fundamental de procriar* e de ver a prole juridicamente reconhecida", o que, se utilizado aquele preceito "no sentido de eliminar todos os obstáculos ao estabelecimento jurídico das relações de filiação", pode nos levar a concluir que, entre os recursos científicos e os métodos e meios que assegurem o planejamento familiar, estão incluídos recursos às novas técnicas de reprodução assistida (cf. OLIVEIRA, Guilherme. *Temas de Direito da Medicina.* Coimbra: Coimbra Editora, 1999, p. 6).

[65] Neste sentido, cf. CASABONA, Carlos Maria Romeo. *El derecho y la bioetica ante los limites de la vida humana.* Madrid: Editorial Centro de Estudios Ramón Areces, 1997, p. 119 *et seq.;* MORAES, Alexandre de. *Direito Constitucional.* São Paulo: Atlas, 2004, p. 80; NAVES, Luciana Freire. *Os direitos relativos à historicidade pessoal e à biparentalidade ante o direito de procriar mediante técnicas de reprodução assistida.* (Relatório Final da Disciplina de Direitos Fundamentais do Curso de Aperfeiçoamento Conducente ao Mestrado – ano letivo 1999 – 2001). Lisboa: Faculdade de Direito da Universidade de Lisboa, 2000, p. 29.

[66] Esse direito encontra-se assegurado, como valor essencial, no preâmbulo da Constituição Federal brasileira e, como uma das bases mestras da Republica soberana portuguesa, no art. 1º da Carta Magna deste país (NAVES, Luciana Freire. *Os direitos relativos à historicidade pessoal e à biparentalidade ante o direito de procriar mediante técnicas de reprodução assistida.* (Relatório Final da Disciplina de Direitos Fundamentais do Curso de Aperfeiçoamento Conducente ao Mestrado – ano letivo 1999 – 2001). Lisboa: Faculdade de Direito da Universidade de Lisboa, 2000, p. 27).

[67] Cf. OTERO, Paulo. *Personalidade e identidade pessoal e genética do ser humano:* um perfil constitucional da bioética. Coimbra: Almedina, 1999, p. 19 *et seq.;* DIAS, João Álvaro. *Procriação medicamente assistida, dignidade e vida.* In: AB VNO AD OMNES. 75 anos da Coimbra Editora. 1920-1995. Coimbra: Coimbra Editora, 1998, p. 123 *et seq.;* DIAS, João Álvaro. *Procriação assistida e responsabilidade médica.* Coimbra: Coimbra Editora, 1996, p. 71 *et seq.;* DUARTE, Tiago. *In vitro veritas?* A Procriação Medicamente Assistida na Constituição e na Lei. Coimbra: Almedina, 2003, p. 35 *et seq.*

direito ilimitado de procriação, inclusive com recurso a doador de gametas, assegurando o anonimato deste.

Cumpre ainda referir que, na defesa de um *direito irresoluto de procriar através de técnicas de PMA*, pode vir a ser utilizado o argumento de que "a proteção da personalidade pressupõe a liberdade para o seu desenvolvimento segundo o seu próprio projeto", inclusive o parental, "situações e possibilidades", numa clara referência ao *direito ao livre desenvolvimento da personalidade*.[68]

3.2.2 No entanto, o *direito à liberdade pessoal, direito geral de personalidade* e o *direito ao próprio corpo* encontram seus limites nas próprias disposições constitucionais que garantem a pacificação e a coexistência sociais da expressão de várias correntes de pensamento, bem como na identidade genética, inviolabilidade da vida e dignidade humanas.

Neste sentido, o *direito de procriar* ganha a perspectiva *ética*, como destacado no Relatório-Parecer nº 3/93, do Conselho Português de Ética para Ciências da Vida (CNECV), ou seja, passa a ter a conotação de uma liberdade não arbitrária, permissiva ou cheia de relativismo moral, significando a realização de todas as potencialidades humanas e a conciliação do direito à autodeterminação dos pais com o respeito aos direitos e interesses dos filhos.[69]

Do fato da existência de um conteúdo essencial que se revela na proteção da identidade genética, da inviolabilidade da vida e da dignidade humanas, resulta, para nós, que as possibilidades de autorrealização do indivíduo não podem ser isoladamente consideradas, sob pena de ofender outras concretizações daquele conteúdo irredutível, mormente, quanto aos direitos do filho, principalmente no que se refere à proibição da instrumentalização do ser humano e ao próprio desenvolvimento da personalidade deste.

Tiago Duarte refere que a PMA "faz parte dos cuidados médicos e, como tal, só deve ser aplicada a pessoas cujo diagnóstico médico indique que tal técnica é a adequada para responder à vontade de procriar",[70] estando, então, esse poder de decisão na classe médica, única competente para administrar, em concreto, os cuidados de saúde de que a utilização de tais técnicas faz parte.

---

[68] O direito geral de personalidade encontra guarida expressa no ordenamento jurídico português, quando a CRP, em seu art. 26º, nº 1, reconhece como um direito fundamental o desenvolvimento da personalidade. Ao contrário de sua homônima lusitana, a Constituição Federal Brasileira não enquadra o *direito ao livre desenvolvimento da personalidade* no rol de seus direitos fundamentais típicos, mas o faz através da cláusula aberta de direitos fundamentais, ao integrar o próprio texto constitucional, que menciona, em seu art. 205, que a educação, direito de todos e dever do Estado e da família, visa ao *pleno desenvolvimento da pessoa*. Ademais, como o Tribunal Constitucional Português já teve oportunidade de se pronunciar, no Acórdão nº 6/84, de 18 de janeiro, anterior à RC/97, em raciocínio aplicável ao direito brasileiro, o direito geral de personalidade é consequência do princípio constitucional fundamental da dignidade da pessoa humana. Assim, como as Repúblicas portuguesa e brasileira têm base na dignidade humana, as constituições acolhem o princípio de que todo e qualquer direito de personalidade, isto é, a todo e qualquer aspecto em que necessariamente se desdobra um direito geral de personalidade, sob pena de se negar o papel da pessoa como figura central da sociedade. Neste sentido, cf. SOUSA, Rabindranath Capelo de. *O direito geral de personalidade*. Coimbra: Coimbra Editora, 1995; OLIVEIRA, Nuno Manuel Pinto. *O direito geral de personalidade e a 'solução de dissentimento'*: ensaio sobre um caso de constitucionalização do direito civil. Coimbra: Coimbra Editora, 2002; PINTO, Paulo Mota. *O direito ao livre desenvolvimento da personalidade*. In: PORTUGAL-BRASIL ANO 2000 – Tema Direito. Coimbra: Coimbra Editora, 1999.

[69] RAPOSO, Mário. *Relatório-Parecer sobre reprodução humana assistida* – 3/CNE 93. In: CONSELHO NACIONAL DE ÉTICA PARA CIÊNCIAS DA VIDA. Disponível em: <http://www.cnecv.gov.pt>. Acesso em: 20 ago. 2004.

[70] DUARTE, Tiago. *In vitro veritas?* A Procriação Medicamente Assistida na Constituição e na Lei. Coimbra: Almedina, 2003, p. 36.

Em suma, entendemos, na esteira de Paulo Otero, que nem o fato de as constituições, tanto brasileira quanto portuguesa, declararem a necessidade de garantia, por parte do Estado, dos recursos educacionais e científicos para o exercício do *direito de planejamento familiar*, nem de estabelecerem um *direito de constituir família*, ou ao *direito à liberdade pessoal*, ou ao *direito ao próprio corpo*, ou o *direito à intimidade da vida privada e familiar*, ou, até mesmo, o *direito ao livre desenvolvimento da personalidade*, significam o albergamento constitucional do acesso irrestrito a todas as *formas ou técnicas de PMA*.[71]

3.3 Regulamentação do acesso à procriação medicamente assistida no SUS

3.3.1 No Brasil, a Lei nº 9.263/1996, que trata do planejamento familiar, não enfrentou diretamente os aspectos relacionados ao acesso às técnicas de procriação medicamente assistida. No entanto, ao interpretar a referida lei nos termos do art. 196, 200 e 226, todos da CF/88, Boscaro afirma que "não restam mais dúvidas acerca da efetiva possibilidade do uso destas técnicas entre nós, mesmo por casais não casados ou até por pessoas solteiras, o que poderá incrementar o acesso de uma parcela cada vez maior de nossa população aos modernos métodos de procriação assistida".[72]

O Ministério da Saúde editou a Portaria nº 426/GM, em 22 de março de 2005, para instituir, no âmbito do SUS, a Política Nacional de Atenção Integral em Reprodução Humana Assistida. Dessa forma, considerando que, segundo a Organização Mundial da Saúde (OMS), aproximadamente 8% a 15% dos casais têm algum problema de infertilidade durante sua vida fértil e que as técnicas de PMA contribuem para a diminuição da transmissão de doenças infecto-contagiosas e genéticas, estabeleceram-se como princípios diretivos da Política Nacional, *verbis*:

> I - organizar uma linha de cuidados integrais (promoção, prevenção, tratamento e reabilitação) que perpasse todos os níveis de atenção, promovendo, dessa forma, a atenção por intermédio de equipe multiprofissional, com atuação interdisciplinar;
>
> II - identificar os determinantes e condicionantes dos principais problemas de infertilidade em casais em sua vida fértil, e desenvolver ações transetoriais de responsabilidade pública, sem excluir as responsabilidades de toda a sociedade;
>
> III - definir critérios técnicos mínimos para o funcionamento, o monitoramento e a avaliação dos serviços que realizam os procedimentos e técnicas de reprodução humana assistida, necessários à viabilização da concepção, tanto para casais com infertilidade, como para aqueles que se beneficiem desses recursos para o controle da transmissão vertical e/ou horizontal de doenças;
>
> IV - fomentar, coordenar e executar projetos estratégicos que visem ao estudo do custo-efetividade, eficácia e qualidade, bem como a incorporação tecnológica na área da reprodução humana assistida no Brasil;
>
> V - promover intercâmbio com outros subsistemas de informações setoriais, implementando e aperfeiçoando permanentemente a produção de dados e garantindo a democratização das informações; e

---

[71] OTERO, Paulo. *Personalidade e identidade pessoal e genética do ser humano*: um perfil constitucional da bioética. Coimbra: Almedina, 1999, p. 20-23.

[72] BOSCARO, Márcio Antonio. *Direito de filiação*. São Paulo: Revista dos Tribunais, 2002, p. 94.

VI - qualificar a assistência e promover a educação permanente dos profissionais de saúde envolvidos com a implantação e a implementação da Política de Atenção Integral em Reprodução Humana Assistida, em conformidade com os princípios da integralidade e da Política Nacional de Humanização - PNH.

Em complementação à Portaria nº 426/GM, foi editada a Portaria nº 1.459/GM/MS, de 24 de junho de 2011, a qual, ao instituir no âmbito do Sistema Único de Saúde (SUS) a chamada Rede Cegonha, determinou a garantia de acesso às ações do planejamento reprodutivo.

3.3.2 Por sua vez, o Conselho Federal de Medicina editou, em 16 de julho de 2015, a Resolução CFM nº 2.121/2015, a qual adota as normas éticas para a utilização das técnicas de reprodução assistida, tornando-se o dispositivo deontológico a ser seguido pelos médicos brasileiros.

De acordo com a referida resolução, o objetivo é agir sempre em defesa do aperfeiçoamento das práticas e da observância aos princípios éticos e bioéticos que ajudarão a trazer maior segurança e eficácia a tratamentos e procedimentos médicos, atendendo aos seguintes princípios gerais a serem observados pelos médicos, clínicas e hospitais:

a) As técnicas de PMA têm o papel de auxiliar na resolução dos problemas de reprodução humana, facilitando o processo de procriação.

b) As técnicas de PMA podem ser utilizadas desde que exista probabilidade de sucesso e não se incorra em risco grave de saúde para o(a) paciente ou o possível descendente, sendo a idade máxima das candidatas à gestação de RA de 50 anos, admitindo-se exceções a esse limite etário, as quais serão determinadas, com fundamentos técnicos e científicos, pelo médico responsável e após esclarecimento quanto aos riscos envolvidos.

c) O consentimento livre e esclarecido informado será obrigatório para todos os pacientes submetidos às técnicas de PMA.

d) As técnicas de PMA não podem ser aplicadas com a intenção de selecionar o sexo (presença ou ausência de cromossomo Y) ou qualquer outra característica biológica do futuro filho, exceto quando se trate de evitar doenças do filho que venha a nascer, sendo igualmente proibida a fecundação de oócitos humanos com qualquer outra finalidade que não a procriação humana.

e) O número máximo de oócitos e embriões a serem transferidos para a receptora não pode ser superior a quatro, havendo uma gradação de acordo com a idade.

f) Em caso de gravidez múltipla, decorrente do uso de técnicas de PMA, é proibida a utilização de procedimentos que visem a redução embrionária.

Ademais, todas as pessoas capazes que tenham solicitado o procedimento e cuja indicação não se afaste dos limites da Resolução CFM nº 2.121/2015 podem ser receptoras das técnicas de PMA, desde que os participantes estejam de inteiro acordo e devidamente esclarecidos, conforme legislação vigente.

Isso inclui a possibilidade do uso dessas técnicas para relacionamentos homoafetivos e pessoas solteiras, respeitado o direito à objeção de consciência por parte do médico, sendo ainda permitida a gestação compartilhada em união homoafetiva feminina em que não exista infertilidade.

Outrossim, as clínicas, centros ou serviços de reprodução assistida podem usar técnicas de PMA para criarem a situação identificada como gestação de substituição, desde que exista um problema médico que impeça ou contraindique a gestação na doadora genética ou em caso de união homoafetiva, devendo as doadoras temporárias do útero pertencer à família de um dos parceiros em parentesco consanguíneo até o quarto grau (primeiro grau – mãe; segundo grau – irmã/avó; terceiro grau – tia; quarto grau – prima), sem caráter lucrativo ou comercial.

Por fim, deve-se referir que é permitida a reprodução assistida *post-mortem* desde que haja autorização prévia específica do(a) falecido(a) para o uso do material biológico criopreservado e que as técnicas de PMA podem ser utilizadas aplicadas à seleção de embriões submetidos a diagnóstico de alterações genéticas causadoras de doenças – podendo nesses casos serem doados para pesquisa ou descartados, nos termos da Lei de Biossegurança.

4 Conclusões

I) O direito, enquanto uma ordem ética, que se interpenetra com a moral, com a religião, com as convicções filosóficas da humanidade, contém necessariamente um critério de valor que condiciona o comportamento humano. Quando se trata, então, da constituição de cada país, a área decisiva de conexão da constituição com a ética médica é a dos direitos e deveres fundamentais. Daí que o conjunto de normas constitucionais que tem por princípios informativos a dignidade da pessoa humana, a inviolabilidade do direito à vida e a proteção à identidade pessoal e genética, em face da biomedicina, constitui uma *bioconstituição*.

II) A expressão *procriação medicamente assistida refere-se a todo ato de procriação da espécie humana, oriundo de técnica científica, que envolva a reprodução do ser humano, em sua totalidade ou parte, inclusive seus dados genéticos, por meios diferentes da cópula carnal, dando origem a um novo ser humano, levada a cabo por pessoa legalmente autorizada, tendo sempre por pressuposta a integridade, identidade e exclusividade genéticas do ser humano dela nascido*. Outrossim, não se confunde com a *procriação artificial*, posto que há um sentimento majoritário no sentido de *aceitar* a noção da *procriação medicamente assistida* e de condenar as práticas de *procriação artificial*.

III) Como a procriação humana sempre esteve ligada à noção de família, mesmo não havendo na Constituição Brasileira qualquer previsão expressa a um direito de procriar, o alargamento constitucional do conceito de família e a opção pela garantia do planejamento familiar proporcionam a todos os casais o direito à procriação. No entanto, no que concerne ao direito à procriação permitir o direito de acesso às técnicas de procriação medicamente assistida, existem três posições dominantes: uma no sentido da inexistência de um direito de procriar através do recurso a técnica de PMA; outra na possibilidade de utilização de técnicas de procriação medicamente assistida apenas por indicação médica; e, numa terceira hipótese, a defesa de um direito irresoluto de procriar através de técnicas de procriação medicamente assistida.

IV) Nem o exercício do *direito de planejamento familiar*, nem de estabelecerem um *direito de constituir família*, ou ao *direito à liberdade pessoal*, ou ao *direito ao próprio corpo*, ou o *direito à intimidade da vida privada e familiar*, ou, até mesmo, o *direito ao livre desenvolvimento da personalidade*, significam o albergamento constitucional do acesso irrestrito a todas as *formas ou técnicas de PMA*, posto que deve haver uma limitação nos princípios constitucionais da dignidade da pessoa humana, da inviolabilidade do direito à vida e na proteção ao direito à identidade pessoal e genética do *filho*, principalmente no que se refere à proibição da instrumentalização do ser humano e do dever de respeito ao próprio desenvolvimento da personalidade deste.

V) No Brasil, termos do art. 196, 200 e 226, todos da CF/88, e da Lei nº 9.263/1996, que, embora não tenham enfrentado diretamente os aspectos relacionados ao acesso às técnicas de procriação medicamente assistida, foram utilizados como base pelo Ministério da Saúde para instituir, no âmbito do SUS, a Política Nacional de Atenção Integral em Reprodução Humana Assistida, através da Portaria nº 426/GM, em 22 de março de 2005.

VI) O Conselho Federal de Medicina editou, em 16 de julho de 2015, a Resolução CFM nº 2.121/2015, a qual adota as normas éticas para a utilização das técnicas de reprodução assistida – sempre em defesa do aperfeiçoamento das práticas e da observância aos princípios éticos e bioéticos que ajudarão a trazer maior segurança e eficácia a tratamentos e procedimentos médicos – tornando-se o dispositivo deontológico a ser seguido pelos médicos brasileiros.

Informação bibliográfica deste texto, conforme a NBR 6023:2002 da Associação Brasileira de Normas Técnicas (ABNT):

SARINHO, Felipe. Direito de procriar e procriação medicamente assistida no contexto da bioconstituição. In: LEITE, George Salomão; LEITE, Glauco Salomão; STRECK, Lenio Luiz (Coord.). *Jurisdição constitucional e liberdades públicas*. Belo Horizonte: Fórum, 2017. p. 281-298. ISBN 978-85-450-0237-6.

DEBATE EN TORNO A LA LAICIDAD: LAS CARICATURAS DE MAHOMA Y LA LIBERTAD DE EXPRESIÓN

MANUEL ATIENZA

El asunto de las caricaturas de Mahoma es probablemente el tema sobre el que más se ha escrito en los últimos tiempos. No se debe sólo a que, en el contexto de nuestro mundo globalizado, haya sido interpretado por muchos como uno de los primeros episodios del llamado «choque entre civilizaciones» (entre las dos civili-zaciones que acogen a algo así como a la mitad de la humanidad), sino a que ese conflicto (y sus consecuencias) plantea también un problema interno a nuestra civilización occidental: ¿qué peso debemos –estamos dispuestos a– dar a lo sagrado en nuestras sociedades laicas?, ¿hasta qué punto debemos aceptar que los sentimientos religiosos de las gentes, su sentido de la identidad, limiten las libertades de los individuos, el derecho de cada cual a la libertad de expresión?

De hecho, esa limitación está legalmente prevista. Por ejemplo, en nuestro código penal (y algo parecido podría decirse de casi todas las legislaciones europeas) se castiga a quienes "para ofender los sentimientos de una confesión religiosa" hagan públicamente "escarnio de sus dogmas, creencias, ritos o ceremonias" (art. 525). Y aunque no sea por motivos religiosos (pero quizás sí que afecte de alguna manera al sentido de lo "sagrado"), la negación del Holocausto es, como bien se sabe, un delito en países como Austria o Alemania: recientemente se ha condenado en Austria a una pena de cárcel al historiador británico David Irving, en esencia, por haber afirmado que 'los nazis no mataron a tantos judíos, ni tenían un plan para su exterminio sistemático"; mientras que en España (de acuerdo con la doctrina del TC en el caso Violeta Friedman), el "negacionismo" no sería un ilícito penal, pero sí un supuesto de límite justificado al derecho a la libertad de expresión. De manera que, frente a la tendencia más o menos generalizada en la opinión pública de acusar al Islam de estar en contra de la libertad de expresión y de significar, por ello, una amenaza para la cultura occidental, algunos han esgrimido esta pregunta: ¿no estaremos siendo incoherentes, arbitrarios, en todo esto?

¿No será que aplicamos un criterio en relación con la manera de entender lo sagrado por parte de otras culturas, mientras que, simultáneamente, operamos con un criterio muy distinto cuando de lo que se trata es de proteger nuestra propia forma de entender lo sagrado?

Pues bien, para determinar si se les debe dar o no la razón a quienes piensan así, lo primero que hay que hacer es tratar de aclararse acerca de qué es lo que se está diciendo o escribiendo sobre el asunto. Y dada la profusión de opiniones al respecto, parece imprescindible comenzar elaborando alguna taxonomía que nos permita introducir un poco de orden. Como, además, el asunto de las caricaturas de Mahoma hace surgir una multitud de preguntas de toda índole (históricas, filosóficas, morales, políticas, jurídicas...), reduciré todo el problema (consciente de que es una "reducción") a una única cuestión: ¿Está justificado poner algún límite a la libertad de expresión por razones exclusivamente de protección de las creencias religiosas de un grupo? O dicho de otra manera: ¿a qué debe atribuirse más valor, a la libertad de expresión o a las creencias religiosas? En mi opinión, así planteada, la cuestión admite, básicamente, cuatro respuestas.

1) Los fundamentalistas religiosos y los comunitaristas extremos ponen inequívocamente el valor de lo sagrado, de la religión, por encima del de la libertad de expresión. Está claro que esto es lo que ocurre en buena parte de la cultura islámica. Pero lo mismo puede decirse de la doctrina tradicional de la Iglesia católica (que se condensa en el dictum «sólo hay libertad para la verdad y el bien»), que no parece haber sido abandonada del todo por la actual jerarquía católica. Y algo no muy distinto es lo que parecen sostener muchos pensadores comunitaristas de nuestros días que consideran que la religión es, simplemente, un rasgo de la identidad de algunos grupos sociales, con la consecuencia de que esos valores comunitarios (el "bien común", tal y como lo entiende el grupo) debe prevalecer sobre la autonomía de los individuos aislados.

2) Los comunitaristas moderados y los creyentes no fundamentalistas (de cualquier religión) tienden a plantear el problema en términos de la necesidad de conciliar dos valores del mismo rango. Es la opinión que se encuentra en los escritos de muchos teólogos, arabistas y científicos sociales que muestran una actitud de «simpatía» o de «comprensión» hacia el Islam. Un ejemplo claro de esa postura (desde una perspectiva no religiosa) lo representa el politólogo Sami Naïr, para el cual lo que tendríamos aquí es un enfrentamiento entre un "derecho sagrado" a la libertad de expresión y otro "derecho sagrado" a la identidad (el Islam constituiría el ingrediente básico de la identidad política de muchos grupos humanos).

3) Esta última tesis es negada por los liberales moderados (al igual que por los más radicales). Yo diría que un liberalismo moderado es la posición que mejor permite dar cuenta de la práctica (y de la doctrina) jurídica en los países europeos. Por ejemplo, el Tribunal Europeo de Derechos Humanos ha ido desarrollando en los últimos tiempos una jurisprudencia que cabría esquematizar así: la libertad de expresión no es un derecho absoluto y, por ello, cuando entra en contradicción con otros posibles derechos o valores, es necesario proceder a una ponderación para ver cuál tiene un mayor peso, dadas las circunstancias; la libertad de expresión goza, en principio, de cierta prioridad, pero puede resultar derrotada (digamos, excepcionalmente).

4) Finalmente, los liberales más radicales consideran que las convicciones religiosas por sí mismas no pueden triunfar nunca sobre la libertad de expresión. No se trata, por tanto, de "ponderar" o, si se quiere, en la ponderación la balanza se inclina siempre del mismo lado, porque la libertad de expresión es un valor y las creencias religiosas no; o mejor dicho, estas últimas pertenecen exclusivamente a la vida privada y constituyen, por lo tanto, un valor puramente privado: si lo ofendido en el ejercicio de la libertad de expresión es una «creencia», no una persona, no hay ninguna razón para que el Derecho (el poder público) tenga que intervenir. Eso, por cierto, es compatible con pensar que, por ejemplo, los periódicos europeos que no publicaron las caricaturas de Mahoma hicieron bien e, incluso, que actuó mal el periódico danés en el que originariamente aparecieron; pero simplemente por razones prudenciales, por el mismo tipo de razón por el que no se debe decir algo que pueda incomodar a quien nos está apuntando con una pistola, o tirar una cerilla al suelo si esa acción puede provocar un incendio.

Volvamos ahora a la cuestión de la coherencia ¿Cuál es, en realidad, el sentido de la crítica? Si la anterior clasificación resulta aceptable, entonces parece obvio que hay un sentido en el que la reacción del mundo europeo –occidental– al problema de las caricaturas de Mahoma es incoherente, esto es, no hay una única respuesta, sino varias e incompatibles entre sí (al menos en parte). Pero por un lado, parece obvio que ésa no puede ser la noción de coherencia que aquí se está esgrimiendo: quien adopta cualquiera de esas cuatro posturas no puede ser tachado de arbitrario simplemente porque la suya no sea compartida por todos los miembros de su sociedad. Y por otro lado, si la coherencia se viera en términos puramente formales, parece también claro que ese no podría ser el único criterio a tomar en consideración para dirimir una cuestión práctica; por ejemplo, las posturas extremas de la anterior clasificación (cada una por separado) tienen quizás más probabilidades de producir respuestas coherentes, unívocas, a los casos a enjuiciar, simplemente porque son de más fácil aplicación, pero eso no constituye una razón definitiva para optar por alguna de las dos y descartar las otras; se podría pensar también que, dada la complejidad de los casos a resolver, es preferible adoptar una posición más abierta, más "flexible", aunque ello suponga también menor seguridad, mayor incertidumbre (más probabilidad de que se produzcan respuestas incoherentes).

Consideraré entonces que la crítica va dirigida, en realidad, a la postura del liberalismo moderado que, como antes decía, caracteriza, a rasgos generales, nuestras prácticas jurídicas; y que cuando se habla de "incoherencia" o de "arbitrariedad" no se hace con un alcance puramente formal: lo que quiere decirse es que esa posición es equivocada, produce resultados injustos. Veámoslo.

Una buena manera de poner a prueba la coherencia interna y la corrección de fondo de esa teoría puede consistir en tratar de precisar la doctrina construida en los últimos años por el Tribunal Europeo de Derechos Humanos, a la que antes me refería, tomando como base los tres casos siguientes, que bien pueden considerar-se como paradigmáticos.

El primero, resuelto por el Tribunal en agosto de 1994, había enfrentado al "Instituto Otto-Preminger" con el Estado austriaco. Esa institución vienesa había producido un film en el que, entre otras cosas, se presentaba a Dios padre como un viejo senil, a Jesucristo como un estúpido y a la Virgen María como una casquivana. De acuerdo con un artículo del Derecho austriaco que sanciona el acto de denigrar o insultar a una persona o a lo que es "objeto de veneración por una iglesia o por una comunidad religiosa establecida en el país", se había decretado la confiscación y pérdida de las diversas copias del film. El problema consistía en decidir si esa medida era compatible con el art. 10 de la Convención Europea de Derechos Humanos que señala que una interferencia al ejercicio de la libertad de expresión sólo es admisible si "está prescrita por el Derecho", "persigue un fin lícito" y "es necesaria en una sociedad democrática". El Tribunal, por 6 votos frente a 3, entendió que no se había infringido el artículo, básicamente por estas dos razones: 1) cuando la libertad de expresión afecta a opiniones y creencias religiosas, el ejercicio de ese derecho incluye "una obligación de evitar en la mayor medida posible expresiones que sean gratuitamente ofensivas para otros [...] y que, por tanto, no contribuyen a ninguna forma de debate público capaz de promover el progreso de los asuntos humanos"; 2) a la hora de determinar la existencia y la extensión de esa interferencia debe dejarse "un cierto margen de apreciación" a las autoridades nacionales.

Es interesante hacer notar que los jueces que sostuvieron la opinión contraria esgrimieron, entre otras, estas tres razones: 1) la interferencia al derecho a la libertad de expresión tiene carácter excepcional y, por eso, los requisitos que la vuelven permisible deben interpretarse restrictivamente; 2) la decisión sobre si una forma de expresión contribuye o no a un debate público que promueva el progreso de los asuntos humanos no puede depender de la idea de «progreso» que tengan las autoridades de un país; 3) la Convención no garantiza un *derecho* a la protección de los sentimientos religiosos: en particular, ese pretendido derecho no puede derivarse del derecho a la libertad religiosa, que sí que incluye el derecho a expresar puntos de vista críticos sobre las opiniones religiosas de los demás.

En el caso Wingrove contra el Reino Unido (resuelto en noviembre de 1996), el señor Wingrove había recurrido al TEDH alegando que la negativa de las autoridades británicas a expedir un certificado de distribución para un video titulado "Vissions of Ectassy" vulneraba su derecho a la libertad de expresión reconocido en el art. 10 de la Convención. Una de las escenas del video representaba a Santa Teresa teniendo dos fantasías eróticas: una con la figura de Cristo crucificado y otra, lésbica, con una imagen que representaba "la psique de Santa Teresa". Las autoridades (no judiciales) habían considerado que el video era pornográfico y que carecía de cualquier valor histórico, religioso o artístico, por lo que entendían que cualquier jurado razonable al que llegara lo calificaría de blasfemo (tal y como el delito de blasfemia está tipificado en el Derecho británico) lo que las llevaba, en definitiva, a no autorizar su distribución; en la motivación se recordaba que el certificado de distribución se había expedido con anterioridad para filmes como "La vida de Bryan", de Monty Python, o "La última tentación de Cristo", de Scorsese. El TEDH, siguiendo los criterios antes indicados, entendió que la interferencia a la libertad religiosa en este caso perseguía un fin lícito, el de proteger el derecho de los ciudadanos a no ser ofendidos en sus sentimientos religiosos. Reconocía que la regulación británica sobre la blasfemia, en la medida en que sólo protegía las creencias cristianas, podía no ser compatible con la Convención, pero entendía que ésa no era una cuestión sobre la que tuviera que pronunciarse. También consideró que la interferencia era "necesaria en una sociedad democrática", por cuanto: 1) las razones esgrimidas por las autoridades nacionales eran relevantes y suficientes (básicamente por el carácter pornográfico del video y la falta de mérito artístico); 2) dadas las circunstancias, en caso de ser distribuido, el video habría podido ser visto por un público que podría haberse sentido ofendido.

De todas formas, la decisión no fue unánime. De los 9 jueces del tribunal, 2 votaron con la mayoría, pero formularon votos concurrentes; y hubo también otros 2 votos disidentes. El aspecto más controvertido se refería a la configuración del delito de blasfemia en el Derecho británico. Uno de los magistrados que se apartaron de la fundamentación de la sentencia, aunque no de la decisión, subrayó que el tribunal tenía que haber aclarado que la base para no otorgar el certificado se encontraba en la necesidad de proteger las creencias religiosas (no solamente las cristianas), filosóficas o de cualquier otro tipo: la prohibición de la distribución del video hubiese estado justificada –señalaba– si en lugar del éxtasis de Santa Teresa hubiese mostrado, por ejemplo, "al anti-clerical Voltaire teniendo relaciones sexuales con algún príncipe o rey". Mientras que los disidentes pusieron en cuestión el tercero de los requisitos (que la medida fuera necesaria en una sociedad democrática): uno de ellos, porque no veía justificado que existiera el delito de blasfemia; y el otro porque, en todo caso, no le parecía aceptable que la figura delictiva protegiera únicamente a la religión cristiana. Es interesante hacer notar que en la sentencia se recuerda que los tribunales británicos se negaron en su momento a proceder contra "Los versos satánicos" de Salman Rushdie, precisamente porque entendieron que el delito de blasfemia no protegía las creencias no cristianas.

Recientemente, en enero de 2006, el TEDH resolvió un caso (Giniewski contra Francia) en el que, de nuevo, se había invocado la protección del art. 10 de la Convención, tras la condena por los tribunales franceses de un periodista por el delito de difamación pública. Paul Giniewski había publicado un artículo, a propósito de una de las encíclicas del papa Juan Pablo II (*Veritatis Splendor*), en el que, en esencia, sostenía la tesis de que ciertos principios de la religión católica que la encíclica en cuestión volvía a afirmar (la Iglesia católica como única detentadora de la verdad divina, la superioridad de la "nueva alianza" frente a la "antigua alianza"), unidos al antijudaismo de la versión católica de la historia sagrada, habían favorecido el Holocausto ("conducen al antisemitismo y han formado el terreno en el que ha germinado la idea y la realización de Auschwitz"). Como en los otros dos casos, la motivación del TEDH se centró en el requisito de si la interferencia en la libertad de expresión podía considerarse o no necesaria en una sociedad democrática. El Tribunal (en este caso, por unanimidad) entendió que no y, en consecuencia, dio la razón al periodista, fundamentalmente por estas dos razones: 1) la injerencia en la libertad de expresión no se correspondía con una "necesidad social imperiosa", puesto que el artículo había querido elaborar una tesis, obviamente discutible, sobre el origen del Holocausto y suponía, por ello, una contribución a un debate de ideas, sin abrir una polémica gratuita; 2) la sanción impuesta por las autoridades nacionales era desproporcionada y podía llevar a disuadir a la prensa y a los autores de participar en la discusión de cuestiones de interés general.

Pues bien, a partir de aquí podríamos plantearnos una especie de experimento mental que consistiría en tratar de adivinar qué decidiría el TEDH en el caso de que llegara hasta él el conflicto desatado por la publicación de las caricaturas de Mahoma (o de "Los versos satánicos" de Salman Rushdie). O sea, imaginemos que un Estado europeo, aplicando su propia legislación, hubiese condenado a los autores de (algunas de) las caricaturas de Mahoma a una pena de multa o hubiese tomado alguna medida contraria a su publicación; algo, por cierto, enteramente posible donde esté vigente un artículo como el 525 de código penal español. Si los autores de las viñetas y el periódico hubiesen recurrido ante el TEDH alegando que se ha infringido su derecho a la libertad de expresión recogido en el art. 10 de la Convención, la respuesta más probable, en mi opinión, sería la siguiente: el tribunal, aplicando su propia jurisprudencia (presupongo que actuaría en coherencia con la doctrina establecida hasta ahora), consideraría (seguramente por mayoría) que la medida en cuestión no vulnera el art. 10. Su decisión se fundamentaría probablemente en estas dos razones: 1) las caricaturas (por ejemplo, la del profeta con un turbante que esconde una bomba, o diciendo a la entrada del edén musulmán a unos mujaidines que acaban de inmolarse que ya han entrado tantos que no quedan disponibles vírgenes huríes) son gratuitamente ofensivas, no contribuyen a un debate de ideas ni tienen especial mérito artístico; 2) la limitación de la libertad de expresión responde a una necesidad social imperiosa.

El resultado de ese experimento mental lleva entonces a que hasta cierto punto pueda tacharse de incoherentes a quienes defienden la libertad de expre irreverencia incorporado en la cultura occidental y europea, dado que nuestras prácticas jurídicas desmienten que exista tal derecho; pero no hay por qué pensar que el juicio de incoherencia valga también para la propia práctica del TEDH. Mejor dicho, si la jurisprudencia del Tribunal puede producir resultados incoherentes, arbitrarios, ello se debe a la existencia de Derechos como el británico que, según hemos visto, contienen un delito de blasfemia que sólo protege los sentimientos religiosos de los cristianos (más incluso: de los anglicanos). Pero, en realidad, todo el mundo parece estar de acuerdo en que esa norma es injusta, y en que su razón de ser no es otra que ciertas peculiaridades (anomalías) del *common law* inglés que permiten la existencia de figuras delictivas no establecidas por el legislador (y que contradirían el principio de legalidad penal, tal y como es entendido en el continente). Sin embargo, no parecería haber ninguna incoherencia si la legislación de base fuera, por ejemplo, la española, en donde lo protegido no son sólo las creencias religiosas (de cualquier religión), sino también las no religiosas, pues el legislador del código penal, al párrafo antes transcrito del art. 525, añade éste: "en las mismas penas incurrirán los que hagan públicamente escarnio, de palabra o por escrito, de quienes no profesan religión o creencia alguna".

Ahora bien, ¿habría que considerar por ello porque no produce resultados incoherentes, arbitrarios que una norma como la del art. 525[1] del código penal español es justa y que, en consecuencia, no habría nada que cambiar en la jurisprudencia del TEDH basada en ponderar la libertad de expresión y las creencias religiosas con los criterios que acabamos de ver? Yo creo que no. A mí me parece más bien que los que llevan la razón en este punto son los liberales más radicales que niegan la legitimidad de proteger penalmente (y, en general, con medidas jurídicas o políticas) los sentimientos religiosos, no religiosos o irreligiosos de la gente. El delito establecido en el código penal español carece, en mi opinión, de justificación y no me parece nada claro que no sea además

---

[1] 1. El texto completo del art. 525 es el siguiente:
"1. Incurrirán en la pena de multa de ocho a doce meses los que, para ofender los sentimientos de los miembros de una confesión religiosa, hagan públicamente, de palabra, por escrito o mediante cualquier tipo de documento, escarnio de sus dogmas, creencias, ritos o ceremonias, o vejen, también públicamente, a quienes los profesan o practican.
2. En las mismas penas incurrirán los que hagan públicamente escarnio, de palabra o por escrito, de quienes no profesan religión o creencia alguna".

incoherente. Como acabamos de ver, el legislador se esfuerza por construir la figura de manera que no suponga una desigualdad de trato entre creyentes y no creyentes pero, simplemente, no lo logra. Por un lado, esa configuración del tipo penal lleva a postular categorías de difícil comprensión (¿no es un oxímoron hablar de "creencias de los que no profesan creencia alguna"?), especialmente cuando se repara en que (de acuerdo con el título de la sección en la que se ubica el artículo) se trataría de un delito "contra los sentimientos religiosos". Por otro lado, en el artículo hay una clara asimetría en el tratamiento dispensado a los creyentes y a los no creyentes: en relación con los primeros, lo prohibido es hacer escarnio "de sus dogmas, ritos o ceremonias", así como vejar a "quienes los profesan o practican", mientras que en relación con los segundos, la única conducta prohibida es la de hacer escarnio "de quienes no profesan religión o creencia alguna" 1. Por lo que se refiere a la jurisprudencia del TEDH, mi opinión es que debería modificarse en el sentido apuntado en alguno de los votos particulares que, en realidad, vendría a ser el del liberalismo que yo calificaba de "radical".

La razón seguramente de más peso para sostener esta última posición («radical» tiene en ocasiones un sentido encomiástico que no hay por qué desterrar de la lengua) es que va ligada a la defensa de valores universales como (además de la libertad) la igualdad y la verdad. La única manera de no producir discriminaciones por razón de religión es considerar a la libertad religiosa como una libertad *negativa* que se satisface si y sólo si el Estado es estrictamente laico (lo que, por cierto, no ocurre hoy en España). Y quizás el aspecto más amenazador de la polémica en torno a las caricaturas de Mahoma radica en que la aceptación de establecer límites a la libertad de expresión para proteger no a las personas, sino a sus creencias (o sea, la postura más «tolerante») parece ir acompañada de un relativismo moral y cultural que tiende a situar a las creencias religiosas en el mismo plano que las teorías científicas o que los hechos históricos. Mostrar por qué, a propósito de la libertad de expresión, deben ir unidos el carácter laico del Estado, la universalidad de la moral y la objetividad de las verdades científicas puede quedar para otra ocasión.

NOTA

El texto completo del art. 525 es el siguiente:

1. Incurrirán en la pena de multa de ocho a doce meses los que, para ofender los sentimientos de los miembros de una confesión religiosa, hagan públicamente, de palabra, por escrito o mediante cualquier tipo de documento, escarnio de sus dogmas, creencias, ritos o ceremonias, o vejen, también públicamente, a quienes los profesan o practican.
2. En las mismas penas incurrirán los que hagan públicamente escarnio, de palabra o por escrito, de quienes no profesan religión o creencia alguna.

Informação bibliográfica deste texto, conforme a NBR 6023:2002 da Associação Brasileira de Normas Técnicas (ABNT):

ATIENZA, Manuel. Debate en torno a la laicidad: las caricaturas de mahoma y la libertad de expresión. In: LEITE, George Salomão; LEITE, Glauco Salomão; STRECK, Lenio Luiz (Coord.). *Jurisdição constitucional e liberdades públicas*. Belo Horizonte: Fórum, 2017. p. 299-305. ISBN 978-85-450-0237-6.

LIBERDADE DE MORRER DIGNAMENTE

ADRIANO MARTELETO GODINHO

GEORGE SALOMÃO LEITE

1 Considerações iniciais

A todo e qualquer indivíduo toca, como premissa fundamental para a existência humana, o direito à vida – o mais elementar dos direitos subjetivos, suporte indispensável para todos os demais. Este direito à vida implica, já para aquele que está a se desenvolver no ventre materno, o direito a nascer com vida, de ser inserido no mundo, e se completa quando conjugado com o *direito de viver*, isto é, o direito de permanecer vivo, de gozar plenamente a vida. Este direito de viver confere à pessoa, mesmo quando incapaz ou enferma, o direito de ser tratada, de retomar a vida e de ser integrada e reintegrada plenamente no seio familiar, profissional e social.[1] Por conseguinte, é ampla a tutela do direito à vida, mormente pelo texto constitucional: ao inaugurar o título dedicado ao reconhecimento dos direitos e garantias fundamentais, o art. 5º da Constituição da República, logo em seu *caput*, consagra o princípio da inviolabilidade da vida humana. Antes mesmo de enumerar outros direitos fundamentais, conferiu-se adequada primazia ao direito à vida, atribuindo-lhe, em acréscimo, a qualidade de *inviolável*.

Caberia, em outro espectro, permitir que a autonomia privada para viver e gozar a vida seja invocada como fundamento para fazer prevalecer a intenção de morrer, ou seja, de dar cabo da própria vida? Poder-se-ia invocar um autêntico direito à morte, com suporte em uma suposta liberdade individual para dispor do direito à vida?

O propósito destas linhas consiste em averiguar, essencialmente, se deve ser legitimada a prática da eutanásia no Brasil, sob o argumento de que poderia ser ela a via apta a permitir que o indivíduo, titular do direito à vida, torne-se também senhor da própria morte. Serão apresentados, por igual, os argumentos que sustentam e também os que rechaçam a eutanásia, com vistas a permitir um olhar amplo e crítico a respeito, de forma a propiciar ao leitor destas notas que possa atingir suas próprias conclusões sobre o tema em apreço.

---

[1] PIETERS, Guy. Le droit de vivre, le droit de mourir et l'acharnement thérapeutique. In: *I diritti dell'uomo nell'ambito della medicina legale*: prima sessione di studio e formazione sui diritti dell'uomo. Milano: Giuffrè, 1981, p. 186-187.

2 Eutanásia: conceito, pressupostos e espécies

Premissa fundamental para que se discuta o mérito da adoção ou rejeição à prática da eutanásia é a delimitação precisa do seu conceito e de seus pressupostos.

De forma ampla, eutanásia é o ato deliberado de colocar fim à vida de uma pessoa por motivo de compaixão, em razão de uma enfermidade grave ou incurável. Trata-se de uma conduta humanitária, piedosa. A propósito, a origem de expressão "eutanásia" deriva da conjunção, proveniente do grego, de *eu* (bem) e *thanatos* (morte), indicando, pois, a ideia de "boa morte", "morte piedosa" ou "morte suave".[2]

Em princípio, somente se poderia falar em eutanásia quando a conduta de privar a vida do paciente provier de pedido seu e vier a ser executada por um médico,[3] profissional tecnicamente capaz de realizar a ação eutanásica de forma a atenuar dores e sofrimentos intoleráveis e de avaliar as condições de saúde de um indivíduo e o prognóstico da sua enfermidade, que, à partida, deve ser incurável e terminal. São estes, em geral, os elementos que autorizam a prática da eutanásia.

A doutrina, todavia, apresenta inúmeros conceitos para o vocábulo *eutanásia*. Para Albert Calsamiglia, somente existe eutanásia se: a) há antecipação da morte; b) de um paciente terminal;[4] c) que a deseja; d) com o objetivo de evitar um dano maior (indignidade) e; e) a ação ou omissão é realizada por uma terceira pessoa.[5] Percebe-se, nesta definição, que o paciente necessita encontrar-se em estado de terminalidade vital e tem de desejar a antecipação de sua morte. A necessária presença desses elementos afasta outras situações que poderiam ser enquadradas como eutanásia, como no caso de recém-nascidos que se encontram em estado terminal e que não podem expressar seu desejo de antecipação da morte em face da ausência de consciência. Calsamiglia, a propósito, é categórico ao afirmar que "se o enfermo não é terminal, então não é o caso de eutanásia".[6]

Luis Jimenez de Asúa, por sua vez, define a eutanásia como "a boa morte que outro procura a uma pessoa que padece uma enfermidade incurável ou muito penosa e que tende a truncar a agonia demasiada cruel ou prolongada".[7] Luis Cousino Mac Iver aponta que são cinco os elementos compreendidos pelo conceito de eutanásia: a) que se trate de um paciente incurável; b) que padeça de dores insuportáveis; c) que a morte se dê por pedido próprio, de seus familiares ou responsáveis; c) que se faça por

---

[2] Outras leituras possíveis do significado da eutanásia seriam a morte "apropriada", "piedosa" ou "benéfica" (SÁ, Maria de Fátima Freire de; NAVES, Bruno Torquato de Oliveira. *Manual de biodireito*. 2. ed. Belo Horizonte: Del Rey, 2011, p. 311).

[3] É também este o parecer de Luis Guillermo Blanco, para quem se deve reservar o termo eutanásia para a *ação médica* com a qual se põe fim à vida de um enfermo próximo à morte e que assim o solicita para, deste modo, lograr encerrar seus sofrimentos e sua agonia (BLANCO, Luis Guillermo. *Muerte digna*: consideraciones bioético-jurídicas. Buenos Aires: Ad-Hoc, 1997, p. 30-31).

[4] Segundo a *Declaração do Instituto Borja de Bioética* da Universitat Ramon Llull, que resultou das conclusões a que chegou o Grupo de Trabalho sobre a Eutanásia, paciente terminal é aquele que detém uma enfermidade incurável, progressiva e avançada, em situação de impossibilidade razoável de resposta deste a um tratamento específico, com presença de numerosos problemas ou sintomas intensos, múltiplos, multifatoriais e cambiantes, com grande impacto emocional por parte dele, da família e da equipe terapêutica, e com um prognóstico vital inferior a seis meses. Disponível em: <http://www.ibbioetica.org/cat/contenidos/PDF/Document_eutanasia_CAT.pdf>.

[5] *Sobre la eutanasia*, p. 345.

[6] *Sobre la eutanasia*, p. 345.

[7] *Eutanasia y homicídio por piedad*, p. 49.

motivo de profundo sentimento de piedade e; e) que se procure uma morte isenta de sofrimentos.[8] Aos elementos retroassinalados, incluiríamos mais um, já reportado: a de que o ato venha ser praticado por um médico ou profissional da saúde, haja vista que o contexto no qual o problema está inserido é de natureza sanitária, em que se busca assegurar o bem-estar físico e psíquico daquele que padece de uma doença incurável. Tornar concreto o postulado da não maleficência e promover o da beneficência são ideais que norteiam a atividade dos profissionais da saúde, de modo que as situações trazidas à baila no presente trabalho são típicas destes profissionais e somente eles podem resolvê-las adequadamente, seja atenuando a dor e o sofrimento, seja fazendo com que a morte ocorra de forma digna e suave.

Diversas são as classificações cunhadas para a eutanásia. Dentre elas, cumpre averiguar as principais, de mais larga aceitação entre os estudiosos do tema.

Em primeiro lugar, classifica-se a eutanásia em ativa (também denominada comissiva) e passiva (igualmente designada omissiva).

A eutanásia ativa não diz respeito ao rechaço de determinados tratamentos médicos ou à mera escolha de certas intervenções médicas em detrimento de outras. Pelo contrário, trata-se de uma conduta que enfoca diretamente a supressão da própria existência de um indivíduo, ainda que se encontre num contexto de padecimento de doença grave e incurável, que provoque sofrimentos considerados insuportáveis pelo paciente.[9] Já a eutanásia passiva, por seu turno, consiste no ato de deliberadamente deixar de ministrar tratamentos médicos úteis e proporcionados, que poderiam prolongar a vida do paciente, e cuja ausência antecipa a sua morte.[10] Nesta modalidade de eutanásia, omite o médico a prestação de cuidados necessários para que o paciente continue vivendo.[11]

Adiante, divide-se a eutanásia em direta e indireta. Na primeira, a morte do enfermo consiste no objetivo imediatamente visado pela conduta adotada por um agente; na segunda, também conhecida como "eutanásia de duplo efeito", o propósito do médico consistirá em propiciar alívio às dores experimentadas pelo paciente, ainda que, como efeito indireto, as substâncias analgésicas a ele ministradas possam levá-lo à morte. Neste derradeiro caso, é discutível que se fale apropriadamente na prática de autêntica eutanásia, eis que o propósito do profissional da medicina não será o de provocar a morte do paciente, mas apenas o de tratá-lo, ainda que se saiba, de antemão, que o efeito (indesejado) do tratamento eleito possa vir a cassar a vida do enfermo.

Por fim, classifica-se a eutanásia em voluntária, não voluntária e involuntária.

A eutanásia voluntária é levada a efeito a pedido do paciente. Trata-se da eutanásia propriamente dita, pois nela a morte piedosa é uma resposta às súplicas de quem morre, por julgar ser indigna ou sofrida a própria vida. A eutanásia não voluntária (ou avoluntária) consiste em tirar a vida de um indivíduo sem que ele tenha manifestado sua posição quanto a querer morrer;[12] trata-se de medida normalmente destinada a provocar a morte de uma pessoa que não é capaz de compreender a opção entre a vida

---

[8]   *Breve Curso de Medicina Legal*, p. 323.

[9]   REY MARTÍNEZ, Fernando. *Eutanasia y derechos fundamentales*. Madrid: Tribunal Constitucional: Centro de Estudios Políticos y Constitucionales, 2008, p. 119-120.

[10] BLANCO, Luis Guillermo. *Muerte digna*: consideraciones bioético-jurídicas. *Op. cit.*, p. 31.

[11] CIFUENTES, Santos. *Derechos personalísimos*. 2. ed. Buenos Aires: Astrea, 1995, p. 398.

[12] COUTINHO, Luiz Augusto. Aspectos jurídicos da eutanásia. *Revista Magister de Direito Penal e Processual Penal*, v. 2, n. 7, p. 26, ago./set. 2005.

e a morte.[13] Finalmente, a eutanásia involuntária é praticada contra o desejo expresso do paciente de ser mantido vivo.

A rigor, apenas a modalidade voluntária poderia ser considerada como uma autêntica conduta eutanásica. A modalidade não voluntária, pressupondo-se o móbil piedoso do agente, poderia não isentá-lo da reprimenda penal, mesmo nos ordenamentos em que a eutanásia é tida como conduta atípica, mas facultar uma redução de pena, caso seja possível demonstrar que o crime foi efetivamente motivado por razões humanitárias (a privação do sofrimento da vítima). A eutanásia involuntária, por sua vez, corresponde ao crime de homicídio puro e simples, estando ausente qualquer fator de redução de pena, porque o suposto motivo de compaixão que moveria o agente a sacrificar a vida alheia restaria afastado pelo interesse da própria vítima, que não suplicava pelo fim de uma vida que considerava miserável, insuportavelmente dolorosa ou indigna.

No âmbito científico, fala-se também em *distanásia*, *mistanásia* e *ortotanásia*. Cumpre, pois, delimitar tais conceitos e extremá-los das espécies de eutanásia acabadas de referir.

A distanásia, de cunho paternalista, enseja o prolongamento da vida ao máximo, mediante a utilização de medidas extraordinárias por parte dos médicos, causando mais dor e sofrimento ao enfermo. Trata-se de má prática da medicina na medida em que supõe a manutenção da vida a todo custo, mesmo quando se saiba que o estado do paciente é terminal e incurável.

Por sua vez, *mistanásia* tende a significar *morte miserável*, é dizer, revela aquelas situações em que um paciente, por não dispor de recursos econômicos, busca atendimento em um hospital público; todavia, antes de receber auxílio médico, falece em razão da precária estrutura hospitalar. De igual sorte, os inúmeros indigentes que morrem aos montes debaixo de viadutos por ausência de políticas públicas. Tais situações são corriqueiras nos países subdesenvolvidos.

Por fim, a *ortotanásia* enseja a interrupção do tratamento a pedido do paciente ou de seu representante legal, permitindo que a morte alcance seu curso natural. Tal prática merece considerações mais acuradas.

A ortotanásia, tal qual salientado acima, consiste no ato médico de interrupção do tratamento a pedido do enfermo ou de seu representante legal, com o intuito que a morte ocorra naturalmente, prevalecendo o respeito à autodeterminação do doente. A ortotanásia – nomenclatura oriunda dos radicais gregos *orthos* (correto) e *thanatos* (morte) – indica a morte no seu tempo, isto é, a morte cuja ocorrência não é antecipada, nem adiada. Não há o atuar no sentido de provocar a morte (conduta tipicamente eutanásica), nem de postergar indefinidamente a sua ocorrência (comportamento correspondente à distanásia), mas a adoção de uma postura intermediária: deixar que a morte certa e inevitável se manifeste.

O Conselho Federal de Medicina (CFM) regulamentou a ortotanásia, por meio da Resolução nº 1.805/2006, permitindo ao médico suspender ou limitar tratamentos ou procedimentos que prolonguem inutilmente a vida do paciente em estado terminal, de enfermidade grave e incurável, respeitando a vontade da pessoa ou de seu representante legal. O teor desta resolução contou com o apoio da igreja católica, pois a morte teria seu curso natural, não se considerando a prática de homicídio. O instrumento normativo

---

[13] PAREJO GUZMÁN, María José. *La eutanasia, ¿un derecho?* Navarra: Thomson-Aranzadi, 2005, p. 403.

em apreço teve sua eficácia suspensa (em sede de tutela antecipada) nos autos da Ação Civil Pública nº 2007.34.00.014809-3, proposta pelo Ministério Público Federal, sob o fundamento de que o CFM não tem competência regulamentar para estabelecer como conduta ética uma conduta que é tipificada como crime. Esta tarefa seria, pois, de competência do legislador ordinário. Para o juiz da 14ª Vara Federal/DF, condutor do processo, o argumento de que a interrupção do tratamento faz com que a morte ocorra naturalmente "não elide a circunstância segundo a qual tal conduta parece caracterizar crime de homicídio no Brasil, nos termos do art. 121, do Código Penal. E parece caracterizar crime porque o tipo penal previsto no sobredito art. 121 sempre abrangeu e parece abranger ainda tanto a eutanásia como a ortotanásia, a despeito da opinião de alguns juristas consagrados em sentido contrário".

Fica claro, no trecho da decisão judicial acima transcrito, que o magistrado não estabelece distinção entre *homicídio, eutanásia* e *ortotanásia*. Tais conceitos devem ser adequadamente tratados para que situações distintas não sejam contempladas de maneira idêntica. De plano, cumpre distinguir o *homicídio* da *eutanásia* (passiva ou ativa). Por homicídio, devemos entender o ato deliberado de matar alguém, de natureza egoísta e em oposição à vontade da vítima. Neste caso, aquele que mata outrem o faz por considerar que a vida do ser humano de nada vale, não possui significado algum. Não se trata de uma conduta altruísta, como na hipótese da eutanásia, que se dá por motivos de solidariedade e compaixão. O homicida é contrário à dignidade da vítima, ao passo que o agente praticante do ato eutanásico tende a atender uma solicitação do próprio enfermo, que pede para morrer. O fator *morte* não pode ser considerado essencial para equiparar as duas situações em apreço, de maneira que outros elementos devem ser tomados em conta para punir uma conduta (homicídio) e permitir outra (eutanásia). Ora, se outros elementos não forem considerados para diferenciar o homicídio da eutanásia, restando uma necessária equiparação apenas pelo resultado da conduta humana, *provocação da morte*, deveria inexistir, por igual razão, diferença entre as figuras aqui analisadas e as hipóteses de *estado de necessidade* e *legítima defesa*, previstas nos arts. 24 e 25 do Código Penal Brasileiro, respectivamente. Nestas duas últimas situações, o agir humano tem como consequência o falecimento de outro indivíduo; todavia o Código Penal as tem como excludentes de culpabilidade. Isto nos faz crer que o fato *morte* não é condição suficiente para atestar a culpabilidade do sujeito praticante do ato. Referido fator deve ser analisado de maneira circunstanciada para, daí sim, aferir ou não a culpabilidade do sujeito. Na eutanásia, o destinatário do ato deseja morrer, pois suas condições vitais não se lhes apresentam mais dignas; no homicídio, o destinatário não consente com a prática do ato, pois pretende continuar vivendo. Caso não fossem situações distintas, as legislações de vários países não fixariam sanções diferentes para tais hipóteses. Ao revés, por se tratar de casos não idênticos, encontramos regulamentações diferentes, em que a sanção é menor quando se trata de eutanásia, e maior ao dispor sobre o homicídio.

Portanto, em síntese, pode-se definir a eutanásia como *o ato de abreviação da vida humana, praticado por um profissional da saúde, por razões de beneficência, a um indivíduo que padeça de enfermidade grave ou incurável, mediante expresso desejo seu ou de seus representantes legais.*

A ortotanásia, enfim, se distancia do homicídio e da eutanásia, revelando-se como prática aceita no âmbito médico. A ortotanásia, medida tendente a humanizar o processo de morte, ao evitar o prolongamento abusivo da vida pela aplicação de meios desproporcionais,[14] significa o morrer no tempo ideal, segundo um juízo de perspectiva médica que indique estar o paciente incurso em um processo que conduzirá irremediavelmente à morte.[15] Com a ortotanásia, a morte não se busca (pois o que se pretende é a humanização do processo de morrer, sem prorrogá-lo abusivamente), e nem se provoca (porque resulta da enfermidade de que padece o indivíduo),[16] mas se aceita como o fim natural de todas as pessoas.

Devidamente estabelecidas as balizas conceituais dos termos empregados, resta averiguar os argumentos que ora sustentam, ora rechaçam a eutanásia.

3 Em defesa da eutanásia: o direito à morte digna

As razões que legitimariam a eutanásia seriam, sobretudo, humanitárias. O encurtamento da vida representaria a libertação de um enfermo da dor e do sofrimento de que padece. Sendo a morte o fim inevitável de toda existência humana, o enfermo passa apenas a escolher se prefere morrer de imediato e sem sofrimento ou se pretende deixar a doença seguir seu curso e morrer depois.[17]

Assim, atuar no sentido de provocar a morte de uma pessoa que alega que a própria vida é um fardo insuportável seria um ato de solidariedade; afinal, se existe um dever de auxiliar material e espiritualmente o próximo para propiciar que ele tenha uma vida digna (ou, neste caso, que ele possa encerrar sua existência indigna), interrompê-la seria privar o indivíduo de seu sofrimento, primordialmente segundo seu julgamento, mas também conforme o parecer do seu médico.

Por ser um direito fundamental, a vida reclama uma proteção por parte do Estado (eficácia vertical) e por parte da sociedade (eficácia horizontal). Por parte do Estado, podemos falar em um duplo *dever fundamental*: a) dever de não violar o direito à vida e; b) dever de proteger o direito à vida em face da violação por parte dos demais particulares. Cada indivíduo possui o dever de não causar dano à vida de outrem. É relevante analisar o dever fundamental do Estado de não violar o direito à vida. A manutenção, por parte do Estado, da vida de um paciente terminal e incurável configuraria violação ao dever fundamental insculpido na alínea *a* supramencionada?

Caberia, pois, partir da premissa de que a vida não é meramente biológica, devendo ser analisada também sob o prisma de sua qualidade e dignidade. Um paciente terminal que não mais pretende continuar vivendo em razão das circunstâncias que apontam para a chegada do momento de morrer não pode ser compelido a continuar existindo, padecendo de intensas dores físicas e psíquicas. A continuidade da vida, a contragosto do seu titular e nos casos em que se deve deixar morrer quem efetivamente está para morrer, seria verdadeira violação por parte do Estado ao dever fundamental que lhe foi imposto pela própria Constituição.

---

[14] GAFO FERNÁNDEZ, Javier. *10 palavras-chave em bioética*: bioética, aborto, eutanásia, pena de morte, reprodução assistida, manipulação genética, AIDS, drogas, transplantes de órgãos, ecologia. Tradução Maria Luisa Garcia Prada. São Paulo: Paulinas, 2000, p. 91.

[15] SANTOS, Maria Celeste Cordeiro Leite. Contornos atuais da eutanásia e da ortotanásia: bioética e biodireito. A necessidade do controle social das técnicas médicas. *Revista da Faculdade de Direito da Universidade São Paulo*, n. 94, jan./dez. 1999, p. 269.

[16] BLANCO, Luis Guillermo. *Muerte digna*: consideraciones bioético-jurídicas. *Op. cit.*, p. 31-32.

[17] MORRIS, Arval A. Voluntary euthanasia. *Washington Law Review*, v. 45, n. 2, p. 240, 1970.

Segundo Ronald Dworkin, "se as únicas coisas que as pessoas quisessem evitar fossem a dor e outras experiências físicas desagradáveis, é claro que elas não se importariam em absoluto de deixar o corpo vivo caso entrassem em coma permanente. Mas as pessoas se preocupam com muitas outras coisas além dessas. Preocupam-se com sua dignidade e integridade e com o modo pelo qual os outros pensam nelas e se lembram delas".[18] Mais adiante, Dworkin salienta que "obrigar uma pessoa a morrer de um modo que agrada aos outros, mas que, a seu ver, contradiz a sua própria dignidade, é uma forma grave, injustificada e desnecessária de tirania".[19]

A manutenção de uma vida contrária à vontade do seu titular e violadora da dignidade humana, na situação aqui exposta, contraria o dispositivo constitucional que estabelece que *ninguém será submetido a tortura, nem a tratamento desumano ou degradante.* Para um paciente terminal em relação a quem já não se revela adequada a submissão a qualquer tratamento médico que lhe traga proveito, a manutenção da vida *pela vida* constitui-se em uma verdadeira tortura, não só física, mas também psíquica. Trata-se de uma violação à integridade física e moral, compreendendo estas duas facetas: o direito de não sofrer tortura ou tratamento desumano ou degradante e o direito de não sofrer intervenções psíquicas ou físicas sem o seu consentimento.

Segundo os defensores da eutanásia, a doutrina do existencialismo, que considera que a existência humana implica ampla liberdade de escolha sobre como e quando morrer, é adequada para conferir a cada ser humano o verdadeiro sentido da sua existência. Não haveria, no caso, afronta ao princípio da inviolabilidade da vida humana, porque a morte seria provocada a pedido da própria vítima.[20]

Desta doutrina do existencialismo, abre-se espaço para a defesa da plena autonomia individual. Sob este prisma, a vida pertence exclusivamente ao seu titular, isto é, àquele que a vive, e não aos seus pares, ao Estado, à sociedade ou a Deus. Por isso, caberia ao indivíduo dispor livremente da sua vida, podendo optar, inclusive, por não mais viver.[21] Concebendo-se a vida como um bem jurídico pertencente a um único titular, singular e determinado, sua possibilidade de disposição jamais poderia sofrer restrições de qualquer ordem, sob pena de se subtrair a autonomia privada daquele indivíduo e submetê-lo à vontade dos poderes estatais.[22]

De acordo com os defensores da eutanásia, o respeito à autonomia do paciente significa o respeito à sua própria dignidade. Nesta concepção volitiva da dignidade, as noções de dignidade e autonomia parecem fundir-se numa só ideia: somente seria digno o indivíduo cuja liberdade de agir, em qualquer caso, viesse a ser sempre respeitada e tutelada. Ao Estado, cumpriria adotar uma postura passiva ao admitir que cada indivíduo oriente sua vida (e, por consequência, sua morte) como bem entender.

John Harris[23] acresce a ideia de que não é a *vida* das pessoas que deve ser considerada como um valor a ser preservado, mas, antes, o *indivíduo* de cuja vida se trata.

---

[18] *O direito da liberdade*: a leitura moral da Constituição norte-americana, p. 218.

[19] *O direito da liberdade*: a leitura moral da Constituição norte-americana, p. 234.

[20] NERLAND, Lynn Tracy. A cry for help: a comparison of voluntary, active euthanasia law. *Hastings International and Comparative Law Review*, v. 13, p. 118, 1989.

[21] DEL CANO, Ana María Marcos. *La eutanasia*: estudio filosófico-jurídico. Madrid: Marcial Pons, 1999, p. 179.

[22] KARAM, Maria Lúcia. *Proibições, crenças e liberdade*: o direito à vida, a eutanásia e o aborto. Rio de Janeiro: Lumen Juris, 2009, p. 13.

[23] HARRIS, John. Euthanasia and the value of life. In: KEOWN, John. *Euthanasia examined*: ethical, clinical and legal perspectives. Cambridge: University Press, 1999, p. 10-11.

Não se trata de respeitar a vida, mas a pessoa que a detém, sendo ela a única responsável por atribuir o valor que entender devido à própria vida. A eutanásia, então, deveria ser permitida não porque a sociedade como um todo a aceita, mas porque não se pode recusar a um indivíduo em particular a prerrogativa de ter controle sobre a *sua* vida. A legalização da eutanásia, neste passo, não significaria tornar a sua prática obrigatória, e nem compelir os médicos a levá-la a efeito; tratar-se-ia meramente do livre exercício de escolha concernente à dignidade de viver e de morrer de cada indivíduo.[24]

O apelo ao respeito à autonomia do indivíduo que pede para morrer seria, ainda, decorrência do pluralismo e da democracia que marcam significativa parte das sociedades contemporâneas – inclusive a brasileira. A partir da consagração destes valores, seria inadmissível impor a toda a sociedade uma única interpretação, demasiado restritiva, sobre o sentido da inviolabilidade da vida humana. Uma sociedade verdadeiramente democrática deveria tolerar que uma pessoa, com base em suas íntimas convicções e no sentido que atribui à própria existência, possa validamente escolher morrer do modo como lhe parecer adequado. Negar-se esta prerrogativa a um e a todos ou punir o agente que auxilia a morte de quem pede para morrer seria descabida prepotência.[25]

O ser humano é detentor de livre arbítrio, sendo responsável pelas decisões que venha tomar no que diz respeito ao exercício dos seus direitos e cumprimento de suas obrigações. A capacidade de autodeterminação do indivíduo associada à dignidade constitui os fundamentos do direito de morrer, mormente nos casos em que cessam as possibilidades de curar e cuidar de pacientes cuja morte se apresenta como irrefreável e irremediável.

Portanto, é com fundamento na liberdade e dignidade humana que se assenta o direito de morrer. Se estamos em um Estado plural, devemos respeitar as diversas opções possíveis, pois, no âmbito da liberdade, não podemos impor as nossas vontades ou crenças a quem delas não comunga. Além do mais, a morte faz parte da vida – é seu fim inexorável. Assim como a sentença é o ato último do processo (na primeira instância), sendo parte integrante deste, a morte é a última e necessária etapa do processo vital.

A defesa da eutanásia apela, outrossim, para a invocação de preceitos estipulados em inúmeras cartas constitucionais, dentre elas a brasileira. Um destes preceitos corresponderia ao princípio da legalidade, segundo o qual "ninguém será obrigado a fazer ou deixar de fazer alguma coisa senão em virtude de lei" (art. 5º, inciso II, da Constituição da República). Não se podendo afirmar que viver é um dever imposto por lei, não caberia impor a qualquer pessoa a obrigação de sobreviver, donde decorreria a legítima prerrogativa de querer morrer.[26] O reconhecimento de que a República Federativa do Brasil constitui-se num Estado Democrático de Direito (art. 1º) constituiria, de igual modo, em mais um argumento favorável à eutanásia: qualquer intervenção estatal tendente à proteção de um direito contra a vontade do seu titular seria absolutamente inconciliável com a ideia de democracia, pois o impediria de livremente exercer tal direito ou a ele renunciar, o que excluiria sua capacidade de escolha.[27] Finalmente, firmar

---

[24] MORRIS, Arval A. *Voluntary euthanasia. Op. cit.*, p. 250.

[25] SANTOS, Laura Ferreira dos. *Ajudas-me a morrer?* A morte assistida na cultura ocidental do século XXI. Porto: Sextante, 2010, p. 360-361.

[26] KARAM, Maria Lúcia. *Proibições, crenças e liberdade*: o direito à vida, a eutanásia e o aborto. *Op. cit.*, p. 14.

[27] *Ibidem*, p. 14.

a premissa de que é juridicamente irrelevante o consentimento do indivíduo para que terceiros provoquem sua morte seria um atentado à liberdade (art. 5º, *caput*), porque dele subtrairia um decisivo aspecto da autonomia da sua vontade.[28]

4 O rechaço da eutanásia: a ortotanásia e a morte no tempo certo

Os defensores da eutanásia costumeiramente invocam um direito de cada pessoa de determinar quais serão seus instantes finais de vida, com suporte numa concepção personalista de "vida digna ou indigna" e de "qualidade de vida".

Ocorre que a abertura para uma perspectiva estritamente subjetivista da dignidade da pessoa humana, centrada na percepção que cada indivíduo pode ter sobre o sentido a atribuir à "qualidade da sua vida", pode resultar em conclusões que, afinal e paradoxalmente, atentem contra esta mesma dignidade. Se é certo que, num prisma concreto, as condições de vida de cada qual podem ser mais ou menos dignas, é também indubitável que, sob o ponto de vista ontológico, a todos toca a mesma dignidade intangível e inviolável. A defesa da eutanásia se sustenta sobre a afetação da "qualidade de vida", como se o homem pudesse repentinamente deixar de sê-lo ou ficasse subitamente privado de sua dignidade. Vistas e medidas as coisas sob tais premissas, o remédio seria a morte: o término da existência seria também o fim de uma vida supostamente indigna – vislumbrando-se a dignidade como um conceito descartável e um atributo destacável de algumas vidas consideradas "miseráveis".

Esta perspectiva individualista e subjetivista da qualidade de vida e da dignidade da pessoa humana poderia, contudo, corroer o mais sólido e basilar de todos os preceitos que fundam a ordem jurídica: o de que todas as pessoas são dotadas da mesma dignidade e merecem o mesmo respeito à sua condição humana.

Propõe-se, em sentido oposto, uma reviravolta na perspectiva individualista, que pretende eleger um protótipo de "qualidade de vida ideal" como critério a discernir entre a vida supostamente digna ou indigna. Segundo Leo Pessini,[29] cabe passar do paradigma da "plenitude e vigor de vida" para outro, em que cada pessoa aceita a si mesma e às demais como seres dignos, independentemente das deficiências ou debilidades que comprometam o que convencionalmente se acredita ser o modelo de "vida ideal". Esta viragem ocorre pela *ascrição* (do vocábulo inglês *ascription*, no sentido de atribuição, imputação), que implica a "atribuição por extensão de uma qualificação eminente", alastrando-se a noção de dignidade por todos e para todos. Daí deriva a ideia de que a dignidade, ao invés de ser encarada sob um prisma individualista e enquanto categoria de exclusão, deve ser tomada numa acepção plural e solidária, como atributo inerente a todas as pessoas e como noção que inclui as vicissitudes da vida, como o envelhecimento e as enfermidades. As pessoas mais debilitadas, não menos dignas que quaisquer outras, devem ser justamente aquelas a quem mais se deve proteção e solidariedade; os recursos técnico-científicos devem ser utilizados em prol da melhoria das suas condições de vida,[30] não da eliminação da sua existência.

---

[28] *Ibidem*, p. 18.

[29] PESSINI, Léo. *Eutanásia*: por que abreviar a vida? São Paulo: Loyola, 2004, p. 143.

[30] *Ibidem*, p. 144.

Não se questiona, pois, que se possa validamente atestar que algumas pessoas sofrem sensíveis abalos em sua qualidade de vida. O que não caberia admitir, entretanto, é que esta gradação da qualidade de vida possa servir como parâmetro para estabelecer também uma gradação da dignidade da pessoa humana. As pessoas são dignas, e isto apenas porque são pessoas. A dignidade, inerente a todos e igual para todos,[31] não admite meias-medidas: ou é ou não é.[32] As condições de vida não fazem de algumas pessoas mais ou menos dignas que outras, nem servem como argumento para eliminar vidas.

Para além disso, invariavelmente invoca-se o argumento da autonomia – o mais tentador de todos eles – como o princípio capaz de justificar a livre escolha individual sobre como conduzir a vida e a morte. Há, contudo, que atentar para os perigos de uma concepção da autonomia como pura expressão de "uma mentalidade hipervalorizadora da permissividade egoísta, visando tornar legítimo tudo aquilo que dá prazer ou é útil" e que pode, afinal, conduzir à reivindicação de "direitos do homem contra o próprio homem".[33] A invocação de alguma autonomia para atuar no universo do direito não prevalece por si, devendo ser limitada e conjugada com os motivos do agente e a valoração legal das razões pelas quais a vontade se expressa.[34]

Ainda que se queira apelar à ideia de autonomia, contudo, para tentar justificar a legitimidade da eutanásia, cumpre perguntar se o pedido para morrer de fato corresponde à verdadeira expressão da vontade do paciente. A suposta vontade de morrer exteriorizada por um paciente terminal pode – e há boa probabilidade de que de fato assim seja – exprimir tão somente a "situação de desespero ou a depressão provocada pela irremediabilidade da doença e pelo abandono a que o paciente esteja (ou se sinta) votado".[35]

Com efeito, como assegurar a higidez de um pedido tão drástico quanto o de morrer? Como bem salienta Fernando Rey Martínez,[36] "a enfermidade é a quintessência da vulnerabilidade". Sabe-se bem que, apesar da consagração da autonomia dos pacientes e da necessidade de se obter seu consentimento para a prática de intervenções sobre seu corpo e sua saúde, os pareceres médicos influem direta e intensamente suas escolhas. A ação do médico, no caso, seria não apenas *executiva*, mas também *valorativa*:[37] de acordo com a *sua* perspectiva de "vida digna", poderia o paciente formar a própria decisão de terminar a vida ao pedir para morrer.

O enquadramento da prática da eutanásia como conduta de terceiro impõe outros questionamentos. O médico que pratica a eutanásia o fará exclusivamente porque o paciente deseja morrer? Ou não estaria o médico atuando para eliminar uma vida que ele próprio julga indigna de ser vivida? Se o médico concorda com a petição do paciente,

---

[31] BEYLEVELD, Deryck; BROWNSWORD, Roger. *Human dignity in bioethics and biolaw*. Oxford: University Press, 2001, p. 13.

[32] BAUDOUIN, Jean-Louis; BLONDEAU, Danielle. *Éthique de la mort et droit à la mort*. Paris: Presses Universitaires de France, 1993, p. 91.

[33] OTERO, Paulo. *Direito da vida*: relatório sobre o programa conteúdos e métodos de ensino. Coimbra: Almedina, 2004, p. 19-20.

[34] DEL CANO, Ana María Marcos. *La eutanasia*: estudio filosófico-jurídico. *Op. cit.*, p. 212-213.

[35] ASCENSÃO, José de Oliveira. A terminalidade da vida. In: MARTINS-COSTA, Judith; MÖLLER, Letícia Ludwig (Org.). *Bioética e responsabilidade*. Rio de Janeiro: Forense, 2009, p. 436.

[36] REY MARTÍNEZ, Fernando. *Eutanasia y derechos fundamentales*. *Op. cit.*, p. 177.

[37] DEL CANO, Ana María Marcos. *La eutanasia*: estudio filosófico-jurídico. *Op. cit.*, p. 255.

que manifesta desejar morrer, é porque adere à motivação que enseja o pedido e julga, em conjunto com este, que viver naquelas condições não corresponde aos ideais de uma vida digna. O ato de levar a efeito a eutanásia não é neutral, mas resultado de uma interação de responsabilidades pessoais autônomas,[38] o que implica que a decisão do médico de terminar a vida do paciente seja também uma decisão sua.

Doutra sorte, a legalização da eutanásia poderá representar a abertura de um precedente perigoso. A partir da despenalização do ato de provocar a morte de outrem em casos tidos como "razoáveis", como o de doentes terminais que pediriam para morrer como remédio para curar dores insuportáveis, poder-se-ia gradualmente desembocar também na descriminalização de outros atos "indesculpáveis" ou "injustificáveis", como o de provocar a morte *involuntária* de pessoas enfermas[39] e daquelas que integram os chamados "grupos vulneráveis", como as minorias raciais ou étnicas, as crianças e adolescentes, os idosos, os pobres e os de baixa instrução.[40]

O argumento que aponta a legalização da eutanásia como a abertura de um perigoso precedente, de larga aceitação e utilização nas discussões travadas sobre o tema em todo o mundo, tornou-se conhecido como *slippery slope* (em português, algo como "vertente escorregadia" ou, mais apropriadamente, "ladeira escorregadia" ou "rampa escorregadia"), denominação proposta por F. Schauer, em 1985, para designar a prática de "determinado ato isolado e particular, suposta e aparentemente sem qualquer gravidade, mas que tende a resultado futuro de crescente malefício, não previsto anteriormente".[41] No caso da eutanásia, a permissão para a sua prática em pessoas que se encontrem em estado terminal, somada à dificuldade de acompanhar adequadamente todos os casos em que a medida seria levada a efeito, poderia acarretar a provocação da morte, simulada pela eutanásia, de pacientes que não receberam prognóstico de morte certa e iminente, daqueles cuja cura ainda é viável, ou mesmo de pessoas que sequer se encontrem acometidas de enfermidades graves, por vezes até com finalidades execráveis, como a retirada dos órgãos do cadáver para fins de transplantes.[42]

Fernando Rey Martínez,[43] enfim, sintetiza os argumentos que se colocam contrários à prática da eutanásia, em qualquer das suas formas. As normas que vedam a prática da eutanásia atendem a valorosos propósitos sociais, por diversas razões: porque protegem as pessoas vulneráveis, que pediriam a morte quando acometidas por depressão tratável, por dores ou sintomas controláveis ou por pressões externas; porque estimulam não a supressão da vida dos enfermos terminais, mas os cuidados com sua saúde; porque preservam a vida daqueles que sequer possam manifestar seu consentimento de forma expressa e esclarecida; e porque evitam erros de diagnóstico e os abusos que podem advir da permissão para a eutanásia voluntária, que poderia desaguar na prática de verdadeiros homicídios, mascarados pela fantasiosa justificativa da provocação da morte a pedido do paciente.

---

[38] DEL CANO, Ana María Marcos. *La eutanasia*: estudio filosófico-jurídico. *Op. cit.*, p. 225.

[39] SANTOS, Laura Ferreira dos. *Ajudas-me a morrer?* A morte assistida na cultura ocidental do século XXI. *Op. cit.*, p. 333.

[40] SANTOS, Laura Ferreira dos. *Ajudas-me a morrer?* A morte assistida na cultura ocidental do século XXI. *Op. cit.*, p. 339.

[41] ADONI, André Luis. Bioética e biodireito: aspectos gerais sobre a eutanásia e o direito à morte digna. *Revista dos Tribunais*, v. 92, n. 818, p. 402, dez. 2003.

[42] SOARES, Ana Raquel Colares dos Santos. *Eutanásia*: direito de morrer ou direito de viver? *Op. cit.*, p. 139.

[43] REY MARTÍNEZ, Fernando. *Eutanasia y derechos fundamentales. Op. cit.*, p. 176.

Ao rechaço à eutanásia, surge como proposta a prática da ortotanásia, enquanto símbolo da aceitação da morte no tempo certo. Ao invés de abreviar o ciclo vital, conduta tipicamente eutanásica, abre-se espaço para *cuidar* do paciente, aplacar suas dores e cercá-lo de conforto e carinho até que o fim inevitável da existência humana se apresente naturalmente, cumprindo, então, aceitar a morte no tempo certo. A ortotanásia tende a permitir que o indivíduo morra em paz quando a morte, desfecho natural da existência humana, se apresente como consequência irremediável.

A ortotanásia não pressupõe o abandono do paciente; ao revés, objetiva propiciar todos os acompanhamentos médicos, afetivos e psicológicos que ofereçam conforto ao enfermo, sobretudo quando se encontre em estágio terminal. Na ortotanásia, omitem-se apenas os tratamentos fúteis e desproporcionais, que nenhum proveito trariam ao paciente e que somente postergariam inutilmente a sua morte. Precisamente porque a prática da ortotanásia não causa a morte do paciente, impõe-se o reconhecimento da atipicidade da conduta: o óbito, no caso, decorre da enfermidade, e não do comportamento da equipe médica. Afinal, obrigar um paciente terminal a manter-se vivo, prorrogando-se sua existência quando a morte pede passagem e já não cabem tratamentos que representariam apenas uma obstinação terapêutica, é ideia que se opõe à noção de dignidade humana.

5 À guisa de conclusão: o sopesamento dos argumentos favoráveis e contrários à eutanásia

Tudo o que circunda o universo das pessoas, em particular no que toca ao início e ao fim da vida humana, passa e seguramente continuará passando ao largo de qualquer possibilidade de amplo consenso. A sutileza de temas como a eutanásia e a ortotanásia desperta acalorados debates de fundo jurídico, político, social e religioso, de modo que encontrar denominadores comuns em matérias tão densas é tarefa que se revela inviável.

A propósito, os signatários destas linhas – que as teceram a quatro mãos – discordam quanto aos caminhos a serem percorridos nesta esteira: um deles é favorável à prática da eutanásia, ao passo que o outro entende ser mais adequado o reconhecimento da legitimidade apenas e tão somente da ortotanásia.

É este, quer nos parecer, o maior mérito deste trabalho: apresentar ao leitor das notas aqui apresentadas os argumentos que servem ora para sustentar, ora para rejeitar a prática da eutanásia. Deixa-se ao intérprete a tarefa de abraçar a corrente que lhe parecer mais justa e conforme os princípios e normas que orientam o ordenamento jurídico brasileiro. Defender a prática da eutanásia significa, para seus adeptos, abraçar a dignidade da pessoa humana em sua plenitude, conferindo-se autonomia a cada indivíduo de pretender livremente pôr termo à própria existência. Rechaçar a eutanásia, lado outro, significará, de forma (aparentemente) paradoxal, respeitar a mesmíssima dignidade da pessoa humana, permitindo-se ao enfermo viver os últimos dias de sua vida – até que a morte peça passagem – cercado não apenas de cuidados sanitários paliativos, mas também de amor e afeto por parte de amigos e familiares.

Eis a beleza da temática em apreço: ensejar a possibilidade de se adotar fervorosamente posicionamentos diametralmente díspares, tendo-se sempre em mente, todavia, a preservação das liberdades individuais e o pleno resguardo da dignidade humana.

Referências

ADONI, André Luis. Bioética e biodireito: aspectos gerais sobre a eutanásia e o direito à morte digna. *Revista dos Tribunais*, v. 92, n. 818, p. 395-423, dez. 2003.

ASCENSÃO, José de Oliveira. *A terminalidade da vida*. In: MARTINS-COSTA, Judith; MÖLLER, Letícia Ludwig (Org.). *Bioética e responsabilidade*. Rio de Janeiro: Forense, 2009, p. 436.

ASÚA, Luís Jiménez de. *Eutanasia y Homicidio por Piedad*. Disponível em: <http://www.juridicas.unam.mx/publica/librev/rev/derhum/cont/48/pr/pr19.pdf>. Acesso em: 04 set. 2015.

CALSAMIGLIA BLANCAFORT, Albert. Sobre la eutanasia. *Doxa*, n. 14, p. 337-358, 1993.

MÖLLER, Letícia Ludwig (Org.). *Bioética e responsabilidade*. Rio de Janeiro: Forense, 2009, p. 423-443.

BAUDOUIN, Jean-Louis; BLONDEAU, Danielle. *Éthique de la mort et droit à la mort*. Paris: Presses Universitaires de France, 1993.

BEYLEVELD, Deryck; BROWNSWORD, Roger. *Human dignity in bioethics and biolaw*. Oxford: University Press, 2001.

BLANCO, Luis Guillermo. *Muerte digna*: consideraciones bioético-jurídicas. Buenos Aires: Ad-Hoc, 1997.

CIFUENTES, Santos. *Derechos personalísimos*. 2. ed. Buenos Aires: Astrea, 1995.

COUTINHO, Luiz Augusto. Aspectos jurídicos da eutanásia. *Revista Magister de Direito Penal e Processual Penal*, v. 2, n. 7, p. 19-37, ago./set. 2005.

DEL CANO, Ana María Marcos. *La eutanasia*: estudio filosófico-jurídico. Madrid: Marcial Pons, 1999.

DWORKIN, Ronald. *O direito da liberdade*: a leitura moral da Constituição Norte-Americana. São Paulo: Martins Fontes, 2006.

GAFO FERNÁNDEZ, Javier. *10 palavras-chave em bioética*: bioética, aborto, eutanásia, pena de morte, reprodução assistida, manipulação genética, AIDS, drogas, transplantes de órgãos, ecologia. Tradução Maria Luisa Garcia Prada. São Paulo: Paulinas, 2000.

HARRIS, John. Euthanasia and the value of life. In: KEOWN, John. *Euthanasia examined*: ethical, clinical and legal perspectives. Cambridge: University Press, 1999, p. 6-22.

KARAM, Maria Lúcia. *Proibições, crenças e liberdade*: o direito à vida, a eutanásia e o aborto. Rio de Janeiro: Lumen Juris, 2009.

MAC IVER, Luis Cousino. *Breve curso de Medicina Legal*. São Bernardo: Talleres del Politécnico de Menores, 1942.

MORRIS, Arval A. Voluntary euthanasia. *Washington Law Review*, v. 45, n. 2, p. 239-271, 1970.

NERLAND, Lynn Tracy. A cry for help: a comparison of voluntary, active euthanasia law. *Hastings International and Comparative Law Review*, v. 13, p. 115-139, 1989.

OTERO, Paulo. *Direito da vida*: relatório sobre o programa conteúdos e métodos de ensino. Coimbra: Almedina, 2004.

PAREJO GUZMÁN, María José. *La eutanasia, ¿un derecho?* Navarra: Thomson-Aranzadi, 2005.

PESSINI, Léo. *Eutanásia*: por que abreviar a vida? São Paulo: Loyola, 2004.

PIETERS, Guy. Le droit de vivre, le droit de mourir et l'acharnement thérapeutique. In: *I diritti dell'uomo nell'ambito della medicina legale*: prima sessione di studio e formazione sui diritti dell'uomo. Milano: Giuffrè, 1981, p. 185-220.

REY MARTÍNEZ, Fernando. *Eutanasia y derechos fundamentales*. Madrid: Tribunal Constitucional: Centro de Estudios Políticos y Constitucionales, 2008.

SÁ, Maria de Fátima Freire de; NAVES, Bruno Torquato de Oliveira. *Manual de biodireito*. 2. ed. Belo Horizonte: Del Rey, 2011.

SANTOS, Laura Ferreira dos. *Ajudas-me a morrer?* A morte assistida na cultura ocidental do século XXI. Porto: Sextante, 2010.

SANTOS, Maria Celeste Cordeiro Leite. Contornos atuais da eutanásia e da ortotanásia: bioética e biodireito. A necessidade do controle social das técnicas médicas. *Revista da Faculdade de Direito da Universidade São Paulo*, n. 94, p. 265-278, jan./dez. 1999.

SOARES, Ana Raquel Colares dos Santos. Eutanásia: direito de morrer ou direito de viver? In: GUERRA FILHO, Willis Santiago. *Dos direitos humanos aos direitos fundamentais*. Porto Alegre: Livraria do Advogado, 1997, p. 131-157.

Informação bibliográfica deste texto, conforme a NBR 6023:2002 da Associação Brasileira de Normas Técnicas (ABNT):

GODINHO, Adriano Marteleto; LEITE, George Salomão. Liberdade de morrer dignamente. In: LEITE, George Salomão; LEITE, Glauco Salomão; STRECK, Lenio Luiz (Coord.). *Jurisdição constitucional e liberdades públicas*. Belo Horizonte: Fórum, 2017. p. 307-320. ISBN 978-85-450-0237-6.

LIBERDADES PÚBLICAS E HOMOSSEXUALIDADE: A LIBERDADE DE ORIENTAÇÃO SEXUAL NO DIREITO BRASILEIRO[1]

ROGER RAUPP RIOS

1 Introdução

A proteção antidiscriminatória devida à homossexualidade como orientação sexual é uma das conquistas democráticas mais presentes neste início de século XXI. Desde o último quadrante do século XX[2] até a recente decisão da Suprema Corte dos Estados Unidos da América,[3] cortes constitucionais[4] e tribunais internacionais de direitos humanos[5] vêm garantindo à orientação sexual homossexual amparo jurídico, com fundamento em diversos direitos humanos e fundamentais, tais como privacidade, devido processo legal, igualdade e o direito à vida familiar. A presente reflexão cuida

---

[1] Este artigo se insere no projeto de pesquisa *Antidiscriminação, Igualdade e Diferença,* junto ao Curso de Mestrado *stricto sensu* em Direitos Humanos do Centro Universitário UniRitter (Porto Alegre), e conta com o apoio institucional da Fundação de Amparo à Pesquisa do Estado do Rio Grande do Sul (FAPERGS).

[2] CORTE EUROPEIA DE DIREITOS HUMANOS. *Dudgeon v. The United Kingdom.* Disponível em: <http://hudoc. echr.coe.int/eng?i=001-57473#{"itemid":["001-57473>. Acesso em: 07 set. 2015.

[3] ESTADOS UNIDOS DA AMÉRICA. Suprema Corte. *Obergefell et al. v. Hodges, Director, Ohio Department of Health, et al.* Disponível em: <http://www.supremecourt.gov/opinions/14pdf/14-556_3204.pdf>. Acesso em: 07 jul. 2015.

[4] Ver LEMAITRE RIPOLL, Julieta. O amor em tempos de cólera: direitos LGTB na Colômbia. *Revista Internacional de Direitos Humanos,* São Paulo, v. 6, n. 11, p. 78-97, Dec. 2009. Disponível em: <http://www.scielo.br/scielo. php?script=sci_arttext&pid=S1806-64452009000200005&lng=en&nrm=iso>. Acesso em: 08 set. 2015; MAIER, Elizabeth; ALONSO MENESES, Guillermo. Sexo y cultura: disputando el significado del matrimonio y la familia. *La ventana,* Guadalajara, v. 4, n. 33, jun. 2011. Disponível em: <http://www.scielo.org.mx/scielo.php?script=sci_ arttext&pid=S1405-94362011000100006&lng=es&nrm=iso>. Acesso em: 08 set. 2015; PORTILLA, Francisco Javier Matia. Homosexualidad y Constitucion Espanola. In: POMPEU, Gina Vidal Marcílio (Org.). *Discriminação por orientação sexual:* a homossexualidade e a transexualidade diante da experiência. Florianópolis: Conceito Editorial, 2012, p. 61-88.

[5] ORGANIZAÇÃO DOS ESTADOS AMERICANOS. Corte Interamericana de Direitos Humanos, Caso *Atala Riffo Y Niñas vs. Chile.* Disponível em: <http://www.corteidh.or.cr/docs/casos/articulos/seriec_239_esp.pdf>. Acesso em: 07 set. 2015; BORRILLO, Daniel. De la penalización de la homosexualidad a la criminalización de la homofobia: El Tribunal Europeo de Derechos Humanos y la orientación sexual. *Revista de estudios jurídicos de la Universidad de Jaén,* n. 11, 2011.

da proibição de discriminação em virtude de orientação sexual tendo presente a homossexualidade como critério que se manifesta primordialmente como liberdade sexual.

Para tanto, a primeira parte insere tal liberdade sexual no campo das liberdades públicas, emprestando especial atenção à decisão do Supremo Tribunal Federal, que reconheceu às uniões homossexuais o estatuto jurídico de comunidade familiar. Diante desse quadro, a segunda parte aponta desafios à afirmação da liberdade de orientação sexual no direito brasileiro, particularmente pelo pouco apreço à liberdade e a autonomia em nossa cultura e tradição jurídicas, o que pode ser ilustrado por tendências assimilacionistas, expressas em noções como homoafetividade e ideologias familistas no seio dos direitos sexuais.

2 Homossexualidade e liberdade de orientação sexual

2.1 Liberdade, orientação sexual e homossexualidade

Como referido na introdução, o reconhecimento da homossexualidade como orientação sexual juridicamente protegida contra discriminação, inserida no âmbito dos direitos humanos internacionais e dos direitos fundamentais nacionais, é avanço bastante recente. Tanto que, apesar dos aludidos pronunciamentos favoráveis, há ainda resistência em foros internacionais[6] e nacionais[7] responsáveis pela pomoção de direitos humanos e fundamentais nessa seara. Assim, ao inicar essa seção, antes de tratar da orientação sexual como liberdade, mister salientar a homossexualidade não só como identidade, mas também como prática protegida por tal direito.

Estudar as exigências dos direitos humanos e fundamentais em geral, e da liberdade em particular, ante a homossexualidade, implica visualizar os diversos tratamentos jurídicos dispensados diante das pessoas e das situações em virtude da orientação sexual. *Orientação sexual* é ora compreendida como a identidade atribuída a alguém em função da direção de seu desejo e/ou condutas sexuais, seja para outra pessoa do mesmo sexo (homossexualidade), do sexo oposto (heterossexualidade) ou de ambos os sexos (bissexualidade).[8]

Não obstante a definição de orientação sexual se relacione com a atribuição de uma determinada identidade, o conceito de orientação sexual aqui utilizado não se limita, nem se fixa à contenda identitária entre essencialistas e construcionistas.[9] Sem desdenhar a importância e as consequências dessas perspectivas, onde os primeiros radicam a homossexualidade em estruturas universais e imanentes aos indivíduos, e os segundos nela percebem o resultado variável e mutante a depender de cada cultura e momento

---

[6] Ver CORREA, Sônia. O percurso global dos direitos sexuais: entre "margens" e "centros". *Bagoas: estudos gays, gêneros e sexualidades*, n. 4, p. 17-42, jan./jun. 2009. Disponível em: <http://www.cchla.ufrn.br/bagoas/v03n04bagoas04.pdf>. Acesso em: 15 jul. 2010.

[7] O ESTADO DE SÃO PAULO. Bancada evangélica da Câmara deve presidir Comissão de Direitos Humanos. Disponível em: <http://politica.estadao.com.br/noticias/geral,bancada-evangelica-da-camara-deve-presidir-comissao-de-direitos-humanos,1002798>. Acesso em: 07 set. 2015.

[8] WINTEMUTE, R. *Sexual orientation and human rights. The United States Constitution, the European Convention, and the Canadian Charter.* Oxford: Clarendon Press, 1995, p. 6-10.

[9] TERTO JUNIOR, Veriano. Essencialismo e construtivismo social: limites e possibilidades para o estudo da homossexualidade. *Scientia Sexualis: revista do mestrado em sexologia*, Rio de Janeiro, v. 5, n. 2, p. 23-42, jul. 1999.

histórico,[10] importa salientar que homossexualidade é aqui referida como conduta juridicamente admitida. Com efeito, para a proteção jurídica da homossexualidade enquanto aspecto eventualmente relevante na conformação de determinada relação social, não é preciso responder qual dessas perspectivas melhor descreve a gênese das identidades sexuais, mas, sim, assegurar a licitude de sua prática, seja ela percebida como identidade ou como mera conduta.[11]

2.2 Liberdades públicas e liberdade de orientação sexual

Desse modo, nesta reflexão, lanço mão da expressão "liberdade de orientação sexual" tendo em mira especificamente as discriminações em face da homossexualidade, deflagradas diante de práticas sociais, sexuais ou não, que comprometem a liberdade de indivíduos e de grupos. Sublinhe-se que, conforme a definição jurídica vigente, restringir, anular ou deixar de reconhecer possibilidades de ação ou omissão, por relacioná-las à homossexualidade, de forma intencional ou não, provocando prejuízo para direitos humanos e liberdades fundamentais, configura discriminação juridicamente reprovada.[12] É o que ocorre, por exemplo, quando práticas homoeróticas são especialmente sancionadas quando comparadas aos mesmos comportamentos quando praticados por heterossexuais,[13] e quando inações são socialmente censuradas, gerando preterições na vida em sociedade.[14]

Assentada a liberdade de orientação sexual ao âmbito de proteção antidiscriminatório, pode-se avançar mediante a consideração dessa liberdade no quadro das liberdades públicas e na explicitação tanto de seu conteúdo quanto de sua relação com os direitos de privacidade e à proteção da dignidade da pessoa humana.

Como se sabe, há um extenso debate conceitual[15] envolvendo as categorias "direitos humanos" (reconhecidos em nível internacional, pelo direito internacional público), "direitos fundamentais" (positivados nas constituições nacionais, garantidos perante todos os poderes públicos) e "liberdades públicas" (restringindo-se àquelas liberdades individuais disciplinadas por lei, cujo exercício livre de ingerência de terceiros é protegido diretamente pelo Poder Executivo.[16] Sem menosprezá-lo, pode-se afirmar com segurança que a liberdade de orientação sexual é concretização do direito de liberdade

---

[10] WEEKS, Jeffrey. O corpo e a sexualidade. In: LOURO, Guacira Lopes (Org.). *O corpo educado*: pedagogias da sexualidade. 2. ed. Belo Horizonte: Autêntica, 2000, p. 35-82. Disponível em: <http://disciplinas.stoa.usp. br/pluginfile.php/166106/mod_resource/content/1/LOUROGuaciraL._O-corpo-educado-pedagogias-da-sexualidade.pdf>. Acesso em: 26 dez. 2014, p. 32.

[11] RIOS, Roger Raupp. *Direito da antidiscriminação*: discriminação direta, indireta e ações afirmativas. Porto Alegre: Livraria do Advogado, 2008, p. 75.

[12] O conceito constitucional de discriminação encontra expresso na Convenção Internacional sobre os direitos das pessoas com deficiência. Disponível em: <http://www.planalto.gov.br/ccivil_03/_ato2007-2010/2009/decreto/d6949.htm>. Acesso em: 07 set. 2015.

[13] RIOS, Roger Raupp; SCHAFER, Gilberto; BORBA, Felipe Farias. O direito da antidiscriminação e a criminalização da pederastia pelo Código Penal Militar. *AJURIS*, Porto Alegre, v. 39, n. 127, p. 311-330, set. 2012.

[14] Observatório da Imprensa. *Propaganda de Marta Suplicy gera polêmica*. Disponível em: <http://observatoriodaimprensa.com.br/imprensa-em-questao/propaganda-de-marta-suplicy-gera-polemica/>. Acesso em 07 set. 2015.

[15] LOCHAK, Daniele. La liberte sexuelle, une libertè (pas) comme les autres? In: BORRILLO, Daniel; LOCHAK, Daniele (Org.). *La Liberte sexuelle*. Paris: Presses Universitaires de France, 2005, p. 7-37.

[16] RIVERO, Jean. *Les libertes publiques*. 7. ed. Paris: Presses Universitaires de France, 1974. v. I: Les droits de l'homme.

geral, reconhecido tanto no direito internacional dos direitos humanos como no direito constitucional vigente de vários países. Além disso, a liberdade de orientação sexual pode ser qualificada como liberdade pública, adotando-se o conceito referido neste parágrafo, dada a presença de inúmeros instrumentos normativos, atribuindo ao Poder Público sua garantia e proteção contra a ingerência de terceiros.[17]

A liberdade de orientação sexual, com efeito, é uma concretização do direito de liberdade, inserida no conjunto maior das liberdades sexuais. Ela pode ser derivada tanto do direito geral de liberdade como ser listada como liberdade específica e, de modo ainda mais minudente, como uma das várias liberdades sexuais.

Enquanto concretização do *direito geral de liberdade*, a liberdade sexual radica-se já na primeira geração dos direitos. De cunho negativo, ela reclama uma esfera livre de intromissão do Poder Público e de terceiros na autonomia individual. Nessa acepção mais ampla, ela destaca que "as pessoas podem viver mais ou menos como bem lhes aprouver, garantida igual e simultânea liberdade para todos".[18] Nessa linha, a orientação sexual é uma esfera da vida individual protegida da interferência de terceiros, configurando âmbito protegido pelo direito à liberdade também como direito à *privacidade*.[19]

A liberdade sexual é a capacidade de atuar e de se expressar sexualmente sem qualquer coação e segundo suas próprias escolhas, tendo como pilares a vontade e o consentimento, limitando-se naquilo que prejudicar ao próximo. Compõe-se de dois elementos indissociáveis, como qualquer outra liberdade: o direito individual de exercê-la e a obrigação dos demais membros da sociedade de abster-se em interferir. É fácil perceber como o direito de liberdade tem nítida influência na sexualidade, pois engloba a reivindicação da livre expressão sexual, do livre exercício de preferências sexuais, de estilos de vida e livre adoção de identidades sexuais e de gênero.[20]

Na teoria dos direitos fundamentais, a liberdade geral sexual concretiza-se como direito à autodeterminação sexual, englobando tanto um *status* negativo (proibitivo de intervenções estatais e de particulares nessa esfera) como um *status* positivo, conferindo ao seu titular o poder de exigir proteção estatal diante de intromissões de terceiros.[21]

Como um dos princípios básicos das declarações de direitos humanos e do constitucionalismo clássico, a liberdade é, ao lado da igualdade, direito que pressupõe o reconhecimento da dignidade de cada ser humano de orientar-se, de modo livre e merecedor de igual respeito, na esfera de sua sexualidade.[22] Consequência disso é o romper com o tratamento subalterno reservado não somente a homossexuais, mas a

---

[17] Ver Anis: Instituto de Bioética, Direitos Humanos e Gênero e Associação Lésbica Feminista de Brasília Coturno de Vênus. "Legislação e Jurisprudência LGBTTT"/Anis: Instituto de Bioética, Direitos Humanos e Gênero e Associação Lésbica Feminista de Brasília Coturno de Vênus. Brasília: 2007; OLIVEIRA, Rosa Maria Rodrigues de. *Direitos Sexuais de LGBTTT no Brasil*: jurisprudência, propostas legislativas e normatização federal. Brasília: Ministério da Justiça, 2012.

[18] LOPES, José Reinaldo de Lima. Liberdade e direitos sexuais: o problema a partir da moral moderna. In: RIOS, Roger Raupp (Org.). *Em defesa dos direitos sexuais*. Porto Alegre: Livraria do Advogado, 2007, p. 56.

[19] WINTEMUTE, Robert. Sexual *Orientation and Human Rights*. Oxford: Clarendon Press, 1995.

[20] RIOS, Roger Raupp. Direitos sexuais, uniões homossexuais e a decisão do Supremo Tribunal Federal (ADPF nº 132 - RJ e ADI 4.277). In: RIOS, Roger Raupp; LEIVAS, Paulo Gilberto Cogo; GOLIN, Célio (Org.). *Homossexualidade e direitos sexuais*: reflexões a partir da decisão do STF. Porto Alegre: Sulina, 2011, p. 91.

[21] ALEXY, Robert. *Teoria dos direitos fundamentais*. 2. ed. São Paulo: Malheiros, 2010, p. 254.

[22] Para uma proposta de sistematização desses princípios jurídicos numa abordagem de dogmática constitucional e de direitos fundamentais em face da sexualidade, ver meu *Notas para o desenvolvimento de um direito democrático da sexualidade*. (*Em defesa dos direitos sexuais*. Porto Alegre: Livraria do Advogado, 2007).

mulheres, travestis, soropositivos para o vírus HIV e transexuais, grupos percebidos, numa visão tradicional, autoritária e discriminatória, como objetos de regulação ao invés de sujeitos de direitos.

Com efeito, a proteção jurídica que a norma constitucional protetiva da *dignidade humana* proporciona é, entre outros conteúdos, a garantia de que o sujeito será respeitado como um fim em si mesmo ao invés de ser concebido como um meio para a realização de fins e de valores que lhes são externos e impostos por terceiros.

Vale dizer, é levar a sério a autonomia individual, que possibilita conduzir-se conforme suas próprias convicções e projetos pessoais (respeitados, é claro, direitos de terceiros), livre de imposições externas e de condicionamentos decorrentes de visões de mundo alheias. Isso implica que visões de mundo heterônomas, que objetivem impor aos indivíduos homossexuais limites e restrições vinculadas a concepções de mundo meta-físicas ou políticas heterônomas, com repercussão nos direitos fundamentais, estão em desacordo com os direitos fundamentais de liberdade e de proteção à dignidade humana.

Nessa linha, nunca é demasiado reforçar a relação entre o direito de liberdade e a dignidade da pessoa humana. Para tanto, lanço mão dos argumentos de José Reinaldo de Lima Lopes:[23]

> (...) é uma razão bastante forte para defender o fim das discriminações pelo exercício da liberdade sexual, dessa parte da vida que nos liga diretamente a outro ser humano e indiretamente a todos seres humanos. A autonomia tem uma história recente entre nós. Não terá mais do que duzentos anos como idéia-força da vida social e da moral pública. Essa história recente é ainda mais recente e frágil em sociedades como a brasileira, em que não é difícil encontrar os que afirmam que a autonomia e as liberdades civis não são as primeiras questões de nossa vida pública. (...) Creio que não há nada de questão menor nesse ponto. Nesse ponto, creio que dizer algo nesse sentido, que a liberdade individual, inclusive a liberdade sexual é menor ou pode esperar, significa colocar a pessoa humana abaixo de objetivos falsamente mais altos. O argumento é típico dos que não valorizam a autonomia e acreditam que alguém está acima do próprio sujeito para determinar-lhe a vida. O argumento é encontradiço entre os que têm convicções religiosas (sejam elas religiosas no sentido vulgar, sejam elas convicções políticas com o caráter absoluto da verdade típico das convicções religiosas). A falsidade disso está em que essa espécie pressupõe muitas vezes um todo universal ('a sociedade') que existe acima e fora dos sujeitos que o compõem. Ora, a noção de autonomia que fundou o constitucionalismo moderno rejeita esta idéia normativa. Para o liberalismo, as pessoas não existem para a sociedade, para a família, para a tradição, para a religião, para uma outra coisa qualquer. Logo, não se pode, sem boas razões, submeter a autonomia dos sujeitos a fins que ele não escolheu e cuja realização não elimina a possibilidade de outros escolherem e realizarem fins diferentes. A liberdade, compreendida no limite do respeito simultâneo e compatível com igual liberdade de outrem, não é objeto de transação, pois se trata de um fim inerente à própria natureza humana, cuja proteção é a razão de um estado de direito constitucional.

Já como *liberdade sexual específica*, a liberdade de orientação sexual pode ser enumerada ao lado de outras liberdades sexuais em particular, também destacáveis, como dimensões da liberdade sexual, cuja regulação, mais ou menos restritiva, estará

---

[23] LOPES, José Reinaldo de Lima. *Liberdade e direitos sexuais – o problema a partir da moral moderna*: em defesa dos direitos sexuais. Porto Alegre: Livraria do Advogado, 2007, p. 62-63.

sujeita à ponderação com outros direitos e bens constitucionais. Robert Wintemute, a propósito, fornece quadro enumerativo de tais dimensões, arrolando, entre outras, a liberdade de consentimento sexual, a liberdade de intercurso físico sexual envolvendo diversas partes do corpo, a liberdade de estabelecer relacionamentos sem depender do estado civil, a liberdade de relações sexuais sem depender do número de parceiros envolvidos, a liberdade de trabalho sexual e a liberdade de engajar-se em relações sadomasoquistas.[24]

2.3 Liberdade de orientação sexual no direito brasileiro: a decisão do Supremo Tribunal Federal na ADPF nº 132

Delineada a liberdade sexual como direito humano fundamental, típica liberdade pública, é de se destacar a compreensão desenvolvida pelo Supremo Tribunal Federal, deferindo proteção jurídica à liberdade de orientação sexual, resultado esse que resultou de extensa trajetória jurisprudencial.

De fato, nos primeiros casos de reconhecimento de uniões homossexuais levados ao conhecimento do Poder Judiciário, a ação era fulminada, sem julgamento do mérito, ao fundamento de que não havia possibilidade jurídica do pedido em face da ausência de previsão legal que amparasse essas relações afetivas tanto na Constituição Federal quanto no Código Civil de 1916. Incrivelmente, alguns tribunais no Brasil ainda mantinham esse entendimento até não muito tempo atrás.[25]

Num momento posterior, o Poder Judiciário passou a reconhecer essas uniões como sociedades de fato, colocando-as no campo do direito das obrigações, nitidamente mais preocupado em resolver questões patrimoniais, em caso de dissolução dos relacionamentos, do que propriamente afastar o tratamento discriminatório. O caso paradigma foi o julgamento, no Superior Tribunal de Justiça, do Recurso Especial nº 148.897/MG.[26] O entendimento era o de que, como a legislação não permitia o reconhecimento de união estável entre pessoas do mesmo sexo, os casos de separação de conviventes homossexuais deveriam ser resolvidos por aplicação analógica da Súmula nº 380 do STF,[27] desde que houvesse prova da contribuição efetiva da formação ou aumento da formação patrimonial dos conviventes, o que era resultado da combinação de esforços ou recursos, para lograr fim comum, conforme dicção do art. 1.363 do Código Civil de 1916, já revogado, o qual também era aplicado ao caso.

Ultrapassado esse entendimento, num terceiro momento formou-se a convicção de que as uniões entre pessoas de mesmo sexo não deveriam ser tratadas no campo do direito obrigacional, mas, sim, no campo do direito de família, alcançando a elas o

---

[24] WINTEMUTE, Robert. *De l'égalitè dês orientations sexuelles à la liberte sexuelle*. In: BORRILLO, Daniel; LOCHAK, Daniele (Org.). *La Liberte sexuelle*. Paris: Presses Universitaires de France, 2005, p. 161-186.

[25] BRASIL. Tribunal de Justiça de Minas Gerais. Apelação Cível nº 1.0024.04.537121-8/002. Relator: Desembargador Domingos Coelho. Belho Horizonte, MG, 26 de maio de 2006. Disponível em: <http://www4.tjmg.jus.br/juridico/sf/proc_publicacoes2.jsp?listaProcessos=10024045371218002>. Acesso em: 24 jul. 2015.

[26] BRASIL. Superior Tribunal de Justiça. Recurso Especial nº 148.897. Relator: Ministro Ruy Rosado de Aguiar. Brasília, DF, 10 de fevereiro de 1998. Disponível em: <https://ww2.stj.jus.br/processo/ita/documento/?num_registro=199700661245&dt_publicacao=06/04/1998&cod;_tipo_documento=>. Acesso em: 24 jul. 2015.

[27] Comprovada a existência de sociedade de fato entre os concubinos, é cabível a sua dissolução judicial, com a partilha do patrimônio adquirido pelo esforço comum.

mesmo *status* das uniões estáveis dos heterossexuais. O argumento utilizado era que deveria ser aplicada a analogia nesses casos, ante a lacuna na legislação, que não eram considerados como casamentos, tampouco como uniões estáveis.

Dessa forma, o reconhecimento de direitos aos homossexuais passou a depender de uma assimilação do modelo heterossexual, bastando que fossem satisfeitos os requisitos presentes em entidades familiares formadas pelo casamento ou uniões estáveis entre pessoas de sexos distintos, como afetividade, comunhão de vida e assistência mútua, dever de fidelidade, habitação comum, convivência *more uxório*, continuidade da união. O reconhecimento de direitos aos homossexuais, nesse particular, permaneceu sendo discutido no campo do direito de família, utilizando-se de institutos próprios desse ramo do direito.

Esse caminho culminou no litígio constitucional levado ao Supremo Tribunal Federal pela via do controle concentrado de constitucionalidade, consubstanciado na ADPF nº 132,[28] proposta pelo Governador do Estado do Rio de Janeiro. Nela se postulou a aplicação do regime jurídico da união estável às uniões homossexuais, com pedido subsidiário, para a hipótese de não cabimento da ADPF, de recebimento como ação direta de inconstitucionalidade (ADI), de modo a imprimir interpretação conforme a Constituição aos incisos II e V do artigo 19 e ao artigo 33 do Decreto-Lei nº 220/75 (Estatuto dos Servidores Públicos do Estado do Rio de Janeiro) e ao artigo 1.723 do Código Civil de 2002.

A decisão do STF foi unânime no sentido de conferir ao artigo 1.723 do Código Civil de 2002[29] uma interpretação conforme a Constituição Federal de 1988 para afastar qualquer interpretação que impeça o reconhecimento da união contínua, pública e duradoura, entre pessoas do mesmo sexo, como família. Apesar da unanimidade do ponto de vista quantitativo, qualitativamente não se observa idêntica convergência. Os fundamentos utilizados nos diversos votos foram vários, resultando, ao final, na afirmação de que, entre os direitos fundamentais inseridos na Constituição Federal, está o direito ao uso da sexualidade sem discriminação em razão de orientação sexual e que as relações entre homossexuais, duradouras, podem configurar família e união estável.[30] As técnicas hermenêuticas utilizadas também foram diversificadas: uns entenderam pela aplicação da analogia, outros entenderam pela interpretação conforme a Constituição.

No que respeita diretamente ao tratamento da liberdade de orientação sexual no regime constitucional inaugurado em 1988, o voto condutor do julgamento foi bastante preciso e minucioso. Ele foi explícito ao fundamentar a liberdade sexual como concretização do direito geral de liberdade (mencionando, inclusive, a lição de Hans Kelsen quanto à norma geral negativa), bem como associou a liberdade de orientação sexual aos direitos de liberdade específicos de intimidade, privacidade e vida privada.

---

[28] BRASIL. Supremo Tribunal Federal. Arguição de descumprimento de preceito fundamental nº 132. Ministro Carlos Ayres Britto. Brasília, DF, 05 de maio de 2011. Disponível em: <http://redir.stf.jus.br/paginadorpub/paginador.jsp?docTP=AC&docID=628633>. Acesso em: 24 jul. 2015.

[29] Art. 1.723. É reconhecida como entidade familiar a união estável entre o homem e a mulher, configurada na convivência pública, contínua e duradoura e estabelecida com o objetivo de constituição de família.

[30] LEIVAS, Paulo Gilberto Cogo. Análise argumentativa dos votos proferidos pelos Ministros do Supremo Tribunal Federal no julgamento que estendeu o regime jurídico da união estável às uniões entre pessoas do mesmo sexo. In: RIOS, Roger Raupp; LEIVAS, Paulo Gilberto Cogo; GOLIN, Célio (Org.). *Homossexualidade e direitos sexuais*: reflexões a partir da decisão do STF. Porto Alegre: Sulina, 2011, p. 115.

A fim de evitar tautologia e considerando a importância do precedente e da argumentação nele traçada, permito-me reproduzir os excertos que seguem:[31]

17. Nada obstante, sendo o Direito uma técnica de controle social (a mais engenhosa de todas), busca submeter, nos limites da razoabilidade e da proporcionalidade, as relações deflagradas a partir dos sentimentos e dos próprios instintos humanos às normas que lhe servem de repertório e essência. Ora por efeito de uma "norma geral positiva" (Hans Kelsen), ora por efeito de uma "norma geral negativa" (ainda segundo Kelsen, para cunhar as regras de clausura ou fechamento do Sistema Jurídico, doutrinariamente concebido como realidade normativa que se dota dos atributos da plenitude, unidade e coerência). Precisamente como, em parte, faz a nossa Constituição acerca das funções sexuais das pessoas. Explico.

18. Realmente, em tema do concreto uso do sexo nas três citadas funções de estimulação erótica, conjunção carnal e reprodução biológica, a Constituição brasileira opera por um intencional silêncio. Que já é um modo de atuar mediante o saque da kelseniana norma geral negativa, segundo a qual "tudo que não estiver juridicamente proibido, ou obrigado, está juridicamente permitido" (regra de clausura ou fechamento hermético do Direito, que a nossa Constituição houve por bem positivar no inciso II do seu art. 5º, debaixo da altissonante fórmula verbal de que "ninguém será obrigado a fazer ou deixar de fazer alguma coisa senão em virtude de lei", e que me parece consagradora do que se poderia chamar de direito de não ter dever). É falar: a Constituição Federal não dispõe, por modo expresso, acerca das três clássicas modalidades do concreto emprego do aparelho sexual humano. Não se refere explicitamente à subjetividade das pessoas para optar pelo não-uso puro e simples do seu aparelho genital (absenteísmo sexual ou voto de castidade), para usá-lo solitariamente (onanismo), ou, por fim, para utilizá-lo por modo emparceirado. Logo, a Constituição entrega o empírico desempenho de tais funções sexuais ao livre arbítrio de cada pessoa, pois o silêncio normativo, aqui, atua como absoluto respeito a algo que, nos animais em geral e nos seres humanos em particular, se define como instintivo ou da própria natureza das coisas. (...)

22. Muito bem. Consignado que a nossa Constituição vedou às expressas o preconceito em razão do sexo e intencionalmente nem obrigou nem proibiu o concreto uso da sexualidade humana, o que se tem como resultado dessa conjugada técnica de normação é o reconhecimento de que tal uso faz parte da autonomia de vontade das pessoas naturais, constituindo-se em direito subjetivo ou situação jurídica ativa. Direito potestativo que se perfila ao lado das clássicas liberdades individuais que se impõem ao respeito do Estado e da sociedade (liberdade de pensamento, de locomoção, de informação, de trabalho, de expressão artística, intelectual, científica e de comunicação, etc). Mais ainda, liberdade que se concretiza:

I - sob a forma de direito à intimidade, se visualizada pelo prisma da abstenção, ou, então, do solitário desfrute (onanismo);

II – sob a forma de direito à privacidade, se a visualização já ocorrer pelo ângulo do intercurso ou emparceirado desfrute (plano da intersubjetividade, por conseguinte).

23. Não pode ser diferente, porque nada mais íntimo e mais privado para os indivíduos do que a prática da sua própria sexualidade. Implicando o silêncio normativo da nossa Lei Maior, quanto a essa prática, um lógico encaixe do livre uso da sexualidade humana nos escaninhos jurídico-fundamentais da intimidade e da privacidade das pessoas naturais. Tal como sobre essas duas figuras de direito dispõe a parte inicial do art. 10 da Constituição, *verbis*: "são invioláveis a intimidade, a vida privada, a honra e a imagem das pessoas".

---

[31] BRASIL. Supremo Tribunal Federal. *Arguição de Descumprimento de Preceito Fundamental nº 132*. Relator: Ministro Carlos Ayres Britto. Brasília, DF, 05 de maio de 2011. Disponível em: <http://redir.stf.jus.br/paginadorpub/paginador.jsp?docTP=AC&docID=628633>. Acesso em: 02 jul. 2015. p. 132.

A toda evidência, ao reconhecer juridicamente a união entre homossexuais, o STF deu um passo na reprovação de comportamentos homofóbicos, deixando claro que não é possível ao Estado brasileiro tolerar esse tipo de tratamento aos cidadãos por motivo de orientação sexual.

A decisão também reforçou a orientação sexual homossexual como merecedora de igual respeito e proteção constitucional ao reconhecer de forma categórica a orientação sexual como critério proibido de discriminação, como se infere no voto do Ministro Celso de Mello: "[...] se impõe proclamar, agora mais do que nunca, que ninguém, absolutamente ninguém, pode ser privado de direitos nem sofrer quaisquer restrições de ordem jurídica por motivo de sua orientação sexual".[32]

3 Desafios à liberdade de orientação sexual no direito brasileiro

Se inexiste dúvida quanto ao avanço da proteção antidiscriminatória no direito brasileiro em prol da liberdade de orientação sexual, essa constatação não pode afastar a necessidade de uma análise mais profunda das tendências e das tensões presentes nesse processo, sob pena de consolidarem-se respostas insuficientes e fracas diante da discriminação por orientação sexual e, de modo mais amplo, da compreensão dos direitos sexuais.

Tomem-se casos emblemáticos, conjuntamente, a elaboração jurisprudencial noticiada da liberdade sexual como direito fundamental e o mais importante plano nacional de combate à homofobia, o Programa Brasil sem Homofobia.

Com efeito, no contexto nacional, o marco mais significativo sobre diversidade sexual e direitos sexuais é o Programa Brasil sem Homofobia (Programa de Combate à Violência e à Discriminação contra GLTB – gays, lésbicas, transgêneros e bissexuais – e de Promoção da Cidadania de Homossexuais), lançado em 2004 pela Secretaria Especial de Direitos Humanos, a partir de definição do Plano Plurianual PPA – 2004-2007.[33] Trata-se, nas suas palavras, de programa constituído de diferentes ações, objetivando: (a) o apoio a projetos de fortalecimento de instituições públicas e não governamentais que atuam na promoção da cidadania homossexual e/ou no combate à homofobia; (b) capacitação de profissionais e representantes do movimento homossexual que atuam na defesa de direitos humanos; (c) disseminação de informações sobre direitos, de promoção da autoestima homossexual; e (d) incentivo à denúncia de violações dos direitos humanos do segmento GLTB. Antes dele, as duas versões do Plano Nacional de Direitos Humanos (de 1996 e 2002) mencionaram o combate à discriminação por orientação sexual, sem, contudo, emprestar ao tópico maior desenvolvimento.

Como dito acima, na trajetória dos direitos humanos, a afirmação da sexualidade como dimensão digna de proteção é relativamente recente, tendo como ponto de partida, no contexto internacional, a consagração dos direitos reprodutivos e da saúde

---

[32] BRASIL. Supremo Tribunal Federal. *Arguição de Descumprimento de Preceito Fundamental nº 132*. Relator: Ministro Carlos Ayres Britto. Brasília, DF, 05 de maio de 2011. Disponível em: <http://redir.stf.jus.br/paginadorpub/paginador.jsp?docTP=AC&docID=628633>. Acesso em: 02 jul. 2015. p. 226.

[33] BRASIL. *Conselho Nacional de Combate à Discriminação. Brasil Sem Homofobia*: Programa de combate à violência e à discriminação contra GLTB e promoção da cidadania homossexual. Brasília: Ministério da Saúde, 2004. Disponível em: <http://bvsms.saude.gov.br/bvs/publicacoes/brasil_sem_homofobia.pdf>. Acesso em: 04 ago. 2008.

sexual como objetos de preocupação.[34] Em âmbito nacional, a inserção da proibição de discriminação por orientação sexual iniciou-se em virtude de demandas judiciais, a partir de meados dos anos 1990, voltadas para as políticas de seguridade social.[35] Seguiram-se às decisões judiciais iniciativas legislativas, municipais e estaduais, concentradas nos primeiros anos no segundo milênio, espalhadas por diversos Estados da Federação.[36]

Um exame do conteúdo dessas iniciativas e da dinâmica com que elas são produzidas no contexto nacional chama a atenção para duas tendências: (i) a busca por direitos sociais como reivindicação primeira onde a diversidade sexual se apresenta e (ii) a utilização do direito de família como argumentação jurídica recorrente. Estas tendências caracterizam uma dinâmica peculiar do caso brasileiro em face da experiência de outros países e sociedades ocidentais, onde, via de regra, a luta por direitos sexuais inicia-se pela proteção da privacidade e da liberdade negativa e a caracterização jurídico-familiar das uniões de pessoas do mesmo sexo é etapa final de reconhecimento de direitos vinculados à diversidade sexual.

Além dessas tendências, a inserção da diversidade sexual, assim como manifestada na legislação existente, revela a tensão entre as perspectivas universalista e particularista no que diz respeito aos direitos sexuais e à diversidade sexual, de um lado, e à luta por direitos específicos de minorias sexuais, de outro.

3.1 Liberdade de orientação sexual e direitos sociais

A primeira tendência a ser examinada é a utilização de demandas reivindicando direitos sociais como lugar onde se defendeu a diversidade sexual. Como referido, enquanto em países ocidentais de tradição democrática a luta por direitos sexuais ocorreu, inicialmente, pelo combate a restrições legais à liberdade individual, no caso brasileiro o que se percebe é a afirmação da proibição da discriminação por orientação sexual como requisito para o acesso a benefícios previdenciários. Tal é o que revela, por exemplo, a superação no direito europeu da criminalização do sexo consensual privado entre homossexuais adultos – a chamada sodomia – com fundamento no direito de privacidade, ao passo que, no caso brasileiro, desde o início, o combate à discriminação foi veiculado em virtude da exclusão discriminatória contra homossexuais do regime geral da previdência social, quando se trata de pensão e auxílio-reclusão para companheiro do mesmo sexo.

Uma hipótese para a compreensão desse fenômeno vem da gênese histórica das políticas públicas no Brasil. Gestadas em suas formulações pioneiras em contextos autoritários, nos quais os indivíduos eram concebidos muito mais como objetos de regulação estatal do que sujeitos de direitos, essas dinâmicas nutrem concepções frágeis acerca da dignidade e da liberdade individuais. Alimentadas da disputa política entre oligarquias e do referencial do positivismo social, as políticas públicas no Brasil

---

[34] RIOS, Roger Raupp (Org.). *Em defesa dos direitos sexuais*. Rio de Janeiro: Livraria do Advogado, 2007.

[35] LEIVAS, Paulo Gilberto Cogo. *Os homossexuais diante da Justiça*: relato de uma Ação Civil Pública. In: GOLIN, Célio; POCAHY, Fernando; RIOS, Roger Raupp (Orgs.). *A justiça e os direitos de gays e lésbicas*: jurisprudência comentada. Porto Alegre: Sulina, 2003.

[36] VIANNA, Adriana. *Direitos e políticas sexuais no Brasil*: mapeamento e diagnóstico. Rio de Janeiro: CEPESC, 2004, p. 51-62.

caracterizaram-se pela centralidade da figura do trabalhador como cidadão tutelado, caracterizando um ambiente de progresso econômico e social autoritário, sem espaço para os princípios da dignidade, da autonomia e da liberdade individuais.[37] Daí a persistência de uma tradição que privilegia o acesso a prestações estatais positivas em detrimento da valorização do indivíduo e de sua esfera de liberdade e respeito à sua dignidade, dinâmica que se manifesta na história das demandas por direitos sexuais mediados pelos direitos sociais no Brasil.

3.2 Assimilacionismo e familismo heterossexista

Direitos sexuais e a liberdade de orientação sexual dizem respeito à concretização dos direitos humanos e dos direitos fundamentais na esfera da sexualidade, cujo âmbito não se confunde, nem se limita àquele peculiar à realidade dos agrupamentos familiares. Se é verdade que alguns direitos sexuais podem fundamentar a pertinência das uniões homossexuais ao conceito jurídico familiar de união estável (como fez o STF a partir da liberdade sexual), também o é que esta relação nem sempre será adequada e corretamente compreendida quando o que está em jogo é o conteúdo jurídico do direito sexual invocado.

O tratamento da liberdade sexual, objeto deste estudo, no âmbito do direito de família demonstra de modo emblemático essa tensão e os riscos que ela encerra para a afirmação dos direitos sexuais. O conteúdo jurídico da liberdade sexual vai muito além da possibilidade de manter vida familiar com pessoa do mesmo sexo e receber proteção adequada, por parte do Estado, para a vivência desta espécie de relação conjugal. O direito de liberdade sexual inclui esferas da intimidade (note-se que o ministro relator foi explícito no ponto, nele incluindo o "solitário desfrute", ilustrado pelo onanismo), que independem da conjugalidade familiar; inclui a busca do prazer sem qualquer projeto de conjugalidade afetiva; inclui a prestação de serviços sexuais a título oneroso; inclui a prática sexual simultânea com mais de um parceiro ou parceira; inclui também práticas sexuais consideradas não convencionais, como o sadomasoquismo, por exemplo.

Em virtude dessa moldura limitadora de direito de família a partir da qual, por razões de técnica processual, se desenrolou o aludido julgamento no Supremo Tribunal Federal, corre-se o risco de, numa leitura mais apressada ou conservadora, condicionar-se a compreensão do conteúdo jurídico dos direitos sexuais à convivência familiar. O risco deste viés conservador, longe de ser mera especulação teórica, pode se cristalizar numa tendência que designo de assimilacionismo familista. Esta tendência se caracteriza pela conjugação de duas ideologias: o assimilacionismo (no qual membros de grupos subordinados ou tidos como inferiores adotam padrões oriundos de grupos dominantes, em seu próprio detrimento) e o familismo (aqui entendido como tendência a subordinar o reconhecimento de direitos sexuais à adaptação a padrões familiares e conjugais institucionalizados pela heterossexualidade compulsória).

No campo da diversidade sexual, o assimilacionismo se manifesta por meio da legitimação da homossexualidade mediante a reprodução, afora o requisito da oposição de sexos, de modelos aprovados pela heteronormatividade. Vale dizer, a homossexualidade

---

[37] BOSI, Alfredo. *A dialética da colonização*. Rio de Janeiro: Companhia das Letras, 1992.

é aceita desde que nada acrescente ou questione os padrões heterossexuais hegemônicos, desde que anule qualquer pretensão de originalidade, transformação ou subversão do padrão heteronormativo. Nesta dinâmica, a estes arquétipos são associados atributos positivos, cuja reprodução se espera por parte de homossexuais, condição *sine qua non* para sua aceitação.

No assimilacionismo familista, a dimensão mais palatável e cuja adaptação mais facilmente pode ocorrer, verifica-se as relações familiares, dada a predominância, na dogmática contemporânea do direito de família, das realidades existenciais em detrimento do formalismo nos vínculos jurídicos, diretriz antes predominante. Neste contexto, a identificação do "afeto" como fator distintivo dos relacionamentos e identificador dos vínculos familiares cumpre função anestésica e acomodadora da diversidade sexual às normas da heterossexualidade compulsória na medida em que propõe a "aceitação" da homossexualidade sem qualquer questionamento mais intenso dos padrões sexuais hegemônicos. Isso porque a "afetividade" acaba funcionando como justificativa para a aceitação de dissonâncias à norma heterossexual, servindo como um mecanismo de anulação, por compensação, de práticas e preferências sexuais heterodoxas, cujo desvalor fica contrabalanceado pela "pureza dos sentimentos". Desta forma, opera-se uma assimilação ao mesmo padrão que se buscava enfrentar, produzindo a partir daí um novo rol de exclusões.[38]

Neste sentido, sem deixar de reconhecer as intenções antidiscriminatórias presentes na cunhagem do termo, não é por acaso que se disseminou o uso do termo "homoafetividade". Trata-se de expressão familista que muito dificilmente pode ser apartada de conteúdos conservadores e discriminatórios, por nutrir-se da lógica assimilacionista, sem o que a "purificação" da sexualidade reprovada pela heterossexualidade compulsória se compromete gravemente, tudo com sérios prejuízos aos direitos sexuais e à valorização mais consistente da diversidade sexual. Registre-se, por fim, que, em sua manifestação mais direta, este discurso tangencia o conservadorismo na medida em que a orientação sexual necessita ser "higienizada" de conteúdos negativos (promiscuidade e falta de seriedade) que, a *contrario sensu* da hegemonia heterossexual, se associam à homossexualidade.

Os riscos inerentes à perspectiva fraca dos direitos sexuais têm relação direta com o contexto jurídico em que proferido o julgamento. Eles se colocam pelo modo como os operadores jurídicos, acadêmicos e a sociedade em geral receberão as conclusões do julgado, mais do que dos termos em que expressos os diversos votos, ainda que, em alguns deles, esta tensão se apresente.

A breve e recente história dos direitos sexuais no Brasil revela a recorrência ao direito de família como fundamentação para o reconhecimento de direitos de homossexuais, fenômeno ora designado como "familismo jurídico".[39] Não é difícil perceber que, em muitos casos, o sucesso de demandas relativas à orientação sexual se valeu de

---

[38] Ver, desenvolvendo este argumento de modo mais sistemático, artigo de minha autoria, *As uniões homossexuais e a família homoafetiva*: o direito de família como instrumento de adaptação e conservadorismo ou a possibilidade de sua transformação e inovação. Disponível em: <http://civilistica.com/as-unioes-homossexuais-e-a-familia-homoafetiva-o-direito-de-familia-como-instrumento-de-adaptacao-e-conservadorismo-ou-a-possibilidade-de-sua-transformacao-e-inovacao/>. Acesso em: 28 ago. 2013.

[39] MELLO, Luiz. Familismo (anti)homossexual e regulação da cidadania no Brasil. *Revista de Estudos Feministas*, v. 14, n. 2, p. 497-508, maio/set. 2006.

argumentos de direito de família, o que se manifesta de modo cristalino pela extensão do debate jurídico – nos tribunais e naqueles que se dedicam a estudar direitos sexuais – acerca da qualificação das conjugalidades homoeróticas. Ao discutir-se sobre a figura jurídica adequada a essas uniões, é comum associar-se de modo necessário o reconhecimento da dignidade e dos direitos dos envolvidos à assimilação de sua conduta e de sua personalidade ao paradigma familiar tradicional heterossexual. É o que sugere, por exemplo, a leitura de precedentes judiciais que deferem direitos ao argumento de que, afora a igualdade dos sexos, os partícipes da relação reproduzem em tudo a vivência dos casais heterossexuais – postura nitidamente nutrida na lógica assimilacionista.

No assimilacionismo, o reconhecimento dos direitos depende da satisfação de predicados, como comportamento adequado, aprovação social, reprodução de uma ideologia familista, fidelidade conjugal como valor imprescindível e reiteração de papéis definidos de gênero. Daí, inclusive, a dificuldade de lidar como temas como prostituição, travestilidades, liberdade sexual, sadomasoquismo e pornografia.[40]

Como acima dito, a formulação de expressões como "homoafetividade" revela uma tentativa de adequação à norma que pode revelar uma subordinação dos princípios de liberdade, igualdade e não discriminação, centrais para o desenvolvimento dos direitos sexuais a uma lógica assimilacionista, o que produziria um efeito contrário, revelando-se também discriminatória, pois, na prática, distingue uma condição sexual "normal", palatável e "natural" de outra assimilável e tolerável, desde que bem comportada e "higienizada". A sexualidade heterossexual não só é tomada como referência para nomear o indivíduo "naturalmente" detentor de direitos (o heterossexual, que nunca necessitou ser heteroafetivo para ter direitos reconhecidos), enquanto a sexualidade do homossexual é expurgada pela "afetividade", numa espécie de efeito mata-borrão.

Nesta linha, pode ser compreendida a tensão, do ponto de vista dos direitos sexuais, decorrente da inclusão das uniões homossexuais como novas espécies de comunidades familiares, diversas das uniões estáveis, em virtude da analogia. A analogia é uma forma de raciocínio que parte da consagração da regulação de determinadas hipóteses, consideradas como parâmetro, e da diversidade dessas hipóteses com outras, excepcionais, que estão fora do âmbito da normalidade do parâmetro consagrado. Diante da lacuna, a analogia identifica, ainda que se trate de situações diversas, semelhanças relevantes, justificadoras da aplicação do mesmo tratamento normativo conferido à hipótese paradigmática para a hipótese excepcional.

A aplicação deste raciocínio, reservando às "uniões homoafetivas" uma espécie de regulação da exceção pela submissão ao paradigma heterossexual, acaba por contrariar a ideia de diversidade sexual. Com efeito, na perspectiva da diversidade sexual, que informa a ideia de direitos sexuais, as diversas manifestações sexuais são tomadas em pé de igualdade, o que não se compatibiliza com as premissas do procedimento analógico empregado.

---

[40] A fim de sistematizar com uma compreensão da relação entre direito e sexualidade, numa perspectiva democrática, ver, de minha autoria, *Apuntes para un derecho democratico de la sexualidade*. In: CASTILLO, Víctor Luis Gutiérrez; BORRILLO, Daniel Ángel. *Derecho y política de las sexualidades*: una perspectiva latino-mediterránea. Barcelona: Huygens, 2013, p. 73-94. Disponível em: <http://www.ciudadaniasexual.org/publicaciones/M4%20 R.%20Rios%20Derechodelasexualida.pdf>. Acesso em: 28 ago. 2013.

3.3 A liberdade de orientação sexual entre universalismo e particularismo

Uma rápida pesquisa sobre as respostas legislativas estaduais e municipais referentes aos direitos sexuais revela a predominância de duas perspectivas quanto à diversidade sexual e os direitos a ela relacionados. De um lado, diplomas legais de cunho mais particularista, nos quais uma categoria de cidadãos é identificada como destinatária específica da proteção: são os casos, por exemplo, da legislação paulista sobre combate à discriminação por orientação sexual, Lei nº 10.948 de 2001 (SÃO PAULO, 2001); da cidade de Juiz de Fora, Lei nº 9.791 de 2000 (MINAS GERAIS, 2000); de outro, diplomas mais universalistas, destacando-se a lei gaúcha, Lei nº 11.872 de 2002 (RIO GRANDE DO SUL, 2002).

De fato, enquanto os primeiros se referem a "qualquer cidadão homossexual (masculino ou feminino), bissexual ou transgênero" (conforme o art. 1º da lei mineira), o segundo "reconhece o direito à igual dignidade da pessoa humana de todos os seus cidadãos, devendo para tanto promover sua integração e reprimir os atos atentatórios a esta dignidade, especialmente toda forma de discriminação fundada na orientação, práticas, manifestação, identidade, preferências sexuais, exercidas dentro dos limites da liberdade de cada um e sem prejuízo a terceiros" (2002, art. 1º). Não se questiona, em nenhum momento, a intenção antidiscriminatória presente nesses dois modelos de resposta. Todavia, é necessário atentar para as vantagens, desvantagens e os riscos próprios de cada um.

A adoção de estratégias mais particularistas expõe-se a riscos importantes: reificar identidades, apontar para um reforço do gueto e incrementar reações repressivas (basta verificar o contradiscurso conversador dos "direitos especiais" e a ressurgência de legislação medicalizadora "curativa" de homossexuais). Isto sem se falar dos perigos de limitar a liberdade individual na potencialmente fluida esfera da sexualidade (preocupação expressa pela chamada "teoria *queer*") e de requerer, quando acionados os mecanismos de participação política e de proteção estatal, definições identitárias mais rígidas acerca de quem é considerado sujeito da proteção jurídica específica.[41]

Neste contexto, parece preferível a adoção de estratégias mais universalistas. Elas parecem ser capazes de suplantar as dificuldades de uma concepção meramente formal de igualdade, desde que atentas às diferenças reais e às especificidades que se constroem a cada momento, sem nelas se fechar; trata-se de reconhecer a diferença sem canonizá-la, trabalhar com as identidades autoatribuídas sem torná-las fixas e rejeitar a reificação do outro.

4 Considerações finais

A afirmação do direito à livre orientação sexual, radicado nos direitos humanos e fundamentais de liberdade geral e em liberdades públicas específicas, requer, na esfera da sexualidade, o enfrentamento de preconceito e discriminação disseminados. Para

---

[41] Ver, para um tratamento mais amplo deste tema, meu artigo *O direito da antidiscriminação e a tensão entre o direito à diferença e o direito geral de igualdade. Direitos Fundamentais & Justiça*, ano 6, n. 18, p. 169-177, jan./mar. 2012, p. 169-177.

tanto, são necessários uma compreensão jurídica mais precisa dessas liberdades, bem como o compromisso com padrões de convívio democráticos.

Avançar nesse horizonte implica examinar e superar alternativas assimilacionistas, além de enfrentar mentalidade e tradições em que a autonomia de indivíduos e de grupos não recebe o apreço devido. Daí os desafios contemporâneos de uma reflexão jurídica feita de modo crítico e construtivo, do desenvolvimento de uma dogmática constitucional das liberdades fundamentais e de consolidar uma jurisprudência alicerçada na liberdade, sem os quais os direitos sexuais de todos são enfraquecidos.

Referências

ALEXY, Robert. *Teoria dos direitos fundamentais*. 2. ed. São Paulo: Malheiros, 2010.

ANIS: Instituto de Bioética, Direitos Humanos e Gênero e Associação Lésbica Feminista de Brasília Coturno de Vênus. *Legislação e Jurisprudência LGBTTT*/Anis: Instituto de Bioética, Direitos Humanos e Gênero e Associação Lésbica Feminista de Brasília Coturno de Vênus. Brasília: 2007.

BORRILLO, Daniel. De la penalización de la homosexualidad a la criminalización de la homofobia: El Tribunal Europeo de Derechos Humanos y la orientación sexual. *Revista de estudios jurídicos de la Universidad de Jaén*, n. 11, 2011

BOSI, Alfredo. *A Dialética da Colonização*. Rio de Janeiro: Companhia das Letras, 1992.

BRASIL. Conselho Nacional de Combate à Discriminação. *Brasil sem homofobia*: Programa de combate à violência e à discriminação contra GLTB e promoção da cidadania homossexual. Brasília: Ministério da Saúde, 2004. Disponível em: <http://bvsms.saude.gov.br/bvs/publicacoes/brasil_sem_homofobia.pdf>. Acesso em: 04 ago. 2008.

BRASIL. Superior Tribunal de Justiça. Recurso Especial 889.852. Diário da Justiça eletrônico 10 ago. 2010. Disponível em: <https://ww2.stj.jus.br/revistaeletronica/ita.asp?registro=200602091374&dt_publicacao=10/08/2010>. Acesso em: 25 jan. 2011.

BRASIL. Superior Tribunal de Justiça. Recurso Especial nº 148.897. Relator: Ministro Ruy Rosado de Aguiar. Brasília, DF, 10 de fevereiro de 1998. Disponível em: <https://ww2.stj.jus.br/processo/ita/documento/?num_registro=199700661245&dt_publicacao=06/04/1998&cod;_tipo_documento=>. Acesso em: 24 jul. 2015.

BRASIL. Supremo Tribunal Federal. Arguição de descumprimento de preceito fundamental nº 132. Ministro Carlos Ayres Britto. Brasília, DF, 05 de maio de 2011. Disponível em: <http://redir.stf.jus.br/paginadorpub/paginador.jsp?docTP=AC&docID=628633>. Acesso em: 24 jul. 2015.

BRASIL. Tribunal de Justiça de Minas Gerais. Apelação Cível nº 1.0024.04.537121-8/002. Relator: Desembargador Domingos Coelho. Belho Horizonte, MG, 26 de maio de 2006. Disponível em: <http://www4.tjmg.jus.br/juridico/sf/proc_publicacoes2.jsp?listaProcessos=10024045371218002>. Acesso em: 24 jul. 2015.

CORREA, Sônia. O Percurso Global dos Direitos Sexuais: entre "margens" e "centros". *Bagoas: Estudos Gays, Gêneros e Sexualidades*, n. 4, p. 17-42, jan./jun. 2009. Disponível em: <http://www.cchla.ufrn.br/bagoas/v03n04bagoas04.pdf>. Acesso em: 15 jul. 2010.

CORTE EUROPEIA DE DIREITOS HUMANOS. *Dudgeon v. The United Kingdom*. Disponível em: <http://hudoc.echr.coe.int/eng?i=001-57473#{"itemid":["001-57473"}. Acesso em: 07 set. 2015.

ESTADOS UNIDOS DA AMÉRICA, SUPREMA CORTE. *Obergefell et al. v. Hodges, Director, Ohio Department of Health, et al*. Disponível em: <http://www.supremecourt.gov/opinions/14pdf/14-556_3204.pdf>. Acesso em: 07 jul. 2015.

FRASER, Nancy. *Iustitia Interrupta*: reflexion crítica desde la posicion "postsocialista". Colômbia: Bogotá: Universidad de los Andes Press, 1997.

JUIZ DE FORA (Município). Lei municipal nº 9.791, de 12 de maio de 2000, que dispõe sobre a ação do Município no combate às práticas discriminatórias, em seu território, por orientação sexual. Juiz de Fora, 2000. Disponível em: <http://www.jflegis.pjf.mg.gov.br/c_norma.php?chave=0000023610>. Acesso em: 04 ago. 2008.

LEIVAS, Paulo Gilberto Cogo. Análise argumentativa dos votos proferidos pelos Ministros do Supremo Tribunal Federal no julgamento que estendeu o regime jurídico da união estável às uniões entre pessoas do mesmo sexo. In: RIOS, Roger Raupp; LEIVAS, Paulo Gilberto Cogo; GOLIN, Célio (Org.). *Homossexualidade e direitos sexuais*: reflexões a partir da decisão do STF. Porto Alegre: Sulina, 2011, p. 114-124.

LEIVAS, Paulo Gilberto Cogo. Os homossexuais diante da justiça: relato de uma Ação Civil Pública. In: GOLIN, Célio; POCAHY, Fernando; RIOS, Roger Raupp (Org.). *A justiça e os direitos de gays e lésbicas*: jurisprudência comentada. Porto Alegre: Sulina, 2003.

LEMAITRE RIPOLL, Julieta. O amor em tempos de cólera: direitos LGTB na Colômbia. *Revista Internacional de Direitos Humanos*, São Paulo, v. 6, n. 11, p. 78-97, Dec. 2009. Disponível em: <http://www.scielo.br/scielo.php?script=sci_arttext&pid=S1806-64452009000200005&lng=en&nrm=iso>. Acesso em: 08 set. 2015.

LOCHAK, Daniele. La liberte sexuelle, une libertè (pas) comme les autres? In: BORRILLO, Daniel; LOCHAK, Daniele (Org.). *La Liberte sexuelle*. Paris: Presses Universitaires de France, 2005.

LOPES, José Reinaldo de Lima. Liberdade e direitos sexuais: o problema a partir da moral moderna. In: RIOS, Roger Raupp (Org.). *Em defesa dos direitos sexuais*. Porto Alegre: Livraria do Advogado, 2007, p. 41-72.

MAIER, Elizabeth; ALONSO MENESES, Guillermo. Sexo y cultura: disputando el significado del matrimonio y la familia. *La Ventana*, Guadalajara, v. 4, n. 33, jun. 2011. Disponible en: <http://www.scielo.org.mx/scielo.php?script=sci_arttext&pid=S1405-94362011000100006&lng=es&nrm=iso>. Acesso em: 08 set. 2015.

MATIA PORTILLA, Javier Francisco. Homosexualidad y Constitucion Espanola. In: POMPEU, Gina Vidal Marcílio. *Discriminação por orientação sexual*: a homossexualidade e a transexualidade diante da experiência. Florianópolis: Conceito, 2012.

MELLO, Luiz. Familismo (anti)homossexual e regulação da cidadania no Brasil. *Revista de Estudos Feministas*, v. 14, n. 2, p. 497-508, maio/set. 2006.

O ESTADO DE SÃO PAULO. *Bancada evangélica da Câmara deve presidir Comissão de Direitos Humanos*. Disponível em: <http://politica.estadao.com.br/noticias/geral,bancada-evangelica-da-camara-deve-presidir-comissao-de-direitos-humanos,1002798>. Acesso em: 07 set. 2015.

OBSERVATÓRIO DA IMPRENSA. *Propaganda de Marta Suplicy gera polêmica*. Disponível em: <http://observatoriodaimprensa.com.br/imprensa-em-questao/propaganda-de-marta-suplicy-gera-polemica/>. Acesso em 07 set. 2015.

OLIVEIRA, Rosa Maria Rodrigues de. *Direitos sexuais de LGBT no Brasil*: jurisprudência, propostas legislativas e normatização federal. Brasília: Ministério da Justiça, 2012.

ORGANIZAÇÃO DOS ESTADOS AMERICANOS, CORTE INTERAMERICANA DE DIREITOS HUMANOS. *Caso Atala Riffo y Niñas vs. Chile*. Disponível em: <http://www.corteidh.or.cr/docs/casos/articulos/seriec_239_esp.pdf>. Acesso em: 07 set. 2015.

RIO GRANDE DO SUL (Estado). *Lei n. 11.872*, de 19 de dezembro de 2002 que dispõe sobre a promoção e reconhecimento da liberdade de orientação, prática, manifestação, identidade, preferência sexual e dá outras providências. Porto Alegre, 2002. Disponível em: <http://www.al.rs.gov.br/legis/>. Acesso em: 04 ago. 2008.

RIOS, Roger Raupp (Org.). *Em defesa dos direitos sexuais*. Rio de Janeiro: Livraria do Advogado, 2007.

RIOS, Roger Raupp. Apuntes para un derecho democratico de la sexualidad. In: CASTILLO, Víctor Luis Gutiérrez; BORRILLO, Daniel Ángel. *Derecho y política de las sexualidades*: una perspectiva latino-mediterránea. Barcelona: Huygens, 2013, p. 73-94. Disponível em: <http://www.ciudadaniasexual.org/publicaciones/M4%20R.%20Rios%20Derechodelasexualida.pdf>. Acesso em: 28 ago. 2013.

RIOS, Roger Raupp. *As uniões homossexuais e a "família homoafetiva"*: o direito de família como instrumento de adaptação e conservadorismo ou a possibilidade de sua transformação e inovação. Disponível em: <http://civilistica.com/as-uniões-homossexuais-e-a-familia-homoafetiva-o-direito-de-familia-como-instrumento-de-adaptacao-e-conservadorismo-ou-a-possibilidade-de-sua-transformacao-e-inovacao/>. Acesso em: 28 ago. 2013.

RIOS, Roger Raupp. *Direito da antidiscriminação*: discriminação direta, indireta e ações afirmativas. Porto Alegre: Livraria do Advogado, 2008.

RIOS, Roger Raupp. Direitos sexuais, uniões homossexuais e a decisão do Supremo Tribunal Federal (ADPF nº 132 - RJ e ADI 4.277). In: RIOS, Roger Raupp; LEIVAS, Paulo Gilberto Cogo; GOLIN, Célio (Org.). *Homossexualidade e direitos sexuais*: reflexões a partir da decisão do STF. Porto Alegre: Sulina, 2011, p. 69-113.

RIOS, Roger Raupp. Notas para o desenvolvimento de um direito democrático da sexualidade. In: RIOS, Roger Raupp (Org.). *Em defesa dos direitos sexuais*. Porto Alegre: Livraria do Advogado, 2007.

RIOS, Roger Raupp. O direito da antidiscriminação e a tensão entre o direito à diferença e o direito geral de igualdade. *Direitos Fundamentais & Justiça*, ano 6, n. 18, p. 169-177, jan./mar. 2012.

RIOS, Roger Raupp; SCHAFER, Gilberto; BORBA, Felipe Farias. O direito da antidiscriminação e a criminalização da pederastia pelo Código Penal Militar. *AJURIS*, Porto Alegre, v. 39, n. 127, p. 311-330, set. 2012.

RIVERO, Jean. *Les libertes publiques. 7.* ed. Paris: Presses Universitaires de France, 1974. v. I: Les droits de l'homme.

SÃO PAULO (Estado). Lei Estadual nº 10.948, de 5 de novembro de 2001, que dispõe sobre as penalidades a serem aplicadas à prática de discriminação em razão de orientação sexual e dá outras providências. São Paulo, 2001. Disponível em: <http://www.legislacao.sp.gov.br/legislacao/index.htm>. Acesso em: 04 ago. 2008.

TERTO JUNIOR, Veriano. Essencialismo e construtivismo social: limites e possibilidades para o estudo da homossexualidade. *Scientia Sexualis: revista do mestrado em sexologia*, Rio de Janeiro, v. 5, n. 2, p. 23-42, jul. 1999.

VIANNA, Adriana. *Direitos e Políticas Sexuais no Brasil*: mapeamento e diagnóstico. Rio de Janeiro: CEPESC, 2004.

WEEKS, Jeffrey. O corpo e a sexualidade. In: LOURO, Guacira Lopes (Org.). *O corpo educado*: pedagogias da sexualidade. 2. ed. Belo Horizonte: Autêntica, 2000, p. 35-82. Disponível em: <http://disciplinas.stoa.usp.br/pluginfile.php/166106/mod_resource/content/1/LOUROGuaciraL._O-corpo-educado-pedagogias-da-sexualidade.pdf>. Acesso em: 26 dez. 2014.

WINTEMUTE, Robert. *Sexual orientation and human rights*. The United States Constitution, the European Convention, and the Canadian Charter. Oxford: Clarendon Press, 1995.

WINTEMUTE, Robert. De l'égalitè dês orientations sexuelles à la liberte sexuelle. In: BORRILLO, Daniel; LOCHAK, Daniele. *La Liberte sexuelle*. Paris: Presses Universitaires de France, 2005, p. 161-186.

Informação bibliográfica deste texto, conforme a NBR 6023:2002 da Associação Brasileira de Normas Técnicas (ABNT):

RIOS, Roger Raupp. Liberdades públicas e homossexualidade: a liberdade de orientação sexual no direito brasileiro. In: LEITE, George Salomão; LEITE, Glauco Salomão; STRECK, Lenio Luiz (Coord.). *Jurisdição constitucional e liberdades públicas*. Belo Horizonte: Fórum, 2017. p. 321-337. ISBN 978-85-450-0237-6.

PESSOAS COM DEFICIÊNCIA E EFETIVAÇÃO DOS DIREITOS FUNDAMENTAIS

LUIZ ALBERTO DAVID ARAUJO

MAURÍCIO MAIA

1 Introdução

A dignidade da pessoa humana tem um papel central na Constituição Federal de 1988, constituindo-se em fundamento republicano do Estado brasileiro. Nesse sentido, a Lei Maior estabeleceu um robusto sistema de garantia de direitos fundamentais que se destinam à preservação da dignidade humana em todas as suas dimensões.

Outrossim, outro valor central da Constituição Brasileira, a igualdade, também tem papel relevantíssimo no sistema de proteção de direitos fundamentais existente no ordenamento jurídico brasileiro, tendo em vista que a igualdade condiciona toda a interpretação e aplicação de tal sistema.

Nesse sentido, é essencial que o direito reconheça que há pessoas e grupos de pessoas em situação de desvantagem, de vulnerabilidade, que, em certas situações, necessitam da proteção do ordenamento jurídico para que possam efetivamente incluir-se na sociedade, participando da vida social de forma plena e efetiva, em igualdade de oportunidades para com as demais pessoas. O pleno exercício dos direitos fundamentais passa necessariamente pela implementação da igualdade material.

Um desses grupos vulneráveis é o grupo das pessoas com deficiência, que, atualmente, consiste em aproximadamente um quarto da população nacional.[1] Falar em efetivação e exercício dos direitos fundamentais das pessoas com deficiência, dessa forma, significa falar em efetivação dos direitos constitucionalmente garantidos de 25% dos brasileiros, ou seja, significa efetivação do próprio ordenamento constitucional.

A análise dos direitos conferidos às pessoas com deficiência na Constituição Brasileira, com o reforço da Convenção Sobre os Direitos das Pessoas com Deficiência da ONU, assim como o recém-editado Estatuto da Pessoa com Deficiência, é o escopo deste trabalho.

---

[1] Dados do Censo 2010 do Instituto Brasileiro de Geografia e Estatística – IBGE. Disponível em: <ftp://ftp.ibge.gov. br/Censos/Censo_Demografico_2010/Caracteristicas_Gerais_Religiao_Deficiencia/tab1_3.pdf>.

2 Direitos fundamentais e dignidade humana na Constituição Brasileira

A Constituição Federal de 1988 tem na dignidade da pessoa humana um de seus valores mais caros, o que condiciona toda a interpretação e aplicação que se possa fazer da Lei Maior. De fato, a dignidade da pessoa humana foi alçada à condição de fundamento da República brasileira, conforme se nota da expressa dicção do artigo 1º, III, da Constituição Federal.

Não podemos imaginar que as normas constitucionais tenham dispositivos sem qualquer eficácia. Sendo assim, o tema da dignidade da pessoa humana centraliza a interpretação para buscar sua aplicação quando necessário. Assim, ao contrário do que alguns pretendem afirmar, a norma jurídica que conduz o princípio da dignidade é um importante sinalizador da interpretação, mostrando o caminho a ser seguido pelas alternativas que podem estar sendo apresentadas ao intérprete, de maneira que ele se paute e busque nela a fundamentação de sua conclusão.

Nesse sentido e em consonância com os fundamentos estabelecidos para a República brasileira, a Constituição tratou de garantir diversos direitos fundamentais às pessoas, como se nota, principalmente (mas não exclusivamente), no Título II da Lei Maior, denominado "Dos Direitos e Garantias Fundamentais", que contém capítulos destinados aos direitos e deveres individuais e coletivos, aos direitos sociais, aos direitos de nacionalidade, aos direitos políticos e aos partidos políticos.

Os direitos e garantias fundamentais são instrumentos destinados a preservar a dignidade da pessoa humana em todas as suas dimensões, ou seja, é mediante o estabelecimento de direitos fundamentais que o Estado promove a garantia da dignidade humana.

Tais direitos fundamentais foram sendo reconhecidos ao longo da história, via de regra como forma de resposta às mais diversas agressões que a dignidade humana veio a sofrer no decorrer do tempo.

Não caberia aqui traçarmos a evolução dos direitos fundamentais mostrando como partiram de uma concepção "contra o Estado", representado pelo ideal monárquico, que impedia o exercício de direitos de liberdade. Nem tampouco, já adiante, os direitos de prestação, que poderiam ser chamados de direitos de segunda geração ou, se preferir, de segunda dimensão.[2] E, ainda adiante, com os direitos difusos e coletivos, todos formando uma cadeira no tempo, se entrelaçando e permitindo a formação do conjunto atual.

Efetivamente, cabe anotar que os direitos fundamentais surgiram historicamente como respostas a diversos acontecimentos e fases da humanidade, que evidenciaram a necessidade de que a dignidade humana fosse protegida nas suas mais diversas

---

[2] A questão acerca da utilização da expressão "gerações" ou "dimensões" não parece ser dotada de maior relevância para o escopo ao qual nos propusemos, tendo em vista que não se trata de definir o conteúdo dos direitos fundamentais, mas apenas de demonstrar sua historicidade. Conforme aponta Norberto Bobbio, "também os direitos do homem são direitos históricos, que emergem gradualmente das lutas que o homem trava por emancipação e das transformações das condições de vida que essas lutas produzem" (BOBBIO, Norberto. *A Era dos Direitos*. Rio de Janeiro: Elsevier, 2004, p. 31). Bobbio, aliás, refere a existência de "fases" de desenvolvimento dos direitos humanos, anotando que aquelas são três, sendo que na primeira foram afirmados os direitos de liberdade (destinados a limitar o poder do Estado, reservando para o indivíduo uma esfera de liberdade livre da ação estatal), na segunda os direitos políticos (que tiveram como consequência a participação cada vez mais ampla dos membros da comunidade no Poder Político) e, finalmente, uma terceira fase, de proclamação de direitos sociais (com exigência de novos valores, como bem-estar e igualdade, não apenas no seu aspecto formal). Confira-se a respeito: BOBBIO, Norberto. *A Era dos Direitos*. Rio de Janeiro: Elsevier, 2004, p. 25-45.

dimensões. Essa breve exposição destinou-se a demonstrar que falar em direitos fundamentais, em verdade, significa falar em preservação da dignidade da pessoa humana em seus diversos aspectos e, especialmente, da liberdade de agir do ser humano, da sua capacidade de autodeterminação.

A Constituição Brasileira, assim, coerentemente com sua opção de fazer da dignidade da pessoa humana um dos fundamentos da República brasileira, também tratou de garantir diversos direitos fundamentais, de liberdade, de igualdade e de fraternidade, estabelecendo uma ampla gama de direitos às pessoas, destinados a preservar sua dignidade.

3 A igualdade como pressuposto da dignidade humana

Os direitos fundamentais ditos de liberdade, aqueles de primeira geração, estão consagrados em nossa Constituição majoritariamente em seu artigo 5º (Capítulo I do Título II), em rol, diga-se, não exaustivo, já que o próprio artigo 5º da Lei Maior, em seu §2º, aponta a possibilidade de que sejam reconhecidos outros direitos fundamentais decorrentes dos princípios e do regime adotados pela Constituição, assim como decorrentes dos tratados internacionais de que o Brasil seja parte.

Notamos, outrossim, que o *caput* do artigo 5º da Constituição, que traz o rol não exaustivo dos direitos individuais e coletivos, como acima mencionado, tem a seguinte redação:

> Art. 5º Todos são iguais perante a lei, sem distinção de qualquer natureza, garantindo-se aos brasileiros e aos estrangeiros residentes no País a inviolabilidade do direito à vida, à liberdade, à igualdade, à segurança e à propriedade, nos termos seguintes:

Dessa forma, temos que a consagração dos direitos individuais e coletivos, aqueles direitos de liberdade (ou liberdades negativas, no sentido acima exposto), é condicionada pela igualdade, ou seja, os direitos de liberdade, garantidos pela Constituição Brasileira, têm como seu pressuposto a igualdade, já que o Constituinte expressamente – e reiteradamente – colocou o rol desses direitos como formas de implementar a igualdade de todos perante a lei, sem distinção de qualquer natureza. Não se pode entender como aleatória a colocação da igualdade no *caput* do artigo 5º da Constituição, mas como uma opção consciente do Poder Constituinte, que consagrou a igualdade como pressuposto para a liberdade, como pressuposto de todos os direitos fundamentais. A igualdade de todos é tida pela Constituição Brasileira como condicionante e pressuposto dos direitos individuais e coletivos, sendo, dessa forma, considerada como pressuposto da dignidade humana, que os direitos fundamentais se destinam a preservar. A igualdade, assim, é tida como vetor de interpretação e de aplicação dos direitos fundamentais.

No que toca aos direitos sociais, trazidos com maior veemência no Capítulo II do Título II da Constituição (o que não exclui a existência de outros no texto da Lei Maior), essa relação com a igualdade é ainda mais evidente (não por acaso que esses direitos são conhecidos como direitos de igualdade), já que se destinam, fundamentalmente, a propiciar um mínimo de igualdade material entre as pessoas, garantindo-lhes inclusive os meios mínimos para uma existência digna como forma de propiciar a todos a possibilidade de inclusão social, exercendo plenamente seus direitos fundamentais.

A igualdade, entretanto, não pode ser considerada apenas em seu aspecto formal, ou seja, não consiste unicamente no tratamento igualitário de todos diante do texto legal, sem qualquer perseguição ou favoritismo. Esse é apenas um dos sentidos da igualdade, que deve ser preservado e buscado, mas que não é suficiente.

De fato, devemos entender que, se as pessoas se encontram em situações diferentes, é necessário que o ordenamento jurídico, reconhecendo a diferença, estabeleça entre elas tratamentos jurídicos diferentes. As pessoas somente terão as mesmas oportunidades de participação e inclusão na sociedade se a lei procurar minimizar ou eliminar as desigualdades existentes, compensando eventuais desvantagens que algumas pessoas ou grupos de pessoas enfrentam. Tratar igualmente os desiguais é a melhor forma de perpetuar as desigualdades.

A igualdade, assim, deve ser tida também em seu aspecto material, ou seja, já na elaboração das leis deverá o Estado levar em conta as diferenças existentes, estabelecendo tratamentos jurídicos diferentes àqueles que estejam em situações diferentes.

Dessa forma, devemos reconhecer que a efetiva garantia da dignidade humana, que a efetiva proteção dos direitos fundamentais, somente poderá ser alcançada mediante a busca da igualdade material, ou seja, mediante a atuação do ordenamento jurídico para que todos tenham as mesmas oportunidades de participação e inclusão na sociedade. A igualdade, assim, é pressuposto da dignidade humana; então, é de se entender que não apenas os direitos sociais, os direitos fundamentais ditos de igualdade, aqueles de segunda geração, têm como pressuposto a igualdade, mas que todo o sistema de garantia de direitos fundamentais, sejam de liberdade, de igualdade ou de fraternidade, tem como pressuposto a igualdade, inclusive em razão da centralidade que a igualdade tem no texto da Constituição Brasileira.

3.1 A igualdade e o reconhecimento da diferença

Como visto, a igualdade, materialmente falando, consiste no tratamento igual para aqueles que estejam na mesma situação, bem como no tratamento desigual para aqueles que se encontrem em situações diferentes, levando em conta as diferenças existentes. Dessa forma, podemos afirmar que a implementação da igualdade passa necessariamente pelo reconhecimento da diferença. De fato, não se pode falar em igualdade se não houver a identificação daqueles que se encontram em situação de alguma desvantagem, a merecer um tratamento diferenciado do ordenamento jurídico, de forma a minimizar ou eliminar tal desvantagem.

Nesse sentido, a própria Constituição, sem prejuízo de que a lei venha a fazê-lo em relação a outros grupos, já reconheceu alguns grupos de pessoas como merecedores de um especial tratamento do ordenamento jurídico, entendendo que havia alguma dificuldade de inclusão a ser compensada e, em muitos desses casos, já tratou de estabelecer algumas medidas destinadas a compensar as desigualdades existentes. Esse é o caso do grupo das pessoas com deficiência.

Dessa forma, além dos direitos e garantias fundamentais a todos conferidos, a esse grupo vulnerável foram reconhecidos alguns direitos específicos, um especial tratamento jurídico, destinado a minimizar as desigualdades existentes. Como exemplo desse especial tratamento, temos a disposição do artigo 37, VIII, da Constituição, que determina a reserva às pessoas com deficiência de um percentual de cargos e empregos no serviço público.

Temos, assim, que a Constituição procura garantir a dignidade humana mediante o estabelecimento de direitos fundamentais a todas as pessoas, direitos esses condicionados pela busca da igualdade material, o que implica no reconhecimento da existência de diferenças entre as pessoas e na consequente atribuição de tratamentos jurídicos diferenciados para a compensação das desvantagens existentes. A efetiva garantia e o exercício dos direitos fundamentais têm como pressuposto a busca da igualdade material; em outras palavras, podemos dizer que, sem o reconhecimento da diferença e a atuação do ordenamento jurídico para minimizar ou eliminar as desvantagens de um grupo de pessoas em relação às outras, não se consegue o efetivo reconhecimento e a efetiva implementação dos direitos fundamentais. Não há liberdade sem igualdade.

4 As pessoas com deficiência na Constituição

Como acima acabamos de ver, a Constituição Federal estabeleceu um amplo sistema de reconhecimento dos direitos fundamentais, atinentes à preservação da dignidade humana em todos os seus aspectos, condicionados pela busca da igualdade material.

Reconhecendo nas pessoas com deficiência um grupo vulnerável, que necessita, assim, de uma especial atuação do ordenamento jurídico para que possam efetivamente se incluir na sociedade e exercer na plenitude seus direitos fundamentais, tratou a Constituição de já delinear uma especial proteção a esse grupo. Dessa forma, além dos direitos fundamentais já a todos reconhecidos no texto da Constituição, às pessoas com deficiência outros direitos foram conferidos, inclusive como forma de garantir que os direitos fundamentais que a todos foram reconhecidos poderiam ser efetivamente gozados pelas pessoas com deficiência.

É dizer que, além dos direitos fundamentais destinados a todas as pessoas pela Constituição, que, como vimos, já deveriam ser interpretados de forma a possibilitar seu regular exercício pelas pessoas com deficiência, como decorrência da igualdade material, a Constituição ainda ofereceu um especial sistema de proteção às pessoas com deficiência, garantindo-lhes outros direitos, de forma a preservar sua dignidade.

As pessoas com deficiência, da mesma forma como as demais pessoas, têm direito à intimidade, à privacidade, à livre manifestação do pensamento, ao acesso à informação, à saúde, à educação, enfim, a todos os direitos fundamentais, de primeira, segunda ou terceira gerações, que as demais pessoas têm, sendo que, vale lembrar, em razão do princípio da igualdade, em seu aspecto material, o exercício desses direitos poderá necessitar de um tratamento diferenciado por parte do Estado, uma disciplina jurídica diversa daquela destinada às demais pessoas. O exercício do direito à saúde pela pessoa com deficiência, por exemplo, pode demandar uma série de medidas a serem adotadas pelo Estado para propiciar a atenção integral à sua saúde, a proteção da sua intimidade no decorrer do tratamento. Da mesma forma, o acesso à informação pela pessoa com deficiência pode exigir algumas medidas diferenciadas por parte do Estado, como, por exemplo, a determinação da disponibilização das informações pelo método Braille ou mediante a utilização da Linguagem Brasileira de Sinais.

Afora todos os direitos fundamentais garantidos de forma indistinta a todas as pessoas, as pessoas com deficiência contam com direitos que foram especificamente a elas destinados pela Constituição de 1988, como passaremos brevemente a verificar.

Já o texto originário da Constituição de 1988, em seu artigo 7º, XXXI, proibiu qualquer discriminação no tocante a salário e critérios de admissão dos trabalhadores com deficiência, em cláusula que, em última análise, seria até dispensável, já que decorrência lógica do princípio de que todos são iguais perante a lei, mas que tem inegável valor didático e de reforço ao princípio geral de igualdade.

Da mesma maneira, como forma de efetivação da igualdade material, no artigo 37, VIII, a Constituição estabeleceu ação afirmativa em prol das pessoas com deficiência, determinando, como acima já mencionamos, reserva de percentual de cargos e empregos públicos a esse grupo vulnerável. Reconhecendo o Constituinte que as pessoas com deficiência, em razão das dificuldades existentes quanto à sua inclusão social, teriam dificuldade de ingresso no serviço público, estando em situação de desvantagem para com as demais pessoas dessa forma, determinou que um percentual das vagas no serviço público fosse reservado às pessoas com deficiência, o que diminuirá a desvantagem existente. Incluindo as pessoas com deficiência no serviço público, ademais, se estaria a promover medida que impulsiona sua inclusão na sociedade, atendendo ao comando de construção de uma sociedade livre, justa e solidária, que constitui um dos objetivos da República brasileira (artigo 3º, I, da Constituição).

A Constituição, ainda, possibilitou às pessoas com deficiência a aposentadoria mediante critérios diferenciados, seja no serviço público (artigo 40, §4º, com redação dada pela Emenda Constitucional nº 47, de 2005), seja na iniciativa privada (artigo 201, §1º, com redação dada pela Emenda Constitucional nº 47, de 2005), também reconhecendo que há necessidade de tratamento diferenciado a esse grupo vulnerável, em face das condições mais desfavoráveis para seu trabalho, a gerar a possibilidade de aposentação mediante critérios diferenciados.

No que toca à assistência social, a Constituição protegeu as pessoas com deficiência, garantindo-lhes, como objetivos da assistência social, o direito à habilitação e reabilitação das pessoas com deficiência, bem como a promoção de sua integração à vida comunitária (artigo 203, IV), além da atribuição de um salário mínimo mensal à pessoa com deficiência que não possa prover à própria manutenção e não possa tê-la provida por sua família (artigo 203, V).

Determinou a Constituição, ainda, a garantia de atendimento educacional especializado às pessoas com deficiência, preferencialmente na rede regular de ensino (artigo 208, III), como forma de garantir o acesso das pessoas com deficiência ao direito à educação. Mediante o atendimento educacional especializado, garante-se às pessoas com deficiência a mesma possibilidade de acesso ao conteúdo educacional que é oferecido a todas as pessoas, possibilitando-lhes o adequado aprendizado visando ao seu pleno desenvolvimento, seu preparo para o exercício da cidadania e sua qualificação para o trabalho, conforme previsão do artigo 205 da Lei Maior.

A Constituição garantiu às pessoas com deficiência, ainda, o direito à acessibilidade, indispensável para o exercício de quase todos os outros direitos fundamentais. Determinou a Constituição, em seu artigo 227, §2º, que, nos termos da lei, a construção de todos os logradouros e edifícios de uso público, bem como a fabricação dos veículos de transporte coletivo, deveriam observar as normas de acessibilidade a fim de garantir sua utilização pelas pessoas com deficiência. Em relação aos logradouros, edifícios de uso público e veículos de transporte coletivo já existentes, determinou a Constituição sua adaptação nos termos da lei, conforme artigo 244 da Lei Maior. O meio ambiente urbano, assim, deverá ser acessível às pessoas com deficiência, propiciando seu acolhimento e participação na vida social, da mesma forma que as outras pessoas têm a possibilidade de participar. Sem acessibilidade, fica inviabilizada, ou seriamente restringida, boa parte dos demais direitos fundamentais das pessoas com deficiência, como o direito à saúde, à educação, ao lazer, ao trabalho, à locomoção, entre outros. A garantia de acessibilidade, assim, é indispensável para o exercício dos direitos fundamentais das pessoas com deficiência, sendo medida de efetivação da igualdade material, bem como propiciando o gozo de suas liberdades.

4.1 A Convenção da ONU sobre os direitos das pessoas com deficiência

No ano de 2008, o Brasil subscreveu e internalizou a Convenção sobre os Direitos das Pessoas com Deficiência da ONU. No entanto, não foi apenas a assinatura e internalização de um instrumento internacional de direitos humanos, mas foi dado um passo muito maior na direção da efetiva garantia dos direitos fundamentais das pessoas com deficiência. Isso porque referida Convenção foi internalizada em nosso ordenamento jurídico na forma prevista no artigo 5º, §3º, da Constituição Federal, ou seja, mediante aprovação nas duas Casas do Congresso Nacional, em dois turnos, por três quintos dos votos dos seus respectivos membros. Dessa forma, a Convenção sobre os Direitos das Pessoas com Deficiência da ONU foi internalizada no direito brasileiro com equivalência de emenda à Constituição; a Constituição Brasileira, assim, foi formalmente alterada, incorporando a Convenção.

Como parte de nossa Constituição, a Convenção passou a gozar da mais alta hierarquia entre as normas do ordenamento jurídico brasileiro e, dessa forma, houve a revogação de todo o direito anterior com ela incompatível, bem como implica que todo o direito a ser produzido posteriormente, assim como toda a ação estatal, deverá levar em conta as suas disposições, sob pena de ferir a própria Constituição.

O sistema de proteção aos direitos das pessoas com deficiência ganhou importantíssimo reforço, consistente nas normas, de equivalência constitucional, da Convenção sobre os Direitos das Pessoas com Deficiência da ONU. Os direitos fundamentais das pessoas com deficiência foram incrementados; a proteção à sua dignidade foi potencializada, conferindo o ordenamento constitucional brasileiro mais direitos a esse grupo de pessoas como forma de implementação da igualdade material, caminhando em direção à sua inclusão.

A Convenção, além de trazer para o direito brasileiro um novo conceito de pessoas com deficiência, conceito este de caráter social, que entende a deficiência como algo presente na sociedade, e não nas pessoas, bem como reforça a ideia de igualdade, porque não basta ter uma deficiência, mas ela deve ser conjugada com uma dificuldade de inclusão, decorrente de barreiras sociais e ambientais, especificou e delineou um novo sistema de proteção às pessoas com deficiência com maior amplitude.

Passou-se a entender pessoas com deficiência como sendo aquelas que têm impedimentos de longo prazo, de natureza física, mental, intelectual ou sensorial, os quais, em interação com diversas barreiras, podem obstruir sua participação plena e efetiva na sociedade em igualdade de condições para com as demais pessoas (artigo 1 da Convenção).

A alteração do conceito, de um parâmetro unicamente médico, que considerava pessoas com deficiência aqueles que fossem acometidos por um rol determinado de enfermidades, para um parâmetro social, que permite que todas as pessoas com impedimentos médicos de longo prazo possam ser consideradas pessoas com deficiência, desde que, da interação desses impedimentos com as diversas barreiras ambientais e sociais, resulte uma desigualdade de oportunidades de inclusão, aumentou significativamente a proteção do grupo vulnerável, já que permite que qualquer pessoa com impedimento de longo prazo possa, em tese, ser qualificada como pessoa com deficiência, desde que presentes os demais requisitos; anteriormente à Convenção, se a pessoa não se enquadrasse nas situações médicas definidas pelo Poder Público como ensejadoras da deficiência estaria excluída, já *a priori*, da proteção que o ordenamento jurídico confere ao grupo vulnerável.

A deficiência, de acordo com os critérios da Convenção, não está nas pessoas, que são simplesmente parte da diversidade humana, mas na sociedade, que não está adequadamente preparada para acolhê-las.

Assim, a partir da Convenção, fazem jus à proteção destinada às pessoas com deficiência todas aquelas que se enquadrem no novo conceito, sendo de rigor que o Poder Público, em todas as suas esferas, leve em consideração essa nova situação. O grupo vulnerável conta com nova configuração.

A Convenção, além do novo conceito, traz o reconhecimento de diversos direitos às pessoas com deficiência, muitos deles que já constavam da Constituição Brasileira, ainda que implicitamente (deduzidos da conjugação dos direitos fundamentais a todos garantidos com a necessidade de observância da igualdade material), fixando um novo patamar de proteção aos direitos desse grupo vulnerável, com vistas à sua inclusão. Mesmo em relação aos direitos fundamentais que já contavam da Constituição Brasileira, expressa ou implicitamente, a Convenção tem importante papel, já que detalha e especifica os direitos fundamentais das pessoas com deficiência, trazendo maior segurança e clareza na sua efetivação.

Dessa forma, a Convenção adiciona à Constituição Brasileira a especificação de uma série de direitos fundamentais destinados às pessoas com deficiência, sejam eles tidos como direitos de liberdade, como o direito à vida (artigo 10 da Convenção), direito de acesso à justiça (artigo 13), direito à liberdade e à segurança (artigo 14), direito à integridade (artigo 17), direito à liberdade de movimentação e à nacionalidade (artigo 18), direito à vida independente e inclusão na comunidade (artigo 19), direito à mobilidade pessoal (artigo 20), direito à liberdade de expressão, de opinião e de acesso à informação (artigo 21), direito à privacidade (artigo 22), direitos de participação na política e na vida pública (artigo 29), sejam eles direitos sociais, de igualdade, como o direito à educação (artigo 24 da Convenção), direito à saúde (artigo 25), direito à habilitação e à reabilitação (artigo 26), direito ao trabalho e ao emprego (artigo 27), direito à proteção social (artigo 28), direito à cultura, esporte e lazer (artigo 30).

A Convenção, ainda, especifica outro direito fundamental das pessoas com deficiência, já constante da Constituição Brasileira desde 1988 e que é indispensável ao exercício de praticamente todos os outros direitos fundamentais pelo grupo vulnerável: o direito à acessibilidade (artigo 9 da Convenção).

A especificação e garantia de tais direitos pela Convenção (e, consequentemente, pela Constituição Brasileira, já que tais normas foram internalizadas com equivalência de emenda constitucional, como visto acima) implicam no dever do Estado de agir de maneira e efetivar tais direitos; a Constituição não contém meros aconselhamentos ou sugestões, mas contém normas jurídicas de observância obrigatória pela sociedade e pelo Estado.

Se há normas de caráter programático, com eficácia limitada,[3] ou seja, que somente produzirão a integridade de seus efeitos jurídicos após integração por normas infraconstitucionais, mesmo essas normas já produzem efeitos na maior medida possível, implicando na impossibilidade de que o Poder Público se comporte de forma contrária à efetivação desses direitos, bem como na revogação de toda a legislação anterior que seja incompatível com as disposições da Convenção.

Assim, as pessoas com deficiência, desde 1988, já contavam com um sistema especial de proteção de seus direitos fundamentais, com algumas normas expressas na Constituição destinadas especificamente ao grupo vulnerável, bem como mediante a adequada interpretação e aplicação dos direitos fundamentais a todos reconhecidos com vistas à efetivação da igualdade, em seu aspecto material, o que implica em um modo diferenciado de seu exercício, já que cabe ao ordenamento jurídico fazer com que aqueles que estão em situações diferentes tenham tratamentos diferenciados para eliminar, ou ao menos minimizar, as desvantagens que existem em desfavor dos grupos vulneráveis. Dessa forma, podemos dizer que os direitos individuais, políticos e de nacionalidade, assim como os direitos sociais, conferidos pela Constituição a todas as pessoas, no que toca às pessoas com deficiência, já contavam com uma especial configuração, tendo em vista a necessidade da conformação do exercício e da efetivação de tais direitos pelo princípio da igualdade, em seu aspecto material. Dizendo de outra forma, as pessoas com deficiência tinham exatamente os mesmos direitos que as outras pessoas, como a liberdade de expressão, a liberdade de opinião, a liberdade religiosa, o direito à intimidade e à privacidade, direito à saúde, direito à educação, direito à moradia, proteção ao trabalho e emprego, direito à previdência social, mas, em face das dificuldades que a própria sociedade lhes impunha, mediante diversas barreiras, esses direitos já deveriam ser efetivados de forma a propiciar às pessoas com deficiência as mesmas oportunidades que têm as demais pessoas, ou seja, deveria o ordenamento jurídico, considerando as desigualdades existentes, possibilitar sua efetivação de maneiras diferentes. Por outro lado, já tratou a Constituição de diretamente estabelecer alguns direitos adicionais às pessoas com deficiência para efetivar a igualdade material e a dignidade humana, complementando o rol dos direitos fundamentais dessas pessoas.

Em 2008, foi dado outro passo na direção da inclusão das pessoas com deficiência e da efetivação de seus direitos fundamentais, com a internalização, com equivalência de emenda constitucional, da Convenção sobre os Direitos das Pessoas com Deficiência da ONU. Tal Convenção, além de trazer um novo conceito, social, de pessoas com deficiência, especificou uma série de direitos fundamentais das pessoas com deficiência, estabelecendo um sistema constitucional dirigido a esse grupo vulnerável. A hierarquia constitucional da Convenção da ONU implica no reconhecimento de que todo o direito infraconstitucional anterior incompatível com a Convenção deva ser tido como revogado, assim como que todo o direito a ser produzido deverá necessariamente observar os seus

---

[3] Cf. SILVA, José Afonso da. *Aplicabilidade das Normas Constitucionais*. 8. ed. São Paulo: Malheiros, 2012.

preceitos. Deverá o Estado agir de forma a implementar o disposto na Convenção (e, consequentemente, na Constituição Brasileira), não sendo uma opção do Poder Público cumprir ou não as suas normas, que não são meros conselhos ou sugestões, mas normas jurídicas, que, ainda quando ditadas sob a forma de comandos programáticos, alguns efeitos já produzem, dentre eles, a direção da atuação estatal no mesmo sentido dessas normas.

Esse um panorama do sistema de proteção dos direitos fundamentais sob o prisma das pessoas com deficiência na Constituição Brasileira.

5 Lei Brasileira de Inclusão das Pessoas com Deficiência

Garantindo a Constituição uma série de direitos fundamentais às pessoas com deficiência, cabe ao Estado dar efetividade a esses direitos, possibilitar o seu exercício pelos integrantes desse grupo vulnerável, que são os seus titulares. Dessa forma, mormente nos casos de direitos fundamentais garantidos em normas programáticos, cabe ao legislador promover a integração das normas constitucionais de forma a tornar exercitáveis, em sua plenitude, referidos direitos.

Nessa esteira, em julho de 2015 foi editada a Lei nº 13.146/2015, denominada Lei Brasileira de Inclusão das Pessoas com Deficiência (Estatuto da Pessoa com Deficiência). Referida lei, além de trazer para o nível infraconstitucional a definição de pessoas com deficiência já contida na Constituição, integrada pela Convenção da ONU (o que seria até dispensável em face da necessidade de observância do disposto na Convenção e, no caso da definição de pessoas com deficiência, em norma de eficácia plena), procurou detalhar e dar concretude aos direitos fundamentais consagrados na Constituição, com a configuração que lhe deu a Convenção.

O Estatuto da Pessoa com Deficiência, de fato, em seu Título II, denominado de "Dos Direitos Fundamentais", estabelece, em nível infraconstitucional, os elementos necessários a dar concretude aos comandos contidos na Convenção, possibilitando o efetivo exercício dos direitos fundamentais que foram deferidos às pessoas com deficiência. Há disposições relativas ao direito à vida (artigos 10 a 13 do Estatuto), ao direito à habilitação e reabilitação (artigos 14 a 17), ao direito à saúde (artigos 18 a 26), ao direito à educação (artigos 27 a 30), ao direito à moradia (artigos 31 a 33), ao direito ao trabalho (artigos 34 a 38), ao direito à assistência social (artigos 39 e 40), ao direito à previdência social (artigo 41), aos direitos à cultura, esporte, turismo e lazer (artigos 42 a 45) e ao direito ao transporte e à mobilidade (artigos 46 a 52).

O Título III do Estatuto da Pessoa com Deficiência traz disposições relativas à acessibilidade, garantindo ainda os direitos de acesso à informação e comunicação (artigos 63 a 73) e à participação na vida pública e política (artigo 76).

Note-se que os direitos trazidos pelo Estatuto das Pessoas com Deficiência são apenas especificações, detalhamentos, daquilo que já estava previsto em nível constitucional, principalmente desde a internalização da Convenção da ONU, e que o Estado já tinha o dever de garantir. A conformação legal desses direitos fundamentais tem por escopo possibilitar e facilitar o seu exercício pelas pessoas com deficiência, não tendo havido, outrossim, nenhuma surpresa ou novidade ao jurista atento à Constituição e às disposições trazidas ao ordenamento jurídico brasileiro pela Convenção da ONU.

Temos, assim, que a Constituição, na forma alterada pela Convenção da ONU, garante às pessoas com deficiência uma série de direitos fundamentais específicos, considerando a situação de desvantagem que esse grupo de pessoas se encontra em relação às demais em face da incapacidade da sociedade de acolher adequadamente aquelas pessoas e conferir-lhes as mesmas oportunidades que são conferidas às demais pessoas. Esses direitos, para serem exercidos em sua plenitude, muitas vezes necessitam de uma intervenção do legislador infraconstitucional, que vem lhes dar concretude.

Para implementar efetivamente os direitos garantidos pela Convenção da ONU às pessoas com deficiência, foi editado o Estatuto da Pessoa com Deficiência, que, se não traz nenhuma surpresa ou novidade, traz concretude aos direitos fundamentais de que são titulares as pessoas com deficiência, possibilitando o seu exercício.

6 Conclusão

Os direitos fundamentais destinam-se a proteger a dignidade humana em todas as suas dimensões. Esses direitos, frutos de um processo histórico de reconhecimento e positivação, atribuem às pessoas liberdades em face do Estado, bem como direito a um mínimo material para que possam efetivamente viver com dignidade, além de regularem as relações entre as pessoas para que não haja a subjugação em razão do exercício do poder econômico, especialmente nas relações comerciais e de trabalho. Também é objeto do sistema de direitos fundamentais a preservação da própria espécie humana, especialmente no que toca aos direitos ditos de terceira geração. Ora são exigidas abstenções estatais, ora são necessárias atuações positivas do Poder Público para a implementação desses direitos fundamentais.

Os direitos fundamentais, entretanto, somente podem ser entendidos na perspectiva da efetivação da igualdade material, ou seja, como forma de oferecer a todas as pessoas as mesmas oportunidades de inclusão social e de desenvolvimento social. A igualdade, outrossim, pressupõe o reconhecimento da diferença, pressupõe que se reconheça que as pessoas em situações diferentes devem receber um tratamento diferenciado, de forma a eliminar ou minimizar as desvantagens eventualmente presentes.

Reconhecendo nas pessoas com deficiência um grupo vulnerável, a Constituição Brasileira estabeleceu para esse grupo de pessoas um tratamento jurídico diferenciado, conferindo-lhes direitos além daqueles já conferidos às demais pessoas, como forma de possibilitar a efetiva inclusão das pessoas com deficiência na sociedade, em igualdade de oportunidades para com as demais pessoas.

Em 2008, foi internalizada no ordenamento jurídico brasileiro, com equivalência constitucional (na forma do artigo 5º, §3º, da Constituição), a Convenção sobre os Direitos das Pessoas com Deficiência da ONU, que trouxe ao direito brasileiro uma nova definição de pessoas com deficiência, de caráter social, bem como especificou e reconheceu uma série de direitos fundamentais às pessoas com deficiência. A hierarquia constitucional das normas da Convenção trouxe como consequência a revogação de todo o direito anterior incompatível com tais normas, bem como a necessidade de que todo o direito a ser produzido o seja levando em consideração as normas da Convenção, que passam a condicionar a interpretação de todo o direito pátrio. O Poder Público, desde a internalização da Convenção, em todas as suas esferas, tem o dever de se comportar de forma compatível com suas normas.

Dando concretude aos direitos fundamentais constantes da Constituição Brasileira, integrada pela Convenção da ONU, foi editada a Lei nº 13.146, de 06 de julho de 2015, denominada de Lei Brasileira de Inclusão das Pessoas com Deficiência (Estatuto da Pessoa com Deficiência). Tal lei destina-se a possibilitar o exercício adequado dos direitos fundamentais pelas pessoas com deficiência, propiciando sua efetiva inclusão na sociedade, minimizando ou eliminando barreiras, e garantindo às pessoas com deficiência a preservação de sua dignidade, atendendo aos comandos constitucionais. Ao Poder Público compete, outrossim, tornar efetivos os ditames da Constituição, acrescida pela Convenção da ONU e pelo Estatuto, propiciando às pessoas com deficiência as mesmas oportunidades de participação plena e efetiva na sociedade que são propiciadas às demais pessoas.

Referências

ARAUJO, Luiz Alberto David. *A proteção constitucional das pessoas com deficiência*. 4. ed. Brasília: Corde, 2011.

ARAUJO, Luiz Alberto David. *Barrados*. Pessoas com deficiência sem acessibilidade: como, o que e de quem cobrar. Petrópolis: KBR, 2011.

ARAUJO, Luiz Alberto David; MAIA, Maurício. O novo conceito de Pessoa com Deficiência e a aplicação da Convenção da ONU sobre os Direitos da Pessoa com Deficiência pelo Poder Judiciário no Brasil. *Revista Inclusiones*, v. 2, n. 3, jul./set. 2015, p. 09-17.

BANDEIRA DE MELLO, Celso Antônio. *O Conteúdo Jurídico do Princípio da Igualdade*. 3ª edição, 20ª tiragem. São Paulo: Malheiros Editores, 2011.

BOBBIO, Norberto. *A Era dos Direitos*. Rio de Janeiro: Elsevier, 2004.

DIAS, Joelson *et al.* (Coord.). *Novos comentários à convenção sobre os direitos das pessoas com deficiência*. 3. ed. rev. atual. Brasília: Secretaria Nacional de Promoção dos Direitos da Pessoa com Deficiência – SNPD, 2014.

NUNES JÚNIOR, Vidal Serrano. *A Cidadania Social na Constituição de 1988*: estratégias de positivação e exigibilidade judicial dos direitos sociais. São Paulo: Verbatim, 2009.

SARLET, Ingo Wolfgang. *Dignidade da pessoa humana e direitos fundamentais na Constituição Federal de 1988*. 9. ed. Porto Alegre: Livraria do Advogado, 2012.

SILVA, José Afonso da. *Aplicabilidade das Normas Constitucionais*. 8. ed. São Paulo: Malheiros, 2012.

Informação bibliográfica deste texto, conforme a NBR 6023:2002 da Associação Brasileira de Normas Técnicas (ABNT):

ARAUJO, Luiz Alberto David; MAIA, Maurício. Pessoas com deficiência e efetivação dos direitos fundamentais. In: LEITE, George Salomão; LEITE, Glauco Salomão; STRECK, Lenio Luiz (Coord.). *Jurisdição constitucional e liberdades públicas*. Belo Horizonte: Fórum, 2017. p. 339-350. ISBN 978-85-450-0237-6.

LIBERDADE INDIVIDUAL, DIREITO À DIVERSIDADE E CASAMENTO IGUALITÁRIO

GLAUCO SALOMÃO LEITE

RENATA DE LIMA PEREIRA

> *O que torna "pública" uma liberdade, seja qual for seu objeto, é a intervenção do poder para reconhecê-la e regulamentá-la. Essa intervenção dá à liberdade a consagração de direito positivo. As liberdades públicas são poderes de autodeterminação consagrados pelo direito positivo.*
>
> (RIVERO, Jean; MOUTOUH, Hugues. *Liberdades Públicas*. São Paulo: Martins Fontes, 2006, p. 10)

1 Introdução

Na segunda metade do século XX, desenvolveu-se um novo ciclo constitucional na Europa continental, afastando-se de uma longa tradição jurídico-política centrada no mito da infalibilidade da lei e dos códigos. Não sem razão, as atrocidades praticadas nessa quadra da história, sobretudo em desfavor de minorias étnicas, religiosas ou políticas, foi um dos fatores determinantes para a renovação democrática nesses países, culminando com a promulgação de textos constitucionais impregnados pelo discurso dos direitos fundamentais e vinculados à dignidade humana como vetor axiológico. No entanto, percebeu-se de logo que a mera positivação de direitos fundamentais nos textos jurídicos não seria suficiente para assegurar a sua efetiva proteção contra o arbítrio estatal. Com isso, um dos reflexos institucionais desse constitucionalismo contemporâneo foi a expansão da jurisdição constitucional, notadamente pelos Tribunais Constitucionais.[1]

---

[1] FAVOREU, Louis. *Los Tribunales constitucionales*. Barcelona: Ariel, 1994; GARCÍA DE ENTERRÍA, Eduardo. *La Constitución como norma y el Tribunal constitucional*. 3. ed. Madrid: Civitas, 1994; KELSEN, Hans. *Jurisdição*

Nos países da América Latina, também se constataram processos redemocratizantes com a derrocada das ditaduras militares que assolaram seus sistemas políticos. Nesse sentido, a Constituição Brasileira de 1988 figura como importante documento jurídico-político, fruto de intensas lutas sociais pelo resgate dos valores democráticos e da cidadania após cerca de vinte anos sob a égide de um ilegítimo regime de força. Em tal ambiente, projetou-se a jurisdição constitucional como um relevante espaço público de reivindicação por direitos, especialmente por parte de minorias, compreendida tal expressão como categorias que apresentam traços de vulnerabilidade.

Em sendo assim, a compreensão do modelo de democracia constitucional pressupõe o reconhecimento de que a vontade das maiorias nem sempre é legítima, atenuando, portanto, o rigor do princípio majoritário. A vinculação do legislador democrático às normas constitucionais implica que as decisões políticas tomadas pelas maiorias ocasionais devem respeitar os direitos fundamentais, enquanto limites substantivos à vontade político-majoritária. De outra banda, a jurisdição constitucional revela seu viés contramajoritário através, sobretudo, do exercício da *judicial review*.

É sob tal perspectiva que se aborda a proteção jurídico-constitucional dos casais homoafetivos, a partir da extensão, pelo Supremo Tribunal Federal (STF), do conceito de entidade familiar para além do modelo familiar tradicional fundado no casamento civil e união estável entre homem e mulher, provocando, com isso, uma revisão de relevantes institutos do direito de família. A atuação do STF na proteção dos direitos desses casais assume um caráter emblemático e bem demonstra as potencialidades da jurisdição constitucional na ausência de proteção adequada pelas instâncias tradicionais de representação política.

2 O tratamento doutrinário: da família às famílias

Fatores culturais e religiosos os mais diversos contribuíram para uma visão estigmatizante e preconceituosa em relação aos casais homoafetivos.[2] Após anos de discriminação institucionalizada em diversos países, apenas em 1991, a Anistia Internacional considerou violação dos direitos humanos a proibição da homossexualidade. Diante disso, não se pode deixar de observar que questões relacionadas à sexualidade dos indivíduos envolvem controvérsias polêmicas, sobretudo quando a opção de alguém destoa da maioria de seu grupo social. Diante de uma série de resistências na compreensão adequada sobre as problemáticas acerca da orientação sexual e gênero, o debate jurídico em torno do casamento igualitário é, muitas vezes, permeado por múltiplas perspectivas que não representam princípios de razão pública,[3] já que expressam pontos de vista particularistas.

---

constitucional. São Paulo: Martins Fontes, 2003; FERNANDEZ SEGADO, Francisco. *La justicia constitucional ante el siglo XXI*: la progresiva convergencia de los sistemas americano y europeu-kelseniano. México: Universidad Nacional Autónoma de México, 2004; MORAIS, Carlos Blanco de. *Justiça constitucional*: garantia da Constituição e controlo de constitucionalidade. v. 1. Coimbra: Coimbra Editora, 2002.

[2] GIORGIS, José Carlos Teixeira. A relação homoerótica e a partilha de bens. *Revista brasileira de direito de família*, Porto Alegre, n. 9, p. 141, abr./jun 2001.

[3] Sobre princípios de razão pública, cf. RAWLS, John. *O liberalismo político*. Tradução Álvaro de Vitta. São Paulo: Martins Fontes, 2011, p. 250 *et seq.*

Sem olvidar tais peculiaridades, constata-se que, no debate jurídico nacional, o preceito constitucional que tem suscitado considerável polêmica (o art. 226 e seus §§3º e 4º, CF) é tema assaz discutido no âmbito do direito civil constitucional desde os primeiros momentos da promulgação da atual Carta. Diante da dinâmica que caracteriza as relações familiares em seus diversos arranjos, convém ressaltar que, "na situação de direito de família, é inegável que a ciência jurídica é retardatária em relação aos fatos e lerda em sua construção, indo a reboque dos acontecimentos".[4] Disso se extrai a premissa de que a família é um dos institutos que mais tem passado por modificações durante os tempos em razão de influxos econômicos, culturais e sociais.

Tem-se apontando que o Constituinte de 1988 foi bastante feliz ao tratar do casamento e da união estável (até mesmo da família monoparental) como entidades familiares. Abandonou, portanto, a ideia já ultrapassada da família como apenas aquela oriunda exclusivamente do casamento.[5] Constata-se, então, que, dentre as entidades familiares constitucionalizadas, o traço que as acompanha é o da afetividade, razão pela qual tal elemento subjetivo tem sido invocado para embasar a pretensão de reconhecimento de outras junções familiares.

Nesse sentido, a legislação pátria deixou margem a interpretações diversas, possibilitando-se que fossem vislumbrados na Constituição três preceitos, a partir dos quais se chegaria ao reconhecimento de entidades familiares não referidas explicitamente no texto constitucional. São eles:

a) Art. 226, *caput*: A *família*, base da sociedade, tem especial proteção do Estado;
b) Art. 226, §4º: *Entende-se, também, como entidade familiar*, a comunidade formada de qualquer dos pais e seus descendentes;
c) Art. 226, §8º: O Estado assegurará a assistência *à família, na pessoa de cada um dos que a integram*, criando mecanismos para coibir a violência, no âmbito de suas relações.[6]

Tais enunciados fundamentam as denominadas *normas constitucionais de inclusão*, pois, ao menos em tese, poderia o Constituinte ter previsto expressamente quais tipos de família pretendia tutelar e, se assim não fez de maneira clara, segue o argumento, é porque não buscou proteger determinadas entidades familiares em detrimento de outras. Dessa maneira, o direito à igualdade emerge como importante vetor para a ampliação da rede de proteção jurídica aos casais homoafetivos. Tal direito, amplamente acolhido por vários sistemas jurídicos, traduz uma autêntica condição de possibilidade para as democracias constitucionais. É verdade que ele encerra um conceito dinâmico, cujo significado pode variar de uma ordem estatal para outra ou ao longo do tempo, na medida em que se alteram os contextos socioculturais e as pré-compreensões a seu respeito.[7] Todavia, entende-se que, em termos gerais, o postulado da isonomia exige

---

[4] GIORGIS, José Carlos Teixeira. A relação homoerótica e a partilha de bens. *Revista de Direito de Família*, n. 9, p. 138, abr./jun. 2001.
[5] NÉRY, Rosa Maria de Andrade; VIANA, Rui Geraldo Camargo (Org.). *Temas atuais de Direito Civil na Constituição Federal*. São Paulo: Revista dos Tribunais, 2000, p. 189.
[6] LÔBO, Paulo Luiz Netto. Entidades familiares constitucionalizadas: para além do *numerus clausus*. *Revista de direito de família*, Porto Alegre, n. 12, p. 44-45, jan./mar. 2002.
[7] SANTOS, Boaventura de Souza. Uma concepção multicultural de direitos humanos. *Lua Nova – Revista de Cultura e Política*, n. 39, p. 111 *et seq.*, 1997.

que todas as pessoas sejam tratadas com igual respeito e consideração, evitando-se discriminações caprichosas, injustificadas ou desarrazoadas.[8] Se a isonomia constitui um direito fundamental, o não reconhecimento de uma família em razão da orientação sexual dos que a compõem revela a discriminação arbitrária sobre esse arranjo afetivo.

Além disso, costuma-se destacar o direito à intimidade e à vida privada como outro parâmetro normativo a favor dos casais homoafetivos, haja vista que esses direitos se destinam a resguardar a privacidade em seus múltiplos aspectos: pessoais, familiares e negociais. Em outros termos, a privacidade consiste essencialmente na possibilidade de cada um conduzir seu projeto de vida com o mínimo de ingerências.[9] A partir daí, tem-se a liberalidade de se decidir se outros participam ou não desse âmbito existencial. Desse modo, faltaria legitimidade ao Estado para predeterminar os arranjos familiares merecedores de proteção jurídica, devendo prevalecer a liberdade individual para decidir sobre assuntos privados.

Com apoio nesses fundamentos e diante dos obstáculos para a realização do casamento civil, a doutrina brasileira começou a incluir os relacionamentos homoafetivos no âmbito da união estável para situá-los no conceito de entidade familiar, desde que, por certo, tais vínculos apresentassem as características exigidas para a configuração dessa modalidade de família.[10] A ênfase, portanto, dessa linha de argumentação recai sobre os princípios da dignidade da pessoa humana, da igualdade substancial, da não discriminação (especialmente por orientação sexual) e do pluralismo familiar.[11]

O reconhecimento das denominadas uniões homoafetivas tem encontrado respaldo nas tendências do direito de família, que tem deslocado o exacerbado conservadorismo da celebração familiar para a livre manifestação do afeto.[12] Em outras palavras, considerando que a prole ou a capacidade procriativa não são essenciais para a convivência de duas pessoas merecerem adequada proteção jurídica, descabe deixar fora do conceito de família as relações homoafetivas. Existindo os outros requisitos de vida em comum (coabitação, laços afetivos, divisão de despesas), é de se concederem os mesmos direitos (e deveres) deferidos às ligações heterossexuais que tenham iguais características, usando-se, inclusive, da analogia, conforme o art. 4º da LINDB.[13]

Com os fundamentos já indicados, a linha mais coerente que o atual direito das famílias tem adotado aponta para a valorização das uniões de indivíduos, sejam elas de sexo idêntico ou diferente, nas quais o elemento de destaque é o da comunhão de vida e de afeto, voltada para o desenvolvimento da personalidade através de vínculos afetivos duradouros, sem estar atrelado às ligações formais ou a finalidades reprodutivas.

---

[8] Cf. CANOTILHO, J. J. Gomes. *Direito Constitucional e Teoria da Constituição*. 7. ed. Coimbra: Almedina, 2003, p. 426 *et seq.*; MELLO, Celso Antônio Bandeira de. *O conteúdo jurídico do princípio da igualdade*. 3. ed. São Paulo: Malheiros, 2005, p. 16 *et seq.*

[9] SZANIAWSKI, Elimar. *Direitos da personalidade e sua tutela*. 2. ed. São Paulo: RT, 2005, p. 289; BITTAR, Carlos Alberto. *Os direitos da personalidade*. 7. ed. Rio de Janeiro: Forense Universitária, 2004, p. 110.

[10] OLIVEIRA, Adriane Stoll. *União homossexual, família e proteção constitucional*. Disponível em: <http://www.ibdfam. com.br>. Acesso em: 24 jun. 2015.

[11] FARIAS, Cristiano Chaves de. *Os alimentos nas uniões homoafetivas*: uma questão de respeito à Constituição. Disponível em: <http://www.ibdfam.org.br>. Acesso em: 17 jun. 15.

[12] SIMÃO, Rosana Barbosa Cipriano. *Direitos humanos e orientação sexual*: a efetividade do princípio da dignidade. Disponível em: <http://www.amperj.org.br>. Acesso em: 17 jul. 15.

[13] DIAS, Maria Berenice. *Uniões homoafetivas*: uma realidade que o Brasil insiste em não haver. Disponível em: <http://mariaberenicedias.com.br>. Acesso em 20 ago. 2015.

Se houver um relacionamento com fatores como vida em comum, coabitação e laços afetivos, caracterizada está uma entidade familiar, que não deve ser excluída da proteção constitucional em razão da orientação sexual de seus integrantes.[14]

3 Déficit de representação política e o Supremo Tribunal Federal como voz das minorias: a importância do julgamento da ADPF nº 132 e da ADI nº 4.277

Como é de conhecimento público, não faltaram projetos de lei no Congresso Nacional buscando reconhecer as relações homoafetivas como entidades familiares. Todavia, como se costuma ocorrer com temas de elevada voltagem política, moral e social, muitas vezes convém ao parlamento postergar sua decisão em razão do custo (eleitoral) que o enfrentamento desse tema poderia lhe trazer. Somado a isso, o acesso facilitado à jurisdição constitucional por diversas entidades e grupos sociais aparece como importante impulso à judicialização dessas controvérsias. Isso não significa o fechamento dos tradicionais procedimentos democráticos para canalizar e filtrar as reivindicações desses atores sociais. A rigor, enxerga-se o Poder Judiciário como mais uma oportunidade de realização de seus pleitos, especialmente quando eles não são atendidos pelos órgãos majoritários.[15]

Nessa perspectiva, a controvérsia em questão chegou ao STF e foi apreciada em maio de 2011 tanto na ADPF nº 132 quanto na ADI nº 4.277, ambas sob a relatoria do Min. Carlos Britto. Os votos dos demais ministros que o acompanharam apresentaram algumas variações argumentativas, mas sem destoar dos aspectos centrais da posição do relator.

Após tecer considerações sobre a etimologia do termo "homoafetividade", destacando cuidar-se do vínculo de afeto e solidariedade entre pessoas do mesmo sexo, observou o Min. Carlos Britto que um dos objetivos fundamentais da República Federativa do Brasil é o de promover o bem de todos, sem preconceitos de origem, raça, cor, sexo, idade e quaisquer outras formas de discriminação (art. 3º, IV, da CF). No caso da união estável homoafetiva, esse vetor constitucional implicaria uma autêntica vedação a qualquer forma de discriminação baseada no sexo das pessoas. Não se está a afirmar que toda modalidade de desequiparação entre as pessoas seja uma violação à isonomia. Porém, salvo expressa disposição constitucional em contrário, é ilegítimo qualquer tratamento "desigualitário sem causa", na expressão do Ministro Carlos Britto.

O objetivo explicitado na Constituição em se promover o "bem de todos" foi visto em sintonia com o preâmbulo constitucional, que expressa a intenção da Assembleia Constituinte em instituir um Estado Democrático baseado nos valores de uma sociedade "fraterna, pluralista e sem preconceitos". Com apoio nesses elementos colhidos no texto constitucional, o Min. Carlos Britto defendeu a ideia de um "constitucionalismo fraternal", destinado à "integração comunitária das pessoas".[16]

---

[14] OLIVEIRA, Adriane Stoll. *União homossexual, família e proteção constitucional*. Disponível em: <http://www.ibdfam.org.br>. Acesso em: 30 ago. 2015.

[15] TATE, C. Neal. Why the expansion of Judicial Power? In: VALLINDER, Torbjörn; TATE, C. Neal (Eds.). *The global expansion of judicial power*. New York: New York University Press, 1995, p. 30.

[16] STF – ADI nº 4.277/DF, rel. Min. Ayres Britto, *DJ* 05.05.2011.

Além disso, sustentou que o texto constitucional em nenhum momento predeterminou o uso da sexualidade das pessoas, ou seja, que não existe uma regra que estabeleça o uso concreto da sexualidade. Constatou-se, portanto, um silêncio constitucional que fundamenta a liberdade sexual como direito individual. Esse direito guarda estreita relação com a própria dignidade humana, na medida em que as preferências sexuais constituem importante fator de afirmação e autoestima pessoais. Logo, se as pessoas de preferência heterossexual apenas se realizam heterossexualmente, os homoafetivos apenas se realizam e são felizes homoafetivamente. É uma escolha individual, baseada na autonomia da vontade e no direito à intimidade, que têm aplicação imediata.

Nessa linha de pensamento, não apenas se reconheceu a vedação a práticas discriminatórias entre homens e mulheres, mas também em razão das preferências sexuais de cada um. Ao contrário, o que existe, segundo o Min. Carlos Britto, é "o direito da mulher a tratamento igualitário com os homens, assim como o direito dos homoafetivos a tratamento isonômico com os heteroafetivos".

Firmadas as premissas que dão sustentáculo à igualdade de gênero, à liberdade sexual, à autonomia da vontade e à intimidade, o Min. Carlos Britto buscou projetar esses argumentos para a seara do direito de família. Aqui, entendeu que a Constituição de 1988 rompeu com o modelo formal e patriarcal de família. Ao reconhecer a família como "base da sociedade", não lhe emprestou nenhum significado ortodoxo ou de técnica jurídica. Para ele, cuida-se de um conceito cultural, pouco importando se formal ou informalmente constituída, ou se composta por casais heterossexuais ou por pessoas homoafetivas. Dessa maneira, o Min. Carlos Britto conferiu ao termo "família" significado não reducionista, abarcando as entidades familiares constituídas pelo casamento, as famílias monoparentais e as famílias constituídas pela união estável, formada por pessoas do mesmo sexo ou não. Do contrário, ponderou o magistrado, o texto constitucional assumiria um "discurso indisfarçavelmente preconceituoso ou homofóbico".

Em relação ao principal argumento utilizado para não reconhecer a união estável homoafetiva, qual seja, a literalidade do artigo 226, §3º, da Constituição, que expressamente se refere à união entre "homens" e "mulheres", o Min. Carlos Britto sustentou que a referência a ambos os gêneros teve como objetivo deixar clara a natureza familiar da relação informal, em regime de companheirismo, "sem papel passado", entre homem e mulher, por ser a mulher ainda vítima de preconceitos decorrentes de um modelo patriarcal de família. Assim, o preceito constitucional não teria o condão de discriminar os pares homoafetivos, senão o de afastar as discriminações em relação às mulheres não casadas.

Adotando uma linha de entendimento diversa, o Min. Gilmar Mendes observou que o que estava em discussão era "a afirmação do reconhecimento constitucional da união de pessoas do mesmo sexo, como concretização do direito de liberdade – no sentido do exercício de uma liberdade fundamental, de livre desenvolvimento da personalidade jurídica do indivíduo".[17] Como o art. 226, §3º, da Constituição disciplina tão somente a união estável entre homem e mulher, estar-se-ia diante da falta de uma rede de proteção jurídica para os integrantes da união homoafetiva. Assim, considerando a falta de um modelo institucional satisfatório capaz de contemplar aqueles que buscam construir seus

---

[17] STF – ADI nº 4.277/DF, rel. Min. Carlos Britto, *DJ* 05.05.2011.

projetos de vida com parceiros do mesmo gênero, deveria existir um dever de proteção pelo Estado. Ainda na visão do Min. Gilmar Mendes, embora existam regramentos pontuais que reconhecem a união homoafetiva, como se verifica, por exemplo, para fins tributários, previdenciários e no campo das inelegibilidades eleitorais, não se poderia afirmar que há uma proteção legal mais abrangente a favor dessa minoria. Isso significa que caberia ao legislador atuar no sentido de aprovar políticas públicas para suprir tal lacuna. A proteção mais efetiva não se daria por atos administrativos, regulamentos ou outros atos infralegais, mas, sim, por meio de uma legislação includente, voltada para a institucionalização dos direitos básicos dos parceiros homoafetivos. Dessa maneira, o Min. Gilmar Mendes divergiu do Min. Carlos Britto por não equiparar, pura e simplesmente, os regimes jurídicos da união estável heterossexual e homoafetiva. Optou, então, por limitar-se a reconhecer a existência da união estável entre pessoas do mesmo sexo, determinando a aplicação, no que couber, de um modelo de proteção semelhante ao que existe para a união estável entre homem e mulher.

Apesar da divergência, o fato é que a decisão da Corte acabou retirando os casais homoafetivos da clandestinidade jurídica em que se encontravam.

Convém destacar que, nesse caso, a Corte ressaltou que a ausência de uma proteção legal plena decorria da falta de uma lei específica que cuidasse dos direitos dos parceiros homoafetivos. Observou que o Congresso Nacional há vários anos discute o assunto, porém, em razão das polêmicas nessa matéria, ainda não chegou a um consenso. Os obstáculos verificados na arena política fizeram com que casais homoafetivos concebessem o Tribunal como uma instância substituta do sistema político majoritário. Como dito pelo Min. Gilmar Mendes:

> Nas sustentações de ontem, agitou-se o tema da questão do reconhecimento do direito da minoria. Tenho escrito sobre isso, já destaquei em outro momento inclusive como um *ethos* fundamental, básico, da jurisdição constitucional. E, no caso específico, é notório que o que se pede é um modelo mínimo de proteção institucional como instrumento para evitar uma caracterização continuada de discrímen, de discriminação.
> Evidentemente, essa proteção poderia ser feita – ou talvez devesse ser feita – primariamente pelo Congresso Nacional, mas também se destacou da tribuna as dificuldades que ocorrem nesse processo decisório, em razão das múltiplas controvérsias que se lavram na sociedade em relação a esse tema. E aí a dificuldade do modelo representativo, muitas vezes, de atuar, de operar.[18]

Dessa passagem, percebe-se que o Tribunal compreende que a proteção jurídica deveria, de fato, partir do Congresso Nacional, que deveria levar a sério os direitos de uma minoria e editar um diploma legal a seu favor. Entretanto, esse caso está a demonstrar, assim como tem ocorrido em outros lugares do mundo, que as instituições majoritárias nem sempre são as mais habilitadas para promover a devida proteção de minorias. Assim, ao reputar a proteção de minorias um *ethos* da jurisdição constitucional, a Corte acabou assumindo uma postura ativista, substituindo o legislador democrático. No entanto, já que posturas ativistas não são incompatíveis com uma perspectiva dialógica

---

[18] STF – ADI nº 4.277/DF, rel. Min. Ayres Britto, *DJ* 05.05.2011.

da jurisdição constitucional,[19] o Tribunal fez expressa referência a uma atuação do Congresso Nacional. Agindo dessa maneira, a Corte não assumiu o papel de único "porta-voz" da Constituição. Em várias passagens, fez-se alusão à necessidade de intervenção legislativa para disciplinar o regime jurídico da união estável homoafetiva, pois o próprio Tribunal não teria condições de antecipar as várias situações relacionadas a tal matéria. Ao proceder dessa maneira, a Corte promoveu um diálogo institucional, convocando o Poder Legislativo a adimplir seu dever de proteção a um grupo minoritário.

Se, inicialmente, a atuação parlamentar poderia envolver um custo político elevado, com a decisão do Tribunal, o Poder Legislativo se desonera do ônus em inaugurar, perante o eleitorado heterogêneo, uma legislação para regular as uniões homoafetivas. Diante da decisão da Corte, que não depende de respaldo eleitoral, o Poder Legislativo passou a contar com um espaço aberto para exercer sua liberdade de conformação. Como disse o Min. Ayres Brito, "a nossa decisão [...] é um abrir de portas para a comunidade homoafetiva, mas não é um fechar de portas para o Poder Legislativo".[20]

4 Desdobramentos da decisão do Supremo Tribunal Federal

É certo que podem ser endereçadas diversas críticas à decisão do STF, especialmente sob o argumento de que este ultrapassou os limites da interpretação jurídica, não respeitando a semântica dos enunciados constitucionais do art. 226, o que resultaria numa ilegítima assunção da função legislativa. A rigor, poder-se-ia mesmo falar que o STF protagonizou uma reformação constitucional através de interpretação judicial. Por outro lado, é importante considerar os desdobramentos jurídicos de tal decisão.

Como se nota, o debate na Corte girou basicamente em torno da abrangência da união estável enquanto entidade familiar. Aparentemente, o Tribunal não enfrentou a problemática do casamento civil entre pessoas do mesmo sexo. Todavia, se a união estável consubstancia uma relação que pode ser convertida em casamento, logo, reconhecida a união estável homoafetiva, esta poderá igualmente se converter em casamento civil.[21] E mais: sendo possível tal conversão, também é legítimo casamento direto, sem necessidade de, primeiro, constituir uma união estável para, só depois, requerer a realização do casamento. Nessa esteira, o Conselho Nacional de Justiça aprovou a Resolução nº 175, de 14 de maio de 2013, proibindo os cartórios de recusarem o casamento entre pessoas do mesmo sexo ou a conversão da união estável em casamento nos seguintes termos: "Art. 1º: É vedada às autoridades competentes a recusa de habilitação, celebração de casamento civil ou de conversão de união estável em casamento entre pessoas de mesmo sexo".

Dessa maneira, ainda que o próprio Tribunal não tenha deixado claro quais seriam os efeitos jurídicos provenientes da extensão da união estável aos casais homoafetivos, o fato é que, a partir do momento em que tais os pares têm o direito à união estável e ao casamento civil, isso significa estender-lhes os direitos e obrigações decorrentes de tais

---

[19] Sobre o tema, cf. LEITE, Glauco Salomão. *Separação de poderes e ativismo judicial no Supremo Tribunal Federal*: do guardião da Constituição ao diálogo institucional. Tese (Doutorado) – Universidade Federal de Pernammbuco, Recife, 2014.

[20] STF – ADI nº 4.277/DF, rel. Min. Ayres Britto, *DJ* 05.05.2011.

[21] É o que dispõe o art. 1.726 do Código Civil: A união estável poderá converter-se em casamento, mediante pedido dos companheiros ao juiz e assento no Registro Civil.

arranjos familiares, tais como o direito à herança e a alimentos.[22] Seguindo essa diretriz, a 4ª Turma do Superior Tribunal de Justiça (STJ) entendeu que a pensão alimentícia alcança os integrantes de união homoafetiva. Em seu voto, o Min. Luis Felipe Salomão destacou que:

> Em uma entidade familiar, vocacionalmente amorosa, parental e protetora dos respectivos membros, não há como se afastar na relação de pessoas do mesmo sexo a obrigação de assistência do mais vulnerável dos parceiros. Há o dever de cuidar, de proteção, até porque os alimentos consubstanciam o princípio da solidariedade social. Se a união homoafetiva é reconhecidamente uma família, parece despropositado concluir que o elevado instrumento jurídico dos alimentos não alcance os parceiros homoafetivos. (...) Os alimentos não podem ser negados a pretexto de uma preferência sexual diversa.[23]

Coerente com tais premissas, no que tange ao direito à herança, o mesmo STJ de há muito o estende para os casais homoafetivos:

> Comprovada a existência de união afetiva entre pessoas do mesmo sexo, é de se reconhecer o direito do companheiro sobrevivente à meação dos bens adquiridos a título oneroso ao longo do relacionamento, mesmo que registrados unicamente em nome do falecido, sem que se exija, para tanto, a prova do esforço comum, que nesses casos, é presumida.[24]

Portanto, uma vez concebida como nova entidade familiar para fins de proteção jurídica do Estado, o casamento e a união estável entre pessoas do mesmo sexo desfrutam das mesmas prerrogativas inerentes aos demais modelos de família. Aos companheiros homoafetivos, então, são assegurados os mesmos direitos civis que o ordenamento jurídico pátrio prevê para os casais heterossexuais. A nosso ver, apenas dessa forma pode-se concretizar plenamente a proibição de discriminação por orientação sexual, fundada no direito à igualdade, na liberdade individual e no direito à privacidade.

5 A reação parlamentar: o retorno à "família" (no singular)

Apesar de a própria Corte ter buscado estabelecer uma espécie de diálogo institucional com o legislador, fazendo-lhe um apelo para que este edite diploma normativo capaz de promover mais adequadamente a segurança jurídica em torno das famílias formadas por casais homoafetivos, o Congresso Nacional ensaiou uma reação antagônica à decisão do STF. Cuida-se do Projeto de Lei nº 6.583, de 16 de outubro de 2013, de autoria do Deputado Federal Anderson Ferreira (PR/PE). Tal projeto pretende instituir o chamado "Estatuto da Família", proibindo o reconhecimento do casamento e da união estável entre pessoas do mesmo sexo. Desse modo, é evidente que se cuida de uma tentativa de *overruling* do entendimento firmado pelo STF através de diploma legal.

---

[22] Nesse sentido, cf. STRECK, Lenio Luiz; LIMA, Rogério Montai de. *A conversão da união estável em casamento*. Disponível: <http://www.conjur.com.br/2011-jul-06/uniao-homoafetiva-direito-conversao-uniao-estavel-casamento>. Acesso em: 01 out. 2015.

[23] REsp nº 1.302.467, Rel. Luis Felipe Salomão, *DJ* 03.03.2015.

[24] Resp nº 930.460/PR, Rel. Min. Nancy Andrighy, *DJ* 19.05.2011.

No parecer apresentado pela Comissão Especial constituída para analisar referido projeto de lei na Câmara Federal, seu relator, Deputado Ronaldo Fonseca (PROS/DF), sustenta a sua constitucionalidade. Curiosamente, embora este parlamentar se refira de modo expresso à posição do STF, não enfrentou os argumentos que compõem a *ratio decidendi* de seus precedentes. Em outros termos, não assume o ônus político (e argumentativo) de tentar mostrar os equívocos da decisão da Corte. Em vez disso, desenvolve uma linha de raciocínio baseada em argumentos anacrônicos ou que refletem particularismos religiosos.

Com efeito, o parlamentar esforça-se para delimitar o conceito constitucional de "família" que, a teor do art. 227 da CF, merece "especial" proteção do Estado. Assim, busca lançar luzes para superar "o tenebroso momento" em que se vive com o alargamento da ideia de entidade familiar. Para tanto, parte da premissa de que há distinção entre família e "relações de mero afeto, convívio ou mútua assistência", sejam de pessoas do mesmo sexo ou não. Desse modo, se há distinção, é preciso fixar o critério de discrímen. Para o parlamentar, tal critério consiste na capacidade de procriação, que apenas estaria presente nas famílias baseadas na diversidade de sexos. Segundo consta de seu parecer:

> É óbvio, mas necessário dizer, só ser possível a geração conjunta de novos cidadãos da união do homem com a mulher e, apenas dessa instituição, a família, que o Estado teria justificativa de exigir conjuntamente e pessoalmente o cumprimento do dever do art. 227 e de conferir ESPECIAL proteção do Estado. É importante asseverar que apenas da família, união de um homem com uma mulher, há a presunção do exercício desse relevante papel social que a faz ser base da sociedade.
>
> O Estado nunca se motivou a proteger a família por simplesmente haver afeto, convívio ou mútua assistência entre os adultos que a compõe. O que se mostra relevante para o Estado é assegurar proteção à base da sociedade; que proporciona a geração, educação e profissionalização (independência) dos seus novos cidadãos.
>
> (...)
>
> Em verdade, não justifica ao Estado subsidiar início de nova relação de dependência econômica entre adultos; se dela não se prever exercício do relevante papel social da família em gerar e criar filhos. Só deve haver ESPECIAL proteção para aqueles que tiverem atributos diferenciados em prol da continuidade sustentável da própria sociedade. O que não impede a associação de pessoas para o convívio com base no mero afeto.
>
> Não faz sentido ao Estado proteger qualquer relação de mero afeto, pois dela não se presume reprodução conjunta e o cumprimento do papel social que faz da família ser base da sociedade. Não há atributos intrínsecos às relações de mero afeto que as façam ser merecedoras de especial proteção do Estado como tal. (Destaque no original)

Ora, não é necessária uma argumentação mais densa e sofisticada para demonstrar o desacerto das assertivas acima. Mesmo nas famílias compostas por homem e mulher, não existe uma *preordenação* para ter filhos. Ter filhos é uma escolha livre do casal, e qualquer decisão a esse respeito deve ser tomada sem qualquer interferência estatal. Em outras tantas situações, o casal, por vários fatores, não consegue ou não pode ter filhos, e nem por isso perde o *status* jurídico de entidade familiar. Bastaria pensar na hipótese de um casamento civil celebrado entre homem e mulher de sexagenários. Percebe-se, então, que o fator de discrímen erigido pelo parlamentar para divisar a família das relações de "mero afeto" não resiste a um olhar mais atento. Neste ponto, e aqui se constata a contradição em que incorre o parlamentar, nas entidades familiares baseadas ou no casamento ou na união estável entre homem e mulher, que não querem ou não podem ter filhos, sobressai como elemento da maior relevância justamente a afetividade entre ambos, que os conduzirá aos seus projetos de vida em comum e, frise-se, com especial proteção do Estado.

Outrossim, chama a atenção outro argumento invocado pelo parlamentar. Desta feita, alude ao preâmbulo da Constituição na parte em que consta a conhecida expressão "sob a proteção de Deus". De tal enunciado, infere o parlamentar o dever do Estado de respeitar o credo da maioria dos brasileiros, mesmo advertindo, paradoxalmente, que o Estado é laico:

> Desse modo, apesar de o Estado ser laico, por não possuir religião oficial, nem influência de autoridades eclesiásticas no Estado, todo o arcabouço jurídico que o constituinte coloca, incluindo-se a dignidade da pessoa humana, a igualdade perante a lei e demais direitos fundamentais, individuais e coletivos, é dado sob a proteção de Deus.
>
> Nesse sentido, deve-se também esperar respeito dessa Casa ao credo reconhecidamente balizador dos *valores da maioria absoluta de religiosos e não religiosos e que construiu nossa sociedade brasileira, bem como todo o ocidente*. (...)
>
> Ademais, não se pode considerar que a família seja invenção da religião, mas ela é reconhecida na Religião como algo essencial à sociedade e merecedora de respeito por parte do Estado; que não deve querer modificá-la, apenas pode ver motivos para protegê-la. Não se trata, portanto, de uma questão religiosa, *mas de respeito à opinião da população que*, além de ver razões fáticas que fazem da família uma instituição merecedora de proteção e normatização, *a consideram o centro do ensino, desenvolvimento e orientação do indivíduo sob a proteção de Deus*.

Em primeiro lugar, como se sabe, o preâmbulo da Constituição não é considerado norma jurídica, razão pela qual não possui força vinculante. Ademais, representa verdadeiro desatino pretender interpretar os preceitos constitucionais à luz de um credo religioso, seja este qual for. Além de comprometer o sentido mais elementar de laicidade estatal, de modo que as instituições públicas não podem ser instrumentalizadas em nome de uma ideologia religiosa, atinge o núcleo essencial da liberdade religiosa, que assegura a liberdade que o indivíduo tem de seguir qualquer religião, bem como a de não seguir nenhuma, se assim lhe aprouver.

Outrossim, como já dito anteriormente, no Estado Constitucional, a vontade da maioria não é autossuficiente, sob pena de se estabelecer uma ditadura da maioria. Eis uma das principais funções dos documentos constitucionais nas democracias: conter os avanços das maiorias ocasionais para proteger direitos fundamentais, sobretudo das minorais. E nisto reside o *ethos* da jurisdição constitucional.

Portanto, os argumentos principais apresentados no citado parecer, além de frágeis, reproduzem um fundamentalismo religioso tendente a suprimir direitos e liberdades de terceiros. A decisão do STF, nesse cenário, simboliza um importante passo no combate à discriminação e na defesa das liberdades públicas, reforçando os compromissos libertários e emancipatórios plasmados na Constituição. O denominado "Estatuto da Família" é um grave retrocesso no regime constitucional dos direitos fundamentais e veicula não mais que uma visão religiosa que se pretende espraiar ilegitimamente pelo ordenamento constitucional.

Referências

AZEVEDO, Antônio Junqueira. Caracterização da dignidade da pessoa humana. *Revista dos Tribunais*, São Paulo, v. 797, ano 91, mar. 2002.

BITTAR, Carlos Alberto. *Os direitos da personalidade*. 7. ed. Rio de Janeiro: Forense Universitária, 2004.

CANOTILHO, J. J. Gomes. *Direito Constitucional e Teoria da Constituição*. 7. ed. Coimbra: Almedina, 2003.

DIAS, Maria Berenice. *Uniões homoafetivas*: uma realidade que o Brasil insiste em não haver. Disponível em: <http://mariaberenicedias.com.br>. Acesso em: 20 ago. 2015.

FARIAS, Cristiano Chaves de. *Os alimentos nas uniões homoafetivas*: uma questão de respeito à Constituição. Disponível em: <http://www.ibdfam.org.br>. Acesso em: 17 jun. 2015.

FAVOREU, Louis. *Los Tribunales constitucionales*. Barcelona: Ariel, 1994.

FERNANDEZ SEGADO, Francisco. *La justicia constitucional ante el siglo XXI*: la progresiva convergencia de los sistemas americano y europeu-kelseniano. México: Universidad Nacional Autónoma de México, 2004.

GARCÍA DE ENTERRÍA, Eduardo. *La Constitución como norma y el Tribunal constitucional*. 3. ed. Madrid: Civitas, 1994.

GIORGIS, José Carlos Teixeira. A relação homoerótica e a partilha de bens. *Revista de Direito de Família*, n. 9, p. 138, abr/jun. 2001.

KELSEN, Hans. *Jurisdição constitucional*. São Paulo: Martins Fontes, 2003.

LEITE, Glauco Salomão. *Separação de poderes e ativismo judicial no Supremo Tribunal Federal*: do guardião da Constituição ao diálogo institucional. Tese (Doutorado) – Universidade Federal de Pernambuco, 2014.

LÔBO, Paulo Luiz Netto. Entidades familiares constitucionalizadas: para além do *numerus clausus*. *Revista de Direito de Família*, Porto Alegre, n. 12, p. 44-45, jan./mar. 2002.

MELLO, Celso Antônio Bandeira de. *O conteúdo jurídico do princípio da igualdade*. 3. ed. São Paulo: Malheiros, 2005.

NÉRY, Rosa Maria de Andrade; VIANA, Rui Geraldo Camargo (Org.). *Temas atuais de Direito Civil na Constituição Federal*. São Paulo: Revista dos Tribunais, 2000.

FERNANDEZ SEGADO, Francisco. *La justicia constitucional ante el siglo XXI*: la progresiva convergencia de los sistemas americano y europeu-kelseniano. México: Universidad Nacional Autónoma de México, 2004.

RAWLS, John. *O liberalismo político*. Tradução Álvaro de Vitta. São Paulo: Martins Fontes, 2011.

SANTOS, Boaventura de Souza. Uma concepção multicultural de direitos humanos. In: *Lua Nova – Revista de Cultura e Política*, n. 39, 1997.

SIMÃO, Rosana Barbosa Cipriano. *Direitos humanos e orientação sexual*: a efetividade do princípio da dignidade. Disponível em: <http://www.amperj.org.br>. Acesso em: 17 jul. 15.

STRECK, Lenio Luiz; LIMA, Rogério Montai de. *A conversão da união estável em casamento*. Disponível: <http://www.conjur.com.br/2011-jul-06/uniao-homoafetiva-direito-conversao-uniao-estavel-casamento>. Acesso em: 01 out. 2015.

SZANIAWSKI, Elimar. *Direitos da personalidade e sua tutela*. 2. ed. São Paulo: RT, 2005, p. 289.

OLIVEIRA, Adriane Stoll. *União homossexual, família e proteção constitucional*. Disponível em: <http://www.ibdfam.com.br>. Acesso em 24 jun. 2015.

TATE, C. Neal. Why the expansion of Judicial Power? In: VALLINDER, Torbjörn; TATE, C. Neal (Eds.). *The global expansion of judicial power*. New York: New York University Press, 1995, p. 27-37.

Informação bibliográfica deste texto, conforme a NBR 6023:2002 da Associação Brasileira de Normas Técnicas (ABNT):

LEITE, Glauco Salomão; PEREIRA, Renata de Lima. Liberdade individual, direito à diversidade e casamento igualitário. In: LEITE, George Salomão; LEITE, Glauco Salomão; STRECK, Lenio Luiz (Coord.). *Jurisdição constitucional e liberdades públicas*. Belo Horizonte: Fórum, 2017. p. 351-362. ISBN 978-85-450-0237-6.

PARTE III

LIBERDADES PÚBLICAS
NO DIÁLOGO ENTRE CORTES

LIBERDADE DE EXPRESSÃO:
UM DIÁLOGO ENTRE CORTES

FLÁVIA PIOVESAN

MARIANNA REBUCCI

1 Introdução

Na ordem contemporânea, a proteção aos direitos humanos envolve um sistema jurídico multinível marcado por diversos âmbitos de proteção – nacional, regional e global. Compartilha-se de uma base comum: a consideração de que o ser humano é um quadro complexo a constituir um fim em si mesmo, sendo capaz de se autodeterminar e em constante contato com o entorno.[1]

A ideia da existência de direitos imprescindíveis para uma existência humana digna, de um lado, abarca um processo de reconhecimento interno pautado pela constitucionalização de direitos; por outro, abarca um espaço público global,[2] pautado pela internacionalização de direitos.

---

[1] Adota-se aqui a proposta de dignidade apontada por Barroso, a considerar uma tríplice formatação da dignidade humana: 1) não instrumentalidade; 2) autonomia privada; 3) elemento comunitário ou cultural (BARROSO, Luís Roberto. Aqui, lá, em todo lugar: a dignidade humana no direito contemporâneo e no discurso transnacional. In: ANTONIAZZI, Mariela M; PIOVESAN, Flávia; VON BOGDANDY, Armin. *Estudos avançados de Direitos Humanos*: democracia e integração jurídica – emergência de um novo Direito Público. Rio de Janeiro: Elsevier, 2013).

[2] Nessa mesma linha, Bobbio apresenta de forma clara o caminho percorrido: "Na história da formação das declarações de direitos [do homem] podem-se distinguir, pelo menos, três fases. As declarações nascem como teorias filosóficas. Sua primeira fase deve ser buscada na obra dos filósofos. (...) No momento em que essas teorias são acolhidas pela primeira vez por um legislador, o que ocorre com as Declarações de Direitos dos Estados Norte-Americano e da Revolução Francesa (um pouco depois), e postas na base de uma nova concepção do Estado – que não é mais absoluto e sim limitado, que não é mais fim em si mesmo e sim meio para alcançar fins que são postos antes e fora de sua existência –, a afirmação dos direitos do homem não é mais expressão de uma nobre existência, mas ponto de partida para a instituição de um autêntico sistema de direitos no sentido estrito da palavra, isto é, enquanto direitos positivos ou efetivos. O segundo momento da história da Declaração dos Direitos do Homem consiste, portanto, na passagem da teoria à prática, do direito somente pensado para o direito realizado. (...) Com a declaração de 1948, tem início uma terceira e última fase, na qual a afirmação dos direitos é, ao mesmo tempo, universal e positiva: universal no sentido de que os destinatários dos princípios nelas contidos não são mais apenas os cidadãos deste ou daquele Estado, mas todos os homens; positiva no sentido de que põe em movimento um processo em cujo final os direitos do homem deverão ser não mais apenas proclamados ou apenas idealmente reconhecidos, porém efetivamente protegidos e até mesmo contra o próprio Estado que os tenha violado" (BOBBIO, Norberto. *A Era dos Direitos*. Rio de Janeiro: Elsevier; 2004, p. 28-30).

Além dessa intensa relação entre direito constitucional e direitos humanos, a formatação da própria sociedade – seja porque fundada em um elemento comunicativo, seja pela existência de acoplamentos estruturais de constante ressignificação e aprendizado[3] – também auxilia nesse processo, dado que arquiteta a arena para a percepção de problemas e construção de soluções baseadas em experiências análogas.

O diálogo entre Cortes, assim, revela fenômeno igualmente derivado da estrutura social e da conexão existente entre direito constitucional e direitos humanos. Nesse sentido, um recorte para as interações feitas entre os níveis de proteção de direitos regional e nacional – porquanto compartilham um contexto histórico e socioeconômico próximo e ligados pelos termos de Tratados de Direitos Humanos – parece ideal para a verificação dessas interlocuções na busca da construção de direitos.

Neste sentido, ambiciona este artigo analisar as possibilidades de diálogo entre Sistema Interamericano de Direitos Humanos e a Ordem Constitucional Brasileira no que tange à liberdade de expressão como exercício da liberdade pública. Para isso, iniciar-se-á pela contextualização dos principais julgados do Sistema Interamericano sobre a matéria, passando-se então ao enfoque do tema no Supremo Tribunal Federal por ocasião da Arguição de Descumprimento de Preceito Fundamental nº 187. Por fim, pretende-se avaliar as potencialidades do diálogo entre cortes visando ao fortalecimento da proteção de direitos.

2 Sistema Interamericano de Direitos Humanos e a proteção à liberdade de expressão como garantia pública

Ao adotar o raciocínio de que a circunscrição de áreas menores de proteção, próximas geograficamente e caracterizadas por certos elementos concomitantes, os sistemas regionais detêm uma maior facilidade para obtenção de consensos políticos acerca de dados diretos, de sua subsequente interpretação e dos mecanismos de proteção possíveis. Ainda, diante da atuação dos seus órgãos jurisdicionais – as Cortes Regionais –, verifica-se uma maior possibilidade de atuação e sanção, com a utilização de mecanismos como a indenização da vítima, a imposição ao Estado de fazer cessar a violação de direitos, medidas cautelares, entre outros.

A respeito do sistema regional interamericano, dois períodos parecem demarcar o contexto latino-americano: o período dos regimes ditatoriais e o período da transição política ao regime democrático. Diferentemente do sistema europeu, não advém de um contexto integrativo paralelo, intrinsecamente ligado a impedir a repetição da barbárie nazista. Muito pelo contrário, ao entrar em vigor, em 1978, o Sistema Interamericano nasce como para não gerar frutos, em uma região desintegrada, marcada pela desigualdade sociopolítica e econômica e um ambiente acentuadamente autoritário, que não permitiria qualquer aproximação direta e imediata entre democracia, Estado e direitos humanos.

---

[3] A expressão é proposital, referindo-se à Teoria dos Sistemas de Luhmann, a qual Marcelo Neves utiliza para explicar as interrelações que permeiam a ordem contemporânea. Nesse sentido, é possível identificar acoplamentos estruturais como "mecanismos de interpretações concentradas e duradouras entre sistemas sociais. (...) E aqui não se trata apenas de "interferência operativas" (...) mas antes mecanismos estruturais que possibilitam o intercâmbio construtivo de experiências entre racionalidades diversas (...)" (NEVES, Marcelo. *Transconstitucionalismo*. São Paulo: WMF Martins Fontes, 2009, p. 37-38).

De fato, neste contexto, os direitos humanos eram concebidos como uma agenda contra o Estado, o que culminaria em demora na inserção concreta do corpo normativo regional nos ordenamentos pátrios.

Esse paradigma só veio a ser alterado com as ondas de democratização no continente a partir da década de 1980, com efetiva interiorização dos tratados regionais dos Estados-Membros, em um processo de "humanização da região",[4] de integração a partir da preocupação especial com a salvaguarda dos direitos humanos. A atuação das estruturas regionais se fortalece e busca endereçar questões diretamente derivadas do contexto de nascedouro do sistema.[5] Não para menos é possível perceber uma tipologia temática na produção da Corte Interamericana, no qual se enfrentam (i) violações que refletem o legado do regime autoritário ditatorial;[6] (ii) violações que refletem justiça de transição;[7] (iii) violações que enfrentam os desafios acerca do fortalecimento de instituições e da consolidação do Estado de Direito;[8] (iv) violações a grupos vulneráveis;[9] (v) violação a direitos sociais; e (vi) violações a novos direitos na agenda contemporânea, com especial destaque aos direitos reprodutivos.[10]

---

[4] ANTONIAZZI, Mariela Morales. La doble estatalidad aberta: interamercanización y mercurización de las Constituiciones suramericanas. In: ANTONIAZZI, Mariela M; PIOVESAN, Flávia; VON BOGDANDY, Armin (Org.). *Estudos avançados de Direitos Humanos*: democracia e integração jurídica – emergência de um novo Direito Público. Rio de Janeiro: Elsevier, 2013, p. 179.

[5] Como observa Thomas Buergenthal: "O fato de hoje quase a totalidade dos Estados latino-americanos na região, com exceção de Cuba, terem governos eleitos democraticamente tem produzido significativos avanços na situação dos direitos humanos nesses Estados. Estes Estados ratificaram a Convenção e reconheceram a competência jurisdicional da Corte" (Prefácio de Thomas Buergenthal, PASQUALUCCI, Jo M. *The Practice and Procedure of the Inter-American Court on Human Rights*. Cambridge: Cambridge University Press, 2003, p. XV). Em 2012, 22 Estados haviam reconhecido a competência da Corte Interamericana de Direitos Humanos (Disponível em: <http://www.cidh.oas.org/Basicos/English/Basic4.Amer.Conv.Ratif.htm>. Acesso em: 07 set. 2015).

[6] Ver Corte Interamericana de Direitos Humanos. *Caso Velasquez Rodriguez*. Sentença em 29 de julho de 1988. O caso é concernente a desaparecimento forçado, sendo que, em 1989, a Corte condenou o Estado de Honduras a pagar uma compensação aos familiares da vítima, bem como ao dever de prevenir, investigar, processar, punir e reparar as violações cometidas.

[7] Ver Corte Interamericana de Direitos Humanos, *Caso Barrios Altos (Chumbipuma Aguirre e outros vs. Peru)*. Sentença em 14 de março de 2001. No Caso Barrios Altos (massacre que envolveu a execução de 15 pessoas por agentes policiais), em virtude da promulgação e aplicação de leis de anistia (uma que concede anistia geral aos militares, policiais e civis, e outra que dispõe sobre a interpretação e alcance da anistia), o Peru foi condenado a reabrir investigações judiciais sobre os fatos em questão, relativos ao "massacre de Barrios Altos", de forma a derrogar ou a tornar sem efeito as leis de anistia mencionadas. O Peru foi condenado, ainda, à reparação integral e adequada dos danos materiais e morais sofridos pelos familiares das vítimas.

[8] Como exemplo, Corte Interamericana de Direitos Humanos. *Caso Aguirre Roca e outros vs. Peru*. Sentença em 31 de Janeiro de 2001. Ao envolver a destituição de juízes, a Corte reconheceu necessário garantir a independência de qualquer juiz em um Estado de Direito, especialmente em Cortes constitucionais, o que demanda: a) um adequado processo de nomeação; b) um mandato com prazo certo; e c) garantias contra pressões externas.

[9] Como exemplo, Corte Interamericana de Direitos Humanos, *Caso Comunidade Indígena Xákmok Kásek vs. Paraguai*, Fundo de Reparações e Custas. Sentença de 24 de agosto de 2010. A Corte Interamericana condenou o Estado do Paraguai pela afronta aos direitos à vida, à propriedade comunitária e à proteção judicial (artigos 4º, 21 e 25 da Convenção Americana, respectivamente), entre outros direitos, em face da não garantia do direito de propriedade ancestral à aludida comunidade indígena, o que estaria a afetar seu direito à identidade cultural.

[10] Corte Interamericana de Direitos Humanos, Caso *Villagran Morales et al. vs. Guatemala*. Sentença em 19 de novembro de 1999, Ser. C, No. 63. Estado foi condenado pela Corte em virtude da impunidade relativa à morte de 5 meninos de rua, brutalmente torturados e assassinados por 2 policiais nacionais da Guatemala. À luz de uma interpretação dinâmica e evolutiva, compreendendo a Convenção Americana como um *living instrument*, no já citado caso *Villagran Morales contra a Guatemala*, a Corte afirmou que o direito à vida não pode ser concebido restritivamente. Introduziu a visão de que o direito à vida compreende não apenas uma dimensão negativa – o direito a não ser privado da vida arbitrariamente –, mas uma dimensão positiva, que demanda dos Estados medidas positivas apropriadas para proteger o direito à vida digna – o "direito a criar e desenvolver um projeto de vida". Esta interpretação lançou um importante horizonte para proteção dos direitos sociais.

A liberdade de expressão, enquanto direito consagrado no principal documento regional – a Convenção Americana de Direito Humanos – possui um conteúdo extenso,[11] que, em maior ou menor grau, acaba resvalando em alguma dessas categorias.[12] No entanto, enquanto liberdade pública, se relaciona especialmente à busca pela consolidação de um espaço aberto de debate, até mesmo como marco de superação do passado autoritário.

Nesse sentido, o artigo 13 da Convenção Americana ganha contornos essenciais a partir da produção jurisprudencial da Corte: é entendido como meio a possibilitar que cada indivíduo se comunique e seja ouvido, formando a partir da pluralidade de pontos de vista um campo coletivo de opiniões e debate essencial à obtenção de um pluralismo democrático, não sendo passível de arbitrária limitação, principalmente quando feita pelo Estado.

A liberdade de expressão ganha um recorte dual: da mesma forma que constitui um direito individual, contém uma intrínseca relevância coletiva. A dicção que se tem em diversos julgados[13] é de que tal liberdade não só se refere à possibilidade de exprimir o pensamento, mas também promover o intercâmbio de informações e ideias entre as pessoas, de expô-las e recebê-las livremente e sem interferência que as distorçam ou obstruam, sendo igualmente importante o conhecimento da opinião alheia ou da informação de que dispõe os outros, quando a difundi-la. Daí a impossibilidade de restringir sua titularidade a um grupo de pessoas, como ficou demonstrado no parecer consultivo acerca do registro profissional de jornalistas.[14]

---

[11] Obviamente, aqui se faz um recorte para se dialogue mais finamente com o conteúdo da ADPF nº 187. No entanto, para um mergulho mais aprofundado, verificar o "Marco Jurídico Interamericano sobre o Direito à Liberdade de Expressão" da Relatoria Especial para a Liberdade de Expressão da Comissão Interamericana de Direitos Humanos, traduzida para o português no ano de 2014. Disponível em: <https://www.oas.org/pt/cidh/expressao/docs/publicaciones/20140519%20-%20PORT%20Unesco%20-%20Marco%20Juridico%20Interamericano%20sobre%20el%20Derecho%20a%20la%20Libertad%20de%20Expresion%20adjust.pdf>. Acesso em: 16 set. 2015.

[12] Isso considerando o entendimento de que a liberdade de expressão acaba sendo veículo para a salvaguarda de outros direitos. Nesse sentido, cita-se aqui como exemplo o caso *Lópes Álvarez vs. Honduras,* no qual foi examinada a proibição imposta pelo diretor de um centro penal à população garífuna ali reunida de falar o próprio idioma. A Corte entendera que a liberdade de expressão pelo idioma materno constituía elemento da própria identidade da população afetada (Corte Interamericana de Direitos Humanos, Caso *Lopez Alvarez vs. Honduras.* Sentença de 1º de fevereiro de 2006).

[13] A saber, Corte Interamericana de Direitos Humanos, *Caso Kimel vs. Argentina.* Mérito, Reparações e Custas. Sentença de 2 de maio de 2008. Corte Interamericana de Direitos Humanos, *Caso Claude Reyes e outros.* Sentença de 19 de setembro de 2006; Corte Interamericana de Direitos Humanos, *Caso López Álvarez vs. Honduras.* Sentença de 1º de fevereiro de 2006; Comissão Interamericana de Direitos Humanos. Alegações perante a Corte Interamericana de Direitos Humanos no *Caso Herrera Ulloa vs. Costa Rica.* Transcritos em: Corte Interamericana de Direitos Humanos *Caso Herrera Ulloa vs. Costa Rica.* Sentença de 2 de julho de 2004; Corte Interamericana de Direitos Humanos, *Caso Herrera Ulloa.* Sentença de 2 de julho de 2004; Corte Interamericana de Direitos Humanos, *Caso Ivcher Bronstein vs. Peru.* Sentença de 6 de fevereiro de 2001; Corte Interamericana de Direitos Humanos, *Caso Ricardo Canese vs. Paraguai.* Sentença de 31 de agosto de 2004; *Caso "A Última Tentação de Cristo" (Olmedo Bustos e outros) vs. Chile.* Sentença de 5 de fevereiro de 2001; Corte Interamericana de Direitos Humanos, *A Associação Obrigatória de Jornalistas (artigos 13 e 29 da Convenção Americana sobre Direitos Humanos).* Opinião Consultiva OC-5/85 de 13 de novembro de 1985; Comissão Interamericana de Direitos Humanos. *Relatório Anual 1994. Capítulo V: Relatório sobre a Compatibilidade entre as Leis de Desacato e a Convenção Americana sobre Direitos Humanos.* Título III. OEA/Ser. L/V/II.88. doc. 9 rev. 17 de fevereiro de 1995; Comissão Interamericana de Direitos Humanos. Relatório nº 130/99. Caso nº 11.740. *Víctor Manuel Oropeza.* México. 19 de novembro de 1999; Comissão Interamericana de Direitos Humanos. *Relatório nº 11/96, Caso nº 11.230. Francisco Martorell.* Chile. 3 de maio de 1996.

[14] Corte Interamericana de Direitos Humanos. *Registro Profissional Obrigatório de Jornalistas.* Parecer Consultivo de 13 de novembro de 1985.

No mesmo raciocínio, o caso *"A Última Tentação de Cristo" vs. Chile*[15] parece ser emblemático. Por conta do lançamento do filme homônimo de Martin Scorsese durante o ano de 1996, houve decisões judiciais – inclusive uma proferida de Suprema Corte Chilena – a proibir a distribuição e exibição da película, sob o argumento de ofensa à honra de Jesus Cristo e da Igreja Católica, além de um grupo de fiéis. A decisão proferida pela Corte, no entanto, foi no sentido de que o filme constituiria uma expressão artística a ser colocada em via pública para o debate e formação de juízos, não cabendo nem ao Estado, nem a um grupo de particulares, impedir a sua difusão baseado apenas em concepções específicas, pois tal ato configuraria censura prévia a ofender o direito de toda a sociedade ao tolher a informação tida na obra.[16] Não obstante, a Corte entendeu que tanto o artigo 19, XII, da Constituição Chilena quanto o Decreto Lei nº 679/74, que estabelecia o Conselho de Qualificação Cinematográfica do Chile, eram elementos normativos em desacordo com o estabelecido na Convenção Americana, sendo requerido ao Estado do Chile que tomasse providência para que adequasse seu ordenamento com os parâmetros regionais.

Ainda, ganha um especial cuidado da Corte quando a questão envolve informações de interesse público. Isso é aferido de julgados como *Ivcher Bronstein vs. Peru*[17] e *Palamara Iribarne vs. Chile*.[18]

No primeiro caso, o senhor Ivcher Bronstein havia sido privado de sua nacionalidade peruana de modo a afastá-lo da Presidência e do Conselho Editorial do Canal 2 de televisão, no qual produzia programa televisivo a narrar tanto denúncias de tortura por parte do Serviço de Inteligência do Exército Peruano como também escândalos de corrupção envolvendo agente do mesmo Serviço de Inteligência. Em 2001, a Corte acabou por reconhecer a violação de diversos direitos do senhor Ivcher,[19] dentre os quais a liberdade de expressão. Nesse ponto, afirmou-se que, além do direito de se expressar da vítima – no qual compreendeu que o direito de fazer denúncias sobre violações de direitos humanos cometidas por agentes do Estado constituída também o direito à livre expressão –, havia sido também afetado o direito de toda a população do Peru ao acesso a informações de interesse público, pois assim que ocorrera o afastamento do senhor Ivcher, o programa no qual haviam sido vinculadas as denúncias teria sido retirado do ar.

Em sentido análogo, no caso *Palamara Iribarne vs. Chile*, um livro de autoria de Humberto Antonio Palamara Iribarne havia sido proibido de ser publicado – além de terem sido destruídas cópias e originais do próprio computador da vítima – tendo em

---

[15] Corte Interamericana de Direitos Humanos. *Caso "A Última Tentação de Cristo"* (Olmedo Bustos e outros) *vs. Chile.* Sentença de 5 de fevereiro de 2001.

[16] Em raciocínio análogo: "A liberdade de expressão é uma pedra angular na própria existência de uma sociedade democrática. É indispensável para a formação da opinião pública. É também conditio sine qua non para que os partidos políticos, os sindicatos, as sociedades científicas e culturais e, em geral, quem deseje influir sobre a coletividade, possa se desenvolver plenamente. É, enfim, condição para que a comunidade, na hora de exercer suas opções, esteja suficientemente informada. Deste modo, é possível afirmar que uma sociedade que não está bem informada não é plenamente livre" (Corte Interamericana de Direitos Humanos. *Registro Profissional Obrigatório de Jornalistas*. Parecer Consultivo de 13 de novembro de 1985).

[17] Corte Interamericana de Direitos Humanos. *Caso Ivcher Bronstein vs. Peru.* Sentença de 6 de fevereiro de 2001.

[18] Corte Interamericana de Direitos Humanos. *Caso Palamara Iribarne vs. Chile.* Sentença de 22 de novembro de 2005.

[19] Citam-se alguns como a própria nacionalidade (artigo 20 da Convenção); garantias processuais e proteção judicial (artigos 8º e 25 da Convenção), já que não havia sido possibilitada a defesa nem administrativa, nem judicial da vítima e o direito de propriedade (artigo 21 da Convenção), dado que a nacionalidade era condição para que a vítima possuísse concessão de televisão.

vista que o conteúdo da obra abordava os problemas no Serviço de Inteligência Militar do Chile, assim como a necessidade de definição de patamares éticos mínimos para esta. Em sua sentença, a Corte Interamericana explicou que o respeito à liberdade de expressão obriga os Estados não somente a permitir que as pessoas se expressem verbalmente ou por escrito, mas também a não impedir a difusão de suas expressões por meios como a publicação de um livro. Não obstante, a Corte ainda concluiu que a crítica a agentes do Estado é ação que goza de especial proteção, dado que "o controle democrático, exercido pela sociedade por meio da opinião pública, fomenta a transparência das atividades estatais e promove a responsabilidade dos funcionários pela sua gestão pública, e por isso deve-se ter mais tolerância e abertura à crítica diante de afirmações e apreciações externadas pelas pessoas no exercício desse controle democrático. Isso se aplica aos funcionários e membros da armada, incluindo os que integram os tribunais. Ademais, ao permitir o exercício desse controle democrático, fomenta-se uma maior participação das pessoas nos interesses da sociedade".[20]

Ademais, a livre expressão também perfaz o direito de utilizar qualquer meio apropriado para difundir o pensamento e fazê-lo chegar ao maior número de destinatários, de modo que a restrição das possibilidades de divulgação representa diretamente, e na mesma medida, um obstáculo ao direito de se exprimir livremente. Tal conclusão, que igualmente se aplica ao visto no caso de Palamara, é a extraída pela Corte em 1985, por ocasião do *Parecer Consultivo nº 5 de 1985*,[21] no qual fora analisada a compatibilidade dos artigos 13 e 29 da Convenção Americana em relação ao registro profissional obrigatório de jornalistas.

Tendo em vista a importância de ambos os aspectos – individual e coletivo – para liberdade de expressão, verifica-se que, *a priori*, qualquer manifestação, ainda que minoritária ou considerada "estranha" pela opinião dominante, é válida para o acréscimo de informações na sociedade. Contudo, deve-se compreender que, embora extensa, a liberdade de expressão não detém um caráter absoluto. De fato, o artigo 13, parágrafo 5º, da Convenção Americana, bem como outros tratados internacionais, exclui do âmbito de proteção três modalidades de discurso: a propaganda de guerra e a apologia ao ódio que constitua a incitação da violência;[22] a incitação direta e pública ao genocídio;[23] e a pornografia infantil.[24]

---

[20] Corte Interamericana de Direitos Humanos, *Caso Palamara Iribarne vs. Chile*. Sentença de 22 de novembro de 2005.

[21] Corte Interamericana de Direitos Humanos. *Registro Profissional Obrigatório de Jornalistas*. Parecer Consultivo de 13 de novembro de 1985.

[22] Previsto na própria Convenção Interamericana: *Artigo 13. 5. A lei deve proibir toda propaganda a favor da guerra, bem como toda apologia ao ódio nacional, racial ou religioso que constitua incitamento à discriminação, à hostilidade, ao crime ou à violência.*

[23] Artigo III da Convenção para a Preservação e a Sanção do Delito de Genocídio: *Art. III. Serão punidos os seguintes atos: (c) a incitação direta e pública a cometer genocídio.*

[24] Aqui se combinam o artigo 19 da Convenção Interamericana ("Toda criança terá direito às medidas de proteção que a sua condição de menor requer, por parte da sua família, da sociedade e do Estado") com a Convenção dos Direitos da Criança (art. 34.c. Os Estados Partes se comprometem a proteger a criança contra todas as formas de exploração e abuso sexual. Nesse sentido, os Estados Partes tomarão, em especial, todas as medidas de caráter nacional, bilateral e multilateral que sejam necessárias para impedir: c) a exploração da criança em espetáculos ou materiais pornográficos); pelo protocolo facultativo da Convenção sobre os Direitos da Criança relativo à venda de crianças; à prostituição infantil e a utilização de crianças em pornografia e pelo Convênio nº 182 da OIT sobre as piores formas de trabalho infantil (Artigo 3.b. Para efeitos da presente Convenção, a expressão "as piores formas de trabalho infantil" abrange: b) a utilização, o recrutamento ou a oferta de crianças para a prostituição, a produção de pornografia ou atuações pornográficas).

Não se atendo apenas a proibições convencionais temáticas, o artigo 13 da Convenção, parágrafo 2º, estabelece também a possibilidade de uma limitação à liberdade de expressão, prevendo o direito a responsabilidades posteriores a fim de assegurar o direito das outras pessoas e sua reputação ou a proteção da segurança nacional, da ordem pública, da saúde ou da moral públicas. Nesse sentido, ressalte-se que, no *caso Kímel vs. Argentina*, a Corte faz uma ponderação quanto ao caráter não absoluto da liberdade de expressão. Embora a Corte – e o próprio Estado Argentino, antes da sentença – tenha reconhecido que a condenação criminal do historiador e jornalista Eduardo Gabriel Kímel, por suposta calúnia publicada em livro seu, havia sido desproporcional e que havia de fato uma violação ao direito de livre expressão da vítima, adicionou que o direito à honra recebia igualmente proteção convencional (artigo 11 da Convenção).[25] Nesse sentido, a adequação de ambos os direitos estava a requerer sempre um juízo de proporcionalidade em cada caso concreto, atentando-se ainda para a possibilidade de reparação por eventual abuso do direito de expressão dentro do limite estritamente necessário para que não se configurasse censura prévia. Por fim, a Corte ainda entendeu que cabia ao Estado estabelecer – de forma clara e em lei – a responsabilização e as sanções necessárias a fim de se obter a harmonização entre ambos os direitos.[26] Ainda, se tal responsabilização fosse penal, imprescindível que a tipificação do delito fosse expressa, taxativa e prévia.

Ademais, para que a responsabilização seja devida, é preciso a existência de um dolo específico de lesionar, causar descrédito ou prejudicar aquele que é objeto da expressão. No *Caso Úsón Ramirez vs. Venezuela*, onde o senhor Úson Ramirez, militar apresentado, havia sido condenado pelo crime de injúria às Forças Armadas tendo em vista declarações críticas suas feitas à instituição durante um programa de televisão. A Corte então condenou o Estado da Venezuela para que tornasse sem efeito o processo penal tido – o qual transitava na justiça militar – entendendo que, pelo interesse público tido em suas declarações, críticas a agentes públicos, gozava de especial proteção do artigo 13 da Convenção. Ainda, a legislação interna violava o princípio da estrita legalidade (artigo 9º da Convenção Interamericana) por conta do artigo 505 do Código Orgânico de Justiça Militar detinha conteúdo demasiado vago e ambíguo, por prever apenas a pena a ser imposta, sem a delimitação específica da conduta.

Por fim, o parágrafo 4º do artigo 13 da Convenção estabelece que lei pode regular o acesso de espetáculos públicos para a proteção moral da infância e da juventude. Trata-se, pois, de norma especial a levar em consideração a máxima prioridade e a condição especial do sujeito de direito, enquanto indivíduo em peculiar condição de desenvolvimento.[27]

---

[25] Isso corrobora com o exposto pela Corte Interamericana, no Parecer Consultivo nº 5: "Esta norma [artigo 13, §2º, da Convenção] define que a lei deve estabelecer as restrições da liberdade de informação apenas para alcançar fins que a própria Convenção indica" (Corte Interamericana de Direitos Humanos. *Registro Profissional Obrigatório de Jornalistas*. Parecer Consultivo de 13 de novembro de 1985).

[26] Corte Interamericana de Direitos Humano. *Caso Kimel vs. Argentina*. Sentença de 2 de maio de 2008.

[27] Nesse sentido, há de se fazer uma leitura horizontal do parágrafo 4º com o artigo 19 da Convenção Interamericana, assim como dos artigos 14 (1. Os Estados Partes respeitarão o direito da criança à liberdade de pensamento, de consciência e de crença. 2. Os Estados Partes respeitarão os direitos e deveres dos pais e, se for o caso, dos representantes legais, de orientar a criança com relação ao exercício de seus direitos de maneira acorde com a evolução de sua capacidade. 3. A liberdade de professar a própria religião ou as próprias crenças estará sujeita, unicamente, às limitações prescritas pela lei e necessárias para proteger a segurança, a ordem, a moral, a saúde

3 A proteção à liberdade de expressão no Supremo Tribunal Federal: análise da APDF nº 187

A liberdade de expressão como exercício da liberdade pública foi tema também discutido no Supremo Tribunal Federal, no julgamento da Arguição de Descumprimento de Preceito Fundamental (ADPF) nº 187, decidida em junho de 2011. Na ocasião, foram examinados dois desdobramentos da liberdade de expressão: o direito de reunião e o direito de livre manifestação do pensamento.

Por iniciativa da então Procuradora-Geral da República em exercício, Deborah Duprat, moveu-se a ADPF com o intuito de conferir interpretação conforme a Constituição do artigo 287 do Código Penal Brasileiro e afastar assim interpretações proibitivas à realização do evento cultural intitulado "Marcha da Maconha". Conforme apontado na inicial, reiteradas decisões judiciais haviam sido proferidas em diversos Estados da Federação (tais como São Paulo, Minas Gerais, Paraná, Mato Grosso, Bahia, Paraíba, Ceará, entre outros), com a justificativa de que, como o uso e troca de entorpecentes configurariam ilícitos penais, o ato de advogar e defender seu uso equivaleria não só ao induzimento ou à instigação ao uso de entorpecentes, como concreta apologia à realização de crimes. A procuradora em exercício, por outro lado, argumentou que a referida Marcha não traria apologia ao cometimento de crime, mas se predispunha a discutir em praça pública rumos, críticas e alternativas à política de drogas – de viés proibicionista – vigente até então. O escopo da ADPF interposta, então, seria no sentido de garantir a reunião e a manifestação do pensamento, direitos fundamentais preconizados pela Constituição Federal.

Distribuído à relatoria do Ministro Celso de Mello, o caso foi julgado no mérito de forma praticamente unânime entre os membros da Corte[28] a fim de coadunar o art. 287 do Código Penal com os ditames constitucionais da liberdade de manifestação, liberdade de reunião, do pensamento e de petição existentes no artigo 5º, incisos VI, XVI e XXXIV, alínea *a*, de modo a possibilitar a realização da Marcha. Em suma, entendeu-se existir uma vinculação instrumental entre a liberdade de reunião e de manifestação do pensamento, porquanto a primeira permitira a segunda se estabelecer de forma concreta no espaço social, possibilitando a ativa participação dos cidadãos no processo político de tomada de decisões, expondo suas concepções e pleiteando mudança – o que resvalaria no direito de petição.

Para o Supremo, abarcar diferentes formas de pensamento, ainda que conflitantes, contribuiria para o fomento de uma sociedade fundada no pluralismo democrático – fundamento da República – sendo ressaltado inclusive que uma democracia materialmente constituída se pautaria na convivência entre posições majoritárias e minoritárias. Nesse sentido, reforçou-se também o compromisso que tem o Supremo Tribunal Federal com a proteção dos direitos das minorias em clara conduta contramajoritária. Não obstante,

---

pública ou os direitos e liberdades fundamentais dos demais) e 17, "e" (Os Estados Partes reconhecem a função importante desempenhada pelos meios de comunicação e zelarão para que a criança tenha acesso a informações e materiais procedentes de diversas fontes nacionais e internacionais, especialmente informações e materiais que visem a promover seu bem-estar social, espiritual e moral e sua saúde física e mental. Para tanto, os Estados Partes: promoverão a elaboração de diretrizes apropriadas a fim de proteger a criança contra toda informação e material prejudiciais ao seu bem-estar [...]) da Convenção Internacional sobre os Direitos da Criança.

[28] Com a exceção do Ministro Luis Lux, ao sustentar que o evento deveria ocorrer contanto que se proibisse a participação de crianças e adolescentes nas manifestações. O posicionamento do ministro restou isolado, sendo por ele reiterado que, no mais, concordava com os argumentos propostos pelo relator.

invocou um óbice – principalmente ao Estado – a qualquer atuação tendente a silenciar tal dissenso, de modo que a interpretação a ser dada ao artigo 287 do Código Penal seria aquela que soubesse diferenciar o caráter de crítica e questionamento do evento intitulado "Marcha da Maconha" de propriamente ato coletivo para a prática de crimes. Inclusive, de acordo com o voto do relator – seguido por todos os ministros, explicita-se:

> A praça pública, desse modo, desde que respeitado o direito de reunião, passa a ser o espaço, por excelência, do debate, da persuasão racional, do discurso argumentativo, da transmissão de ideias, da veiculação de opiniões, enfim, a praça ocupada pelo povo converte-se naquele espaço mágico em que as liberdades fluem sem indevidas restrições governamentais.

E mais adiante, sustentou-se:

> Legítimos, pois, sob perspectiva estritamente constitucional, a assembleia, a reunião, a passeata, a marcha ou qualquer outro encontro realizados, em espaços públicos, com o objetivo de obter apoio para eventual proposta de legalização do uso de drogas, de criticar o modelo penal de repressão e punição ao uso de substâncias entorpecentes, de propor alterações na legislação penal pertinente, de formular sugestões concernentes ao sistema nacional de políticas públicas sobre drogas, de promover atos de proselitismo em favor das posições sustentadas pelos manifestantes e participantes da reunião, ou, finalmente, de exercer o direito de petição quanto ao próprio objeto motivador da assembleia, passeata ou encontro.

Percebe-se que a linha argumentativa do Supremo Tribunal Federa se aproxima daquela tida no Sistema Interamericano de Direitos Humanos. Não para menos, dado que, no tema de direitos humanos e direitos fundamentais, o STF detém um papel de centralidade na utilização de julgados estrangeiros para o fortalecimento de sua capacidade argumentativa, destacando-se principalmente julgados da Suprema Corte Estadunidense e do Tribunal Constitucional Alemão.[29] Não obstante, ainda é o principal polo de decisões judiciais nacionais que dialóga diretamente com o Sistema Internacional de Direitos Humanos, sobretudo no que se refere ao âmbito regional de proteção.[30]

Assim, no caso em tela não poderia ser diferente, pois, na mesma medida em que são apontados casos tidos no âmbito da Suprema Corte Estadunidense[31] – até porque o Tribunal adota uma perspectiva mais liberal da liberdade de expressão, ao defender a "livre circulação de ideias"[32] – há direta referência das Convenções Internacionais de Direitos Humanos, notadamente nos votos do Ministro Ricardo Lewandowski, do Relator Celso de Mello e do Ministro Marco Aurélio.

---

[29] NEVES, Marcelo. *Transconstitucionalismo*. São Paulo: WMF Martins Fontes, 2009, p. 179-183.

[30] Nesse sentido, o STF, ao mesmo tempo em que utiliza o próprio conteúdo da Convenção, também é atento à jurisprudência da Corte Interamericana, utilizando-se tanto de suas opiniões consultivas como também de seus julgados, como se verá mais adiante.

[31] O Ministro Celso de Mello apontou os casos *Gonzalez vs. Centro Espírita Beneficente União do Vegetal*; *United States vs. Rosika Schwimmer*. Enquanto isso, o Ministro Luis Fux fez menção aos casos *Abrams vs. United States*, *United States vs. Carole Products*, *Jones vs. Opelika*, *Thomas vs. Collins* e *Whitney vs. California*. Por fim, o Ministro Marco Aurélio cita o caso *West Virginia Board of Education vs. Barnette*.

[32] Para um valioso panorama da liberdade de expressão e suas limitações, verificar: SARMENTO, Daniel. Liberdade de Expressão e o Problema do Hate Speech. In: SARMENTO, Daniel. *Estudos de Direito Constitucional*. Rio de Janeiro: Lumen Juris, 2010.

Inicia-se pelo Min. Lewandowski, que detém a referência mais breve. Seguindo na integralidade o voto no relator, o ministro apenas cita os principais documentos internacionais de direitos humanos – tais como a Declaração Universal de Direitos Humanos, o Pacto Internacional de Direitos Civis e Políticos e a Convenção Americana de Direitos Humanos – como forma de ressaltar a importância dos direitos de reunião e de manifestação, no entanto sem descer a maiores detalhamentos.

Já o minucioso voto do relator, Ministro Celso de Mello, vai um pouco além da citação dos ditames internacionais como reforço à importância dos direitos abordados no caso concreto, a saber: a Declaração Universal dos Direitos da Pessoa Humana (artigos XIX e XX), a Convenção Americana de Direitos Humanos (artigos 13 e 15) e o Pacto Internacional sobre Direitos Civis e Políticos (artigos 19 e 21). De fato, aponta que a Relatoria Especial da Liberdade de Expressão da Comissão Interamericana de Direitos Humanos havia se manifestado acerca das decisões judiciais a proibirem a Marcha, apontando que a limitação à livre expressão ocorreria em casos de excepcionalidade, previstos na Convenção Americana.[33] Não obstante, o próprio ministro, ao traçar os contornos do direito de livre manifestação do pensamento, adverte para seu caráter não absoluto com o artigo 13, parágrafo 5º, da Convenção Interamericana de Direitos Humanos, também citado na relatoria da Comissão. Assim, a liberdade de manifestação seria a regra, excetuada apenas quando a exposição de opinião promover a apologia ao ódio nacional, racial ou religioso contra qualquer pessoa, povo ou grupo social.

Por fim, talvez a mais acentuada intertextualidade normativa tenha sido aquela feita pelo Ministro Marco Aurélio. Tomando a linha argumentativa do relator como base, ele a expande para dialogá-la diretamente ao exposto na Convenção Americana de Direitos Humanos, ratificada pelo Estado Brasileiro em 1992. Tomando como parâmetro igualmente a Constituição Brasileira e o disposto no artigo 13 da Convenção, promove uma leitura conforme do art. 287 do Código Penal, entendendo que o direito à liberdade de expressão é irrestringível na via legislativa, cabendo ao Estado somente adotar as providências para responsabilizar posteriormente os excessos. Ainda, afirma que a própria Convenção explicita a restrição legal prévia do direito, contemplando apenas a propaganda a favor da guerra, da apologia ao ódio nacional, racial, religioso, com o incitamento à discriminação, à hostilidade, ao crime e à violência. Nesse sentido, a conclusão do ministro é a de que teria havido uma derrogação parcial do art. 287 do Código Penal após o advento da Convenção Americana, sendo apenas legítimo considerar os crimes de opinião quando relacionados ao ódio nacional, racial ou religioso. Assim, não haveria a constituição de crime pela emissão de opinião de qualquer outra natureza.

O voto ainda destaca relevantes trechos do relatório da Comissão Interamericana de Direitos Humanos de 2009 concernentes à liberdade de expressão, ressaltando que a ordem pública exige o máximo de circulação de informações, opiniões, notícias e ideias.

---

[33] O excerto usado pelo Ministro fora o seguinte: "50. O Escritório do Relator Especial recebeu informação a propósito da adoção de medidas judiciais em maio de 2008 em nove cidades brasileiras diferentes proibindo a realização de demonstrações públicas que visavam a promover modificações no Direito Penal em vigor. Estas decisões foram justificadas por autoridades judiciais com base no argumento de que elas (as demonstrações públicas) constituiriam supostamente apologia ou instigamento de atividade criminal. O Escritório do Relator Especial recorda que, exceto no caso de formas de expressão que, nos termos do artigo 13 (5) da Convenção Americana, claramente constituam 'propaganda de guerra' ou 'apologia ao ódio nacional, racial ou religioso que constitua incitamento à violência ilegal ou a qualquer outra ação similar contra qualquer pessoa ou grupo, por qualquer motivo".

Reforça o entendimento da Comissão e da Corte Interamericana de que a liberdade de expressão é essencial à democracia como meio viabilizador do espaço público de intercâmbio de informações e ideias. Para o ministro, a "Marcha da Maconha" estaria justamente a visar o debate livre, constituindo igualmente meio para a formação deste espaço público.

4 O diálogo entre cortes, o controle de convencionalidade e a proteção de direitos

Ao coadunar tão intrinsecamente aspectos constitucionais e convencionais, o voto do Ministro Marco Aurélio vivifica o fenômeno constitucional, em uma interpretação dinâmica, evolutiva e cosmopolita. Isto, pois, integra realidade fática a normas e valores da sociedade contemporânea para extrair suas conclusões. Mais ainda, adéqua e faz dialogar duas instâncias de proteção – a nacional e a regional – para um ótimo entendimento do que se deve entender por liberdade de expressão nessa mesma sociedade. É retomado, dessa forma, o exposto na introdução do presente artigo de que há uma relação intrínseca entre direitos humanos e de direitos fundamentais constitucionais a ser sempre ressignificada e reconstruída a partir de trocas de argumentos e informações.

Essa é a tônica do que atualmente se intitula como "Constitucionalismo Global", do qual o diálogo entre cortes é elemento instrumental por excelência. Tendo em vista uma perspectiva histórica e evolutiva de direitos, surgem questões de direitos humanos e/ou de direitos fundamentais que são análogas e se tangenciam – como é o próprio caso da liberdade de expressão. Nesse sentido, a busca por soluções em casos difíceis é otimizada com trocas de aprendizados mútuos, focados sempre na mais efetiva concretização da dignidade humana e tendo como base interpretativa de que direitos humanos e fundamentais são cargas fluídas, históricas e culturalmente determináveis.

Nesse contexto, não há propriamente uma hierarquia de prevalências interpretativas, mas a formação de múltiplos níveis que se interconectam de maneira horizontal – mesmo nível – ou de maneira vertical – diferentes níveis[34] –, sempre orientados pela interpretação mais favorável, benéfica e protetiva à pessoa humana.

A primeira forma de diálogo ocorre de uma forma razoavelmente mais desordenada do que a segunda, na medida em que possibilita a diferentes Estados ou diferentes sistema de proteção regional interagir para a ampliação de conhecimento e de apreensão de realidades diversas, seguindo a lógica de que, em temas de direitos humanos, a experiência de uma nação ou região pode inspirar outras nações e regiões. E justamente o que ocorre quando os ministros do Supremo Tribunal Federal utilizam solidamente a jurisprudência estadunidense para corroborar uma acepção mais liberal da liberdade de expressão. Do mesmo modo, é o que ocorre nos processos "cruzados" de utilização da jurisprudência da Corte Interamericana na Corte Europeia de direitos humanos e de utilização da jurisprudência daquela nessa, com o intuito de responder a problemáticas novas que são apresentadas.[35]

---

[34] Para maior aprofundamento, verificar NEVES, Marcelo. *Transconstitucionalismo*. São Paulo: WMF Martins Fontes, 2009.

[35] É o que ocorre, por exemplo, com o processo de "interamericanização" do sistema europeu, no qual, diante da inclusão dos países do Leste Europeu neste último, vários pleitos surgiram enfrentando violações perpetradas por

Por outro lado, a segunda formatação do diálogo detém maior estrutura, que é aquela afeta ao Controle de Convencionalidade. Se entendermos que o processo de internacionalização dos direitos humanos parte do estabelecimento de consensos sobre quais direitos são essenciais para a garantia da dignidade humana e estes consensos são cada vez mais apurados na medida em que se parte de um mínimo comum a todos os Estados para depois circunscrever regiões que compartilhem raízes comuns até que enfim ganhem a particularidade de cada Estado nacional, tem-se uma rede informativa que impõe aos níveis internacionais – estando aí o sistema regional – uma constante verificação da aplicação destes consensos – que são aqueles positivados nos tratados de direitos humanos. Igualmente, na medida em que um país adota para si esses consensos internacionais por meio de ratificação de tratados, todos os seus entes internos são igualmente chamados a realizar a adequação ou a ressignificação de direitos e estruturas a fim de acomodar a nova esfera de proteção tida.[36] Essas atividades complementares – de atuação das esferas internacionais e nacionais para aplicação dos consensos de tratados de direitos humanos – são o que se chama de controle de constitucionalidade, tido tanto de maneira concentrada – pelos órgãos internacionais na atuação de suas comissões e cortes – quanto de maneira difusa – pela atuação da esfera nacional na adequação interna aos consensos internacionais. Como sustenta Eduardo Ferrer Mac-Gregor,[37] o juiz nacional agora é também juiz interamericano, tendo como mandato exercer o controle de convencionalidade na modalidade difusa. Cortes nacionais exercem o controle da convencionalidade na esfera doméstica, mediante a incorporação da normatividade, principiologia e jurisprudência protetiva internacional em matéria de direitos humanos no contexto latino-americano. Frise-se: quando um Estado ratifica um tratado, todos os órgãos do poder estatal a ele se vinculam, comprometendo-se a cumpri-lo de boa-fé.

A ideia que se segue é de que o processo de internacionalização amplia direitos e mecanismos de proteção do indivíduo. O Estado, ao interiorizar tratados de direitos humanos, tem seu arcabouço de proteção da dignidade humana ampliado, e a garantia da máxima efetividade de direitos apenas ocorre quando a Constituição interna e sua interpretação se relacionam com os Tratados Internacionais de Direitos Humanos e sua

---

regimes autoritários, tais como a prática de tortura, o desaparecimento forçado de pessoas e execução sumária de pessoas, questões estas já debatidas no âmago da Corte Interamericana, dado que vários de seus países, tal como Honduras, El Salvador, Peru e tantos outros, já haviam sofrido com períodos ditatoriais e submetido as questões tangendo tais períodos à análise da Corte. Nesse sentido, houve utilização preponderante dos julgados da Corte Interamericana como elementos de "autoridade persuasiva", tal como demonstrado em relatório produzido pelo Conselho de Europa, no qual, em 25 casos analisados pela Corte Europeia, mais de 27 referências à produção da Corte Interamericana foram feitas, entre decisões contenciosas e opiniões consultivas. Acerca, verificar: <http://www.echr.coe.int/Documents/Research_report_inter_american_court_ENG.pdf>. Acesso em: 17 set. 2015.

[36] Como enfatiza a Corte Interamericana: "Quando um Estado ratifica um tratado internacional como a Convenção Americana, seus juízes, como parte do aparato do Estado, também estão submetidos a ela, o que lhes obriga a zelar para que os efeitos dos dispositivos da Convenção não se vejam mitigados pela aplicação de leis contrárias a seu objeto, e que desde o início carecem de efeitos jurídicos. (...) O Poder Judiciário deve exercer uma espécie de controle da convencionalidade das leis, entre as normas jurídicas internas que aplicam nos casos concretos e a Convenção Americana sobre Direitos Humanos. Nesta tarefa, o Poder Judiciário deve ter em conta não somente o tratado, mas também a interpretação que do mesmo tem feito a Corte Interamericana, intérprete última da Convenção Americana" (Corte Interamericana de Direitos Humanos. *Caso Almonacid Arellano e outros vs. Chile*. Sentença em 26 de setembro de 2006).

[37] MAC-GREGOR, Eduardo Ferrer. Interpretación conforme y control difuso de convencionalidad: el nuevo paradigma para el juez mexicano. In: BOGDANDY, Armin von; PIOVESAN, Flavia; ANTONIAZZI, Mariela Morales. Estudos *Avançados de Direitos Humanos*: democracia e integração jurídica – emergência de um novo Direito Público. São Paulo: Campus Elsevier, 2013, p. 627-705.

respectiva interpretação. Graficamente, altera-se o paradigma do triângulo normativo para a figura de um trapézio que tem em seu ápice os parâmetros constitucionais somados aos parâmetros convencionais.

Partindo da experiência interna, tem-se que a Constituição Federal de 1988 detém uma preocupação especial concernente à dignidade humana,[38] sendo dispositivo aberto passível de ser enriquecido com elementos do direito internacional de direitos humanos, haja vista a disposição tida no seu artigo 5º, parágrafos 2º e 3º. Não obstante, a partir de sua redemocratização, o país interioriza no seu espaço relevantes tratados internacionais de direitos humanos.[39] Com isso, forma-se uma base sólida para que os agentes internos – principalmente os juízes – garantam direitos com uma perspectiva aberta interconectada com os panoramas internacionais e nacionais.

Nesse sentido, o Supremo Tribunal Federal, enquanto Corte Constitucional, tem se destacado na percepção deste próprio ambiente plural e multinível. No que tange ao sistema regional, temas como a prisão do depositário infiel, duplo grau de jurisdição, uso de algemas, crimes hediondos e individualização da pena, presunção da inocência, videoconferência no processo penal, direito a recorrer em liberdade no processo penal, duração prolongada e abusiva da prisão cautelar, direito de audiência de custódia e o direito de presença do réu, entre outros, abordam o conteúdo da Convenção Americana de Direitos Humanos.[40] Ainda, também já utilizou as Opiniões Consultivas da Corte Interamericana por três vezes ao tratar da não obrigatoriedade de diploma de curso de ensino superior na área para o desempenho de atividade jornalística[41] (Opinião Consultiva nº 5, de 13 de novembro de 1985); da não recepção da Lei nº 5.250/67 e da garantia da liberdade de imprensa e do direito de resposta (Opinião Consultiva nº 7 de 29 de agosto de 1986);[42] e, na extradição de preso estrangeiro, assegurando-lhe o direito de assistência consular (Opinião Consultiva nº 16 de 1º de outubro de 30 de janeiro de 1987).[43] Por fim, incorporou os julgados da mesma corte ao tratar dos crimes militares praticados por civil[44] (Caso *Palamara vs. Chile*, ao afastar a incidência do juízo militar para o julgamento de civil, garantindo-se ao indivíduo um juízo competente, com a garantia do devido processo legal), assim como na Demarcação de Terras Indígenas da

---

[38] Esta, inclusive, fundamento da República, conforme exposto no artigo 1º, III, da Constituição Federal.

[39] A título de exemplo, cita-se o Pacto Internacional sobre Direitos Civis e Políticos; o Pacto Internacional sobre Direitos Econômicos, Sociais e Culturais; a Convenção Internacional sobre os Direitos da Criança; a Convenção contra a Tortura e outros tratamentos ou penas Cruéis, Desumanos ou Degradantes; a Convenção Interamericana de Direitos Humanos; Convenção Interamericana para Prevenir, Punir e Erradicar a Violência contra a Mulher; a Convenção Interamericana para a Eliminação de Todas as Formas de Discriminação contra as Pessoas com Deficiência, entre outros.

[40] RAMOS, André de Carvalho. *Teoria geral dos direitos humanos na ordem internacional*. São Paulo: Saraiva, 2013, p. 295.

[41] Recurso Extraordinário nº 511.961/SP, São Paulo. Relator Ministro Gilmar Mendes, julgamento em 17.06.2009, Tribunal Pleno.

[42] Arguição de Descumprimento de Preceito Fundamental nº 130/DF, Distrito Federal. Relator Ministro Ayres Britto, julgamento em 30.04.2009, Tribunal Pleno.

[43] Processo de Extradição nº 1.126/República Federal da Alemanha. Relator Ministro Joaquim Barbosa, 22.10.2009, Tribunal Pleno.

[44] Correlacionados nos seguintes julgados: HC nº 112.936/RJ, 05.02.2013, Relator M. Celso de Mello, 2ª Turma; HC nº 110.237/PA, 19.02.2013, Relator Min. Celso de Mello, 2ª Turma; HC nº 105.256/PR, 12.06.2012, Relator Min. Celso de Mello, 2ª Turma; HC nº 109.544 MC/BA, 09.08.2011, Relator Min. Celso de Mello, 2ª Turma; HC nº 106.171/AM, 01.03.2011, Relator Min. Celso de Mello, 2ª Turma; HC nº 107.731/PE, 13.09.20122, Min. Ayres Britto, 2ª Turma e HC nº 105.348/RS, 19.10.2010, Relator Min. Ayres Britto, 2ª Turma.

Reserva Raposa Serra do Sol[45] (Caso *Awas Tigni vs. Estado de Nicarágua*, ao interpretar uma concepção especial do direito de propriedade dos indígenas, que transcende o prisma produtivo para integrar aspectos culturais e espirituais da própria identidade dos povos indígenas) e nas Uniões Estáveis Homoafetivas[46] (Casos *Loayaza Tamayo vs Peru*; Caso *Cantoral Benavides vs. Peru* e *Gutierrez Soler vs. Colômbia*, ao circunscrever a proteção de um projeto de vida como intrínseco ao direito da privacidade, considerando ainda a necessidade de devida reparação das vítimas quando tal projeto é interrompido).

5 Considerações finais

A liberdade de expressão enquanto liberdade pública é direito consagrado tanto constitucionalmente (artigo 5º, XI, da Constituição Federal) como convencionalmente (art. 13 da Convenção Americana). Seu conteúdo é marcadamente amplo, detendo uma relevância igualmente individual quanto coletiva, como reiterado pela própria Corte Interamericana.

Quando diante de um caso complexo, como foi o caso da "Marcha da Maconha", a existência de patamares diferenciados de proteção de direitos, com órgãos próprios de interpretação, dialóga com a base constitucional interna, propiciando que se chegue a uma solução através de uma percepção construtiva do outro. Adotar uma posição de abertura, nesse sentido, entende a Constituição como um instrumento vivo que se resignifica e expande a partir da carga fluída que seus direitos compõem.

Inspirado por essa concepção contemporânea de Constitucionalismo, o Supremo Tribunal Federal, por meio do controle de convencionalidade, confere prevalência ao direito à liberdade de expressão, fundamentando-o tanto na ordem constitucional como na internacional, com a preocupação de conferir ao direito a sua máxima efetividade. Mais ainda, como já examinado, o julgamento da ADPF nº 178 configura um dos emblemáticos precedentes a reiterar a adoção pelo STF de uma racionalidade radicada na primazia dos direitos humanos, vocacionada à proteção emancipatória de direitos e liberdades e contenção do arbítrio, do excesso e abuso de poder.

O diálogo entre cortes enriquece e fortalece o acervo jurisprudencial do Supremo Tribunal Federal vocacionado à proteção emancipatória de direitos e liberdades. Louva, deste modo, a responsabilidade maior do Supremo na qualidade de guardião de direitos, cabendo-lhe, ademais, fomentar uma cultura jurídica guiada pela absoluta prevalência da dignidade humana, impulsionando, assim, o processo de afirmação do Estado Democrático de Direito no Brasil.

Informação bibliográfica deste texto, conforme a NBR 6023:2002 da Associação Brasileira de Normas Técnicas (ABNT):

PIOVESAN, Flávia; REBUCCI, Marianna. Liberdade de expressão: um diálogo entre cortes. In: LEITE, George Salomão; LEITE, Glauco Salomão; STRECK, Lenio Luiz (Coord.). *Jurisdição constitucional e liberdades públicas*. Belo Horizonte: Fórum, 2017. p. 365-378. ISBN 978-85-450-0237-6.

---

[45] Petição nº 3.388/RR, 03.04.2009. Relator Min. Ayres Britto, Tribunal Pleno.
[46] No julgamento da ADPF nº 132/RJ e da ADI nº 4.277/DF, 05.05.2011, Relator. Min. Ayres Britto, Tribunal Pleno.

DIÁLOGOS ENTRE CORTES E OS DIREITOS DA PESSOA HUMANA – ORDENS JURÍDICAS E A FUNÇÃO DA JURISPRUDÊNCIA COMO ELEMENTO COMUNICADOR

LUIZ GUILHERME ARCARO CONCI[1]

1 Introdução

O que proponho neste artigo é revisitar o tema do diálogo entre cortes, ou seja, da utilização da jurisprudência internacional por cortes nacionais. Mais recentemente, esse processo vem ganhando interesse também no Brasil e merece ser ainda enfrentado teoricamente, sem descuidar da análise jurisprudencial.

No presente artigo, como em outros, deixarei de analisar a jurisprudência do Supremo Tribunal Federal, que, inegavelmente, vem avançando lentamente no processo de se abrir a um efetivo diálogo com outras cortes ao invés de se utilizar de decisões como mero apoio e com a mesma força e forma que se utiliza da doutrina estrangeira.[2]

Esse tema foi centro de debates de uma obra que coordenei com o Professor Luca Mezzetti, de Bolonha, que, além da versão física, está disponível livremente para acesso como meio de fomentar a cultura do diálogo, não só, mas, especialmente, entre cortes.[3]

2 A proteção multinível dos diretos da pessoa humana e o pluralismo de fontes

No Brasil, Marcelo Neves tem se empenhado, com sucesso, em avançar com a reflexão sobre a necessidade de se penar o direito como uma "rede transversal

---

[1] Agradeço aos coordenadores da obra, George Salomão Leite, Glauco Salomão Leite e Lenio Luiz Streck, pelo convite, esperando que o trabalho seja útil para fomentar mais discussão.

[2] CONCI, Luiz Guilherme Arcaro. In: Mezzetti, Luca; CONCI, Luiz Guilherme Arcaro. *Diálogo entre cortes*: a jurisprudência nacional e internacional como fator de aproximação de ordens jurídicas em um munco cosmopolita. Brasília: OAB Editora, 2015, p. 117-147. Há uma versão mais recente em que analisamos mais acuradamente as decisões do Supremo Tribunal Federal no prelo, em coautoria com Konstantin Gerber.

[3] MEZZETTI, Luca; CONCI, Luiz Guilherme Arcaro. *Diálogo entre Cortes*: a jurisprudência nacional e internacional como fator de aproximação de ordens jurídicas em um mundo cosmopolita. Brasília: OAB Editora, 2015. Disponível em: <http://www.oab.org.br/biblioteca-digital/publicacoes/11>.

construtiva",[4] envolvendo um entrelaçamento de ordens jurídicas em torno de um "mesmo problema constitucional", implicando o "reconhecimento dos limites de observação de uma determinada ordem" por meio do diálogo, que não se reduz, unicamente, a um diálogo interjurisdicional, mas, também, como afirma:

> O transconstitucionalismo aponta para o fato de que surgem cada vez mais questões que poderão envolver instâncias estatais, internacionais, supranacionais e transnacionais (arbitrais), assim como instituições jurídicas locais nativas, na busca da solução de problemas tipicamente constitucionais.[5]

Esse entrelaçamento de ordens não se resume, para o autor, à ordem jurídica de direito estatal, mas também às extraestatais, como aquelas referidas a comunidades tradicionais e à produção normativa e aplicação desse direito na sua diversidade.[6]

Isso também ser visto, de outra banda, no plano jurídico nacional, ao se falar da abertura material dos direitos fundamentais aos direitos humanos. Rene Uruena alude a um termo, um tanto quanto veiculado, da "proteção multinível dos direitos humanos".[7] Significa isso que estamos a falar, com Alex Amado Rivadeneyra, em uma necessária interação[8] de ordens jurídicas nacionais e internacionais fundadas no princípio de subsidiariedade ou complementaridade.[9]

Significa dizer que há um processo de integração de ordens jurídicas que exige que seja organizada, a partir de fórmulas racionais, sua utilização. Os juízes, nesse ambiente, são as autoridades mais habilitadas para implementar esse processo de convergência normativa, especialmente em matéria de direitos da pessoa humana. É o que Anne-Marie Slaughter, citando a juíza da Suprema Corte Americana Ruth Ginsburg, afirma, pois, em "matéria de direitos humanos (...), as experiências de uma nação ou região devem inspirar ou informar outras nações ou regiões".[10]

Cançado Trindade, sobre esse tema, afirma:

> Assim como decisões judiciais de tribunais internacionais podem clarificar certas questões de direito interno, decisões judiciais de tribunais nacionais podem igualmente trazer uma importante contribuição ao discorrerem acerca de questões de direito internacional.[11]

---

[4] NEVES, Marcelo. Do diálogo entre as cortes supremas e a Corte Interamericana de Direitos Humanos ao transconstitucionalismo na America Latina. *Revista Informação Legislativa*, ano 51, n. 201, p. 198, 207, 211, 2014.

[5] NEVES, 2014, *op. cit.*, p. 194.

[6] NEVES, 2014, *op. cit.*, p. 201.

[7] URUENA, Rene. Luchas locales, cortes internacionales: una exploración de la protección multinivel de los derechos humanos en América Latina. *Revista Derecho del Estado*, n. 30, 2013.

[8] RIVADENEYRA, Alex Amado. La emergencia del principio de interacción y el diálogo jurisprudencial a la luz del denominado derecho constitucional internacional. Disponível em: <http://www.revistajuridicaonline.com/index.php?option=com_content&task=view&id=785&Itemid=116>.

[9] ROCA, Javier García *et al.* El diálogo entre los sistemas europeo y americano de derechos humanos. *Thomson Reuter*, p. 70.

[10] Cf. SLAUGHTER, Anne-Marie. A global community of courts. *Harvard International Law Journal*, v. 44, n. 1, p. 199, 2003.

[11] CANÇADO TRINDADE, Antonio Augusto. *A humanização do direito internacional*. Belo Horizonte: Del Rey, 2006, p. 58-59.

Quer-se dizer que esse entrelaçamento pode se dar em uma variedade de planos: culturais, econômicos, políticos, jurídicos etc.

Em âmbito jurídico, podem ser também variados – normativos, doutrinários ou jurisprudenciais –, sendo objetivo do presente artigo pensar alguns dos problemas deste último.

Trata-se de entender que a relação entre Estados e organismos internacionais deve ser vista como uma visão horizontal, não hierarquizada, além de se perceber que há outros atores que disputam o cenário nacional e internacional com os tradicionalmente conhecidos.[12]

3 A interação de ordens jurídicas para a proteção de direitos da pessoa humana

A proteção da pessoa humana, desde há muito, deixou de ser prerrogativa dos Estados nacionais em seu plano doméstico para avançar para o direito internacional dos direitos humanos.

A abertura constitucional ao direito internacional dos direitos humanos foi o primeiro passo para essa caminhada. No Brasil, essa questão alcança nosso constitucionalismo democrático em seu nascedouro:

> Assim, a novidade do artigo 5º (2) da Constituição de 1988 consiste no acréscimo, por proposta que avancei, ao elenco dos direitos constitucionalmente consagrados, dos direitos e garantias expressos em tratados internacionais sobre proteção internacional dos direitos humanos que o Brasil é parte. Observe-se que os direitos se fazem acompanhar necessariamente das garantias. É alentador que as conquistas de direito internacional em favor da proteção do ser humano venham projetar-se no direito constitucional, enriquecendo-o e demonstrando que a busca de proteção cada vez mais eficaz da pessoa humana encontra guarida nas raízes do pensamento tanto internacionalista como constitucionalista.[13]

Todavia, tal tema passou, durante muito tempo, entre nós, reservado ao debate a respeito da hierarquia dos tratados internacionais em âmbito interno. Inegavelmente, foi a partir da temática da hierarquia dos tratados internacionais que tal matéria entrou na gramática dos constitucionalistas. O tema da hierarquia dos tratados internacionais tomou quase que a totalidade da bibliografia do direito internacional dos direitos humanos durante largo espaço de tempo, especialmente no Brasil, por consequência dos excelentes trabalhos de Cançado Trindade,[14] Flávia Piovesan[15] e Clèmerson Cleve,[16]

---

[12] WALKER, Neil. *Sovereignty in transition*. Oxford: Hart, 2003, p. 4: "(...) *states are no longer the sole locus of constitutional authority, but are now joined by other sites, or putative sites of constitutional authority, most proeminently (though by no means exclusively) and most relevantly for present purposes those situated at the supra-state level, and the relationship between state and non-state sites are better viewed as heterarchical rather than hierarchical*".

[13] TRINDADE, Antonio Cançado. *A proteção internacional dos direitos humanos*: fundamentos jurídicos e instrumentos básicos. São Paulo: Saraiva, 1991, p. 631.

[14] TRINDADE, Antonio Augusto Cançado. *Tratado de Direito Internacional dos Direitos Humanos*. v. I. Porto Alegre: SAFE, 2003, p. 513-514.

[15] Principalmente, a partir da sua tese de doutoramento publicada pela editoria Max Limonad, de São Paulo, em 1996.

[16] CLÈVE, Clèmerson Merlin. Contribuições previdenciárias. Não recolhimento. Art. 95, *d*, da Lei nº 8.212/91. Inconstitucionalidade. *Revista dos Tribunais*, n. 736, p. 527.

que divulgaram temas até então pouco explorados no nosso ordenamento jurídico, fora do círculo dos internacionalistas. Fez-se, assim, com que a normatividade dos tratados internacionais, especialmente de direitos humanos, se alastrasse pela consciência jurídica brasileira, de modo que os acadêmicos e os aplicadores do direito prestassem atenção para uma abertura constitucional produzida principalmente a partir da Constituição de 1988, especialmente em seus artigos 4º e 5º, §2º.

Esse trabalho hercúleo produziu uma nova consciência jurídica nacional em sede de direitos da pessoa humana.

Todavia, pouco se avançou na necessidade de que não somente os textos internacionais, mas a jurisprudência internacional e comparada, passassem a ser fonte de análise por juristas e juízes, principalmente.

Na verdade, muito se fez em trabalhar, equivocadamente, o direito internacional a partir do direito nacional. O Poder Judiciário, seguidamente, deu interpretação fundada no direito doméstico aos tratados internacionais, desprezando a jurisprudência internacional.

André de Carvalho Ramos define a questão da seguinte forma:[17]

> No Brasil, essa modalidade fez surgir uma nova espécie de norma: os tratados internacionais nacionais. O modo de criação dessa espécie tipicamente brasileira é o seguinte: o Brasil ratifica tratados e reconhece a jurisdição de órgãos internacionais encarregados de interpretá-los; porém, subsequentemente, o Judiciário nacional continua a interpretar tais tratados nacionalmente, sem qualquer remissão ou lembrança da jurisprudência dos órgãos internacionais que os interpretam.
>
> Porém, o reconhecimento da interpretação internacional dos tratados ratificados pelo Brasil é consequência óbvia dos vários comandos constitucionais que tratam de tratados. De que adiantaria a Constituição pregar o respeito a tratados internacionais se o Brasil continuasse a interpretar os comandos neles contidos nacionalmente?

Trata-se de integrar-se mediante tratados internacionais sem uma integração por via substancial, que deve ser fruto de um intercâmbio que exige que as autoridades que procedem a decisão no plano doméstico se utilizem da jurisprudência de tribunais internacionais ou mesmo de órgãos quase judiciais.

Surpreende-nos saber que não há uma manifestação clara, ainda nos dias de hoje, a respeito do poder vinculante da jurisprudência internacional.

O que se pretende deixar claro é que ordens jurídicas comunicantes, em matéria de direitos humanos, especialmente, exigem que as autoridades responsáveis pela aplicação do direito se comuniquem, pois fazem parte de um sistema jurídico que se comunica reciprocamente.

Além disso, problemas de ações afirmativas, drogas, casamento gay, entre tantos outros, estão na ordem do dia de dezenas de cortes mundiais, já tendo outras dezenas já debatido tais questões.

---

[17] RAMOS, André de Carvalho. Pluralidade das ordens jurídicas: uma nova perspectiva na relação entre o Direito Internacional e o Direito Constitucional. *Revista da Faculdade de Direito da Universidade de São Paulo*, v. 106/107, p. 511, jan./dez. 2011/2012.

Ruth Ginsburg[18] provocou a questão em uma reflexão bastante apropriada:

> Na área dos direitos humanos, a experiência em uma nação ou região pode inspirar ou informar as outras nações ou regiões. Quando Suprema Corte da índia julgou a constitucionalidade das medidas de ação afirmativa, por exemplo, considerou os precedentes dos Estados Unidos. A mesma disposição de olhar para além de suas próprias fronteiras não tem marcado as decisões do tribunal no qual sirvo. A Suprema Corte dos EUA mencionou a Declaração Universal dos Direitos Humanos cinco vezes e apenas duas vezes em uma decisão por maioria. A citação mais recente apareceu 29 anos atrás, em uma opinião divergente por Justiça Marshall. A Suprema Corte dos EUA não observa as leis ou decisões de outras nações com alguma freqüência. Quando o Justice Breyer, tratando sobre sistemas federais na Europa, em 1997, em um voto dissidente de uma decisão na qual eu também discordei, a maioria respondeu: "Nós pensamos que tal análise comparativa é inadequada para a tarefa de interpretar a Constituição".
>
> Em minha opinião, a análise comparativa verdadeiramente é relevante para a tarefa de interpretar constituições e fazer respeitar os direitos humanos. Nós somos os perdedores se negligenciarmos o que os outros pode nos dizer sobre os esforços para erradicar preconceitos contra as mulheres, minorias e outros grupos desfavorecidos.

O necessário diálogo entre cortes serve para alimentar qualitativamente a jurisprudência constitucional. Isso é ainda mais importante tendo em vista que se tratar de um quadrante da jurisdição excessivamente preocupado com as consequências de suas decisões.

Significa, também, a superação das visões clássicas a respeito do monismo e do dualismo, que são afastadas em prol de proteção da pessoa humana. Piza Escalante, em uma passagem muito adequada, afirma:[19]

> *Esto mismo, unido a la naturaleza universal e indivisible de los derechos humanos, caracterizados precisamente por su atribución a todo ser humano por el sólo hecho de serlo, sin distinción de sexo, edad, color, riqueza, origen nacional o social, nacionalidad o ninguna otra condición social, impone definitivamente la superación de toda pretensión dualista para explicar la relación entre el Derecho interno y el Derecho Internacional. Porque, effectivamente, la coexistencia de dos órdenes jurídicos distintos sobre un mismo objeto resulta lógicamente imposible; con lo cual va perdiendo a su vez, todo sentido, no sólo la clásica alternativa 'monismo' y 'dualismo' en la consideración de las relaciones entre el Derecho interno y el Internacional, sino incluso la discusión sobre la prevalencia de uno u otro, en caso de conflicto, por lo menos en lo que se refiere a los derechos humanos; con la consecuencia absolutamente obligada de que, o en esta matéria prevalece el Derecho Internacional, o bien, como debe, a mi juicio, decirse mejor, en realidad no prevalece ni uno ni otro, sino, en cada caso, aquél que mejor proteja y garantice al ser humano, en aplicación, además, del 'principio pro homine' propio del Derecho de los Derechos Humanos.*

---

[18] GINSBURG, Ruth Bader; MERRIT, Deborah Jones. *Affirmative Action*: an International Human Rights Dialogue, 21 CARDOZO L. REV. 253, 271 (1999).

[19] ESCALANTE, Rodolfo E. Piza. *El valor del derecho y la jurisprudencia internacionales de derechos humanos en el derecho y la justicia internos el ejemplo de costa rica, in Liber amicorum*: Héctor Fix Zamudio. v. I. Sao José: CIDH, 1998, p. 183.

Sobre essa interação entre normas, valem as palavras de Calogero Pizzolo:[20]

Los organismos internacionales de control, como producto de su intervención en salvaguarda de los derechos humanos tutelados, producen su propia jurisprudencia en la cual, en sentido amplio, llamamos jurisprudencia internacional. Es esta, por oposición a cualquier jurisprudencia interna, la que debe ser seguida de forma inexcusable en la interpretación del articulado de los instrumentos internacionales. Las interpretaciones propias producto solo de la voluntad de jueces locales, por tanto, deben ser rechazadas. Lo anterior no significa quitar de CSJN el papel de gran integrador del BCF (Bloque Federal de Constitucionalidad) en ausencia de una jurisdicción constitucional reglada. Lo que se rechaza es que, tal función, se lleve a cabo desconociendo la jurisprudencia internacional. Esta, como vimos, representa la medida de cumplimiento de las obligaciones internacionales.

Exige-se, assim, que se perceba que a interação entre o direito doméstico não passa unicamente por problemas estruturais, mas, especialmente, por questões materiais ligadas à proteção da pessoa humana.

Mais uma vez, Cançado Trindade[21] afirma:

(...) no contexto da proteção dos direitos humanos a polêmica clássica entre monistas e dualistas revela-se baseada em falsas premissas e superada: verifica-se aqui uma interação entre o direito internacional e o direito interno, e os próprios tratados de direitos humanos significativamente consagram o critério da primazia da norma mais favorável aos seres humanos protegidos, seja ela norma de direito internacional ou de direito interno.

Cesar Landa[22] também pontua, ainda que com uma visão téorica própria, que:

Frente a los inconvenientes dogmáticos y prácticos derivados de las tesis monistas y dualistas, la posición constitucional de los tratados viene asumiendo una opción mixta, a través de la tesis de coordinación. Esta última caracteriza al derecho internacional como un derecho de integración, sobre la base de la responsabilidad internacional. Así en función de dicha responsabilidad ya no se postula la derogación automática de las normas internas, en caso de conflicto con sus obligaciones en el plano internacional, sino su armonización fundamentándose en un neoiusnaturalismo integrador.

---

[20] PIZZOLO, Calogero. La relación entre la Corte Suprema y la Corte Interamericana a la luz de bloque de constitucionalidad federal. In: ALBANESE, Susana (Coord.). *El control de convencionalidad.* Buenos Aires: Ediar, 2008, p. 189-190.

[21] Cf. TRINDADE, Antonio Augusto Cançado. O legado da Declaração Universal de 1948 e o futuro da proteção internacional dos direitos humanos. In: FIX-ZAMUDIO, Hector. *México y las declaraciones de derechos humanos.* Cidade do México: UNAM, 1999, p. 45. Do mesmo autor, também: "*Las relaciones entre el derecho internacional y el derecho interno han sido enfocadas ad nauseam a la luz de la polémica clásica, estéril y ociosa, entre dualistas y monistas, erigida sobre falsas premisas. En la protección de sus derechos, el ser humano es sujeto tanto del derecho interno como del derecho internacional, dotado en ambos de personalidad y capacidad jurídicas propias. Como se desprende de disposiciones expresas de los propios tratados de derechos humanos, y de la apertura del derecho constitucional contemporáneo a los derechos internacionalmente consagrados, no más cabe insistir en la primacía de las normas del derecho internacional o del derecho interno, por cuanto el primado es siempre de la norma –de origen internacional o interna– que mejor proteja los derechos humanos, de la norma más favorable a las víctimas. Constátase hoy, en efecto, la coincidencia de objetivos entre el derecho internacional y el derecho interno en cuanto a la protección de la persona humana, cabiendo, pues, desarrollar esta alentadora coincidencia hasta sus últimas consecuencias*" (CF. TRINDADE, Antonio Augusto Cançado. Desafíos de la protección internacional de los derechos humanos al final del siglo xx. In: *Seminario sobre Derechos Humanos.* San José: IIDH, 1997, p. 71).

[22] Cf. LANDA ARROYO, César. *Constitución y fuentes del derecho.* Lima: Palestra, 2006, p. 118-119.

Significa dizer que o diálogo entre juízes é um instrumento importante para essa interação entre ordens jurídicas fundadas na proteção da pessoa humana, que detém, assim, não somente a primazia da proteção, mas, também, é fonte para a própria decisão jurídica no plano da legitimação.

4 A conceituar diálogo em uma perspectiva jurisprudencial

A utilização do termo diálogo gera uma porção de dúvidas. A mera referência a decisões de outras ordens jurídicas (nacionais ou internacionais) permite dizer de um diálogo jurisprudencial? Quais os elementos que devem existir para se falar em um diálogo conceitualmente adequado?

Essas interrogações, à primeira vista simples, são mais profundas e exigentes no que se refere à sua fundamentação.

Outra questão que desponta nesses momentos diz respeito ao porquê de se dialogar.

Por fim, se o diálogo exige confirmação do que apontam outros tribunais ou pode admitir contrariedade.

A interação entre os tribunais pode ocorrer de modos bastante diversos, conforme a disposição de abrir seu processo decisório para o cenário internacional (ou comparado).[23] Essa interação, no plano doméstico, é fundada em uma relação hierárquica, em que decisões de tribunais superiores se impõem sobre decisões de tribunais inferiores na estrutura hierarquizada do Poder Judiciário. Não concebemos essa interação como diálogo.[24]

A primeira fórmula que poderia ser referida, mas que não acredito ser um efetivo diálogo, seria a ausência de diálogo. Esse fenômeno hoje é quase inexistente no constitucionalismo ocidental, pois os tribunais, de alguma forma, conhecem o que decidem outros que não no mesmo território. Estariam inseridos nesse rol também os tribunais que se negassem a dialogar com a jurisprudência internacional ou comparada, mas, apesar disso, fizessem referência a tratados internacionais em seus julgados. Isso porque não se está a tratar de um diálogo com o direito internacional ou comparado, mas com outros tribunais.

Sendo assim, podemos, inicialmente, dividir a disposição dos tribunais em três grupos. Os tribunais abertos ao diálogo; os tribunais medianamente dialogantes; e os tribunais reticentes ao diálogo.[25]

---

[23] Para nós, essa nomenclatura, no presente texto, serve para separar os tribunais internacionais (internacional) dos tribunais de outros Estados nacionais (comparado). A nomenclatura é facilitadora, mas, ao mesmo tempo, problemática ao nível conceitual, como sabido.

[24] No mesmo sentido, CAVALLO, Gonzalo Aguillar. El diálogo multinivel. In: MEZZETTI, Luca; CONCI, Luiz Guilherme Arcaro. *Diálogo entre cortes*: a jurisprudência nacional e internacional como fator de aproximação entre ordens jurídicas em um mundo cosmopolita. Brasília: Editora OAB, 2015, p. 154.

[25] No que se refere ao relacionamento entre juízes, pode-se também estipular graus diferentes de interação, como dos "juízes que rechaçam", que "conhecem, mas não se utilizam", os que "somente mencionam" e os que "utilizam corretamente o direito estrangeiro e a comparação" (cf. DE VERGOTTINI, Giuseppe. *Oltre il dialogo tra le corti*. Bologna: Il Mulino, 2010, p. 36-37). Há outra classificação interessante em RAGONE, Sabrina. *Revista de Derecho Constitucional Europeo*, año 8, n. 16, jul./dic. 2011. Disponível em: <http://www.ugr.es/~redce/REDCE16/ReDCEportada16.htm>.

Os primeiros seriam aqueles que veem na jurisprudência tanto de outros tribunais nacionais quanto internacionais significante material para o processo de fundamentação de suas decisões, percebendo em tais julgados importante sede para obtenção de suporte para fundamentação de suas decisões. Seriam aqueles tribunais que percebem que, em um mundo plano, em que os problemas de uns são idênticos ou parecidos com os de outros, importa conhecer como esses outros tribunais decidem para fundamentar suas decisões.

É o caso da Suprema Corte Argentina, que, em uma variedade de situações, afirmou que as decisões da Corte Interamericana de Direitos Humanos (Corte IDH), ainda que em processos em que a Argentina não fosse parte, são importantes, são conteúdo exigido para o seu processo decisório. No caso Símón,[26] um dos que discutiu a questão da anistia, cita a Suprema decisão proferida pela Corte IDH, cujo seguimento é exigido por fazer aquele Estado-Parte do Sistema Interamericano de Proteção de Direitos Humanos, ademais de que tal Convenção tem hierarquia constitucional segundo o artigo 75.22 da Constituição Argentina.

Os segundos seriam aqueles que, apesar de perceberem a jurisprudência alheia como importantes elementos, não têm o costume de utilizá-la corriqueiramente ou entendem que se trata de material sem importância, pois têm o seu espaço decisório baseado no direito doméstico, e o que está para além dele seria de pouca importância.

Os últimos seriam aqueles que se posicionam de forma muito receosa quanto aos impactos dessa jurisprudência em seus julgados, de forma a não a terem como elementos importantes no processo de legitimação de suas decisões, pouco a utilizarem e, mesmo assim, não ter essa jurisprudência verdadeira importância nos resultados alcançados, tendo em vista que é selecionada a dedo somente para auxiliar como mais um ponto de fundamentação.

Verifica-se, assim, que a importância dada à jurisprudência internacional ou comparada é outro ponto importante para esta análise. Na medida em que é utilizada pelos tribunais nacionais, importa saber como essa interação entre cortes ocorre, é dizer, qual o papel desses julgados internacionais ou comparados nas decisões proferidas. Subdividimos essa interação em três grupos. O primeiro, o da subserviência; o segundo, o da interação aberta; e o último, o da bricolagem.

A subserviência entre tribunais ocorre quando um deles observa a outro tribunal como um norteador dos seus julgados, seguindo-o de forma incontestе. Não se dispõe a contestar os argumentos ou a coerência da sua utilização. Somente tem como persuasivo o tribunal de onde originam as decisões pela sua ascendência técnica ou intelectual, se preferirmos.

A interação aberta é outra forma de diálogo. Os tribunais trocam experiências no tempo, observando o fazer um do outro, o modo como vêm tratando de temas que são objeto de suas decisões para construir um processo de fundamentação em rede. Este tipo de processo vem ocorrendo na América Latina com a interação entre a Corte Interamericana de Direitos Humanos e tribunais da Colômbia, do México, da Costa Rica e da Argentina, principalmente.

---

[26] Corte Suprema da Nação Argentina, 14 de junho de 2005.

O último grupo é o da *bricolagem*. As citações dos outros tribunais ocorrem sem qualquer adaptação ou desenvolvimento de argumentos, são meras referências que operam no campo numérico (mais citações, mais pesquisa ou erudição), mas que servem, ao final, como meros apoios unilaterais ao que se pretende decidir. Às vezes, inclusive, são desnecessárias, equivocadas ou mesmo superadas nos tribunais de origem. Nesse sentido, *bricolage* faz com que:

> *Por medio del cual el intérprete, a partir de una actitud de apertura y predisposición a identificar fuentes normativas que le auxilien en el proceso de toma de decisión, recurre a experiencias extranjeras de manera más o menos aleatoria (1999, p. 1237).14 En ese último enfoque, el magistrado desarrolla el trabajo de "ofrecer razones" como un bricoleur. Según el autor, el "hecho" del uso de experiencias extranjeras por el magistrado evidencia, al mismo tiempo, que se encuentra en marcha un proceso de cambio en la cultura jurídica nacional sobre esa temática (Tushnet, 1999, p. 1304) y que él se autorreconoce como revestido de una función activa (participante) en el proceso de construcción judicial.*[27]

Por fim, o diálogo pode se estabelecer a partir da aceitação dos fundamentos do julgado internacional ou comparado (diálogo positivo) ou pelo seu afastamento (diálogo negativo).[28]

Essas classificações, que não têm a pretensão de esgotar o enfrentamento do tema, servirão, mais à frente, para analisar o modo como o STF estabelece contato com o Sistema Interamericano de Proteção de Direitos Humanos.

5 O controle de convencionalidade e o diálogo entre cortes: duas faces da mesma moeda chamada proteção da pessoa humana

O relacionamento entre direito internacional dos direitos humanos e direito interno exige que esse processo se concretize não somente a partir de critérios normativos, mas também por critérios hermenêuticos.

Nesse sentido, os princípios *pacta sunt servanda*,[29] efeito útil e, especialmente, o princípio *pro homine ou pro persona* devem indicar essa aproximação, tendo em vista que não se está a falar em uma relação de supranacionalidade, mas de intersecção entre ordens jurídicas.

No plano material, é o princípio *pro persona* que mobiliza o processo decisório. A respeito dele, Monica Pinto[30] afirma:

---

[27] BASTOS JÚNIOR, Luiz Magno. Utilización del Derecho Constitucinal comparado en la interpretación constitucional: nuevos retos a la teoría constitucional. *Revista del Centro de Estudios Constitucionales*, ano 5, n. 2, p. 251-274, 2007.

[28] Corte Constitucional da Colômbia, Sentença C-442/2011.

[29] TRINDADE, Antonio Augusto Cançado. *Tratado de Direito Internacional dos Direitos Humanos*. v. I. Porto Alegre: SAFE, 2003, p. 551-552.

[30] PINTO, Monica. El principio pro homine: criterios de hermenêutica y pautas para la regulación de lós derechos humanos. In: *La aplicación de lós tratados de derechos humanos por lós tribunales locales*. Buenos Aires: Ediar, Centro de Estudios Legales y Sociales - Editorial del Puerto, 1997, p. 163. Também ESCALANTE, Rodolfo E. Piza. El valor del derecho y la jurisprudencia internacionales de derechos humanos en el derecho y la justicia internos el ejemplo de costa rica. In: ZAMUDIO, Héctor Fix. *Liber amicorum*. v. I. Sao José: CIDH, 1998, p. 183: *"Esto mismo, unido a la naturaleza universal e indivisible de los derechos humanos, caracterizados precisamente por su atribución a todo ser humano por el sólo hecho de serlo, sin distinción de sexo, edad, color, riqueza, origen nacional o social, nacionalidad o*

El principio pro homine es un criterio hermenéutico que informa todo el derecho de los derechos humanos, en virtud del cual se debe acudir a la norma más amplia, o a la interpretación más extensiva, cuando se trata de reconocer derechos protegidos e, inversamente, a la norma o a la interpretación más restringida cuando "se trata de establecer restricciones permanentes al ejercicio de los derechos o su suspensión extraordinaria".

O princípio *pro persona* impõe-se, pois, na interseção entre ordens jurídicas, é a norma mais protetiva ao indivíduo, se a nacional ou a internacional, devendo prevalecer aquela que for mais expansiva, independentemente do *status* hierárquico interno que adquire tratados internacionais de direitos humanos.[31]

Trata-se de norma jurídica que decorre do artigo 29 da Convenção Americana de Direitos Humanos, no que diz respeito tanto ao conflito de interpretações, que pode decorrer dos tratados e instrumentos internacionais,[32] sejam do sistema regional ou do sistema global de proteção de direitos humanos, sejam dos tratados ou instrumentos e dos direitos fundamentais previstos nacionalmente, nos Estados-Partes do Sistema Interamericano de Proteção de Direitos Humanos.[33]

No plano doméstico, faz-se necessária uma análise aprofundada de conteúdo do que decidiram os órgãos judiciais ou quase judiciais no plano internacional para a composição do que denominamos bloco de convencionalidade. Dessa forma, o controle de convencionalidade é o instrumento para a implementação do princípio *pro persona*, e o diálogo entre cortes, o elemento que alimenta esse processo.

O mesmo é de se esperar das cortes internacionais que conheçam a jurisprudência dos estados que a ela se submetem e dela façam uso como peça fundamental de seus julgados.

---

ninguna otra condición social, impone definitivamente la superación de toda pretensión dualista para explicar la relación entre el Derecho interno y el Derecho Internacional. Porque, efectivamente, la coexistencia de dos órdenes jurídicos distintos sobre un mismo objeto resulta lógicamente imposible; con lo cual va perdiendo a su vez, todo sentido, no sólo la clásica alternativa 'monismo' y 'dualismo' en la consideración de las relaciones entre el Derecho interno y el Internacional, sino incluso la discusión sobre la prevalencia de uno u otro, en caso de conflicto, por lo menos en lo que se refiere a los derechos humanos; con la consecuencia absolutamente obligada de que, o en esta materia prevalece el Derecho Internacional, o bien, como debe, a mi juicio, decirse mejor, en realidad no prevalece ni uno ni otro, sino, en cada caso, aquél que mejor proteja y garantice al ser humano, en aplicación, además, del 'principio pro homine' propio del Derecho de los Derechos Humanos".

[31] TRINDADE, Antonio Augusto Cançado. *Tratado de Direito Internacional dos Direitos Humanos.* v. II. Porto Alegre: SAFE, 1999, p. 435.

[32] Corte Interamericana de Direitos Humanos. La colegiación obligatoria de periodistas (arts. 13 y 29 de la Convención Americana sobre Derechos Humanos), Opinión Consultiva OC/5, 13 de noviembre de 1985, par. 52: *"En consecuencia, si a una misma situación son aplicables la Convención Americana y otro tratado internacional, debe prevalecer la norma más favorable a la persona humana. Si la propia Convención establece que sus regulaciones no tienen efecto restrictivo sobre otros instrumentos internacionales, menos aún podrán traerse restricciones presentes en esos otros instrumentos, pero no en la Convención, para limitar el ejercicio de los derechos y libertades que ésta reconoce".*

[33] Artigo 29 - Nenhuma disposição da presente Convenção pode ser interpretada no sentido de: a) permitir a qualquer dos Estados-partes, grupo ou indivíduo, suprimir o gozo e o exercício dos direitos e liberdades reconhecidos na Convenção ou limitá-los em maior medida do que a nela prevista; b) limitar o gozo e exercício de qualquer direito ou liberdade que possam ser reconhecidos em virtude de leis de qualquer dos Estados-partes ou em virtude de Convenções em que seja parte um dos referidos Estados; c) excluir outros direitos e garantias que são inerentes ao ser humano ou que decorrem da forma democrática representativa de governo; d) excluir ou limitar o efeito que possam produzir a Declaração Americana dos Direitos e Deveres do Homem e outros atos internacionais da mesma natureza.

Trata-se de um diálogo crítico, que, conforme Victor Bazán:[34]

En el fondo, y como se adelantaba, la cooperación entre los tribunales internos y los tribunales internacionales no apunta a generar una relación de jerarquización formalizada entre éstos y aquéllos, sino a trazar una vinculación de cooperación en la interpretación pro homine de los derechos humanos.

Ainda que limitado ao ambiente interamericano, Abramovich, Bovino e Courtis apontam que:[35]

Sin embargo, en un plan general de discusión, ello no nos impide advertir la conveniencia de que se profundice un diálogo jurisprudencial entre la Corte IDH y los respectivos órganos de cierre de la jurisdicción constitucional de los Estados que conforman el sistema interamericano, a los fines de que aquélla tenga presente las observaciones o discordancias que los mismos formulen a los criterios jurisprudenciales trazados por el Tribunal interamericano para coadyuvar al mejoramiento de su labor jurisdiccional. Naturalmente, todo ello en aras de optimizar el modelo tuitivo de los derechos fundamentales sobre la base de un adecuado funcionamiento de las piezas que lo componen, precisamente para hacer más efectiva y eficiente la protección de aquéllos en nuestro espacio regional.

Em muitos casos, a prevalência de algumas normas sobre outras depende de um exame acurado da normatividade nacional e internacional. Isso ocorre porque, caso a proteção a um direito seja mais efetiva em âmbito nacional, esta deve prevalecer, ainda que existam precedentes internacionais ou normas jurídicas derivadas de tratados ou outros instrumentos internacionais.[36] Por outro lado, caso a corte, ou mesmo um juiz nacional, esteja a decidir um caso em que se analisa a proteção de um direito em âmbito nacional se dá de modo mais eficiente que aquele derivado de algum sistema internacional de proteção de direitos humanos, ela deve se abster de declarar inconvencional o ato nacional em análise.

Esse paradigma se constrói por sobre a perspectiva de que é a pessoa humana, e não o Estado-Parte, quem suporta como fundamento e para onde confluem como destinatários os objetivos de tutela do direito internacional dos direitos humanos[37] e, nesse

---

[34] Também BAZAN, Victor. Corte Interamericana de Derechos Humanos y Cortes Supremas o Tribunales Constitucionales latinoamericanos: el control de convencionalidad y la necesidad de un diálogo interjurisdiccional crítico. *Revista Europea de Derechos Fundamentales*, n. 16, 2º sem. 2010, Fundación Profesor Manuel Broseta e Instituto de Derecho Público Universidad Rey Juan Carlos, Valencia, España, 2011.

[35] Cf. ABRAMOVICH, Víctor. Introducción: Una nueva institucionalidad pública. Los tratados de derechos humanos en el orden constitucional argentino. In: ABRAMOVICH, Víctor; BOVINO, Alberto; COURTIS, Christian. *La aplicación de los tratados de derechos humanos en el ámbito local*: la experiencia de una década Buenos Aires: CELS - Canadian International Development Agency/Editores del Puerto, 2007, p. VI-VII.

[36] Nesse sentido, RAMIREZ, Sergio Garcia. El control judicial interno de convencionalidad. *Revista IUS – Revista Científica del Instituto de Ciencias Jurídicas de Puebla*, n. 28, p. 139, jul./dez. 2011: "(...) corresponde aclarar – como se ha hecho en otro lugar de este trabajo – que las interpretaciones del tribunal interamericano pueden verse superadas por actos – instrumentos internacionales, disposiciones nacionales, actos de jurisdicción interna – que reconozcan a los indivíduos mayores o mejores derechos y libertades. El derecho internacional de los derechos humanos es el 'piso'de los derechos, no el 'techo'. Esta conclusión, que deriva inmediatamente del principio pro homine , tiene soporte en las normas de interpretación contenidas en el artículo 29 de la Convención Americana".

[37] A Corte IDH desde há muito assim decidiu em Corte Interamericana de Derechos Humanos. Opinión Consultiva OC-1/82 del 24 de setiembre de 1982: "*Los tratados modernos sobre derechos humanos, en general, y, en particular, la Convención Americana, no son tratados multilaterales del tipo tradicional, concluidos en función de un intercambio recíproco de derechos, para el beneficio mutuo de los Estados contratantes. Su objeto y fin son la protección de los derechos fundamentales de los seres humanos, independientemente de su nacionalidad, tanto frente a su propio Estado, como frente a los otros contratantes. Al aprobar estos tratados sobre derechos humanos, los Estados se someten a un orden legal dentro*

sentido, sendo a tutela das liberdades dos indivíduos o fim último de qualquer sistema jurídico. Importa mais o *como* se protege, a intensidade da proteção, do que o *locus* ou a fonte de onde deriva a proteção. O princípio *pro homine* exige que se interpretem os direitos humanos de modo mais extensivo, quando a se falar em proteção, participação ou provisão, e, de outro lado, de modo mais restritivo, quando se trate de eventuais restrições a direitos. Monica Pinto afirma que *"este principio coincide con el rasgo fundamental del derecho de los derechos humanos, esto es, estar siempre a favor del hombre"*.[38]

Esse posicionamento, como se vê, respeita a perspectiva de que inexiste relação vertical entre tribunais internacionais ou órgãos quase judiciais e os tribunais nacionais, pois parte do pressuposto de que não existe supremacia hierárquica automática das decisões tomadas em detrimento daquelas nacionais.[39] Trata-se também de um modo outro de se rotular a questão da limitação ou alteração da soberania do Estado, pois não há que se falar em soberania quando o centro do sistema protetivo está no indivíduo, e não no próprio Estado. Não há soberania bastante para proteger com déficit os direitos fundamentais ou humanos da pessoa humana.[40][41]

Aqui devem ser feitas duas ponderações. A primeira, que isso se aplica em sistemas onde não existe a regra da supranacionalidade, como na União Europeia. A segunda diz respeito a se retirar desse processo de diálogo eventuais condenações a Estados nacionais. Uma condenação se funda na responsabilidade jurídica assumida pelo Estado

---

del cual ellos, por el bien común asumen varias obligaciones, no en relación con otros Estados, sino hacia los individuos bajo su jurisdicción". Também apontando essa mudança de perspectiva, MACGREGOR, Eduardo. *El control difuso de convencionalidad en el estado constitucional.* Disponível em: <http://biblio.juridicas.unam.mx/libros/6/2873/9.pdf>. p. 159.

[38] PINTO, Monica. El principio pro homine. Criterios de hermenêutica y pautas para La regulación de lós derechos humanos. In: *La aplicación de lós tratados de derechos humanos por lós tribunales locales.* Buenos Aires: Ediar, Centro de Estudios Legales y Sociales – Editorial del Puerto, 1997, p. 163.

[39] Tal qual decidido pelo Tribunal Constitucional do Peru no caso EXP. N2730-2006-PA/CT – 21 de julho de 2006 – Caso De Arturo Castillo Chirinos: *"15. Lo expuesto, desde luego, no alude a una relación de jerarquización formalizada entre los tribunales internaciones de derechos humanos y los tribunales internos, sino a una relación de cooperación en la interpretación pro homine de los derechos fundamentales. No puede olvidarse que el artículo 29.b de la Convención proscribe a todo tribunal, incluyendo a la propia Corte, "limitar el goce y ejercicio de cualquier derecho o libertad que pueda estar reconocido de acuerdo con las leyes de cualquiera de los Estados partes o de acuerdo con otra convención en que sea par te uno de dichos Estados. Ello significa, por ejemplo, que los derechos reconocidos en el artículo inter no y la interpretación optimizadora que de ellos realice la jurisprudencia de este Tribunal, también es observada por la Corte".*

[40] Nesse sentido, também, LANDA, César, Sentencias fundamentales del Tribunal Constitucional Peruano. In: BAZÁN, Víctor; NASH, Claudio. *Justicia Constitucional y Derechos Fundamentales:* aportes de Argentina, Bolivia, Brasil, Chile, Perú, Uruguay y Venezuela – 2009. Montevideu: Programa Estado de Derecho de la Fundación Konrad Adenauer y Centro de Derechos Humanos de la Facultad de Derecho de la Universidad de Chile, 2010, p. 77.

[41] *El deber de garantía del derecho a la salud a través de la prestación de servicios de salud.* Extracto de la Sentencia de la Corte Constitucional, Colombia, 5 de junio de 2008. *Revista Diálogos Jurisprudenciales,* n. 7, jul./dic. 2009, Corte Interamericana de Derechos Humanos, Instituto Interamericano de Derechos Humanos, Instituto de Investigaciones Jurídicas Universidad Nacional Autónoma de México, Fundación Konrad Adenauer, México, 2010, p. 117: *"Abarca, también, la posibilidad de complementar las garantías establecidas en el ordenamiento jurídico interno a favor de los derechos constitucionales con aquellas previstas en los Tratados Internacionales sobre Derechos Humanos. Lo anterior supone, desde luego, la aplicación del principio pro homine, esto es, las normas han de complementarse de manera tal, que siempre se amplíe la protección prevista en el orden jurídico interno y no se disminuya. En el evento en que la norma que se desprende del Tratado internacional sea más restrictiva, se aplicará de preferencia la norma de derecho interno. Por otro lado, en virtud de lo dispuesto por el artículo 94 superior, así como de ló consignado en el artículo 44 de la Constitución Nacional –sobre los derechos de los niños y de las niñas– la obligación de interpretar los derechos constitucionales de conformidad con lo dispuesto en los Pactos internacionales sobre Derechos Humanos aprobados por Colombia contiene, de igual modo, la posibilidad de adicionar el ordenamiento jurídico interno con nuevos derechos siempre, claro está, bajo aplicación del principio pro homine mencionado atrás".*

que implica, ademais, cumprir decisões de órgãos habilitados para tanto, daí porque a denúncia a tratados é a fórmula adequada para que tal submissão deixe de ocorrer em casos futuros, a cujo tempo o Estado não esteve sob a jurisdições de tais órgãos.

Nesse sentido, a Corte IDH afirma que:

> [l] a Convención Americana, además de otros tratados de derechos humanos, buscan, a contrario sensu, tener en el derecho interno de los Estados Parte el efecto de perfeccionarlo, para maximizar la protección de los derechos consagrados, acarreando, en este propósito, siempre que necesario, la revisión o revocación de leyes nacionales [...] que no se conformen con sus estándares de protección.[42]

A prudência entre os atores envolvidos e a abertura a um diálogo constante são os meios de resolução do relacionamento que, em alguns momentos, pode se tornar conflitivo.

Referências

ABRAMOVICH, Víctor. Introducción: una nueva institucionalidad pública – los tratados de derechos humanos en el orden constitucional argentino. In: ABRAMOVICH, Víctor; BOVINO, Alberto; COURTIS, Christian. *La aplicación de los tratados de derechos humanos en el ámbito local*: la experiencia de una década, CELS – Canadian International Development Agency. Buenos Aires: Editores del Puerto, 2007.

BASTOS JÚNIOR, Luiz Magno. Utilización del Derecho Constitucinal comparado en la interpretación constitucional: nuevos retos a la teoría constitucional. *Revista del Centro de Estudios Constitucionales*, ano 5, n. 2, p. 251-274, 2007.

BASTOS JR., Luis Magno; LOIS, Caballero. Pluralismo constitucional e espaços transnacionais. In: SILVA, Artur Stamford da (Org.). *O judiciário e o discurso dos direitos humanos*. Recife: Editora Universitária da UFPE, 2011.

BAZAN, Victor. Corte Interamericana de Derechos Humanos y Cortes Supremas o Tribunales Constitucionales latinoamericanos: el control de convencionalidad y la necesidad de un diálogo interjurisdiccional crítico. *Revista Europea de Derechos Fundamentales*, n. 16, 2º sem. 2010.

CLÈVE, Clèmerson Merlin. Contribuições previdenciárias. Não recolhimento. Art. 95, *d*, da Lei nº 8.212/91. Inconstitucionalidade. *Revista dos Tribunais*, n. 736, 1997.

CONCI, Luiz Guilherme Arcaro. O controle de convencionalidade como parte de um constitucionalismo transnacional fundado na pessoa humana. *Revista de Processo*, v. 232, p. 363, 2014.

CONCI, Luiz Guilherme Arcaro. Las sentencias de los tribunales internacionales de derechos humanos y los tribunales supremos nacionales: el caso de Brasil. In: MEZZETTI, Luca; PIZZOLO, Calogero (Org.). *Diritto costituzionale transnazionale Atti del Seminario internazionale di studi Bologna*, 6 marzo 2012. v. 1. Bolonha: Filodiritto, 2013, p. 59-90.

CONCI, Luiz Guilherme Arcaro. Controle de convencionalidade e o diálogo entre ordens internacionais e constitucionais comunicantes por uma abertura crítica do direito brasileiro ao Sistema Interamericano de Proteção de Direitos Humanos. In: COELHO, Marcus Vinicius Furtado (Org.). *Reflexões sobre a Constituição*: uma homenagem da advocacia brasileira. v. 1. Brasilia: Leya, 2013, p. 200-230.

CONCI, Luiz Guilherme Arcaro. Decisões conflitantes do Supremo Tribunal Federal e da Corte Interamericana de Direitos Humanos: vinculação ou desprezo. In: SOUSA, Marcelo Rebelo de et al. (Org.). *Estudos em Homenagem ao Prof. Doutor Jorge Miranda*. v. 5. Coimbra: Coimbra, 2012, p. 301-326.

DE VERGOTTINI, Giuseppe. *Oltre il dialogo tra le corti*. Bologna: Il Mulino, 2010.

---

[42] Corte IDH: Caso *"La Última Tentación de Cristo" (Olmedo Bustos y otros) vs. Chile*. Fondo, Reparaciones y Costas. Sentencia de 5 de febrero de 2001. Serie C No. 73. Voto concurrente del juez A. A. Cançado Trindade, par. 14.

ESCALANTE, Rodolfo E. Piza. El valor del derecho y la jurisprudencia internacionales de derechos humanos en el derecho y la justicia internos el ejemplo de costa rica. In: ZAMUDIO, Héctor Fix. *Liber amicorum*. v. I. Sao José: CIDH, 1998.

FERRER-MAC GREGOR, Eduardo. *Interpretación conforme y control difuso de convencionalidad. El nuevo paradigma para el juez mexicano*. Disponível em: <http://biblio.juridicas.unam.mx/libros/7/3033/14.pdf>.

LANDA ARROYO, César. *Constitución y fuentes del derecho*. Lima: Palestra, 2006.

GINSBURG, Ruth Bader; MERRIT, Deborah Jones. *Affirmative action*: an International Human Rights Dialogue, 21 CARDOZO L. REV. 253, 271 (1999).

LANDA, César. Sentencias fundamentales del Tribunal Constitucional Peruano. In: BAZÁN, Víctor; NASH, Claudio. *Justicia Constitucional y Derechos Fundamentales*: aportes de Argentina, Bolivia, Brasil, Chile, Perú, Uruguay y Venezuela – 2009. Montevideu: Programa Estado de Derecho de la Fundación Konrad Adenauer y Centro de Derechos Humanos de la Facultad de Derecho de la Universidad de Chile, 2010.

PINTO, Monica. El principio pro homine. Criterios de hermenêutica y pautas para La regulación de lós derechos humanos. In: *La aplicación de lós tratados de derechos humanos por lós tribunales locales*: Buenos Aires: Ediar/Centro de Estudios Legales y Sociales – Editorial del Puerto, 1997.

RAGONE, Sabrina. Las relaciones de los Tribunales Constitucionales de los Estados miembros con el Tribunal de Justicia y con el Tribunal Europeo de Derechos Humanos: una propuesta de clasificación. *Revista de Derecho Constitucional Europeo*, año 8, n. 16, jul./dic. 2011. Disponível em: <http://www.ugr.es/~redce/REDCE16/ReDCEportada16.htm>.

RAMIREZ, Sergio Garcia. El control judicial interno de convencionalidad, *Revista IUS – Revista Científica del Instituto de Ciencias Juridicas de Puebla*, n. 28, jul./dez. 2011.

RAMOS, André de Carvalho. Pluralidade das ordens jurídicas: uma nova perspectiva na relação entre o Direito Internacional e o Direito Constitucional. *Revista da Faculdade de Direito da Universidade de São Paulo*, v. 106/107, p. 511, jan./dez. 2011/2012.

SLAUGHTER, Anne-Marie. A global community of courts. *Harvard International Law Journal*, v. 44, n. 1, 2003.

TRINDADE, Antonio Augusto Cançado. Desafíos de la protección internacional de los derechos humanos al final del Siglo XX. In: *Seminario sobre Derechos Humanos*, San José, Costa Rica, IIDH, 1997.

TRINDADE, Antonio Augusto Cançado. *Tratado de Direito Internacional dos Direitos Humanos*. v. II. Porto Alegre: SAFE, 1999.

TRINDADE, Antonio Augusto Cançado. O legado da Declaração Universal de 1948 e o futuro da proteção internacional dos direitos humanos. In: FIX-ZAMUDIO, Hector. *México y las declaraciones de derechos humanos*. Cidade do México: UNAM, 1999.

TRINDADE, Antonio Augusto Cançado. *Tratado de Direito Internacional dos Direitos Humanos*. v. I. Porto Alegre: SAFE, 2003.

WALKER, Neil. *Sovereignty in transition*. Oxford: Hart, 2003.

Informação bibliográfica deste texto, conforme a NBR 6023:2002 da Associação Brasileira de Normas Técnicas (ABNT):

CONCI, Luiz Guilherme Arcaro. Diálogos entre cortes e os direitos da pessoa humana – ordens jurídicas e a função da jurisprudência como elemento comunicador. In: LEITE, George Salomão; LEITE, Glauco Salomão; STRECK, Lenio Luiz (Coord.). *Jurisdição constitucional e liberdades públicas*. Belo Horizonte: Fórum, 2017. p. 379-392. ISBN 978-85-450-0237-6.

A CORTE INTERAMERICANA
DE DIREITOS HUMANOS
E O CONTROLE DE CONVENCIONALIDADE

SIDNEY GUERRA

1 Introdução

Após as barbaridades provocadas aos direitos humanos, especialmente por ocasião da Segunda Guerra Mundial, os Estados perceberam a necessidade de criar mecanismos internacionais que pudessem garantir proteção aos indivíduos. A partir das ações desenvolvidas no âmbito da sociedade internacional em favor dos direitos humanos, criou-se uma especificidade nos estudos do direito internacional: o direito internacional dos direitos humanos.[1]

No continente americano, objeto principal deste estudo, no qual a Corte Interamericana de Direitos Humanos ganha *lócus* privilegiado, existe um sistema duplo de proteção dos direitos humanos: o sistema geral, que é baseado na Carta da Organização dos Estados Americanos e na Declaração Americana dos Direitos e Deveres do Homem; e o sistema que alcança apenas os Estados que são signatários da Convenção Americana sobre Direitos Humanos, que, além de contemplar a Comissão Interamericana de Direitos Humanos, como no sistema geral, também abarca a Corte Interamericana de Direitos Humanos.

Esse tribunal internacional apresenta-se como uma instituição judicial independente e autônoma regulada pelos artigos 33, *b*, e 52 a 73 da mencionada Convenção, bem como pelas normas do seu Estatuto, tendo sido instalada em 1979. Ela está situada

---

[1] Neste sentido, GUERRA, Sidney. *Direito internacional dos direitos humanos*. 2. ed. São Paulo: Saraiva, 2015, p. 145: "Além da existência do sistema de proteção global dos direitos humanos é importante enfatizar que o funcionamento das instituições de âmbito regional tem-se revelado bastante positiva, na medida em que os Estados situados num mesmo contexto geográfico, histórico e cultural têm maior probabilidade de transpor os obstáculos que se apresentam em nível mundial. No âmbito regional, cada sistema de proteção (europeu, americano e africano) apresenta uma estrutura jurídica própria. O sistema americano, objeto deste estudo, aborda os procedimentos previstos na Carta da Organização dos Estados Americanos, na Declaração Americana dos Direitos e Deveres do Homem e na Convenção Americana de Direitos Humanos".

na cidade de São José, na Costa Rica, e sua criação tem origem na proposta apresentada pela delegação brasileira à IX Conferência Interamericana, realizada em Bogotá no ano de 1948, e é composta de sete juízes, nacionais dos Estados-Membros da Organização, eleitos a título pessoal dentre juristas da mais alta autoridade moral, de reconhecida competência em matéria de direitos humanos, que reúnam as condições requeridas para o exercício das mais elevadas funções judiciais, de acordo com a lei do Estado do qual sejam nacionais ou do Estado que os propuser como candidatos.[2]

Os juízes da Corte serão eleitos por um período de seis anos e só poderão ser reeleitos uma vez, em votação secreta, e pelo voto da maioria absoluta dos Estados-Partes na Convenção, na Assembleia Geral da Organização dos Estados Americanos, de uma lista de candidatos propostos pelos mesmos Estados. A Corte também pode contar com juízes *ad hoc* para tratar de determinadas matérias, conforme estabelece o artigo 55 da Convenção Americana, cujos requisitos são os mesmos dos demais juízes da Corte.

A Corte Interamericana de Direitos Humanos, originada por meio do Pacto de São José da Costa Rica (Convenção Americana sobre Direitos Humanos – 1969), apresenta como objetivo a aplicabilidade do referido tratado internacional na ordem jurídica dos Estados-Membros que a compõem, conforme preceitua o artigo 1.[3]

Evidencia-se que o estudo da Corte Interamericana reveste-se de grande interesse na medida em que suas decisões produzem efeitos significativos para os Estados que reconhecem sua jurisdição. Assim sendo, o presente artigo destaca o importante papel desenvolvido pela Corte Interamericana de Direitos Humanos para efetiva proteção dos direitos do indivíduo no continente americano para, ao final, traçar algumas considerações acerca do *novel* controle de convencionalidade.

2 As funções da Corte Interamericana e a importância de sua jurisdição no Sistema Interamericano de Direitos Humanos

As funções da Corte Interamericana são classificadas e definidas pela Convenção Americana em duas categorias: contenciosa (artigos 61, 62 e 63) e consultiva (artigo 64).

A Corte deve exercer sua competência contenciosa considerando a responsabilidade do Estado pela violação, uma vez que este se obrigou, ao ratificar a Convenção Americana sobre Direitos Humanos, a não só garantir, como prevenir e investigar, usando todos os recursos que dispuser para impedir as violações da Convenção Americana.

Desses compromissos derivam obrigações de punir, com o rigor de suas normas internas, os infratores de normas de direitos humanos constantes de sua legislação e da Convenção Americana, assegurando à vítima a reparação adequada. O Estado não pode se eximir da obrigação de reparar a violação, conforme estabelecem as normas de direito internacional relativas à responsabilidade internacional do Estado, alegando, por exemplo, que a medida a ser tomada violaria seu direito interno.[4] A competência contenciosa será *ratione personae, ratione materiae e a ratione temporis*.

---

[2] GUERRA, Sidney. *Direitos humanos na ordem jurídica internacional e reflexos na ordem constitucional brasileira.* 2. ed. São Paulo: Atlas, 2014, p. 109-110.

[3] Art. 1. Natureza e Regime Jurídico. – A Corte Interamericana de Direitos Humanos é uma instituição judiciária autônoma cujo objetivo é a aplicação e a interpretação da Convenção Americana sobre Direitos Humanos. A Corte exerce suas funções em conformidade com as disposições da citada Convenção e deste Estatuto.

[4] Neste sentido, vide o cap. XIX de GUERRA, Sidney. *Curso de direito internacional público.* 9. ed. São Paulo: Saraiva, 2015.

No que tange à competência contenciosa *ratione personae*, verifica-se que somente os Estados-Partes e a Comissão é que possuem legitimidade para acionar a Corte Americana. Assim, devem ser adotadas medidas para que o sistema de proteção dos direitos humanos no âmbito do continente americano possa avançar, principalmente quando confrontamos com o sistema europeu. Isso porque no plano americano ainda não foi reconhecido o *jus standi* do indivíduo, isto é, não pode a pessoa humana ingressar diretamente com ações no âmbito da Corte Interamericana.

Nesse sentido, vale registrar o entendimento de Cançado Trindade, em suas reflexões e recomendações *de lege ferenda* expostas no curso que ministrara na sessão externa da Academia de Direito Internacional da Haia realizada na Costa Rica, em 1995, para o aperfeiçoamento e fortalecimento do Sistema Interamericano de Proteção dos Direitos Humanos:

> (...) sem o direito de petição individual, e o consequente acesso à justiça no plano internacional, os direitos consagrados nos tratados de direitos humanos seriam reduzidos a pouco mais do que letra morta. (...) O direito de petição individual abriga, com efeito, a última esperança dos que não encontraram justiça em nível nacional. Não me omitiria nem hesitaria em acrescentar – permitindo-me a metáfora – que o direito de petição individual é indubitavelmente a estrela mais luminosa no firmamento dos direitos humanos.[5]

Oportuno ainda enfatizar que o referido doutrinador, em outra oportunidade, no Voto Concordante na Opinião Consultiva OC-17/2002, de 28 de agosto de 2002, emitida pela Corte Interamericana de Direitos Humanos à solicitação da Comissão Interamericana de Direitos Humanos, corroborou o entendimento de que o direito de petição individual às Cortes Internacionais de Direitos Humanos representa um resgate histórico do indivíduo como sujeito de direito internacional dos direitos humanos. Além disso, relembrou o seu voto no caso *Castillo Petruzi y Otros versus Peru* (Exceções Preliminares, Sentença de 04.09.1998), em que qualificou o direito de petição individual como *cláusula pétrea* dos tratados de direitos humanos que o consagram.[6]

Outro ponto importante relaciona-se à competência facultativa da Corte, ou seja, para conhecer de qualquer caso contencioso que lhe seja submetido pela Comissão Interamericana de Direitos Humanos ou por um Estado-Parte da Convenção Americana, a Corte só poderá exercer esta competência contra um Estado por violação dos dispositivos da Convenção Americana, se este Estado, de modo expresso, no momento do depósito do seu instrumento de ratificação da Convenção Americana ou de adesão a ela, ou em qualquer momento posterior, em declaração[7] apresentada ao Secretário-Geral da Organização dos Estados Americanos, deixar claro que reconhece como obrigatória, de pleno direito e sem convenção especial, a competência da Corte em todos os casos relativos à interpretação ou aplicação da Convenção.

---

[5] CANÇADO TRINDADE, Antônio Augusto *apud* PEREIRA, Antônio Celso. Apontamento sobre a Corte Interamericana de Direitos Humanos. *Revista da EMERJ*, v. 12, n. 45, p. 89, 2009. Disponível em: <http://www.emerj.tjrj.jus.br/revistaemerj_online/edicoes/revista45/Revista45_87.pdf>. Acesso em: 29 de ago. 2015.

[6] *Idem.*

[7] Tal declaração deve ser feita incondicionalmente, ou sob condição de reciprocidade, por prazo determinados ou para casos específicos; da mesma forma, o Estado poderá fazê-lo por meio de convenção especial.

Até o presente momento, somam-se 22 Estados que declararam reconhecer a competência contenciosa da Corte, dentre os 35 Estados-Membros da Organização dos Estados Americanos; vinte e cinco Estados americanos são partes na Convenção Americana. Os Estados Unidos e o Canadá são exemplos dos Estados que não ratificaram a Convenção Americana e não reconhecem a competência da Corte.

Em relação à competência material, *ratione materiae*, está concebida no artigo 62,3, que prevê que a Corte poderá conhecer de qualquer caso relativo à interpretação e aplicação das disposições da Convenção.

E no que tange a *ratione temporis*, a competência da Corte pode também sofrer limite temporal. Isso porque o artigo 62,2 do referido tratado internacional estabelece que a competência pode ser aceita por prazo determinado.

A Corte poderá também se manifestar nas consultas que lhes forem encaminhadas pelos Estados-Partes, emitindo pareceres sobre a compatibilidade entre qualquer de suas leis internas e os instrumentos internacionais.

De fato, o papel da Corte Interamericana de Direitos Humanos, e também a Comissão,[8] é bastante relevante no contexto regional. Antes da implantação desse Sistema de Proteção Regional dos Direitos Humanos, esgotavam-se as possibilidades de se obter reparação de danos por violação aos direitos humanos ao se chegar às Cortes Constitucionais dos respectivos Estados.

Hodiernamente, o quadro é diferente, posto que, quando não há o reconhecimento formal do Estado em relação ao caso apresentado, a pessoa que se sente injustiçada ou seus familiares poderão acionar a Corte Interamericana, observados os requisitos expressos na Convenção.

Assim, a Corte Interamericana de Direitos Humanos apresenta lugar privilegiado, posto que criou um importante precedente acerca da responsabilidade internacional do Estado em matéria de direitos humanos, como evidencia-se no paradigmático caso *Velásquez Rodríguez x Honduras*, em sentença proferida no dia 29 de julho de 1998, que estabeleceu por unanimidade que *"Honduras está obligada a pagar una justa indemnización compensatoria a los familiares de la víctima"*.[9] Em virtude deste caso, a Corte Interamericana assentou que a especificidade da reparação devida por violação de norma da Convenção Americana é um procedimento internacional de reparação de graves violações aos direitos humanos, cometidas pelo Estado.

Desta forma, a responsabilização internacional do Estado, por tais violações, defere maior efetividade dos direitos humanos, bem como a devida sanção aos Estados em caso de descumprimento.

---

[8] PIOVESAN, Flavia. *Introdução ao sistema interamericano de proteção dos direitos humanos*: a Convenção Americana de Direitos Humanos: o sistema interamericano de proteção dos direitos humanos e o direito brasileiro. São Paulo: RT, 2000, p. 251 ressalta a importância do Sistema Interamericano de Proteção dos Direitos Humanos, nesta passagem: "Cabe realçar que o sistema interamericano tem assumido extraordinária relevância, como especial lócus para a proteção de direitos humanos. O sistema interamericano salvou e continua salvando muitas vidas; tem contribuído de forma decisiva para a consolidação do Estado de Direito e das democracias na região; tem combatido a impunidade; e tem assegurado às vítimas o direito a esperança de que a justiça seja feita e os direitos humanos sejam respeitados. O sistema americano tem revelado, sobretudo, dupla vocação: impedir retrocessos e fomentar avanços no regime de proteção dos direitos humanos, sob a inspiração de uma ordem centrada no valor da absoluta prevalência da dignidade humana".

[9] Corte IDH. *Caso Velásquez Rodríguez Vs. Honduras*. Fondo. Sentencia de 29 de julio de 1988. Serie C N. 4

Nesse diapasão, deve ser ressaltada a necessidade de combinar a sistemática nacional e internacional de proteção, à luz do princípio da dignidade humana, pois, assim, conjugam-se os sistemas para o fortalecimento dos mecanismos de responsabilização do Estado.[10]

Frise-se, por oportuno, que os Estados assumem grande importância na estrutura do Sistema Interamericano,[11] tendo em vista que possuem a competência de investigar, processar, condenar o responsável pela lesão aos direitos humanos consagrados na convenção americana, bem como reparar as vítimas pelos danos sofridos.

Galli e Dulitzky, corroborando esse entendimento, afirmam que:

> (...) a reparação às violações de direitos humanos é um importante compromisso que o Estado assume ao ratificar a Convenção Americana. A Corte Interamericana desenvolveu uma vasta jurisprudência sobre o tema. Em conformidade com a jurisprudência internacional, a Corte estabeleceu que o Estado assume que ao violar os direitos que se comprometeu a proteger, irá agir para apagar as consequências de seus atos ou omissões ilícitos.[12]

Assim, verifica-se que a reparação consiste em devolver ao lesado a situação ao seu estado anterior e, não sendo mais possível, realizar a reparação do dano de outra forma. Por isso mesmo é que a própria Convenção não deixou dúvidas acerca da imperatividade das decisões da Corte.

De fato, as decisões da Corte Interamericana são imperativas e exigíveis dentro do território dos países que ratificaram a Convenção Americana de Direitos Humanos,[13] conforme estabelece o artigo 67 da Convenção Americana: "A sentença da Corte será definitiva e inapelável. Em caso de divergência, a Corte interpretá-lá-á a pedido de qualquer das partes, desde que o pedido seja apresentado dentro de noventa dias a partir da data da notificação da sentença".

A sentença proferida pela Corte[14] deve estar devidamente motivada, ou seja, devem ser apresentados a descrição dos fatos, os fundamentos jurídicos, as conclusões

---

[10] CORREIA, Theresa Rachel Couto. *Corte interamericana de direitos humanos*. Curitiba: Juruá, 2008, p. 242.

[11] Atente-se para os estudos de BRANDÃO, Marco Antonio Diniz; BELLI, Benoni. O sistema interamericano de proteção dos direitos humanos e seu aperfeiçoamento no limiar do século XXI. In: GUIMARÃES, Samuel Pinheiro; PINHEIRO, Paulo Sérgio. *Direitos Humanos no século XXI*. Rio de Janeiro: Renovar, 1999, p. 300: "O Estado deve ser ele próprio um instrumento de proteção, pois os direitos humanos não se realizam automaticamente pela abstenção estatal ou pela mera não intrusão no espaço provado. Os direitos humanos exigem do Estado obrigações positivas, obrigações de fazer. Desta perspectiva, a potencialidade da conversão do Estado em aliado na luta pelos direitos humanos se encontra inscrita na democracia, e a realização efetiva desta aliança é impulsionada, entre outros fatores, pela cooperação com os mecanismos internacionais de proteção".

[12] RAMOS, André de Carvalho. *Processo Internacional de direitos humanos*. Rio de Janeiro: Renovar, 2002, p. 99.

[13] Deve-se atentar para as palavras de CORREIA, Theresa Rachel Couto, *op. cit.*, p. 242: "Ao enfrentar a publicidade das violações de direitos humanos de que são acusados, os Estados são praticamente obrigados a se justificarem por suas práticas, o que nos permite afirmar, têm auxiliado na implementação de novas práticas de governo que considerem o respeito aos direitos humanos".

[14] A matéria está consagrada no artigo 56 do Regulamento da Corte: A sentença da Corte Interamericana deverá conter: a) Os nomes do Presidente e dos demais juízes que a tenham proferido, do Secretário e do Secretário Adjunto; b) a indicação das partes e seus representantes e, quando apropriado, dos representantes das vítimas ou de seus familiares; c) uma relação do procedimento; d) a descrição dos fatos; e) as conclusões das partes; f) os fundamentos de direito; g) a decisão sobre o caso; h) o pronunciamento sobre as custas, se procedente; i) resultado da votação; j) a indicação do texto que faz fé. Caberá, ainda, a todo juiz que houver participado do exame de um caso o direito de acrescer à sentença seu voto dissidente ou fundamentado. Estes votos deverão ser formulados dentro do prazo fixado pelo Presidente para que sejam conhecidos pelos juízes antes da comunicação da sentença. Os mencionados votos só poderão referir-se à matéria tratada nas sentenças.

das partes, a decisão propriamente dita, o pronunciamento das custas e o resultado da votação.

Como acentuam alguns autores,[15] a sentença pode determinar que o Estado faça cessar a violação, indenize a vítima ou seus familiares. Embora a solução amistosa no âmbito da Comissão possa apresentar o mesmo resultado que as sentenças da Corte, enquanto a primeira é fruto de uma negociação entre o Estado e o peticionário, a sentença é produto do livre convencimento dos juízes e possui caráter obrigatório.

As decisões que são prolatadas na Corte Interamericana de Direitos Humanos produzem efeitos no plano interno do Estado nacional. No caso brasileiro, por exemplo, tal fato ocorre porque a adesão do Brasil se deu por meio do Decreto nº 678, de 06 de novembro de 1992, que promulgou a Convenção Americana de Direitos Humanos. O reconhecimento da competência da Corte Interamericana ocorreu pelo Decreto Legislativo nº 89, de 03 de dezembro de 1998, e o Decreto nº 4.463, de 08 de novembro de 2002, que promulgou a Declaração de Reconhecimento da Competência Obrigatória da Corte Interamericana em todos os casos relativos à interpretação ou aplicação da Convenção Americana sobre Direitos Humanos.

Nesse sentido, a Corte Interamericana de Direitos Humanos apresenta-se não apenas no Brasil, mas em todo o continente americano, com importância inestimável para a garantia efetiva dos direitos humanos. Ela se apresenta, junto com a Comissão Interamericana de Direitos Humanos, como órgão de proteção do Sistema Interamericano de Direitos Humanos.

Significa dizer, portanto, que, com o funcionamento do Sistema Interamericano, observando-se naturalmente os requisitos definidos nos documentos de proteção,[16] mesmo ocorrendo uma sentença desfavorável no âmbito estatal, o indivíduo ainda poderá recorrer ao sistema externo, isto é, o caso será encaminhado à Comissão[17] e, posteriormente, à Corte.[18] Esta, emitindo sentença favorável ao indivíduo, reconhece, assim, a responsabilidade do Estado em reparar os danos causados, tendo em vista que a sentença prolatada pela Corte Interamericana é imperativa e inapelável, sob pena de serem aplicadas sanções de natureza política, caso o Estado não a cumpra, perante a Organização dos Estados Americanos.

Além disso, não se pode olvidar que, nos últimos anos, a Corte tem ordenado medidas provisórias de proteção em um número crescente de casos, tanto pendentes ante a ela como ainda não submetidos a ela, mas pendentes ante a Comissão, a pedido desta última, artigo 63.2, Convenção. Tais medidas têm sido ordenadas em casos de extrema gravidade ou urgência, de modo a evitar danos irreparáveis à vida e integridade pessoal de indivíduos. As medidas provisórias revelam, assim, a importante dimensão preventiva da proteção internacional dos direitos humanos. Neste sentido, importante

---

[15] BRANDÃO; BELLI, *op. cit.*, p. 290.

[16] Neste sentido, os artigos 44, 45 e 46 tratam da matéria no Pacto de São José da Costa Rica.

[17] As verdadeiras partes no caso contencioso perante a Corte Interamericana são os indivíduos demandantes e o Estado demandado e, processualmente, a Comissão Interamericana de Direitos Humanos como a titular da ação.

[18] Impende assinalar que "depois de admitida a demanda, as presumidas vítimas, seus familiares ou seus representantes devidamente creditados poderão apresentar suas solicitações, argumentos e provas em forma autônoma durante todo o processo". Evidencia-se, pois, que a Corte outorgou ao indivíduo o *locus standi in judicio*.

destacar o instituto denominado "controle de convencionalidade" e seus desdobramentos na ordem jurídica interna.

3 Controle de convencionalidade

O processo de elaboração de uma nova Constituição fez com que o Brasil experimentasse um novo momento em relação à valorização da pessoa humana, em que deixava para trás o cerceamento, o aviltamento e a limitação de liberdades, consagrando em seu texto constitucional rol bastante significativo de direitos fundamentais.

Com a promulgação do Texto Constitucional de 1988, definitivamente o Brasil assume um compromisso sério frente à sociedade internacional com o respeito, a promoção e a proteção dos direitos humanos.

Diante desse compromisso e do quadro favorável consagrado por nova dinâmica em relação à política dos direitos humanos, é que o legislador constituinte brasileiro estabeleceu importantes marcos nessa matéria. Ou seja, o Brasil passou a reconhecer obrigações em matéria de direitos humanos no plano internacional.

De fato, a Constituição Brasileira é rica na consagração de direitos e garantias fundamentais e reconhece vários dispositivos que vinculam o Estado às obrigações assumidas no âmbito internacional, cujo texto constitucional é marcado por normas internacionais de direitos humanos, como, por exemplo, o artigo 4º, que consagra os princípios que norteiam o Estado brasileiro no campo das relações internacionais:

> Art. 4º A República Federativa do Brasil rege-se nas suas relações internacionais pelos seguintes princípios: I - independência nacional; II- prevalência dos direitos humanos; III- autodeterminação dos povos; IV- não-intervenção; V-igualdade entre os Estados; VI - defesa da paz; VII - solução pacífica dos conflitos; VIII - repúdio ao terrorismo e ao racismo; IX - cooperação entre os povos para o progresso da humanidade; X - concessão de asilo político.

Com essa postura adotada pelo legislador constituinte, evidencia-se que o Brasil passa a assumir definitivamente a postura de valorização da pessoa humana e consolida um todo harmônico entre o sistema interno e internacional. Cançado Trindade, sobre a interação entre o direito internacional e o direito interno na proteção dos direitos humanos, afirmou:

> A incorporação da normativa internacional de proteção no direito interno dos Estados constitui alta prioridade em nossos dias: pensamos que, da adoção e aperfeiçoamento de medidas nacionais de implementação depende em grande parte o futuro da própria proteção internacional dos direitos humanos. Na verdade, no presente domínio de proteção o direito internacional e o direito interno conformam um todo harmônico: apontam na mesma direção, desvendando o propósito comum de proteção da pessoa humana. As normas jurídicas, de origem tanto internacional como interna, vêm socorrer os seres humanos que têm seus direitos violados ou ameaçados, formando um *ordenamento jurídico de proteção*.[19]

---

[19] TRINDADE, *op. cit.*, p. 402.

Com efeito, atualmente há uma grande interpenetração das normas internacionais de direitos humanos e das normas de direito interno, o que acabam por influenciar de maneira significativa a ordem jurídica brasileira.[20]

O processo de internacionalização dos direitos humanos decorre, principalmente, das barbáries praticadas por ocasião da segunda grande guerra mundial. Isso porque, inicialmente, a sociedade internacional assistiu de forma inerte ao aviltamento da dignidade de milhares de pessoas sem que houvesse sido coordenada uma ação no plano internacional sobre a problemática. Outro fator que tem sido apontado corresponde à vontade de muitos governos na aquisição de legitimidade política no campo internacional e, por consequência, o distanciamento de práticas atentatórias aos direitos humanos aplicadas no passado. Não se pode olvidar também que os movimentos sociais, as universidades, pesquisadores e outros segmentos têm desenvolvido trabalho profícuo na conquista de direitos humanos, em razão do quadro de penúria social que um elevado número de pessoas se encontra.

Assim, no que tange à incorporação dos tratados internacionais de direitos humanos na ordem jurídica interna, é que se apresentam teorias que se digladiam no ordenamento jurídico brasileiro: os tratados de direitos humanos com natureza supraconstitucional; os tratados de direitos humanos com natureza constitucional; os tratados de direitos humanos com natureza de lei ordinária; os tratados de direitos humanos com natureza supralegal.[21]

Com efeito, não se pode olvidar que a ordem constitucional sofreu grande influência do direito internacional dos direitos humanos ao consagrar os direitos fundamentais no Brasil.

O direito internacional dos direitos humanos[22] constitui-se um ramo autônomo do direito internacional público, com instrumentos, órgãos e procedimentos de aplicação próprios, caracterizando-se essencialmente como um direito de proteção, que tem por objeto o estudo do conjunto de regras jurídicas internacionais (convencionais ou consuetudinárias) que reconhecem aos indivíduos, sem discriminação, direitos e liberdades fundamentais que assegurem a dignidade da pessoa humana e que consagram as respectivas garantias desses direitos. Visa, portanto, à proteção das pessoas através da atribuição direta e imediata de direitos aos indivíduos pelo direito internacional;[23] direitos esses que pretendem também ver assegurados perante o próprio Estado.

Indubitavelmente, os problemas existentes entre a ordem jurídica interna e internacional não são novos, ao contrário, sempre demandaram esforços para os *jus internacionalistas* resolverem fatos desta natureza.

As normas protetivas dos direitos humanos se apresentam com natureza de *jus cogens*[24] com a consequente e progressiva afirmação da perspectiva universalista do direito

---

[20] Nesse sentido, o Supremo Tribunal Federal, no HC nº 87.585, que teve como relator o Exmo. Ministro Marco Aurélio, por votação unânime concedeu a ordem de *habeas corpus*, nos termos do voto do relator, onde se colhe a Ementa: DEPOSITÁRIO INFIEL - PRISÃO. A subscrição pelo Brasil do Pacto de São José da Costa Rica, limitando a prisão civil por dívida ao descumprimento inescusável de prestação alimentícia, implicou a derrogação das normas estritamente legais referentes à prisão do depositário infiel.

[21] GUERRA, Sidney. *Os direitos humanos na ordem jurídica internacional e reflexos na ordem constitucional brasileira.* 2. ed. São Paulo, 2014. cap. 8.

[22] GUERRA, Sidney. *Direito internacional dos direitos humanos.* 2. ed. São Paulo: Saraiva, 2015, p. 91.

[23] MARTINS, Ana Maria Guerra. *Direito Internacional dos Direitos Humanos.* Coimbra: Almedina, 2006, p. 82.

[24] De acordo com o artigo 53 da Convenção de Viena sobre direito dos tratados de 1969: Tratados incompatíveis com uma norma imperativa de direito internacional geral (*jus cogens*). É nulo todo tratado que, no momento da

internacional dos direitos humanos, cuja base axiológica da dignidade da pessoa humana impõe ao direito internacional o reconhecimento a todo ser humano, em qualquer parte e em qualquer época, de um mínimo de direitos fundamentais.

Apesar da diversidade de interesses dos Estados, a ideia de constitucionalização das regras de conduta da sociedade, no que se refere à proteção dos direitos humanos, é cada vez mais premente. Nesse sentido que se observa uma grande transformação em determinados conceitos e institutos que são consagrados no âmbito do direito internacional, como, por exemplo, a soberania dos Estados[25] e a própria formação de tribunais internacionais para julgar matérias relativas aos direitos humanos. Por isso mesmo é que há autores que questionam a supremacia da Constituição frente aos tratados de direitos humanos, como se vê:

> La supremacia de la Constitución entra en crisis con las sentencias internacionales? La jurisdicción constitucional es la única y la última instancia para la protección de los derechos humanos? Los tribunales Constitucionales dicen la última palabra, tratándose de la protección de los derechos humanos? Las respuestas serán negativas. Siguiendo este innovador esquema, podemos decir que La Convención Americana de Derechos Humanos es norma de las normas em La Organización de Estados Americanos y La Corte Interamericana establece como auténtico guardián e intérprete final de La Convención.[26]

Nesse particular e de acordo com a ordem constitucional brasileira, há de se destacar, mais uma vez, que a dignidade da pessoa humana, que inspira e permeia o estudo do direito interno brasileiro, sofreu grande influência do direito internacional dos direitos humanos.

Assim, os valores da dignidade da pessoa humana se apresentam como parâmetros axiológicos a orientar o texto constitucional brasileiro, devendo-se acrescentar a ideia que vem estampada no princípio da máxima efetividade das normas constitucionais relativas aos direitos e garantias fundamentais.

Ademais, as normas de proteção dos direitos da pessoa humana não se exaurem no direito interno do Estado; ao contrário, existem direitos que são incorporados na ordem jurídica estatal em razão dos tratados internacionais, fazendo inclusive que ocorra uma transmutação hermenêutica dos direitos fundamentais.[27]

Deste modo, o controle de convencionalidade[28] das leis tem recebido atenção especial nos estudos da atualidade, com repercussões nas decisões dos tribunais de

---

sua conclusão, seja incompatível com uma norma imperativa de direito internacional geral. Para os efeitos da presente Convenção, uma norma imperativa de direito internacional dos Estados no seu todo como norma cuja derrogação não é permitida e que só pode ser modificada por uma nova norma de direito internacional geral com a mesma natureza.

[25] Destaca-se neste propósito a obra de GUERRA, Sidney; SILVA, Roberto. *Soberania*: antigos e novos paradigmas. Rio de Janeiro: Freitas Bastos, 2004.

[26] CANTOR, Ernesto Rey. *Control de convencionalidad de las leys y derechos humanos*. México: Porruá, 2008, p. XLIX.

[27] GUERRA, Sidney. *Os direitos humanos na ordem jurídica internacional e reflexos na ordem constitucional brasileira*. 2. ed. São Paulo: Atlas, 2015, p. 293.

[28] CANTOR, *op. cit.*, p. 46: "*El Control de Convencionalidad es un mecanismo de protección procesal que ejerce la Corte Interamericana de Derechos Humanos, en el evento de que el derecho interno (Consitución, ley, actos administrativos, jurisprudência, prácticas administrativas o judiciales, etc.), es incompatible con la Convención Americnaa sobre Derechos Humanos u otros tratados –aplicables– con el objeto de aplicar la Convención u outro tratado, mediante un examen de confrontación normativo (derecho interno con el tratado), en un caso concreto, dictando uma sentencia judicial y ordenando la modificación, derogación, anulación o reforma de las normas o prácticas internas, según corresponda, protegiendo los derechos de la persona humana, con el objeto de garantizar la supremacia de la Convención Americana*".

vários países. Tal controle diz respeito a um novo dispositivo jurídico fiscalizador das leis infraconstitucionais que possibilita duplo controle de verticalidade, isto é, as normas internas de um país devem estar compatíveis tanto com a Constituição (controle de constitucionalidade) quanto com os tratados internacionais ratificados pelo país onde vigora tais normas (controle de convencionalidade).

Este instituto garante controle sobre a eficácia das legislações internacionais e permite dirimir conflitos entre direito interno e normas de direito internacional e poderá ser efetuado pela própria Corte Interamericana de Direitos Humanos ou pelos tribunais internos dos países que fazem parte de tal Convenção.

Ernesto Reis Cantor, em alentada monografia sobre o tema,[29] defende a nova competência da Corte Interamericana de Direitos Humanos para aplicar o controle de convencionalidade sobre direito interno a fim de garantir a efetiva tutela de tais direitos, ou seja, a Corte Interamericana poderá obrigar internacionalmente o Estado a derrogar uma lei que gera violação de direitos humanos em todos os casos que dizem respeito à aplicação da Convenção de Direitos Humanos.[30]

Trata-se de tese inovadora, uma vez que o posicionamento dominante até então era de que os tribunais regionais sobre direitos humanos não teriam competência para analisar a convencionalidade de uma lei em abstrato, tampouco a possibilidade de invalidar uma lei interna. Assim, Cantor, valendo-se de estudos formulados por Cançado Trindade e outros autores estrangeiros, assinala que:

> (...) el Control de Convencionalidad de las normas de derecho interno es fruto de la jurisprudência de la Corte y como tal el Tribunal tiene competencia inherente para la proteción internacional de la persona humana, según se desprende del segundo considerando del Preámbulo de la Convención Americana que 'enuncia el objeto y fin del tratado. Además, consideramos que de los artículos 33, 2 y 62.1 de la Convención se infiere el fundamento jurídico de la nueva competência. El primer texto expressa: "Son competentes para conocer de los asuntos relacionados con el cumplimento de los compromissos contrídos por los Estados Partes en esta Convención: a) La Comisión Interamericana de Derechos Humanos, y b) La Corte Interamericana de Derechos Humanos'. En otras palavras, si un Estado incumple los compromisos internacionales derivados del artículo 2 de la Convención ('Dever de adoptar Disposiciones de Derecho Interno'), expidiendo leyes incompatibles con esta disposición y violando los derechos humanos reconocidos en este tratado, corresponde a la Corte verificar dicho incumplimiento, haciendo un exame de confrontación normativo del derecho interno (Constitución, ley, actos administartivos, jurisprudência, prácticas administrativas o judiciales, etc.), con las normas internacionales al que llamamos 'control', el que por 'asegurar y hacer efectiva la supremacía de la Convención denominamos Control de Convencionalidad: es um control jurídico y judicial.[31]

Ernesto Cantor alega que a Corte Interamericana de Direitos Humanos tem legitimidade para assegurar e fazer efetiva a supremacia da Convenção através do controle de convencionalidade, configurando-se como um controle judicial sobre sua interpretação e aplicação nas legislações internas. Com isso, conclui que a Corte tem competência *ratione materiae* para utilizar o controle de convencionalidade, cujo objetivo

---

[29] CANTOR, Ernesto Rey. *Control de conveniconalidad de lãs leys y derechos humanos*. México: Porruá, 2008.

[30] *Idem*, p. 42.

[31] *Ibidem*, p. 43.

é de verificar o cumprimento dos compromissos estabelecidos pelos Estados que fazem parte desta Convenção, já que ela tem o dever de proteção internacional sobre os direitos humanos.[32]

Cantor faz ainda distinção entre controle de convencionalidade no âmbito internacional e nacional. Em sua classificação, o controle de convencionalidade em sede internacional seria um mecanismo processual que a Corte Interamericana de Direitos Humanos teria para averiguar se o direito interno viola algum preceito estabelecido pela Convenção Interamericana sobre Direitos Humanos mediante um exame de confrontação normativo em um caso concreto, apresentando-se como uma espécie de "controle concentrado de convencionalidade". Desta forma, seria possível emitir uma sentença judicial e ordenar a modificação, revogação ou reforma das normas internas, fazendo prevalecer a eficácia da Convenção Americana. O segundo, o controle de convencionalidade em sede nacional, o juiz interno aplica a Convenção ou outro tratado ao invés de utilizar o direito interno, mediante um exame de confrontação normativo (material) em um caso concreto e elabora uma sentença judicial protegendo os direitos da pessoa humana. Este seria um controle de caráter difuso, em que cada juiz aplicará este controle de acordo com o cáso concreto que será analisado.[33]

Assim, o controle de convencionalidade permite que a Corte Interamericana interprete e aplique a Convenção por meio de um exame de confrontação com o direito interno, podendo este ser uma lei, um ato administrativo, jurisprudência, práticas administrativas e judiciais, e até mesmo a Constituição. É possível, portanto, que um Estado-Parte seja condenado pela Corte Interamericana de Direitos Humanos a revogar leis incompatíveis com a Convenção ou adaptar suas legislações através de reformas constitucionais para que se garanta a tutela de direitos humanos no âmbito do direito interno.

Não se pode olvidar que, com o controle de convencionalidade, mudanças significativas ocorreram no sistema interno dos Estados, fazendo com que sejam condenados pela Corte Interamericana de Direitos Humanos a revogar leis incompatíveis com a Convenção ou adaptar suas legislações através de reformas constitucionais para que se garanta a tutela de direitos humanos no âmbito do direito interno.

4 Considerações finais

O Sistema Interamericano de Direitos Humanos apresenta-se como uma ferramenta de importância inestimável para a garantia efetiva dos direitos humanos no continente americano, pois, através dos dois órgãos previstos na Convenção Americana (Comissão e Corte Interamericana), garante-se não só o acompanhamento da conduta dos Estados-Membros, como também a possibilidade de se julgar casos, prolatando-se uma sentença que deverá ser cumprida, sob pena de sanções de natureza política perante a Organização dos Estados Americanos.

Isso tem provocado espetaculares modificações no campo dos direitos humanos e até mesmo no próprio funcionamento do Estado, porque, à medida que os Estados se

---

[32] *Ibidem*, p. 44.
[33] *Ibidem*, p. 47.

submetem à obrigatoriedade da jurisdição da Corte Interamericana de Direitos Humanos, a soberania estatal passa a ser mitigada.

Significa dizer, portanto, que, antes do funcionamento do sistema de proteção dos direitos humanos no continente americano, se o indivíduo viesse a sofrer algum dano em relação ao exercício de seus direitos fundamentais e recorresse ao poder judiciário sem êxito (tendo uma sentença desfavorável transitada em julgado), ele não teria mais alternativas, devendo se conformar com a atitude do Estado.

Após a criação e funcionamento do Sistema Americano, com seus órgãos de proteção – Comissão e Corte Interamericana de Diretos Humanos – ocorrendo uma decisão desfavorável no plano interno, o indivíduo poderá recorrer ao sistema externo, observando-se os requisitos explicitados anteriormente neste estudo.

Assim sendo, o caso será encaminhado à Comissão e, posteriormente, à Corte; se houver decisão favorável ao indivíduo, reconhecendo a responsabilidade do Estado, e a consequente obrigação de reparar os danos causados, o Estado não terá alternativa senão cumpri-la, visto que a sentença prolatada pela Corte Interamericana é inapelável, estando, inclusive, sujeito ao controle de convencionalidade, ou seja, ao controle judicial exercido pela Corte sobre a interpretação e aplicação das normas internas, podendo ordenar a modificação, revogação ou reforma das normas que estiverem em desconformidade com a Convenção.

Logo, os Estados, ao se tornarem signatários da Convenção Americana, geram para si um dever, qual seja, o de adequar sua legislação e jurisdição interna para que estas estejam em consonância com as normas externas e com a jurisprudência da Corte Interamericana.

Definitivamente é chegado o momento em que os Estados assumam posição de destaque e desenvolvam ações, no plano interno e externo, para a proteção dos direitos humanos na medida em que a observância dos direitos humanos e a prevalência da dignidade da pessoa humana ganham destaque no contexto americano, e o reconhecimento da jurisdição da Corte Interamericana por parte dos Estados garante aos indivíduos uma importante e eficaz esfera complementar de garantia aos direitos humanos sempre que as instituições nacionais se mostrem omissas ou falhas.

Referências

ANDRÉS, Gabriel; PISCITELLO, Daniel Pavón. *Responsabilidad internacional de lós Estados*: desarollo actual, perspectivas y desafios. Córdoba: EDUCC, 2012.

BADENI, Gregório. La Corte Interamericana de Derechos Humanos como instancia judicial superior a la Corte Suprema de Justicia de la Nación. *Se ha convertido la Corte Interamericana de Derechos Humanos en una cuarta instancia*? Buenos Aires: La Ley, 2009.

BRANDÃO, Marco Antonio Diniz; BELLI, Benoni. O sistema interamericano de proteção dos direitos humanos e seu aperfeiçoamento no limiar do século XXI. In: GUIMARÃES, Samuel Pinheiro; PINHEIRO, Paulo Sérgio. *Direitos Humanos no século XXI*. Rio de Janeiro: Renovar, 1999.

CANTOR, Ernesto Rey. *Control de conveniconalidad de las leys y derechos humanos*. México: Porruá, 2008.

CLÉMENT, Zlata Drnas de. Corte Interamericana de Derechos Humanos. Cuarta Instancia? *Se ha convertido la Corte Interamericana de Derechos Humanos en una cuarta instancia*? Buenos Aires: La Ley, 2009.

CORREIA, Theresa Rachel Couto. *Corte interamericana de direitos humanos*. Curitiba: Juruá, 2008.

GUERRA, Sidney. *Curso de direito internacional público*. 9. ed. São Paulo: Saraiva, 2015.

GUERRA, Sidney. *Direitos humanos na ordem jurídica internacional e reflexos na ordem constitucional brasileira*. 2. ed. São Paulo: Atlas, 2014.

GUERRA, Sidney. *Temas emergentes de direitos humanos*. Campos dos Goitacazes: Editora da FDC, 2006.

GUERRA, Sidney. *Direito internacional dos direitos humanos*. 2. ed. São Paulo: Saraiva, 2015.

GUERRA, Sidney; SILVA, Roberto. *Soberania*: antigos e novos paradigmas. Rio de Janeiro: Freitas Bastos, 2004.

GUERRA, Sidney. *O sistema interamericano de proteção dos direitos humanos e o controle de convencionalidade*. São Paulo: Atlas, 2013.

MARTINS, Ana Maria Guerra. *Direito Internacional dos Direitos Humanos*. Coimbra: Almedina, 2006.

RAMOS, André de Carvalho. *Processo Internacional de direitos humanos*. Rio de Janeiro: Renovar, 2002.

PEREIRA, Antônio Celso. Apontamento sobre a Corte Interamericana de Direitos Humanos. *Revista da EMERJ*, v. 12, n. 45, 2009.

PIOVESAN, Flavia. *O sistema interamericano de proteção dos direitos humanos e o direito brasileiro*. São Paulo: RT, 2000.

RAMOS, André de Carvalho. Responsabilidade internacional do Estado por violações aos direitos humanos. *R. CEJ*, Brasília, n. 29, p. 53-63, abr./jun. 2005. Disponível em: <http://www2.cjf.jus.br/ojs2/index.php/cej/article/viewFile/663/843>. Acesso em: 12 mar. 2011.

SAGUES, Nestor Pedro. La interpretación de los derechos humanos en las jurisdicciones nacional y internacional. *Derechos humanos y Constitución en Iberoamérica*. Lima: Grijley, 2002.

TRINDADE, Antônio Augusto Cançado. *Tratado de direito internacional dos direitos humanos*. v. I. Porto Alegre: Sérgio Fabris, 1997.

TRINDADE, Antônio Augusto Cançado. *Las cláusulas pétreas de la protección internacional del ser humano*: El acceso directo de los individuos a la justicia a nivel internacional y la intangibilidad de la jurisdicción obligatoria de los tribunales internacionales de derechos humanos. *El Sistema Interamericano de Protección de los Derechos Humanos en el Umbral del Siglo XXI*. San José de Costa Rica: Corte Interamericana e Derechos Humanos, 2001.

Informação bibliográfica deste texto, conforme a NBR 6023:2002 da Associação Brasileira de Normas Técnicas (ABNT):

GUERRA, Sidney. A Corte Interamericana de Direitos Humanos e o controle de convencionalidade. In: LEITE, George Salomão; LEITE, Glauco Salomão; STRECK, Lenio Luiz (Coord.). *Jurisdição constitucional e liberdades públicas*. Belo Horizonte: Fórum, 2017. p. 393-405. ISBN 978-85-450-0237-6.

A ARGUMENTAÇÃO COMPARATIVA NA JURISDIÇÃO CONSTITUCIONAL

ANDRÉ RUFINO DO VALE

1 Introdução

Um dos aspectos mais interessantes da atual prática decisória dos tribunais constitucionais diz respeito ao uso do direito estrangeiro para fundamentar as decisões. O fenômeno vem se desenvolvendo nos últimos anos com especial intensidade na jurisprudência do Supremo Tribunal Federal, o que torna o tema ainda mais instigante e importante para os estudos sobre a jurisdição constitucional brasileira.

O objetivo deste breve artigo é tentar esclarecer como o tema pode ser desenvolvido em distintas perspectivas e, principalmente, chamar a atenção para uma linha de investigação que talvez seja hoje a que se apresente mais instigante e carente de estudos aprofundados: a da teoria da argumentação jurídica ou, mais especificamente, da *argumentação constitucional*, em se tratando da argumentação levada a cabo pelos tribunais constitucionais.

Como se verá, independentemente dos diversos enfoques que essa abordagem pode adotar, assume especial relevo a análise do fenômeno como problema de citação de doutrina e de jurisprudência estrangeiras pelos tribunais constitucionais no texto de apresentação dos resultados de sua deliberação e a consequente publicação na qualidade de *ratio decidendi* de seus posicionamentos finais. Para uma teoria da argumentação constitucional, esse problema pode suscitar questões relativas à *coerência* do raciocínio desenvolvido deliberativamente pelo órgão colegiado. Essas ideias serão lançadas ao longo dos próximos tópicos.

2 O atual fenômeno do uso do direito estrangeiro na jurisdição constitucional

O uso do direito estrangeiro pelos tribunais e supremas cortes constitucionais comumente tem sido posto como uma novidade, apesar de que, como esclarecem alguns estudos importantes,[1] trata-se de uma prática antiga – mais especificamente um método de direito comparado – que muitos tribunais sempre desenvolveram para deliberar e decidir sobre casos especiais em suas jurisdições nacionais.[2]

É claro, por outro lado, que, nas últimas duas décadas (1990-2000; 2000-2010), assistiu-se a um vertiginoso crescimento da quantidade de citações de precedentes estrangeiros pelos tribunais constitucionais de diversos países, como hoje comprovam alguns estudos empíricos relevantes,[3] e tudo parece indicar que é esse fenômeno mais recente que vem despertando a atenção de doutrinadores de toda parte interessados em entender as suas razões e os seus contornos teóricos.[4]

Em suas características atuais, as causas do fenômeno têm sido relacionadas a diversos fatores, dentre os quais sobressaem o da globalização, que tem favorecido e intensificado os processos de circulação e de migração de tradições e ideias constitucionais,[5] os avanços tecnológicos (especialmente a internet), que permitem de forma mais rápida e dinâmica a pesquisa e troca de informações judiciais em vias que ultrapassam as fronteiras nacionais,[6] assim como um clima cultural cosmopolita e um pensamento universal em torno dos direitos humanos, que deriva especialmente da vigência de tratados internacionais de direitos[7] e de uma cada vez mais robusta e difundida jurisprudência dos tribunais internacionais e supranacionais.

Além do visível fator quantitativo, é certo que alguns fatos constitucionais também recentes têm sugerido o maior interesse pelo fenômeno.

Um dos fatos mais citados e comentados é a recente experiência constitucional da África do Sul, que positivou na Constituição de 1996 (art. 39) uma norma expressa que dá poderes à Corte Constitucional para utilizar o direito estrangeiro na fundamentação

---

[1] VERGOTTINI, Giuseppe de. *Más allá del diálogo entre tribunales. Comparación y relación entre jurisdicciones*. Madrid: Civitas/Thomson Reuters, 2011; BOBEK, Michal. *Comparative Reasoning in European Supreme Courts*. Oxford: Oxford University Press, 2013.

[2] Estudo pioneiro sobre o tema, publicado na década de 1950, pode ser encontrado em: TRIPATHI, Pradyumna K. Foreign Precedents and Constitutional Law. *Columbia Law Review*, v. 57, n. 3, mar. 1957.

[3] GROPPI, Tania; PONTHOREAU, Marie-Claire. *The use of foreign precedents by constitutional judges*. Oxford: Hart Publishing, 2013.

[4] Entre os primeiros e mais difundidos estudos sobre essa temática na década de 1990 estão os importantes e multicitados artigos de Anne-Marie Slaughter: SLAUGHTER, Anne-Marie. A Global Community of Courts. *Harvard International Law Review*, v. 44, n. 1, 2003. *Idem*. Judicial Globalization. *Virginia Journal of International Law*, v. 40, p. 1.103-1.124, 2000. *Idem*. The New World Order. *Foreign Affairs*, v. 76, n. 5, p. 183-197, 1997. *Idem*. A typology of transjudicial communication. *University of Richmond Law Review*, v. 29, p. 99-137, 1995.

[5] CHOUDRY, Sujit. Globalization in search of justification: toward a theory of comparative constitutional interpretation. *Indiana Law Journal*, v. 74, p. 819-892, 1999. L'HEUREUX-DUBÉ, Claire. The importance of dialogue: globalization and the international impact of the Rehnquist Court. *Tulsa Law Journal*, v. 34, p. 15-40, 1998. Em perspectiva diferenciada que ressalta o crescimento de um uso "estratégico" do direito estrangeiro pelos tribunais nacionais como uma forma de reação às "forças da globalização", vide: BENVENISTI, Eyal. Reclaiming Democracy: the strategic uses of foreign and international Law by national Courts. *The American Journal of International Law*, v. 102, p. 241-274, 2008.

[6] NOGUEIRA ALCALÁ, Humberto. *El uso de las comunicaciones transjudiciales por parte de las jurisdicciones constitucionales en el derecho comparado chileno*. Estudios Constitucionales, Centro de Estudios Constitucionales de Chile, Universidad de Talca, año 9, n. 2, p. 17-76, 2011.

[7] Para um estudo do fenômeno focado na jurisprudência dos direitos humanos, vide: McCRUDDEN, Christopher. A common law of human rights? Transnational judicial conversations on constitutional rigths. *Oxford Journal of Legal Studies*, v. 20, n. 4, p. 499-532, 2000. Sobre a "*cosmopolitan judicial doctrine*" como espécie de uso comparativo do direito estrangeiro, vide: ROMANO, Serena. Comparative legal argumentation: three doctrines. *Diritto e Questioni Pubbliche*, n. 12, p. 469-492, 2012.

de suas decisões.[8] Com base nessa norma, a Corte Sul-Africana acabou desenvolvendo, ao longo de seus pouco mais de 20 anos de funcionamento, um rol de precedentes jurisprudenciais extremamente rico para o estudo do tema e que também tem exercido grande influência na atividade de outras Cortes Constitucionais, especialmente no contexto dos países pertencentes à tradição do *common law* (Canadá, Israel, Austrália, Nova Zelândia, Irlanda), onde, de acordo com os estudos empíricos mais atualizados, o intercâmbio de experiências constitucionais e de precedentes judiciais tem ocorrido com maior intensidade.[9]

Outro fato relevante de potencialização do interesse e da atenção dos diversos estudiosos sobre o tema tem sido as posturas entusiasmadas e os debates calorosos que a questão tem suscitado no contexto norte-americano, onde a Suprema Corte sempre demonstrou uma postura muito clara de indiferença ou de aversão ao fenômeno.[10] Algumas referências contidas em quatro decisões relativamente recentes (em casos rumorosos e controvertidos em temas de pena de morte, direitos dos homossexuais e ações afirmativas)[11] acabaram gerando no interior da Suprema Corte Norte-Americana posturas opostas em relação à questão,[12] algumas delas bastante radicais e contrárias à prática (como a do conhecido *Justice* Antonin Scalia), o que tem naturalmente suscitado um intenso debate doutrinário, o qual também se mantém atualmente polarizado.[13] A polêmica chegou ao Congresso, onde os republicanos tentaram aprovar uma norma proibindo as citações de direito estrangeiro por parte dos tribunais, e também foi um dos pontos centrais dos *hearings* de ratificação das nomeações do *Chief Justice* John Roberts e do *Justice* Samuel Alito, quando um senador chegou a propor que esse tipo de citação fosse considerada como uma infração suscetível de *impeachment*.[14]

Além do contexto norte-americano, não se pode olvidar da atual e cada vez mais rica experiência de influência jurisprudencial recíproca entre os tribunais constitucionais europeus e os tribunais da União Europeia (Tribunal Europeu de Direitos Humanos; Tribunal de Justiça da União Europeia).

---

[8] BENTELE, Ursula. *Mining for gold*: the Constitutional Court of South Africa's Experience with Comparative Constitutional Law. *Georgia Journal of International and Comparative Law*, v. 37, n. 2, p. 219-265, 2009. LOLLINI, Andrea. Legal argumentation based on foreign law: an example from case law of the South African Constitutional Court. *Utrecht Law Review*, v. 3, n. 1, jun. 2007.

[9] GROPPI, Tania; PONTHOREAU, Marie-Claire. *The use of foreign precedents by constitutional judges*. Oxford: Hart Publishing, 2013.

[10] HARDING, Sarah K. Comparative Reasoning and Judicial Review. *The Yale Journal of International Law*, v. 28, p. 409-464. MARKESINIS, Basil; FEDTKE, Jörg. The judge as comparatist. *Tulane Law Review*, v. 80, p. 11-167, 2005.

[11] *Printz v. U.S.*, 521 U.S. 898 (1997), *Knight v. Florida* 528 U.S. 990 (1999), *Atkins v. Virginia*, 536 U.S. 304 (2002), *Foster v. Florida* 537 U.S. 990 (2002); *Lawrence v. Texas*, 539 U.S. 558 (2003), *Roper v. Simmons*, 543 U.S. 551 (2005).

[12] Entre os *Justices* que são mais favoráveis ao uso do direito estrangeiro, é importante mencionar a opinião de Ruth Bader Ginsburg expressada em estudos acadêmicos: GINSBURG, Ruth Bader. Looking beyond our borders: the value of a comparative perspective in constitutional adjudication. *Yale Law and Policy Review*, v. 22, p. 329-337, 2004. *Idem*. The value of a comparative perspective in judicial decisionmaking: imparting experiences to, and learning from, other adherents to the Rule of Law. *Revista Jurídica Universidad de Puerto Rico*, v. 74, p. 213-230, 2005.

[13] PARRISH, Austen L. Storm in a teacup: the U.S. Supreme Court's use of Foreign Law. *University of Illinois Law Review*, n. 2, p. 637-680, 2007.

[14] PARRISH, Austen L. Storm in a teacup: the U.S. Supreme Court's use of Foreign Law. In: *University of Illinois Law Review*, n. 2, 2007, p. 637-680.

Não é de se estranhar, portanto, que todos esses fatos recentes, entre outros, tenham convertido o tema em especial foco de estudos e de debates no âmbito da doutrina constitucional.

3 O foco em relação à prática dos tribunais constitucionais

Apesar de todo o interesse que tem despertado, é preciso reconhecer que o tema ainda carece de muito desenvolvimento e, especialmente, de precisões terminológicas e de delimitações temáticas.

É importante ter em mente que se trata de um fenômeno com diversas facetas. Quando se trata do "direito estrangeiro", pode-se fazer referência a um alargado espectro de fontes jurídicas, como as normas emanadas das entidades legislativas de outros países ou de organismos internacionais, as decisões judiciais (os precedentes ou a jurisprudência) de órgãos jurisdicionais de diferentes nacionalidades ou de caráter supranacional, assim como a doutrina produzida no contexto delimitado de cada sistema jurídico nacional.

Cada uma sugere diferentes perspectivas, mas a doutrina tem se interessado mais pelo uso dos precedentes ou da jurisprudência estrangeiras, como demonstra a grande maioria dos estudos existentes sobre o assunto,[15] e a razão para isso está no fato de que o fenômeno venha ocorrendo com maior intensidade em países de tradição do *common law*,[16] onde os precedentes permanecem como a principal fonte do direito.

Ademais, parece bastante óbvio que a prática das citações de direito estrangeiro pode ser desenvolvida por qualquer tribunal, e não apenas pela categoria especial dos tribunais e supremas cortes constitucionais dos diversos países.

De todo modo, a atividade dos tribunais constitucionais tem ganhado o maior interesse da doutrina, e isso se deve a duas razões primordiais.

Primeiro, devido à grande proliferação de novos tribunais constitucionais, principalmente nas novas democracias que surgiram a partir do início da década de 1990, os quais, ante a inexistência de uma jurisprudência prévia consolidada na histórica constitucional de seus países, tiveram que partir das experiências de outros tribunais para fundamentar suas primeiras decisões e construir seus próprios precedentes. Como atestam os estudos empíricos realizados nesses países (cujo melhor exemplo está na Corte Constitucional da África do Sul), os novos tribunais constitucionais deram grande impulso ao fenômeno da citação de direito estrangeiro.

Segundo, devido ao fato de que é nesses tribunais onde mais se discutem casos constitucionais envolvendo temas com natural vocação de transcender fronteiras, como os de direitos fundamentais ou direitos humanos, cujas respostas institucionais em um país podem influenciar ou sugerir os mesmos tratamentos para casos idênticos ou semelhantes vivenciados em outro.

---

[15] Entre os principais e mais atuais, vide: GROPPI, Tania; PONTHOREAU, Marie-Claire. *The use of foreign precedents by constitutional judges*. Oxford: Hart Publishing, 2013. BOBEK, Michal. *Comparative Reasoning in European Supreme Courts*. Oxford: Oxford University Press, 2013. Para um estudo relacionado a esta temática, mas menos recente que os acima citados, vide: KIIKERI, Markku. *Comparative legal reasoning and European Law*. Dordrech: Kluwer Academic Publishers, 2001.

[16] Uma das experiências mais ricas pode ser encontrada na jurisprudência canadense: LA FOREST, Gérard V. The use of American precedents in Canadian Courts. *Maine Law Review*, v. 46, p. 211-220, 1994.

Tais razões, além de outras, justificam o fato de serem os tribunais constitucionais os principais alvos dos estudos sobre essa temática.

4 Os distintos enfoques teóricos de estudo sobre o fenômeno

É preciso ter em conta, ademais, que a questão quanto ao uso das fontes jurídicas estrangeiras pelos tribunais constitucionais pode dar margem a uma multiplicidade de abordagens ou enfoques sobre o mesmo fenômeno.

Como sói ocorrer na maioria dos estudos, o fenômeno é encarado como uma questão de (inter)relação jurídica (multilateral, global, multinível etc.) entre distintos órgãos ou entidades nacionais e internacionais ou supranacionais de caráter judicial, na perspectiva do direito internacional público ou do direito constitucional internacional.

Tem sido muito comum que, adotando esse enfoque, tais estudos passem a qualificar e denominar o fenômeno como sendo uma espécie de "diálogo judicial" (*judicial dialogue*) de caráter internacional ou global,[17] que favorece o desenvolvimento de uma "diplomacia judicial" (*judicial diplomacy*) paralela àquela realizada pelos governos nacionais e que acaba criando um frutífero processo de fertilização cruzada (*cross-fertilization*) de experiências constitucionais.

É preciso levar em conta, no entanto, que a citação de direito estrangeiro é realizada, na maioria das vezes, de modo unilateral por parte de cada tribunal constitucional, sem que haja necessariamente uma correspondência do tribunal estrangeiro cujos precedentes foram utilizados.[18]

A existência de um efetivo diálogo ou de uma comunicação judicial (através da citação mútua de jurisprudências entre dois ou mais tribunais) é de raríssima ocorrência, muitas vezes restrita ao âmbito de um mesmo ambiente institucional e de uma tradição jurídica comum, como é o caso das jurisdições dos países de *common law*, de modo que essa expressão, longe de ser representativa do fenômeno mais abrangente da citação, deve ser utilizada apenas para essas hipóteses, de ocorrência mais limitada.

Ademais, se é certo que o desenvolvimento de uma nova diplomacia judicial, especialmente através de encontros periódicos entre magistrados dos tribunais e cortes constitucionais, pode desencadear processos de *cross-fertilization* de experiências constitucionais e, mais especificamente, de utilização comum de precedentes das jurisdições dos países envolvidos, não se pode concluir que as possibilidades de citação de direito estrangeiro estejam restritas a esses ambientes ou que somente possam frutificar como o resultado dessa espécie de diplomacia. O uso do direito estrangeiro por parte dos tribunais constitucionais é um fenômeno muito mais abrangente e que, portanto, não pode ser qualificado por essas expressões, que apenas podem se referir a aspectos muito limitados dessa prática.

---

[17] Reflexões sobre a existência de um diálogo entre cortes constitucionais podem ser encontradas em: MAUS, Didier. *Application of the case law of foreign Courts and dialogue between Constitutional Courts*. Paper for the plenary session of the World Conference of Constitutional Justice organized by the Constitutional Court of South Africa and the Commission for Democracy through Law (Venice Comission) of the Council of Europe, on 22-24 January 2009 in Cape Town, South Africa.

[18] Sobre as dificuldades e os limites do uso da expressão *"global judicial dialogue"*, vide: LAW, David S.; CHANG, Wen-Chen. The limits of global judicial dialogue. *Washington Law Review*, v. 86, p. 523-577, 2011.

O fenômeno também pode ser abordado como uma questão de metodologia do direito constitucional comparado. Isso ocorre normalmente quando é objeto de estudos dos teóricos do direito constitucional. Nesse âmbito, a preocupação teórica passa a ser de índole distinta,[19] recaindo especialmente sobre os seguintes aspectos.

O uso do direito estrangeiro na motivação das decisões judiciais suscita a questão de saber se as citações passam a fazer parte da *ratio decidendi* ou se trata apenas de *obiter dicta*, como um mero complemento às fontes do direito nacional, estas, sim, componentes do fundamento determinante da decisão. Como têm sublinhado os teóricos do direito constitucional comparado,[20] a prática da citação não pode se transformar num mero "transplante" de fontes jurídicas estrangeiras; ela deve ser feita conforme pautas metodológicas claras e predefinidas, que auxiliem os juízes a utilizá-las apenas como um complemento da motivação da decisão.

Ademais, essas citações não podem ser uma obrigação ou fazer parte de um rito metodológico imposto aos juízes, mas somente uma opção disponível, um recurso auxiliar que pode ou não ser utilizado pelo juiz, conforme sua discricionariedade. Realizada de modo coerente do ponto de vista metodológico,[21] o uso do direito estrangeiro, como uma espécie de comparação, pode ser qualificado como um verdadeiro método de interpretação constitucional, na linha do que Peter Häberle há muito identificou como o "quinto método" adicional aos outros quatro (gramatical, histórico, sistemático e teleológico) clássicos de Savigny.[22]

Em uma linha que se aproxima à metodológica, mas que se insere mais no âmbito de interesses dos teóricos e filósofos do direito, é possível abordar o fenômeno como um problema de identificação, tipologia e vigência das fontes do direito num determinado ordenamento jurídico.

Esta é a preocupação, por exemplo, de Frederick Schauer,[23] quando requalifica a questão – aparentemente simples – quanto à citação do direito estrangeiro como um problema teórico e filosófico mais complexo a respeito do aspecto autoritativo do direito (o que deve contar como autoridade num determinado sistema), do significado das fontes do direito numa ordem jurídica (o que pode servir de premissa do raciocínio judicial) e, finalmente, do que é o próprio direito (o conceito de direito).

5 O argumento comparativo

Não obstante o interesse que podem despertar todas as perspectivas de abordagem acima mencionadas, talvez o enfoque atualmente mais sugestivo – e menos trabalhado – seja aquele que enxerga o uso do direito estrangeiro na motivação das decisões judiciais como um problema de *argumentação jurídica*, isto é, de técnica e prática de justificação

---

[19] Para uma abordagem do fenômeno com uma preocupação de índole metodológica do direito comparado, vide: PEGORARO, Lucio. La utilización del derecho comparado por parte de las Cortes Constitucionales: un análisis comparado. In: *Estudios en homenaje a Hector Fix-Zamudio*. México: Unam, p. 385-436.

[20] VERGOTTINI, Giuseppe de. *Más allá del diálogo entre tribunales. Comparación y relación entre jurisdicciones*. Madrid: Civitas/Thomson Reuters, 2011.

[21] VERGOTTINI, Giuseppe de. *Diritto Costituzionale Comparato*. Padova: Cedam, 1993.

[22] HÄBERLE, Peter. *Pluralismo y Constitución*: estudios de teoría constitucional de la sociedad abierta. Madrid: Tecnos; 2002. *Idem. El Estado Constitucional*. Buenos Aires: Astrea, 2007.

[23] SCHAUER, Frederick. Authority and authorities. *Virginia Law Review*, v. 94, p. 1.931-1.961, 2008.

das decisões judiciais, que deve ser inserido no âmbito de estudos mais específicos da teoria da argumentação jurídica e, em se tratando dos tribunais constitucionais, da teoria da *argumentação constitucional.*

Nesse aspecto, a prática de citar fontes jurídicas de outro ordenamento jurídico para fundamentar as decisões judiciais é encarada como uma espécie de argumentação, denominada de *argumentação comparativa (comparative reasoning).*

Assim, antes que um fenômeno de diálogo judicial (*judicial dialogue*), de comunicação judicial global ou transnacional (*transjudicial comunication*) ou de fertilização cruzada ou mútua de experiências constitucionais (*cross-fertilization*) – que, como visto, muitas vezes são utilizados de forma equivocada –, trata-se de uma *prática argumentativa* que se utiliza de argumentos comparativos.

O *argumento comparativo* é um tipo especial de argumento que, ao mesmo tempo, assume as características de um *argumento de autoridade* e de um *argumento por analogia.*

É um *argumento de autoridade* na medida em que, para fixar a interpretação de algum enunciado jurídico, se utiliza de uma proposição construída ou definida por determinadas instituições no âmbito de um ordenamento jurídico estrangeiro (doutrina, jurisprudência, legislação, etc.) que, a critério do tribunal que se utiliza do argumento, gozam de algum prestígio ou autoridade suficientes para convencer e/ou persuadir auditórios pertencentes a sua jurisdição.

Também é um *argumento analógico*, pois toma como referência as soluções encontradas no contexto de outros ordenamentos jurídicos para casos que são considerados semelhantes ao caso objeto de julgamento.

O tratamento do fenômeno como sendo o de uma prática argumentativa específica (a argumentação comparativa) traz perspectivas relevantes para se enfrentar as diversas questões que o tema sugere.

Um aspecto interessante é que ela pode tornar mais evidente e assim explicar melhor o fato de que, no contexto atual, os tribunais constitucionais fazem uso não somente de enunciados jurídicos de primeira ordem (doutrinários, normativos ou jurisprudenciais), mas também dos *métodos* de interpretação e aplicação do direito construídos e utilizados por tribunais de outros países, e, da mesma forma, da argumentação ou dos *argumentos* que fazem parte da justificação de decisões judiciais estrangeiras.

Com isso, é possível identificar a existência de uma *circulação internacional de métodos ou de argumentos*, cujo melhor exemplo se encontra no denominado *princípio da proporcionalidade* ou mesmo na *ponderação* de valores, que inegavelmente vêm ganhando uma imensa difusão e consolidação na jurisprudência dos mais diversos tribunais constitucionais.

Nessa perspectiva, o próprio uso do argumento comparativo, uma técnica específica de justificação das decisões judiciais cada vez mais utilizada pelos tribunais, pode ser encarado como produto dessa circulação internacional de argumentos jurídico-constitucionais.

O enfoque argumentativo sobre o uso do direito estrangeiro pelos tribunais constitucionais depende de estudos empíricos a respeito das práticas de argumentação de cada tribunal. São diversas as variáveis de pesquisa, conforme os distintos tribunais e seus diferenciados estilos discursivos e redacionais, práticas deliberativas e demais características institucionais que influenciam na argumentação jurídica desenvolvida no processo decisório.

Independentemente dos distintos focos de análise empírica que essa perspectiva pode sugerir, o que aqui interessa é saber se o argumento comparativo, além de ser utilizado na deliberação colegiada, ao final é explicitado, como *ratio decidendi* ou como *obiter dictum*, no texto final da decisão que é publicado na imprensa oficial.

Se é possível pressupor que, no contexto atual, praticamente todos os tribunais acabam de algum modo se inspirando e utilizando fontes jurídicas estrangeiras – no mundo globalizado e informatizado de hoje, em que a comunicação e a troca de informações são cada vez mais facilitadas, essa pressuposição pode ser considerada como bastante realista –, então a distinção deve ocorrer entre os tribunais que não tornam esse uso explícito através de citações no texto da decisão e aqueles outros que deixam essa utilização expressa em suas decisões e permitem a sua publicação como fundamentos de se sua posição final.

A questão fica assim formulada como um *problema de publicidade* das premissas (fontes jurídicas estrangeiras) da argumentação constitucional. Nos sistemas que adotam o modelo de texto composto ou de decisão *seriatim* (como o brasileiro, por exemplo), a publicidade das diversas fontes jurídicas estrangeiras eventualmente utilizadas por cada magistrado (doutrina, jurisprudência, legislação, etc.) nos distintos votos individuais que são ao final publicados conjuntamente em forma de acórdão pode gerar *problemas de coerência* dos fundamentos determinantes da decisão, visto que o texto final poderá ser composto por um amálgama de múltiplas razões que podem estar baseadas em distintas fontes de diversos países diferentes e que inclusive podem ser contraditórias entre si. Antes de continuar nesta linha de raciocínio, é interessante fazer uma breve reflexão sobre a prática atual do STF.

6 Breves reflexões sobre a prática no STF

Os ministros do Supremo Tribunal Federal sempre praticaram a citação de doutrina em seus votos. A prática remonta à própria origem histórica da Corte, na primeira década republicana, quando se mostrava indispensável o recurso ao pensamento jurídico que na época se desenvolvia em torno do novo ordenamento constitucional de 1891, com sua estrutura e suas instituições recém-criadas.

As inovações constitucionais que fizeram uma ruptura com o ordenamento jurídico do Império, muitas delas buscadas no direito comparado – especialmente da experiência constitucional norte-americana –, também acabaram incentivando, além do embasamento doutrinário, o uso do direito estrangeiro para sua interpretação e aplicação. A possibilidade de se basear num amplo leque de fontes jurídicas, tanto as nacionais quanto as estrangeiras, foi aberta não apenas pela própria legislação que instituía e disciplinava o processo decisório no STF, mas também incentivada pela prática da interpretação jurídica fundada nos costumes jurídicos e na equidade.[24]

Assim, já nos primórdios do Tribunal, a citação da doutrina e a busca pelas fontes jurídicas de outros países foram utilizadas para o desenvolvimento da sua prática

---

[24] O artigo 386 do Decreto nº 848, de 11 de outubro de 1890, que instituiu o Supremo Tribunal Federal, dispunha o seguinte: "Os estatutos dos povos cultos e especialmente os que regem as relações juridicas na Republica dos Estados Unidos da America do Norte, os casos de *common law* e *equity*, serão tambem subsidiarios da jurisprudência e processo federal".

decisória, que cobrava a interpretação dos novos institutos e instituições jurídicas da República Federativa. Foi o começo de um costume de fundamentação das decisões que na época rompia com o estilo mais sintético (muito próximo do modelo francês de redação concisa e estruturação lógico-dedutiva do raciocínio) do antecessor Superior Tribunal de Justiça do Império e que, ao longo do século XX, se consolidaria como uma marca da prática argumentativa dos ministros do STF.

Apesar de ser uma prática sempre presente no STF, é possível observar que na última década houve um relevante crescimento da quantidade de citações de doutrina e de fontes jurídicas estrangeiras nos votos dos ministros, um fenômeno que passou a chamar a atenção da comunidade jurídica. Atualmente, as citações são praticadas com ampla desenvoltura por todos os ministros, especialmente em casos mais complexos que envolvem questões nunca apreciadas e/ou decididas pela Corte.[25]

A intensificação dessa prática na última década pode estar relacionada a alguns fatores principais.

Em primeiro lugar, a formação de equipes qualificadas de assessores nos gabinetes dos ministros e as facilidades atuais de pesquisa das fontes jurídicas (informatização completa dos instrumentos de trabalho e conexão global via internet) e de intercâmbio de informações com instituições jurídicas nacionais e estrangeiras (tribunais, parlamentos, bibliotecas etc.), antes praticamente inexistentes, têm ensejado condições muito propícias à produção de peças com considerável profundidade analítico-teórica das questões jurídicas discutidas nos processos, que, em alguns casos, mais se parecem a textos de doutrina do que decisões de um tribunal.

Ademais, a cultura do trabalho autônomo e individualista de cada ministro e de seu respectivo gabinete na construção de seu próprio pensamento, de suas posições pessoais e dos fundamentos jurídicos que devem embasar suas decisões e votos, cria uma ampla margem de livre desenvolvimento de textos jurídicos com estrutura e argumentação bastante particulares e completamente independentes em relação aos outros ministros e gabinetes.

Assim, num ambiente institucional em que convivem onze distintos núcleos de produção independente de textos jurídicos, a tendência é cada um faça uso livre e autônomo de doutrinas e/ou de fontes jurídicas estrangeiras específicas e diferenciadas em relação aos demais.

Na prática deliberativa e decisória do STF, portanto, o uso do direito estrangeiro acaba se tornando problemático em razão do modelo de decisão *seriatim* adotado pelo tribunal, que se caracteriza pela publicação, no texto final do acórdão, da íntegra de todos os votos individuais (escritos e orais), com suas diversas razões de decidir.[26]

---

[25] Apenas a título de rápida exemplificação, observe-se que a jurisprudência recente está repleta de casos emblemáticos, tais como, por exemplo, o acórdão da Ação Direta de Inconstitucionalidade nº 3.510 (constitucionalidade da Lei de Biossegurança, na parte em que trata das pesquisas com células-tronco embrionárias), que conta com citações de mais de cem obras jurídicas, filosóficas e científicas, assim como referências a fontes jurídicas de diversos países, tais como Reino Unido, França, Portugal, Canadá, Espanha, Suíça, Alemanha, México, entre outros. Também o acórdão da Arguição de Descumprimento de Preceito Fundamental nº 54 (aborto de fetos anencéfalos) conta com várias citações de diversas decisões de outras cortes constitucionais (tribunais constitucionais da Alemanha, da Itália, da Espanha e do Peru, assim como a Suprema Corte Norte-Americana) e também a referência a mais de cento e cinquenta obras bibliográficas em diferentes ramos do conhecimento.

[26] O modelo *seriatim* de decisão privilegia a apresentação pública de cada opinião individual pronunciada pelos ministros, com suas próprias razões de decidir, o que, por um lado, favorece a demonstração da pluralidade que

Nesse peculiar modelo *seriatim* ou de texto composto adotado pelo STF, a citação de doutrina e de fontes jurídicas estrangeiras pode trazer um *problema de coerência argumentativa* na medida em que o livre desenvolvimento dessa prática por cada ministro pode resultar em diversos textos compostos por fundamentações doutrinárias incompatíveis entre si e com recursos a fontes jurídicas de distintos países.

Nessas hipóteses, saber qual a doutrina ou qual ordenamento jurídico estrangeiro serviu de base para a comparação realizada pela Corte pode se transformar numa tarefa impossível. Em outros termos, não se torna possível identificar com precisão o *argumento de autoridade* e/ou o *argumento analógico* (o *argumento comparativo*) que compõem *ratio decidendi*, ou *obiter dicta*, da decisão do Tribunal.

7 Notas finais

Todas as questões aqui levantadas parecem evidenciar a importância e a necessidade de estudos mais aprofundados sobre o argumento comparativo na jurisdição constitucional brasileira.

A prática argumentativa do Supremo Tribunal Federal vem mostrando-se problemática em variados aspectos, entre os quais inegavelmente está o uso do direito estrangeiro na fundamentação de cada voto individualmente considerado.

Por isso, ou também por isso, este é, sem dúvida, um dos temas que deve ser objeto de sérias reflexões por parte de todos que se envolvem com a jurisdição constitucional no Brasil e, especialmente, com o seu diálogo em relação a outros sistemas do direito comparado.

Referências

BENTELE, Ursula. Mining for gold: the Constitutional Court of South Africa's Experience with Comparative Constitutional Law. *Georgia Journal of International and Comparative Law*, v. 37, n. 2, p. 219-265, 2009.

BOBEK, Michal. *Comparative Reasoning in European Supreme Courts*. Oxford: Oxford University Press, 2013.

CHOUDRY, Sujit. Globalization in search of justification: toward a theory of comparative constitutional interpretation. *Indiana Law Journal*, v. 74, p. 819-892, 1999.

GINSBURG, Ruth Bader. Looking beyond our borders: the value of a comparative perspective in constitutional adjudication. *Yale Law and Policy Review*, v. 22, p. 329-337, 2004.

GINSBURG, Ruth Bader. The value of a comparative perspective in judicial decisionmaking: imparting experiences to, and learning from, other adherents to the Rule of Law. *Revista Jurídica Universidad de Puerto Rico*, v. 74, p. 213-230, 2005.

---

caracteriza as diversas posições que compõem o órgão colegiado, revelando de modo mais aberto a realidade da deliberação, mas que, por outro lado, torna bastante difícil e complexa a tarefa de identificar de forma unívoca e inequívoca a *ratio decidendi* do tribunal como unidade institucional. Outra característica do modelo *seriatim* é que ele pode transformar o texto da decisão em um aglomerado de votos com diversas posições e argumentos diferenciados, de modo que não é nada incomum que votos convergentes quanto à decisão tomada divirjam nitidamente nos fundamentos adotados e que outros votos que são muito semelhantes em técnicas argumentativas cheguem a conclusões opostas. Não há, portanto, uma distinção precisa entre *votos vencedores* e *votos vencidos*, nem entre *votos divergentes* (quanto à parte dispositiva da decisão) e *votos concorrentes* (que divergem apenas quanto à fundamentação da decisão). Mesmo a leitura atenta de um acórdão pode ser insuficiente para identificar com precisão as diversas posições e argumentos lançados em variados sentidos por cada ministro.

GROPPI, Tania; PONTHOREAU, Marie-Claire. *The use of foreign precedents by constitutional judges*. Oxford: Hart Publishing, 2013.

HARDING, Sarah K. Comparative Reasoning and Judicial Review. *The Yale Journal of International Law*, v. 28, p. 409-464, 2003.

LAW, David S.; CHANG, Wen-Chen. The limits of global judicial dialogue. *Washington Law Review*, v. 86, p. 523-577, 2011.

L'HEUREUX-DUBÉ, Claire. The importance of dialogue: globalization and the international impact of the Rehnquist Court. *Tulsa Law Journal*, v. 34, p. 15-40, 1998.

LOLLINI, Andrea. Legal argumentation based on foreign law: an example from case law of the South African Constitutional Court. *Utrecht Law Review*, v. 3, n. 1, jun. 2007.

MARKESINIS, Basil; FEDTKE, Jörg. The judge as comparatist. *Tulane Law Review*, v. 80, p. 11-167, 2005.

MCCRUDDEN, Christopher. A common law of human rights? Transnational judicial conversations on constitutional rigths. *Oxford Journal of Legal Studies*, v. 20, n. 4, p. 499-532, 2000.

NEVES, Marcelo. *Transconstitucionalismo*. São Paulo: Martins Fontes: 2010.

NOGUEIRA ALCALÁ, Humberto. El uso de las comunicaciones transjudiciales por parte de las jurisdicciones constitucionales en el derecho comparado chileno. *Estudios Constitucionales, Centro de Estudios Constitucionales de Chile*, Universidad de Talca, año 9, n. 2, p. 17-76, 2011.

PARRISH, Austen L. Storm in a teacup: the U.S. Supreme Court's use of Foreign Law. *University of Illinois Law Review*, n. 2, p. 637-680, 2007.

PEGORARO, Lucio. La utilización del derecho comparado por parte de las Cortes Constitucionales: un análisis comparado. In: *Estudios en homenaje a Hector Fix-Zamudio*. México: UNAM, p. 385-436.

ROMANO, Serena. Comparative legal argumentation: three doctrines. *Diritto e questioni pubbliche*, n. 12, p. 469-492, 2012.

SLAUGHTER, Anne-Marie. A global community of courts. *Harvard International Law Review*, v. 44, n. 1, 2003.

SLAUGHTER, Anne-Marie. Judicial Globalization. *Virginia Journal of International Law*, v. 40, p. 1.103-1.124, 2000.

SLAUGHTER, Anne-Marie. The New World Order. *Foreign Affairs*, v. 76, n. 5, p. 183-197, 1997.

SLAUGHTER, Anne-Marie. A typology of transjudicial communication. *University of Richmond Law Review*, v. 29, p. 99-137, 1995.

TRIPATHI, Pradyumna K. Foreign Precedents and Constitutional Law. *Columbia Law Review*, v. 57, n. 3, mar. 1957.

VERGOTTINI, Giuseppe de. *Más allá del diálogo entre tribunales:* comparación y relación entre jurisdicciones. Madrid: Civitas/Thomson Reuters, 2011.

Informação bibliográfica deste texto, conforme a NBR 6023:2002 da Associação Brasileira de Normas Técnicas (ABNT):

VALE, André Rufino do. A argumentação comparativa na jurisdição constitucional. In: LEITE, George Salomão; LEITE, Glauco Salomão; STRECK, Lenio Luiz (Coord.). *Jurisdição constitucional e liberdades públicas*. Belo Horizonte: Fórum, 2017. p. 407-417. ISBN 978-85-450-0237-6.

SOBRE OS AUTORES

Adriano Marteleto Godinho
Doutor em Ciências Jurídicas pela Universidade de Lisboa. Mestre em Direito Civil pela Universidade Federal de Minas Gerais. Professor Adjunto da Universidade Federal da Paraíba. *E-mail*: <adrgodinho@hotmail.com>.

Alfredo Copetti Neto
Doutor em Teoria do Direito e da Democracia pela *Universitá degli Studi di Roma Tre* (2010 – revalidado UFPR). Cumpriu estágio Pós-Doutoral na Unisinos (PDJ-CNPQ). Mestre em Direito Público pela Unisinos. Professor Adjunto de Teoria do Direito da Unioeste. Professor Permanente do Mestrado em Direitos Humanos da Unijuí. Professor de Teoria da Constituição da Univel. Advogado. *E-mail*: <alfredocopetti@yahoo.com>.

Ana Cecília Barros Gomes
Professora Assistente da UPE. Doutoranda em Direito na PUC-Rio. Mestre em Direito pela UFPE.

André Karam Trindade
Doutor em Teoria e Filosofia do Direito (Roma Tre/Itália). Professor do Programa de Pós-Graduação em Direito da IMED. Advogado.

André Rufino do Vale
Doutor em Direito pela Universidade de Alicante (Espanha) e pela Universidade de Brasília. Mestre em Direito pela Universidade de Brasília. Procurador Federal. Professor de Direito Constitucional dos cursos de Graduação e Pós-Graduação do Instituto Brasiliense de Direito Público (IDP). Editor-chefe do Observatório da Jurisdição Constitucional.

Bruna Araujo Amatuzzi Breus
Advogada. Especialista em Direito Penal e Criminologia (ICPC). Mestre (UFPR). Secretária do Núcleo de Direito e Psicanálise do Programa de Pós-Graduação em Direito da UFPR.

Bruno Meneses Lorenzetto
Doutor em Direito pela UFPR na área de Direitos Humanos e Democracia. Professor de Direito da Pontifícia Universidade Católica do Paraná. Professor de Direito do Programa de Mestrado em Direito e da Graduação do Centro Universitário Autônomo do Brasil (UniBrasil). *Visiting Scholar* na *Columbia Law School, Columbia University, New York*.

Clèmerson Merlin Clève
Doutor em Direito do Estado pela Pontifícia Universidade Católica de São Paulo. Professor Titular de Direito Constitucional da Universidade Federal do Paraná. Professor Titular de Direito Constitucional do Centro Universitário Autônomo do Brasil (UniBrasil). Pós-Graduado em Direito Público pela *Université Catholique de Louvain*, Bélgica. Líder do Núcleo de Investigações Constitucionais em Teorias da Justiça, Democracia e Intervenção (NINC) da UFPR.

Coriolano Aurélio de Almeida Camargo
Doutor em Direito. *Master in the Information Society*. Conselheiro Estadual e Presidente da Comissão de Direito Eletrônico e Crimes de Alta Tecnologia. Palestrante do Departamento de Cultura e Eventos da OAB/SP. Juiz do Tribunal de Impostos e Taxas de São Paulo. Colunista da Coluna de Direito Digital do Portal Migalhas. Advogado.

Cristina Moraes Sleiman
Mestre em Sistemas Eletrônicos pela Escola Politécnica da USP. Extensão em Educador Virtual pelo Senac em parceria com *Simon Fraser University* e extensão em Direito da Tecnologia pela FGV-RJ. *International Criminal Law – Cas western Reserve University*. Responsável pela Coordenadoria de Prevenção de Risco Eletrônico no Ambiente Corporativo da Comissão de Direito Eletrônico e Crimes de Alta Tecnologia. Coautora da Cartilha de Boas Práticas da Direito Digital dentro e fora da sala de aula, do audiolivro Direito Digital no dia a dia e do Guia de Segurança Corporativa. Advogada.

Dirley da Cunha Júnior
Doutor em Direito Constitucional pela PUC-SP. Mestre em Direito Econômico pela UFBA. Juiz Federal na Seção Judiciária da Bahia. Ex-Promotor de Justiça do Estado da Bahia (1992-1995). Ex-Procurador da República (1995-1999). Professor Adjunto IV de Direito Constitucional dos Cursos de Graduação, Mestrado e Doutorado da Universidade Federal da Bahia (UFBA). Professor Adjunto IV de Direito Constitucional dos Cursos de Graduação, Mestrado e Doutorado da Universidade Católica do Salvador (UCSAL). Professor-Coordenador do Curso de Pós-Graduação em Direito Público da Faculdade Baiana de Direito. Membro da Associação Brasileira de Constitucionalistas Democratas (ABCD).

Edilsom Farias
Doutor em Direito Constitucional pela Universidade Federal de Santa Catarina (UFSC). Mestre em Direito Constitucional pela Universidade de Brasília (UnB). Professor Associado da Universidade Federal do Piauí (UFPI). Membro da Academia Piauiense de Letras Jurídicas. Promotor de Justiça.

Felipe Travassos Sarinho de Almeida
Mestre e Doutorando em Direito pela Faculdade de Direito da Universidade Clássica de Lisboa (Portugal). Professor do Curso de Graduação em Direito da Universidade Católica de Pernambuco. Fundador do Instituto Pernambuco de Bioética e Biodireito. Pesquisador do Grupo de Pesquisa CNPQ Bioética e Saúde Humana. Membro da Comissão de Bioética Clínica do Hospital das Clínicas da UFPE.

Fernanda Barreto Lira
Doutora em Direito. Professora de Direito do Trabalho. Servidora pública no Tribunal Regional do Trabalho.

Flávia Piovesan
Professora do Programa de Pós-Graduação da Pontifícia Universidade Católica de São Paulo e da Pontifícia Universidade Católica do Paraná. *Visiting fellow* do *Human Rights Program* da *Harvard Law School* (1995 e 2000). *Visiting fellow* do *Centre for Brazilian Studies* da *University of Oxford* (2005). *Visiting fellow* do *Max Planck Institute for Comparative Public Law and International Law* (Heidelberg – 2007; 2008; e 2015) e *Humboldt Foundation Georg Forster Research Fellow* no *Max Planck Institute* (Heidelberg – 2009-2014). Ex-membro do Conselho Nacional de Defesa dos Direitos da Pessoa Humana e da *UN High Level Task Force on the implementation of the right to development*. Membro do *OAS Working Group* para o monitoramento do Protocolo de San Salvador em matéria de direitos econômicos, sociais e culturais. Procuradora do Estado.

George Salomão Leite
Doutorando em Direito Constitucional pela Pontifícia Universidade Católica de Buenos Aires (UCA). Mestre em Direito Constitucional pela Pontifícia Universidade Católica de São Paulo (PUC-SP). Presidente da Escola Brasileira de Estudos Constitucionais (EBEC). *E-mail*: <george-leite@uol.com.br>.

SOBRE OS AUTORES | 421

Glauco Salomão Leite
Doutor em Direito Público pela UFPE. Mestre em Direito Constitucional pela PUC-SP. Professor de Direito Constitucional da Graduação e do Programa de Pós-Graduação em Direito (Mestrado e Doutorado) da Universidade Católica de Pernambuco (UNICAP). Professor de Direito Constitucional da Universidade Federal da Paraíba (UFPB) e da Universidade de Pernambuco (UPE). Membro do grupo de pesquisa REC – Recife Estudos Constitucionais (REC/CNPq). Advogado.

Guilherme Valle Brum
Doutorando em Direito pela UNISINOS. Mestre em Direito pelo UniCEUB. Procurador do Estado do Rio Grande do Sul.

Gustavo Ferreira Santos
Professor de Direito Constitucional da UFPE e da Unicap. Doutor (UFPE) e Mestre (UFSC) em Direito, com Estágio Pós-Doutoral na Universidade de Valência. Bolsista de Produtividade em Pesquisa do CNPq.

Gustavo Oliveira Vieira
Doutor em Direito pela Unisinos. Mestre em Direito pela UNISC. Professor Adjunto de Relações Internacionais da Universidade Federal da Integração Latino-Americana (UNILA).

Ivan Simões Garcia
Doutor em Direito do Trabalho (PUC-SP). Doutor em Filosofia (IFCS-UFRJ). Mestre em Direito Constitucional (PUC-Rio). Professor Adjunto de Direito do Trabalho da UFRJ, da UERJ e da PUC-Rio. Membro Permanente do PPGD da UERJ. Advogado e Consultor Jurídico.

Jacinto Nelson de Miranda Coutinho
Professor Titular de Direito Processual Penal na Faculdade de Direito da Universidade Federal do Paraná. Especialista em Filosofia do Direito (PUCPR). Mestre (UFPR). Doutor (*Università degli Studi di Roma "La Sapienza"*). Coordenador do Núcleo de Direito e Psicanálise do PPGD-UFPR. Advogado. Procurador do Estado do Paraná. Chefe do Departamento de Direito Penal e Processual Penal da UFPR. Membro da Comissão Externa de Juristas do Senado Federal que elaborou o anteprojeto de CPP, hoje Projeto nº 156/2009-PLS.

Jayme Weingartner Neto
Doutor em Direito do Estado (PUCRS). Mestre em Ciências Jurídico-Criminais (Universidade de Coimbra). Desembargador do Tribunal de Justiça do Rio Grande do Sul/Brasil.

Jose Luis Bolzan de Morais
Doutor em Direito do Estado. Professor do PPGD/UNISINOS e UIT. Procurador do Estado do Rio Grande do Sul.

Juliana Teixera Esteves
Professora de Direito do Trabalho na Faculdade de Direito do Recife (UFPE). Líder do grupo de pesquisas "Direito do Trabalho e Teoria Social Crítica". Doutora em Direito.

Lenio Luiz Streck
Pós-Doutorado em Direito (Lisboa/Portugal). Professor Titular do Programa de Pós-Graduação em Direito da UNISINOS e da UNESA. Procurador de Justiça aposentado. Advogado.

Luiz Alberto David Araujo
Livre Docente, Doutor e Mestre em Direito Constitucional pela Pontifícia Universidade Católica de São Paulo (PUC-SP). Professor Titular de Direito Constitucional da Pontifícia Universidade Católica de São Paulo (PUC-SP).

Luiz Guilherme Arcaro Conci
Doutor e Mestre em Direito pela Pontifícia Universidade Católica de São Paulo (PUC-SP). Estágio de estudos Pós-Doutorais no Instituto de Derecho Parlamentar da *Universidad Complutense de Madrid*. Professor de Teoria do Estado e Direito Constitucional da Pontifícia Universidade Católica de São Paulo (PUC-SP). Professor Titular de Teoria do Estado da Faculdade de São Bernardo do Campo. Consultor Jurídico e Presidente da Coordenação do Sistema Internacional de Proteção dos Direitos Humanos do Conselho Federal da Ordem dos Advogados do Brasil.

Luiz Manoel Gomes Junior
Doutor e Mestre em Direito pela Pontifícia Universidade Católica de São Paulo (PUC-SP). Professor nos Programas de Mestrado em Direito da Universidade de Itaúna (UIT-MG) e da Universidade Paranaense (Unipar-PR) e dos cursos de Pós-Graduação da PUC-SP (Cogeae) e da Escola Fundação Superior do Ministério Público do Mato Grosso (FESMP-MT). Atuou como Consultor da Organização das Nações Unidas – Relator da Comissão Especial do Ministério da Justiça para elaboração do anteprojeto da nova Lei da Ação Civil Pública (2008-2009). Advogado.

Manuel Atienza
Professor Catedrático de Filosofia do Direito da Universidade de Alicante/Espanha.

Marianna Rebucci
Advogada. Bacharela em Direito pela Pontifícia Universidade Católica de São Paulo.

Maurício Maia
Doutorando e Mestre em Direito Constitucional pela Pontifícia Universidade Católica de São Paulo (PUC-SP). Professor Assistente do Curso de Especialização em Direito Administrativo da Pontifícia Universidade Católica de São Paulo (PUC-SP). Procurador Federal.

Miriam Fecchio Chueiri
Doutora em Direito pela Pontifícia Universidade Católica de São Paulo (PUC-SP). Mestre em Direito pela Universidade Estadual de Londrina (UEL). Professora no curso de Mestrado em Direito da Universidade Paranaense (UNIPAR).

Renata de Lima Pereira
Mestre em Direito Privado pela Universidade Federal de Pernambuco (UFPE). Professora de Direito Civil e Empresarial da Faculdade ASCES e da Faculdade Estácio do Recife. Advogada.

Roger Raupp Rios
Juiz Federal. Professor do Mestrado em Direitos Humanos do Centro Universitário UniRitter. *E-mail*: <roger.raupp.rios@gmail.com>.

Samantha Ribeiro Meyer-Pflug
Doutora e Mestre em Direito Constitucional pela Pontifícia Universidade Católica de São Paulo (PUC-SP). Advogada. Integrante do Conselho Superior de Estudos Jurídicos da FECOMERCIO. Membro do Conselho de Estudos Avançados da FIESP (CONSEA). Presidente da Comissão de Direito Constitucional da ADFAS. Professora da Graduação e do Mestrado. Coordenadora do Curso de Direito da Universidade Nove de Julho (UNINOVE). *E-mail*: <samanthameyer@uol.com.br>.

Sidney Guerra
Pós-Doutor pelo Centro de Estudos Sociais da Universidade de Coimbra. Pós-Doutor pelo Programa Avançado em Cultura Contemporânea da Universidade Federal do Rio de Janeiro (UFRJ). Doutor e Mestre em Direito. Professor Associado da Universidade Federal do Rio de Janeiro Secretário Municipal de Administração de Duque de Caxias/RJ. Advogado no Rio de Janeiro. *E-mail*: <sidneyguerra@terra.com.br>.

Vânia Siciliano Aieta
Advogada especializada em Direito Eleitoral. Professora do Programa de Pós-Graduação *Stricto sensu* da Faculdade de Direito da Universidade do Estado do Rio de Janeiro (UERJ). Advogada especializada em Direito Eleitoral. *E-mails*: <vaniaaieta@siqueiracastro.com.br>; <vaniaaieta@yahoo.it>.

Walter Claudius Rothenburg
Doutor e Mestre em Direito pela UFPR. Pós-Graduado em Direito Constitucional pela Universidade de Paris II. Professor da Instituição Toledo de Ensino (ITE). Procurador Regional da República.

Esta obra foi composta em fonte Palatino Linotype, corpo 10
e impressa em papel Offset 75g (miolo) e Supremo 250g (capa)
pela Gráfica e Editora O Lutador, em Belo Horizonte/MG.